Excel 2016

Schritt für Schritt erklärt

von

Harald Zinkann

Vierfarben

Liebe Leserin, lieber Leser,

Excel ist das Office-Programm Ihrer Wahl, wenn es um das Berechnen, das Auswerten oder die Analyse von Werten geht. Dabei spielt es keine Rolle, ob Sie das Programm für Ihr privates Haushaltsbuch oder für den Firmenreport über das vergangene Geschäftsjahr nutzen. Für so gut wie jeden Anwendungszweck findet sich eine passende Programmfunktion. Die wenigsten Anwender aber kennen sich mit Excel wirklich gut aus und können sämtliche Funktionen sicher bedienen – geschweige denn wissen sie, für wie viele Aufgaben sie Excel überhaupt nutzen können.

Dabei hilft Ihnen das vorliegende Handbuch. Sie erfahren, wie Sie einfache Kalkulationen durchführen, den Zellen des Arbeitsblatts das richtige Format zuweisen, mit Funktionen komplexere Rechenoperationen vornehmen, Ihre Daten in Diagrammen visualisieren und wie Sie sie beispielsweise mit einer Pivot-Tabelle filtern. Harald Zinkann zeigt Ihnen in dieser handlichen und doch umfassenden Bedienungsanleitung alles, was mit Excel möglich ist. Dank kurzer Anleitungen, anschaulicher Abbildungen sowie Hintergrundwissen und Tipps finden Sie sich jederzeit schnell im Programm zurecht. Vorbei sind die Zeiten des Tüftelns und Suchens – schlagen Sie die Lösung einfach in diesem Buch nach!

Dieses Buch wurde mit größter Sorgfalt geschrieben und hergestellt. Sollten Sie dennoch einmal Fehler finden oder inhaltliche Anregungen haben, freue ich mich, wenn Sie mit mir in Kontakt treten. Für konstruktive Kritik bin ich dabei ebenso offen wie für lobende Worte. Doch zunächst einmal wünsche ich Ihnen viel Freude beim Lesen!

Ihr Lars Wolf

Lektorat Vierfarben

lars.wolf@vierfarben.de

Sie haben Fragen, Wünsche oder Anregungen zum Buch?
Gerne sind wir für Sie da:

Anmerkungen zum Inhalt des Buches: *lars.wolf@vierfarben.de*
Bestellungen und Reklamationen: *service@vierfarben.de*
Rezensions- und Schulungsexemplare: *sophie.herzberg@vierfarben.de*

Bibliografische Information der Deutschen Nationalbibliothek
Die Deutsche Nationalbibliothek verzeichnet diese Publikation in der Deutschen National-bibliografie; detaillierte bibliografische Daten sind im Internet über http://dnb.d-nb.de abrufbar.

ISBN 978-3-8421-0185-2

1. Auflage 2017

Vierfarben ist eine Marke der Rheinwerk Verlag GmbH
Rheinwerkallee 4, 53227 Bonn
www.vierfarben.de

Der Verlagsname Vierfarben spielt an auf den Vierfarbdruck, eine Technik zur Erstellung farbiger Bücher. Der Name steht für die Kunst, die Dinge einfach zu machen, um aus dem Einfachen das Ganze lebendig zur Anschauung zu bringen.

An diesem Buch haben viele mitgewirkt, insbesondere:
Lektorat Lars Wolf
Korrektorat Marita Böhm, München
Herstellung Denis Schaal
Einbandgestaltung Silke Braun
Coverentwurf Marc Thoben, Köln
Coverfoto iStockphoto: 32795626 © pixdeluxe
Typografie und Layout Vera Brauner
Satz Isolde Kommer, Großerlach
Druck Media-Print Informationstechnologie GmbH, Paderborn

Gesetzt wurde dieses Buch aus der TheSans (9,5 pt/13 pt) in Adobe InDesign CC 2015. Und gedruckt wurde es auf mattgestrichenem Bilderdruckpapier (115 g/m²).

Hergestellt in Deutschland.

Inhalt

Office
Excel
Startvorgang...

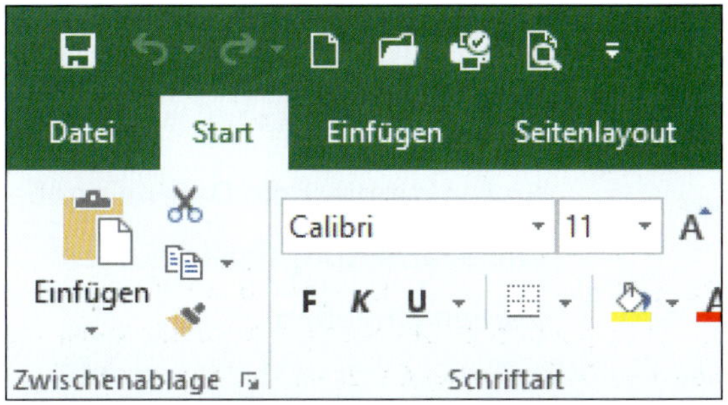
Datei
Start
Einfügen
Seitenlayout
Calibri
11
Einfügen
F
K
U
Zwischenablage
Schriftart

Budgetübersicht
Budgetzusammenfassung
Familienbudget
Erstellen

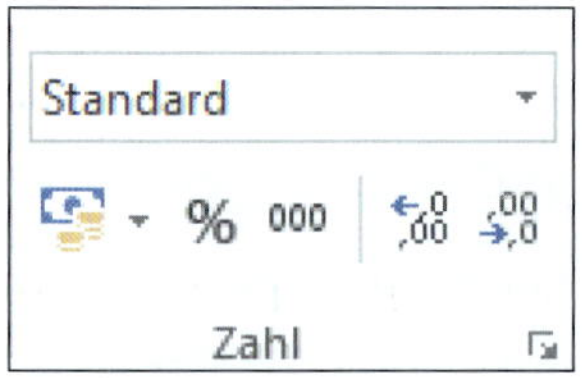
Standard
%
000
Zahl

Eingabe	Währung	Buchhaltung
0	0,00 €	- €
12357,1	12.357,10 €	12.357,10 €
123,883399	123,88 €	123,88 €
-44	-44,00 €	- 44,00 €
-3,456789	-3,46 €	- 3,46 €

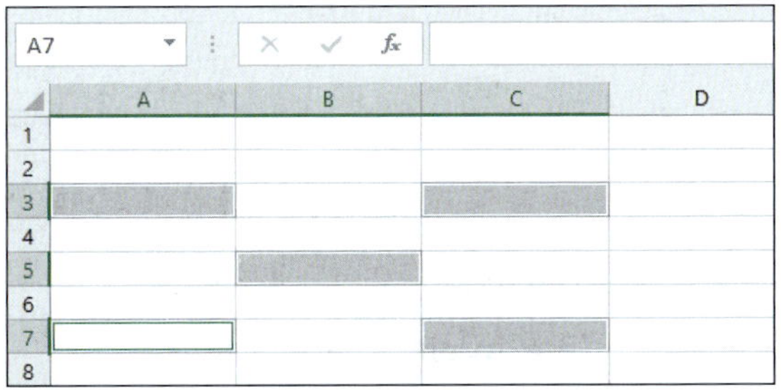

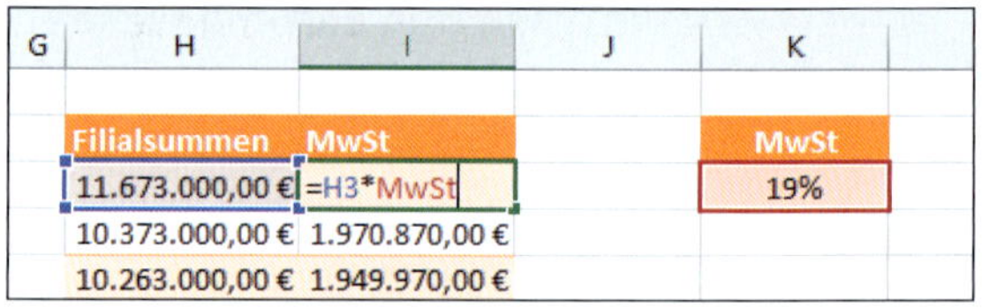

Berufsabschlüsse im Jahr 2015		
IHK	Berufsbild	Anzahl Abschlüsse
Krefeld	Fachinformatiker Anwendungsentwicklung	107
Krefeld	Fachinformatiker Systemintegration	150
Krefeld	IT-System-Elektroniker	91
Krefeld	IT-System-Kaufmann	96
Mönchengladbach	Fachinformatiker Anwendungsentwicklung	135
Mönchengladbach	Fachinformatiker Systemintegration	74
Mönchengladbach	IT-System-Elektroniker	148
Mönchengladbach	IT-System-Kaufmann	82
Neuss	Fachinformatiker Anwendungsentwicklung	78
Neuss	Fachinformatiker Systemintegration	122
Neuss	IT-System-Elektroniker	86
Neuss	IT-System-Kaufmann	77

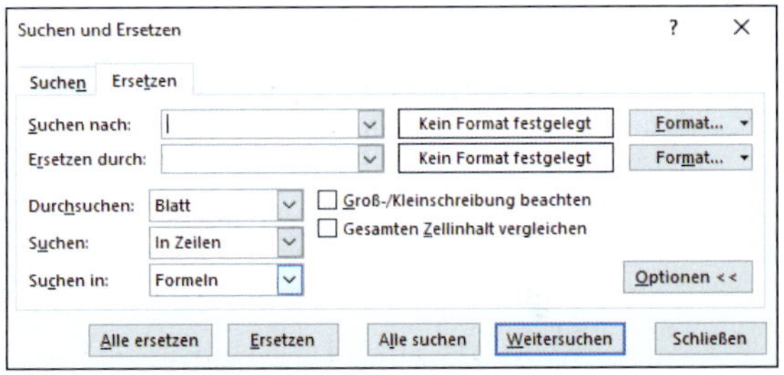
Suchen und Ersetzen
Suchen
Ersetzen
Suchen nach:
Ersetzen durch:
Kein Format festgelegt
Kein Format festgelegt
Format...
Format...
Durchsuchen:
Blatt
Suchen:
In Zeilen
Suchen in:
Formeln
Groß-/Kleinschreibung beachten
Gesamten Zellinhalt vergleichen
Optionen <<
Alle ersetzen
Ersetzen
Alle suchen
Weitersuchen
Schließen

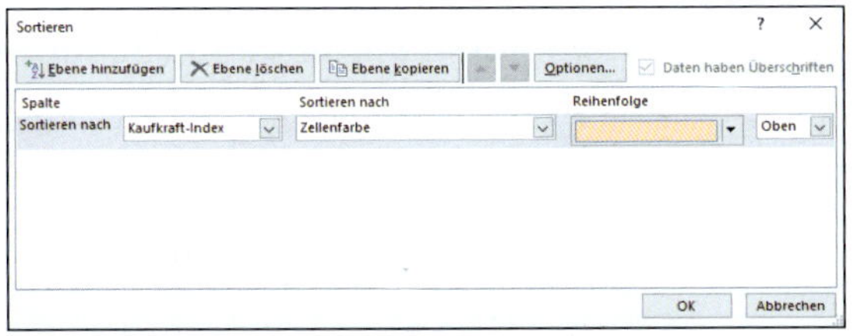
Sortieren
Ebene hinzufügen
Ebene löschen
Ebene kopieren
Optionen...
Daten haben Überschriften
Spalte
Sortieren nach
Reihenfolge
Sortieren nach
Kaufkraft-Index
Zellenfarbe
Oben
OK
Abbrechen

Prognosearbeitsblatt erstellen
Historische Daten verwenden, um ein visuelles Prognosearbeitsblatt zu erstellen
Umsatz
Schätzer(Umsatz)
Untere Konfidenzgrenze(Umsatz)
Obere Konfidenzgrenze(Umsatz)
Prognoseende
31.03.2016
Optionen
Erstellen
Abbrechen

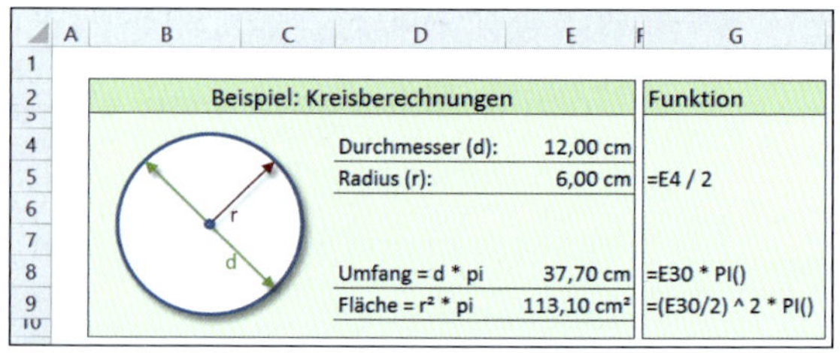

Beispiel: Kreisberechnungen
Funktion
Durchmesser (d): 12,00 cm
Radius (r): 6,00 cm
=E4 / 2
Umfang = d * pi 37,70 cm
=E30 * PI()
Fläche = r² * pi 113,10 cm²
=(E30/2) ^ 2 * PI()

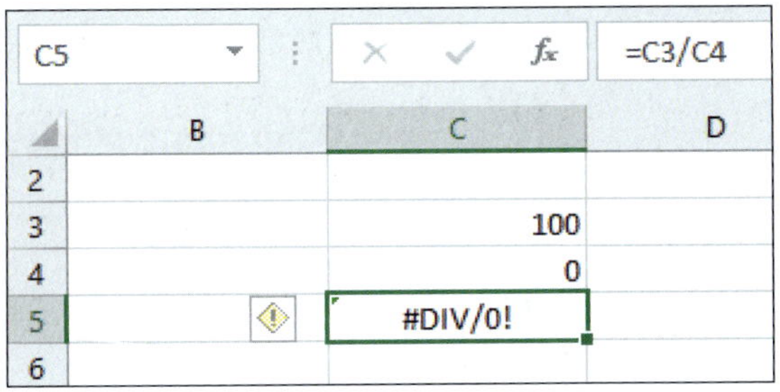
C5
=C3/C4
B
C
D
2
3
4
5
6
100
0
#DIV/0!

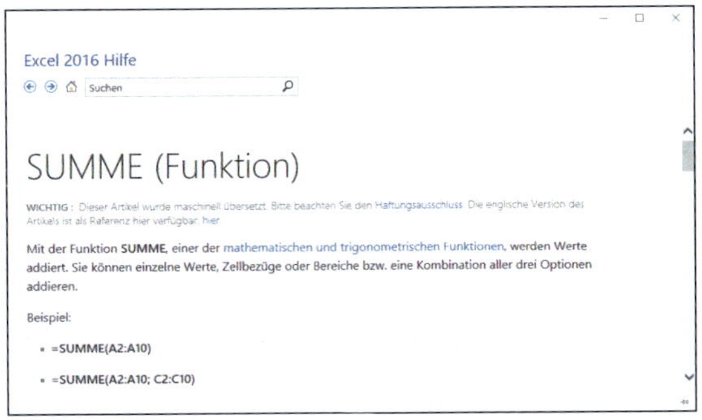
Excel 2016 Hilfe
Suchen
SUMME (Funktion)
WICHTIG: Dieser Artikel wurde maschinell übersetzt. Bitte beachten Sie den Haftungsausschluss. Die englische Version des Artikels ist als Referenz hier verfügbar: hier
Mit der Funktion SUMME, einer der mathematischen und trigonometrischen Funktionen, werden Werte addiert. Sie können einzelne Werte, Zellbezüge oder Bereiche bzw. eine Kombination aller drei Optionen addieren.
Beispiel:
=SUMME(A2:A10)
=SUMME(A2:A10; C2:C10)

8 Diagramme und Grafiken

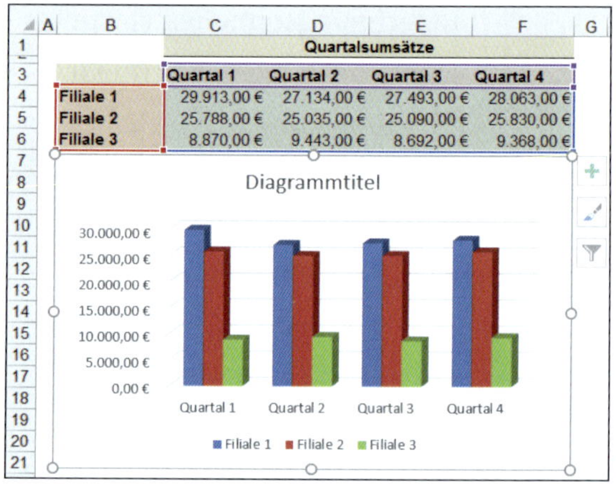

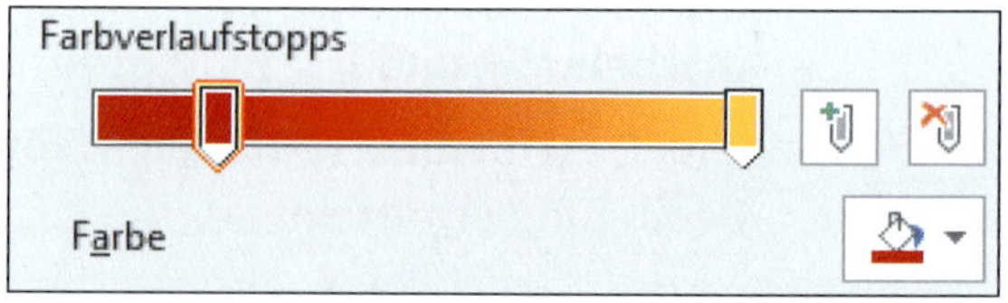

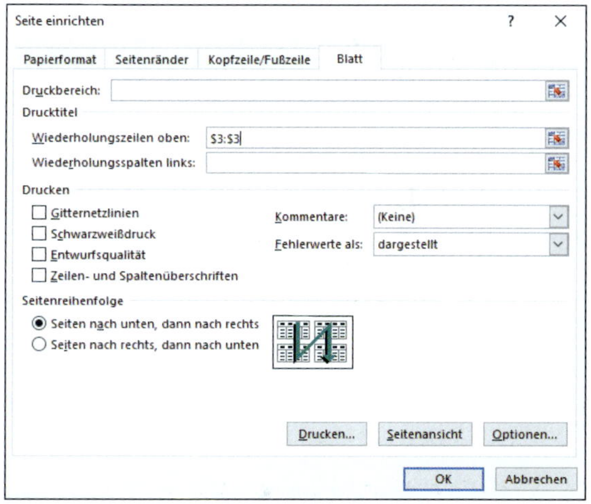

Seite einrichten
Papierformat
Seitenränder
Kopfzeile/Fußzeile
Blatt
Druckbereich:
Drucktitel
Wiederholungszeilen oben:
$3:$3
Wiederholungsspalten links:
Drucken
Gitternetzlinien
Schwarzweißdruck
Entwurfsqualität
Zeilen- und Spaltenüberschriften
Kommentare:
(Keine)
Fehlerwerte als:
dargestellt
Seitenreihenfolge
Seiten nach unten, dann nach rechts
Seiten nach rechts, dann nach unten
Drucken...
Seitenansicht
Optionen...
OK
Abbrechen

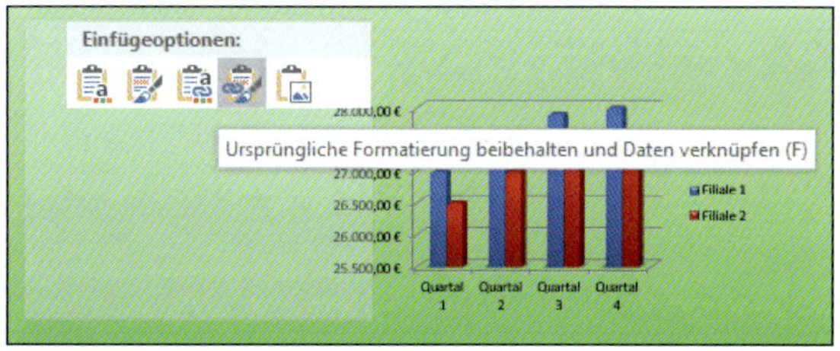

Einfügeoptionen:
Ursprüngliche Formatierung beibehalten und Daten verknüpfen (F)
Filiale 1
Filiale 2

11 Makros und VBA 271

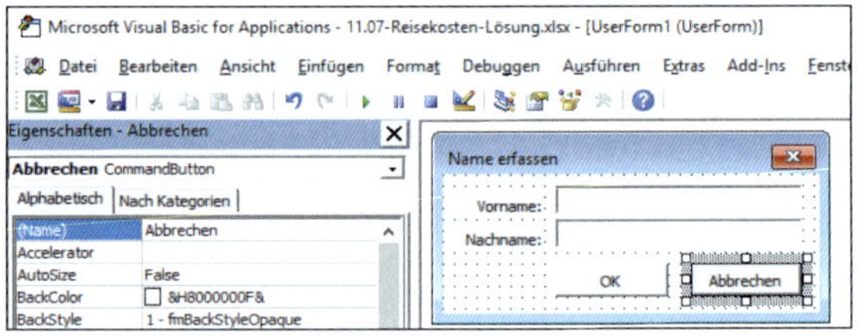

12 Excel auf dem Tablet oder Smartphone 285

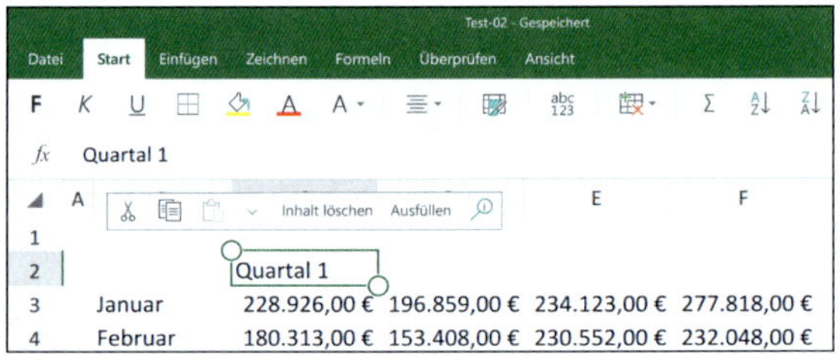

13 Tipps und Tricks 297

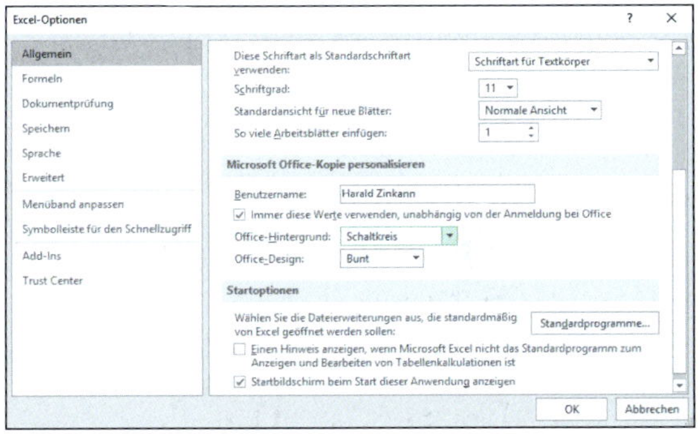

1 Start mit Excel

Dieses Buch ist als Handbuch angelegt, in dem Sie alle Themen nachschlagen können, die sich aus der Arbeit mit Excel ergeben. Es besteht hauptsächlich aus praktischen Schritt-für-Schritt-Anleitungen mit passenden Abbildungen, die – wo nötig – mit Verweisziffern versehen sind, damit Sie immer genau wissen, wo Sie einen Befehl oder eine Funktion finden. Neben den kurzen Anleitungen gibt es (meist zu Beginn eines Themas) immer wieder Übersichtsseiten, die Ihnen eine ganze Registerkarte oder ein ganzes Menü im Überblick zeigen, damit Sie sich zunächst orientieren können, bevor es ins Detail geht. Das dritte wichtige Element sind längere Exkurse, in denen komplexere Zusammenhänge erklärt oder weiterführende Informationen oder Empfehlungen untergebracht werden.

Kapitel 1 dient zum einen dem Einstieg in die Arbeit mit diesem Buch, zum anderen – und vorrangig natürlich – dem Einstieg in den Umgang mit Excel 2016. Es werden Ihnen Möglichkeiten gezeigt, die Tabellenkalkulation Excel zu starten, wo das Programm im Startmenü zu finden ist und wie Sie sich auf der Arbeitsoberfläche zurechtfinden. Darüber hinaus lernen Sie die wichtigsten Programmelemente kennen, unter anderem Dialoge und Kontextmenüs, und Sie erfahren etwas über praktische Einstellungen, z. B. wie Sie das Menüband ein- und ausblenden können, um mehr Platz für Ihre Tabellen zu schaffen.

In diesem Kapitel

Vorwort

Hallo, lieber Excel-Interessent, Excel-Einsteiger, Excel-Nutzer,

bevor es richtig losgeht, stelle ich mich kurz vor. Mein Name ist Harald Zinkann – ich bin IT-Trainer und Berater und arbeite seit den 1980er-Jahren in der IT-Branche. Dabei habe ich mich primär mit der Programmierung in prozeduralen und objektorientierten Programmiersprachen sowie der Anbindung an relationale Datenbanken unter verschiedenen Betriebssystemen beschäftigt. Bei der Dokumentation und Kalkulation dieser Projekte spielte das Office-Paket immer schon eine große Rolle. Insbesondere Excel hat mich, als Programmierer und zahlenaffiner Mensch, besonders angesprochen.

Anfangs war Excel für mich nur ein notwendiges Übel, doch relativ schnell erkannte ich, welche schier unbegrenzten Möglichkeiten Excel beim Berechnen von großen Zahlenmengen bietet. Beispielsweise half mir das Programm, mal eben schnell zu überschlagen, wie viele Ziegel für den Anbau benötigt werden, und das für eine variable Steingröße! Und wenn die Grundrechenarten nicht reichen, bediene ich mich aus der Vielfalt von über 450 Funktionen, um mein Problem zu lösen. Sollte ich auch mit diesen das gewünschte Ergebnis nicht erreichen, bietet die Programmiersprache VBA weitere Funktionen, z. B. zur Berechnung des Quartals. So lässt sich die Arbeit mit Excel noch individueller gestalten. Da Excel auch die Möglichkeit bietet, Zahlen durch Diagramme anschaulich zu visualisieren, konnte ich so auch Personen, die für Zahlen nicht so viel übrighatten, für das Thema begeistern. Viele eingebaute Tools, wie z. B. die Pivot-Tabelle zum Zusammenfassen großer Datenmengen und die 3D-Weltkarte zum Visualisieren globaler Daten, haben dafür gesorgt, dass Excel inzwischen in meinen Seminaren zum absoluten Favoriten gehört. Dabei ist es mir ein besonderes Anliegen, gerade Anfängern den Zugang zu Excel logisch und einfach zu gestalten. Ich kann mich noch zu gut daran erinnern, wie ich selbst Excel erlernt habe, das möchte ich niemandem antun. Mir liegt es am Herzen, dass Sie, nachdem Sie dieses Buch gelesen und bearbeitet haben, auch von Excel begeistert sind und die vorgestellten Aufgaben sicher beherrschen.

An dieser Stelle möchte ich mich herzlich bei Lars Eglitis bedanken, der mir freundlicherweise Daten von seiner Internetseite *Laenderdaten.info* für dieses Buch zur Verfügung gestellt hat.

Besonders möchte ich auch meiner Frau danken, die mir in den Wochen, in denen ich zum Teil bis in die Nacht geschrieben habe, den Rücken frei gehalten hat.

Jetzt habe ich aber genug aus meinem Excel-Alltag geplaudert. Auf geht's, ich wünsche Ihnen viel Spaß und vor allem einen schnellen Lernerfolg mit Excel 2016!

Herzlichst

Ihr Harald Zinkann

Beispieldateien zum Buch

Sämtliche Übungsdateien zum Buch stehen Ihnen zum kostenlosen Download unter *www.vierfarben.de/3953* zur Verfügung.

So arbeiten Sie mit diesem Buch

Natürlich würden Sie jetzt am liebsten gleich loslegen. Sie sollten sich jedoch die Zeit nehmen, sich mit einigen Begriffen und Techniken vertraut zu machen. Sie werden Ihnen in diesem Buch immer wieder begegnen. Daher hier diese alphabetische Liste:

- **Arbeitsblatt** – Das Tabellenblatt, auf dem alle Aktionen ausgeführt werden. Es besteht aus 16.384 Spalten und 1.048.576 Zeilen, also 17.179.869.184 Zellen, in die Sie etwas eintragen können.
- **Arbeitsmappe** – Die Excel-Datei, sie enthält unter anderem alle Arbeitsblätter.
- **Auswahlmenü** – Einige *Schaltflächen* in den *Registern* des *Menübands* enthalten kleine, nach unten zeigende Dreieckschaltflächen. Ein Klick auf ein solches Symbol öffnet weitere Befehle in einem Menü.
- **Dialogfenster** – ein separates Fenster, über das im Regelfall Daten eingegeben werden, um sie dann z. B. im Funktionsassistenten einer Funktion zuzuordnen
- **Drag & Drop** – Ziehen und Fallenlassen (ein Objekt, meistens Zellen, durch Anklicken und Halten mit der Maus verschieben oder kopieren)
- **Eingabefeld** – Dient der Eingabe von Daten per Tastatur. Sie sind meistens Bestandteil eines Dialogfensters.
- **Icon** – Symbol, das einem bestimmten Dokument beziehungsweise einer bestimmten Funktion zugeordnet ist. So startet ein Doppelklick auf das Icon einer Excel-Arbeitsmappe die Anwendung Excel. Ein Klick auf ein Icon einer Schaltfläche im Menüband von Excel führt den dazugehörigen Befehl aus.
- **Kombinationsfeld** – Eine Aufklappliste oder ein Aufklappmenü (▾), aus dem Sie einen Eintrag wählen können. Nach der Auswahl wird die Liste wieder automatisch zusammengezogen.
- **Kontrollkästchen** – Ankreuzkästchen (☐☒), die unabhängig voneinander durch Anklicken aktiviert beziehungsweise deaktiviert werden können
- **Kontextmenü** – Ein Untermenü, das angezeigt wird, wenn Sie mit der rechten Maustaste ein »Objekt« anklicken. Je nachdem, was Sie anklicken, werden Ihnen kontextabhängige Befehle angezeigt.
- **Link** – oder *Hyperlink*. Ein Text, eine Zelle oder ein beliebiges Objekt (z. B. ein Bild). Wenn Sie es anklicken, gelangen Sie automatisch z. B. zu einem anderen Register oder auf eine Internetseite.
- **Optionsfeld** – kleine runde Schaltflächen (◉ ○ ○), von denen in einer Gruppe immer nur eine aktiviert werden kann
- **QuickInfo** – Ein erklärender Text zu einem Element der Anwendung. Wenn Sie kurze Zeit z. B. auf einem Icon verweilen, wird ein solcher Text in einer separaten Box angezeigt.
- **Schaltfläche** – oder *Button*. Dient dazu, einen Befehl auszuführen, z. B. das Formatieren einer Zelle mit grauem Hintergrund. Die Schaltflächen befinden sich in den Registern des Menübands und sind zu Gruppen zusammengefasst.
- **Shortcut** – Tastaturbefehle oder auch *Tastenkombinationen* genannt ([Strg] + [-] bedeutet z. B.: zuerst [Strg] drücken und gedrückt halten, danach kurz auf [-] tippen).
- **Zelle** – Hier werden die Daten (Zahlen, Text, Formeln und Funktionen) eingegeben. Es gibt immer nur eine aktive Zelle, auch wenn mehrere Zellen markiert sind!

Excel starten

Damit Sie mit Excel 2016 arbeiten können, muss die Anwendung erst einmal gestartet werden. Das hört sich banal an, es gibt aber verschiedenste Möglichkeiten, Excel zu starten. Daher gebe ich Ihnen hier zunächst eine Übersicht darüber, welche Vorgehensweisen Ihnen zur Verfügung stehen.

1. Nachdem Sie Office 2016 beziehungsweise mindestens Excel 2016 installiert haben, sehen Sie das Programmicon von Excel im Windows-10-Startmenü unter dem Buchstaben **E** im Bereich **Alle Apps**. Ein Klick auf den Eintrag **Excel 2016** ❶ startet die Anwendung.
2. Klicken Sie mit der rechten Maustaste auf den Eintrag **Excel 2016**, können Sie im folgenden Kontextmenü über den Befehl **An „Start“ anheften** das Programmicon (hier auch Kachel genannt) dem Startmenü ❷ hinzufügen. Mit einem Klick auf dieses Icon öffnen Sie Excel 2016.
3. In dem Kontextmenü aus Schritt 2 sehen Sie auch den Menüeintrag **Mehr**. Bewegen Sie den Mauszeiger darauf, steht Ihnen im Folgemenü der Befehl **An Taskleiste anheften** zur Verfügung. Wählen Sie ihn aus, wird ein Programmicon ❸ in der Taskleiste erzeugt, über das Sie ebenfalls zukünftig Excel 2016 starten können.

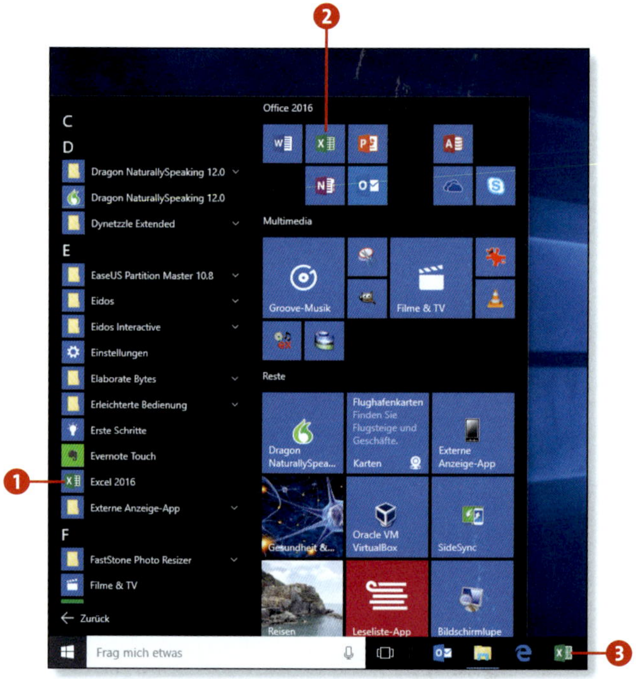

Arbeitsmappen per Kontextmenü öffnen

Bei allen drei beschriebenen Varianten können Sie mit einem Rechtsklick auf den Menüeintrag bzw. das Programmicon ein Kontextmenü aufrufen, in dem Sie eine Liste der zuletzt geöffneten Dateien vorfinden. Ein Klick auf eine der Dateien öffnet nicht nur Excel (sollte das Programm noch nicht geöffnet sein), sondern auch direkt die ausgewählte Arbeitsmappe.

Dateien dauerhaft im Kontextmenü behalten

In dem Kontextmenü, das Sie mit einem Klick auf das Programmicon aufrufen, werden Ihnen kürzlich verwendete Arbeitsmappen immer oben in der Liste angezeigt. Arbeitsmappen, die länger nicht bearbeitet wurden, rutschen nach unten und werden irgendwann nicht mehr in der Liste angezeigt. Verwenden Sie eine Arbeitsmappe regelmäßig, aber in größeren Zeitabständen, kann das dazu führen, dass die Arbeitsmappe, wenn Sie sie erneut öffnen möchten, nicht mehr in der Liste angezeigt wird. Bewegen Sie den Mauszeiger auf einen Dateinamen in der Liste, erscheint ein Stecknadelsymbol. Ein Klick auf dieses Symbol heftet die Datei dauerhaft an die Liste an. Ein weiterer Klick auf diese Pinnnadel löst sie wieder und sortiert sie chronologisch in die bestehende Liste ein.

4. Sollten Sie bereits eine Excel-Arbeitsmappe auf dem Desktop oder in einem Verzeichnis Ihrer Festplatte gespeichert haben, können Sie diese mit einem Doppelklick auf das Dateiicon öffnen. Excel 2016 wird in diesem Fall automatisch gestartet.

5. Möchten Sie z. B. CSV-Dateien dauerhaft mit Excel öffnen, ein Doppelklick auf das Icon der CSV-Datei öffnet diese aber mit dem Texteditor, müssen Sie das Dateiformat (im Beispiel Ihre CSV-Datei) mit Excel verknüpfen. Dazu klicken Sie mit der rechten Maustaste auf das Dateiicon der CSV-Datei und wählen im Kontextmenü den Punkt **Öffnen mit** ❹.

6. Im folgenden Dialogfenster wählen Sie aus der Liste **Excel 2016**. Setzen Sie hier außerdem ein Häkchen bei **Immer diese App zum Öffnen von .csv-Dateien verwenden** ❺. So ist sichergestellt, dass in Zukunft alle Dateien dieses Dateityps mit Excel geöffnet werden.

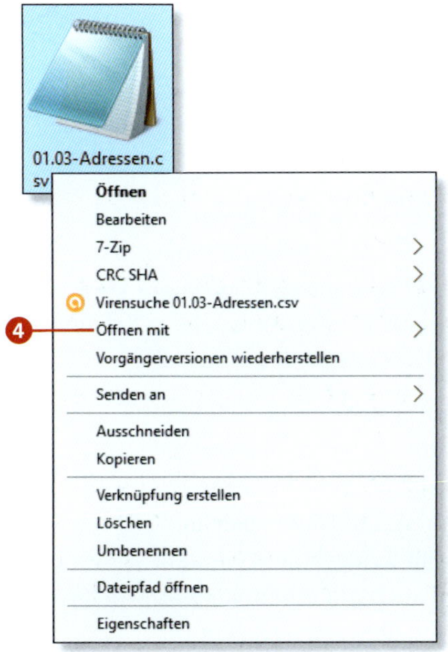

Was sind CSV-Dateien

Die Abkürzung CSV steht für *Comma Separated Values*. Eine CSV-Datei enthält also Zeilen mit Datensätzen, deren Felder meist durch Komma voneinander getrennt sind. Die Felder können auch durch Semikolon, Tab oder ein anderes Zeichen getrennt sein. Dieses Dateiformat wird häufig genutzt, um Daten zwischen zwei Anwendungen auszutauschen. Da jede Zeile einen Datensatz enthält, der immer identisch aufgebaut ist, entspricht diese Struktur der einer typischen Tabelle. Was liegt also näher, als diese Dateien mit Excel zu öffnen.

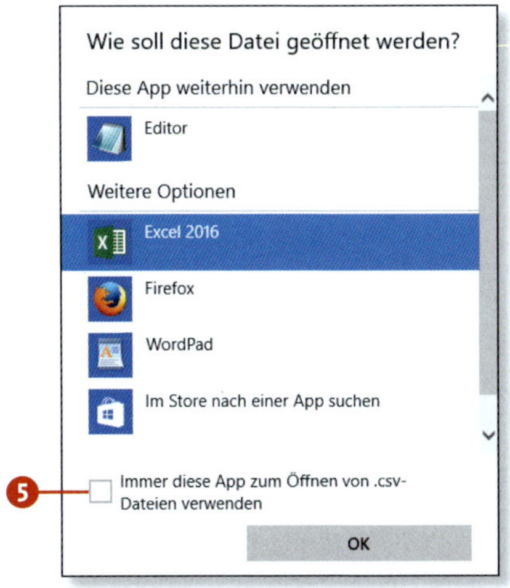

Excel beenden

Excel zu beenden ist schon wesentlich unkomplizierter. Aber auch hier gibt es einige Alternativen, die Sie kennen sollten.

1. Oben rechts im Anwendungsfenster sehen Sie ein Schließkreuz ❶. Bewegen Sie den Mauszeiger auf dieses Kreuz, wird es rot hinterlegt. Mit einem Klick darauf wird Excel geschlossen. Alternativ können Sie auch die Tastenkombination [Alt] + [F4] verwenden.
2. Sollten Sie eine Arbeitsmappe geöffnet und in dieser etwas verändert haben, werden Sie vor dem Beenden in einem Hinweisdialog gefragt, ob diese Datei gespeichert werden soll. Klicken Sie auf **Nicht speichern**, wird Excel geschlossen, und alle Änderungen werden verworfen. Der Vorgang kann auch mit einem Klick auf **Abbrechen** oder durch Drücken der Taste [Esc] unterbrochen werden. Bestätigen Sie diesen Dialog aber mit einem Klick auf **Speichern**, wird Ihnen das Dialogfenster **Speichern unter** angezeigt.
3. In diesem Dialogfenster geben Sie den gewünschten Dateinamen ❷ ein und bestätigen erneut mit einem Klick auf die Schaltfläche **Speichern** ❸.

Speicheroptionen

In den Abschnitten »Eine Arbeitsmappe speichern« und »Excel-Dateien in OneDrive speichern« auf den Seiten 39 und 42 sowie im Exkurs »Speicheroptionen und Dateiformate« ab Seite 40 stelle ich Ihnen weitere Möglichkeiten, eine Excel-Arbeitsmappe zu speichern, vor.

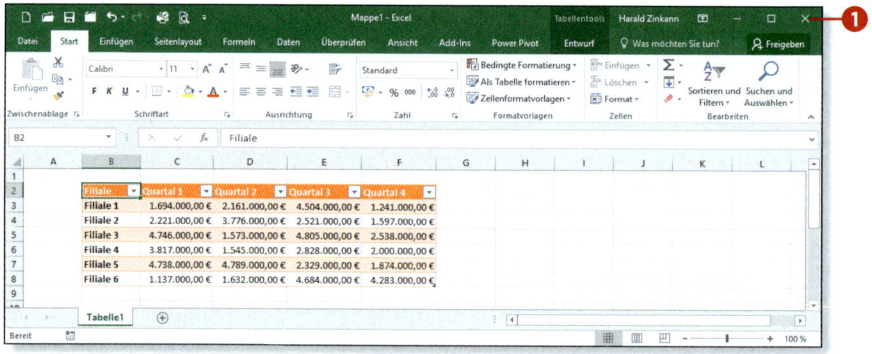

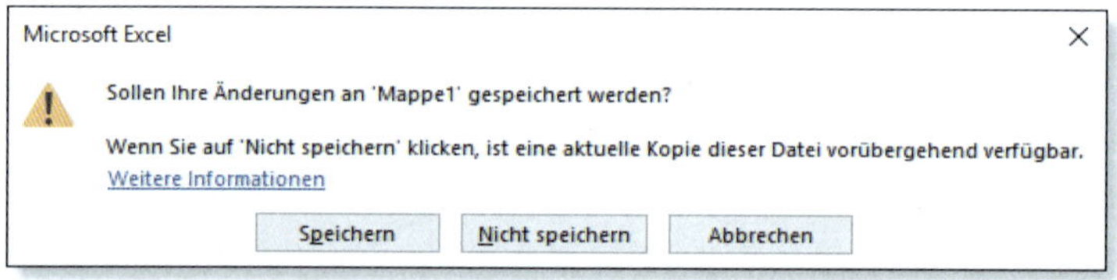

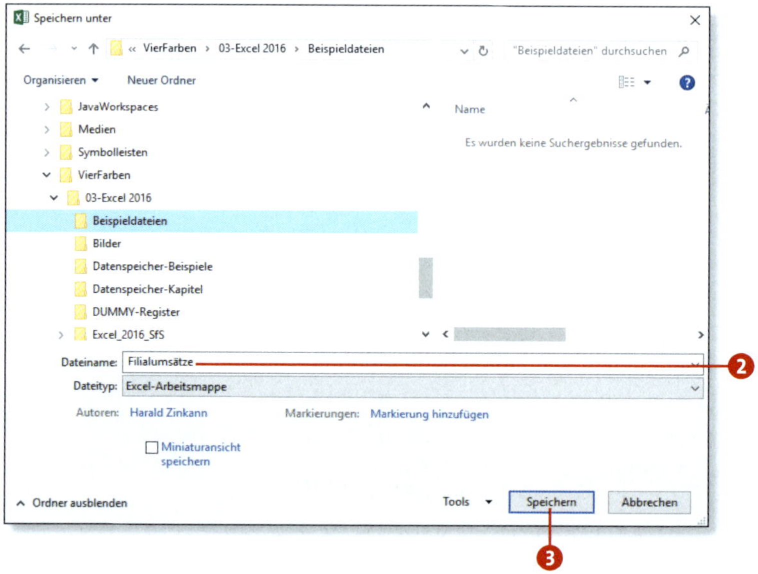

Was ist neu in Excel 2016?

Bei den Neuerungen von Excel 2016 stehen, wie es auf den ersten Blick scheinen mag, optische Elemente im Vordergrund. So wurden neue Diagrammtypen wie *Treemap* und *Sunburst* hinzugefügt, und die Funktion *Power-View* wurde zur 3D-Karte erweitert.

Auch an den Pivot-Tabellen wurde geschraubt. Sie kennen jetzt beispielsweise intelligente Gruppierungen bei Datumsfeldern, und die Datenschnitte wurden so erweitert, dass das Drücken der `Strg`-Taste bei Mehrfachmarkierungen nicht mehr nötig ist. Neben den Optimierungen gibt es aber auch neue Funktionalitäten wie das Prognoseblatt, das Trendanalysen sehr anschaulich darstellt.

Die Hilfen, die man über das Eingabefeld **Was möchten Sie tun?** abrufen kann, vermitteln das Gefühl, Excel versteht langsam, wie der Anwender tickt. Und auch in puncto Sicherheit hat sich bei Excel 2016 etwas getan. So soll sich laut Microsoft z. B. das unbeabsichtigte oder unerlaubte Weiterleiten sensibler Firmendaten per *DLP* (*Data Loss Prevention*) verhindern lassen, wenn die Daten z. B. in der Cloud gespeichert werden.

Für Excel 2016 wurde zudem die Excel-App überarbeitet. Sie ist allerdings weiterhin primär für das Sichten und eingeschränkte Bearbeiten von Arbeitsmappen auf mobilen Geräten gedacht. Die grundlegenden Bearbeitungsfunktionen sind auf Geräten mit einer Bildschirmgröße von weniger als 10,1 Zoll kostenlos. Die Excel-App ist für die Darstellung auf Smartphones optimiert, aber für die Bearbeitung von Daten ist das recht unbequem. Wollen Sie Ihre Daten nur sichten, um mal eben etwas nachzusehen, ist die App eine nette Alternative zu einem Laptop mit dem Excel-Programm. In diesem Buch werde ich nur auf die Bearbeitung von Daten mit dem Excel-Programm, welches Bestandteil des Office-Pakets ist, eingehen.

Alles in allem hat sich eine Menge getan. Der Anwender wird in seinen täglichen Arbeiten sinnvoll unterstützt, und viele Funktionalitäten sind noch intuitiver zu handhaben. Auch ohne tief greifende Excel-Kenntnisse lassen sich jetzt z. B. anschauliche Diagramme per Knopfdruck abrufen und professionell präsentieren.

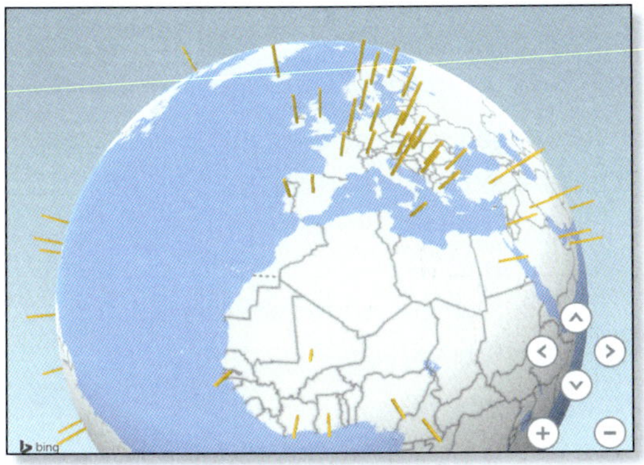

Die durchschnittliche männliche Körpergröße aus 76 Ländern lässt sich in Excel 2016 etwa auf einer 3D-Karte darstellen.

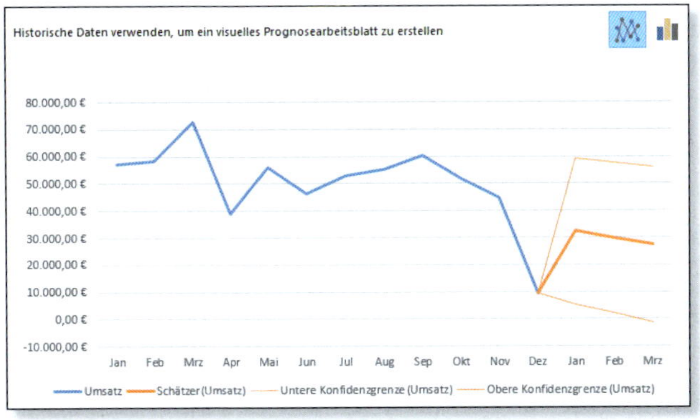

Die orangefarbenen Linien zeigen die Prognose mit Ober- und Untergrenze.

Die Programmoberfläche und ihre Elemente

Für ein klares Verständnis ist es wichtig, vorab einige Begriffe der Programmoberfläche zu klären. Starten Sie Excel 2016 mit einem Klick auf das Programmicon im Startmenü oder in der Taskleiste, erscheint der Startbildschirm. Hier können Sie entscheiden, ob Sie eine neue Arbeitsmappe anlegen, eine bestehende aus der Liste der zuletzt verwendeten Arbeitsmappen öffnen oder eine neue Vorlage verwenden möchten.

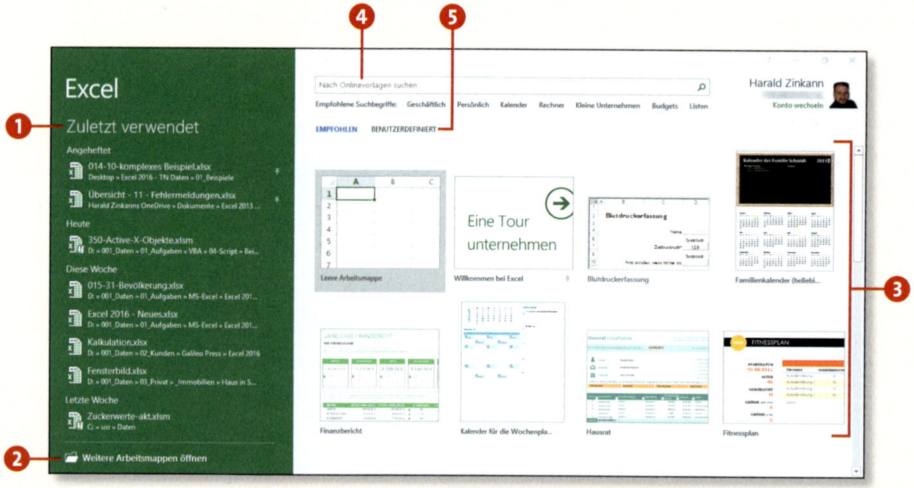

1. **Zuletzt verwendet** – Hier finden Sie die zuletzt verwendeten Arbeitsmappen, die nach dem Änderungsdatum absteigend sortiert sind. Zusätzlich kann sich oberhalb dieser Arbeitsmappen eine Liste mit angehefteten Arbeitsmappen befinden. Angeheftete Arbeitsmappen befinden sich dauerhaft in der Gruppe **Angeheftet**. Wenn Sie mit dem Mauszeiger über einen Eintrag in der unteren Liste fahren, wird die Pinnnadel sichtbar, mit der Sie die Datei anheften können.
2. **Weitere Arbeitsmappen öffnen** – Über die Schaltfläche wird Ihnen eine Liste mit bis zu 50 Arbeitsmappen angezeigt.
3. **Vorlagenauswahl** – Im rechten Bereich steht Ihnen eine Auswahl an Vorlagen zur Verfügung. Klicken Sie auf die Vorlage **Leere Arbeitsmappe**, wird eine neue leere Arbeitsmappe angelegt und geöffnet. Zum besseren Verständnis: Die Arbeitsmappe ist der Begriff für die gesamte Excel-Datei. Das Arbeitsblatt bezeichnet das aktuelle Register, in dem Sie sich gerade befinden.
4. Das Feld **Nach Onlinevorlagen suchen** bietet Ihnen die Möglichkeit, gezielt nach Vorlagen zu suchen. Geben Sie einfach einmal »Kalender« ein. Im Ergebnis werden auch Treffer für Word, PowerPoint und Co. angezeigt. Die Beispielsuchbegriffe darunter wurden von Microsoft zusammengestellt. Klicken Sie sie an, werden Ihnen passende Vorlagen angeboten.
5. Ebenso wurde die Kategorie **Empfohlen** von Microsoft erstellt. Sie finden hier häufig verwendete Vorlagen. In der Kategorie **Benutzerdefiniert** finden Sie die Verzeichnisse mit Ihren Vorlagen.

Haben Sie eine Arbeitsmappe geöffnet, gelangen Sie auf die eigentliche Programmoberfläche. Auf dieser Seite stelle ich Ihnen die verschiedenen Elemente des Programmfensters vor.

1. **Symbolleiste für den Schnellzugriff** – Schnellwahlmenü für häufig verwendete Befehle
2. **Titelleiste** – Hier wird Ihnen der Dateiname der Arbeitsmappe und der Kontenname, mit dem Sie angemeldet sind, angezeigt. Außerdem bietet sie Ihnen die Schaltfläche **Menüband-Anzeigeoptionen** und Schaltflächen für die Fensterverwaltung (Minimieren, Verkleinern, Maximieren und Schließen).
3. **Menüband** – mit seinen Registern, die wiederum die Gruppen enthalten
4. **Register** – Teilen das Menüband in verschiedene Bereiche.
5. **Gruppen** – In ihnen werden themenbezogene Schaltflächen zusammengefasst.
6. **Namenfeld** – Hier wird jeweils der Bezug der aktuell markierten Zelle angezeigt, hier B5.
7. **Bearbeitungsleiste** – Sie zeigt an, was in der aktuellen Zelle steht. Häufig unterscheidet sich das, was Sie im Arbeitsblatt in dieser Zelle sehen (im Beispiel sehen Sie in der Zelle eine 10, in der Bearbeitungszeile aber =5+5).
8. **Spalten- und Zeilenindex** – Jede Zelle hat eine eindeutige Koordinate, die sich aus dem Spaltenindex und dem Zeilenindex zusammensetzt, dem Bezug.
9. **Scrollleiste** – Über die Scrollleisten verschieben Sie den sichtbaren Bereich des Arbeitsblattes.
10. **Arbeitsblattregister** – Jedes Register enthält ein Arbeitsblatt. Durch einen Klick auf das Register wechseln Sie, wenn vorhanden, zwischen den Arbeitsblättern. Über das Plussymbol legen Sie weitere Arbeitsblätter an.
11. **Statusleiste** – Enthält wichtige Informationen zum aktuellen Arbeitsblatt beziehungsweise zur aktuellen Markierung.

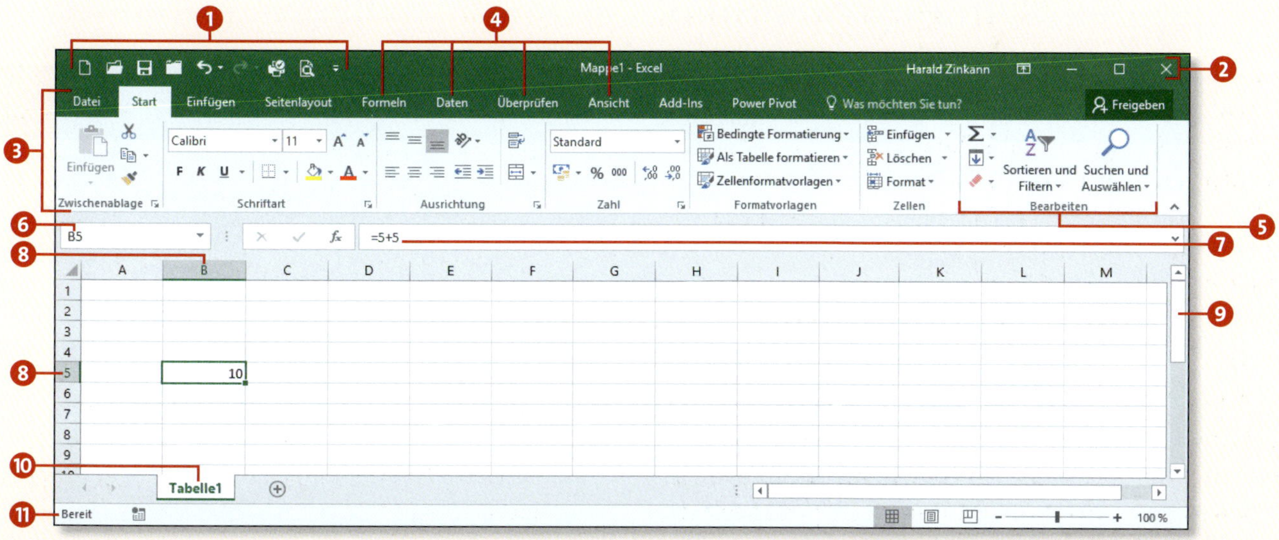

Das Menüband

Das Menüband enthält die Register. Die Registerkarten wiederum enthalten die Befehlsschaltflächen, die nach Aufgaben zusammengefasst sind. So finden Sie z. B. im Register **Einfügen** alle Elemente wieder, die Sie in das Arbeitsblatt einfügen können, im Register **Seitenlayout** alles, was dazu dient, die Optik der Seite zu verändern.

In den Registern sind die einzelnen Schaltflächen zusätzlich in Gruppen unterteilt. Eine Gruppe wird links und rechts durch eine vertikale Linie begrenzt und durch einen Text beschrieben.

Grundsätzlich ist das Menüband immer gleich aufgebaut. Es kann jedoch, je nach Auflösung des Bildschirms und Größe des Fensters, die Optik verändern. So werden, wenn nicht genügend Platz vorhanden ist, die Schaltflächen nur als Gruppen dargestellt ❶. Sollten nicht alle Gruppen darstellbar sein, erscheint am rechten beziehungsweise linken Rand des Menübands eine Pfeilschaltfläche ❷, über die ausgeblendete Teile des Menübands aufgerufen werden können.

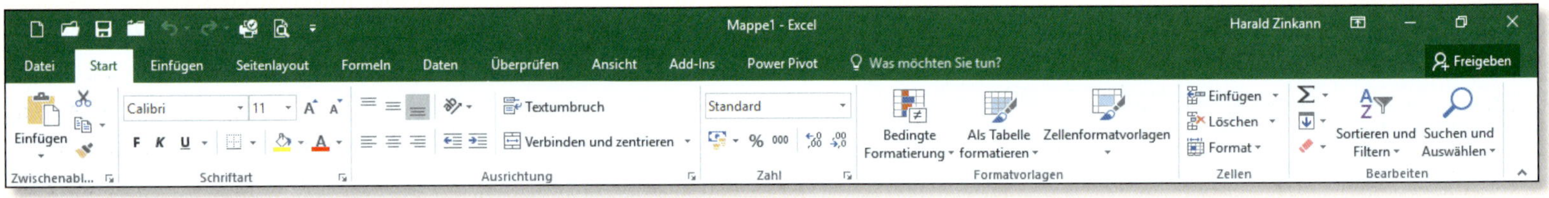

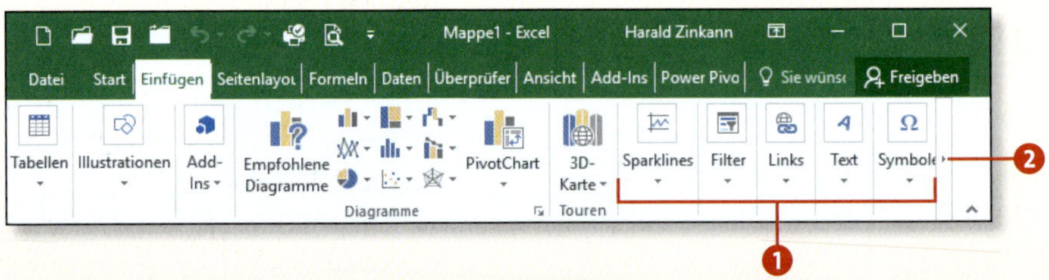

Die verschiedenen Registerkarten

Mit den Registerkarten des Menübands werden Schaltflächen und Befehle in größere Themenbereiche zusammengefasst. Je nach Auswahl der Registerkarte stehen Ihnen andere Schaltflächen zur Verfügung. Die vielen kleinen Symbole der Schaltflächen steigern den Wiedererkennungswert gegenüber textbasierten Menüpunkten, wie sie bis Excel 2003 verwendet wurden. Im Folgenden erhalten Sie einen Überblick über die Registerkarten, die nach dem Starten von Excel sichtbar sind.

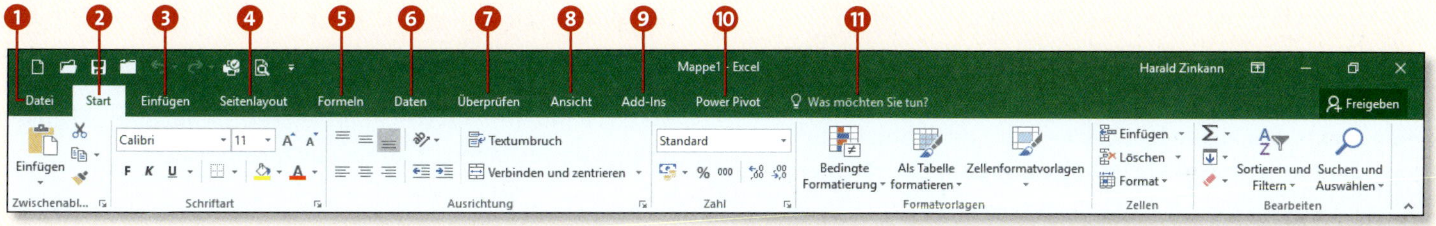

1. **Datei** – Hier gelangen Sie in den sogenannten *Backstage*-Bereich, wo Sie alle Befehle zum Verwalten der Arbeitsmappe finden, also z. B. das Speichern, Drucken, Exportieren und Freigeben der Arbeitsmappe einleiten. Sie erreichen aber auch Ihre Kontodaten und die Excel-Optionen.
2. **Start** – In diesem Register finden Sie die wichtigsten Befehle zum Gestalten des Arbeitsblattes, also alle wichtigen Formatierungen auf einen Blick, das Einfügen und Löschen von Zeilen und Spalten sowie die elementarsten Funktionen.
3. **Einfügen** – Fügen Sie Bilder, eigene Add-Ins, Diagramme, Sparklines, intelligente Filter, Pivot-Tabellen und auch 3D-Karten in Ihr Arbeitsblatt ein.
4. **Seitenlayout** – Ändern Sie das Design, schalten Sie Bildschirmelemente wie Gitternetzlinien ein und aus, ordnen Sie eingefügte Elemente an, und nehmen Sie individuelle Einstellungen für Ihren Ausdruck vor.
5. **Formeln** – Hier finden Sie eine Übersicht aller eingebauten Funktionen, eine Befehlssammlung zur Fehlersuche und den *Namensmanager* für Ihre benannten Felder und Bereiche.
6. **Daten** – Alle Funktionen zum Manipulieren von Daten finden Sie hier, so unter anderem alles zum Importieren von externen Daten, Tools zur Eingabeüberprüfung und das Prognoseblatt.
7. **Überprüfen** – Die Rechtschreibung darf auch in Excel-Arbeitsblättern nicht zu kurz kommen, hier finden Sie die entsprechende Funktion. Aber auch Optionen zum Schützen der Daten und die Kommentarfunktion finden Sie auf diesem Register.
8. **Ansicht** – Das Erscheinungsbild der Mappe, ob Normalansicht, Umbruchvorschau oder Seitenlayout und Zoomfaktor, wird hier eingestellt.
9. **Add-Ins** – Nachträglich installierte Add-Ins stehen Ihnen auf diesem Register zur Verfügung.
10. **Power Pivot** – Das frühere Add-In hat nun seinen festen Platz im Menüband erhalten. Es ist ein mächtiges Werkzeug, um z. B. Daten aus mehreren Datenquellen zu konsolidieren.
11. **Was möchten Sie tun?** oder **Sie wünschen?** – Geben Sie Ihre Frage oder einen Suchbegriff ein, und Sie gelangen direkt zu den Befehlen, die zu Ihrer Frage passen.

Die Statusleiste

Die unterste Zeile des Anwendungsfensters nennt man *Statusleiste*. Auf der linken Seite sehen Sie den aktuellen Betriebsmodus und eine Taste zum Aufnehmen von Makros ❶. Auf der rechten Seite der Statuszeile sehen Sie, welcher Zoomfaktor eingestellt ist, einen Regler zum Einstellen des Zoomfaktors für das aktuelle Arbeitsblatt (also zum Vergrößern und Verkleinern der Ansicht) und links daneben weitere Schaltflächen zum Wechseln der Ansicht von der **Normalansicht** über **Seitenlayout** hin zur **Seitenumbruchvorschau** ❷.

Mit einem Rechtsklick auf eine beliebige Stelle der Statusleiste öffnen Sie das Kontextmenü **Statusleiste anpassen**. Alle Elemente, die hier mit einem Häkchen versehen sind, sind aktiviert, werden jedoch aktuell nicht unbedingt in der Statuszeile angezeigt. Haben Sie aber beispielsweise die Optionen **Mittelwert**, **Anzahl** und **Summe** im Kontextmenü aktiviert und markieren nun im Arbeitsblatt Zellen mit Zahlenwerten, wird Ihnen für diese in der Statusleiste der Mittelwert, die Anzahl markierter Zahlen und die Summe angezeigt. Durch Anklicken (mit der linken Maustaste) können Sie einzelne Punkte aktivieren beziehungsweise deaktivieren. Möchten Sie das Kontextmenü schließen, klicken Sie auf eine beliebige Stelle außerhalb des Menüs, z. B. auf das Arbeitsblatt.

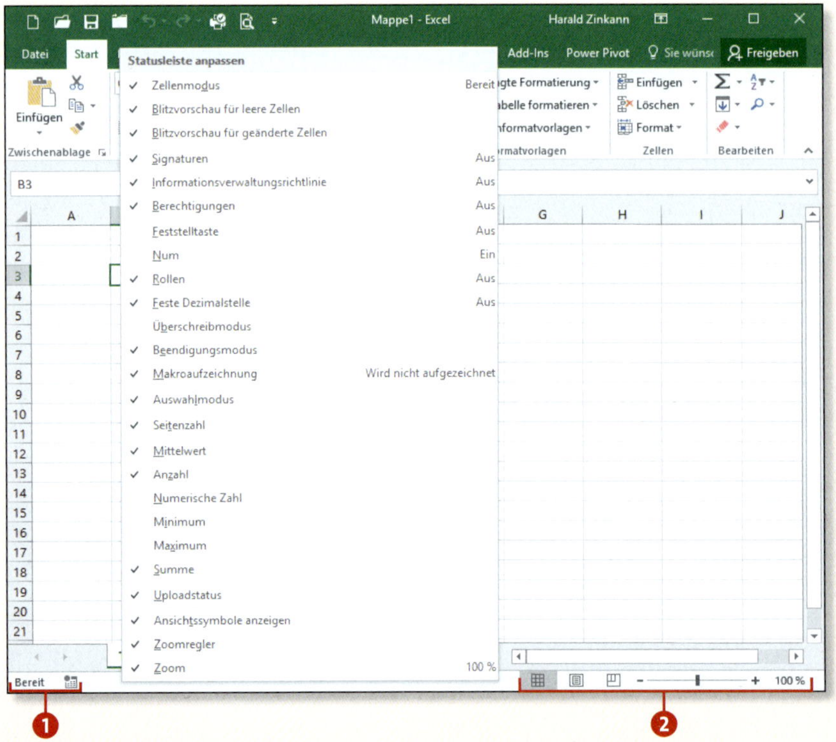

Das Menüband ein- und ausblenden

Sollten Sie mit großen Tabellen arbeiten, ist Platz ein wichtiges Thema. Je mehr Platz für das Arbeitsblatt zur Verfügung steht, umso übersichtlicher wird die Tabelle, und die Arbeit geht Ihnen einfacher von der Hand. Durch das Ausblenden des Menübands können Sie, je nach Auflösung und Zoomfaktor, bis zu 20 weitere Zeilen auf dem Bildschirm sichtbar machen.

1. Auf der rechten Seite der Titelleiste befindet sich die Schaltfläche **Menüband-Anzeigeoptionen** ❶. Mit einem Klick auf diese Schaltfläche öffnen Sie ein kleines Menü, in dem Sie drei Menüpunkte finden.
2. Klicken Sie auf die Option **Menüband automatisch ausblenden**, wird das Menüband mit samt der Titelleiste ausgeblendet. Wenn Sie nun den Mauszeiger an den oberen Rand des Bildschirms bewegen, wird eine dunkelgrüne (kann angepasst werden) Zeile eingeblendet. Ein Klick auf eine beliebige Stelle dieser Zeile blendet das Menüband samt Titelleiste wieder ein. Sobald Sie eine Schaltfläche angeklickt haben, werden das Menüband und die Titelleiste automatisch wieder ausgeblendet.
3. Bei der Auswahl **Registerkarten anzeigen** werden nur die Schaltflächen ausgeblendet. Die Registernamen und die Titelleiste bleiben sichtbar. Mit einem Klick auf den Registernamen blenden Sie das Menüband ein. Auch hier wird nur für die Dauer eines Befehls (also eines Klicks auf eine Schaltfläche) das Menüband eingeblendet.
4. Wählen Sie **Registerkarten und Befehle anzeigen**, wird das Menüband wieder dauerhaft und mit allen Elementen angezeigt.

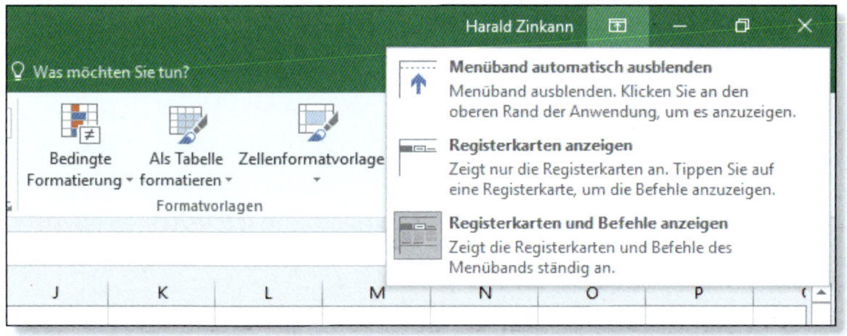

Menüband reduzieren

In der rechten unteren Ecke des Menübands finden Sie einen kleinen nach oben zeigenden Pfeil ❷. Ein Klick auf diesen Pfeil reduziert das Menüband und zeigt nur die Registerkarten wie in der 2. Option der **Menüband-Anzeigeoptionen** an.

Die Symbolleiste für den Schnellzugriff nutzen

Die *Symbolleiste für den Schnellzugriff* bietet unmittelbaren Zugriff auf wichtige Befehle. In der Standardeinstellung enthält sie nur drei Befehle: **Speichern**, **Rückgängig** und **Wiederherstellen**. Sie lässt sich aber bequem an Ihre Bedürfnisse anpassen.

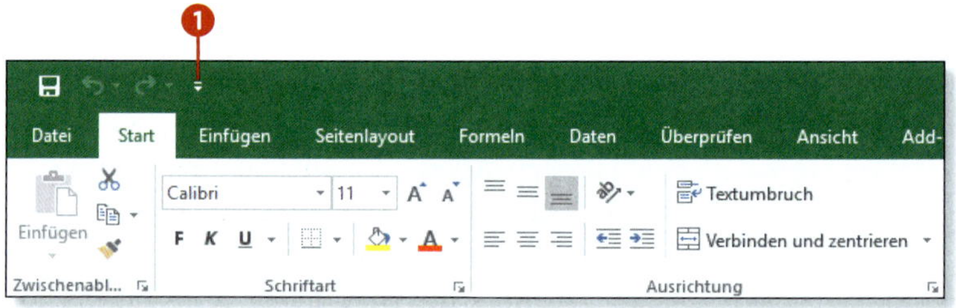

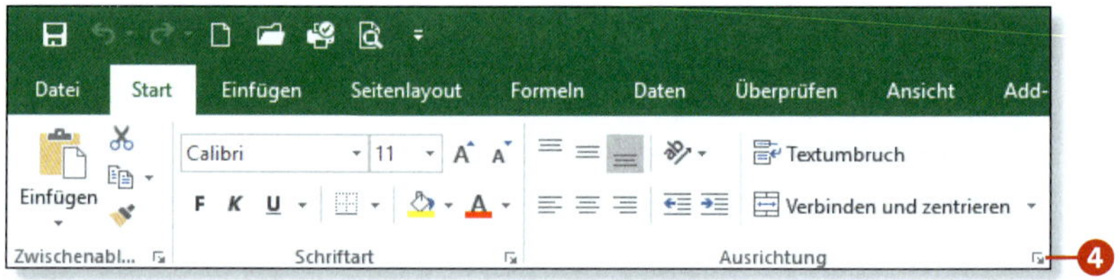

1. Rechts neben dem letzten Symbol befindet sich eine Dreieckschaltfläche ❶. Mit einem Klick darauf öffnen Sie das Menü **Symbolleiste für den Schnellzugriff anpassen**, aus dem Sie weitere Befehle durch Anklicken der Symbolleiste hinzufügen können. Befehle, die bereits angezeigt werden, sind im Menü durch ein Häkchen gekennzeichnet. Ein Klick auf einen aktiven Eintrag entfernt das Häkchen und den Befehl aus der Symbolleiste.
2. Mit einem Klick auf den untersten Menüpunkt **Unter dem Menüband anzeigen** ❷ fügen Sie die Symbolleiste als zusätzliche Zeile unter dem Menüband ein. So wird allerdings eine zusätzliche Zeile verschwendet. Daher ziehe ich es vor, die Symbolleiste über dem Menüband, also in der Titelleiste, zu belassen.
3. In diesem Menü sind aufgrund des Platzmangels allerdings nicht alle verfügbaren Befehle anwählbar. Mit einem Klick auf **Weitere Befehle** ❸ rufen Sie das Dialogfenster **Excel-Optionen** samt der aktivierten Kategorie **Symbolleiste für den Schnellzugriff** auf. Hier lassen sich zusätzliche Befehle wählen, sodass Sie der Symbolleiste nahezu jeden Befehl hinzufügen können.

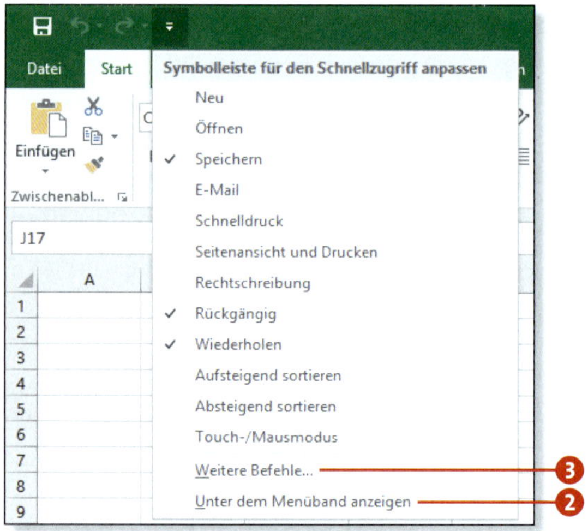

Aufklappmenüs für weitere Befehle

In Excel werden Ihnen ähnliche Dreieckschaltflächen, wie die am Ende der Symbolleiste für den Schnellzugriff, begegnen. Hierüber rufen Sie immer wieder Optionen und/oder Menüs auf. Gleiches gilt für die kleinen Pfeilschaltflächen in der Ecke einer Gruppe ❹, über die Sie Dialogfenster mit weiteren Einstellungen öffnen.

4. Im Dialogfenster sehen Sie in der Liste **Befehle auswählen** 5 die Befehle, die Sie in die rechte Liste, die Ihre Symbolleiste darstellt, hinzufügen können. Dazu markieren Sie zunächst den Eintrag auf der linken Seite und fügen ihn über die Taste **Hinzufügen** 6 der rechten Seite hinzu. Über die Pfeiltasten können Sie den markierten Eintrag der rechten Liste nach oben beziehungsweise nach unten schieben und so Ihre Symbolleiste sortieren.

5. Die Liste auf der linken Seite weist allerdings auch nur einen Bruchteil aller Befehle auf. Das liegt daran, dass in dem Kombinationsfeld über der Liste standardmäßig **Häufig verwendete Befehle** eingestellt ist. Wählen Sie hier **Alle Befehle**, werden Ihnen alle verfügbaren Befehle angezeigt. Mit einem Klick auf den Button **OK** schließen Sie die Anpassung ab.

6. Um Schaltflächen wieder aus der Symbolleiste für den Schnellzugriff zu entfernen, klicken Sie sie mit der rechten Maustaste an und wählen im Kontextmenü **Aus Symbolleiste für den Schnellzugriff entfernen** 7. Auf diese Art können Sie sich die Symbolleiste immer wieder an die aktuelle Arbeitssituation anpassen. Sie sollten lediglich darauf achten, dass die Symbolleiste nicht zu überladen wird.

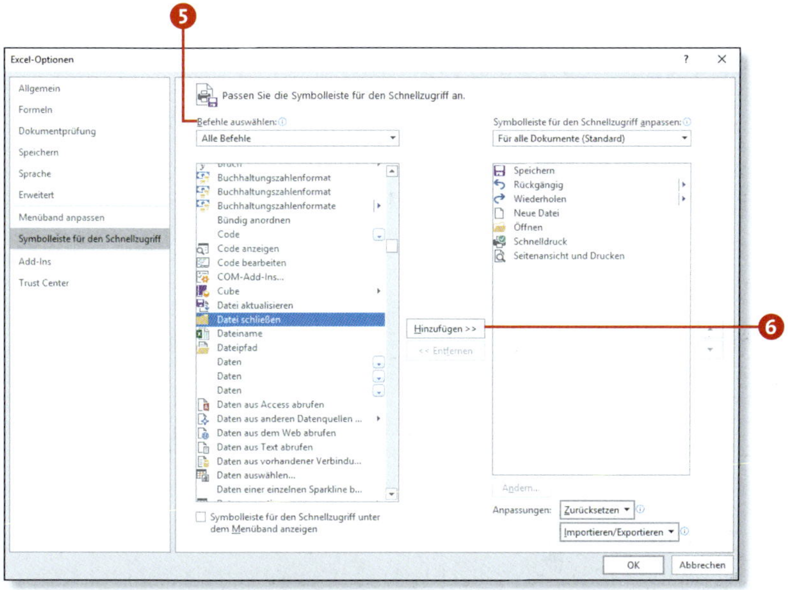

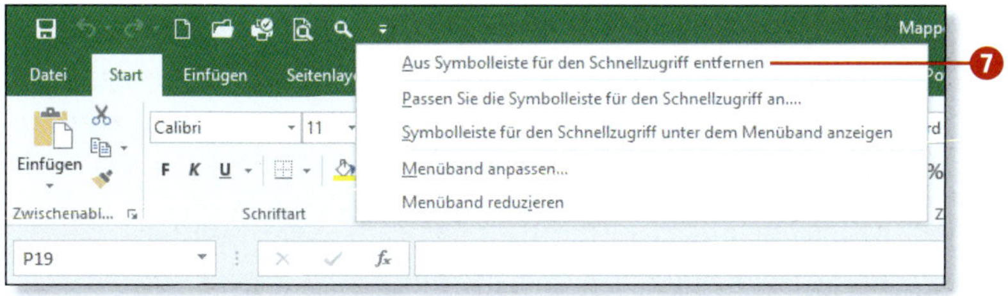

Alternative Möglichkeit, die Symbolleiste anzupassen

Stellen Sie sich vor, Sie sind auf der Suche nach einer Schaltfläche. Sagen wir, der Schaltfläche für das Zoomen des aktuellen Arbeitsblattes. Sie finden sie schließlich in der Gruppe **Zoom** der Registerkarte **Ansicht**. Klicken Sie hier mit der rechten Maustaste auf die Schaltfläche **Zoom**, und wählen Sie aus dem Kontextmenü **Zu Symbolleiste für den Schnellzugriff hinzufügen**. Die Schaltfläche wird nun Ihrer Symbolleiste für den Schnellzugriff hinzugefügt, sodass Sie sie zukünftig jederzeit erreichen, egal in welchem Register Sie sich gerade befinden.

Die Excel-Hilfe verwenden

Kaum jemand wird als Excel-Profi geboren. Oft steht man dann vor der Situation, dass man ein Ergebnis benötigt, aber nicht weiß, mit welcher Funktion dies zu ermitteln ist. In diesem Fall kann Sie die Online-Hilfe auf den richtigen Weg bringen. In der Beispieldatei *01.13-Hauptstädte.xlsx* finden Sie eine Liste aller Hauptstädte mit Einwohnerzahl. In der Zelle H5 soll die Summe der Einwohnerzahlen aller Hauptstädte eines Kontinents ermittelt werden. Ich benötige also eine Summenfunktion, die Kriterien zulässt. Da ich eine solche Funktion nicht kenne, muss ich danach suchen.

1. Um die Hilfe zu starten, drücken Sie die Taste [F1]. Ihnen wird daraufhin das Dialogfenster **Excel 2016 Hilfe** angezeigt.
2. Geben Sie in das Eingabefeld »Summe mit Kriterien« ein, und drücken Sie die [↵]-Taste beziehungsweise klicken Sie auf das Lupensymbol ❶. Sie müssen keinen grammatikalisch richtigen Satz eingeben, einzelne Stichwörter reichen vollkommen aus.
3. Im unteren Bereich des Dialogfensters werden Ihnen die Suchergebnisse mit einer Kurzbeschreibung angezeigt. So können Sie schnell entscheiden, welche Funktion für Sie die richtige ist.
4. Ein Klick auf den Link ❷ öffnet die Hilfe für diese Funktion. Die Hilfen sind gut verständlich und einfach nachzuvollziehen. In den Artikeln befinden sich auch immer mindestens ein Beispiel und Querverweise auf ähnliche Funktionen.

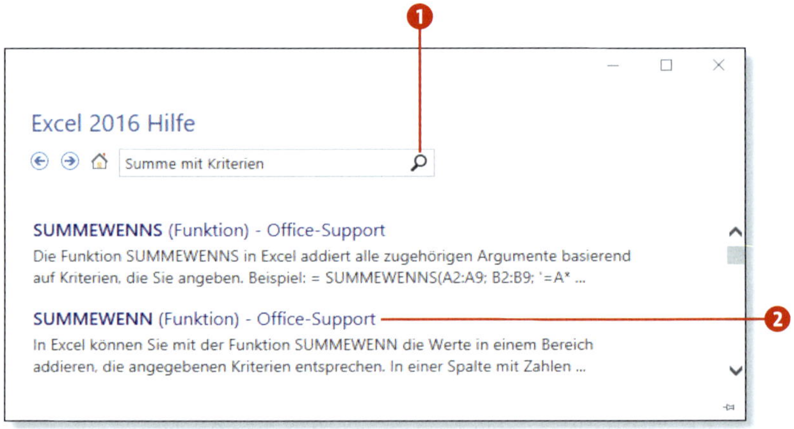

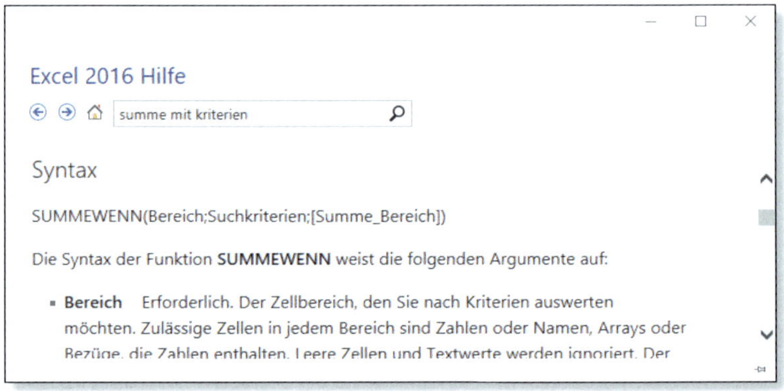

Online-Hilfe nur bei Internetverbindung

Um die Hilfe nutzen zu können, ist eine Internetverbindung erforderlich! In früheren Versionen konnte die Hilfe auf offline umgeschaltet werden. Diese Option ist im Office-Paket 2016 leider nicht mehr verfügbar.

Neben der klassischen Hilfe, die Sie über [F1] erreichen, gibt es eine weitere Möglichkeit, Unterstützung bei Ihrer Arbeit zu erhalten. Seit Excel 2016 befindet sich im Menüband hinter dem letzten Register das Eingabefeld **Was möchten Sie tun?** ❸. Sie möchten z. B. zu den markierten Zellen D5 bis E14 ein Diagramm erstellen, wissen aber nicht, wie.

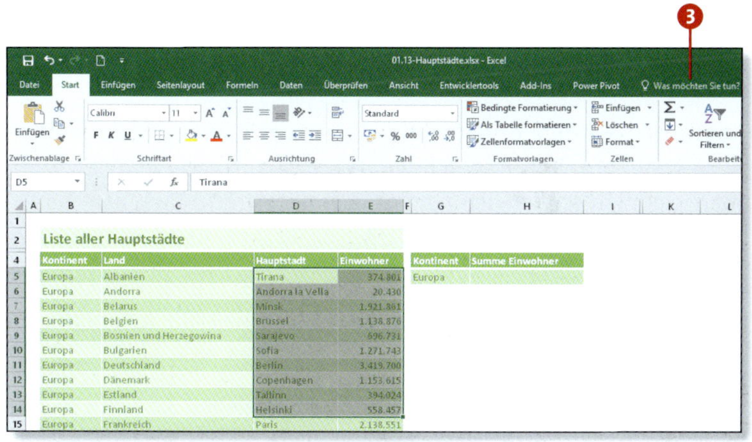

1. In dieses Feld geben Sie einfach Ihre Frage »Diagramm erstellen« ein und betätigen die [↵]-Taste. Schon bei der Eingabe stellen Sie fest, dass in der Ergebnisliste die richtige Aktion angeboten wird.

2. Im oberen Bereich des Menüs werden Ihnen bereits passende Schaltflächen angeboten. Die Option **Diagramm erstellen** startet z. B. den Assistenten zum Erstellen eines Diagramms, und mit einem Klick auf **Empfohlene Diagramme** werden Ihnen zu den markierten Werten Diagramme angeboten, die Sie unmittelbar einfügen können. Weitere Diagramm-Kenntnisse sind nicht erforderlich.

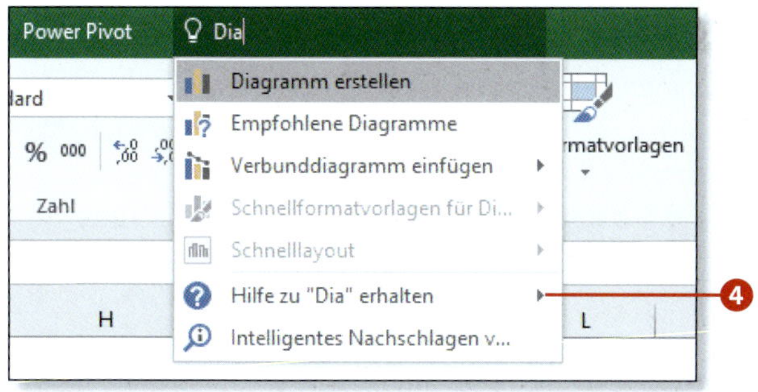

3. Der untere Bereich dient der weiteren Suche zum Thema. Ein Klick auf **Hilfe zu "[Ihr Suchbegriff]" erhalten** ❹ startet die Suche genau wie über [F1], die Ergebnisse werden jedoch in einem Untermenü zusammengestellt. Über **Intelligentes Nachschlagen** wird Ihnen eine Liste mit Internetseiten zur Verfügung gestellt, auf denen vermeintliche Antworten zu finden sind.

Hilfe zu Funktionen

In Kapitel 7, »Formeln und Funktionen«, ab Seite 183 zeige ich Ihnen einen Trick, wie Sie schnell und ohne große Umwege Hilfe zu einer bestimmten Funktion erhalten.

Schnell zwischen Arbeitsmappen wechseln

Sollten Sie mehrere Arbeitsmappen geöffnet haben, gibt es verschiedene Möglichkeiten, schnell zwischen ihnen hin und her zu wechseln. Am schnellsten geht es aber mit dem *Taskwechsler* von Windows.

1. Drücken Sie die [Alt]-Taste, und halten Sie sie gedrückt. Drücken Sie nun die [⇆]-Taste. Es erscheint eine Liste der geöffneten Anwendungen.
2. Drücken Sie nun erneut die [⇆]-Taste, bewegen Sie sich von links nach rechts durch diese Fensterliste. Ist das gewünschte Fenster ❶ (also z. B. die zweite Arbeitsmappe) markiert, das Sie in den Vordergrund heben möchten, lassen Sie die [Alt]-Taste wieder los. Das markierte Fenster wird Ihnen nun angezeigt.
3. Stattdessen können Sie auch die Tastenkombination [⊞] + [⇆] verwenden. Hierbei werden nach dem ersten Betätigen der [⇆]-Taste alle geöffneten Anwendungsfenster über dem Desktop angeordnet, und Sie können per Mausklick Ihr gewünschtes Fenster wählen.

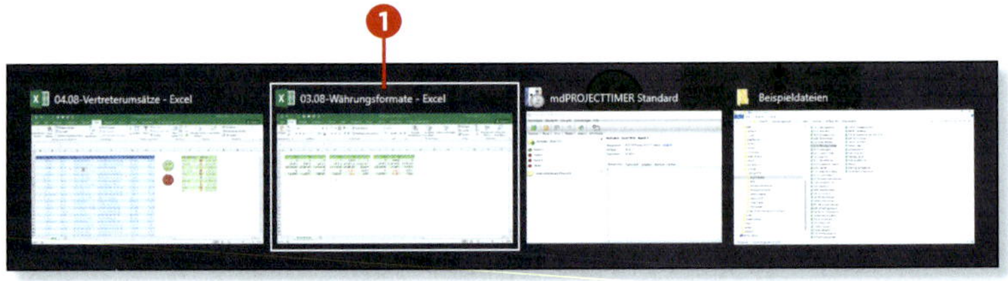

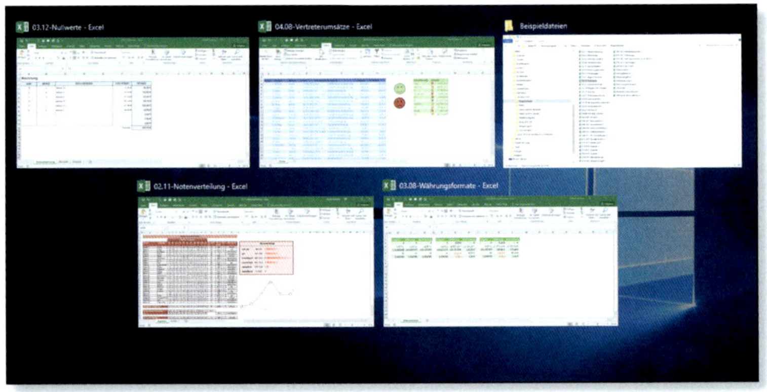

Alt-Tab

Wenn Sie mit der Tastenkombination [Alt] + [⇆] ein anderes Fenster in den Vordergrund geholt haben, wird durch einmaliges Drücken von [Alt] + [⇆] das jeweils vorherige Fenster wieder in den Vordergrund geholt. So können Sie jetzt durch einmaliges Betätigen von [Alt] + [⇆] zwischen den beiden Fenstern hin und her schalten.

2 Excel-Dateien erstellen und bearbeiten

In diesem Kapitel stelle ich Ihnen die grundlegenden Arbeitstechniken in Excel vor. Sie erfahren, wie eine Excel-Arbeitsmappe erzeugt und gespeichert wird. Für das gleichzeitige Arbeiten über mehrere Arbeitsmappen lernen Sie, wie Sie diese parallel öffnen und sinnvoll auf dem Bildschirm anordnen.

Die tägliche Arbeit macht es erforderlich, dass Sie sich schnell und ohne großen Aufwand auf Ihrem Arbeitsblatt bewegen können. Auch der sichere Umgang mit mehreren Arbeitsblättern ist hierbei wichtig. Ich zeige Ihnen hier, wie Sie neue Arbeitsblätter anlegen, sie verschieben, gruppieren, ein- und ausblenden und vieles mehr.

Sie erfahren, wie Sie auf eine Vielzahl von fertigen Vorlagen zugreifen, eigene Vorlagen erstellen und verwalten. Anschließend zeige ich Ihnen, wie Sie Zeilen und Spalten fixieren, um in großen Tabellen die Übersicht nicht zu verlieren, und wie Sie den Zoomfaktor Ihres Arbeitsblattes verändern und die verschiedenen Ansichten sinnvoll für Ihre Arbeit einsetzen.

Abschließend erhalten Sie eine Übersicht über praktische Tastenkombinationen für Ihre Arbeit mit Excel.

In diesem Kapitel

- Arbeitsmappe, Arbeitsblatt und Zelle
- Eine neue Excel-Datei anlegen
- Eine Arbeitsmappe speichern
- Speicheroptionen und Dateiformate
- Excel-Dateien in OneDrive speichern
- Eine Excel-Datei öffnen
- Sich in Excel-Arbeitsblättern bewegen
- Neue Arbeitsblätter einfügen
- Zwischen Arbeitsblättern wechseln
- Arbeitsblätter umbenennen
- Arbeitsblätter gruppieren, verschieben und kopieren
- Arbeitsblätter ein- und ausblenden
- Eine Vorlage auswählen
- Eigene Vorlagen erstellen und verwalten
- Die Ansicht vergrößern und verkleinern
- Die verschiedenen Ansichten
- Zeilen und Spalten fixieren

Arbeitsmappe, Arbeitsblatt und Zelle

Eine Excel-Arbeitsmappe, also die Datei, die Sie auf Ihrem Computer speichern, besteht aus mehreren Komponenten. Es ist wichtig für Sie, diese Komponenten zu kennen, da Sie sie kontextabhängig unterschiedlich einsetzen können. Es gibt beispielsweise Befehle und Voreinstellungen, die sich nur auf die Arbeitsmappe, das Arbeitsblatt oder die Zellen beziehen. Sie können z. B. die Arbeitsmappe vor ungewünschtem Zugriff schützen. Diesen Schutz können Sie aber auch auf das Arbeitsblatt oder sogar nur auf eine einzelne Zelle beziehen. Je nachdem, was Sie schützen wollen, finden Sie die Schaltflächen aber an anderen Stellen. Weiterhin wird die Unterscheidung dieser Komponenten in der Programmiersprache VBA noch einmal sehr wichtig. Doch dazu später mehr. Für das Bearbeiten von Tabellen sollten Sie sich die folgenden Komponenten merken und einordnen können:

Die *Arbeitsmappe* wird in vielen Dialogen auch als Excel-Datei bezeichnet. Diese Begriffe werden synonym verwendet. Eine Arbeitsmappe besteht aus nahezu beliebig vielen Arbeitsblättern, die am unteren Rand über der Statuszeile als Register ❶ angezeigt werden. Die Anzahl dieser Register ist durch den Arbeitsspeicher begrenzt. Die Voreinstellung liegt bei einem Arbeitsblatt pro Arbeitsmappe.

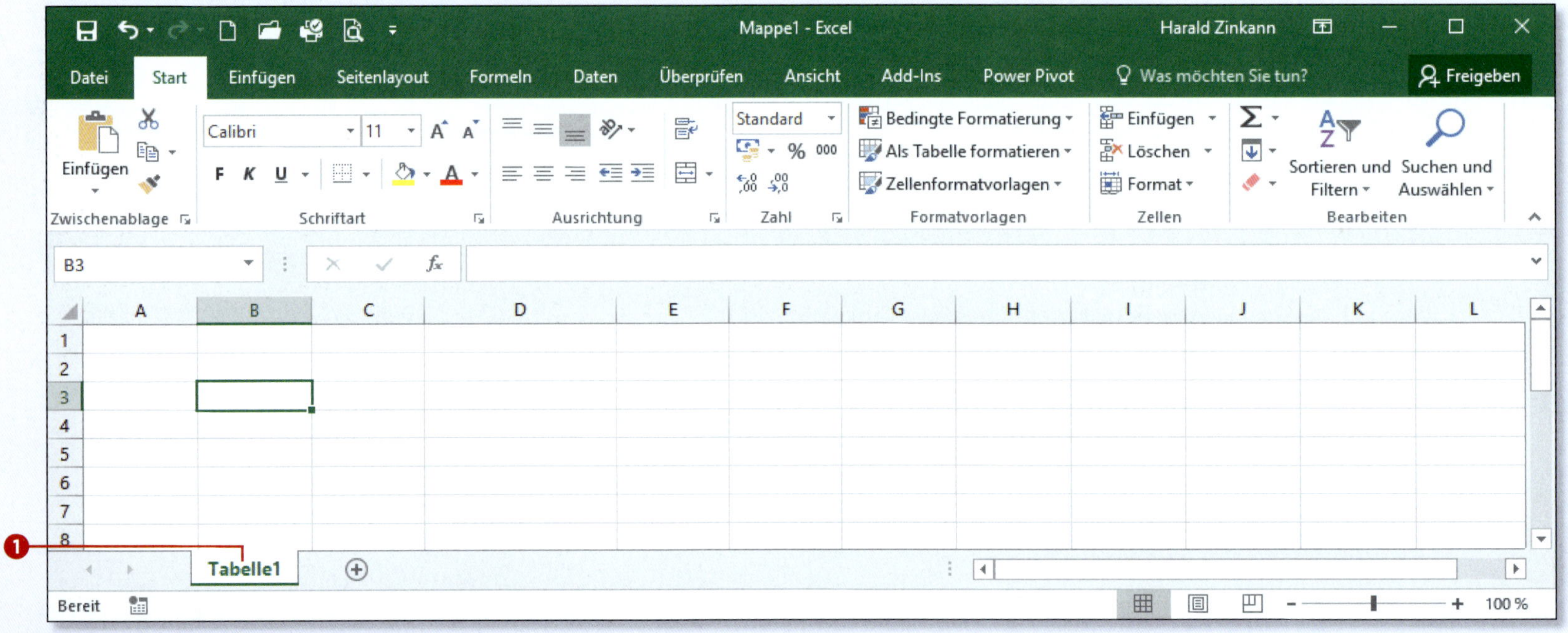

Die Arbeitsmappe mit ihren Komponenten

Das *Arbeitsblatt* ist die gerasterte Fläche, auf der Sie Ihre Tabellen aufbauen und Berechnungen durchführen. Das Arbeitsblatt besteht aus 1.048.576 Zeilen und 16.384 Spalten, also 17.179.869.184

Zellen, in die Sie etwas eintragen können. Sie finden hier also genügend Platz für Ihre Daten. Die Spalten tragen von links nach rechts eine alphabetische Beschriftung von A bis Z. Nach Z wird die Beschriftung mit AA, AB, AC fortgesetzt. Die Zeilen werden von oben nach unten durchnummeriert und tragen die Beschriftung 1 bis 1.048.576.

Die *Zelle* ❷ ist letztendlich der Bereich, in den Sie Ihre Daten eingeben können. Eine Zelle kann bis 32.767 Zeichen aufnehmen. Hierbei wird zwischen Text, Zahlen, Formeln und Funktionen unterschieden. Texte werden nach der Eingabe automatisch linksbündig und Zahlen rechtsbündig angezeigt. Auf einem Arbeitsblatt ist immer nur eine Zelle die aktive Zelle, auch wenn Sie mehrere Zellen markiert haben. Dazu aber mehr in Kapitel 4, »Zellen und Bereiche« ab Seite 97. Eine Zelle kann immer eindeutig über ihre Koordinaten, den sogenannten *Bezug*, identifiziert werden. Der Bezug setzt sich aus dem Buchstaben der Spaltenüberschrift und der Zahl der Zeilenüberschriften zusammen. Eine einzelne Zelle kann auf diese Weise, wie auf einem Schachbrett, eindeutig identifiziert werden. Die hier markierte Zelle trägt den Namen B3. Dieser Name wird für die jeweils aktive Zelle im **Namenfeld** ❸ angezeigt. Zusätzlich wird der Buchstabe und die Zahl in den jeweiligen Spalten- und Zeilenüberschriften hervorgehoben.

Auf dem Arbeitsblatt nehmen Sie Ihre Berechnungen vor.

Eine neue Excel-Datei anlegen

Um eine neue Arbeitsmappe anzulegen, stellt Excel 2016 verschiedene Optionen zur Verfügung. So können Sie zum einen aus Excel heraus, aber auch auf der Betriebssystemebene eine neue Arbeitsmappe erstellen.

1. Klicken Sie nach dem Start von Excel im Startbildschirm auf die Schaltfläche **Leere Arbeitsmappe** ❶, wird eine neue Arbeitsmappe erstellt, und Sie finden ein leeres Arbeitsblatt vor.
2. Sie können aber auch in einem Ordner des *Explorers* eine leere Arbeitsmappe erzeugen. Klicken Sie dazu in dem gewünschten Ordner mit der rechten Maustaste auf eine freie Stelle, und wählen Sie im Kontextmenü den Eintrag **Neu**. Aus dem Untermenü wählen Sie dann den Befehl **Microsoft Excel-Arbeitsmappe** ❷.
3. Die so angelegte Arbeitsmappe müssen Sie jetzt nur noch mit einem sprechenden Namen versehen. Dazu überschreiben Sie einfach den markierten Namen und schließen die Eingabe mit ↵ ab. Excel und auch diese neue Arbeitsmappe können nun per Doppelklick auf das Dateisymbol geöffnet werden.

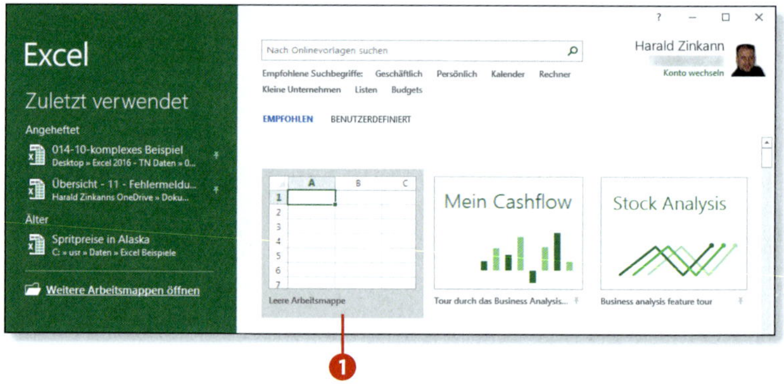

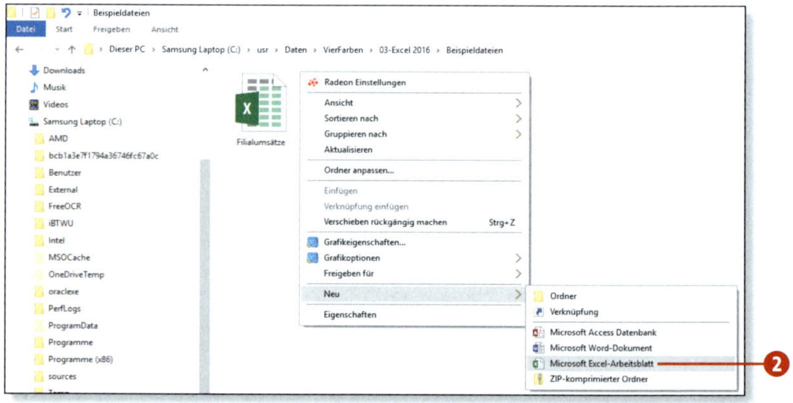

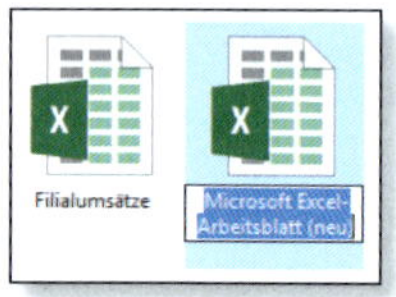

Speichern nicht vergessen

Haben Sie eine neue Arbeitsmappe wie in Schritt 1 beschrieben angelegt, existiert diese erst im Hauptspeicher und ist noch nicht gespeichert! Das erkennen Sie daran, dass in der Titelleiste als Dateiname noch **Mappe1** steht (die Zahl kann dabei variieren, je nachdem, wie viele Arbeitsmappen bereits angelegt, aber noch nicht gespeichert wurden). Damit Ihre Arbeiten nicht verloren gehen, muss die Arbeitsmappe gespeichert werden. Wie Sie dabei vorgehen, erfahren Sie im Abschnitt »Eine Arbeitsmappe speichern« auf der nächsten Seite.

Excel-Datei per Tastenkombination anlegen

Haben Sie Excel bereits geöffnet, geht das Anlegen einer neuen leeren Arbeitsmappe am schnellsten mit der Tastenkombination Strg + N.

Eine Arbeitsmappe speichern

Damit Ihre Arbeiten auf dem Arbeitsblatt nicht verloren gehen, sollten Sie die Arbeitsmappe auch mindestens einmal speichern.

1. Hierzu finden Sie im Register **Datei** die beiden Rubriken **Speichern** und **Speichern unter** ❶. Klicken Sie auf **Speichern**, wird die geöffnete Arbeitsmappe aktualisiert. Sie muss also schon einmal gespeichert worden sein. Wurde eine Arbeitsmappe noch nie gespeichert und Sie wählen den Eintrag **Speichern**, öffnet sich automatisch der Dialog **Speichern unter** (mehr dazu in Schritt 3).
2. Klicken Sie auf die Rubrik **Speichern unter**, und legen Sie zunächst den Speicherort der Arbeitsmappe fest. Möchten Sie die neue Arbeitsmappe auf Ihrer Festplatte speichern, klicken Sie hier auf **Dieser PC**, um einen bereits zuvor verwendeten Speicherort zu wählen. Möchten Sie einen anderen Speicherort auf Ihrer Festplatte wählen, klicken Sie auf **Durchsuchen** ❷.
3. Hierdurch wird der Dialog **Speichern unter** geöffnet. In dem Dialogfenster wählen Sie zunächst den Ordner aus und vergeben einen sprechenden Namen ❸ für Ihre Arbeitsmappe. Durch einen Klick auf die Befehlsschaltfläche **Speichern** ❹ wird die Arbeitsmappe in dem angegebenen Ordner gespeichert.

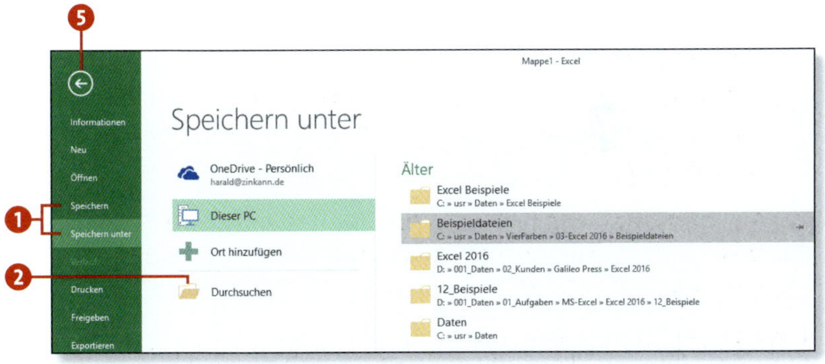

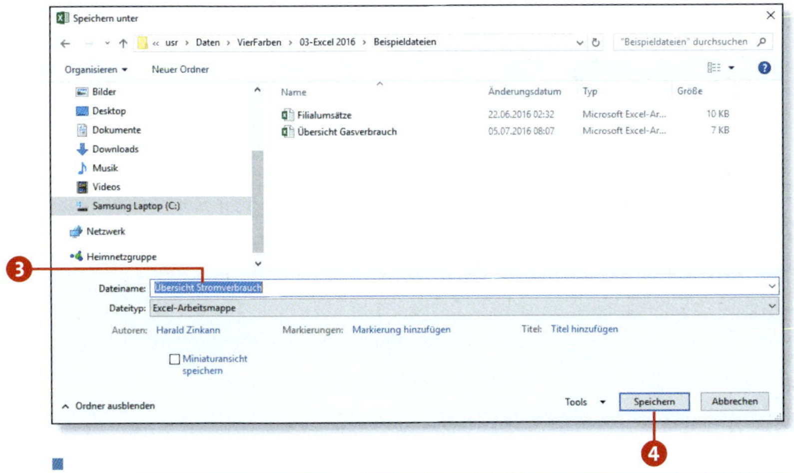

Speicherorte fixieren

Im Register **Datei** unter **Speichern unter** finden Sie nach dem Klick auf **Dieser PC** auf der rechten Seite eine Liste der zuletzt verwendeten Ordner. Wenn Sie den Mauszeiger über diese Liste bewegen, wird jeweils ein Eintrag hervorgehoben, und am rechten Ende der Zeile erscheint ein Stecknadelsymbol. Ein Klick auf dieses Symbol fixiert den Eintrag in der Liste. Ein weiterer Klick löst den Eintrag wieder.

Zurück zum Arbeitsblatt

Wenn Sie das erste Mal auf das Register **Datei** klicken, nicht erschrecken! Ihre Arbeitsmappe ist zwar nicht mehr sichtbar, aber nicht verloren! Das, was Sie sehen, wird als *Backstage*-Bereich bezeichnet. Hier finden Sie alle Schaltflächen, die sich mit der Verwaltung der Arbeitsmappe beschäftigen. Klicken Sie einfach auf die Pfeilschaltfläche ❺, um zurück auf Ihr Arbeitsblatt zu gelangen.

Speicheroptionen und Dateiformate

Speicheroptionen

Auf der vorhergehenden Seite haben Sie gelesen, wie eine neu angelegte Arbeitsmappe gespeichert wird. Im weiteren Verlauf Ihrer Arbeit werden Sie die Arbeitsmappe immer wieder einmal speichern wollen, also den neuen Stand der Arbeitsmappe aktualisieren.

Mit der Tastenkombination [Strg] + [S] wird die Arbeitsmappe aktualisiert. Das heißt, die bestehende Arbeitsmappe wird mit den aktuellen Daten überschrieben. Möchten Sie die Arbeitsmappe unter einem anderen Namen oder an einem anderen Speicherort speichern, drücken Sie die Taste [F12]. In diesem Fall wird der Dialog **Speichern unter** ohne Umwege geöffnet.

Über **Datei > Optionen > Speichern** werden Ihnen weitere Speicheroptionen zur Verfügung gestellt. Hier können Sie z. B. festlegen, in welchem Format die Arbeitsmappe standardmäßig gespeichert werden soll ❶. Sie können hier auch bestimmen, in welchen Intervallen die Arbeitsmappe automatisch gesichert werden soll ❷ (**AutoWiederherstellen**), und den Standardspeicherort ❸ für Ihre Arbeitsmappen festlegen.

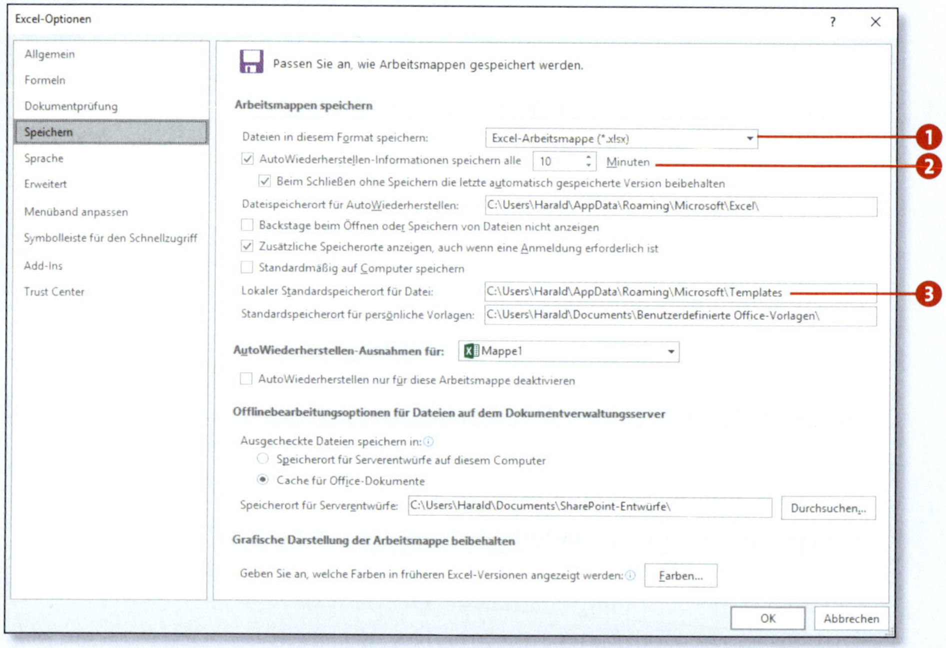

Dateiformate

Standardmäßig werden Ihre Arbeitsmappen immer als **Excel-Arbeitsmappe** gesichert, und sie erhalten die Dateiendung *.xlsx*. Dieses Format sollten Sie auch nicht ändern. Es gibt jedoch ab und zu Gründe, dies doch zu tun, etwa wenn Sie einer Person, die noch mit einer älteren Version (z. B. Excel 2003) arbeitet, Ihre Arbeitsmappe zur Verfügung stellen möchten. In diesem Fall können Sie, bevor Sie im Speicherdialog auf **Speichern** klicken, unter **Dateityp** ein passendes Speicherformat wählen. In diesem Fall bietet sich **Excel 97-2003-Arbeitsmappe** ❹ an.

Es kann aber auch vorkommen, dass Sie auf eine Arbeitsmappe mit einem älteren Format zugreifen müssen. Öffnen Sie eine solche Datei, wird in der Titelleiste zusätzlich zum Dateinamen der Begriff **[Kompatibilitätsmodus]** ❺ angezeigt. In älteren Dateiformaten können Sie auf die meisten neuen Features von Excel 2016 nicht zugreifen. Dazu müssen Sie die Datei erst in das aktuelle Dateiformat konvertieren.

Über **Datei > Informationen > Konvertieren** ❻ können Sie mit nur zwei Klicks diese Arbeitsmappe in das neue Format konvertieren. Es erscheint ein Infodialog, den Sie mit **OK** bestätigen. Im folgenden Dialogfenster werden Sie darauf hingewiesen, dass die Arbeitsmappe neu geöffnet werden muss, damit die neuen Features verfügbar gemacht werden können. Bestätigen Sie dies mit einem Klick auf **Ja**. Nach dem Konvertieren existiert nur die neue Version der Datei. Sie produzieren durch diesen Schritt also keinen unnötigen Datenmüll.

Sie können Ihre Arbeitsmappen auch im PDF-Format speichern. Dazu wählen Sie im **Speichern unter**-Dialog den Dateityp **PDF**. Alternativ können Sie auch im Register **Datei** den Eintrag **Exportieren** und dort die Schaltfläche **PDF/XPS-Dokument erstellen** anklicken. Auch hier wird der **Speichern unter**-Dialog geöffnet. Die Befehlsschaltfläche **Speichern** trägt hier allerdings die Bezeichnung **Veröffentlichen**. Keine Angst, Ihre Arbeitsmappe wird nicht irgendwo der Öffentlichkeit preisgegeben, sondern einfach nur gespeichert und anschließend im installierten PDF-Reader zur Kontrolle angezeigt.

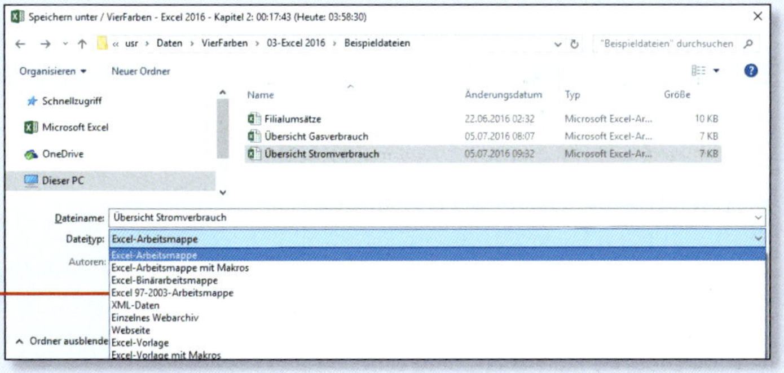

4

5

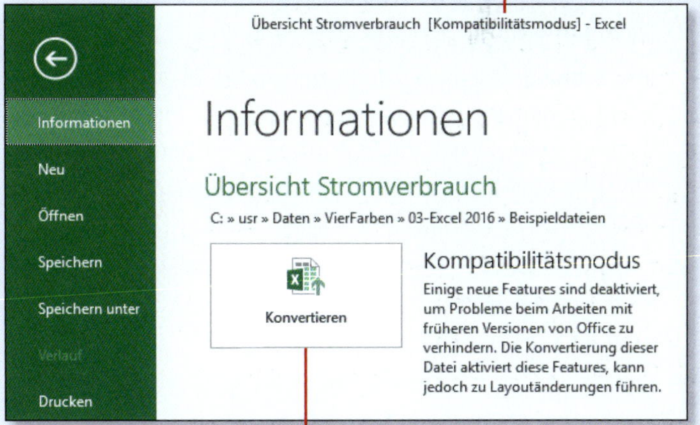

6

Excel-Dateien in OneDrive speichern

Sie können Ihre Arbeitsmappe auch direkt im Internet speichern, um sie jederzeit bequem erreichen zu können. Excel bietet Ihnen hierzu den Microsoft-Cloudspeicher *OneDrive* an.

1. Klicken Sie auf **Datei**, um in den Backstage-Bereich zu gelangen. Dort wählen Sie die Kategorie **Speichern unter**.
2. Unter den aufgelisteten Speicherorten wählen Sie **OneDrive** ❶. Anschließend klicken Sie auf einen der Ordner, die Ihnen rechts aufgelistet werden, und klicken danach auf **Speichern**.
3. Sie können stattdessen auch einen Doppelklick auf die **OneDrive-Schaltfläche** ausführen. In beiden Fällen gelangen Sie in den **Speichern unter**-Dialog, in dem Sie wie gewohnt einen Dateinamen vergeben und abschließend auf **Speichern** klicken.

   Ihre Arbeitsmappe wird daraufhin zu Ihrem OneDrive-Speicher hochgeladen. Beachten Sie, dass dazu eine Internetverbindung bestehen muss. Sie können nun von allen Geräten, die einen Internetzugang und einen Browser besitzen, von überall auf Ihre Daten zugreifen.
4. Um auf das Arbeitsblatt zurückzukehren, klicken Sie auf die Pfeilschaltfläche ❷.

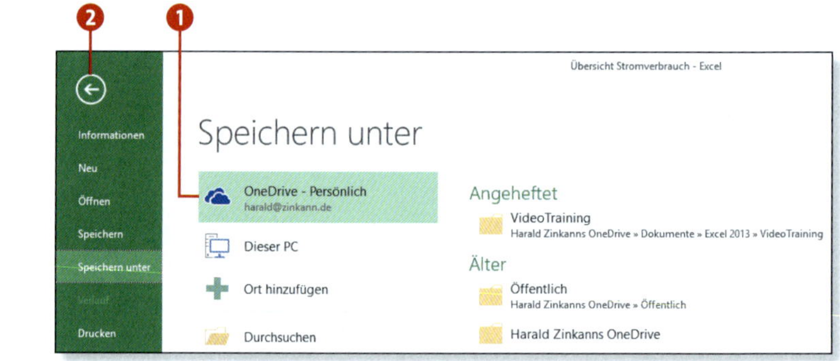

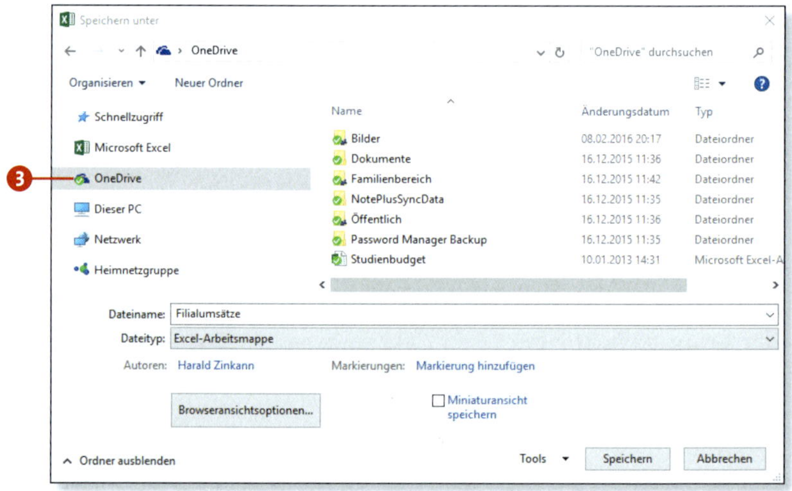

Der Ordner »OneDrive«

Das Explorer-Verzeichnis *OneDrive* ❸ ist ein mit Ihrer Cloud synchronisierter Ordner. Die Daten, die Sie hier sehen, sind 1:1 auch in Ihrer Cloud vorhanden. Das heißt, Sie merken gar nicht, dass Sie eigentlich in Ihrer Cloud arbeiten. Bearbeiten Sie Ihre Daten in Excel, werden diese sofort nach dem Speichern mit Ihrer Cloud synchronisiert, was durch den grünen Punkt mit Häkchen dargestellt wird. Fehlt dieses Symbol, sind die Daten noch nicht synchronisiert.

OneDrive-Speicher

Um auf Ihren OneDrive-Speicher zugreifen zu können, benötigen Sie ein Microsoft-Benutzerkonto. Zurzeit werden Ihnen mit dem Office-Paket 5 GByte Onlinespeicher kostenlos zur Verfügung gestellt. Benötigen Sie mehr Speicherplatz, können Sie diesen kostenpflichtig dazubuchen. Eine aktuelle Übersicht über die verfügbaren Angebote erhalten Sie unter *onedrive.live.com/about/de-de/plans/*.

Eine Excel-Datei öffnen

Nachdem Sie Ihre Excel-Arbeitsmappen gespeichert haben, sollten Sie sie auch möglichst schnell wiederfinden und zur weiteren Bearbeitung öffnen können. Neben den Möglichkeiten des Betriebssystems, Schaffung einer sinnvollen Ordnerstruktur und Öffnen einer Arbeitsmappe per Doppelklick bietet auch Excel einige Möglichkeiten, schnell und komfortabel auf bestehende Arbeitsmappen zuzugreifen.

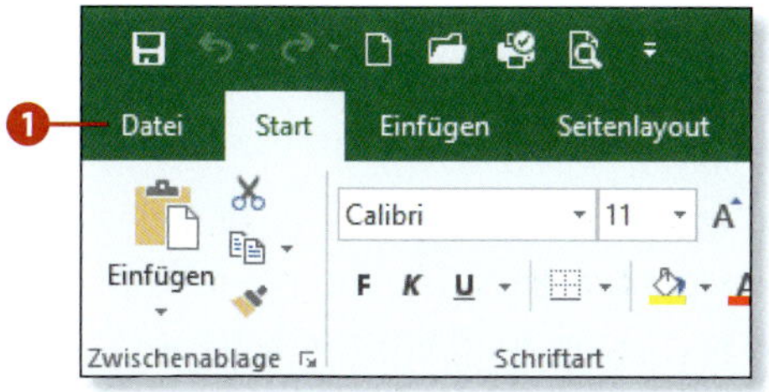

1. Klicken Sie auf das Register **Datei** (1), um in den Backstage-Bereich zu gelangen.
2. In der linken Spalte klicken Sie auf die Rubrik **Öffnen** (2). In der mittleren Spalte erscheinen daraufhin alle Speicherorte, auf die Sie zugreifen können. Im Bereich **Zuletzt verwendet** finden Sie in der rechten Spalte all jene Arbeitsmappen, die Sie kürzlich in Excel verwendet haben. Unter **OneDrive** greifen Sie auf Ihren Onlinespeicher und mit **Dieser PC** auf Verzeichnisse Ihrer Festplatte zu. In beiden Fällen werden zunächst die Ordner angezeigt, auf die zuletzt zugegriffen wurde. **Durchsuchen** bietet Ihnen die Möglichkeit, über das Dialogfenster **Öffnen** eine Datei aus dem Explorer auszuwählen.
3. In der rechten Spalte (hier: **Angeheftet**) sehen Sie, passend zu Ihrer Wahl, die Arbeitsmappen, die Sie öffnen können. Ein Klick auf eine der Arbeitsmappen (3) öffnet diese, und Sie gelangen zu der Zelle, die aktiv war, als die Arbeitsmappe gespeichert wurde.

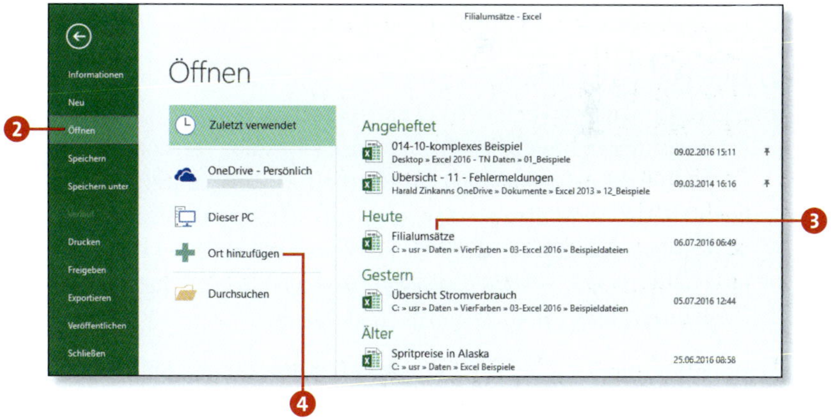

Orte hinzufügen

Über die Schaltfläche **Ort hinzufügen** (4) besteht die Möglichkeit, weitere OneDrive-Konten oder Speicher auf dem SharePoint von Office 365 hinzuzufügen, wodurch die Liste in der 2. Spalte erweitert wird.

Einträge fixieren

Ähnlich wie beim Speichern von Arbeitsmappen (siehe den Abschnitt »Eine Arbeitsmappe speichern« auf Seite 39) können Sie auch im Bereich **Öffnen** mit einem Mausklick auf das Stecknadelsymbol einzelne Arbeitsmappen und Ordner in der Liste **Angeheftet** fixieren.

Mehrere Arbeitsmappen parallel öffnen

Ihre Arbeit kann es durchaus erforderlich machen, mehrere Arbeitsmappen gleichzeitig zu öffnen. Sei es, um Daten aus verschiedenen Arbeitsmappen zu vergleichen oder Daten aus einer Arbeitsmappe in eine andere zu kopieren.

1. Öffnen Sie einfach nacheinander mehrere Arbeitsmappen, wie im Abschnitt »Eine Excel-Datei öffnen« auf der vorherigen Seite beschrieben. Sie werden feststellen, dass für jede Arbeitsmappe ein neues Excel-Anwendungsfenster geöffnet wird. In der Taskleiste wird dies durch einen Schaltflächenstapel ❶ symbolisiert.
2. Bewegen Sie Ihren Mauszeiger darauf, wird Ihnen in Windows 10 nach einer kurzen Verzögerung eine Vorschau der geöffneten Arbeitsmappen angezeigt. Ein Klick auf eines der Vorschaufenster ❷ ruft die Arbeitsmappe zur Bearbeitung auf. Sollten Sie nicht klicken, wird die Arbeitsmappe nur so lange angezeigt, wie sich der Mauszeiger auf der Miniaturvorschau befindet. So können Sie mal eben schnell nachlesen, was sich in einer Arbeitsmappe befindet, ohne sie gleich zu aktivieren.
3. Haben Sie mehrere Arbeitsmappen geöffnet, können Sie sie mit Excel aber auch passend auf dem Bildschirm anordnen. Klicken Sie dazu im Register **Ansicht** in der Gruppe **Fenster** auf die Schaltfläche **Alle anordnen** ❸. Im folgenden Dialog **Fenster anordnen** ❹ können Sie auswählen, wie die geöffneten Arbeitsmappen auf Ihrem Bildschirm angeordnet sein sollen.

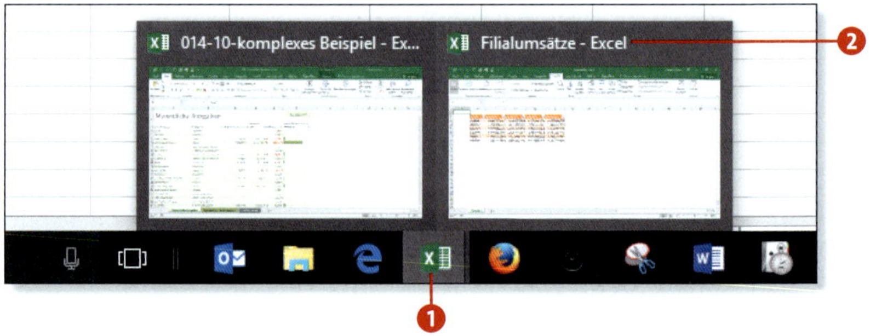

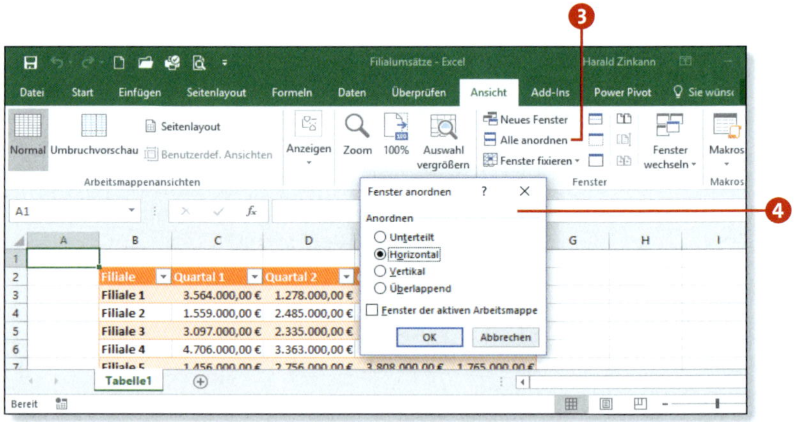

Menüband ausblenden

Bei der horizontalen Anordnung ist von Ihren Tabellen nicht mehr viel zu sehen. Ich empfehle Ihnen, in dieser Ansicht das Menüband über die Schaltfläche **Menüband-Anzeigeoptionen** auszublenden.

Wechseln zwischen den Fenstern

Möchten Sie einfach zwischen den geöffneten Arbeitsmappen wechseln, ohne sie auf dem Bildschirm anzuordnen, wählen Sie im Register **Ansicht** aus der Gruppe **Fenster** die Schaltfläche **Fenster wechseln**. Hier finden Sie eine Liste aller offenen Arbeitsmappen. Mit einem Klick auf einen Eintrag wird die Arbeitsmappe in den Vordergrund geholt.

Sich in Excel-Arbeitsblättern bewegen

Um in eine Zelle etwas einzutragen, muss diese zunächst markiert werden. Denn nur in eine aktive Zelle können Sie etwas eingeben.

1. Um Ihre Eingabe zu starten, müssen Sie die Zelle ❶ nur anklicken. Möchten Sie Ihre Eingabe bestätigen, drücken Sie [↵] – mit [Esc] wird die aktuelle Eingabe abgebrochen.
2. Neben dem unmittelbaren Anklicken der gewünschten Zelle können Sie sich auch mithilfe der Pfeiltasten zu dieser Zelle bewegen.
3. Um aber größere Bereiche zu überspringen, ist es sinnvoller, die Bildlaufleisten ❷ am rechten und unteren Rand zu benutzen, um so den sichtbaren Arbeitsblattbereich zu verschieben. Natürlich können Sie auch mit Ihrem Mausrädchen den sichtbaren Tabellenbereich nach unten beziehungsweise nach oben scrollen.
4. Ihnen wird auffallen, dass nach Betätigung von [↵] immer die Zelle unter Ihrer Eingabe aktiviert wird. Diese Richtung können Sie in den Excel-Optionen auf Ihre aktuellen Bedürfnisse anpassen. Dazu wählen Sie **Datei > Optionen**.
5. Im Dialog **Excel-Optionen** klicken Sie auf die Rubrik **Erweitert**. Dort finden Sie im Bereich **Bearbeitungsoptionen** den Eintrag **Markierung nach Drücken der Eingabetaste verschieben** ❸. In dem Aufklappmenü ❹ darunter können Sie auswählen, in welche Richtung es nach Betätigen der [↵]-Taste weitergeht.
6. Klicken Sie bei diesem Eintrag auf das vorangestellte Auswahlkästchen und entfernen so das Häkchen, bleibt die aktivierte Zelle auch nach Drücken der [↵]-Taste aktiviert.

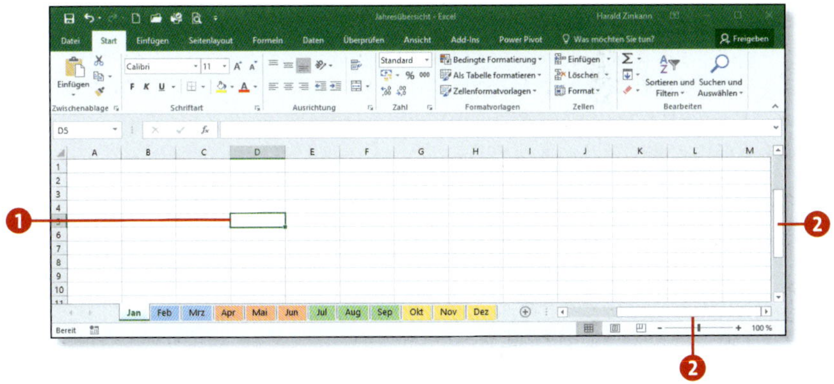

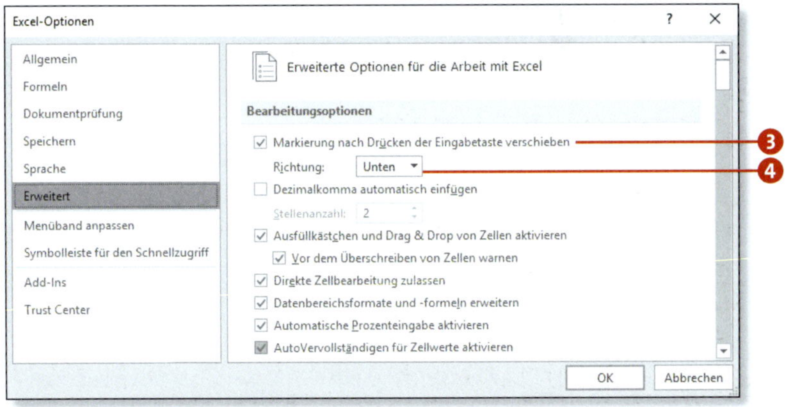

Navigieren im Menüband

Auch im Menüband lassen sich die einzelnen Schaltflächen per Tastatur ansteuern. Drücken Sie dazu zunächst die [Alt]-Taste oder [F10] und anschließend den oder die eingeblendeten Buchstaben beziehungsweise Zahl/Zahlen für das gewünschte Register beziehungsweise den Befehl.

Nützliche Tastenkombinationen zur Navigation in Arbeitsblättern

Wann immer es möglich ist, verwende ich zum Ausführen einer Aktion in Excel die Maus, aber das ist nicht unbedingt jedermanns Sache. Da die Finger meist schon auf der Tastatur liegen, bietet es sich eigentlich an, für bestimmte Aktionen Tastenkombinationen zu verwenden. Die müssen Sie sich zwar zunächst anlesen und merken, aber schon nach kurzer Zeit werden Sie feststellen, es geht tatsächlich schneller. Daher habe ich Ihnen hier einige Tastenkombinationen zusammengestellt, mit denen Sie sich schnell in Arbeitsblättern bewegen können. Weitere nützliche Tastenkombinationen finden Sie außerdem im Buchanhang ab Seite 315.

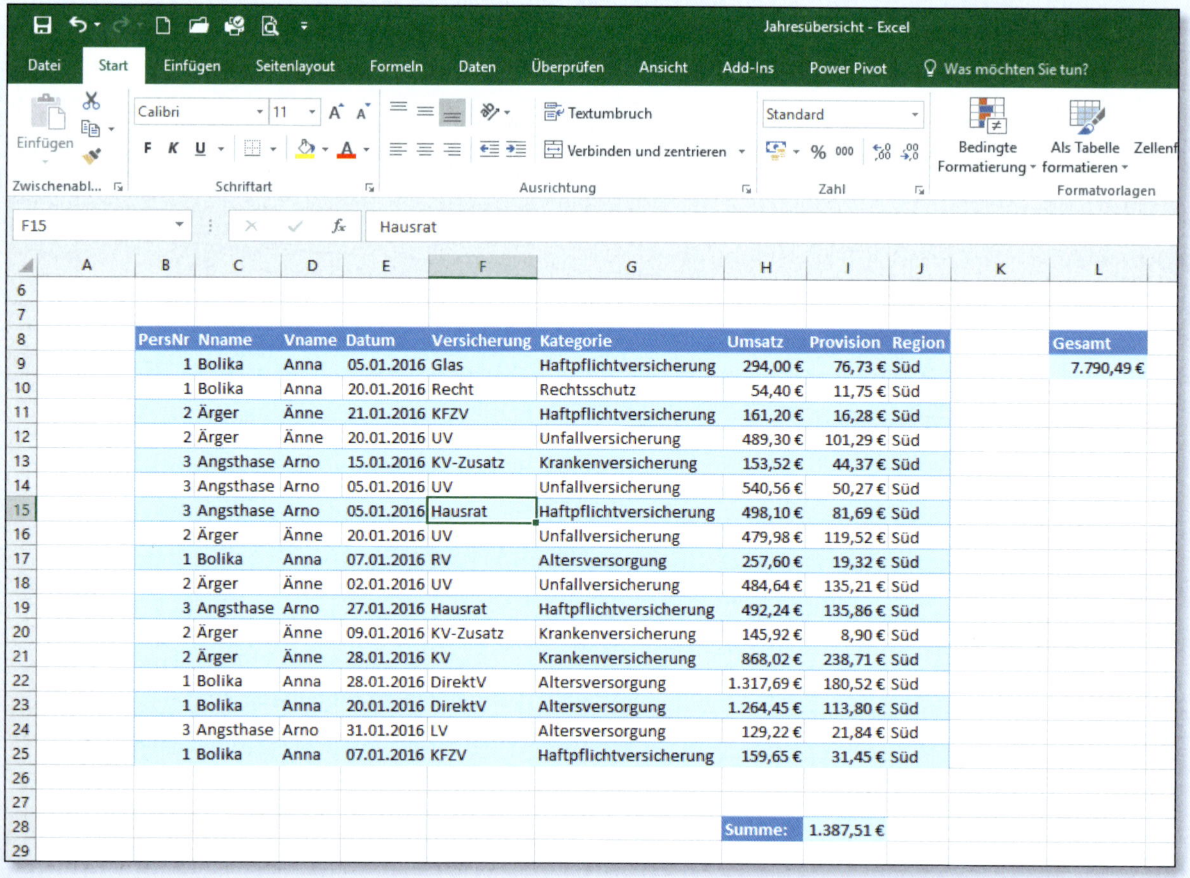

PersNr	Nname	Vname	Datum	Versicherung	Kategorie	Umsatz	Provision	Region
1	Bolika	Anna	05.01.2016	Glas	Haftpflichtversicherung	294,00 €	76,73 €	Süd
1	Bolika	Anna	20.01.2016	Recht	Rechtsschutz	54,40 €	11,75 €	Süd
2	Ärger	Änne	21.01.2016	KFZV	Haftpflichtversicherung	161,20 €	16,28 €	Süd
2	Ärger	Änne	20.01.2016	UV	Unfallversicherung	489,30 €	101,29 €	Süd
3	Angsthase	Arno	15.01.2016	KV-Zusatz	Krankenversicherung	153,52 €	44,37 €	Süd
3	Angsthase	Arno	05.01.2016	UV	Unfallversicherung	540,56 €	50,27 €	Süd
3	Angsthase	Arno	05.01.2016	Hausrat	Haftpflichtversicherung	498,10 €	81,69 €	Süd
2	Ärger	Änne	20.01.2016	UV	Unfallversicherung	479,98 €	119,52 €	Süd
1	Bolika	Anna	07.01.2016	RV	Altersversorgung	257,60 €	19,32 €	Süd
2	Ärger	Änne	02.01.2016	UV	Unfallversicherung	484,64 €	135,21 €	Süd
3	Angsthase	Arno	27.01.2016	Hausrat	Haftpflichtversicherung	492,24 €	135,86 €	Süd
2	Ärger	Änne	09.01.2016	KV-Zusatz	Krankenversicherung	145,92 €	8,90 €	Süd
2	Ärger	Änne	28.01.2016	KV	Krankenversicherung	868,02 €	238,71 €	Süd
1	Bolika	Anna	28.01.2016	DirektV	Altersversorgung	1.317,69 €	180,52 €	Süd
1	Bolika	Anna	20.01.2016	DirektV	Altersversorgung	1.264,45 €	113,80 €	Süd
3	Angsthase	Arno	31.01.2016	LV	Altersversorgung	129,22 €	21,84 €	Süd
1	Bolika	Anna	07.01.2016	KFZV	Haftpflichtversicherung	159,65 €	31,45 €	Süd

Mithilfe der Tastenkombinationen können Sie bequem in Ihren Arbeitsblättern navigieren.

Aktion	Tastenkombination
Markierung um eine Zelle nach rechts (beziehungsweise in die eingestellte Richtung) verschieben	↹ oder ↵
vorherige Zelle markieren	⇧ + ↹
Markierung um eine Zelle nach oben verschieben	↑
Markierung um eine Zelle nach unten verschieben	↓
Markierung um eine Zelle nach links verschieben	←
Markierung um eine Zelle nach rechts verschieben	→
Markierung an den Rand des aktuellen Datenbereichs bewegen	Strg + ↑, ↓, ←, →
die letzte Zelle der Zeile oder Spalte ansteuern, sofern die Zellen leer sind	Ende, ↑, ↓, ←, →
in die letzte verwendete Zelle des Arbeitsblattes wechseln	Strg + Ende
Zelle A1 markieren	Strg + Pos1
Markierung in die Spalte A einer Zeile setzen	Pos1
Markierung um eine Bildschirmseite nach unten bewegen	Bild ↓
Markierung um eine Bildschirmseite nach oben bewegen	Bild ↑
zum nächsten Blatt einer Arbeitsmappe wechseln	Strg + Bild ↓
zum vorherigen Blatt einer Arbeitsmappe wechseln	Strg + Bild ↑
Markierung um eine Bildschirmseite nach rechts bewegen	Alt + Bild ↓
Markierung um eine Bildschirmseite nach links bewegen	Alt + Bild ↑

Neue Arbeitsblätter einfügen

Beim Anlegen einer neuen Arbeitsmappe besteht diese nur aus einem Arbeitsblatt. Beispielsweise kann es für eine Jahresübersicht von Vorteil sein, für jeden Monat ein eigenes Arbeitsblatt anzulegen, damit Sie die Daten auch monatsweise betrachten können.

1. Klicken Sie im Arbeitsblattregister auf das Plussymbol ❶, wird ein neues Tabellenblatt eingefügt.
2. Wiederholen Sie diesen Vorgang so lange, bis Sie ausreichend Arbeitsblätter für Ihre Zwecke angelegt haben. Das neue Arbeitsblatt wird jeweils hinter dem aktiven Arbeitsblatt eingefügt. So kann es vorkommen, dass die Nummerierung im Blattregister nicht fortlaufend ist.
3. Sollten Sie mehr Arbeitsblätter angelegt haben, als in der Zeile darstellbar sind, werden die Pfeilschaltflächen ❷ aktiviert und Punkte ❸ eingeblendet. Mit einem Klick auf die Pfeile können Sie durch die Liste der Arbeitsblätter scrollen, ohne dass das aktive Arbeitsblatt gewechselt wird. Klicken Sie auf die Punkte links oder rechts im Arbeitsblattregister, aktivieren Sie jeweils das ganz linke beziehungsweise rechte Arbeitsblatt im Register.

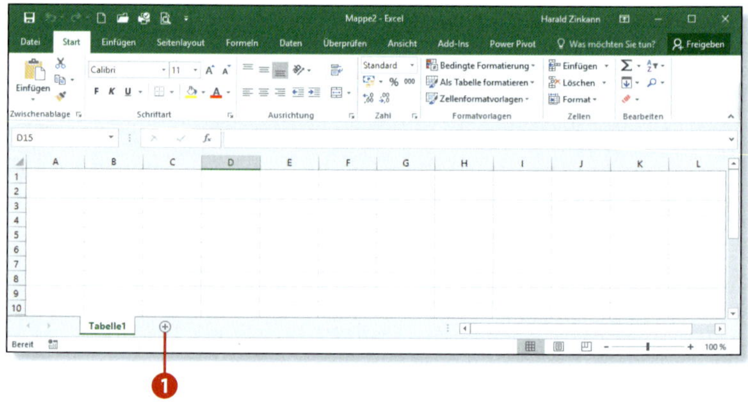

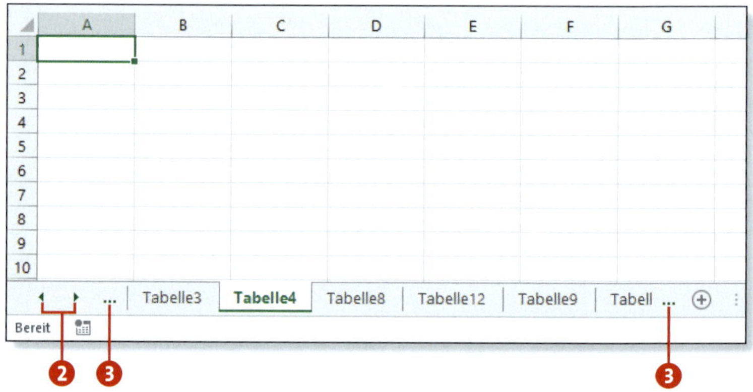

Arbeitsblatt und Tabellenblatt

Microsoft verwendet die Begriffe *Arbeitsblatt* und *Tabellenblatt* leider synonym. In einigen Dialogen finden Sie den Begriff Tabellenblatt, in anderen den Begriff Arbeitsblatt. Selbst wenn Sie in der Hilfe nach Tabellenblatt suchen, erhalten Sie überwiegend Treffer zum Begriff Arbeitsblatt. Um Sie nicht unnötig zu verwirren, benutze ich in allen Zusammenhängen den Begriff Arbeitsblatt auch, wenn in dem betreffenden Dialog Tabellenblatt zu lesen ist.

Zwischen Arbeitsblättern wechseln

Haben Sie mehrere Arbeitsblätter in Ihrer Arbeitsmappe angelegt, möchten Sie während Ihrer Arbeit sicherlich zwischen den Arbeitsblättern wechseln.

1. Klicken Sie dazu im Arbeitsblattregister auf den Namen beziehungsweise das Register ❶ des gewünschten Arbeitsblattes, zu dem Sie wechseln möchten.
2. Wird Ihnen das Register des entsprechenden Arbeitsblattes nicht angezeigt, klicken Sie zunächst links auf eine der Pfeilschaltflächen, um durch die Liste zu scrollen.
3. Ein Rechtsklick auf einen der beiden Pfeile ❷ öffnet den Dialog **Aktivieren**. Hier klicken Sie in der Liste das Arbeitsblatt an, das Sie bearbeiten möchten. Anschließend bestätigen Sie Ihre Auswahl mit einem Klick auf **OK**. Gerade bei vielen Arbeitsblättern in einer Arbeitsmappe ist diese Vorgehensweise sehr hilfreich.

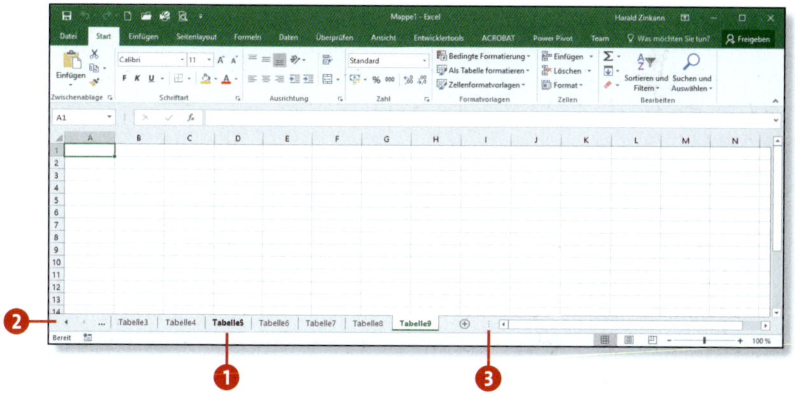

Platz schaffen

Um mehr Platz für die Register Ihrer Arbeitsblätter zu schaffen, klicken Sie auf die drei vertikalen Punkte rechts neben dem Arbeitsblattregister ❸ und halten die Maustaste gedrückt. Sie sehen nun einen Doppelpfeil und können die Größe des Blattregisters anpassen. Ziehen Sie die Maus nach rechts, vergrößern Sie es (indem Sie die Grenze zwischen dem Blattregister und dem horizontalen Scrollbalken verschieben), ziehen Sie die Maus nach links, wird es verkleinert.

Arbeitsblatt per Tastenkombination wechseln

Mit den Tastenkombinationen `Strg` + `Bild ↑` und `Strg` + `Bild ↓` können Sie zwischen den Arbeitsblättern Ihrer Arbeitsmappe wechseln.

Arbeitsblätter umbenennen

Für eine Jahresübersicht auf Monatsebene sind die Bezeichnungen `Tabelle1`, `Tabelle2` usw. nicht gerade sprechend. Daher sollten Sie sie mit passenden Namen versehen.

1. Mit einem Doppelklick auf den Registernamen ❶ des Arbeitsblattes wird dieser markiert. Sie können dann über Ihre Tastatur eine neue Bezeichnung eingeben und beispielsweise den bestehenden Namen mit `Jan` überschreiben. Bestätigen Sie die Änderung mit [↵].
2. Alternativ können Sie zum Umbenennen auch einen Rechtsklick auf den Registernamen ausführen.
3. Im Kontextmenü wählen Sie dann den Menüeintrag **Umbenennen** ❷. Der aktuelle Registername wird markiert, und Sie können einen neuen Namen über die Tastatur eingeben. Auch bei dieser Vorgehensweise bestätigen Sie die Änderung mit [↵].

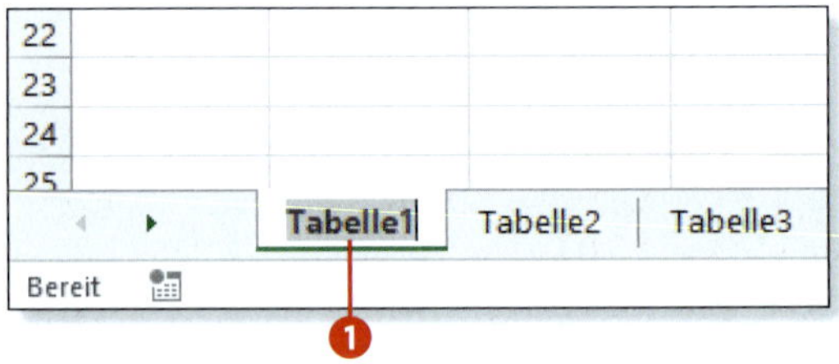

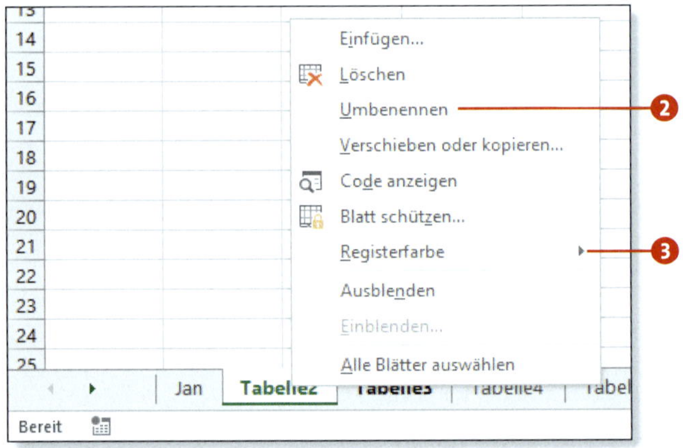

Registerfarben vergeben

Im Kontextmenü, das Sie mit einem Rechtsklick auf den Registernamen aufrufen, finden Sie auch den Menüeintrag **Registerfarbe** ❸. Bewegen Sie den Mauszeiger auf diesen Eintrag, öffnet sich ein Untermenü mit einer Farbpalette, aus der Sie eine beliebige Farbe für das Register auswählen können. So lassen sich z. B. zusammengehörende Blätter (etwa die Monatsblätter eines Quartals) im Register farblich kennzeichnen.

Arbeitsblätter gruppieren

Manchmal ist es erforderlich, dass Sie dieselben Daten in mehrere Arbeitsblätter eintragen oder dieselben Bereiche mehrerer Arbeitsblätter einheitlich formatieren müssen. Anstatt in jedem Arbeitsblatt die Arbeitsschritte zu wiederholen, können Sie mehrere Arbeitsblätter zu einer Gruppe zusammenfassen und dann ihren Inhalt gemeinsam bearbeiten.

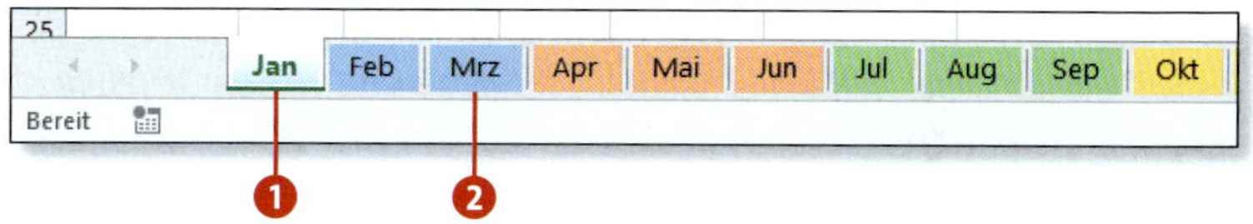

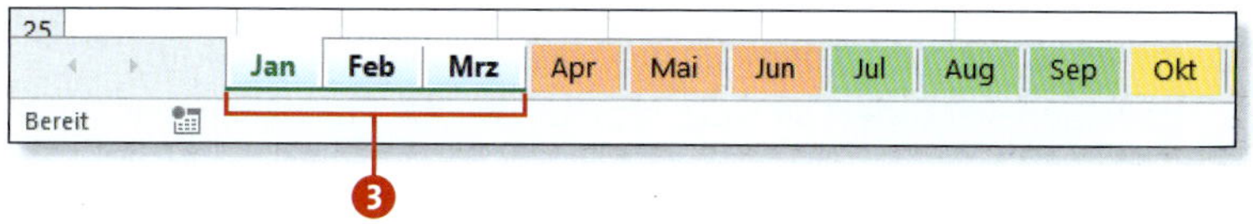

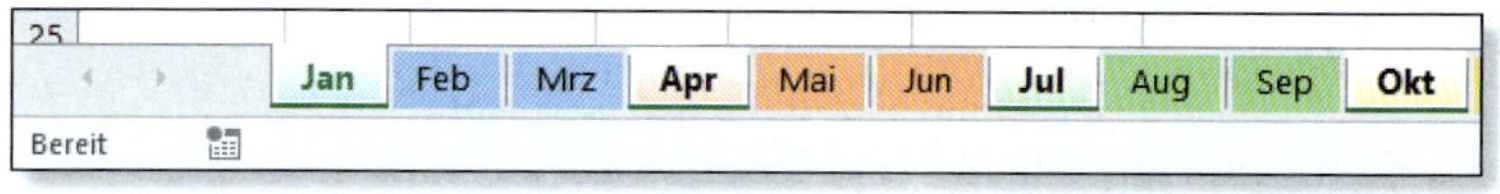

1. Markieren Sie im Arbeitsblattregister das erste Arbeitsblatt, das bearbeitet werden soll, indem Sie auf das Register für dieses Arbeitsblatt klicken ❶.
2. Halten Sie die [⇧]-Taste gedrückt, und klicken Sie auf das letzte Register ❷, das Sie in die Gruppe aufnehmen wollen. Alle Register zwischen Ihren beiden Markierungen werden markiert und bilden so eine Gruppe von Arbeitsblättern ❸, die nun gemeinsam bearbeitet werden kann.
3. Alternativ zur [⇧]-Taste können Sie auch [Strg] gedrückt halten. Auf diese Weise können Sie beliebige Register gruppieren, auch wenn sie nicht nebeneinanderliegen. In diesem Fall werden nur die Register gruppiert, die Sie anklicken. Jetzt können Sie z. B. für alle markierten Register die Farbe ändern. Probieren Sie es einfach einmal aus.

i

Gruppierung aufheben

Solange noch mindestens ein Register nicht markiert ist, können Sie beliebige markierte Register zur Bearbeitung auswählen. Die Gruppierung wird dadurch nicht aufgehoben. Erst wenn Sie ein nicht markiertes Register anklicken, wird die Gruppierung aufgehoben. Sind alle Register zu einer Gruppe zusammengefasst, reicht ein Klick auf ein beliebiges Register, um die Gruppierung aufzuheben.

Arbeitsblätter verschieben und kopieren

Nehmen wir an, Sie haben in Ihrer Jahresübersicht die kumulierten Gesamtergebnisse ans Ende gestellt. Sie möchten dieses Register jetzt aber vor den Januar-Ergebnissen platzieren. Ziehen Sie es einfach per Drag & Drop nach vorne.

1. Klicken Sie auf das Register `Gesamt`, und halten Sie die Maustaste gedrückt.
2. In dem Moment, in dem Sie die Maus nach oben und links bewegen, verändert sich der Mauszeiger **1**. Zusätzlich erscheint zwischen zwei Registern ein schwarzes Dreieck **2**. Dieses Dreieck zeigt an, an welcher Stelle das zu verschiebende Register eingefügt wird, wenn Sie die Maustaste loslassen.
3. Drücken Sie bei dieser Aktion gleichzeitig die [Strg]-Taste, wird das Arbeitsblatt im Blattregister nicht verschoben, sondern kopiert! Der Mauszeiger zeigt Ihnen daher bei diesem Vorgang auch ein Plussymbol **3** an.

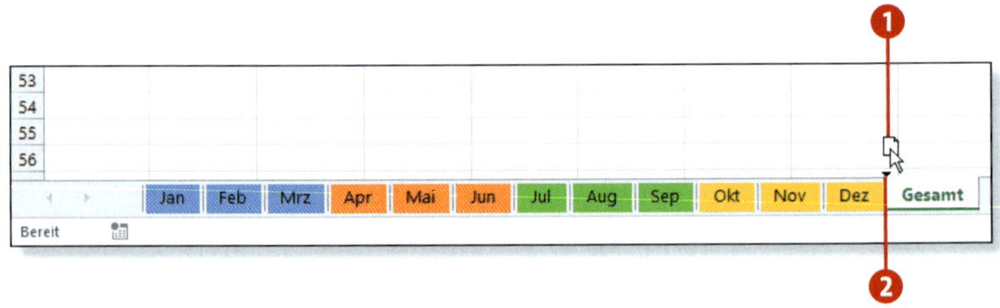

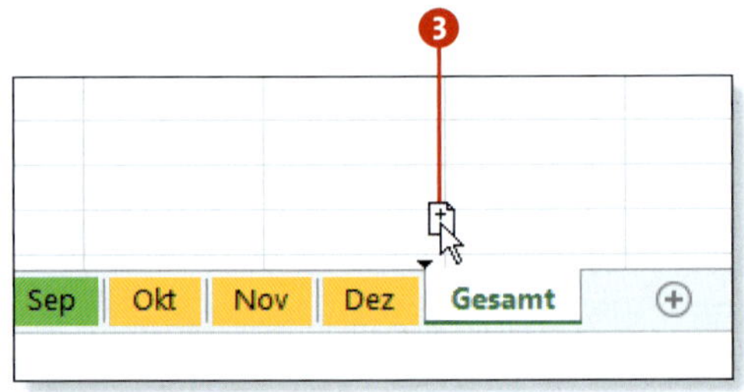

Kopieren und Verschieben per Drag & Drop

Drag & Drop mit und ohne [Strg]-Taste funktioniert genauso in vielen anderen Zusammenhängen. So wird eine Datei, die Sie per Drag & Drop in einen anderen Ordner der gleichen Festplatte verschieben, in den Ordner kopiert, wenn Sie dabei die [Strg]-Taste drücken. Auch wenn es im weiteren Verlauf des Buches um das Kopieren und Verschieben von Zellinhalten gehen wird, werde ich auf diese Technik zurückkommen.

Manchmal geht einem das Verschieben per Drag & Drop nicht so leicht von der Hand, aber keine Sorge, Excel bietet Ihnen eine weitere Möglichkeit, Arbeitsblätter zu verschieben oder zu kopieren.

1. Klicken Sie mit der rechten Maustaste im Blattregister auf das Arbeitsblatt, das Sie verschieben beziehungsweise kopieren möchten.
2. Im folgenden Kontextmenü wählen Sie den Menüeintrag **Verschieben oder kopieren** 4.
3. Im folgenden Dialog **Verschieben oder kopieren** wählen Sie das Arbeitsblatt, vor dem das zu verschiebende Arbeitsblatt eingefügt werden soll. Bestätigen Sie anschließend mit einem Klick auf **OK**.
4. Um das Arbeitsblatt zu kopieren, setzen Sie durch einmaliges Anklicken ein Häkchen in das Kontrollkästchen **Kopie erstellen** 5 und schließen die Aktion auch hier mit **OK** ab.

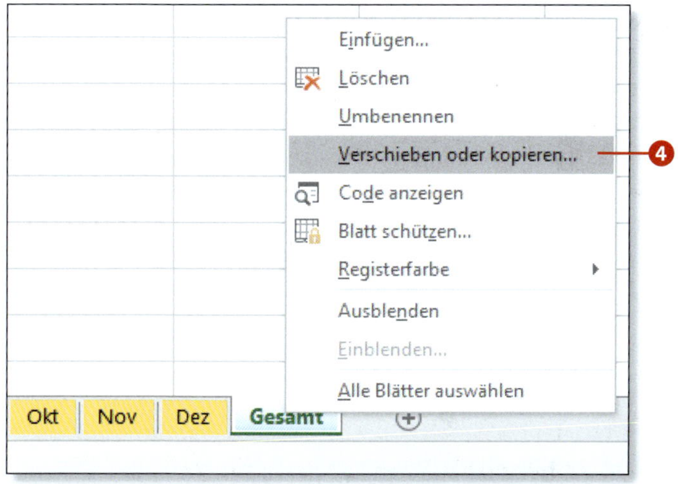

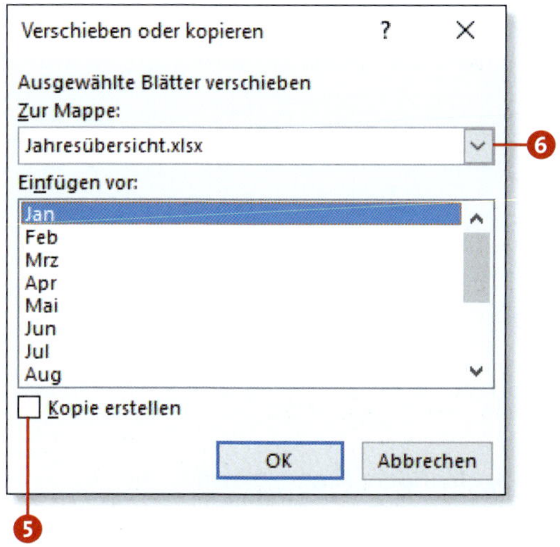

Arbeitsmappenübergreifendes Kopieren oder Verschieben

Im Dialogfeld **Verschieben oder kopieren** können Sie über das Kombinationsfeld **Zur Mappe** 6 auch eine andere Arbeitsmappe als Ziel für das zu verschiebende oder kopierende Arbeitsblatt angeben. Bedingung, dass Ihnen in diesem Feld weitere Arbeitsmappen angeboten werden, ist allerdings, dass sie geöffnet sind. Das ausgewählte Arbeitsblatt wird dann nach der Bestätigung mit **OK** in die ausgewählte Arbeitsmappe verschoben beziehungsweise kopiert.

Arbeitsblätter ein- und ausblenden

Befinden sich zahlreiche Arbeitsblätter in Ihrer Arbeitsmappe, kann es auch einmal vorkommen, dass Sie die Übersicht verlieren oder das Arbeiten einfach unbequem wird, weil Arbeitsblätter, die Sie nur für Zwischenergebnisse oder als Datenspeicher nutzen, einfach im Weg sind. Sie können diese Arbeitsblätter natürlich aus dem Weg schaffen, indem Sie sie an das Ende des Blattregisters verschieben, Sie können sie aber auch einfach ausblenden.

1. Markieren Sie im Blattregister zunächst das beziehungsweise alle Arbeitsblätter, die Sie ausblenden möchten. Ich habe dazu in diesem Beispiel alle Blätter des 2. Quartals ❶ markiert.
2. Klicken Sie anschließend mit der rechten Maustaste auf eines der markierten Register. Klicken Sie im folgenden Kontextmenü auf den Befehl **Ausblenden** ❷.

   Alle zuvor markierten Register sind jetzt ausgeblendet. Formeln und Funktionen, die auf diese Arbeitsblätter verweisen, funktionieren aber weiterhin.

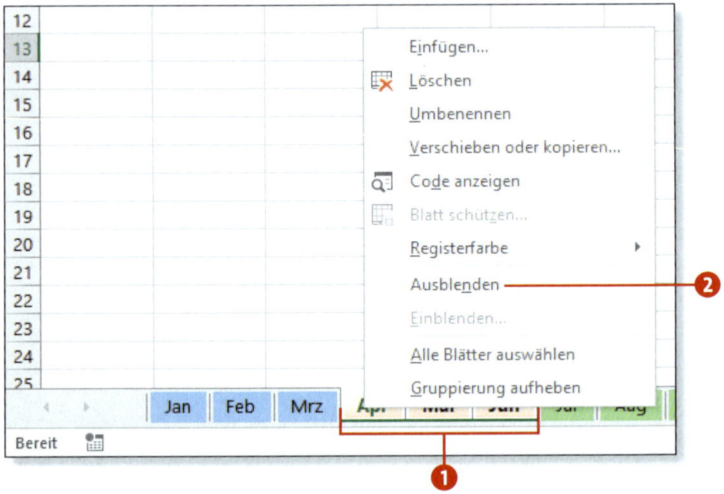

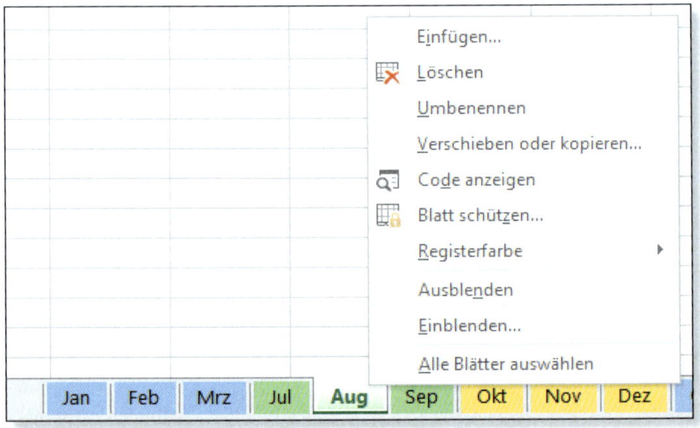

Schnellkontrolle für ausgeblendete Arbeitsblätter

Möchten Sie gerne prüfen, ob in der Arbeitsmappe bereits Arbeitsblätter ausgeblendet wurden? Dann hilft Ihnen das Kontextmenü weiter. Denn sollte Ihnen der Menüeintrag **Einblenden** ausgegraut angezeigt werden, wissen Sie unmittelbar, dass noch keine Arbeitsblätter ausgeblendet wurden.

Ausgeblendete Arbeitsblätter sind aber natürlich nicht dauerhaft aus der Arbeitsmappe verschwunden. Sie können sie ähnlich schnell wieder einblenden.

1. Klicken Sie dazu erneut mit der rechten Maustaste auf ein beliebiges Register.
2. Wählen Sie aus dem Kontextmenü, das daraufhin eingeblendet wird, den Menüeintrag **Einblenden** ❸.
3. In der Dialogbox **Einblenden** wählen Sie das Arbeitsblatt ❹, das Sie wieder einblenden möchten.
4. Bestätigen Sie Ihre Auswahl mit einem Klick auf die Schaltfläche **OK**.

   Beim Ausblenden haben Sie die Möglichkeit, die Aktion für mehrere Blätter gleichzeitig durchzuführen. Beim Einblenden ist das leider nicht möglich, und Sie müssen alle ausgeblendeten Arbeitsmappen einzeln über den Dialog wieder einblenden.

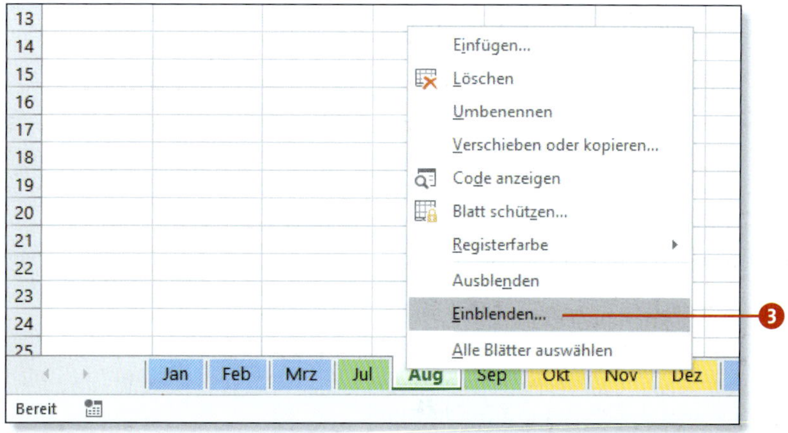

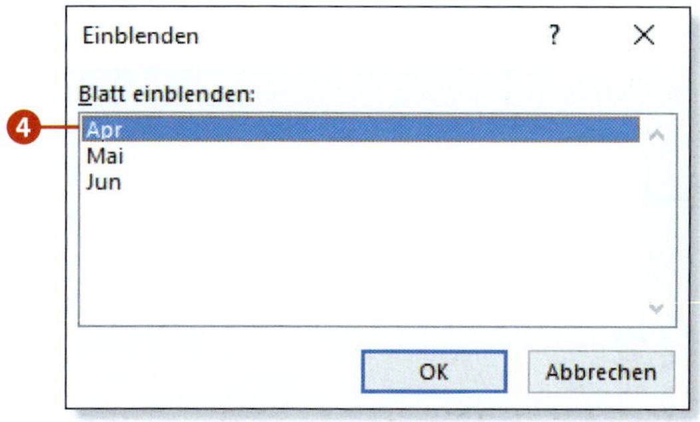

Alles ausblenden

Falls Sie einmal versuchen sollten, alle Arbeitsblätter auszublenden, wird Ihnen das Gott sei Dank nicht gelingen. So hätten Sie kein Register, auf das Sie klicken könnten, um die Arbeitsblätter wieder einzublenden. Sie werden aber auch von Excel darauf hingewiesen, dass diese Aktion nicht möglich ist.

Ausgeblendete Blätter einblenden

Sie müssen sich übrigens keine Sorgen machen, auf welches Register Sie zum Einblenden eines Blattes klicken. Ausgeblendete Arbeitsblätter werden immer an der Stelle im Blattregister wieder eingeblendet, an der Sie sie zuvor ausgeblendet haben.

Eine Vorlage auswählen

Nachdem Sie sich mit dem Umgang mit Arbeitsblättern, Menüband und Co. vertraut gemacht haben, möchten Sie vermutlich loslegen und Ihr Arbeitsblatt nutzen, um eine Aufgabe zu lösen. Nehmen wir an, Sie möchten sich einen Überblick über Ihre monatlichen Ausgaben verschaffen. Zunächst fragen Sie sich vermutlich: »Wie gelingt mir das am besten?«

Statt sich jetzt den Kopf zu zermartern, schauen Sie doch einfach mal, was Microsoft Ihnen an dieser Stelle bietet. Microsoft hat bereits eine Vielzahl fertiger Vorlagen erarbeitet und Ihnen im Onlinebereich zusammengestellt.

1. Wechseln Sie mit einem Klick auf das Register **Datei** in den Backstage-Bereich, und wählen Sie hier die Kategorie **Neu**.
2. Auf der rechten Seite des Bildschirms sehen Sie in der Kategorie **Empfohlen** eine Liste von fertigen Vorlagen. Diesen Bereich haben Sie bereits im Abschnitt »Eine neue Excel-Datei anlegen« auf Seite 38 kennengelernt.
3. Scrollen Sie durch diese Liste, bis Sie eine passende Vorlage zu Ihrer Aufgabenstellung finden. Für mein Beispiel bietet sich die Vorlage **Familienbudget** ❶ an.
4. Ein Klick auf diese Vorlage öffnet eine kleine Vorschaugrafik mit Kurzbeschreibung. Über das Schließkreuz ❷ blenden Sie diese Vorschau wieder aus, mit den Pfeilschaltflächen rechts und links rufen Sie weitere Vorlagenvorschauen auf.

Die Kategorie »Empfohlen«

Wundern Sie sich nicht, wenn Ihnen in der Kategorie **Empfohlen** nach einiger Zeit andere Vorlagen angezeigt werden. Diese Übersicht ändert sich und wird ständig an Ihr Suchverhalten und an die häufig von Ihnen verwendeten Vorlagen angepasst.

5. Sollte Ihnen die Vorlage zusagen, klicken Sie in der Vorschau auf die Schaltfläche **Erstellen** ❸. Ansonsten rufen Sie die gewünschte Vorlage mit einem Doppelklick auf die Miniatur ab.
6. Die Vorlage wird jetzt aus dem Internet in Ihr Vorlagenverzeichnis kopiert, und eine Kopie der Vorlage wird geöffnet. In der Titelleiste sehen Sie als Name **Familienbudget1** ❹ statt wie gewohnt **Mappe1**. An dieser Namensgebung können Sie erkennen, dass für die Arbeitsmappe noch kein Name vergeben wurde. Sie müssen die Arbeitsmappe nach Ihren Änderungen also noch unter einem anderen Namen speichern.
7. Sämtliche Inhalte der Vorlage können Sie nun durch Ihre eigenen Inhalte ersetzen oder an Ihre Bedürfnisse anpassen.
8. Speichern Sie die Arbeitsmappe wie im Abschnitt »Eine Arbeitsmappe speichern« auf Seite 39 beschrieben.

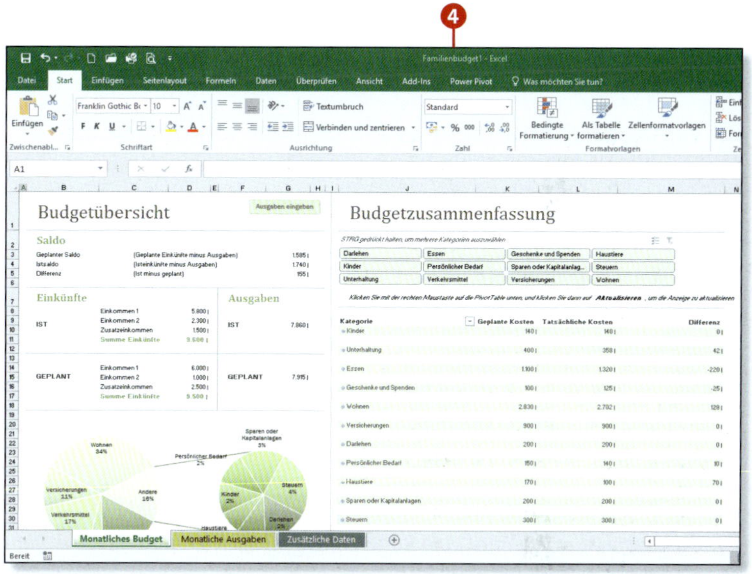

Erklärung fehlt

Wie Sie sehen, besteht die Vorlage bereits aus Diagrammen, einer Pivot-Tabelle, Datenschnitten, Hyperlinks und eventuell auch ausgeblendeten Registern. Die Erklärung, wie die einzelnen Elemente miteinander verknüpft sind und wie alles funktioniert, fehlt nahezu immer! Trotzdem finden Sie hier gute Ideen zum Umsetzen Ihrer Aufgaben. Beim Austüfteln, wie Microsoft das gemacht hat, entdecken Sie oft noch pfiffige Tricks.

Nach passenden Vorlagen suchen

Neben der Kategorie **Empfohlen** (**Datei > Neu**) finden Sie weitere Kategorien in der Zeile darüber. Sollten Sie auch in diesen Suchbereichen nicht fündig werden, können Sie in das Feld **Nach Onlinevorlagen suchen** einen Suchbegriff eingeben. Geben Sie einfach einmal »Stundenplan« ein, und bestätigen Sie mit ↵. Für den Fall, dass Sie auch bei der Suche keine passende Vorlage finden, können Sie immer noch eine eigene Vorlage erstellen (siehe den Abschnitt »Eigene Vorlagen erstellen« auf der nächsten Seite).

Eigene Vorlagen erstellen

Bei der täglichen Arbeit kann es schon einmal vorkommen, dass Sie eine bestimmte Arbeitsmappe immer wieder neu verwenden möchten. Bei mir ist das z. B. eine Tabelle zur Eingabe von Klausurergebnissen. Damit Sie nicht womöglich immer wieder eine alte Datei neu aufbereiten müssen (individuelle Inhalte löschen etc.), können Sie die Arbeitsmappe gleich als Vorlage zur Wiederverwendung speichern.

1. Öffnen Sie hierzu die Beispieldatei *02.11-Notenverteilung.xlsx*, und löschen Sie dazu zunächst alle individuellen Inhalte aus der Arbeitsmappe (im Beispiel sind das die Inhalte der Zellen `B14:N39`).
2. Klicken Sie danach auf das Register **Datei** ❶, und wählen Sie die Kategorie **Speichern unter**.
3. Zum Speichern klicken Sie auf **Dieser PC** und anschließend auf **Durchsuchen**.
4. In der Dialogbox **Speichern unter** wählen Sie den Dateityp **Excel-Vorlage** ❷ und bestätigen mit einem Klick auf **Speichern** ❸. Die Datei erhält dabei die Endung *.xltx* (*t* steht für den englischen Begriff *template*).

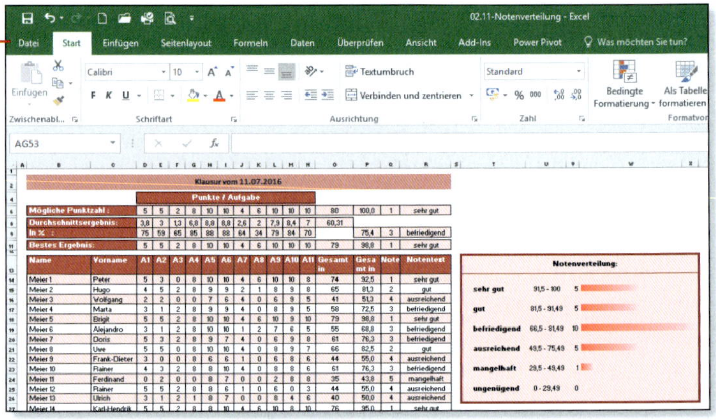

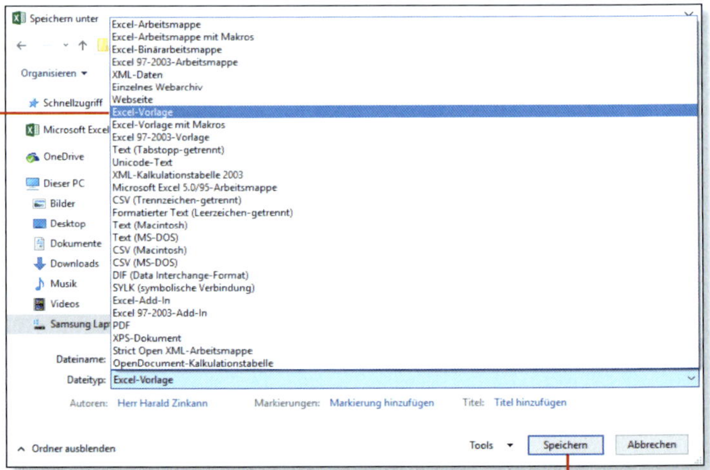

Vorschaugrafiken

Damit Sie bei der Auswahl einer Vorlage nicht nur ein leeres Blatt als Vorschau sehen, können Sie auch bei benutzerdefinierten Vorlagen ein Miniaturbild einrichten. Hierzu wählen Sie **Datei > Informationen** und dort in der 3. Spalte die Schaltfläche **Eigenschaften > Erweiterte Eigenschaften**. Im folgenden Dialog aktivieren Sie am unteren Fensterrand die Option **Miniaturen für Excel-Dokumente speichern**.

Speicherort der Vorlagen

Die Vorlage steht Ihnen in Excel unter **Datei > Neu > Benutzerdefiniert** zur Verfügung. Auf Ihrer Festplatte finden Sie sie unter *C:\Users\[Ihr Name] \Documents\Benutzerdefinierte Office-Vorlagen*.

Eigene Vorlagen verwalten

Sie können nicht nur eigene Vorlagen abspeichern, Excel bietet Ihnen außerdem diverse Möglichkeiten, diese Vorlagen zu verwalten. So können Sie beispielsweise den Speicherort der Vorlagen unter **Datei > Optionen > Speichern** im Eingabefeld **Standardspeicherort für persönliche Vorlagen** ❶ anpassen. Dieser Ordner wird automatisch ausgewählt, sobald Sie im Speicherdialog als Dateityp **Excel-Vorlage**, **Excel-Vorlage mit Makros** oder **Excel 97-2003 Vorlage** wählen.

Zusätzlich zu dem Standardvorlagenordner lässt sich auch ein Ordner einstellen, der für alle Programme des Office-Pakets gültig ist. Dieser Ordner wird zentral nur in Word eingerichtet, gilt dann aber für alle Anwendungen des Office-Pakets. Sie finden den Eintrag in Word 2016 unter **Datei > Optionen > Erweitert > Allgemein**. Dort klicken Sie auf **Dateispeicherorte**, und im folgenden Dialog markieren Sie mit einem Mausklick die Zeile **Arbeitsgruppenvorlagen**. Klicken Sie nun auf **Ändern** ❷. Im Dialog **Speicherort ändern** wählen Sie Ihren gewünschten Vorlagenordner und bestätigen alle geöffneten Dialoge mit einem Klick auf **OK**. Ab sofort wird Ihnen dieser Ordner auch unter **Datei > Neu > Benutzerdefiniert** angezeigt, sobald sich Vorlagen in diesem Ordner befinden.

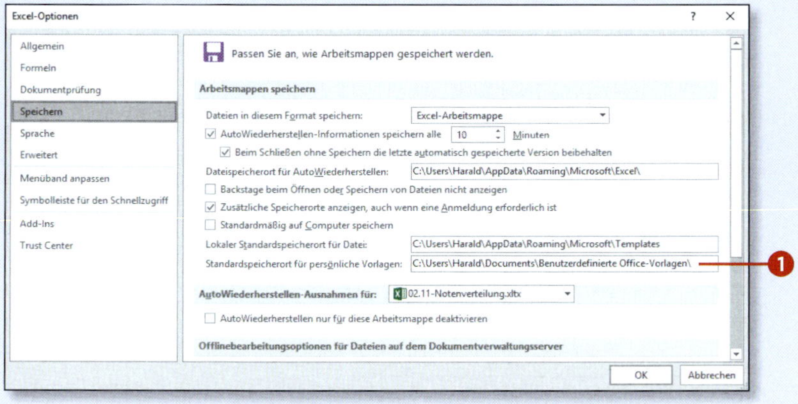

Passen Sie den Speicherort Ihrer Vorlagen bei Bedarf an.

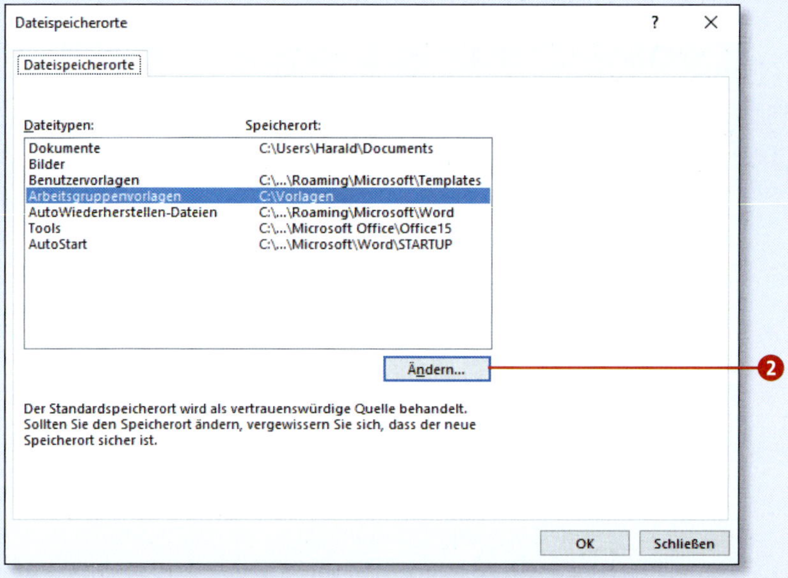

Legen Sie einen zentralen Vorlagenordner für Ihre Office-Vorlagen an.

Die Ansicht vergrößern und verkleinern

Gerade für die Eingabe von Daten kann es erforderlich sein, das Arbeitsblatt so zu vergrößern, dass Eingaben ohne Lupe oder zusammengekniffene Augen möglich sind. Um sich wiederum einen Überblick über das gesamte Arbeitsblatt zu verschaffen, ist manchmal ein kleiner Zoomfaktor äußerst hilfreich.

1. Wechseln Sie zunächst auf die Registerkarte **Ansicht** ❶.
2. In der Gruppe **Zoom** wählen Sie die Schaltfläche **Zoom** ❷. Alternativ können Sie auch aus der Statuszeile, ganz rechts außen, die Schaltfläche **100 %** wählen.
3. In der Dialogbox **Zoom** können Sie nun aus den vorgegebenen Zoomfaktoren wählen oder einen eigenen Wert ❸ eingeben. Anschließend bestätigen Sie mit einem Klick auf **OK**.
4. Der Zoomfaktor lässt sich auch stufenlos über den Schieberegler ❹ oder durch Klicken auf **–** beziehungsweise **+** ❺ in 10er-Schritten in der Statuszeile einstellen.

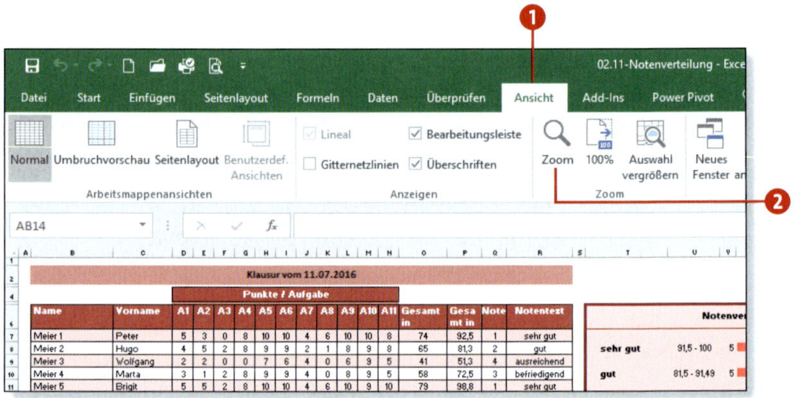

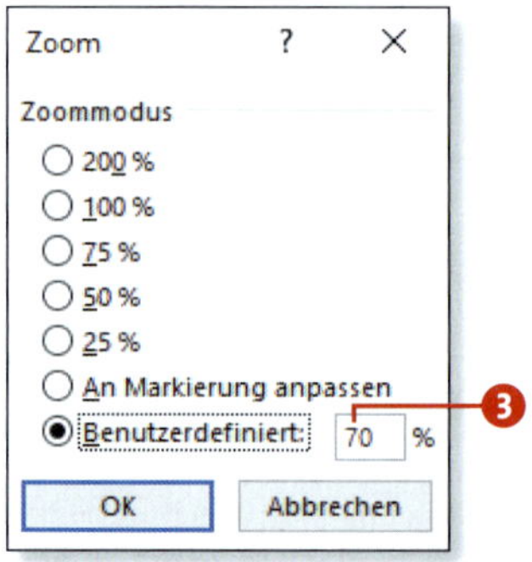

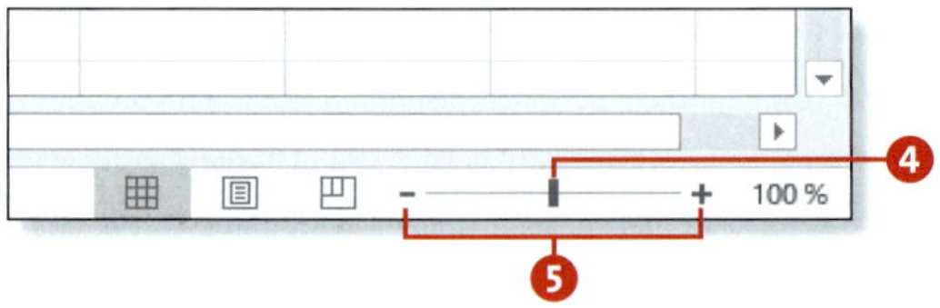

Zoomen und Drucken

Der auf dem Arbeitsblatt eingestellte Zoomfaktor wirkt sich nicht auf den Ausdruck aus. Für Ihre Ausdrucke ist ein Zoomfaktor von **100 %** voreingestellt. Möchten Sie den Zoomfaktor für Ihren Ausdruck verändern, geschieht dies in einem anderen Dialog. Mehr dazu erfahren Sie in Kapitel 9, »Drucken« ab Seite 247.

Mit der auf der vorigen Seite beschriebenen Methode vergrößern oder verkleinern Sie immer die Gesamtansicht. Es gibt aber auch Situationen, in denen es sinnvoll ist, nur einen bestimmten Bereich zu zoomen. Auch dafür bietet Ihnen Excel eine entsprechende Option.

1. Markieren Sie zunächst den Bereich **6** in Ihrem Arbeitsblatt, den Sie sich genauer ansehen möchten.
2. Wählen Sie danach **Ansicht > Zoom > Auswahl vergrößern** **7**.
3. Der markierte Bereich wird so weit vergrößert, bis die Markierung den Bildschirm in voller Breite beziehungsweise Höhe füllt. Alternativ können Sie auch im Dialogfenster **Zoom** den Eintrag **An Markierung anpassen** wählen.

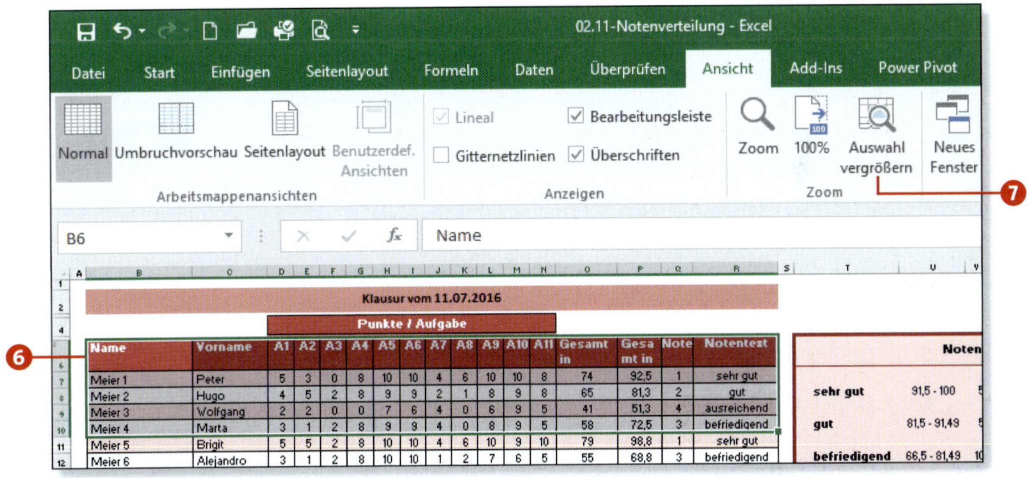

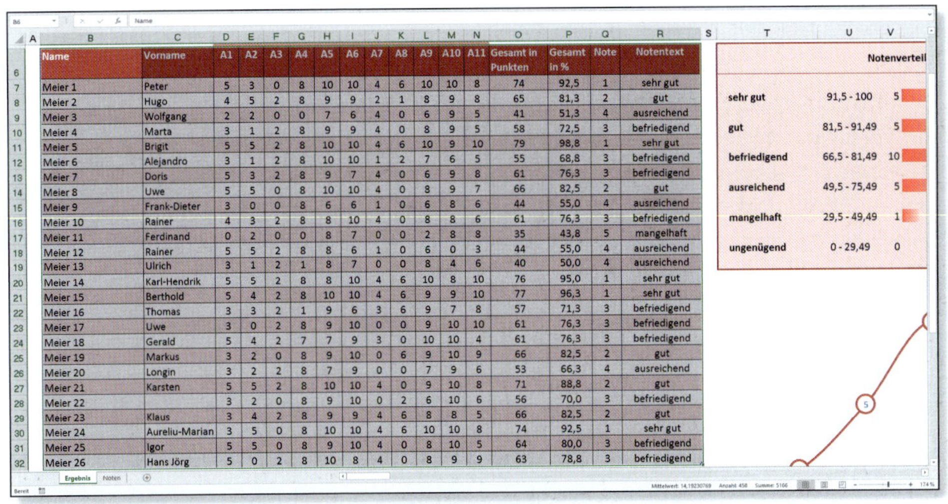

Zoomen mit Mausrädchen

Markieren Sie zunächst eine Zelle oder mehrere Zellen. Halten Sie jetzt die `Strg`-Taste gedrückt, und drehen Sie das Mausrädchen vor und zurück. Sie werden feststellen, dass die Ansicht vergrößert wird, wenn Sie das Mausrädchen nach vorne bewegen, und sie verkleinert sich, wenn Sie es zurückdrehen. Die markierte Zelle beziehungsweise der markierte Bereich bleibt dabei immer auf Ihrem Bildschirmausschnitt sichtbar.

Die verschiedenen Ansichten: Umbruchvorschau, Seitenlayout etc.

Excel 2016 bietet neben der **Normalansicht**, in der Sie im Regelfall arbeiten, weitere Ansichten, insbesondere zur Vorbereitung auf das Ausdrucken einer Tabelle. Um die verschiedenen Ansichten aufzurufen, klicken Sie zunächst auf das Register **Ansicht**. Hier stehen Ihnen in der Gruppe **Arbeitsmappenansichten** vier Ansichten zur Wahl.

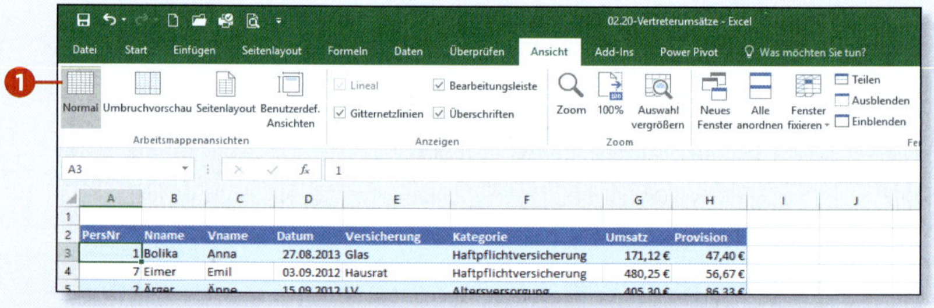

Die Normalansicht

Die **Normalansicht** ❶, bietet sich, wie der Name schon vermuten lässt, für alle normalen Tätigkeiten auf dem Arbeitsblatt an. In dieser Ansicht werden keine zusätzlichen Arbeitsblattelemente wie z. B. Kopfzeilen angezeigt. Sie können sich also ganz auf Ihre Arbeit konzentrieren.

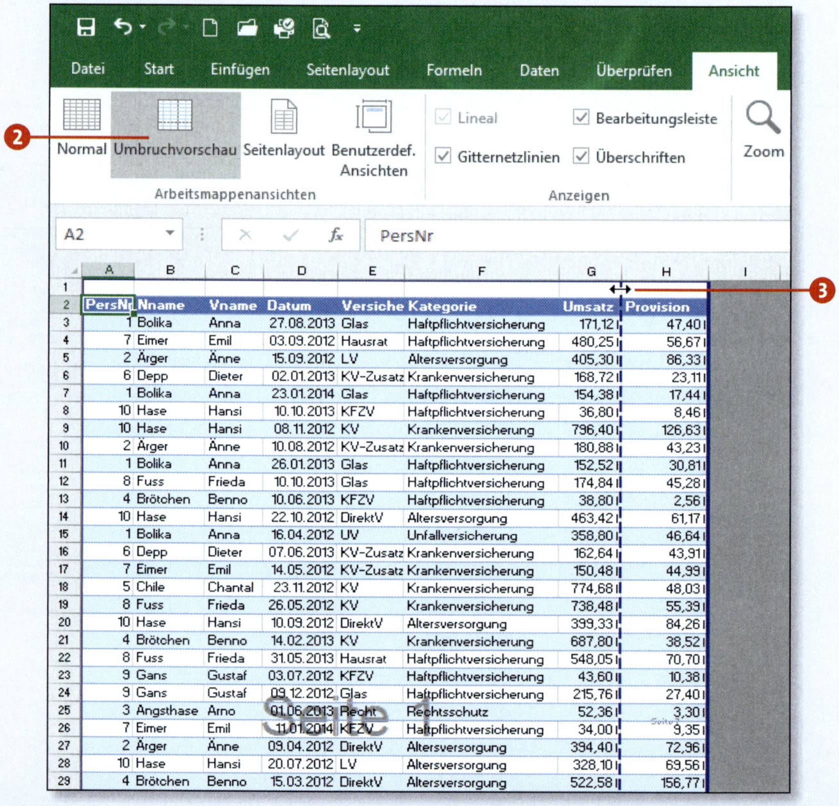

Die Umbruchvorschau

In der **Umbruchvorschau** ❷ sehen Sie, wie sich Ihre Tabelleninhalte auf verschiedene Seiten verteilen. Die äußere durchgezogene Linie stellt den Druckbereich dar. Alle Zellen, die sich außerhalb dieser Linien befinden, werden nicht mitgedruckt. Bewegen Sie den Mauszeiger auf die rechte Linie, verändert sich dieser in einen Doppelpfeil. Durch Ziehen bei gedrückter Maustaste können Sie nun diese Linie nach rechts beziehungsweise nach links verschieben und so den Druckbereich anpassen. Dies funktioniert natürlich genauso mit allen äußeren Linien.

Die gestrichelte Linie ❸ zeigt an, dass nicht alle Spalten auf eine Seite passen. Das heißt, dass für die letzten beiden Spalten eine weitere Seite gedruckt wird. Was für eine Papierverschwendung! Das sollten Sie ändern.

Bewegen Sie Ihren Mauszeiger jetzt auf die gestrichelte Linie, wird er wieder zum Doppelpfeil. Auch hier können Sie durch Ziehen bei gedrückter Maustaste die Linie z. B. nach rechts verschieben. Der Zoomfaktor des Ausdrucks wird dabei so verändert, dass alle Spalten auf eine Seite passen. Diese Vorgehensweise gilt genauso für horizontale gestrichelte Linien. Sie möchten, dass eine Zeile noch mit auf die vorhergehende Seite rutscht? Bewegen Sie die Grenzlinie zwischen den Seiten einfach entsprechend nach unten. Doch aufgepasst, irgendwann haben Sie den Zoomfaktor so weit verringert, dass Ihre ausgedruckten Seiten nicht mehr lesbar sind!

Die Seitenlayout-Ansicht

Im **Seitenlayout** ❹ sehen Sie Ihre Arbeitsmappe so, wie sie ausgedruckt wird. Sie können hier z. B. direkt die Kopf- und Fußzeile bearbeiten. Klicken Sie einfach in einen Bereich der Kopf- beziehungsweise Fußzeile, und gestalten Sie den Inhalt nach Ihren Wünschen. Auch können Sie die Spaltenbreiten auf der ersten Seite so verkleinern, dass eine Spalte der zweiten Seite auf die erste springt. Zur besseren Übersicht können die Leerflächen zwischen den Seiten ausgeblendet werden. Dazu klicken Sie einfach auf die schmale Spalte zwischen den Seiten ❺. Durch einen weiteren Klick auf diese Spalte wird diese Einstellung wieder rückgängig gemacht. Für die normale Bearbeitung Ihrer Daten sollten Sie aber wieder in die **Normalansicht** zurückkehren.

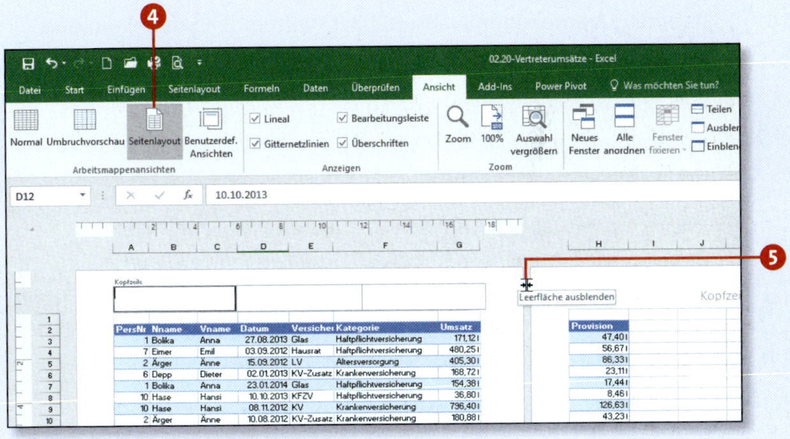

Benutzerdefinierte Ansichten

Zusätzlich zu den ersten drei Ansichten können Sie sich beliebig viele Ansichten anlegen, speichern und zu einem späteren Zeitpunkt wieder abrufen. Gespeichert werden unter anderem der Zoomfaktor und die Position auf dem Arbeitsblatt. Mehr hierzu erfahren Sie in der folgenden Anleitung »Eine benutzerdefinierte Ansicht speichern«.

Eine benutzerdefinierte Ansicht speichern

Eine benutzerdefinierte Ansicht lässt sich in Excel ohne Weiteres speichern. Anhand der Beispieldatei *02.20-Vertreterumsätze.xlsx* können Sie die folgenden Schritte nachvollziehen.

1. Markieren Sie die Zelle A2, und stellen Sie den Zoomfaktor auf **100 %**. Wählen Sie nun **Ansicht > Arbeitsmappenansichten > Benutzerdef. Ansichten**, und klicken Sie in der folgenden Dialogbox **Benutzerdefinierte Ansichten** auf **Hinzufügen** ❶.
2. In der folgenden Dialogbox **Neue Ansicht** fügen Sie in das Eingabefeld **Name** einen Namen Ihrer Wahl (z. B. »Start«) ein und bestätigen die Eingabe mit einem Klick auf **OK**.
3. Um die gespeicherte Ansicht zu testen, scrollen Sie auf dem Arbeitsblatt in die Zeile 100, markieren dort eine beliebige Zelle und erhöhen den Zoomfaktor auf mindestens **200 %**.
4. Wählen Sie jetzt erneut **Ansicht > Arbeitsmappenansichten > Benutzerdef. Ansichten**. Im Dialogfenster sehen Sie jetzt die zuvor hinzugefügte Ansicht. Markieren Sie diese, und bestätigen Sie Ihre Auswahl mit der Befehlsschaltfläche **Anzeigen** ❷ oder machen Sie einen Doppelklick auf den gewünschten Eintrag.

   Sie werden sehen, Sie springen zurück zur Zelle A2, und der Zoomfaktor wird auf 100 % zurückgesetzt.

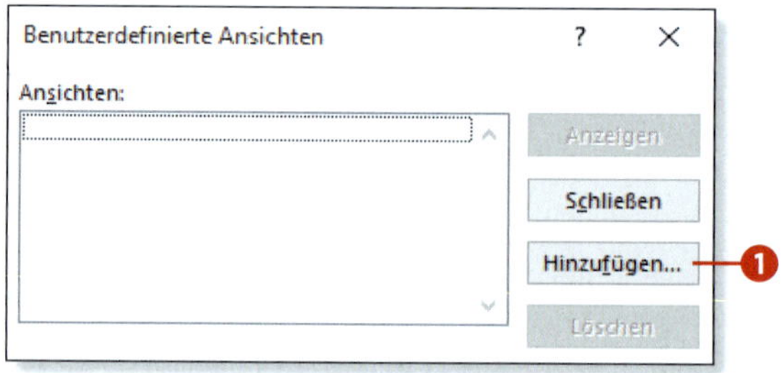

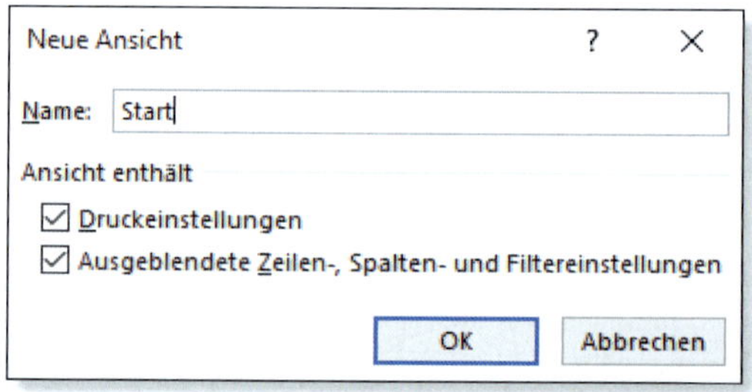

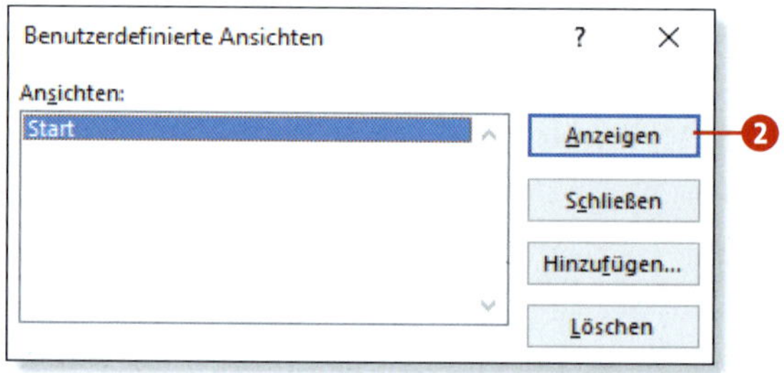

Ansicht der Symbolleiste für den Schnellzugriff hinzufügen

Sollten Sie feststellen, dass sie viele dieser benutzerdefinierten Ansichten anlegen und diese auch häufig nutzen, legen Sie sich das Symbol für benutzerdefinierte Ansichten doch einfach in die **Symbolleiste für den Schnellzugriff** (siehe Abschnitt »Die Symbolleiste für den Schnellzugriff nutzen« ab Seite 30).

Druckereinstellungen

In diesem Kapitel beschäftigen wir uns nur mit den verschiedenen Ansichten. Weitere Einstellmöglichkeiten zur Vorbereitung von Ausdrucken Ihrer Daten finden Sie in Kapitel 9, »Drucken«, ab Seite 247.

Zeilen und Spalten fixieren

Scrollen Sie in großen Tabellen nach unten, wird Ihnen vermutlich die Übersicht schnell verloren gehen, da Sie die Spaltenüberschriften nicht mehr sehen (siehe die Beispieldatei *02.20-Vertreterumsätze.xlsx*). Das Gleiche kann Ihnen passieren, wenn Ihre Tabellen sehr breit sind. Scrollen Sie dann nach rechts, sehen Sie nicht mehr, zu welcher Person die Informationen in den hinteren Spalten gehören (siehe Beispieldatei *02.20-Mitarbeiter.xlsx*). Die Lösung des Problems liegt darin, die entsprechenden Spalten beziehungsweise Zeilen zu fixieren.

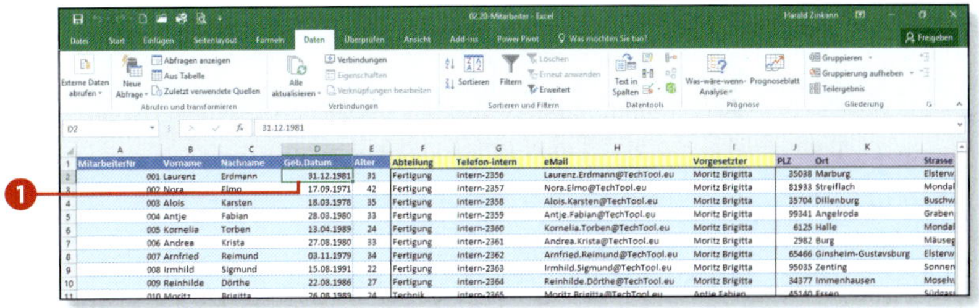

1. Markieren Sie dazu die Zelle, über der Sie eine oder mehrere Zeilen fixieren möchten ❶, beziehungsweise die Zelle, vor der Sie eine oder mehrere Spalten fixieren möchten.
2. Klicken Sie dann im Register **Ansicht** in der Gruppe **Fenster** auf die Schaltfläche **Fenster fixieren**.

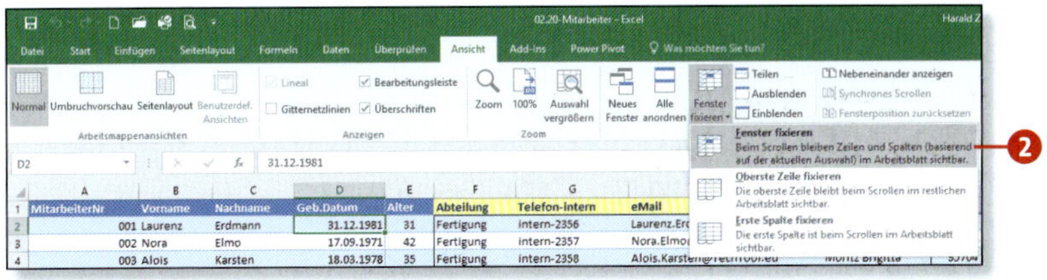

3. Wählen Sie im Menü den Eintrag **Fenster fixieren** ❷. Die Menüeinträge **Oberste Zeile fixieren** beziehungsweise **Erste Spalte fixieren** fixieren nur die oberste Zeile beziehungsweise erste Spalte, ohne dass vorher eine Markierung notwendig ist.

   Jetzt können Sie nach Belieben scrollen. Die fixierten Spalten und Zeilen bleiben auf dem Arbeitsblatt sichtbar, egal wie weit Sie sich nach rechts beziehungsweise nach unten bewegen.

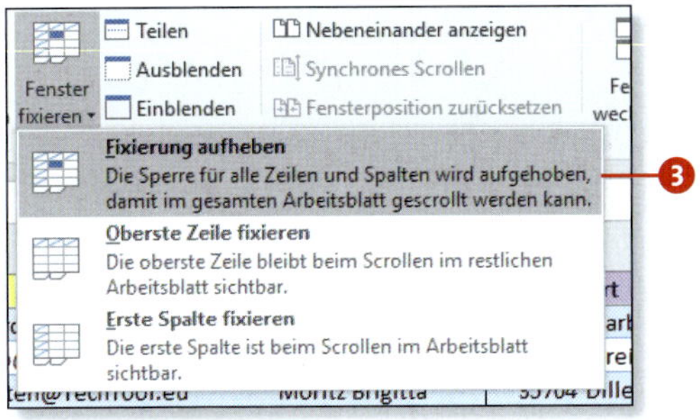

4. Um die Fixierung wieder aufzuheben, klicken Sie erneut auf die Schaltfläche **Fenster fixieren** und wählen nun **Fixierung aufheben** ❸.

Das Tabellenformat

Im Abschnitt »Zellbereiche in Tabellenbereiche konvertieren« ab Seite 108 stelle ich Ihnen eine weitere Möglichkeit vor, wie Sie die Kopfzeile einer Tabelle platzsparend fixieren können.

3 Daten eingeben

In diesem Kapitel werden Sie damit vertraut gemacht, Daten in die Zellen einer Arbeitsmappe einzugeben, diese zu formatieren und automatische Formate richtig zu interpretieren. Ich zeige Ihnen, wie Sie den Überblick über die umfangreiche Liste der Formate nicht verlieren, und Sie erfahren, wie Sie eigene Formate definieren und verwenden.

Aber auch das Kopieren, Verschieben und Löschen von Inhalten wird genauso Thema des Kapitels sein. Sie lernen außerdem, wie Sie Fehleingaben korrigieren und die AutoKorrektur verwenden.

Das automatische Füllen von Zahlen- und auch Textkolonnen kann viel Zeit ersparen. In diesem Kapitel erfahren Sie, wie diese Mechanismen funktionieren und wie Sie eigene Listen erstellen und einsetzen.

Häufig ist es notwendig, Eingaben auf bestimmte Inhalte zu beschränken. Sie lernen, wie Sie z. B. numerische Inhalte nur in einem vorgegebenen Zahlenbereich oder Textinhalte nur als Auswahl aus einer vorgegebenen Liste zulassen. Abschließend zeige ich Ihnen noch, wie Sie auf Ihrem Arbeitsblatt nach Zellinhalten suchen und diese ersetzen.

In diesem Kapitel

- Die Bearbeitungsleiste nutzen
- Zahlen eingeben
- Datentypen und automatische Formatierung
- Überblick über die Zahlenformate
- Dezimalstellen
- Währungsformate
- Datum und Uhrzeit eingeben
- Text eingeben und mit der Rechtschreibprüfung kontrollieren
- Eigene Zellformate definieren
- Nullwerte unterdrücken
- Inhalte kopieren, einfügen und löschen
- Eingaben beschränken und überprüfen
- Datenreihen vervollständigen
- Inhalte suchen und ersetzen
- Benutzerdefinierte Listen erzeugen

So funktioniert die Dateneingabe in Excel

Grundsätzlich stehen Ihnen zwei Möglichkeiten zur Verfügung, Daten in eine Zelle einzutragen: entweder Sie geben sie über die *Bearbeitungsleiste* ❶ ein oder über den *Bearbeitungsmodus* direkt in der Zelle ❷.

Beide Varianten haben ihre Vorzüge. Das Bearbeiten von Zellinhalten direkt in der Zelle ist angenehmer für das Auge, da Sie die Textgröße nahezu beliebig anpassen können. Je nach Formatierung der Zelle kann dies aber auch sehr unübersichtlich sein. In solchen Situationen ist die Bearbeitungsleiste vorzuziehen. Sie ist nicht nur sehr lang, sie lässt sich nahezu beliebig erweitern.

Um eine Zelle über den Bearbeitungsmodus mit Inhalt zu füllen, klicken Sie zunächst die Zelle an, in die Sie etwas eintragen möchten. Sie markieren sie so, und Excel zeigt Ihnen dies außerdem mit einem grünen Rahmen um die aktive Zelle an.

Jetzt tippen Sie einfach los. Dabei wechseln Sie automatisch in den Bearbeitungsmodus der Zelle. Sollten sich schon Daten in der Zelle befinden, werden diese durch Ihre Eingabe überschrieben, sobald Sie sie mit [↵] bestätigen. Drücken Sie die Taste [Esc], wird die Bearbeitung abgebrochen (befand sich vor der Eingabe Inhalt in der Zelle, bleibt dieser bestehen).

Durch Drücken der Taste [F2] (oder Doppelklick auf die Zelle) wird für die markierte Zelle der Bearbeitungsmodus aktiviert, ohne eventuell bestehenden Inhalt zu löschen. So kann einer Zelle auch Inhalt hinzugefügt werden, wenn sie bereits gefüllt ist oder Inhalte einfach korrigiert werden.

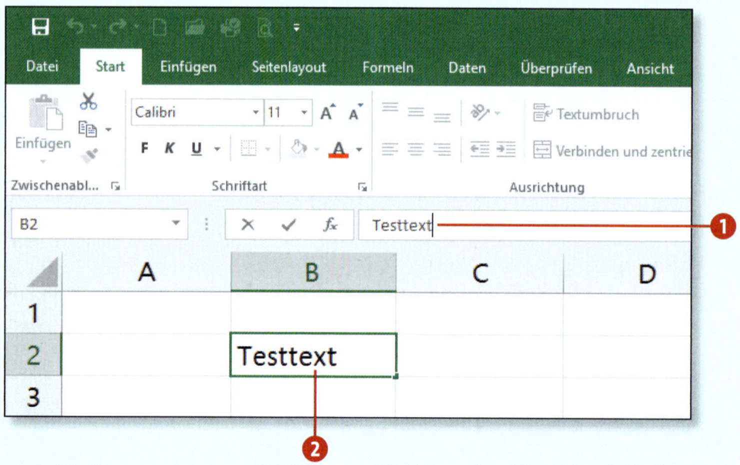

Nachdem Sie nun die grundsätzliche Dateneingabe kennenglernt haben, fragen Sie sich sicherlich, was Sie eigentlich alles in eine Zelle schreiben können? Grundsätzlich unterscheidet Excel bei der Eingabe zwischen *Text*, *Zahlen*, *Formeln* und *Funktionen*.

Bei der Eingabe von Texten wird dieser nach Drücken der [↵]-Taste standardmäßig linksbündig angezeigt. Texteingaben, die breiter als die Zelle sind, überlagern die nächsten Zellen **3** auf der rechten Seite, sofern diese leer sind.

Im Gegensatz zu Texteingaben werden Eingaben von Zahlen rechtsbündig ausgerichtet. Das bewirkt, dass alle Einer, Zehner, Hunderter usw. untereinander dargestellt werden **4**, solange alle Zahlen mit keiner oder der gleichen Anzahl Nachkommastellen angezeigt werden.

Auch Formeln und Funktionen geben Sie per Tastatur in die Bearbeitungsleiste oder im Bearbeitungsmodus direkt in die aktive Zelle ein. Bei *Formeln* handelt es sich um einfache Berechnungen, meistens unter Verwendung der Grundrechenarten. *Funktionen* sind kleine, aber mächtige Helfer, die ihre Arbeit im Hintergrund ausführen und dann das gewünschte Ergebnis in der Zelle ablegen.

Mehr müssen Sie sich hierzu an dieser Stelle noch nicht merken, denn in Kapitel 7, »Formeln und Funktionen«, ab Seite 183 wird dieser Themenkomplex ausgiebig behandelt.

Eines sollten Sie allerdings bei der Eingabe von Daten in Excel beachten: Solange Sie sich im Bearbeitungsmodus befinden, egal ob in der Zelle oder in der Bearbeitungsleiste, kann ein Großteil der Schaltflächen nicht genutzt werden! Sie erkennen das daran, dass diese Schaltflächen grau angezeigt werden. Auch bestimmte Mechanismen scheinen nicht zu funktionieren. In meinen Seminaren höre ich dann recht häufig: »Herr Zinkann, mein Excel funktioniert nicht mehr.« Und der Anschein mag auch entstehen, denn wenn Sie im Bearbeitungsmodus in den Explorer von Windows wechseln, um dort eine weitere Arbeitsmappe per Doppelklick zu öffnen, wird Excel zwar in den Vordergrund gelegt, die Arbeitsmappe wird aber nicht geöffnet. Das liegt daran, dass die letzte Aktion (Bearbeiten einer Zelle) noch nicht abgeschlossen ist. In dem Moment, in dem Sie mit [↵] oder [Esc] die Eingabe bestätigen oder abbrechen, wird die zweite Aktion fortgesetzt und die neue Arbeitsmappe geöffnet. Excel funktioniert also einwandfrei.

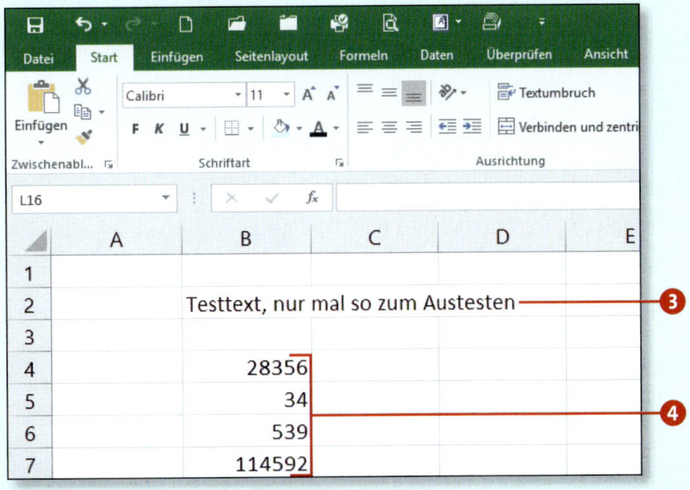

Die Bearbeitungsleiste nutzen

Bei Verwendung der Bearbeitungsleiste zur Eingabe von Daten in eine Zelle gibt es ein paar Kleinigkeiten zu beachten.

1. Klicken Sie die Zelle an, in die Sie etwas eintragen möchten, und klicken Sie anschließend in die Bearbeitungsleiste ❶, und geben Sie Ihre Daten ein, hier der Begriff `Testtext`.
2. Um die Eingabe zu beenden, bestätigen Sie mit [↵] oder klicken auf **Eingeben** ❷ vor der Bearbeitungsleiste.
3. Mit [Esc] wird die Bearbeitung abgebrochen. Alternativ können Sie auch auf **Abbrechen** ❸ klicken.
4. Die Bearbeitungsleiste ist für die meisten Eingaben lang genug. Sie lässt sich aber über einen Pfeil am Ende der Zeile ❹ auch auf 4 Zeilen erweitern. Sollte dies nicht ausreichen, was sehr unwahrscheinlich ist, können Sie über den unteren Rand der Zeile den Bereich beliebig verändern. Bewegen Sie dazu den Mauszeiger auf den Rand, und drücken Sie die Maustaste, sobald sich der Zeiger in einen Doppelpfeil verwandelt ❺. Ziehen Sie die Leiste auf die gewünschte Höhe. Ein Klick auf den Pfeil, jetzt oben rechts in der Bearbeitungsleiste, reduziert diese wieder auf eine Zeile.

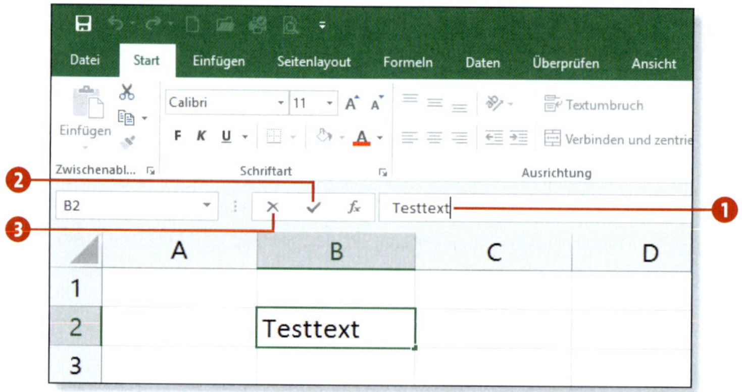

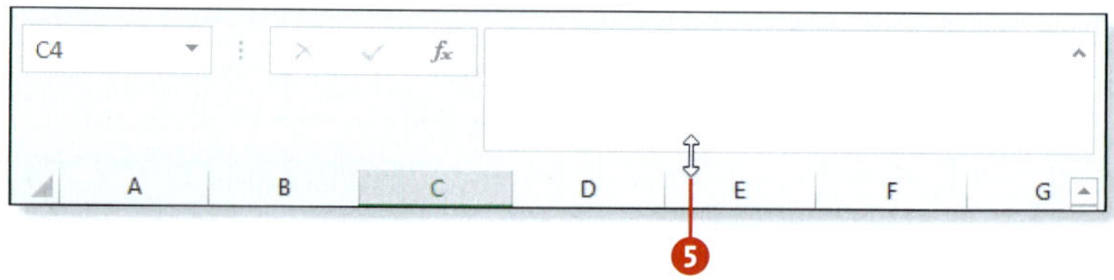

Bearbeitungsleiste ausblenden

Hin und wieder möchten Sie vielleicht den Arbeitsbereich Ihrer Tabelle optimal nutzen und mehr Platz schaffen. Zu diesem Zweck können Sie im Register **Ansicht** in der Gruppe **Anzeigen** mit einem Klick auf das Kontrollkästchen **Bearbeitungsleiste** selbige ausblenden. Klicken Sie erneut auf dieses Kontrollkästchen, blenden Sie sie wieder ein.

Eingabe per Mausklick beenden

Übrigens lässt sich eine Eingabe auch bequem per Mausklick in eine andere Zelle beenden (vorzugsweise mit einem Klick in die Zelle, die Sie als Nächstes bearbeiten möchten). Dabei spielt es keine Rolle, ob Sie die Daten in der Bearbeitungsleiste oder in der Zelle eingegeben haben.

Zahlen eingeben

Prinzipiell können Sie Zahlen in verschiedenen Formaten eingeben, achten Sie allerdings schon bei der Eingabe auf einige Details, erspart Ihnen das einiges an Nachbearbeitung.

1. Beachten Sie bei der Eingabe von Zahlen, dass das Dezimaltrennzeichen ein Komma ist! Geben Sie außerdem nur Ziffern und bei Bedarf das Dezimaltrennzeichen ein. Sie sollten auf alle weiteren Elemente wie z. B. Einheiten und Tausenderpunkt verzichten.
2. Überschüssige Nachkommastellen werden aufgerundet, aber nicht abgeschnitten. In der Bearbeitungsleiste ❶ sehen Sie, dass mehr Nachkommastellen eingegeben wurden, als in der Zelle B3 angezeigt werden ❷.
3. Geben Sie einen Tausenderpunkt an der richtigen Stelle ein, wird er für die Zahl korrekt übernommen. Sollten Sie ihn aber, wie in Zelle D4, an die falsche Stelle setzen ❸, wird die Zahl als Text interpretiert und kann nicht für Berechnungen verwendet werden. Genauso verhält es sich mit Einheiten. Das €-Symbol wird erkannt ❹ und das Format der Zelle angepasst, km und DM ❺ nicht. Sie erkennen das Format bereits an der Ausrichtung, denn Zahlen, die von Excel als Text interpretiert werden, werden linksbündig angezeigt. Daher sollten Sie Tausenderpunkte und Einheiten später über die Zellformatierung setzen.
4. Für negative Zahlen drücken Sie zunächst [-] und geben dann die Zahl ein ❻. Verwenden Sie bereits das Währungsformat oder nutzen bei der Eingabe das €-Symbol, wird die Zahl als negativer Betrag erkannt und rot markiert.

Exponentialschreibweise

Neben der üblichen Eingabe von Zahlen können Sie auch die Exponentialschreibweise wählen. Die Eingabe 334e6 wird nach Betätigen von [↵] in der Schreibweise 3,34E+8 dargestellt.

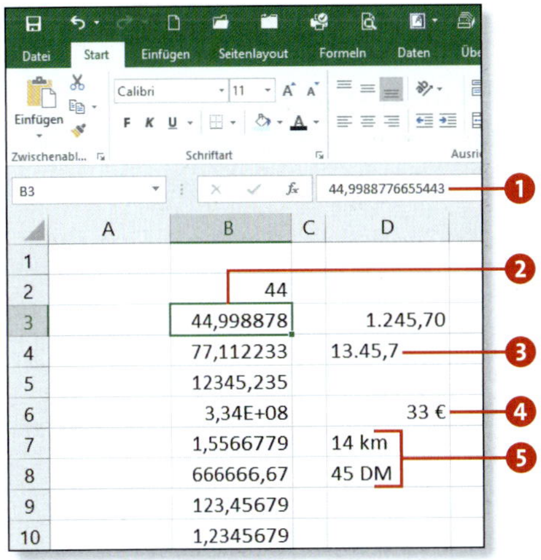

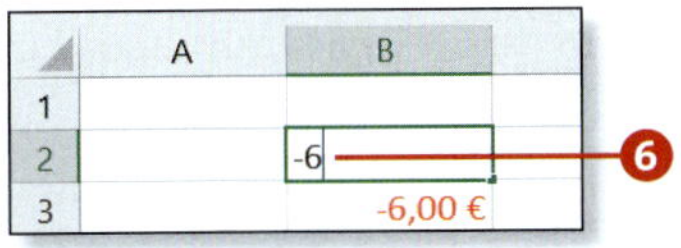

Genauigkeit und Grenzen

Excel speichert und rechnet auf 15 Stellen genau. Dabei berechnet Excel normalerweise die gespeicherten und nicht die angezeigten Werte. Unter **Datei > Optionen > Erweitert** sehen Sie den Bereich **Beim Berechnen dieser Arbeitsmappe**. Im Auswahlmenü wählen Sie die betroffene Arbeitsmappe (zur Auswahl muss diese aktuell geöffnet sein) und setzen ein Häkchen bei **Genauigkeit wie angezeigt festlegen**. Bestätigen Sie den Vorgang mit **OK**. Danach werden in der gewählten Arbeitsmappe nur noch die angezeigten Werte für Berechnungen genutzt. Alle Stellen, die wegen der Formatierung nicht sichtbar waren, werden abgeschnitten. Beachten Sie aber: Dieser Vorgang lässt sich nicht rückgängig machen!

Datentypen und automatische Formatierung

Bei der Eingabe von Daten passieren manchmal Dinge, die Sie nicht beeinflussen können. Das heißt, Excel entscheidet je nachdem, wie Sie Ihre Daten eingeben, wie diese Zelle formatiert wird.

1. Ich möchte z. B. die Zahl 14,3 in die Zelle B2 eintragen. Da ich meine Brille aber nicht auf der Nase habe, gebe ich versehentlich 14.3 ein. Der Punkt ist in Excel aber das Trennzeichen für Datumseingaben. Also interpretiert Excel meine Eingabe als Datum und macht daraus den 14. März. Die Eingabe muss also korrigiert werden.

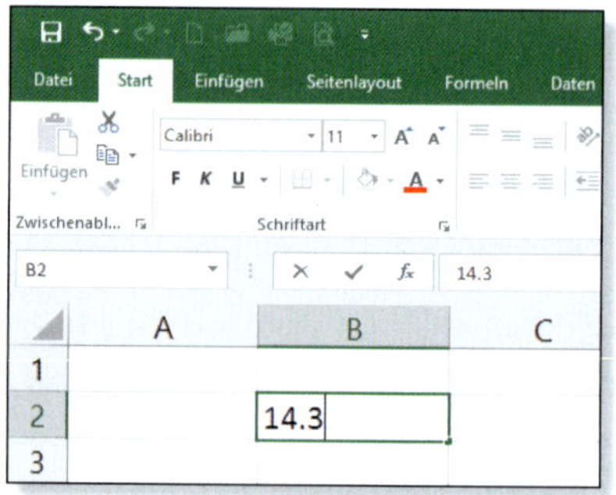

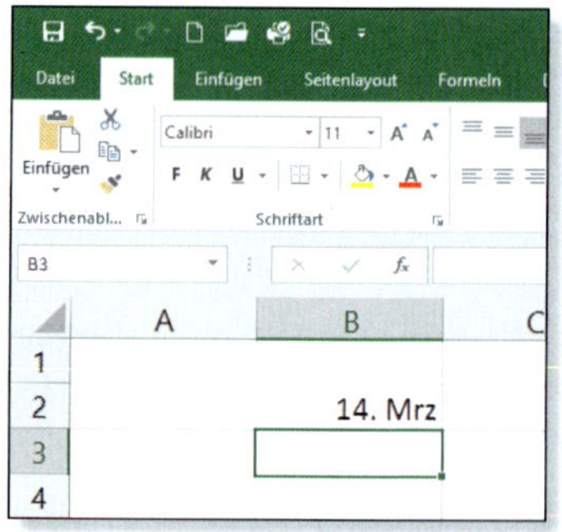

2. Markieren Sie die Zelle B2 erneut, und löschen Sie den Inhalt unter Verwendung der [Entf]-Taste.

3. Brille aufsetzen und erneut 14,3 (diesmal mit Komma) eingeben und mit [↵] abschließen. Excel zeigt in der Zelle B2 nun aber nicht 14,3, sondern 14. Jan an, und in der Bearbeitungsleiste sehen Sie, dass das genaue Datum der 14.01.1900 07:12:00 ist.

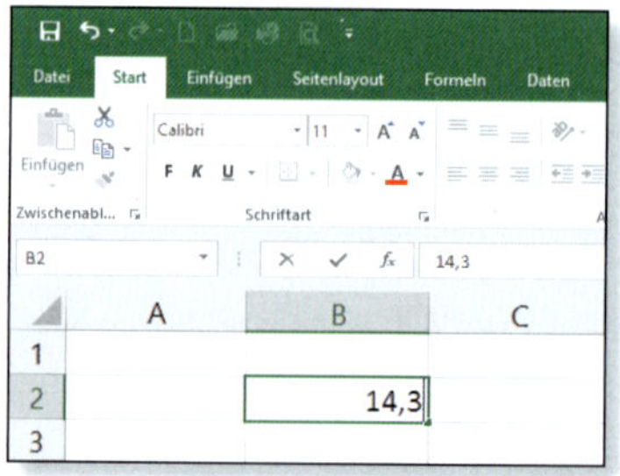

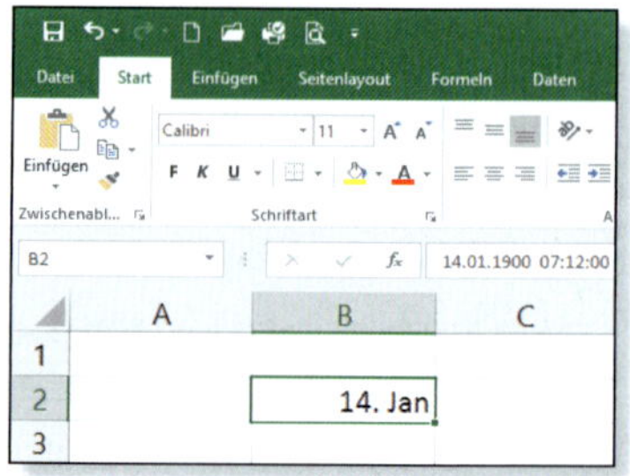

Inhalte per Maus löschen

Zellinhalte lassen sich übrigens auch per Maus löschen. Markieren Sie dazu die gewünschte Zelle (oder den Zellbereich). Bewegen Sie den Mauszeiger dann in die rechte untere Ecke der Zelle. Sobald Sie das Kreuzsymbol sehen, ziehen Sie bei gedrückter Maustaste den Mauszeiger in Richtung der linken oberen Ecke der Zelle (oder des markierten Bereichs). Wird der Zellinhalt halb transparent dargestellt, lassen Sie die Maustaste los, und der Zellinhalt wird entfernt.

Zellen markieren

Wie Sie mehrere Zellen und Bereiche markieren, erfahren Sie im Abschnitt »Zeilen, Spalten und Arbeitsblatt markieren« auf Seite 99 und im Abschnitt »Bereiche markieren« auf Seite 100.

4. Was ist hier passiert? Bei der Eingabe eines plausiblen Datums mit Punkt als Trennzeichen wurde die Eingabezelle automatisch mit dem Standard-Datumsformat versehen.
5. Beim Löschen mit der Taste `Entf` wurde nur der Inhalt gelöscht. Die Formatierung der Zelle, auch wenn sie automatisch geschah, bleibt bestehen! Sie müssen also auch noch die Formatierung der Zelle widerrufen.
6. Um das Problem zu lösen, wählen Sie im Register **Start** aus der Gruppe **Zahl** das Kombinationsfeld **Zahlenformat** ❶. Aus dem Menü wählen Sie das Format **Standard** ❷. Die eingegebene Zahl wird nun korrekt als `14,3` angezeigt.
7. Das hier beschriebene Problem kann immer dann auftreten, wenn Sie versehentlich falsche Zeichen eingeben. Sollten Sie es rechtzeitig bemerken, machen Sie den letzten Arbeitsschritt einfach rückgängig ❸ (oder mit `Strg` + `Z`) und wiederholen Ihre Eingabe, diesmal aber korrekt.

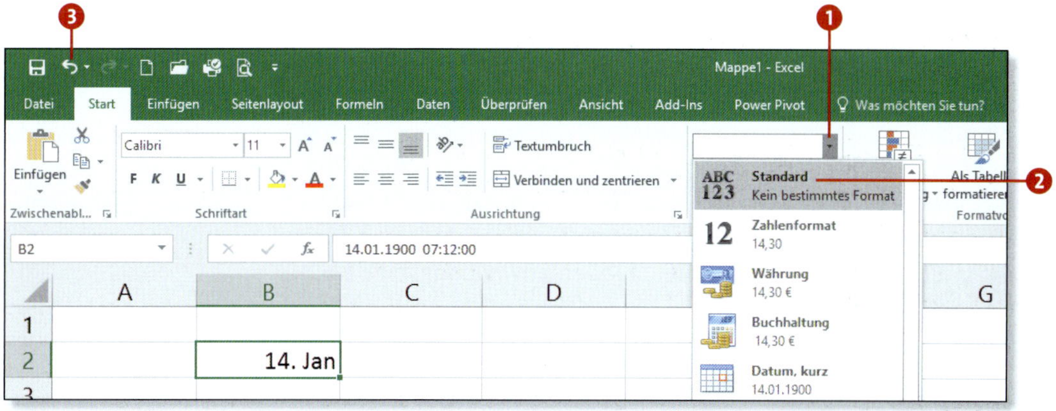

Datumswerte in Excel

Zum besseren Verständnis sollten Sie wissen, dass die Zeitrechnung von Excel am 01.01.1900 beginnt. Danach wird jedes Datum intern als fortlaufende Zahl gespeichert. Das, was Sie in der Zelle sehen, ist nur eine Formatierung dieser fortlaufenden Zahl. Die Nachkommastellen bilden die Uhrzeit ab. Die Nachkommastelle 0,5 steht also für einen halben Tag, demnach 12:00 Uhr. Dabei ist eine Stunde ein 24stel eines Tages, eine Minute ein 60stel einer Stunde und eine Sekunde ein 60stel einer Minute. Diese Bruchteile eines Tages addiert ergeben den Nachkommateil, der die Uhrzeit repräsentiert. Daher wird aus 14,3, wenn die Zahl als Datum gewertet wird, der 14. Tag seit Beginn der Zeitrechnung, also der 14.01.1900. Die übrigen 0,3 ergeben nach oben beschriebener Logik dann 07:12 Uhr.

Überblick über die Zahlenformate

Nachdem Sie wissen, wie Zahlen in Zellen eingetragen werden, geht es jetzt darum, diese Zahlen schnell und richtig zu formatieren. Im Register **Start** wird Ihnen in der Gruppe **Zahl** eine Anzahl von Schaltflächen und Formaten zur Verfügung gestellt, mit denen Sie gut und gerne 80 Prozent der Standardanwendungsfälle abdecken.

Um eine Zahl zu formatieren, markieren Sie zunächst alle Zellen, die das gleiche Format erhalten sollen. Wählen Sie anschließend im Register **Start** aus der Gruppe **Zahl** das Kombinationsfeld **Zahlenformat** ❶. Klicken Sie im Menü auf das Zahlenformat, mit dem Sie die markierten Zellen formatieren möchten. Die Zelle wird Ihren Wünschen entsprechend formatiert.

In der Beispieldatei *03.06-Zahlenformate.xlsx* habe ich die Formate aus dem Kombinationsfeld **Zahlenformat** für Sie in einer Liste zusammengestellt. In jede der Zellen von E2 bis E12 habe ich den Wert 00123,678912345678 eingetragen, um die Unterschiede der Formate zu verdeutlichen. Zunächst fällt auf, dass führende Nullen nicht mit angezeigt werden. Die einzelnen Formate weisen ebenfalls ein paar Besonderheiten auf.

- **Standard** – Die Nachkommastellen werden so begrenzt, dass die gesamte Zahl (Vor- und Nachkommastellen plus Komma) maximal 11 Stellen in Anspruch nehmen. Sollten mehr als 11 Vorkommastellen eingegeben werden, werden diese natürlich angezeigt, die Nachkommastellen dann aber nicht mehr.
- **Zahlenformat** – Von den Nachkommastellen werden genau zwei angezeigt. Sind keine Nachkommastellen vorhanden, werden Nullen angezeigt. Es wird kein Tausenderpunkt angezeigt.
- **Währung und Buchhaltung** – Beide Formate zeigen zwei Nachkommastellen und bei Bedarf einen Tausenderpunkt. Beim Format **Buchhaltung** wird mehr Raum für das Währungssymbol reserviert, und bei der Zahl 0 wird Ihnen statt einer Null - € angezeigt. Um Zellen im Format **Buchhaltung** zu formatieren, bieten sich auch die Schaltflächen **Buchhaltungszahlenformat** ❷ und **1.000er-Trennzeichen** ❸ an. Bei Letzterer wird auch das Buchhaltungsformat eingestellt, das Währungssymbol wird aber nicht angezeigt.

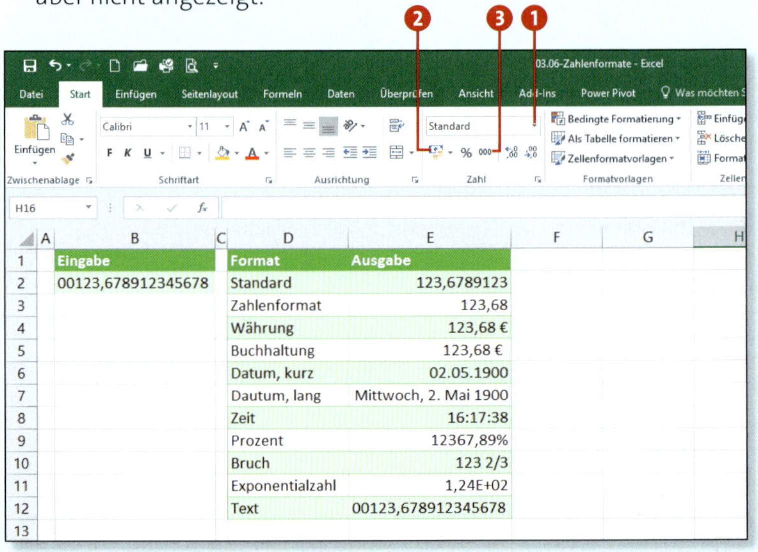

In der Zelle »B2« befindet sich die ursprüngliche Eingabe, und die Zellen »E2« bis »E12« zeigen den Wert in den unterschiedlichen Formaten. Um das Format »Text« zu wählen, müssen Sie im Aufklappmenü nach unten scrollen.

- **Prozent** – Das **Prozent**-Format spielt noch einmal eine besondere Rolle. Es würde den Rahmen hier sprengen und wird daher im Exkurs »Operatoren und Grundrechenarten« ab Seite 186 ausführlich besprochen.
- **Text** – Erzwingt für die eingegebene Zahl das **Text**-Format. Die führenden Nullen werden angezeigt. Allerdings nur, wenn Sie die Zelle vor der Eingabe formatieren.

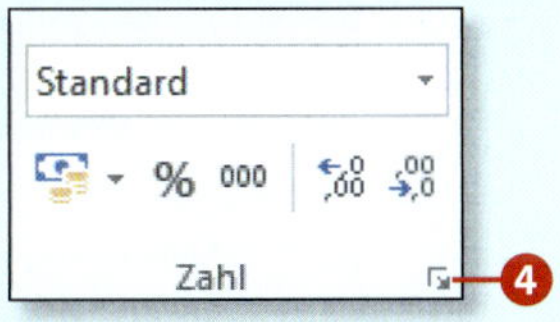

Darüber hinaus stehen Ihnen im Menü noch die Formate **Datum, kurz**, **Datum, lang**, **Zeit**, **Bruch** sowie **Exponentialzahl** zur Verfügung. Diese weisen keine Besonderheiten auf und bedürfen keiner weiteren Erklärung. Um aber noch mehr aus den Zahlenformaten herauszukitzeln, klicken Sie einmal auf den kleinen Pfeil ❹ unten rechts in der Gruppe **Zahl** (alternativ können Sie im Kombinationsfeld **Zahlenformate** den Eintrag **Mehr** anklicken oder die Tastenkombination `Strg` + `1` verwenden).

Der Dialog **Zellen formatieren** wird mit dem aktiven Register **Zahlen** geöffnet. Sie haben hier die Möglichkeit, Feineinstellungen für die Formate vorzunehmen. So können Sie beispielsweise in der Kategorie **Datum** ❺ über das Feld **Typ** ❻ bestimmen, wie das Datum auf dem Arbeitsblatt dargestellt wird.

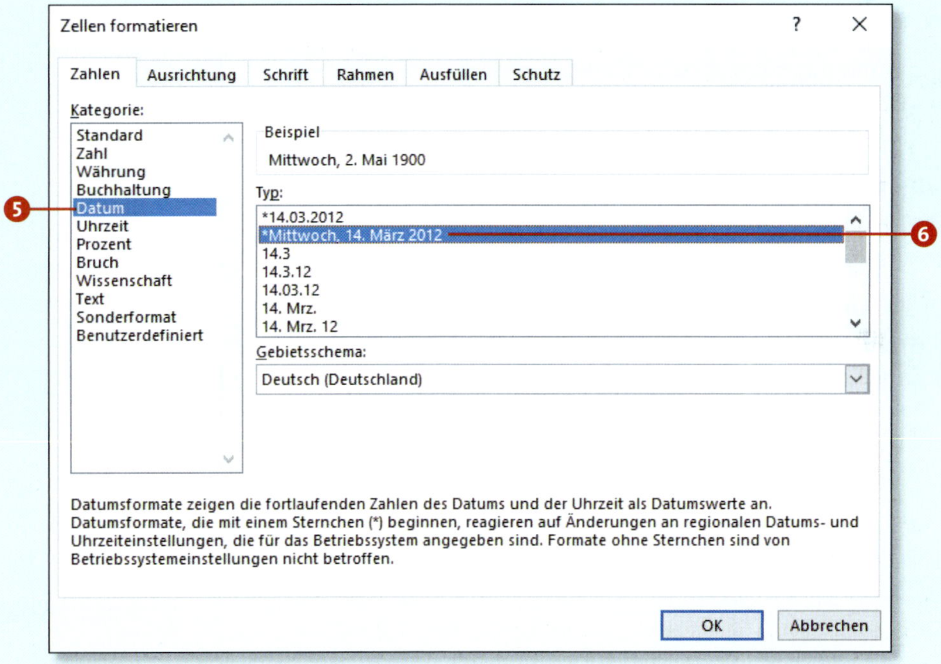

Über den Dialog »Zellen formatieren« können Sie weitere Einstellungen vornehmen.

Dezimalstellen

Das Ergebnis einer Berechnung liefert, je nach den zugrunde liegenden Werten, eine unterschiedliche Anzahl von Nachkommastellen, manchmal auch keine. In der Beispielarbeitsmappe *03.07-Dezimalstellen.xlsx* haben die Ergebnisse in Spalte D unterschiedliche Nachkommastellen. Das ist nicht nur unübersichtlich, auch kleine Werte wirken durch eine hohe Anzahl von Nachkommastellen größer, als sie wirklich sind.

1. Um eine einheitliche Anzahl von Nachkommastellen zu erreichen, markieren Sie zunächst alle Zahlen in der Spalte D ❶.
2. Klicken Sie im Register **Start** in der Gruppe **Zahl** auf die Schaltfläche **Dezimalstellen hinzufügen** ❷ oder **Dezimalstellen entfernen** ❸. Dadurch werden die Dezimalstellen zunächst auf eine gleiche Anzahl gesetzt.
3. Klicken Sie nun erneut auf die Schaltfläche **Dezimalstellen hinzufügen** oder **Dezimalstellen entfernen**, passen Sie die Anzahl der Dezimalstellen auf das gewünschte Maß an.

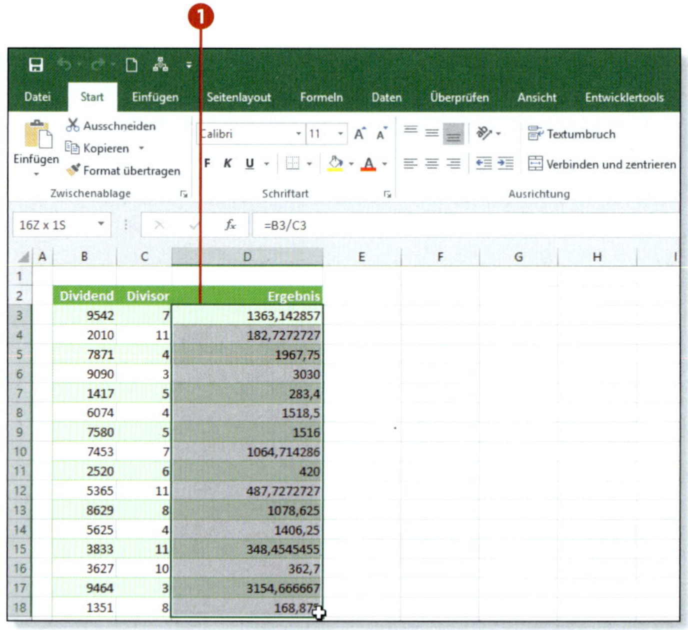

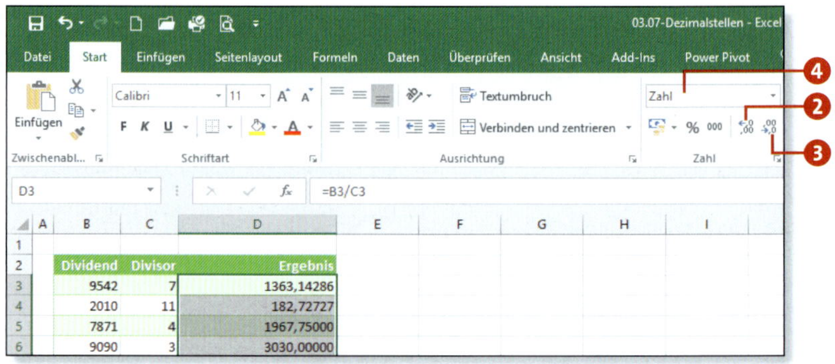

Zahlenformate für Dezimalstellen nutzen

Natürlich können Sie auch ein vorhandenes Zahlenformat nutzen, das die Dezimalstellen entsprechend anpasst. Nach dem Markieren der Werte wählen Sie z. B. das Format **Zahl** aus dem Kombinationsfeld ❹. Die Werte werden dann auf zwei Nachkommastellen reduziert.

Eigene Zahlenformate definieren

Wie Sie eigene Zahlenformate erstellen, erfahren Sie im Abschnitt »Eigene Zellformate definieren« ab Seite 82.

Währungsformate

In der Liste der Zahlenformate stehen Ihnen zum Formatieren von Geldbeträgen zwei Formate zur Verfügung: die Formate **Währung** und **Buchhaltung**. In der Datei *03.08-Währungsformate.xlsx* habe ich Ihnen drei Tabellen zusammengestellt, um die Unterschiede dieser Formate zu verdeutlichen.

1. Zum Formatieren markieren Sie alle Werte in Spalte C (1) und wählen dann unter **Start > Zahl > Zahlenformat** den Menüeintrag **Währung** (2).

2. Verfahren Sie mit den Werten in Spalte D genauso. Wählen Sie hier aber den Menüeintrag **Buchhaltung**.

   Die Werte in den Spalten C und D sind jetzt mit Währungsformaten versehen. Beide Formate weisen zwei Nachkommastellen auf und Werte über 999,99 € erhalten einen Tausenderpunkt. Die Unterschiede liegen im Detail, denn der Wert Null wird im Format **Buchhaltung** als - € angezeigt, und bei negativen Werten wird in diesem Format das Vorzeichen am linken Rand der Zelle angezeigt.

3. Im Dialog **Zellen formatieren**, den Sie mit einem Klick auf die Pfeilschaltfläche (3) in der unteren Ecke der Gruppe **Zahl** öffnen, stehen Ihnen in der Kategorie **Währung** (4) weitere Einstellmöglichkeiten zur Verfügung. Die Auswahl für **Negative Zahlen** (5) steht Ihnen im Format **Buchhaltung** nicht zur Verfügung.

Negative Zahlen hervorheben

Neben den normalen Zahlenformaten bietet Ihnen die bedingte Formatierung weitere umfangreiche Möglichkeiten, Zahlenbereiche, also auch negative Zahlen, optisch hervorzuheben. Lesen Sie dazu den Abschnitt »Eine Regel für eine bedingte Formatierung erstellen« ab Seite 140.

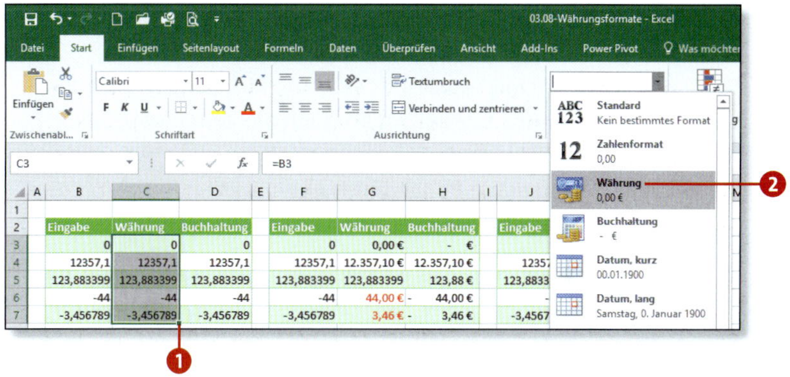

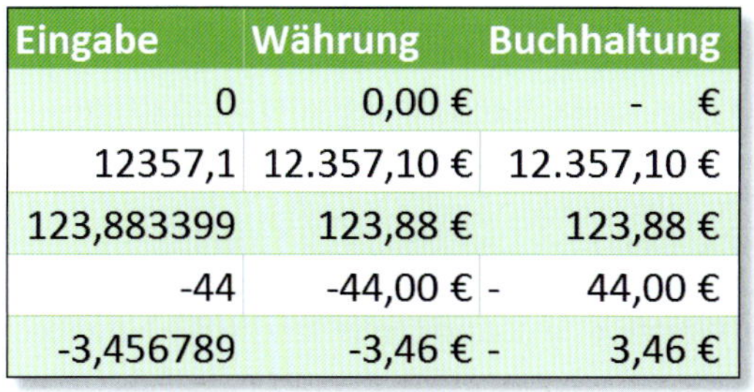

Eingabe	Währung	Buchhaltung
0	0,00 €	- €
12357,1	12.357,10 €	12.357,10 €
123,883399	123,88 €	123,88 €
-44	-44,00 €	- 44,00 €
-3,456789	-3,46 €	- 3,46 €

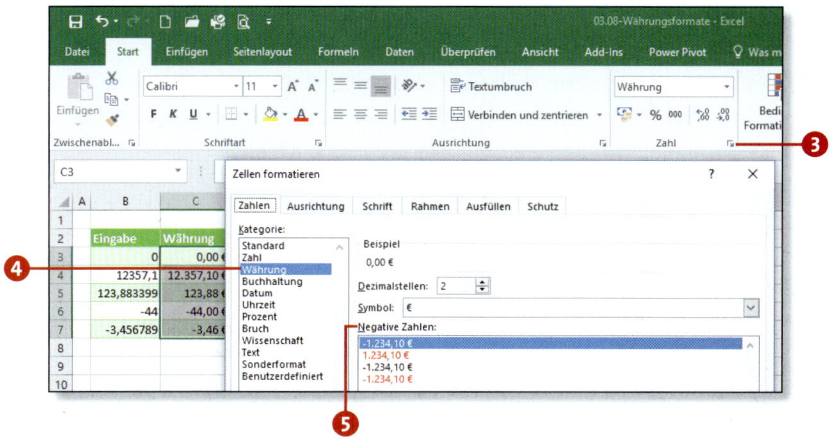

Datum und Uhrzeit eingeben

Bei Datum und Uhrzeit handelt es sich auch um Zahlenformate. Intern werden sowohl ein Datum als auch die Zeiteingabe als fortlaufende Tageszahl beziehungsweise als Bruchteil eines Tages gespeichert. Das, was Sie in der Zelle sehen, ist nur die Formatierung dieser Zahlen.

Bei der Eingabe eines Datums ist zwingend darauf zu achten, dass Sie als Trennzeichen zwischen den Datumskomponenten einen Punkt und bei Zeitangaben einen Doppelpunkt verwenden. Doch aufgepasst, hier gibt es automatische Mechanismen, die von Ihrer Eingabe abhängen!

1. Geben Sie in eine Zelle den Wert `1.4` ein, und schließen Sie die Eingabe mit [↵] ab. Sie sehen, Ihre Eingabe wird als Datum gewertet und auch so formatiert ❶. Wenn Sie einmal in die Bearbeitungsleiste schauen, werden Sie feststellen, dass Excel das Datum automatisch um das aktuelle Jahr ergänzt hat.
2. Geben Sie nun den Wert `1.4.` ein, und schließen Sie die Eingabe mit [↵] ab. In diesem Fall wird Ihre Eingabe nicht als Datum, sondern als Text gewertet. Sie erkennen es daran, dass Ihre Eingabe linksbündig angezeigt wird ❷.
3. Wenn Sie bei der Eingabe eines Datums hinter dem Monat noch einen Punkt setzen, müssen Sie zusätzlich auch das Jahr mit angeben! So wird auch diese Eingabe als Datum gewertet ❸.

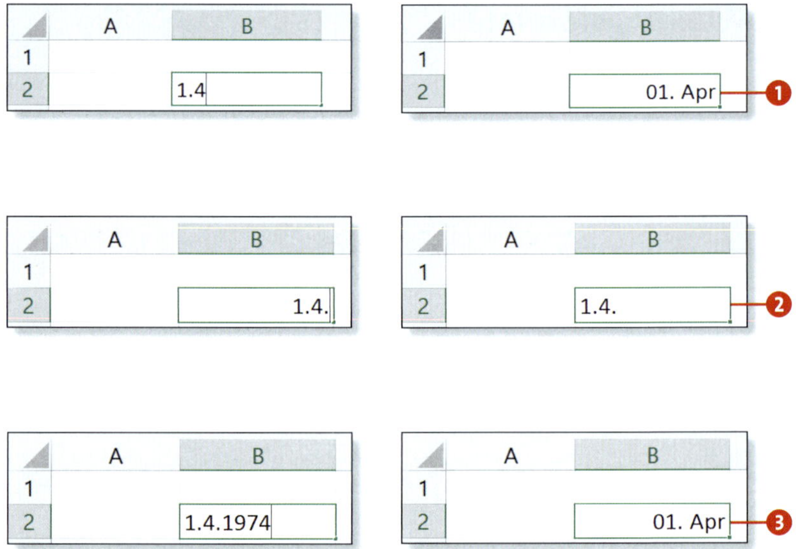

Datumswerte vor dem 01.01.1900

Datumswerte vor dem 01.01.1900 werden als Text angezeigt, und es kann nicht mit ihnen gerechnet werden. Berechnungen mit Datumswerten vor dem 01.01.1900 sind nur unter Verwendung von Tricks bzw. Add-Ons möglich.

Aktuellen Stand ausgeben

Angenommen, Sie pflegen eine Telefonliste in Excel und drucken diese regelmäßig aus. So kann es passieren, dass Sie einmal zwei Listen auf Ihrem Schreibtisch finden und nicht wissen, welche die aktuellere ist. Um dem vorzubeugen, geben Sie einfach über Ihrer Liste in eine Zelle die Funktion `=JETZT()` ein. In die Zelle werden das aktuelle Datum und die aktuelle Uhrzeit im Format **TT.MM JJJJ hh:mm** eingetragen und beim Drucken mit ausgegeben. So wissen Sie immer, welche Liste die aktuellste ist.

4. Bei der Eingabe von Uhrzeiten geben Sie zwischen Stunden und Minuten beziehungsweise zwischen Minuten und Sekunden jeweils einen Doppelpunkt ein. Gültige Eingaben sind also 17:33 oder 17:33:42. Auch die Eingabe 17: wird als Uhrzeit erkannt.

5. Für die nächsten Beispiele habe ich die Zellen C2 mit der Formatierung **Zeit** versehen. Zusätzlich beziehe ich mich in ihr auf die Zelle B2 ❹, sodass Eingaben in der Zelle B2 auch nach C2 übernommen werden. Testen Sie nun verschiedene Zeitwerte aus, indem Sie nach oben beschriebenem Muster Werte in die Zelle B2 eingeben. In der Zelle C2 sehen Sie, was mit Ihrer Eingabe passiert. Zum Beispiel wird aus 12:00 in Zelle C2 0,5 (ein halber Tag).

6. Geben Sie jetzt auch einmal falsche Werte ein, und versuchen Sie, das Ergebnis zu interpretieren. Geben Sie z. B. einmal den Wert 123 ein. Das Ergebnis lautet 00:00:00. Die Uhrzeit wird aus der Nachkommastelle ermittelt, da die Zahl 123 keine Nachkommastelle hat, wird Ihnen auch keine Uhrzeit angezeigt.

7. Der Wert 17:78 ❺ mag Ihnen auf den ersten Blick falsch erscheinen, aber was jetzt passiert, ist vergleichbar mit dem Weiterdrehen des Uhrzeigers. Denn Excel fasst den Wert 78 als Minuten auf und kommt so auf den Zeitwert 18:18:00 ❻. In der Zelle C2 wird 0,7625 angezeigt. Dieser Wert steht für den Teil eines Tages, der um 18:18 erreicht ist. Er wird als Zahl angezeigt, da ich diese Zelle bewusst nicht mit dem Format **Zeit** ausgewiesen habe.

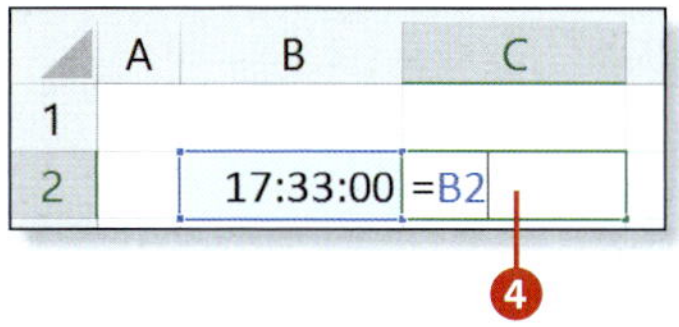

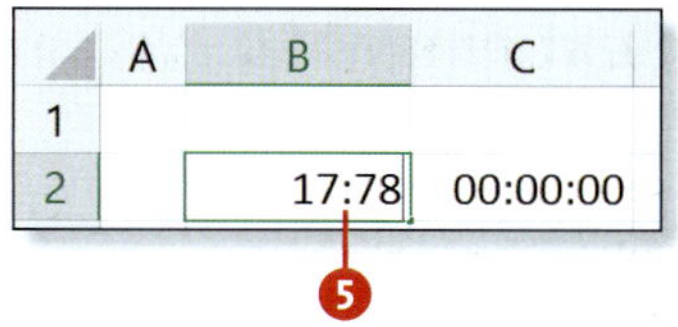

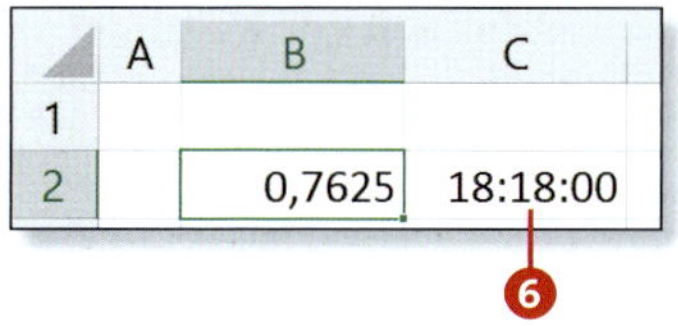

Benutzerdefinierte Datumsformate

Die verschiedenen Möglichkeiten, ein Datum nach eigenen Bedürfnissen zu formatieren, zeige ich Ihnen im Exkurs »Eigene Datumsformate verwenden« auf Seite 84.

Was Sie sehen, steht nicht wirklich in der Zelle

Sollte z. B. in einer Zelle C4 der Datumswert Sa 06. Feb 2016 stehen, ist es nicht möglich, ein Wochenende zu identifizieren, indem Sie =WENN(ODER(LINKS(C4;2)="Sa"; LINKS(C4;2)="So"); "Wochenende";"") verwenden. Sie sehen zwar Sa 06. Feb 2016, aber in der Zelle steht 42406. Das ist die Tageszahl für den 06.02.2016. Die Lösung wird im Arbeitsblatt Wochentage der Beispieldatei *07.23-Datumsfunktionen.xlsx* beschrieben.

Text eingeben

Excel ist keine Textverarbeitung! Trotzdem ist es oft erforderlich, Texte in Zellen einzutragen. Sei es, dass Sie eine Überschrift, Mitarbeiter- oder Produktnamen oder einfach nur die Dokumentation einer Funktion in eine Zelle einfügen möchten. Sie sollten aber immer im Auge behalten, Texteingaben auf das Notwendigste zu beschränken.

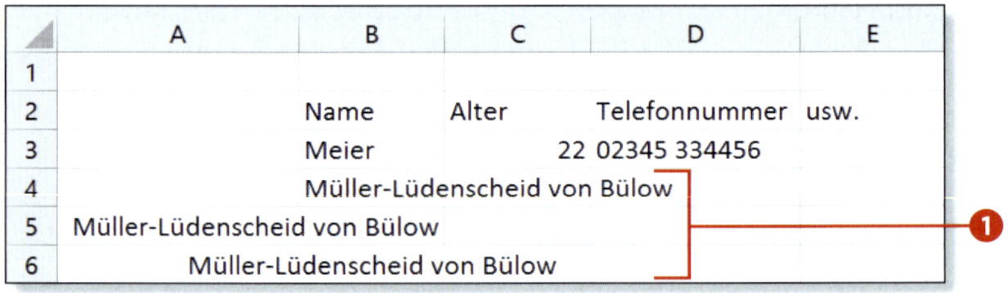

	A	B	C	D	E
1					
2		Name	Alter	Telefonnummer	usw.
3		Meier	22	02345 334456	
4		Müller-Lüdenscheid von Bülow			
5	Müller-Lüdenscheid von Bülow				
6	Müller-Lüdenscheid von Bülow				

1. Klicken Sie die Zelle an, in die Sie etwas eingeben möchten. Geben Sie über Ihre Tastatur einen Text ein, und beenden Sie Ihre Eingabe mit [↵]. Dabei interpretiert Excel jede Eingabe, die nicht mit einem Gleichheitszeichen beginnt und keine gültige numerische Eingabe ist, als Text. Nach Drücken von [↵] wird dieser linksbündig in der Zelle ausgerichtet.
2. Text, der nicht in die Zelle passt, in der er eingegeben wurde, ragt einfach rechts in die nächsten Zellen, solange sie leer sind. Ist die Zelle rechtsbündig formatiert, ragt der Text nach links, bei zentrierter Formatierung in beide Richtungen ❶ heraus. Der Text kann nur in der Zelle bearbeitet werden, in der er steht, hier also nur in Zelle B4 und nicht in den Zellen C4, D4 oder A4.

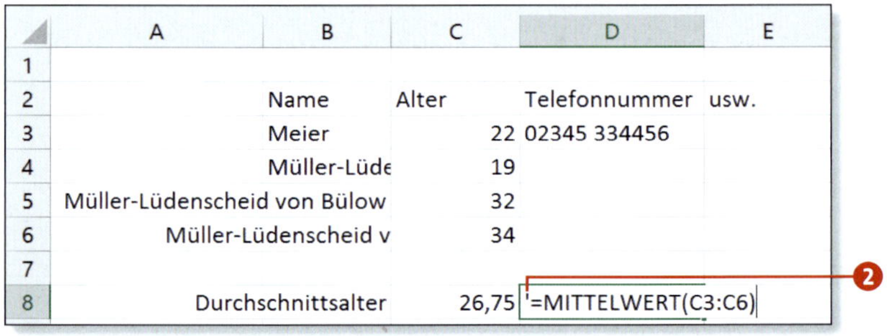

	A	B	C	D	E
1					
2		Name	Alter	Telefonnummer	usw.
3		Meier	22	02345 334456	
4		Müller-Lüde	19		
5	Müller-Lüdenscheid von Bülow		32		
6	Müller-Lüdenscheid v		34		
7					
8		Durchschnittsalter	26,75	'=MITTELWERT(C3:C6)	

3. Ein führendes Anführungszeichen [,] erzwingt das Textformat. Möchten Sie etwa zum besseren Verständnis eine verwendete Funktion dokumentieren, beginnen Sie die Eingaben mit einem führenden Anführungszeichen ❷. Das bewirkt, dass Excel das Gleichheitszeichen nicht mehr erkennt und den Inhalt der Zelle statt als Funktion als Text ausgibt ❸. Das Anführungszeichen selbst wird nicht mit angezeigt! So können Sie Stellen mit komplexen Berechnungen sehr einfach kommentieren.

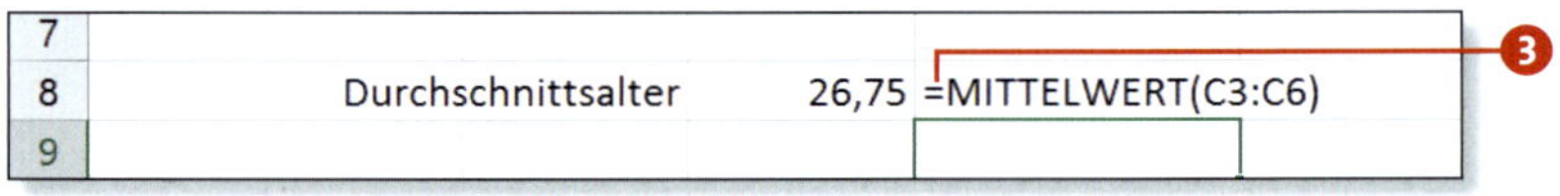

7					
8		Durchschnittsalter	26,75	=MITTELWERT(C3:C6)	
9					

Zeilenumbruch einfügen

Möchten Sie in einer Zelle einen Zeilenumbruch einfügen, verwenden Sie dafür die Tastenkombination [Alt] + [↵].

Text mit der Rechtschreibprüfung kontrollieren

Anders als bei der Texteingabe z. B. in Word werden Fehler im Text nicht rot unterstrichen. Sie hätten dann alle Ihre Funktionsnamen unterstrichen, weil diese so in keinem Wörterbuch vorkommen. Unabhängig davon sollten Sie die Rechtschreibhilfe starten, wenn Sie nicht sicher sind, ob Sie etwas falsch geschrieben haben.

1. Starten Sie die Rechtschreibprüfung, indem Sie im Register **Überprüfen** ❶ in der Gruppe **Rechtschreibung**, die Schaltfläche **Rechtschreibung** ❷ anklicken.

2. Die Rechtschreibung startet für das aktuelle Arbeitsblatt und zeigt, wenn vorhanden, den ersten Rechtschreibfehler an, in diesem Fall das Wort `Heite`, das eigentlich *Heute* heißen sollte. Markieren Sie das korrekte Wort ❸, und klicken Sie auf die Schaltfläche **Ändern** ❹. Das Wort wird korrigiert und der nächste Fehler (`Gümnasium`) angezeigt. Falls Sie statt **Ändern** auf **Immer ändern** klicken, wird jedes Auftreten dieses Fehlers mit nur einem Klick korrigiert.

3. Mit einem Klick auf **AutoKorrektur** wird das Wort in die Liste der AutoKorrektur aufgenommen und ab diesem Zeitpunkt bereits bei der Eingabe durch die korrekte Schreibweise ersetzt.

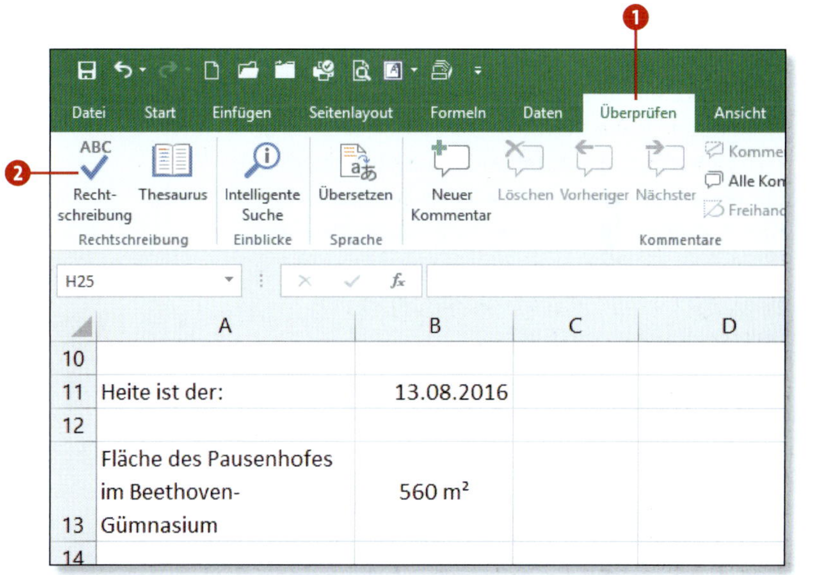

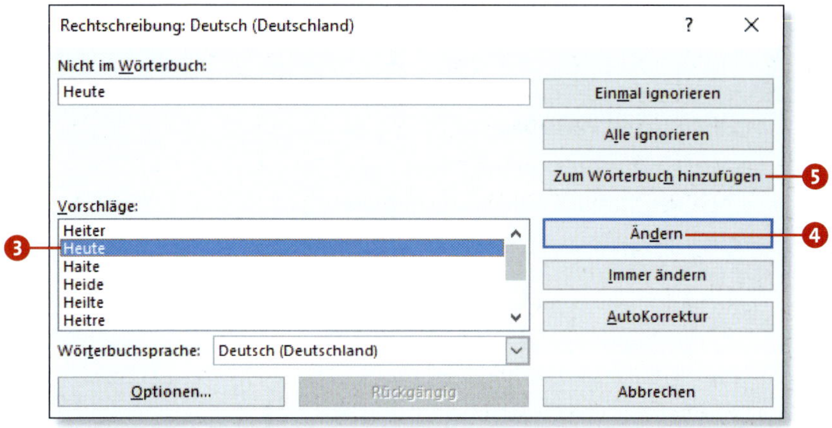

Zum Wörterbuch hinzufügen

Nicht jedes Wort, das von der Rechtschreibung als Fehler aufgelistet wird, ist auch ein Fehler. Eigentlich sagt die Rechtschreibung nur: »Das Wort kenne ich nicht.« Wird also bei jeder Kontrolle der Rechtschreibung z. B. Ihr Name als Rechtschreibfehler angezeigt, können Sie diesen auch über einen Klick auf **Zum Wörterbuch hinzufügen** ❺ dem Wörterbuch hinzufügen.

Eigene Zellformate definieren

Die vorgefertigten Formate reichen im Regelfall aus, die Zellinhalte passend zu formatieren. Doch wie gehen Sie vor, wenn Sie als Einheit Std., Paletten, kg, m/sec oder Äpfel und Birnen benötigen? Für diese Fälle können Sie in Excel benutzerdefinierte Zellformate anlegen. Zum Nachvollziehen der folgenden Anleitung finden Sie die Arbeitsmappe *03.11-eigene Formate.xlsx* unter den Beispieldateien zum Buch.

1. Öffnen Sie die Datei, und markieren Sie alle Zahlen in der Spalte D ❶. Die Werte dieser Spalte sollen die Einheit Std. erhalten.
2. Dazu klicken Sie im Register **Start** in der Gruppe **Zahl** auf das Kombinationsfeld **Zahlenformat** ❷. Wählen Sie im folgenden Menü den Eintrag **Mehr** ❸. Daraufhin wird der Dialog **Zellen formatieren** geöffnet.

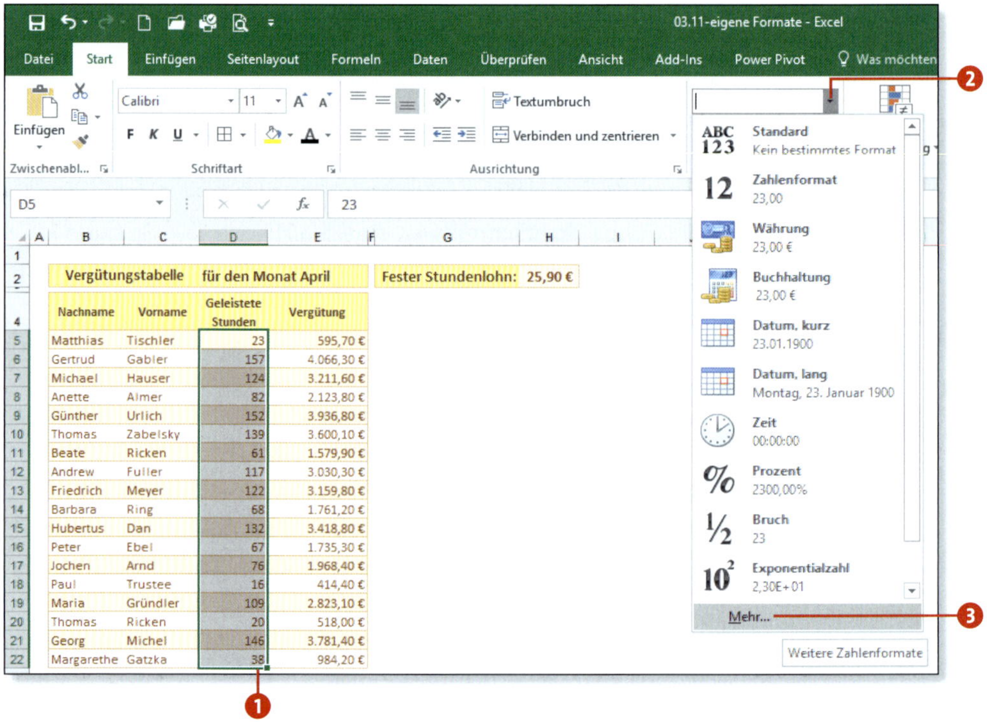

Einheiten mit eingeben

Wenn Sie die Einheit direkt hinter der Zahl eingeben, statt die Zelle zu formatieren, wird Ihre Eingabe als Text gewertet, und Sie können nicht mit diesen Werten Berechnungen vornehmen! Die Eingabe `14 kg` führt bei einer Berechnung, die sich auf diesen Wert bezieht, zu der Fehlermeldung `#WERT!`. Diese besagt, dass Sie versucht haben, mit Text zu rechnen. Fügen Sie daher Einheiten immer nur über die Formate hinzu!

Dialog »Zellen formatieren« über Kontextmenü öffnen

Noch schneller rufen Sie den Dialog mit einem Rechtsklick auf die markierten Zellen auf. Wählen Sie im Kontextmenü den Befehl **Zellen formatieren**, wird Ihnen der gleichnamige Dialog angezeigt. Sie erreichen ihn außerdem mit einem Klick auf die Pfeilschaltfläche in der unteren rechten Ecke der Gruppe **Zahl** oder mit der Tastenkombination `Strg` + `1`.

3. Wählen Sie hier die Kategorie **Benutzerdefiniert** 4 aus.
4. Aus der Liste wählen Sie den Eintrag **0** 5, wenn Sie keine Nachkommastellen verwenden möchten, oder **0,00** für zwei Nachkommastellen.
5. Im Eingabefeld **Typ** 6 besteht die Möglichkeit, das gewählte Format anzupassen und die gewünschte Einheit hinzuzufügen. Sie können hier in Anführungszeichen ("...") prinzipiell alles eingeben, wonach Ihnen der Sinn steht. Also auch `"Std."`. Sie sollten die Einheit aber durch ein Leerzeichen von der Zahl trennen. Im Bereich **Beispiel** 7 können Sie prüfen, wie Ihnen Zellinhalte mit diesem Format zukünftig angezeigt werden.
6. Bestätigen Sie zu guter Letzt noch mit einem Klick auf **OK**. Ihre Werte in der Spalte `D` haben nun nachgestellt die Einheit `Std.`.

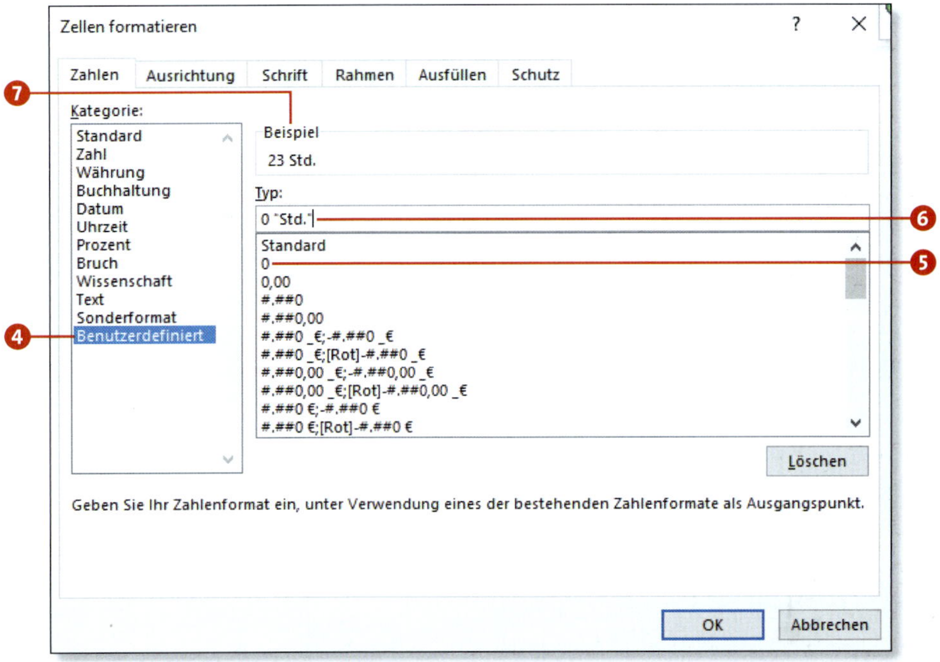

Benutzerdefinierte Zahlenformate zuweisen

Möchten Sie einer Zelle oder einem Zellbereich ein zuvor angelegtes benutzerdefiniertes Format zuweisen, markieren Sie zunächst die entsprechenden Zellen und öffnen dann den Dialog **Zellen formatieren**. Wählen Sie das gewünschte Format aus der Kategorie **Benutzerdefiniert**, und klicken Sie abschließend auf **OK**. Neue benutzerdefinierte Formate finden Sie am Ende der Liste.

Definition über Formatcodes

Für positive Zahlen, negative Zahlen, den Wert Null und für Texteingaben können Sie die Formatierung gleichzeitig festlegen, indem Sie die Eingabe im Feld **Typ** durch Semikola trennen. Zusätzlich können Sie Formatcodes verwenden und beispielsweise # als Platzhaltersymbol für Ziffern oder Leerstellen mit _ festlegen. Fügen Sie in das Feld **Typ** `[Blau]` ein, wird der Formatabschnitt blau dargestellt. Eine Übersicht finden Sie in der Beispieldatei *03.11-Formatcodes.xlsx*.

Eigene Datumsformate verwenden

Eine besondere Stellung bei der Formatierung von Zellen nehmen die Zeit- und Datumsformate ein. Sie haben schon gesehen, dass bei der Eingabe von 4.9 in eine Zelle diese Eingabe von Excel automatisch zu 04.09.2016 erweitert wird. Standardmäßig wird Ihnen in der Zelle aber 04. Sep angezeigt, denn Zellen, in denen Excel ein Datum erkennt, werden mit dem Format **TT. MMM** formatiert. Zum besseren Verständnis habe ich Ihnen in der Beispielarbeitsmappe *03.13-Datumsformate.xlsx* zwei Tabellen zusammengestellt (sämtliche Beispieldateien stehen Ihnen unter *www.vierfarben.de/3953* zum kostenlosen Download zur Verfügung). Die erste Tabelle zeigt eine Liste der Datums- und Zeitformate.

In der zweiten Tabelle sehen Sie einige Beispiele, wie Sie ein eingegebenes Datum für die Anzeige formatieren können. In der letzten Spalte der Tabelle sehen Sie den Wert, der tatsächlich von Excel gespeichert wird. Zum Erstellen eines individuellen Datumsformats folgen Sie der Beschreibung im Abschnitt »Eigene Zellformate definieren« ab Seite 82.

Datums- und Zeitformate	
Formatcode	**Beschreibung**
T	Tage 1–31
TT	Tage 01–31
TTT	Tage So–Sa
TTTT	Tage Sonntag–Samstag
M	Monate 1–12
MM	Monate 01–12
MMM	Monate Jan–Dez
MMMM	Monate Januar–Dezember
MMMMM	erster Buchstabe des Monats
JJ	Jahre 00–99
JJJJ	Jahre 1900–9999
h	Stunden 0–23
hh	Stunden 00–23
m	Minuten 0–59
mm	Minuten 00–59
s	Sekunden 0–59
ss	Sekunden 00–59

Liste der vorhandenen Datums- und Zeitformate

Eingabe	Benutzerdefiniertes Zahlenformat	Angezeigtes Ergebnis	Zahlenwert
4.9	TT. MMM	04. Sep	42617
4.9	T. MMM	4. Sep	42617
4.9	TT.MM JJ	04.09 16	42617
4.9	TT.MM JJJJ	04.09 2016	42617
4.9	TTT TT. MMM	So 04. Sep	42617
4.9	TTT TT. MMMM	So 04. September	42617
4.9	TTTT TT. MMMM	Sonntag 04. September	42617
4.9	TTTT "der" TT. MMMM	Sonntag der 04. September	42617
4.9	TT. MMMMM	04. S	42617
4.9	TT.MM JJJJ hh:mm:ss	04.09 2016 00:00:00	42617
17:30	hh:mm:ss	17:30:00	0,7291667
17:30	TT.MM JJJJ hh:mm:ss	00.01 1900 17:30:00	0,7291667
1.6.2006	TT.MM JJJJ hh:mm	01.06 2006 18:33	38869,773
23:95	hh:mm:ss	00:35:00	1,0243056
=JETZT()	TT.MM JJJJ hh:mm:ss	12.09.2016 13:00	42625,542

Einige Beispiele für benutzerdefinierte Zeitformate

Nullwerte unterdrücken

Besondere Aufmerksamkeit verdient der Wert Null. In Listen, etwa bei Rechnungen, in denen nicht alle Zeilen verwendet werden, sieht es unschön aus, wenn Nullwerte angezeigt werden. In der Beispieldatei *03.12-Nullwerte.xlsx* wird in den letzten drei Positionszeilen der Rechnung 0,00 € ❶ als Betrag ausgewiesen. Diese sollen nicht angezeigt werden.

1. Um Nullwerte in einer Arbeitsmappe auszublenden, klicken Sie zunächst auf das Register **Datei** und wählen dann im Backstage-Bereich die Kategorie **Optionen**.
2. Im Dialogfenster **Excel-Optionen** wählen Sie die Kategorie **Erweitert** ❷ und scrollen bis zum Bereich **Optionen für dieses Arbeitsblatt anzeigen**. Über das Auswahlmenü ❸ können Sie das Arbeitsblatt auswählen, auf das sich die Änderungen beziehen sollen.
3. Entfernen Sie das Häkchen für **In Zellen mit Nullwert eine Null anzeigen** ❹. Auf diesem Arbeitsblatt werden ab sofort keine Nullwerte mehr angezeigt.

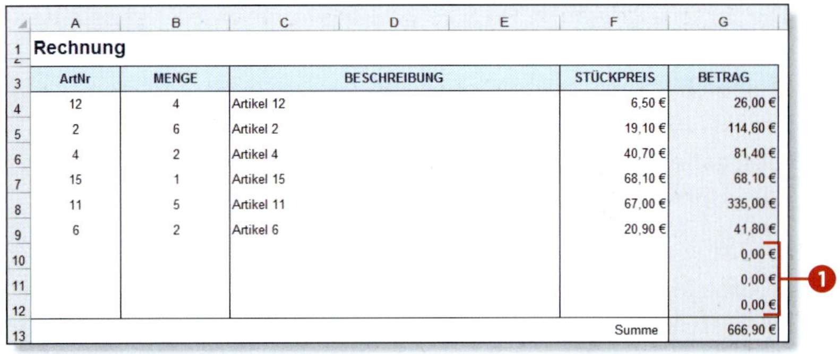

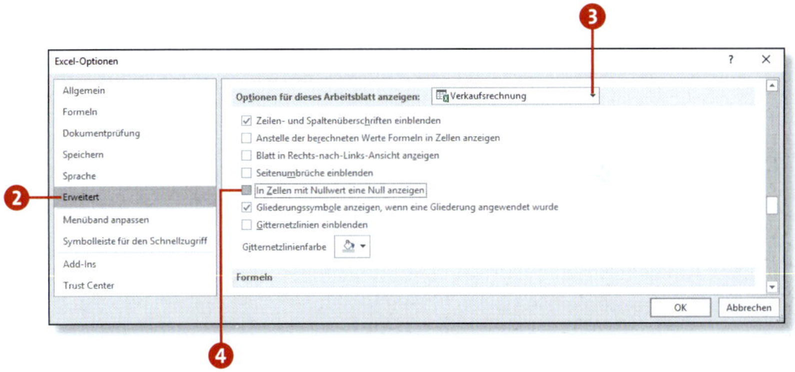

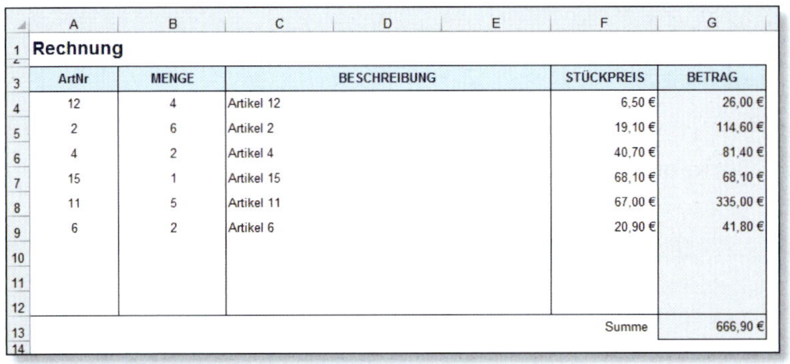

Einzelne Nullwerte ausblenden

Anstatt alle Nullwerte auf dem Arbeitsblatt auszublenden, können Sie auch für die betroffenen Zellen nach der Eingabe das benutzerdefinierte Zahlenformat ;;@ verwenden (**Start > Zahl > Zahlenformat > Mehr > Benutzerdefiniert**). Nullwerte werden dann nicht angezeigt. Natürlich können Sie im Feld **Typ** dann auch ein Zahlenformat für positive und negative Zahlen angeben. Sollten Sie darauf verzichten, müssen Sie aber die ersten beiden Semikolons eingeben, damit Sie an die Stelle zur Beschreibung von Nullwerten gelangen.

Inhalte kopieren, ausschneiden und einfügen

Die tägliche Arbeit mit Excel erfordert es immer wieder, dass Zellen oder auch ganze Bereiche verschoben beziehungsweise kopiert werden müssen. Stellen Sie sich z. B. vor, dass in einer Liste mit Monatsumsätzen der Juni vergessen wurde. Um Platz für den Juni zu schaffen, bietet es sich an, den Tabellenteil ab Juli um eine Zeile nach unten zu verschieben.

1. Dazu markieren Sie zunächst die Zellen B7 bis C12. Klicken Sie dazu in die Zelle B7, und ziehen Sie bei gedrückter Maustaste bis zur Zelle C12. Erst hier lassen Sie die Maustaste wieder los.
2. Positionieren Sie jetzt den Mauszeiger auf den Rahmen der Markierung ❶, und ziehen Sie bei gedrückter Maustaste den markierten Bereich eine Zeile nach unten. Achten Sie darauf, dass Sie den Rahmen der Markierung treffen und nicht das Ausfüllkästchen unten rechts ❷.
3. Eine Zeile tiefer angekommen, lassen Sie die Maustaste wieder los. Der markierte Bereich wurde erfolgreich verschoben. Sie können jetzt in die Zeile 7 die Daten für den fehlenden Juni eintragen. Auf diese Weise können Sie im Übrigen auch ganze Zeilen oder Spalten verschieben.

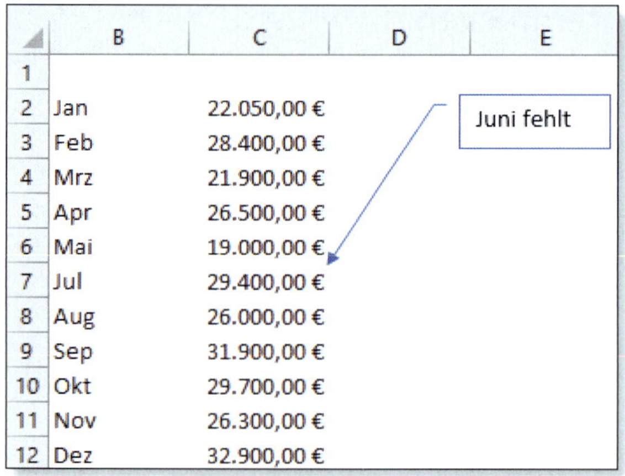

Nicht benachbarte Zellen markieren

Möchten Sie mehrere nicht benachbarte Zellen markieren, drücken und halten Sie die Taste [Strg] und klicken nun die gewünschten Zellen an. Erst wenn alle Zellen markiert sind, lassen Sie die [Strg]-Taste wieder los.

Die Gruppe »Zwischenablage«

Sämtliche Befehle zum Ausschneiden, Kopieren und Einfügen finden Sie außerdem als Schaltfläche in der Gruppe **Zwischenablage** der Registerkarte **Start**.

4. Möchten Sie den markierten Bereich kopieren und nicht verschieben, gehen Sie zunächst wie in den Schritten 1 und 2 vor. Drücken Sie jedoch vor dem Verschieben des Bereichs die [Strg]-Taste, und halten Sie sie, bis Sie die Zielzelle erreicht haben. Excel zeigt Ihnen während des Kopiervorgangs an dem Rahmen ein kleines Plussymbol an.

5. Auch über das Kontextmenü einer Zelle oder eines markierten Zellbereichs können Sie den Inhalt verschieben oder kopieren. Klicken Sie mit der rechten Maustaste auf einen beliebigen Punkt in der Markierung, und wählen Sie aus dem Kontextmenü den Befehl **Ausschneiden** ③. Der Rahmen des markierten Bereichs wird daraufhin gestrichelt dargestellt. Möchten Sie den markierten Bereich kopieren, wählen Sie stattdessen **Kopieren**.

6. Markieren Sie jetzt mit der linken Maustaste die Zielzelle ④, und klicken Sie anschließend mit der rechten noch einmal die Zielzelle an. Um den Inhalt dieser Stelle hinzuzufügen, klicken Sie im Kontextmenü auf **Einfügen** ⑤.

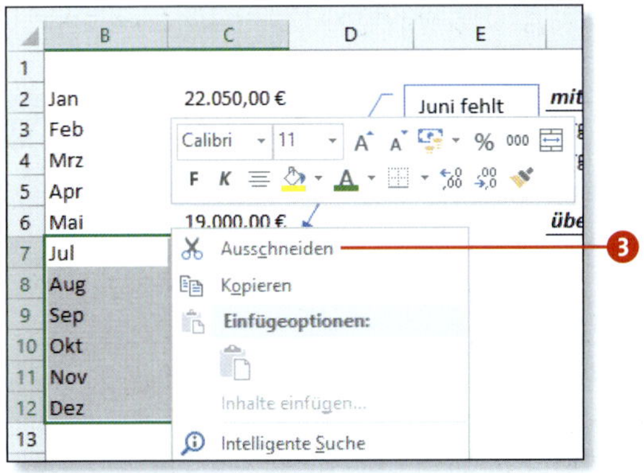

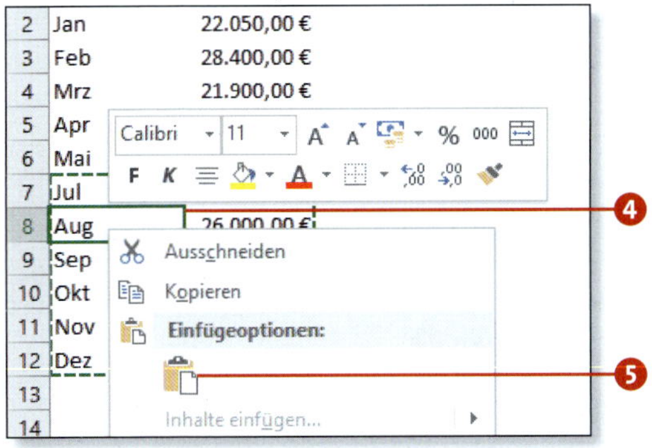

Vorhandene Zellinhalte

Befinden sich in der Zielzelle oder in dem Zellbereich bereits Daten, weist Sie Excel mit einem Hinweisdialog darauf hin. Sie können dann entscheiden, ob der Inhalt überschrieben oder ob der Vorgang abgebrochen werden soll. Drücken Sie beim Verschieben per Maus gleichzeitig die Taste [⇧], wird der bestehende Inhalt der Zielzelle nicht gelöscht, sondern um eine Zeile verschoben.

Verschieben und Kopieren per Tastenkombination

Alternativ können Sie auch mit der Tastenkombination [Strg] + [X] den markierten Bereich ausschneiden. Markieren Sie nun die Zielzelle, und drücken Sie zum Einfügen [Strg] + [V]. Um per Tastenkürzel zu kopieren, betätigen Sie einfach [Strg] + [C], das Einfügen erfolgt dann wieder mit [Strg] + [V].

Inhalte löschen

Benötigen Sie Eingaben in Ihrem Tabellenblatt nicht mehr, können Sie sie einfach löschen. Auch hier bietet Ihnen Excel verschiedene Wege, um das Ziel zu erreichen.

1. Zum Löschen von Inhalten markieren Sie die gewünschten Zellen und drücken die Taste [Entf]. Hierdurch wird allerdings nur der Inhalt gelöscht! Sämtliche Formate und Kommentare bleiben erhalten. Geben Sie also nach dem Löschen per [Entf] in Zelle B2 ❶ einen neuen Text ein, wird dieser auch wieder fett und rot angezeigt.

2. Sie können aber auch genau bestimmen, was in einer Zelle oder einem Zellbereich gelöscht werden soll. Markieren Sie dazu zunächst die Zellen, in denen Sie etwas löschen möchten. Klicken Sie danach im Register **Start** in der Gruppe **Bearbeiten** auf die Schaltfläche **Löschen** ❷.

3. In dem folgenden Menü können Sie nun entscheiden, was gelöscht werden soll: Mit dem Befehl **Alle löschen** ❸ werden der gesamte Inhalt, die Formatierungen und Kommentare gelöscht. Klicken Sie auf **Formate löschen**, wird nur die Formatierung entfernt. Der Befehl **Inhalte löschen** entspricht dem Löschen per [Entf]. **Kommentare löschen** löscht nur die Kommentare, und **Links löschen** entfernt den Hyperlink, erhält aber den Text und die Formatierung. **Links entfernen** hingegen löscht den Hyperlink und die Formatierung, der Text bleibt aber erhalten.

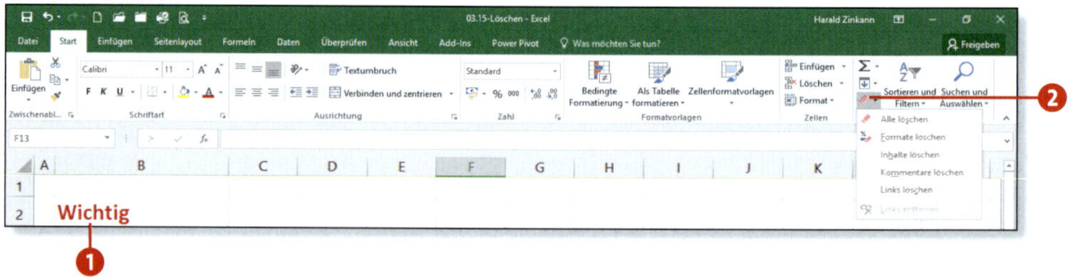

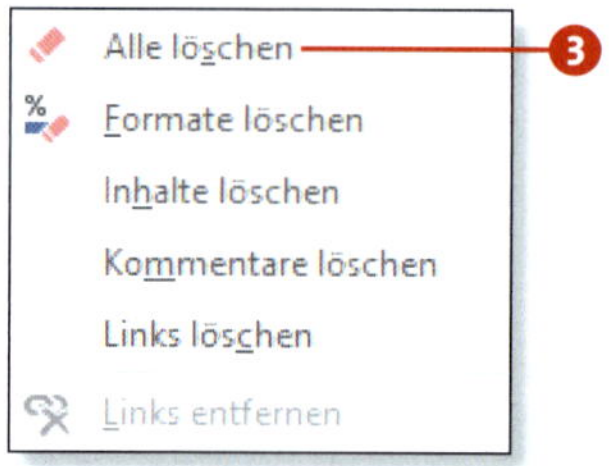

Hyperlinks löschen

Löschen Sie den Inhalt einer Zelle mit Link per [Entf], wird wider Erwarten auch der Hyperlink mit gelöscht, da dieser an den Text und nicht an die Zelle gebunden ist.

Inhalte einer Zelle per Maus löschen

Arbeiten Sie lieber mit der Maus, können Sie Inhalte einer einzelnen Zelle auch mit der Maus löschen. Markieren Sie die Zelle, und bewegen Sie den Mauszeiger in die rechte untere Ecke der Zelle, bis ein schwarzes Kreuzsymbol erscheint. Ziehen Sie nun den Mauszeiger bei gedrückter Maustaste in die linke obere Ecke. Lassen Sie den Mauszeiger los, sobald der Zellinhalt halb transparent dargestellt wird. Der Inhalt wird gelöscht, Formatierungen bleiben aber bestehen.

Eingaben mit der AutoKorrektur überprüfen

Genau wie in der Textverarbeitung Word steht Ihnen in Excel 2016 eine AutoKorrektur zur Verfügung. Sie haben das vielleicht schon daran gemerkt, dass fehlerhafte Eingaben in Texten wie von Geisterhand korrigiert werden.

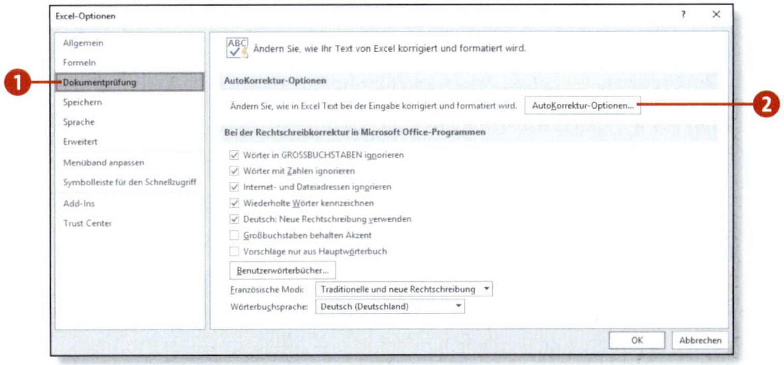

1. Um neue Wörter in die AutoKorrektur aufzunehmen, müssen Sie zunächst die Excel-Optionen aufrufen. Klicken Sie dazu auf **Datei > Optionen > Dokumentprüfung** ❶, und wählen Sie die Schaltfläche **AutoKorrektur-Optionen** ❷ im gleichnamigen Bereich an.

2. Daraufhin wird Ihnen der Dialog **AutoKorrektur** angezeigt. Im oberen Bereich des Dialogs stehen Ihnen einige generelle Korrekturfunktionen zur Verfügung. Besonders interessant sind aber die beiden Eingabefelder im unteren Bereich. Tragen Sie in das Feld **Ersetzen** ❸ den fehlerhaften Text ein (z. B. »Merkmahl«). In das Feld **Durch** ❹ tragen Sie den korrekten Text ein (in diesem Fall also »Merkmal«). Klicken Sie auf **Hinzufügen** ❺, wird der Eintrag übernommen. Scrollen Sie einfach einmal durch die Liste der Begriffe unterhalb der Eingabefelder, um zu prüfen, was bereits standardmäßig von Excel korrigiert wird.

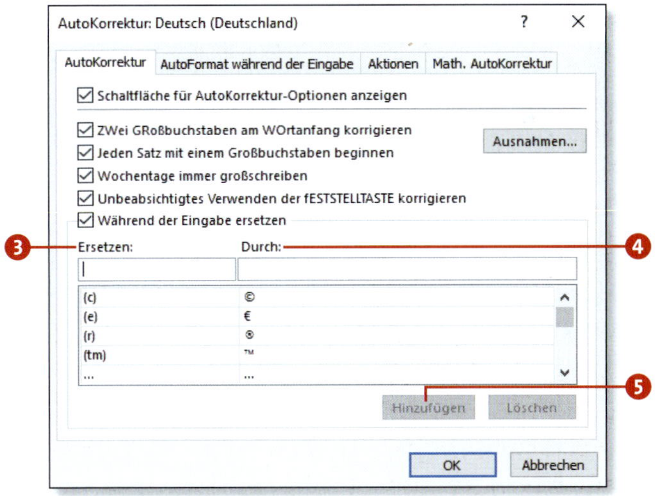

3. Benötigen Sie einen Eintrag nicht mehr oder soll dieser zukünftig durch eine andere Eingabe ersetzt werden, markieren Sie den entsprechenden Eintrag in der Liste und klicken auf **Löschen**.

4. Schließen Sie beide Dialogfenster mit einem Klick auf **OK**. Tippen Sie nun aus Versehen das Wort `Merkmahl`, greift die AutoKorrektur ein und ersetzt es sofort durch die korrekte Schreibweise.

Abkürzungen ersetzen

Nützlich ist die AutoKorrektur auch zum Ersetzen von Abkürzungen. Lassen Sie z. B. »DNA« durch *Desoxyribonukleinsäure* ersetzen oder Ihre Initialen durch Ihren ausgeschriebenen Namen. Beachten sollten Sie aber Groß- und Kleinschreibung.

Eingaben beschränken und auf Gültigkeit prüfen

Möchten Sie eine Tabelle auswerten, die von anderen Personen gefüllt wird, kommt es nicht selten vor, dass in den einzelnen Zellen Inhalte stehen, die da nicht hingehören. Hierdurch wird die Auswertung erschwert, aber mit der *Datenüberprüfung* können Sie solche Fehleingaben verhindern.

Die erste Tabelle auf dem Arbeitsblatt `Artikel` der Beispieldatei *03.17-Datenüberprüfung.xlsx* enthält Artikeldaten, Lagerplätze, Lagerbestand und Status. In der Spalte `Status` sollen nur Werte von 1 bis 8 eingegeben werden, eine Vorgabe, an die sich aber nicht jeder hält (siehe Zellen `F6` ❶ und `F11`). Sie sollten hier die Eingabe auf die erlaubten Werte beschränken.

1. Markieren Sie die Zellen `F3` bis `F14`, und klicken Sie in der Gruppe **Datentools** des Registers **Daten** auf **Datenüberprüfung** ❷.
2. Der Dialog **Datenüberprüfung** wird nun mit dem aktiven Register **Einstellungen** geöffnet. Hier können Sie verschiedene Kriterien für die Dateneingabe festlegen. Wählen Sie beispielsweise im Menü **Zulassen** ❸ den Menüeintrag **Ganze Zahl**, können nur zutreffende Werte eingegeben werden.
3. Abhängig davon, was Sie unter **Zulassen** gewählt haben, passt sich die untere Hälfte der Dialogbox an. Sie können hier z. B. nach Wahl von **zwischen** ❹ im Menü **Daten** die Grenzwerte für die Dateneingabe eintragen. Als **Minimum** geben Sie `1` und als **Maximum** `8` ein. Bestätigen Sie die Kriterien mit einem Klick auf **OK**.

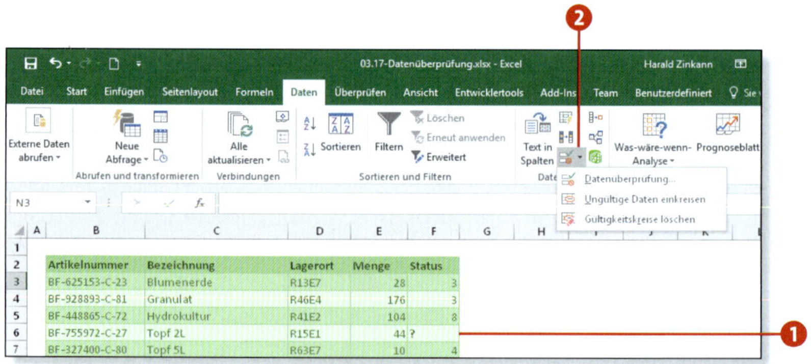

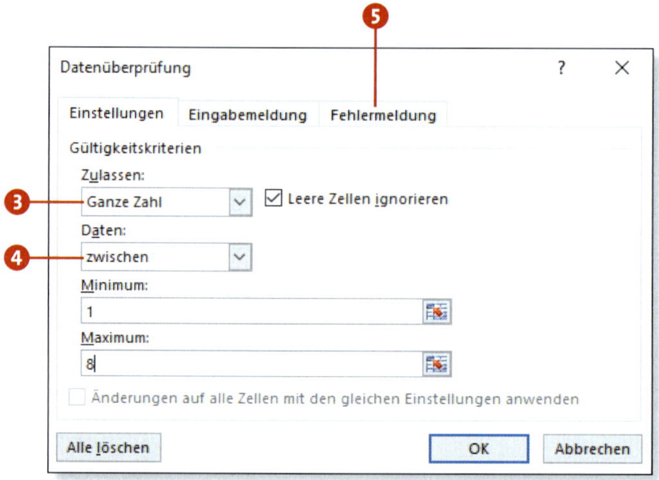

Benutzerdefinierte Fehlermeldung ausgeben

Im Register **Fehlermeldung** ❺ können Sie noch eine individuelle Fehlermeldung erzeugen, die angezeigt wird, sobald fehlerhafte Daten eingegeben werden. Bereits vorhandene ungültige Inhalte werden nicht bemängelt.

Gültigkeitsprüfung

Nachdem Sie Gültigkeitskriterien eingerichtet haben, prüfen Sie diese, indem Sie auf das Pfeilsymbol an der Schaltfläche **Datenüberprüfung** klicken. Im Auswahlmenü wählen Sie dann **Ungültige Daten einkreisen**. Falsche Eingaben werden dann in der Tabelle rot umkringelt.

4. Sie können die Eingabe aber auch selbst über ein Auswahlmenü in der betreffenden Zelle steuern, sodass bei der Dateneingabe keine ungültigen Daten vorkommen können. In der zweiten Tabelle auf dem Arbeitsblatt `Umsätze` der Beispieldatei *03.17-Datenüberprüfung.xlsx* soll in den Spalten `Versicherung` und `Kategorie` nur eine Auswahl der gültigen Werte als Liste zur Verfügung stehen. Dazu habe ich rechts neben der Tabelle Referenztabellen mit den gültigen Inhalten ❻ angelegt.

5. Markieren Sie alle Werte in der Spalte `Kategorie`, und rufen Sie den Dialog **Datenüberprüfung** auf.

6. Wählen Sie im Dialog aus dem Kombinationsfeld **Zulassen** den Menüeintrag **Liste**. Als Datenquelle ❼ markieren Sie die Zellen `K3` bis `K7` aus der Hilfstabelle `Kategorie` und schließen die Eingabe mit **OK** ab.

7. In der Umsatztabelle können Sie jetzt nur noch Werte aus der vorgegebenen Liste ❽ auswählen. Fehleingaben sind nicht mehr möglich.

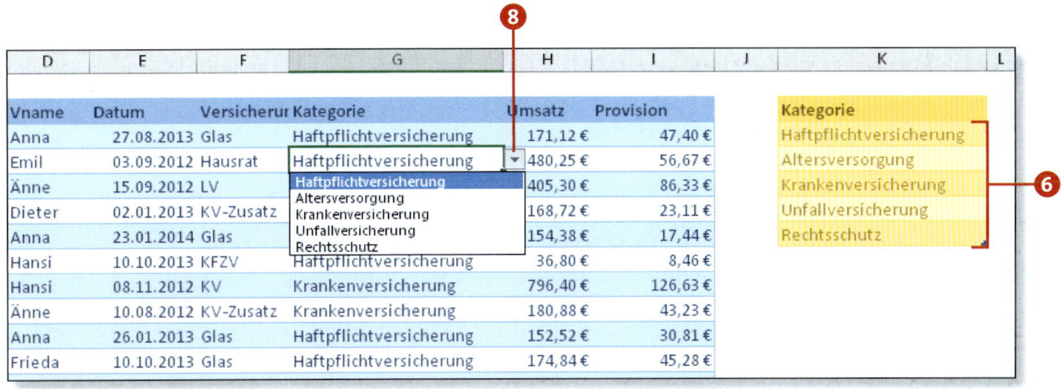

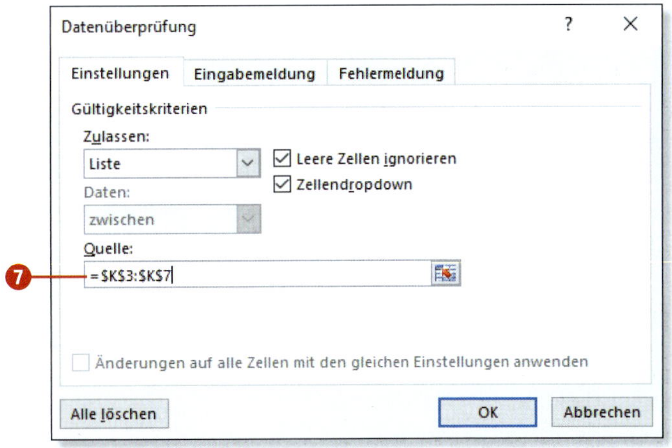

Dynamische Listen

Wenn Sie die Hilfstabellen als Tabellen formatieren (siehe den Abschnitt »Zellbereiche in Tabellenbereiche konvertieren« ab Seite 108), werden Änderungen in diesen Tabellen in die Datenüberprüfung übertragen.

Datenreihen vervollständigen

In vielen Tabellen ist es notwendig, fortlaufende Beschriftungen zu erstellen, sei es eine Nummerierung, die Tage einer Woche oder einfach nur ein Datum. In der Datei *03.18-AutoAusfüllen.xlsx* habe ich Ihnen die gängigsten Anwendungsfälle zum Üben zusammengestellt. Die einfachste Methode besteht darin, die Zelle zu markieren, die den Basiswert für die Liste bildet, und diesen Wert dann nach unten beziehungsweise rechts auszufüllen.

1. Markieren Sie dazu zunächst die Zelle `B2` auf dem Arbeitsblatt `Datumswerte`. Klicken Sie jetzt auf das *Autoausfüllkästchen* ❶, und ziehen Sie die Markierung bei gedrückter Maustaste nach unten bis zur letzten gewünschten Zelle. Der Mauszeiger muss dabei als schwarzes Kreuz sichtbar sein. Ist dies nicht der Fall, versuchen Sie gar nicht erst, den Vorgang weiterzuführen, denn er wird nicht gelingen.

2. Sie sehen, dass das Datum um jeweils einen Tag automatisch fortgesetzt wurde. Mit einem Klick auf **Auto-Ausfülloptionen** ❷ können Sie die letzte Aktion anpassen. In dem folgenden Menü können Sie z. B. **Wochentage ausfüllen** ❸ auswählen, woraufhin alle Wochenenden aus Ihrer Liste entfernt werden. Der Menübefehl **Zellen kopieren** bewirkt hingegen, dass der Inhalt der Basiszelle nur kopiert, aber nicht verändert wird.

   Wie Sie bei den weiteren Listen der Beispieldatei feststellen werden, ist die Autoausfüll-Funktion nicht auf Zahlen beschränkt. Excel erkennt auch Muster in Texteingaben und führt diese fort. Jedoch werden Sie feststellen, dass zwar Zahlen vor oder hinter einem Text erhöht werden, Zahlen, die mitten im Text stehen, werden jedoch nicht erkannt ❹. Auch Quartale bilden eine Ausnahme, sie werden nur bis 4 erhöht und beginnen dann wieder bei 1.

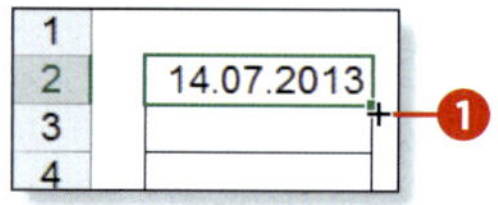

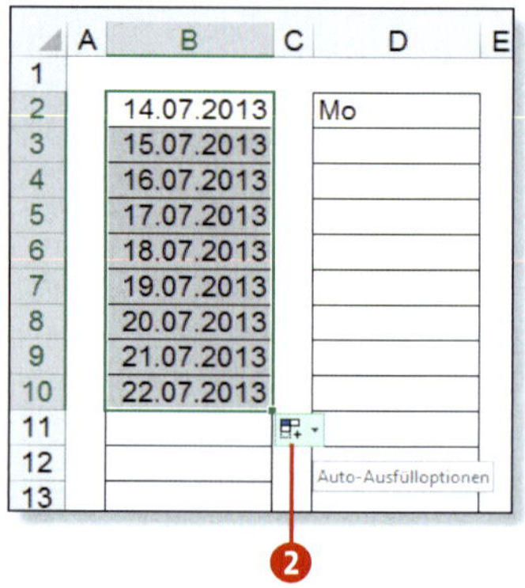

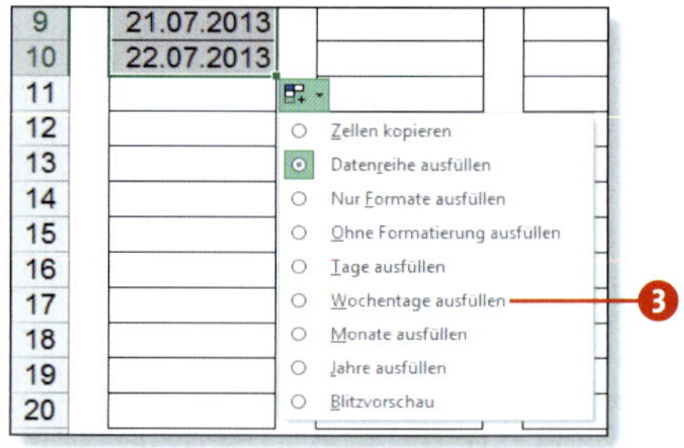

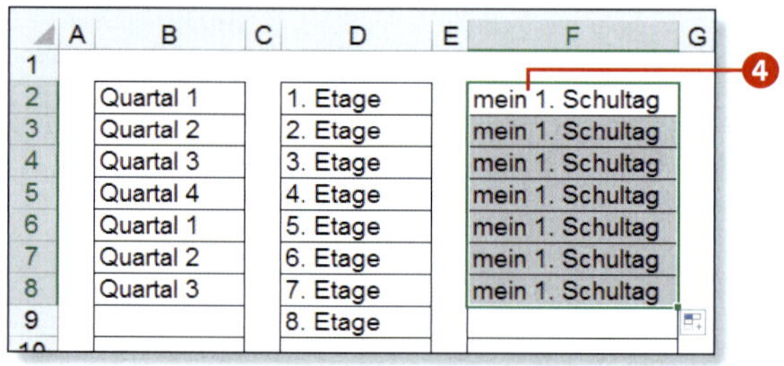

Smarttags

Mit Smarttags können Sie Ihre letzte Aktion noch einmal verfeinern beziehungsweise sich umentscheiden. Hier finden Sie viele Befehlsoptionen, die Sie sonst mühevoll im Menüband suchen müssten. Sie verschwinden automatisch mit der nächsten Aktion. Dort gibt es im Regelfall den nächsten Smarttag.

3. Auch mit Zahlenreihen können Sie ähnlich verfahren. Sie müssen dann aber mehrere Zellen zu Beginn der Liste markieren ❺, bevor Sie über das Autoausfüllkästchen die Markierung nach unten ziehen. Excel ermittelt die Differenz der Zahlen und setzt die Liste mit dieser Differenz fort (siehe das Arbeitsblatt `Zahlen` in der Beispieldatei).

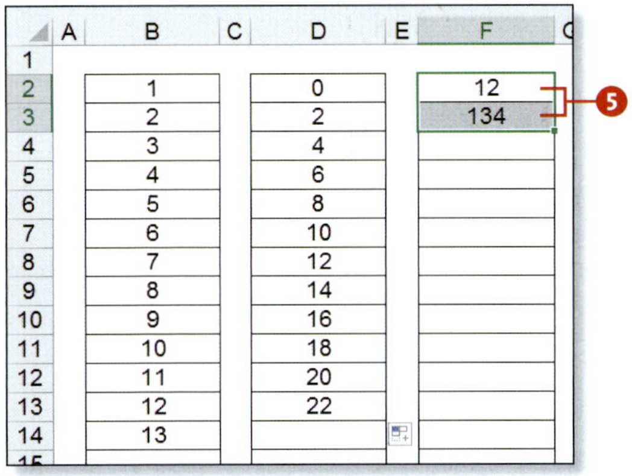

4. Das Autoausfüllkästchen klappt auch bei *Bezügen*, was Ihnen viel Arbeit ersparen kann. Kopieren Sie z. B. die Zelle `B4` ❻ mit dem Autoausfüllkästchen nach rechts. In der Zelle `B4` steht, wie Sie in der Bearbeitungsleiste sehen können, `=B2+B3`. Wenn Sie sich die Inhalte der anderen Zellen in Zeile `4` ansehen, werden Sie feststellen, dass die Bezüge sinnvoll verändert wurden: Aus `=B2+B3` wurde `=C2+C3` usw.

   Das heißt, wenn Sie eine Formel oder Funktion, die Bezüge enthält, nach rechts (oder links) kopieren, werden die Buchstaben in allen Bezügen angepasst. Kopieren Sie sie nach unten (oder oben), werden die Zahlen in allen Bezügen angepasst. Sie werden feststellen, dass dies eine der wichtigsten Aktionen in Ihrer täglichen Arbeit wird.

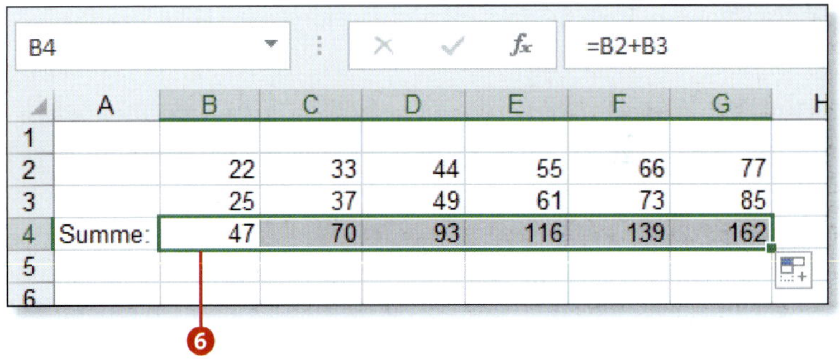

Statistik ist mit von der Partie

Sollten Sie bei Zahlenreihen mehr als zwei Zellen markieren, wird die Zahlenreihe nicht wie beschrieben fortgesetzt, sondern der Trend wird berechnet. Dabei werden die Folgewerte nach der statistischen Methode der kleinsten Quadrate ermittelt.

Inhalte suchen und ersetzen

Sobald Ihre Tabellen eine gewisse Größe überschreiten oder sich gar über mehrere Arbeitsblätter erstrecken, kann schon mal schneller die Übersicht verloren gehen. In der Arbeitsmappe *03.20-Jahresübersicht.xlsx* sind Umsatzzahlen über 12 Register verteilt und in einem zusammengefasst. Stellen Sie sich vor, Sie suchen alle Umsätze über 1.000.000 €. Da hätten Sie beim Suchen durch genaues Hinschauen einiges zu tun. Excel bietet Ihnen hierzu einen komfortablen Dialog an.

1. Klicken Sie in der Gruppe **Bearbeiten** der Registerkarte **Start** auf die Schaltfläche **Suchen und Auswählen** ❶.
2. Im Auswahlmenü klicken Sie auf den Befehl **Suchen**. Alternativ funktioniert auch die Tastenkombination Strg + F (kleine Eselsbrücke: f wie finden).
3. Im Dialog **Suchen und Ersetzen** geben Sie in das Eingabefeld **Suchen nach** ❷ Ihren Suchbegriff ein. Neben den üblichen Zeichen sind hier auch die Metazeichen *, ? und ~ erlaubt. * steht für eine beliebig lange Zeichenkette, auch keine. ? steht für genau ein Zeichen. Anstelle des Fragezeichens muss also genau ein Zeichen stehen. ~ hebt die Sonderbedeutung der Metazeichen auf. Wenn Sie also nach ? suchen möchten, geben Sie ~? ein.
4. Klicken Sie, wenn nötig, auf die Befehlsschaltfläche **Optionen** ❸, um alle Einstellmöglichkeiten einzublenden.

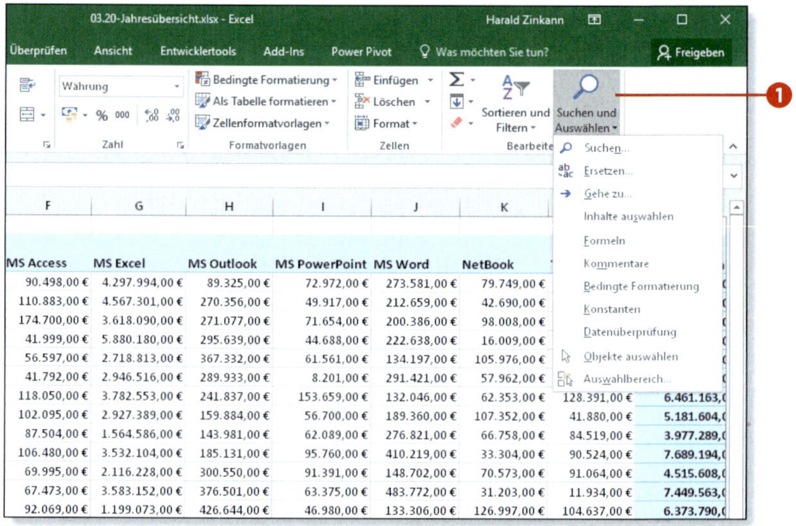

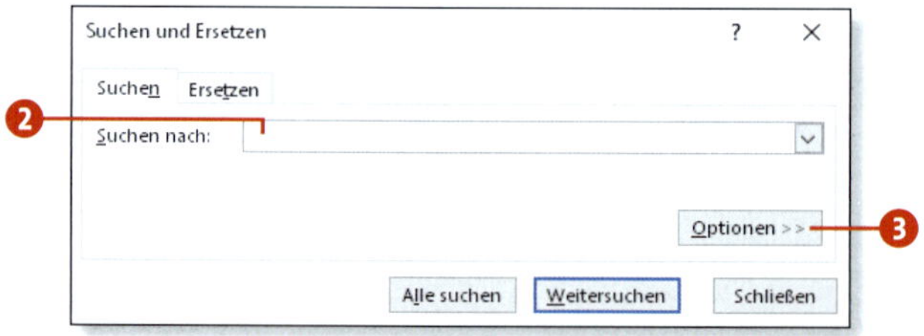

Suchen nach bestimmten Zahlengrößen

Da im Dialog **Suchen und Ersetzen** keine Bedingungen eingegeben werden können (etwa >1000000), müssen Sie 1.000.000 oder größer anders beschreiben. Die Funktion arbeitet mit einem reinen Textvergleich, Sie müssen also das beschreiben, was Sie sehen, und nicht das, was tatsächlich in der Zelle steht! Geben Sie also ein: ?.???.???. Damit werden alle Zahlen gefunden, in denen jeweils nach 3 Ziffern ein Punkt steht (vorausgesetzt, Sie verwenden Tausendertrennzeichen).

5. Im Kombinationsfeld **Durchsuchen** ❹ haben Sie die Auswahl zwischen **Blatt** und **Arbeitsmappe**. Wählen Sie **Arbeitsmappe**, um alle Arbeitsblätter zu durchsuchen.
6. Ob Sie **in Spalten** oder **in Zeilen** suchen, spielt eigentlich keine Rolle. Es wird in jedem Fall jeweils das gesamte Arbeitsblatt durchsucht. Hiermit geben Sie nur die Richtung vor, ob Zeile für Zeile oder Spalte für Spalte durchsucht wird.
7. Bei **Suchen in** geben Sie an, ob in den Werten, also in dem, was Sie sehen, in den **Formeln** oder **Kommentaren** gesucht werden soll. Wählen Sie hier **Werte**.
8. Ein Klick auf **Weitersuchen** ❺ springt zum ersten Treffer. Über **Alle suchen** wird eine Liste mit allen Treffern zusammengestellt. In dieser Liste können Sie scrollen und durch Anklicken einzelner Zeilen ❻ direkt zu dem gewünschten Wert springen.
9. Durch einen Klick auf das Registerblatt **Ersetzen** ❼ werden eine Zeile und zwei Schaltflächen hinzugefügt. So kann der Suchbegriff durch den neuen Begriff ersetzt werden. Klicken Sie hier auf **Alle ersetzen**, werden alle Fundstellen nach Bestätigung des Hinweisdialogs durch den neuen Begriff ersetzt. Mit einem Klick auf **Schließen** beenden Sie den Vorgang.

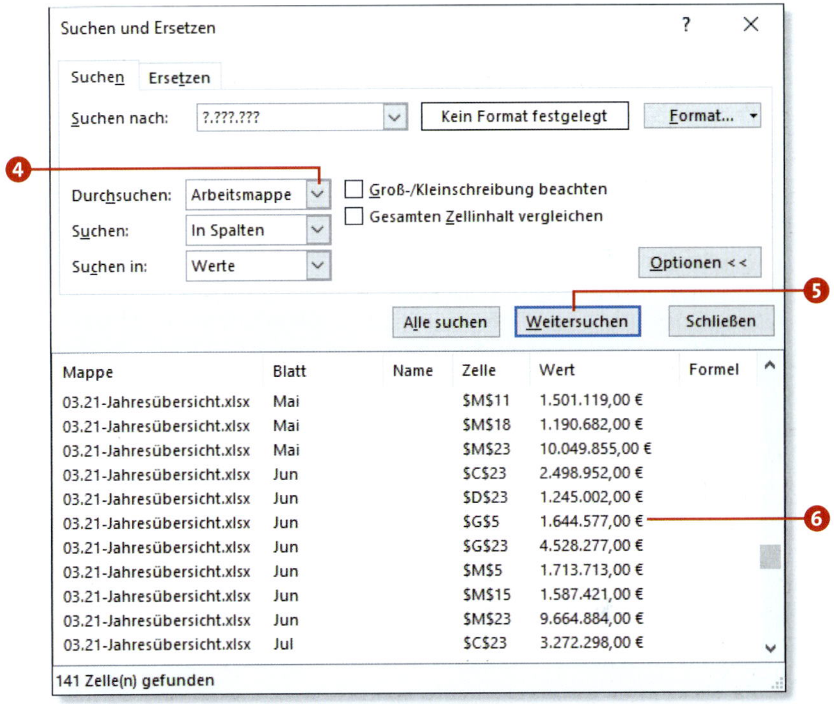

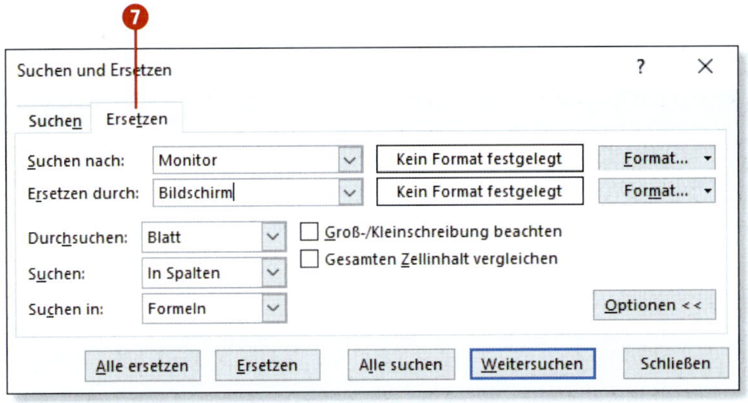

Suchoptionen

Im Kombinationsfeld **Suchen in** stehen Ihnen die Menüeinträge **Formeln**, **Werte** und **Kommentare** nur im Register **Suchen** zur Verfügung. Im Register **Ersetzen** können Sie hier nur **Formeln** wählen.

Benutzerdefinierte Listen erzeugen

Neben den Datenreihen, die Sie bereits kennengelernt haben, können Sie auch eigene, benutzerdefinierte Listen erstellen. So kann es z. B. notwendig sein, eine Monatsliste auf Spanisch zu erstellen, da Ihr Firmensitz in Spanien liegt. Die passende Liste habe ich in der Datei *03.19-BenutzerdefinierteListen.xlsx* abgelegt.

1. Markieren Sie zunächst die spanischen Monatsnamen.
2. Um diese Liste dauerhaft zu speichern, öffnen Sie die **Excel-Optionen** über **Datei > Optionen > Erweitert**. Wählen Sie hier in der Gruppe **Allgemein** die Befehlsschaltfläche **Benutzerdefinierte Listen bearbeiten** ❶.

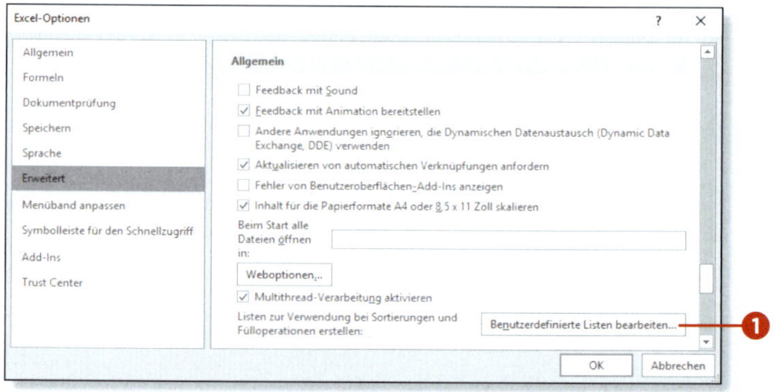

3. Spätestens jetzt erkennen Sie, wo z. B. Mo, Di, Mi usw. herkommen. Das Eingabefeld **Liste aus Zellen importieren** ❷ ist bereits mit dem Bezug auf die von Ihnen markierten Zellen gefüllt. Ein Klick auf **Importieren** ❸ übernimmt die markierten Monatsnamen in das Feld **Benutzerdefinierte Listen**.
4. Jetzt nur noch zweimal mit **OK** bestätigen und Sie sind wieder auf Ihrem Arbeitsblatt. Hier können Sie die vorhandene Liste löschen, denn sie steht Ihnen jetzt dauerhaft zur Verfügung. Geben Sie einfach einen spanischen Monatsnamen ein, und vervollständigen Sie die Liste über das Autoausfüllkästchen.

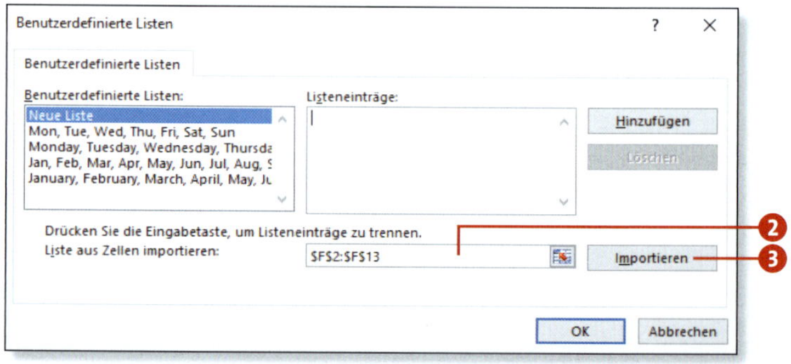

AutoAusfüllen über das Menüband starten

Es ist manchmal gar nicht so einfach, dieses Ausfüllkästchen genau zu treffen. Oft reicht es aus, dass die Maus zu sensibel für diese Aktion eingestellt ist. Anstatt mit dem Ausfüllkästchen zu arbeiten, markieren Sie einfach den Wert, den Sie kopieren möchten, und alle Zellen, die gefüllt werden sollen. Wählen Sie dann im Register **Start** aus der Gruppe **Bearbeiten** die Schaltfläche **Füllbereich**. Hier wählen Sie **Reihe**, und im folgenden Dialog klicken Sie auf **AutoAusfüllen**. Abschließend bestätigen Sie mit **OK**.

4 Zellen und Bereiche

Vor jeder Aktion auf dem Arbeitsblatt, sei es das Formatieren, Kopieren von Daten oder eine einfache Eingabe, steht das Markieren. In diesem Kapitel zeige ich Ihnen zunächst die vielfältigen Möglichkeiten, Zellen, Zeilen, Spalten und Bereiche zu markieren. Sie werden erfahren, wie Sie für markierte Bereiche Namen vergeben und diese sinnvoll in Ihren Formeln und Funktionen verwenden. Excel bietet Ihnen zudem ein mächtiges Werkzeug zum Verwalten dieser Bereichsnamen, den *Namens-Manager*. Auch ihn werde ich Ihnen in diesem Kapitel vorstellen.

Eine Tabelle als Tabelle zu formatieren mag sich zunächst wie ein Schildbürgerstreich anhören. Aber nachdem Sie die entsprechende Anleitung zum Format *Tabellenbereich* gelesen und es selbst einmal in der Praxis verwendet haben, werden Sie schnell feststellen, dass Sie dieses Format nicht mehr missen wollen.

Abschließend zeige ich Ihnen, wie Sie die Spaltenbreite und Zeilenhöhe verändern und sogar ganze Zeilen und Spalten ausblenden, damit z. B. Zwischenergebnisse in Ihrer Tabelle nicht den Blick aufs Wesentliche versperren.

In diesem Kapitel

Einzelne Zellen markieren

Um eine Eingabe zu beginnen, müssen Sie zunächst eine *Zelle* markieren. Eine Zelle zu markieren ist eine der einfachsten Aktionen in Excel. Grundsätzlich ist immer mindestens eine Zelle markiert, auch schon beim ersten Öffnen einer Arbeitsmappe.

1. Um gezielt eine bestimmte Zelle zu markieren, klicken Sie die Zelle einfach an. Eine markierte Zelle erkennen Sie im Arbeitsblatt an dem grünen Rahmen ❶. Gegebenenfalls müssen Sie vorher den Arbeitsblattbereich über die Bildlaufleisten in den sichtbaren Bereich verschieben, um die gewünschte Zelle anklicken zu können.
2. Alternativ zum Anklicken können Sie auch die Pfeiltasten, [↵] oder [⇆] benutzen, um zu der Zelle zu gelangen, die Sie markieren möchten.
3. Möchten Sie mehrere einzelne Zellen markieren ❷, um sie z. B. gemeinsam zu formatieren, klicken Sie zunächst die erste Zelle an. Anschließend klicken Sie bei gedrückter [Strg]-Taste alle weiteren Zellen an. Erst nachdem Sie die letzte Zelle markiert haben, lassen Sie die [Strg]-Taste wieder los.

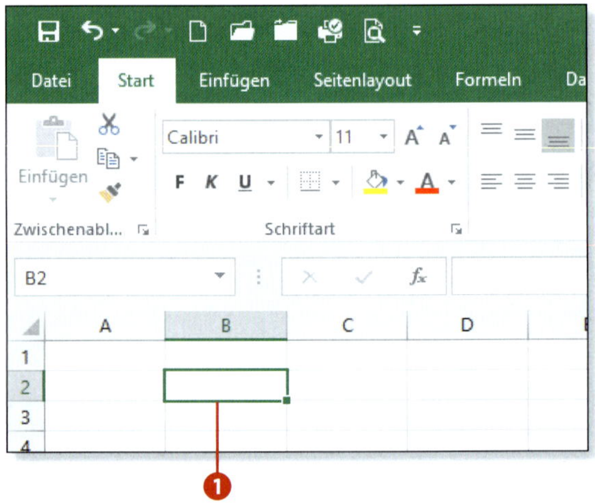

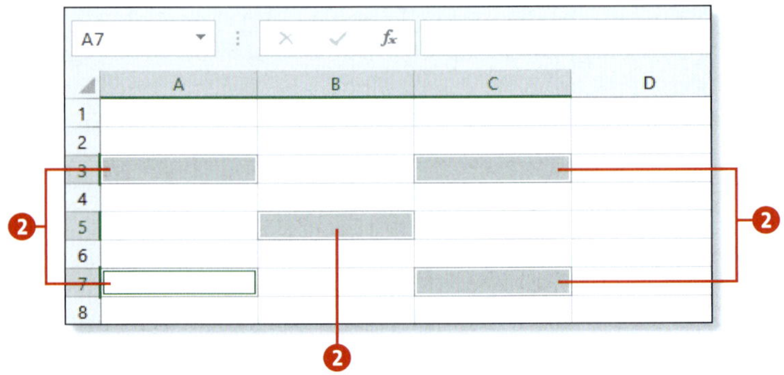

Übungsdatei

In der Arbeitsmappe *04.01-Markieren.xlsx* habe ich Zellen und Bereiche farblich hinterlegt, die Sie zum Üben markieren können. Sämtliche Beispieldateien zum Buch stehen Ihnen zum kostenlosen Download unter *www.vierfarben.de/3953* zur Verfügung.

Aktive Zelle im Fokus

Befinden Sie sich derzeit in einem anderen Bereich Ihrer Tabelle und liegt die aktive Zelle außerhalb des sichtbaren Bereichs, reicht ein Druck auf die Taste [↑], [↓], [←] oder [→], und schon wechselt Excel automatisch die Ansicht zu der aktiven Zelle.

Zeilen, Spalten und Arbeitsblatt markieren

In großen Tabellen kann es schon einmal vorkommen, dass Sie ganze Zeilen oder Spalten markieren möchten.

1. Um eine einzelne Zeile zu markieren, klicken Sie links vor der gewünschten Zeile auf die Zeilennummer ❶. Der grüne Rahmen, der dazu dient, die aktive Zelle oder Zellen anzuzeigen, umschließt nun die gesamte Zeile.
2. Um mehrere Zeilen zu markieren, halten Sie die Maustaste gedrückt und ziehen die Markierung nach unten beziehungsweise nach oben.
3. Beim Markieren von Spalten gehen Sie genauso vor. Klicken Sie nur diesmal auf die Spaltenüberschrift ❷.

   Bei gedrückter [Strg]-Taste können Sie auch mehrere unzusammenhängende Zeilen und Spalten markieren.
4. Um eine Markierung wieder aufzuheben, klicken Sie einfach in eine beliebige Zelle außerhalb der Markierung.
5. Um das gesamte Arbeitsblatt zu markieren, klicken Sie in der linken oberen Ecke des Arbeitsblattes auf das Dreiecksymbol ❸. Mit der Tastenkombination [Strg] + [A] erzielen Sie das gleiche Ergebnis.

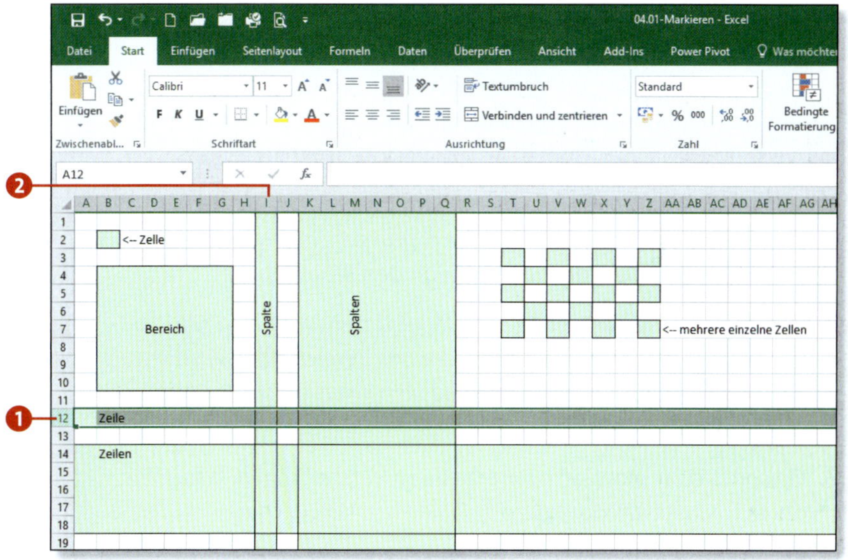

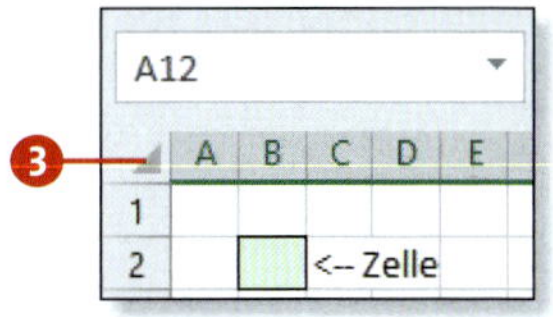

Zeilen und Spalten in Tabellenbereichen markieren

In Tabellenbereichen lassen sich auch Tabellenzeilen und -spalten markieren. Die Markierung ist dann auf den Tabellenbereich beschränkt und berührt hierbei das restliche Arbeitsblatt nicht. Mehr dazu erfahren Sie im Abschnitt »Zellbereiche in Tabellenbereiche konvertieren« ab Seite 108.

Eingabe in Zeile

Die Eingabevoreinstellung sorgt dafür, dass sich die aktive Zelle nach unten bewegt, sobald Sie die [↵]-Taste drücken. Es gibt aber eine Möglichkeit, eine Zeile bequem zu befüllen, ohne diese Voreinstellung zu ändern. Markieren Sie zunächst die ganze Tabellenzeile. Die erste Zelle ist dann die aktive Zelle, und Sie können mit der Eingabe beginnen. Beenden Sie die Eingabe mit [↵], verschiebt sich die aktive Zelle nach rechts statt nach unten.

Bereiche markieren

Ein *Bereich* oder auch *Zellbereich* besteht aus mindestens zwei zusammenhängenden Zellen. Auch in einem Bereich gibt es eine aktive Zelle ❶. Sie hat, anders als der Rest des markierten Bereichs, einen weißen Hintergrund.

1. Um einen Bereich zu markieren, klicken Sie zunächst eine Zelle an, die in einer Ecke des zu markierenden Bereichs liegt.
2. Halten Sie die Maustaste gedrückt, und ziehen Sie den Mauszeiger auf die gegenüberliegende Ecke des Bereichs ❷. Sie sehen dabei am Rahmen und der Hintergrundfarbe, wie sich die Markierung erweitert.
3. Entspricht der markierte Bereich Ihren Vorstellungen, lassen Sie die Maustaste wieder los.

   Alternativ können Sie den Bereich auch bei gedrückter [⇧]-Taste markieren. Nachdem Sie die erste Zelle markiert haben, klicken Sie bei gedrückter [⇧]-Taste in die gegenüberliegende Ecke des Bereichs, oder Sie erweitern die Markierung mit den Pfeiltasten.
4. Wie beim Markieren von Zellen besteht auch beim Markieren von Bereichen die Möglichkeit, mehrere Bereiche gleichzeitig zu markieren. Drücken und halten Sie dazu einfach die Taste [Strg], während Sie die Bereiche wie oben beschrieben per Maus markieren.

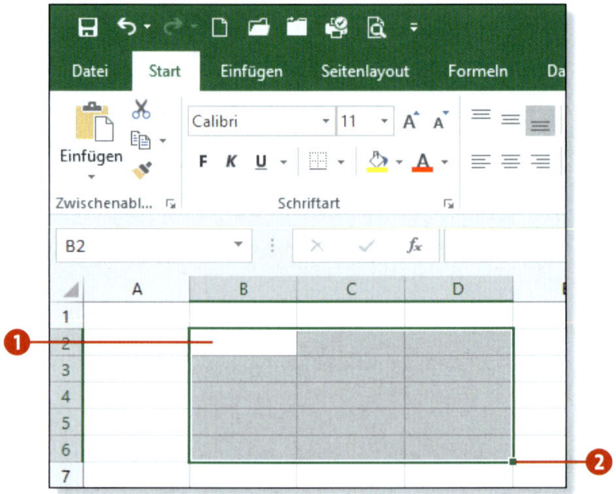

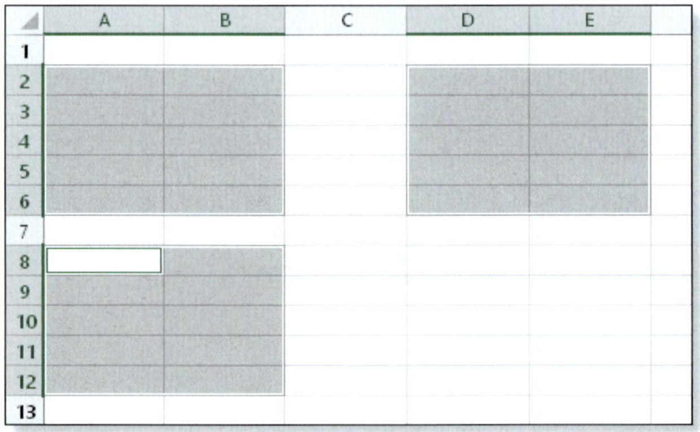

Schreibweise für Bereiche

In Funktionen werden Bereiche immer mit dem Bezug auf die 1. Zelle, gefolgt von einem Doppelpunkt und abschließend dem Bezug auf die letzte Zelle beschrieben, also z. B. `A12:B16`. So werden alle Zellen von der Zelle `A12` bis zur Zelle `B16` markiert. Die Zelle `A12` wird die aktive Zelle.

Bereich verkleinern

Es passiert schon einmal, dass Sie mit der Maus einen Bereich um nur ein paar Zellen zu viel markiert haben. In diesem Fall drücken Sie einfach die Taste [⇧] und korrigieren die Markierung mit den Tasten [↑], [↓], [←] und/oder [→].

Mit dem Namenfeld zu einer Zelle springen

Angenommen, Sie möchten in einer relativ großen Tabelle z. B. in die Zelle A301 wechseln. Jetzt können Sie natürlich die Pfeiltasten, die Bildlaufleiste oder das Mausrädchen benutzen. Aber Excel bietet Ihnen auch noch einen weitaus komfortableren Weg, um Zellen direkt anzusteuern und zu aktivieren.

1. Klicken Sie zunächst in das *Namenfeld* ❶ oberhalb des Arbeitsblattes.
2. Dort geben Sie einfach den gewünschten Bezug (hier: A301) ein und schließen Ihre Eingabe mit [↵] ab.
3. Sie landen sofort in der Zelle A301 ❷ und können dort Ihre Daten eingeben oder mit den Pfeiltasten fein positionieren. Auf diese Weise können Sie mal eben schnell zu jeder beliebigen Zelle springen. Probieren Sie es einmal aus.

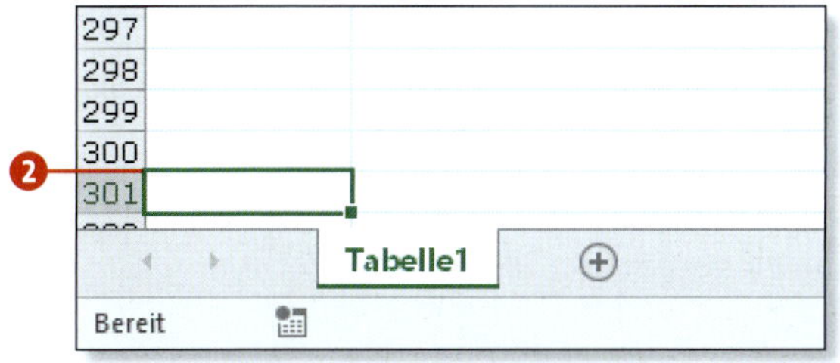

Eingabe nicht mit per Mausklick beenden

Klicken Sie nicht mit der Maus irgendwohin, um Ihre Eingabe abzuschließen. Leider funktioniert das auf dem Arbeitsblatt häufig und vermittelt das Gefühl, das ist richtig so. In vielen Situationen, insbesondere in Eingabefeldern wie dem Namenfeld, funktioniert es aber nicht. Also gewöhnen Sie sich diese Technik gar nicht erst an. Sie ist IMMER falsch! Eingaben werden mit [↵] abgeschlossen und mit [Esc] abgebrochen. Die wenigen Ausnahmen werde ich Ihnen im Verlauf des Buches vorstellen.

Zellbereiche über »Gehe zu« ansteuern

Nicht nur über das Namenfeld lassen sich bestimmte Zellen ansteuern, auch über den Dialog **Gehe zu** besteht die Möglichkeit, gezielt zu einer Zelle Ihrer Wahl zu springen.

1. Zum Aufrufen des Dialogs klicken Sie in der Gruppe **Bearbeiten** der Registerkarte **Start** auf die Schaltfläche **Suchen und Auswählen** und wählen im Menü den Eintrag **Gehe zu** ❶. Noch schneller geht das allerdings mithilfe der Funktionstaste F5.
2. Daraufhin wird Ihnen der Dialog **Gehe zu** angezeigt. Geben Sie in der Eingabezeile **Verweis** den Bezug der Zelle oder den Bereichsnamen ein (mehr über Bereichsnamen erfahren Sie im Abschnitt »Einen Zellbereich benennen« auf Seite 104), zu der oder dem Sie gelangen möchten ❷.
3. Bestätigen Sie Ihre Eingabe mit einem Klick auf **OK**. Excel springt nun zu der von Ihnen eingegebenen Zelle.

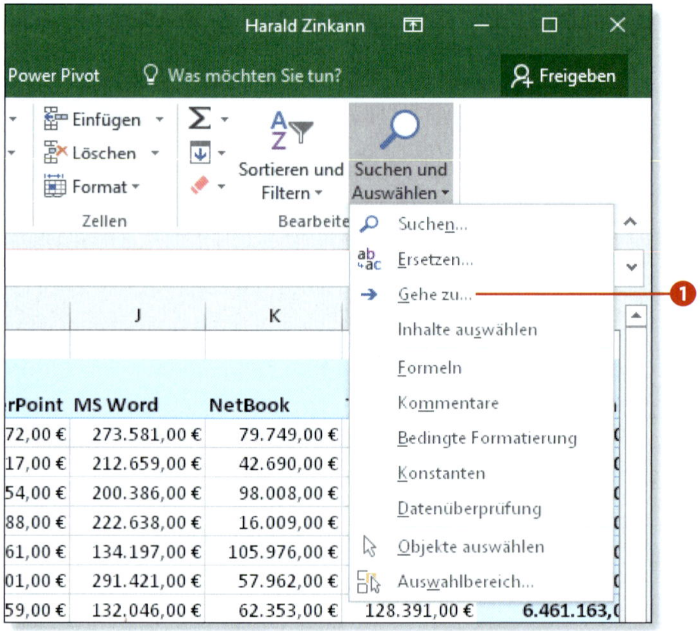

Bezugsliste nutzen

Da sich Excel alle Zellen merkt, zu denen Sie zuletzt gesprungen sind, können Sie bereits angesteuerte Zellen und Bereiche auch aus der Liste **Gehe zu** ❸ auswählen. So können Sie auch dateiübergreifende Sprünge machen, solange die andere Arbeitsmappe weiterhin geöffnet ist.

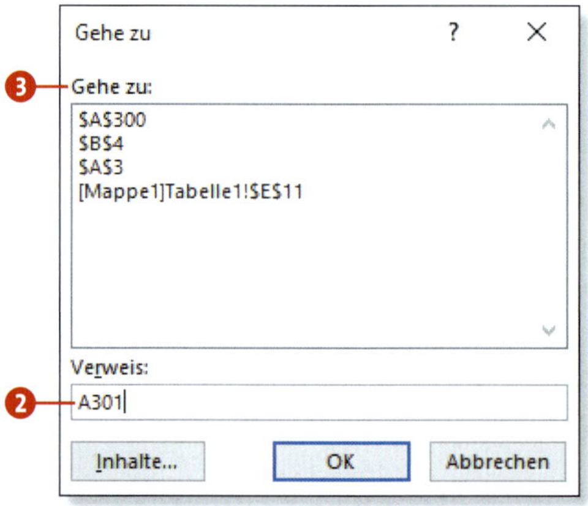

Bereich markieren

Geben Sie im Dialog **Gehe zu** in die Eingabezeile **Verweis** einen Bereich ein (z. B. B4:E12), so wird der angegebene Bereich markiert und die obere linke Ecke der Markierung zur aktiven Zelle.

Zellbereiche nach ihren Eigenschaften auswählen

Der Dialog **Gehe zu**, den Sie auf der vorigen Seite kennengelernt haben, eignet sich aber auch dazu, Zellen zu markieren, die bestimmte Eigenschaften erfüllen. Mit einem Klick auf die Schaltfläche **Inhalte** öffnen Sie den Dialog **Inhalte auswählen**. In diesem können Sie auswählen, welche Zellen für Sie markiert werden sollen.

Markieren Sie hier etwa das Optionsfeld **Konstanten** ❶, aktivieren danach das Kontrollkästchen **Text** ❷ und bestätigen Ihre Eingabe mit einem Klick auf **OK**, sind in Ihrer Tabelle alle Zellen markiert, in denen nur Text steht. Allerdings nicht die Zellen, in denen der Text durch eine Funktion eingesetzt wurde. In dieser Übersicht erfahren Sie, welche Inhalte Sie im Dialog wählen können:

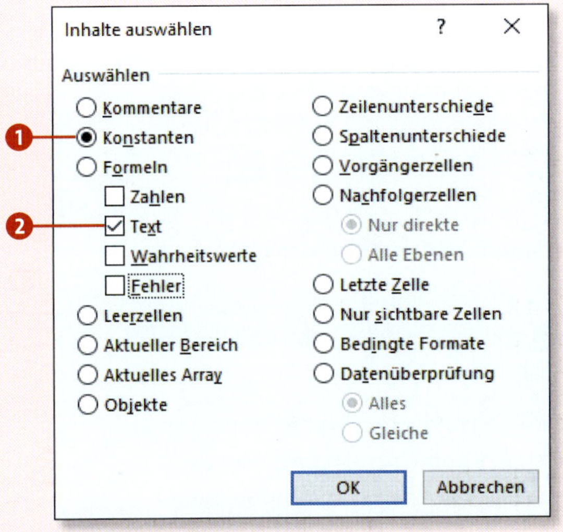

Über den Dialog »Inhalte auswählen« markieren Sie Zellen anhand ihrer Eigenschaften.

- **Kommentare** – markiert alle Zellen mit Kommentaren.
- **Konstanten** – markiert alle Zellen, in denen keine Formeln und Funktionen stehen. Über die Kontrollkästchen **Zahlen** bis **Fehler** können Sie Ihre Auswahl einschränken.
- **Formeln** – arbeitet genau wie **Konstanten**, allerdings zeigen die markierten Zellen Ergebnisse aus Formeln oder Funktionen an.
- **Leerzellen** – zeigt alle leeren Zellen im genutzten Bereich an.
- **Aktueller Bereich** – markiert den Bereich um die aktive Zelle.
- **Objekte** – markiert auf dem Arbeitsblatt befindliche Objekte (z. B. Bilder oder Formen).
- **Zeilen- und Spaltenunterschiede** – Wenn Sie in einer Tabelle z. B. zwei Zeilen markieren und anschließend im Dialog die Option **Spaltenunterschiede** wählen, werden die Zellen markiert, die von der zuletzt markierten Zeile abweichen. Alle anderen zuvor markierten Zellen haben also den gleichen Spalteninhalt. Bei den **Zeilenunterschieden** verhält es sich äquivalent.
- **Vorgängerzellen** – markiert für die aktive Zelle, aus welchen Zellen die Formel oder Funktion ihre Werte bezieht.
- **Nachfolgerzellen** – markiert alle Zellen, in denen Bezug auf die aktive Zelle genommen wird.
- **Letzte Zelle** – markiert die letzte Zelle des genutzten Bereichs unten rechts. Diese Zelle kann auch leer sein.
- **Nur sichtbare Zellen** – markiert in einem gefilterten Bereich nur die sichtbaren Zellen. Sollten Sie jetzt die markierten Zellen kopieren, werden die ausgeblendeten Zellen nicht mit kopiert.
- **Bedingte Formate** – markiert nur die Zellen, die mit einem bedingten Format versehen wurden.
- **Datenüberprüfung** – markiert nur die Zellen, bei denen die Eingabe über die Datenüberprüfung eingeschränkt ist.

Einen Zellbereich benennen

Einer Zelle oder einem Zellbereich einen sprechenden Namen zu geben macht nicht nur die Formel beziehungsweise Funktion besser lesbar, es vereinfacht auch die Navigation im Tabellenblatt und die Verwendung von absoluten Bezügen. In der Datei *04.10-Filialumsätze.xlsx* soll die Zelle `K3` den Namen `MwSt` erhalten.

1. Markieren Sie zunächst die Zelle `K3` ❶, und klicken Sie in das Namenfeld ❷.
2. Überschreiben Sie den Text `K3` durch `MwSt` ❸, und bestätigen Sie Ihre Eingabe mit [↵].
3. Die Zelle `K3` hat jetzt den zusätzlichen Namen `MwSt`. Sie können beide Varianten in Ihren Formeln und Funktionen, die sich auf diese Zelle beziehen, verwenden. Die Verwendung des Namens `MwSt` entspricht der Schreibweise `$K$3`.

   Alternativ können Sie den Namen auch über den Dialog **Neuer Name** vergeben. Sie rufen ihn über **Formeln > Definierte Namen > Namen definieren** auf.

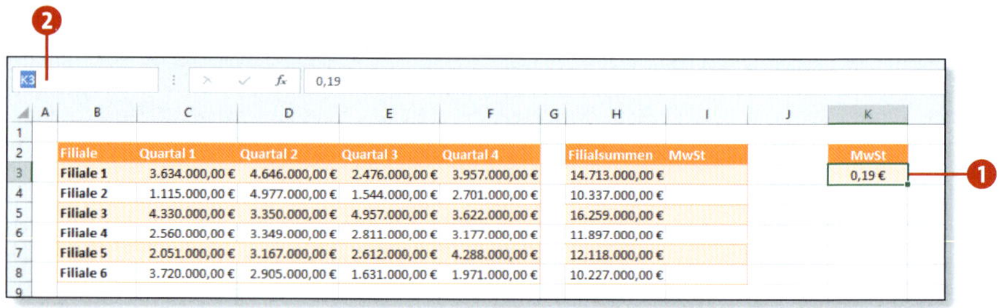

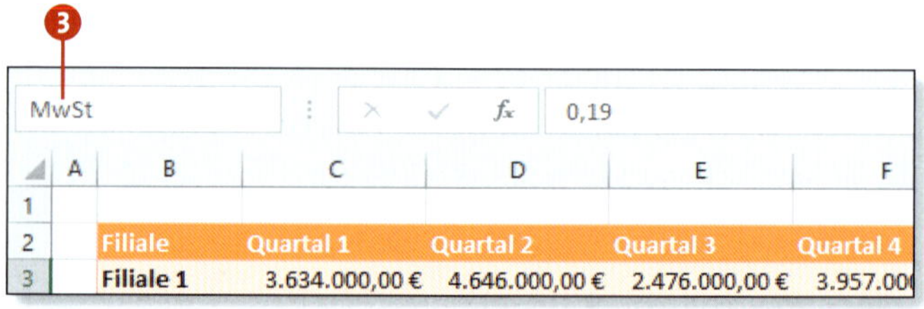

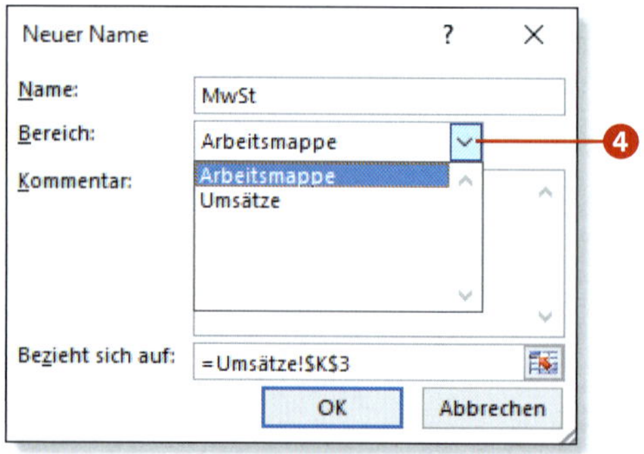

Das Kommentarfeld

Manchmal lässt sich nicht sofort erkennen, wozu der definierte Name benötigt wird. Hier bietet sich das Feld **Kommentar** im Dialog **Neuer Name** an. Im Kommentarfeld können Sie kurz beschreiben, in welchem Zusammenhang der Name benutzt wird. Der Kommentar wird angezeigt, wenn Sie den Namens-Manager aufrufen.

Gültigkeit des Namens einschränken

Im Dialog **Neuer Name** können Sie noch entscheiden, ob der Name in der gesamten Arbeitsmappe oder nur auf dem Arbeitsblatt ❹ gültig sein soll.

Einen Zellbereich auswählen

Um auf einen definierten Namen zuzugreifen, verwenden Sie den Namen einfach wie einen Bezug. Sie können ihn also einfach eintippen oder anklicken. Zum Mitmachen öffnen Sie aus den Beispieldateien die Arbeitsmappe *04.10-Filialumsätze.xlsx*.

1. Markieren Sie die Zelle `I3`, und geben Sie in die Zelle `=H3*M` ❶ ein. In der Liste, die für die Autovervollständigung geöffnet wird, erscheint der Bereichsname `MwSt` ❷.
2. Sie können mit den Pfeiltasten in dieser Liste scrollen und den gewünschten Eintrag mit [Tab] oder mit einem Doppelklick auf den Eintrag übernehmen. (Drücken Sie nicht [Enter], denn dann stünde in Ihrer Formel `M` statt `MwSt`.)
3. Ihre Formel lautet jetzt `=H3*MwSt`, wobei der Name `MwSt` in der Formel ❸ und die Zelle mit diesem Namen ❹ mit der gleichen Farbe gekennzeichnet werden, um den Bezug zu verdeutlichen. Beenden Sie nun die Eingabe mit [Enter].
4. Markieren Sie die Zelle `I3` erneut, und kopieren Sie den Inhalt über das Ausfüllkästchen nach unten. Sie werden feststellen, dass in den Zellen `I3` – `I8` in der Formel als zweiter Wert `MwSt` steht. Das liegt daran, dass definierte Namen registerübergreifend absolut sind.

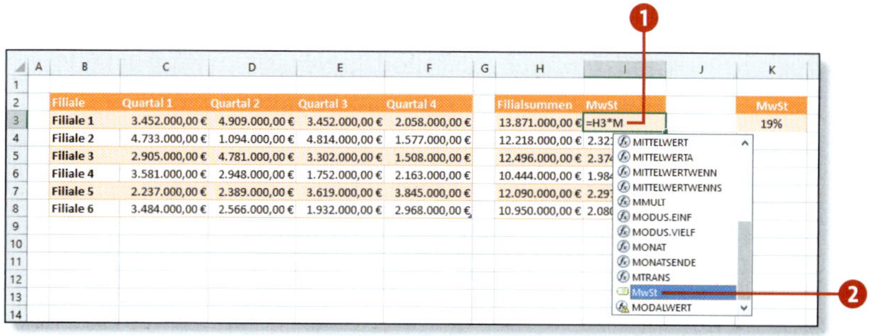

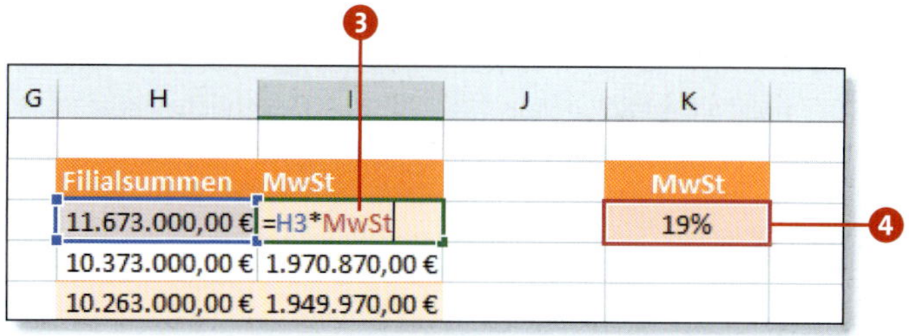

Einfach anklicken

Statt den Namen für das definierte Feld einzutippen beziehungsweise aus der Liste auszuwählen, können Sie die Zelle mit dem Namen `MwSt` einfach anklicken. Auch in diesem Fall wird der definierte Name der Zelle in die Formel übernommen und nicht etwa `K3`.

Bereichsnamen zur Navigation nutzen

Bereichsnamen werden Ihnen auch im Namenfeld neben der Bearbeitungsleiste angeboten. Klicken Sie auf das Feld, wird Ihnen eine Liste mit allen Bereichsnamen angezeigt. Klicken Sie einen dieser Namen an, wird die entsprechende Zelle oder der Zellbereich markiert.

Bereichsnamen verwalten

Sollten Sie versuchen, einen definierten Namen im Namenfeld zu überschreiben, weil Sie sich vertan haben, werden Sie feststellen, dass dies nicht möglich ist. Um Ihre selbst definierten Namen zu verwalten, gibt es den Namens-Manager.

1. Klicken Sie auf die Registerkarte **Formeln**, und wählen Sie hier aus der Gruppe **Definierte Namen** die Schaltfläche **Namens-Manager** ❶.

2. Im folgenden Dialog **Namens-Manager** sehen Sie eine Liste der vorhandenen Namen. Die definierten Namen für Zellen und Zellbereiche sind mit einem Etikett ❷ versehen, die Namen für Tabellenbereiche mit einem Tabellensymbol ❸. In dieser Liste können Sie per Mausklick einen Namen markieren und mit einem Klick auf **Bearbeiten** ❹ im Folgedialog **Name bearbeiten** ändern.

3. Klicken Sie auf **Löschen**, um einen Namen wieder zu entfernen. Nach dem Löschen wird Ihnen im Namenfeld wieder der ursprüngliche Zellbezug angezeigt. Klicken Sie auf **Neu**, können Sie einen neuen Bereichsnamen im Dialog **Neuer Name** anlegen. In der Eingabezeile **Bezieht sich auf** ❺ besteht die Möglichkeit, einen fehlerhaften Bezug zu korrigieren.

4. Um die Bearbeitung zu beenden, klicken Sie auf **Schließen**.

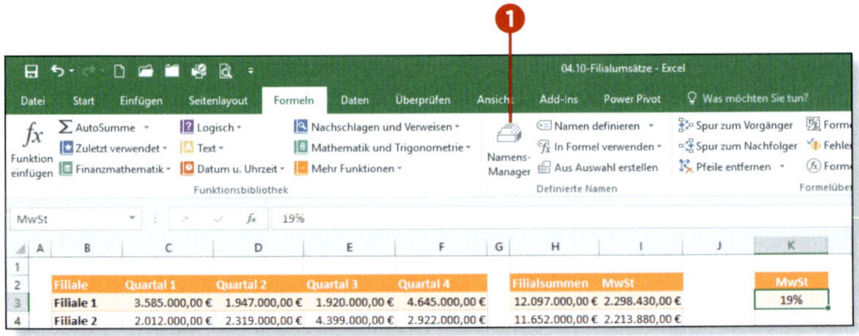

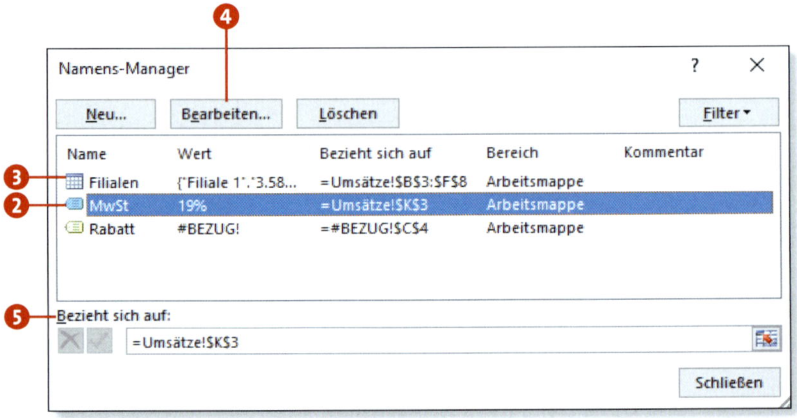

Die Fehlermeldung »#BEZUG!«

Sie haben sicher schon die eine oder andere Fehlermeldung gesehen (sie beginnen alle mit #). Die Fehlermeldung `#BEZUG!` bedeutet, dass die Zelle, auf die sich bezogen wird, nicht mehr existiert. In diesem Fall habe ich das Tabellenblatt, auf dem ich den Namen `Rabatt` definiert hatte, gelöscht.

Neben der Möglichkeit, Felder und Bereiche mit einem Namen zu versehen, besteht auch die Möglichkeit, Namen zu definieren, die sich nicht auf eine Zelle beziehen, sondern einen festen Wert oder eine Berechnung enthalten.

1. Löschen Sie zunächst den Namen `MwSt`, indem Sie ihn im Namens-Manager markieren und auf die Schaltfläche **Löschen** klicken. Schließen Sie anschließend den Namens-Manager.
2. Die Formeln in Spalte `I` erzeugen jetzt eine Fehlermeldung. Markieren Sie die Spalte `K`, und löschen Sie diese z. B. mit der Tastenkombination `Strg` + `-`.
3. Öffnen Sie erneut den Namens-Manager mit **Formeln > Definierte Namen > Namens-Manager**.
4. Geben Sie in das Eingabefeld **Name** ❻ den Text `MwSt` ein.
5. Geben Sie in das Eingabefeld **Bezieht sich auf** ❼ `=19%` ein, und bestätigen Sie mit **OK**. Schließen Sie danach den Namens-Manager.

Ihre Formeln in Spalte `I` liefern wieder die korrekten Ergebnisse. Auf diese Art wurde die Mehrwertsteuer versteckt. Sie kann, falls sie sich einmal ändert, aber nur im Namens-Manager gepflegt werden.

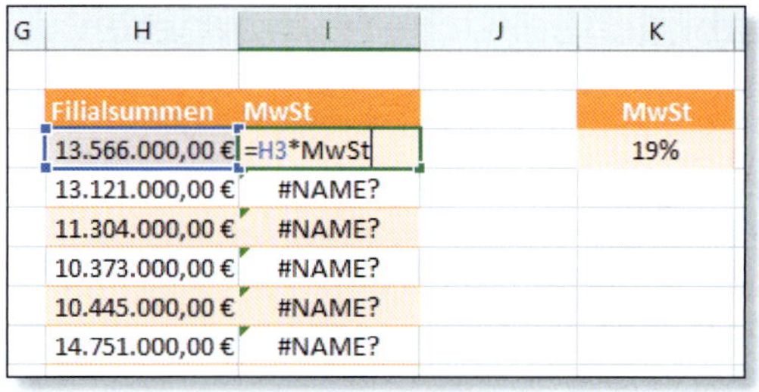

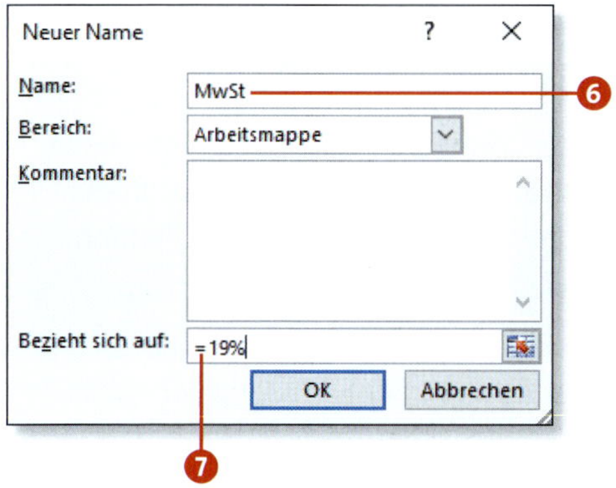

Fehlermeldungen

Durch das Löschen des Namens `MwSt` hat sich die Formel nicht geändert. In der Zelle `I3` steht immer noch die Formel `=H3*MwSt`. Da `MwSt` aber nicht mehr existiert, erscheint die Fehlermeldung `#NAME?`. Hätten Sie die Spalte `K` aus dem Arbeitsblatt gelöscht, würden Sie die Fehlermeldung `#BEZUG!` sehen. In der Zelle `I3` würde dann auch die Formel `=H3*#BEZUG!` stehen, da die Zelle, auf die sich die Formel bezieht, nicht mehr existiert.

Zellbereiche in Tabellenbereiche konvertieren

Gerade für das Arbeiten mit großen Tabellen ist das Tabellenformat von Excel 2016 eine große Hilfe. Wenn Sie möchten, können Sie die Anleitung anhand der Beispieldatei *04.13-Autovermietung.xlsx* nachvollziehen. Um eine Tabelle, also einen normalen Bereich, in einen Tabellenbereich zu konvertieren, gehen Sie wie folgt vor:

1. Markieren Sie eine Zelle in dem Bereich, den Sie als Tabelle formatieren möchten. Excel erkennt automatisch den Umfang Ihres Bereichs, solange dieser keine vollständigen Leerzeilen oder -spalten enthält.
2. Klicken Sie in der Gruppe **Formatvorlagen** der Registerkarte **Start** auf die Schaltfläche **Als Tabelle formatieren** ❶.
3. Wählen Sie aus der Liste der Formatvorlagen ❷ eine passende Farbkombination (hier **Mittel 11**). Achten Sie aber unbedingt auf die Lesbarkeit Ihrer Daten, allzu dunkle Farbkombinationen sollten Sie daher meiden.
4. Der Tabellenbereich wird automatisch markiert, und der Dialog **Als Tabelle formatieren** wird geöffnet. An der gestrichelten Linie ❸ sollten Sie kontrollieren, ob der Bereich korrekt markiert wurde, und im Dialog **Als Tabelle formatieren** sicherstellen, dass die Option **Tabelle hat Überschriften** ❹ aktiviert ist, da sonst nichtssagende Standardüberschriften (`Spalte1`, `Spalte2` usw.) eingefügt werden.

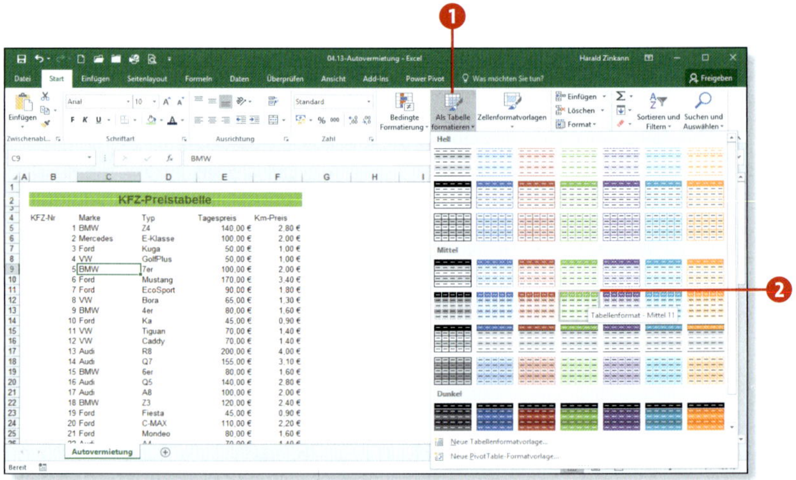

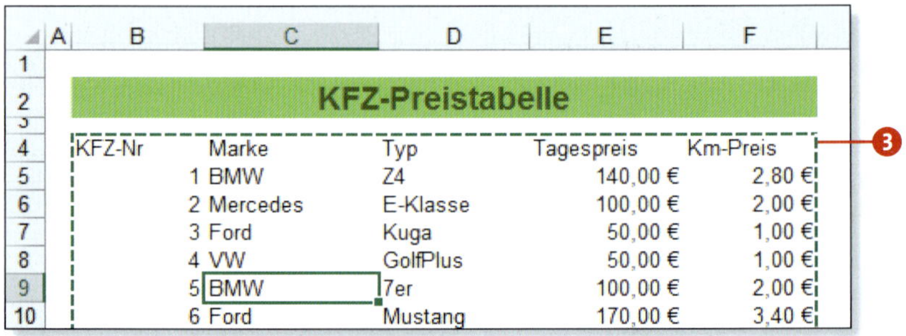

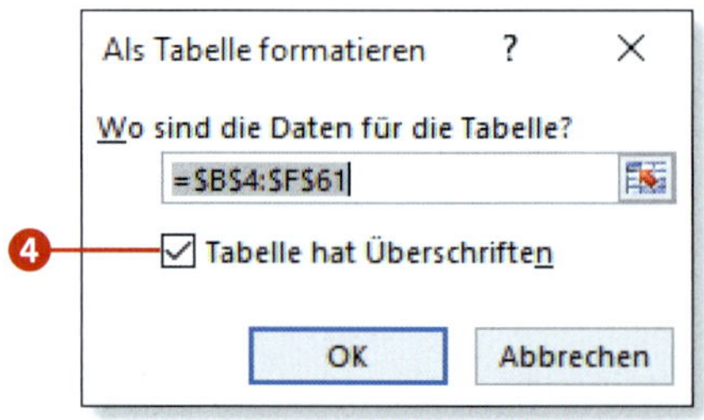

Zusätzliche Daten

Befinden sich über den Überschriften der zu konvertierenden Tabelle noch weitere Inhalte, achten Sie darauf, dass sich mindestens eine Leerzeile zwischen den Überschriften und den anderen Inhalten befindet, damit diese Inhalte beim Konvertieren nicht mit markiert werden.

5. Der markierte Bereich wurde erfolgreich in einen Tabellenbereich konvertiert. Die Überschriften und Zellen wurden gemäß Ihrer Auswahl formatiert und die Überschriften mit Filterschaltflächen **5**, über die Sie die Spalteninhalte filtern und sortieren können, versehen.

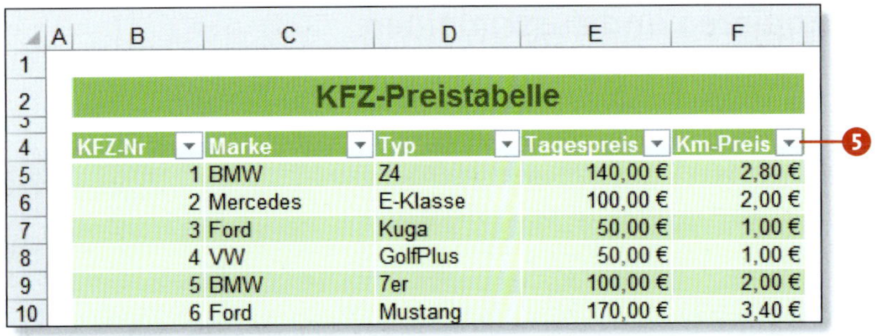

KFZ-Preistabelle

KFZ-Nr	Marke	Typ	Tagespreis	Km-Preis
1	BMW	Z4	140,00 €	2,80 €
2	Mercedes	E-Klasse	100,00 €	2,00 €
3	Ford	Kuga	50,00 €	1,00 €
4	VW	GolfPlus	50,00 €	1,00 €
5	BMW	7er	100,00 €	2,00 €
6	Ford	Mustang	170,00 €	3,40 €

6. Immer wenn Sie eine Zelle aus der Tabelle markieren, wird im Menüband die kontextabhängige Registerkarte **Tabellentools/Entwurf** **6** eingeblendet. Geben Sie in der Gruppe **Eigenschaften** einen sprechenden Namen für die Tabelle **7** ein. Schließen Sie die Eingabe mit [↵] ab.

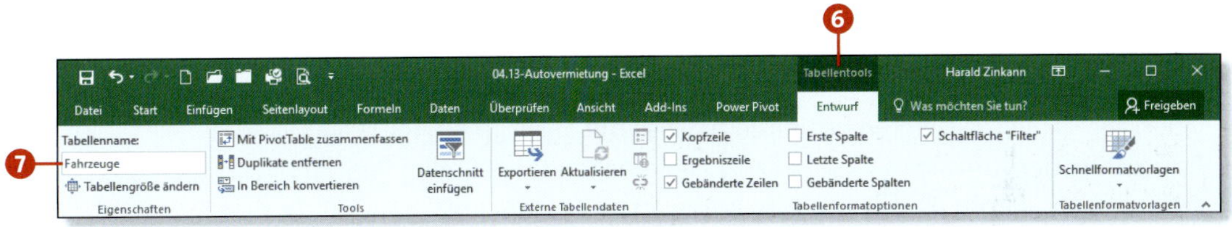

7. In diesem Register stehen Ihnen weitere Schaltflächen zur Anpassung Ihrer Tabelle zur Verfügung.

Erste Zeile fixieren

Haben Sie Ihre Daten als Tabelle formatiert, ist es nicht mehr notwendig, die erste Zeile zu fixieren, damit Sie auch beim Scrollen die Überschrift sehen können. Klicken Sie einfach einmal in die Tabelle, und scrollen Sie nach unten. Sie werden feststellen, dass die Überschrift der Tabelle die Buchstaben in den Überschriften des Arbeitsblattes ersetzt.

Tabellenbereiche kopieren und ausschneiden

Um Tabellenbereiche zu kopieren beziehungsweise auszuschneiden, müssen Sie sie zunächst markieren. Um die einheitliche Darstellung der Tabelle nicht zu zerstören, sollten Sie nach Möglichkeit nur ganze Zeilen oder Spalten markieren, kopieren und ausschneiden.

1. Um eine Zeile eines Tabellenbereichs zu markieren, nähern Sie sich Ihrer Tabelle mit dem Mauszeiger von der linken Seite. Der Mauszeiger wird daraufhin als schwarzer Pfeil ❶ dargestellt. Nur wenn Ihr Mauszeiger diese Form hat, können Sie mit einem Klick die ganze Tabellenzeile markieren. Halten Sie die Maustaste gedrückt, und ziehen Sie den Mauszeiger nach oben oder unten, können Sie auch mehrere Zeilen markieren.

2. Sie können jetzt die markierten Zeilen über die Tastenkombination Strg + C kopieren beziehungsweise mit Strg + X ausschneiden, um sie mit Strg + V an einer anderen Stelle einzufügen. Alternativ können Sie dazu auch mit rechts auf den markierten Bereich klicken und die Menüeinträge aus dem Kontextmenü nutzen.

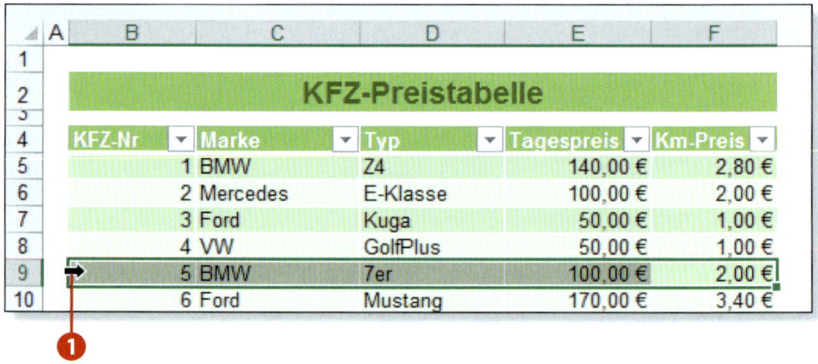

KFZ-Preistabelle

KFZ-Nr	Marke	Typ	Tagespreis	Km-Preis
1	BMW	Z4	140,00 €	2,80 €
2	Mercedes	E-Klasse	100,00 €	2,00 €
3	Ford	Kuga	50,00 €	1,00 €
4	VW	GolfPlus	50,00 €	1,00 €
5	BMW	7er	100,00 €	2,00 €
6	Ford	Mustang	170,00 €	3,40 €

Leerspalte vor der Tabelle

Der Mauszeiger ändert seine Form auch zu dem gleichen Pfeil, wenn Sie ihn auf die Zeilenbeschriftung des Arbeitsblattes positionieren, hier also auf die 9. Sollte Ihre Tabelle in der Spalte A beginnen, entscheiden nur Millimeter darüber, ob Sie eine Zeile aus dem Arbeitsblatt (also 16.384 Spalten) oder eine Zeile aus Ihrem Tabellenbereich markieren. Daher lasse ich meine Tabellen immer in Spalte B beginnen und formatiere die Spalte A relativ schmal (20 Punkte). So wird das Markieren im Tabellenbereich sicherer.

Kopierte Zeilen einfügen

Wenn Sie, wie in Schritt 2 beschrieben, eine kopierte oder gelöschte Zeile an einer anderen Stelle einfügen, werden eventuell vorhandene Inhalte überschrieben. Wird die Zeile unmittelbar unter dem Tabellenbereich eingefügt, wird die Zeile automatisch in die Tabelle aufgenommen, indem der Datenbereich erweitert wird.

Daten über Drag & Drop in Tabellenbereichen verschieben

Tabellenbereiche lassen sich natürlich sehr einfach und komfortabel über die Filterschaltflächen sortieren. Manchmal ist es aber notwendig, eine Zeile nach individuellen Kriterien an eine andere Stelle zu verschieben. Auch möchten Sie vielleicht die Position zweier Spalten verändern, was über die Sortierung unmöglich ist.

1. Markieren Sie zunächst die Zeile ❶, die Sie verschieben möchten. Bewegen Sie dazu Ihren Mauszeiger auf den linken Rand des Tabellenbereichs. Sobald der Mauszeiger als schwarzer Pfeil dargestellt wird, klicken Sie die Zeile an.
2. Halten Sie die Maustaste gedrückt, und ziehen Sie die markierte Zeile über ihren Rahmen an die gewünschte Position. Die Einfügeposition wird Ihnen durch einen grünen Strich ❷ angezeigt.
3. Befinden Sie sich an der richtigen Position, lassen Sie den Mauszeiger los, und die Zelle wird hierhin verschoben.

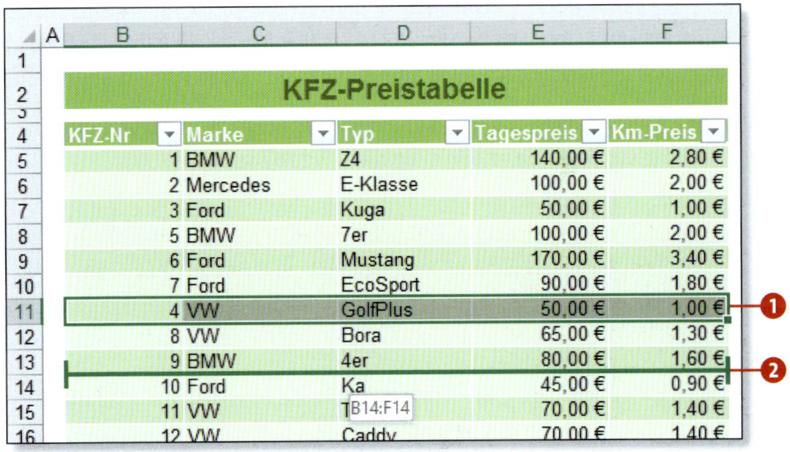

KFZ-Preistabelle

KFZ-Nr	Marke	Typ	Tagespreis	Km-Preis
1	BMW	Z4	140,00 €	2,80 €
2	Mercedes	E-Klasse	100,00 €	2,00 €
3	Ford	Kuga	50,00 €	1,00 €
5	BMW	7er	100,00 €	2,00 €
6	Ford	Mustang	170,00 €	3,40 €
7	Ford	EcoSport	90,00 €	1,80 €
4	VW	GolfPlus	50,00 €	1,00 €
8	VW	Bora	65,00 €	1,30 €
9	BMW	4er	80,00 €	1,60 €
10	Ford	Ka	45,00 €	0,90 €
11	VW	T B14:F14	70,00 €	1,40 €
12	VW	Caddy	70,00 €	1,40 €

Spalten vertauschen

Möchten Sie einzelne Spalten vertauschen, achten Sie darauf, die Spalte mit zwei Klicks (kein Doppelklick!) zu markieren. Der erste Klick markiert nur die Daten unterhalb der Spaltenüberschrift, der zweite fügt die Überschrift der Markierung hinzu.

Zeilen und Spalten hinzufügen

Um einem Tabellenbereich Zeilen oder Spalten hinzuzufügen, bestehen grundsätzlich zwei Möglichkeiten. Sie fügen die neuen Elemente jeweils am Tabellenende oder zwischen bestehenden Zeilen oder Spalten hinzu. Um eine neue Spalte am Ende hinzuzufügen:

1. Markieren Sie die Zelle für die neue Überschrift, und geben Sie den Text ❶ ein. Schließen Sie die Eingabe mit [↵] ab.
2. Die neue Überschrift wird automatisch in den Tabellenbereich aufgenommen und die gesamte Spalte wie die Spalte links daneben formatiert. Über einen Klick auf den Smarttag ❷ kann diese automatische Erweiterung der Tabelle rückgängig gemacht werden.
3. Um eine neue Zeile am Ende der Tabelle einzufügen, klicken Sie in die Zeile unmittelbar unterhalb des Tabellenbereichs und geben Ihre Daten ein. Nachdem die erste Zelle gefüllt wurde, wird die Zeile automatisch in den Tabellenbereich aufgenommen. Alle Formatierungen, Formeln und Funktionen werden aus der darüber liegenden Zeile übernommen.
4. Um z. B. neue Zeilen zwischen anderen Zeilen einzufügen, markieren Sie die Zeilen im Tabellenbereich, vor denen Sie Zeilen einfügen möchten, und drücken anschließend die Tastenkombination [Strg] + [+]. Bei Spalten gehen Sie entsprechend vor.

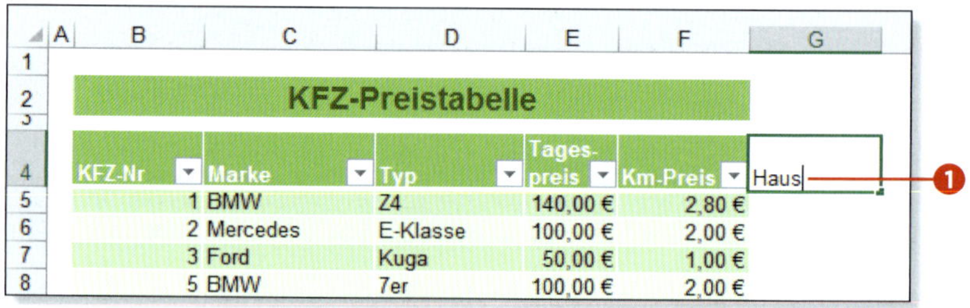

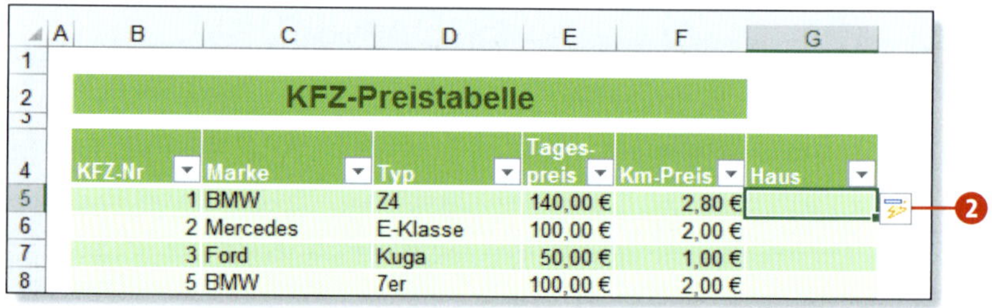

Spaltenbreite

Beim Einfügen neuer Spalten vor anderen Spalten per [Strg] + [+] werden die Spalten rechts der Einfügeposition nach rechts verschoben, um Platz zu schaffen. Dabei werden die Spaltenbreiten des Tabellenbereichs nicht mit übernommen. Das heißt, die verschobenen Spalten haben anschließend nicht mehr ihre ursprüngliche Breite. Um dies zu vermeiden, sollten Sie, sofern möglich und dadurch nicht andere Tabellen auf dem Arbeitsblatt verändert werden, statt der Spalten des Tabellenbereichs die Spalten des Arbeitsblattes markieren. So behalten die verschobenen Spalten ihre eingestellte Breite.

Zeilen und Spalten löschen

Natürlich erfordert die Arbeit mit Tabellen auch einmal, dass Sie einzelne Zeilen oder Spalten löschen.

1. Markieren Sie zunächst die Zeile oder Spalte im Tabellenbereich, die Sie löschen möchten ❶. Achten Sie darauf, dass Sie die Markierung nur im Tabellenbereich vornehmen, andernfalls werden auch Daten gelöscht, die sich in der Zeile oder Spalte befinden, jedoch außerhalb des Zellbereichs liegen.
2. Geben Sie die Tastenkombination Strg + - ein, oder klicken Sie mit rechts auf die Markierung, und wählen Sie aus dem Kontextmenü den Menüeintrag **Zeilen/Spalten löschen** ❷. Im Folgemenü wählen Sie die Option **Tabellenzeilen** ❸. So wird nur die Tabellenzeile gelöscht! Daten, die sich außerhalb der Tabelle befinden, sind nicht betroffen.

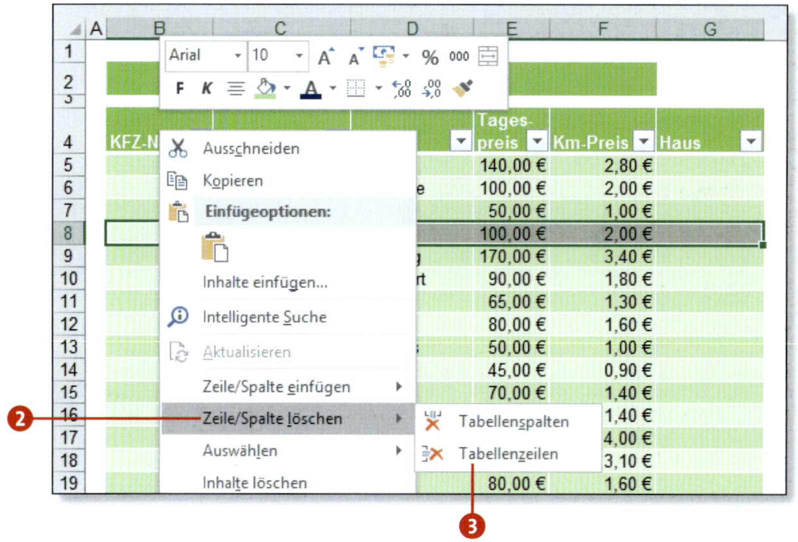

Auf Blattaufbau achten

Wenn Sie mit Tabellenbereichen arbeiten, sollten Sie zusätzliche Daten immer nur rechts von Ihrem Tabellenbereich aufbauen. Unterhalb der Tabelle sollten Sie keine weiteren Datenbereiche aufbauen. Der Tabellenbereich wird sich in der Regel eher nach unten als nach rechts erweitern. Unten ist dann ausreichend Platz, und sollten Sie einmal eine neue Spalte hinzufügen oder löschen wollen, markieren Sie statt der Spalte des Tabellenbereichs einfach die Spalte des Arbeitsblattes, bevor Sie einfügen oder löschen.

Bereiche löschen

Manche Aktionen, wie beispielsweise das Einblenden von Teilergebnissen, lassen sich mit Tabellenbereichen nicht realisieren, da die Tabelle immer einen homogenen Aufbau benötigt. Teilergebnisse würden diesen Aufbau zerstören. Stellen Sie im Nachhinein fest, dass Sie sie benötigen, müssen Sie den Tabellenbereich auflösen.

1. Markieren Sie zunächst eine Zelle im Tabellenbereich. Daraufhin wird hinter den Standardregistern die kontextabhängige Registerkarte **Tabellentools/Entwurf** ❶ eingeblendet.
2. In diesem Register wählen Sie aus der Gruppe **Tools** die Schaltfläche **In Bereich konvertieren** ❷.
3. Bestätigen Sie im folgenden Hinweisdialog den Vorgang mit einem Klick auf **Ja**. So wird der Tabellenbereich wieder in einen Zellbereich konvertiert. Die Formatierungen bleiben aber erhalten.

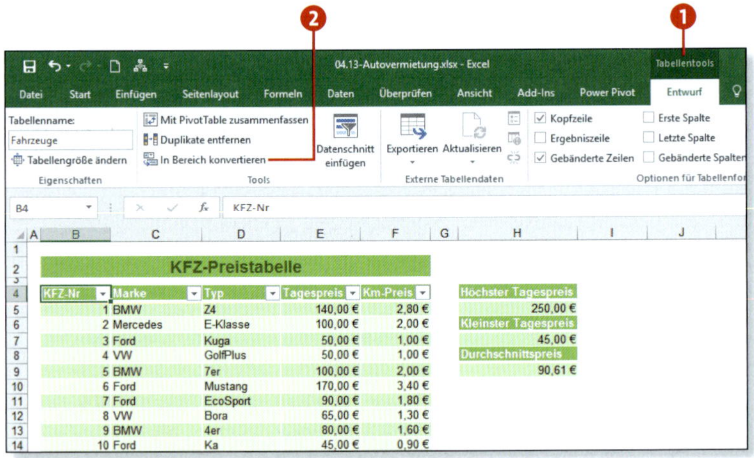

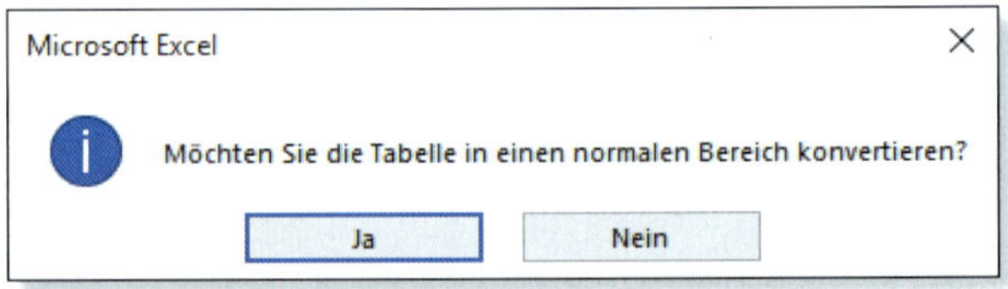

Formatierung nutzen

Immer wenn Sie nur die Formatierung, aber nicht die volle Funktionalität von Tabellenbereichen nutzen möchten, formatieren Sie Ihren Zellbereich zunächst als Tabelle und konvertieren ihn anschließend, wie hier beschrieben, direkt wieder zu einem Bereich. So haben Sie mit ein paar Klicks Ihre Tabelle schick formatiert.

Teilergebnis

Mehr zum Thema Teilergebnis erfahren Sie im Abschnitt »Werte in Gruppen zusammenfassen« auf Seite 160.

Die Zeilenhöhe und Spaltenbreite anpassen

Um die Zeilenhöhe beziehungsweise die Spaltenbreite anzupassen, benötigen Sie eigentlich nur die Überschriften des Arbeitsblattes und eine ruhige Hand. Öffnen Sie die Beispieldatei *04.19-Spaltenbreite und Zeilenhöhe.xlsx*, wenn Sie die Anleitung selbst nachvollziehen möchten.

1. Wird Ihnen im Arbeitsblatt der Fehlercode ####### ❶ in einer Zelle angezeigt, befindet sich in dieser Zelle eine Zahl , die zu breit für diese Spalte ist.
2. Es ist nicht notwendig, eine bestimmte Zelle zu markieren. Positionieren Sie den Mauszeiger einfach auf die Trennlinie zwischen der Spalte H und I, also hinter der Spalte, deren Breite Sie verändern wollen. Sobald sich der Mauszeiger an der richtigen Position befindet, verändert er sich in einen Doppelpfeil ❷. Ist das nicht der Fall, stimmt die Position noch nicht.
3. Klicken Sie die Linie an, und bewegen Sie die Maus bei gedrückter Maustaste nach rechts auf die gewünschte Breite. Leider wird Ihnen nicht unmittelbar angezeigt, wann die Spaltenbreite für die Zahl passend ist. Hier müssen Sie sich gegebenenfalls herantasten.
4. Möchten Sie exakte Werte für die Zeilenhöhe und Spaltenbreite nutzen, klicken Sie auf **Start > Zellen > Format** ❸. Im Menü wählen Sie die Option **Zeilenhöhe** oder **Spaltenbreite** und geben schließlich im Folgedialog die gewünschte Größe ein.

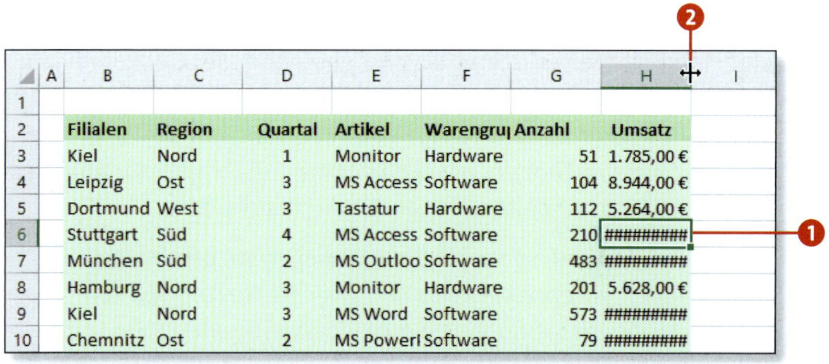

Zeilen und Spalten automatisch anpassen

Ein Doppelklick auf die Trennlinie zwischen zwei Spalten oder Zeilen stellt automatisch die optimale Breite ein, sodass alle Inhalte angezeigt werden können. Das funktioniert übrigens auch bei zu breit oder hoch angelegten Spalten oder Zeilen. In diesem Fall wird der Wert verringert.

Mehrere Spalten gleichzeitig einstellen

Um für mehrere Spalten die gleiche Breite einzustellen (um z. B. ein Raster zu erzeugen), markieren Sie einfach mehrere Spalten oder sogar das gesamte Arbeitsblatt. Ändern Sie jetzt die Breite einer Spalte durch Ziehen mit der Maus, wird die eingestellte Breite für alle markierten Spalten verwendet.

Zeilen und Spalten ein- und ausblenden

Manchmal enthalten Spalten Zwischenergebnisse oder Referenztabellen, die den Blick auf das Wesentliche trüben. Die Tabelle in der Datei *04.20-Mitarbeiter.xlsx* ist einfach zu breit, um den Überblick in einer Zeile zu behalten. Um die Spalten N–P besser bearbeiten zu können, sollen die Spalten F–M ausgeblendet werden.

1. Markieren Sie die Spalten F bis M. Bewegen Sie den Mauszeiger nun auf eine Trennlinie zwischen zwei markierten Spalten, und verringern Sie für eine der markierten Spalten (hier F) die Spaltenbreite auf 0,00 (dies wird Ihnen in einer Quickinfo ❶ angezeigt). Dadurch werden alle markierten Spalten auf eine Spaltenbreite von 0 gesetzt und ausgeblendet.
2. Zwischen der Spalte E und N wird jetzt eine Doppellinie angezeigt. Nähern Sie sich mit dem Mauszeiger dieser Linie von rechts, sehen Sie den dargestellten geteilten Mauszeiger ❷. Mit gedrückter Maustaste können Sie jetzt Spalte für Spalte wieder einblenden.
3. Alternativ können Sie auch die Spalten vor und hinter den ausgeblendeten Spalten (also E und N) markieren und über **Start > Zellen > Format > Ausblenden & Einblenden** den Menüeintrag **Spalten einblenden** ❸ wählen. Im gleichen Menü finden Sie alle Menüeinträge zum Aus- und Einblenden von Spalten und Zeilen.

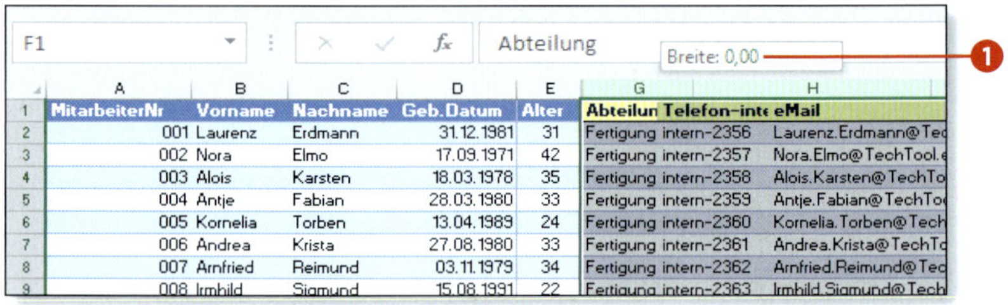

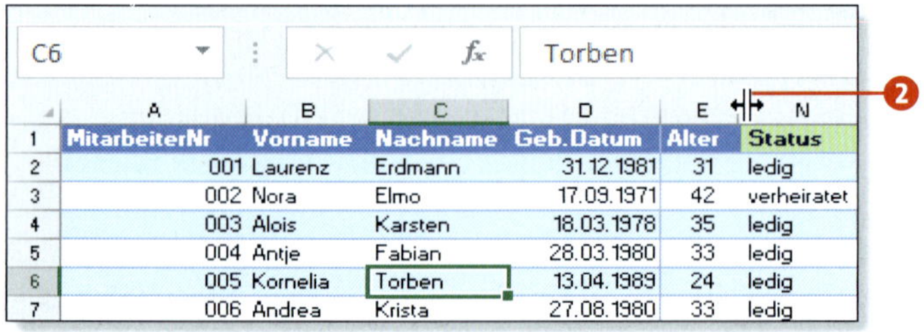

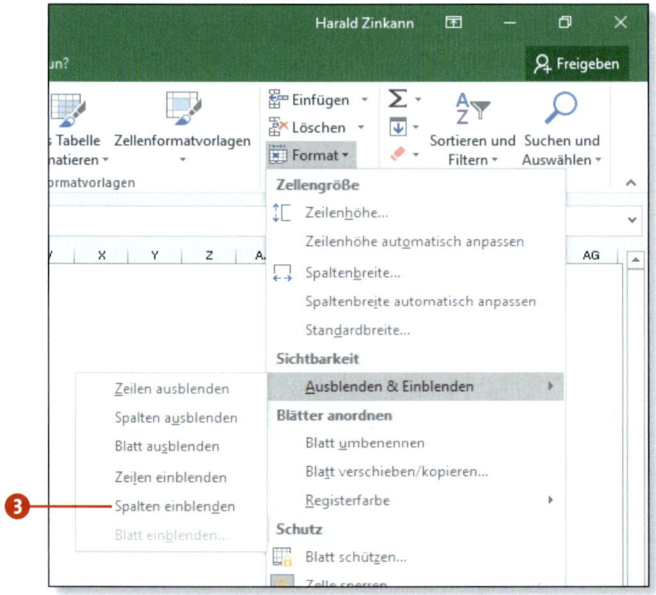

Aus- und Einblenden per Kontextmenü

Haben Sie die gewünschten Zeilen oder Spalten zum Ausblenden markiert, können Sie den markierten Bereich auch mit rechts anklicken und im Kontextmenü den Befehl **Ausblenden** wählen. Um Zellen per Kontextmenü wieder einzublenden, klicken Sie mit rechts auf die Doppellinie und wählen aus dem Kontextmenü den Befehl **Einblenden**.

Daten gruppieren

Möchten Sie Elemente in Ihrem Arbeitsblatt regelmäßig aus- und wieder einblenden, bietet sich das Gruppieren der Spalten oder Zeilen an.

1. Markieren Sie alle Spalten oder Zeilen, die Sie ausblenden möchten, und wählen Sie **Daten > Gliederung > Gruppieren** ❶.
2. Ihre Spalten werden mit einem Schieberegler ❷ versehen und erhalten über dem Spaltenbuchstaben einen Punkt ❸, der die gruppierten Spalten markiert. Klicken Sie auf diesen Schieberegler, um die Spaltengruppen ein- und auszublenden.
3. Wenn Sie mehrere dieser Gruppen verwenden möchten, muss zwischen den Gruppen mindestens eine nicht gruppierte Spalte bestehen, damit die Gruppen nicht zu einer verbunden werden.
4. Zum Aufheben der Gruppierung markieren Sie jeweils alle Spalten, die mit einem Punkt gekennzeichnet sind, und wählen **Daten > Gliederung > Gruppierung aufheben**.

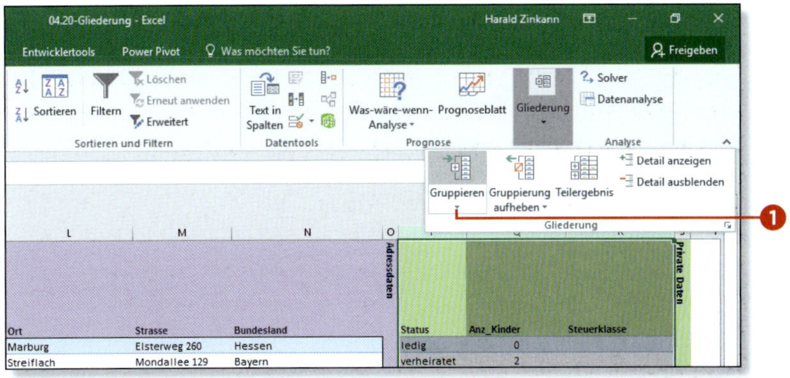

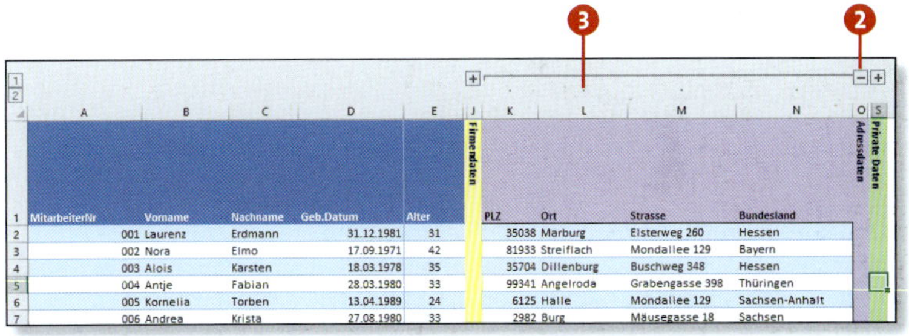

Gruppen farbig markieren

Bei besonders breiten Tabellen wie im Beispiel kann es sinnvoll sein, zunächst Blöcke mit zusammengehörenden Daten zu bilden. Diese werden dann Block für Block gruppiert und ausgeblendet. Wenn Sie dann nur 4 oder 5 Pluszeichen sehen, wissen Sie nicht, was sich dahinter verbirgt. Da Sie sowieso hinter jedem Block eine Leerspalte einfügen müssen, damit die Gruppierungen nicht verbunden werden, geben Sie den Überschriften und der Trennspalte die gleiche Farbe. Die Trennspalte beschriften Sie mit einem aussagekräftigen Text für diesen Block. So wissen Sie auch bei ausgeblendeten Blöcken, was sich dahinter verbirgt.

5 Tabellen gestalten

Dieses Kapitel ist ganz der optischen Gestaltung Ihrer Arbeitsblätter gewidmet. Sie erfahren, wie Sie einzelne Zellen Schritt für Schritt formatieren oder sich aus einem großen Angebot an Formatvorlagen bedienen, diese anpassen und sie gezielt für z. B. Tabellenüberschriften einsetzen.

Dazu zeige ich Ihnen, wie Sie Schriftart und -farbe, Rahmen, Hintergrund und Muster zuweisen. Sie werden lernen, wie Sie Formate übertragen und gezielt nach Formatierungen suchen.

Im letzten Teil dieses Kapitels werden wir uns mit den bedingten Formaten beschäftigen. Wie kann eine Zelle seine Formatierung automatisch seinem Inhalt anpassen? Hier bekommen Sie die Antworten. Neben den Formaten können Sie den Zellen aber auch Symbole, Datenbalken oder Farbskalen zuordnen. In diesem Kapitel zeige ich Ihnen, wie das funktioniert.

In diesem Kapitel

- Was ist eine gute Tabellengestaltung?
- Die Schriftart und -farbe ändern
- Rahmen ändern
- Die Hintergrundfarbe und Muster ändern
- Zellinhalte ausrichten
- Mehrere Zellen verbinden und verbundene Zellen trennen
- Formatierungen kopieren und löschen
- Formate suchen und ersetzen
- Effekte verwenden
- Zellenformatvorlagen und Designs übernehmen
- Benutzerdefinierte Formatvorlagen erstellen und anpassen
- Eine Regel für eine bedingte Formatierung erstellen
- Regeln in einer bestimmten Reihenfolge anwenden
- Formate mit Formeln bestimmen
- Bedingte Formate wieder löschen
- Grafische Formate – Datenbalken, Farbskalen und mehr

Was ist eine gute Tabellengestaltung?

Eigentlich lässt sich diese Frage nicht wirklich beantworten. Wichtig ist, dass Sie sich mit dem Aufbau des Arbeitsblattes, den eingesetzten Formaten und optischen Hervorhebungen wohlfühlen. Schließlich sollen Sie mit dem Arbeitsblatt arbeiten. Ein paar Grundregeln sollten Sie allerdings beherzigen! In diesem Abschnitt gebe ich Ihnen daher einige Gestaltungstipps, die Ihnen die Arbeit erleichtern sollen.

Arbeiten Sie nach Möglichkeit mit dezenten Farbtönen. Die Designfarben von Excel sind in der Regel sehr gut aufeinander abgestimmt. Setzen Sie Farben einer Farbreihe ein, und verwenden Sie verschiedene Farbabstufungen, um ein einheitliches Gesamtbild zu schaffen. Sie erhöhen dadurch außerdem die Lesbarkeit Ihrer Tabelle.

Zum Formatieren Ihrer Tabellen empfehle ich Ihnen, das Tabellenformat zu verwenden. Sie erhalten dann eine vorformatierte Tabelle, die Sie von einem Tabellenbereich anschließend wieder in einen Zellbereich umwandeln können. So können Sie sehr schnell eine Tabelle mit aufeinander abgestimmten Farben versehen. Die ganz grellen Farbkombinationen wurden glücklicherweise in Excel 2016 eliminiert.

Verwenden Sie, wenn möglich, nur maximal zwei Schriftarten, eine für die Überschriften und eine für die restlichen Tabellenbereiche. Zu viele unterschiedliche Schriften stören die Lesbarkeit und lassen das Arbeitsblatt uneinheitlich wirken. Auch hier helfen Ihnen die Designschriftarten. Pro Design finden Sie immer ein Pärchen aufeinander abgestimmter Schriftarten.

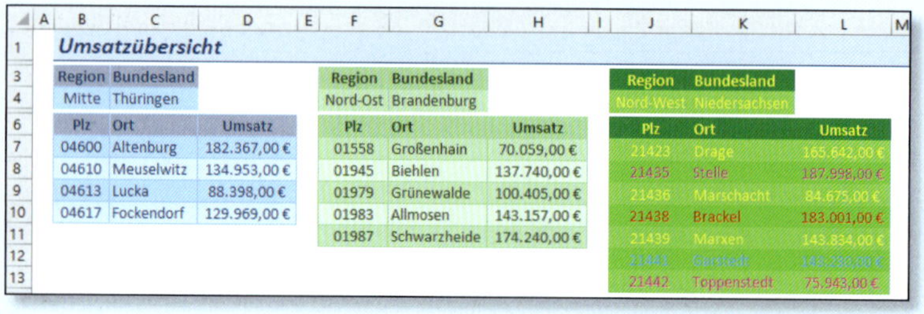

Grelle Farben (oben) und viele unterschiedliche Schriftarten (rechts) erschweren die Lesbarkeit Ihres Tabellenblatts.

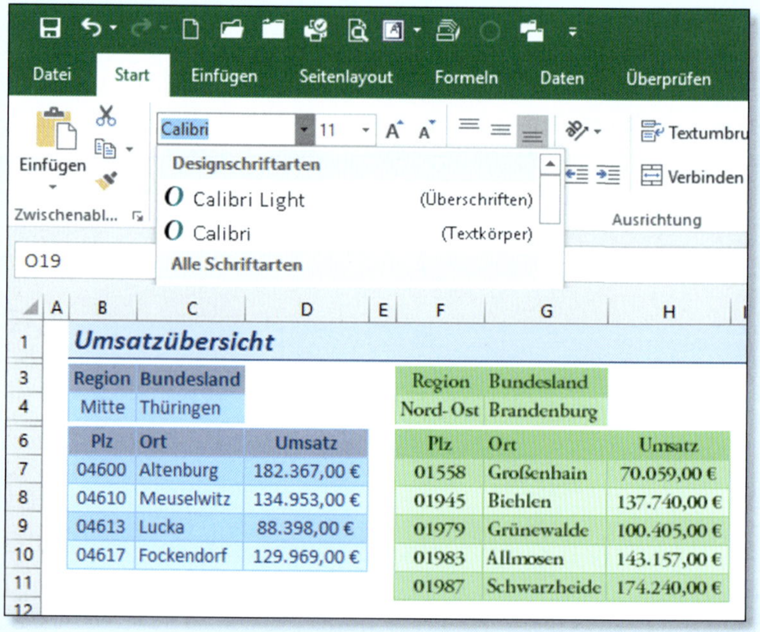

Betrachten Sie die Liste der Schriftarten, fällt Ihnen vielleicht auf, dass es zwei große Gruppen gibt: Schriftarten mit und ohne *Serifen*. Serifen werden die feinen abschließenden Striche am Ende der Buchstabenstriche genannt, Sie kennen sie sicherlich von den Schriften *Times New Roman* oder *Wide Latin*. Sie sind in größeren Texten besser zu lesen. Schriftarten ohne Serifen wie *Arial* und *Calibri* wirken klar und nüchtern. Sie sind bei Zahlen vorzuziehen. Schriftarten mit Serifen wirken in Zahlenkolonnen eher verspielt. Die Einstellung **Calibri** ist hier also eine gute Wahl.

Manchmal kann es in Hinblick auf weitere Schritte sinnvoll sein, Inhalte zu wiederholen, statt sie direkt sinnvoll zu sortieren und zu konsolidieren. In beiden dargestellten Tabellen sind die gleichen Ergebnisse zu sehen. Die linke Tabelle ist einfach zu pflegen und kann schnell und simpel erweitert werden. Die rechte ist übersichtlich und enthält keine Wiederholungen. Sie ist aber nur mit größerem Zeitaufwand zu pflegen, und eine Pivot-Tabelle z. B. lässt sich aus ihr nicht generieren. Dafür ist wiederum die linke Tabelle prädestiniert. Sie sehen, manchmal müssen Sie sich gar nicht so viel Mühe geben. Die rechte Tabelle lässt sich übrigens mit ein paar Klicks als Pivot-Tabelle aus der linken generieren.

Nutzen Sie die Arbeitsblattregister. Wenn Sie in einem Arbeitsblatt mit mehreren Tabellen arbeiten, kann es durchaus der Übersicht dienlich sein, diese auf verschiedene Arbeitsblattregister zu verteilen. Das hat auch den Vorteil, dass Sie auf jedem Arbeitsblattregister die Tabellen beliebig erweitern können, ohne anderen Tabellen in die Quere zu kommen.

Berufsabschlüsse im Jahr 2015

IHK	Berufsbild	Anzahl Abschlüsse
Krefeld	Fachinformatiker Anwendungsentwicklung	107
Krefeld	Fachinformatiker Systemintegration	150
Krefeld	IT-System-Elektroniker	91
Krefeld	IT-System-Kaufmann	96
Mönchengladbach	Fachinformatiker Anwendungsentwicklung	135
Mönchengladbach	Fachinformatiker Systemintegration	74
Mönchengladbach	IT-System-Elektroniker	148
Mönchengladbach	IT-System-Kaufmann	82
Neuss	Fachinformatiker Anwendungsentwicklung	78
Neuss	Fachinformatiker Systemintegration	122
Neuss	IT-System-Elektroniker	86
Neuss	IT-System-Kaufmann	77

	Krefeld	Mönchengladbach	Neuss
Fachinformatiker Anwendungsentwicklung	107	135	78
Fachinformatiker Systemintegration	150	74	122
IT-System-Elektroniker	91	148	86
IT-System-Kaufmann	96	82	77

Die Schrift ändern

Oft muss ein Arbeitsblatt an das Corporate Design der Firma angepasst werden. Der erste Schritt dabei besteht meistens im Ändern der Schriftart. Es kann aber auch sein, dass Ihnen die Standardschriftart einfach nicht gefällt.

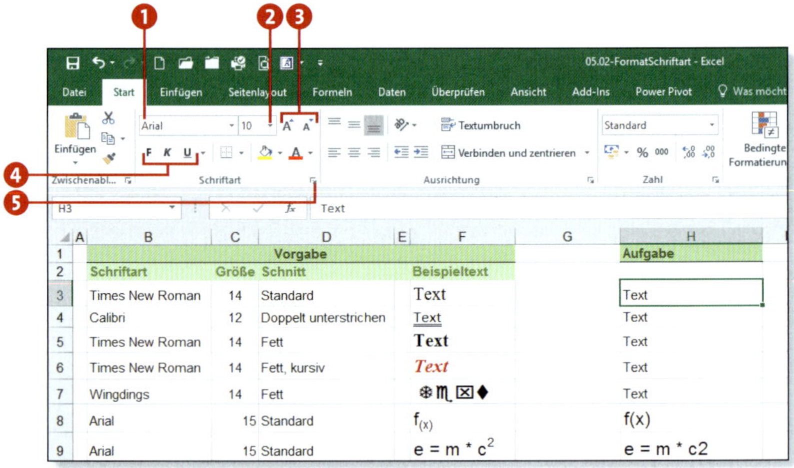

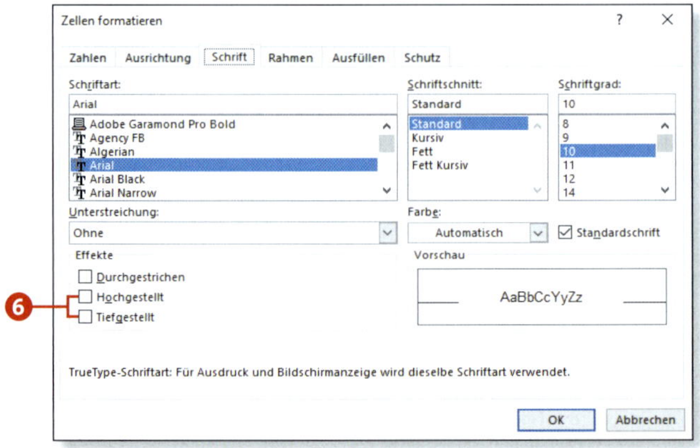

1. Markieren Sie zunächst die Zelle, für die Sie die Schriftart ändern möchten. Alle Änderungen wirken sich auf den gesamten Text in der Zelle aus. Im Bearbeitungsmodus einer Zelle können Sie auch einzelne Zeichen markieren und diese formatieren.
2. Wählen Sie unter **Start > Schriftart** im Kombinationsfeld **Schriftart** ❶ die gewünschte Schriftart. Über das Kombinationsfeld **Schriftgrad** ❷ wählen Sie die Schriftgröße aus oder tippen sie einfach ein. Sie können so z. B. auch Werte wie 11,5 wählen. In diesem Fall müssen Sie Ihre Eingabe noch mit ↵ abschließen. Über die Schaltflächen **Schriftgrad vergrößern** und **Schriftgrad verkleinern** ❸ können Sie in vorgegebenen Schritten die Schriftgröße per Mausklick anpassen.
3. Möchten Sie Ihren Text hervorheben, beispielsweise fetten, kursiv setzen oder unterstreichen, klicken Sie auf die entsprechende Schaltfläche ❹.
4. Mit einem Klick auf **Schriftarteinstellungen** ❺ öffnen Sie den Dialog **Zellen formatieren**. Hier finden Sie neben den Formaten aus der Gruppe **Schriftart** weitere Formatierungsmöglichkeiten wie **Hochgestellt** und **Tiefgestellt** ❻.

Symbole einfügen

Die Symbolschriftarten *Wingdings*, *Webdings* und Co. enthalten statt der Buchstaben kleine Symbole für nahezu alle Belange. Über **Einfügen > Symbole > Symbol > Weitere Symbole** können Sie sich einen Überblick verschaffen und Symbole im Arbeitsblatt einfügen.

Übungsdatei

In den Spalten B bis D der Beispieldatei *05.02-FormatSchriftart.xlsx* ist beschrieben, wie der Beispieltext in Spalte F formatiert ist. Die Texte in der Spalte H können Sie zur Übung entsprechend formatieren.

Die Schriftfarbe ändern

Um Bereiche einer Tabelle, z. B. die Überschriften, besonders hervorzuheben, kann es hilfreich sein, die Schriftfarbe zu verändern.

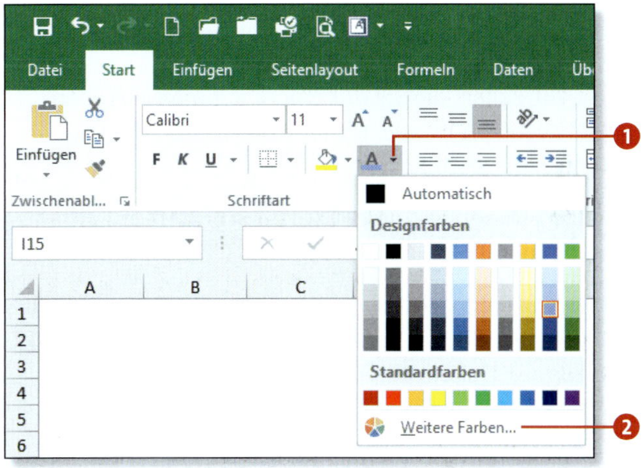

1. Markieren Sie zunächst alle Zellen, die Sie formatieren möchten, und wählen Sie anschließend **Start > Schriftart > Schriftfarbe** (1). Das geöffnete Menü enthält im oberen Bereich die **Designfarben** und im unteren die **Standardfarben**. Sollten Sie eine Designfarbe zuweisen, wird nicht der RGB-Wert der Farbe, sondern ihre Position in der Farbpalette gespeichert.

2. Ändern Sie jetzt das Design (**Seitenlayout > Designs > Designs**), wird diese Farbpalette ausgetauscht. Ihre Schriftart wird dann in der Farbe formatiert, die jetzt an dieser Position steht. Bei den Standardfarben werden die RGB-Werte gespeichert. Das bedeutet, dass auch beim Wechsel des Designs die Farbe nicht verändert wird.

3. Reichen Ihnen diese Farben nicht aus, klicken Sie auf **Weitere Farben** (2). Im Dialog **Farben** finden Sie im Register **Standard** (3) eine Farbpalette mit den Standardfarben. Im Register **Benutzerdefiniert** (4) können Sie sich jede beliebige Farbe zusammenstellen, indem Sie im Farbfeld (5) die Grundfarbe wählen und über die Helligkeitsleiste (6) das Mischverhältnis mit Schwarz und Weiß einstellen. Unter **Neu** wird Ihnen das Ergebnis angezeigt. Alternativ können Sie auch die RGB-Werte direkt eingeben (7).

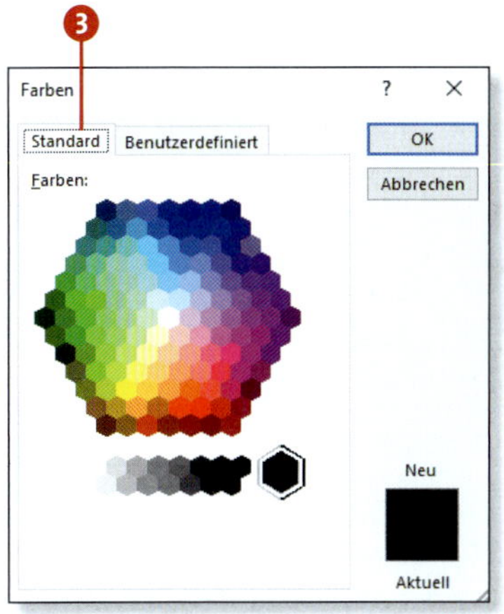

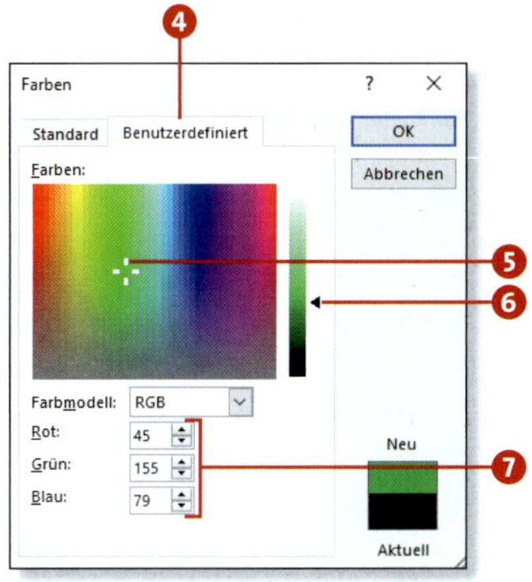

RGB

RGB-Farben werden durch das Mischen der drei Grundfarben (Rot, Grün und Blau) erzeugt. Die Werte gehen jeweils von 0–255, wobei die Wertekombination 0-0-0 die Farbe Schwarz und 255-255-255 Weiß bildet.

Rahmen ändern

Gerade in Tabellen können Rahmen die Struktur der Tabelle optisch unterstützen und Ihnen die Orientierung einfacher machen.

1. Markieren Sie die Zellen, die Sie mit einem Rahmen versehen möchten. Markieren Sie mindestens 4 Zellen, damit die folgenden Schritte nachvollziehbar sind.
2. Im Register **Start** klicken Sie in der Gruppe **Schriftart** auf die Schaltfläche **Rahmenlinien** ❶.
3. In dem Aufklappmenü finden Sie in der Kategorie **Rahmenlinien** eine Auswahl von Linien, die Sie durch Anklicken der Markierung hinzufügen können. Sollen alle Zellen Ihrer Markierung einen Rahmen erhalten, klicken Sie auf **Alle Rahmenlinien** ❷.
4. Möchten Sie vorhandene Rahmenlinien entfernen, klicken Sie im Menü auf den Befehl **Rahmenlinie entfernen** ❸. Der Mauszeiger wird daraufhin durch ein Radiergummisymbol ersetzt. Klicken Sie nun auf die Rahmenlinien, die Sie nicht mehr benötigen. Um sämtliche Rahmenlinien zu entfernen, klicken Sie auf die Option **Kein Rahmen**.

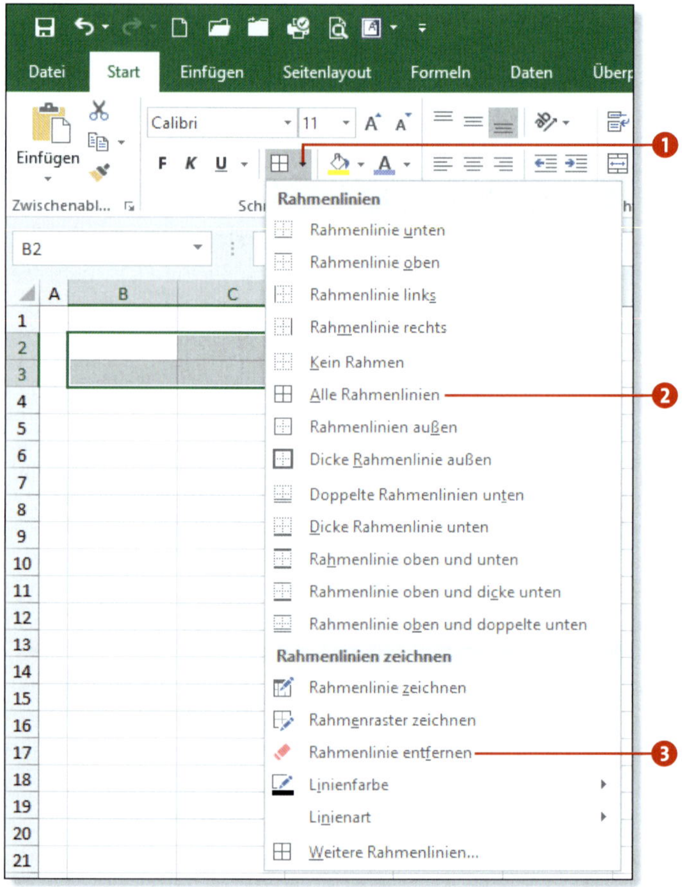

Weitere Rahmenlinien

Der Menüeintrag **Weitere Rahmenlinien** öffnet den Dialog **Zellen formatieren** mit der aktiven Registerkarte **Rahmen**, in dem Sie individuell nahezu jede Linie der markierten Fläche formatieren können. Sogar diagonale Linien, Linienart, -stärke und -farbe sind hier einstellbar.

Die Hintergrundfarbe und Muster ändern

Neben der Schriftfarbe und der Rahmengestaltung lassen sich auch die Hintergrundfarbe sowie das Muster jeder einzelnen Zelle anpassen. In der Arbeitsmappe *05.06-Bevölkerung.xlsx* soll die Überschrift mit einer passenden Hintergrundfarbe versehen werden.

1. Markieren Sie die betroffenen Zellen, und wählen Sie **Start > Schriftart > Füllfarbe** ❶.
2. Im folgenden Menü wählen Sie nun eine der Design- oder Standardfarben per Mausklick aus. Daraufhin wird der Hintergrund der Zelle eingefärbt.
3. Öffnen Sie über **Start > Schriftart > Schriftarteinstellungen** ❷ den Dialog **Zellen formatieren**, stehen Ihnen im Register **Ausfüllen** ❸ neben den Hintergrundfarben auch *Musterformate* und *Musterfarben* ❹ zur Wahl. Mit diesen können Sie Ihre Zellen noch deutlicher hervorheben. Bei dem Einsatz von Mustern sollten Sie aber unbedingt auf die Lesbarkeit der Zellinhalte achten.

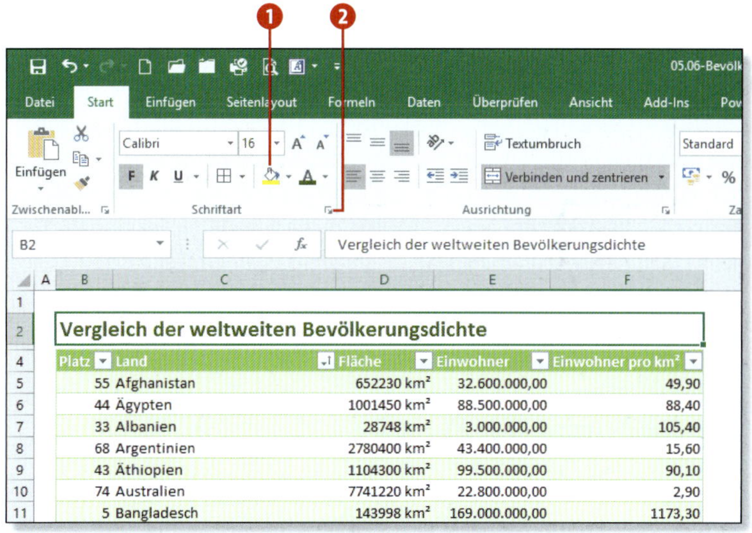

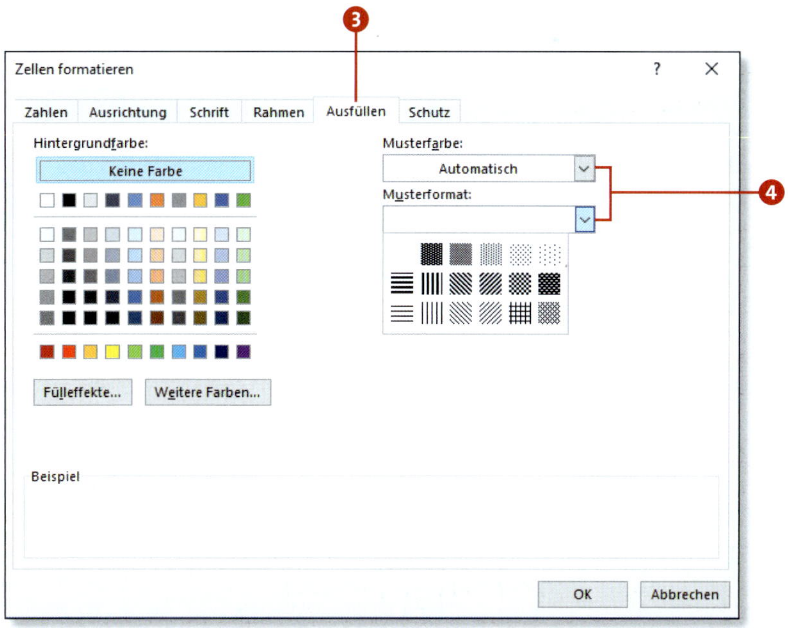

Muster

Die Musterformate sind Überbleibsel aus den 1980er- und 1990er-Jahren, in denen überwiegend Schwarz-Weiß-Monitore zur Verfügung standen. Die Muster halfen, um z. B. Balken in einem Diagramm besser unterscheiden zu können. Heute werden sie fast nicht mehr genutzt, es sei denn, man verwendet für Ausdrucke noch einen Schwarz-Weiß-Plotter.

»Laenderdaten.info«

Die Daten in der Arbeitsmappe *05.06-Bevölkerung.xlsx* wurden mir freundlicherweise vom Betreiber der Internetseite *Laenderdaten.info*, Herrn Lars Eglitis, zur Verfügung gestellt.

Die Textrichtung bestimmen

Manchmal lassen Überschriften Tabellen unnötig breit erscheinen, Sie sehen das beispielsweise an der Klimatabelle in der Arbeitsmappe *05.07-Textrichtung.xlsx*. Sie können natürlich für die 12 Spalten die optimale Breite einstellen, aber da die Monatsnamen unterschiedlich lang sind, erscheint die Tabelle dann mit unterschiedlichen Spaltenbreiten, was natürlich nicht gerade professionell wirkt. Mit der Textausrichtung lässt sich das eleganter lösen.

1. Markieren Sie zunächst die Überschriften `Januar` bis `Dezember`, wählen Sie anschließend **Start > Ausrichtung > Ausrichtung** ❶.
2. In dem Aufklappmenü wählen Sie den Menüeintrag **Gegen den Uhrzeigersinn drehen** ❷ durch Anklicken. Die Überschriften werden in einem Winkel von 45° dargestellt. Mit den weiteren Menüoptionen können Sie den Text auch vertikal ausrichten oder im 90°-Winkel kippen. Sie sollten hierbei aber auch immer auf die Lesbarkeit achten. Ein weiterer Klick auf den ausgewählten Menüeintrag hebt die Formatierung wieder auf. Reichen Ihnen die Möglichkeiten des Aufklappmenüs nicht aus, wählen Sie den letzten Menüeintrag **Zellenausrichtung formatieren** ❸.
3. Das Dialogfenster **Zellen formatieren** wird geöffnet, und das Register **Ausrichtung** ❹ ist bereits ausgewählt. Hier können Sie die Gradzahl über das Feld **Grad** ❺ einstellen oder mithilfe des Zeigers ❻ die Textausrichtung zwischen 90° bis –90° wählen.

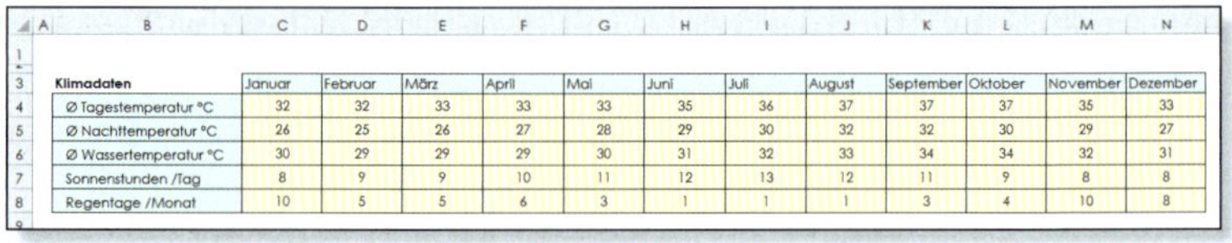

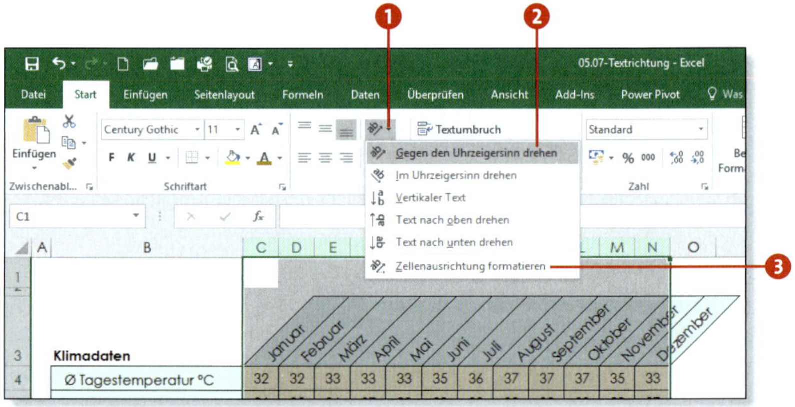

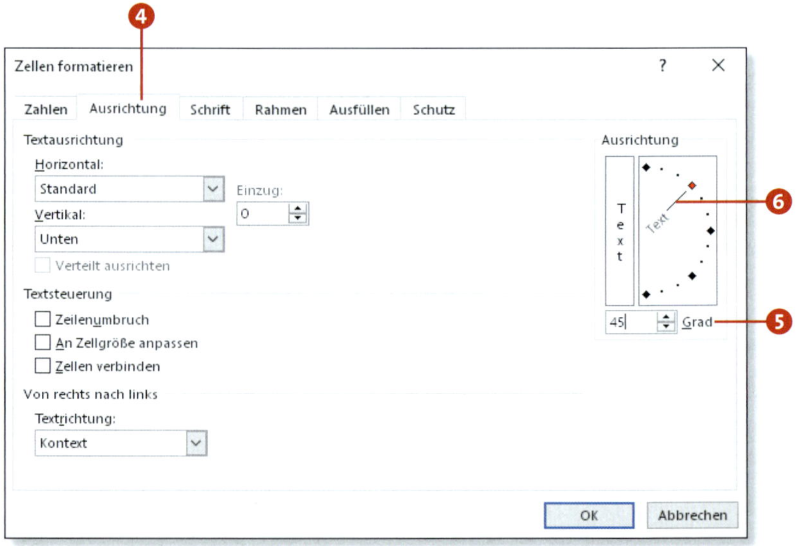

Autofilter

Sollten Sie in einer wie oben formatierten Tabelle Filterschaltflächen einblenden, verdecken diese die ersten Buchstaben der Überschriften. Fügen Sie einfach vor den Monatsnamen 3 bis 4 Leerzeichen ein. So bleibt die Tabelle platzsparend formatiert, und Sie sehen sowohl die Filterschaltflächen als auch die vollständigen Überschriften.

Den Inhalt der Zelle ausrichten

Der Aufbau eines Arbeitsblattes erfordert es recht häufig, dass Sie von der Standardformatierung abweichen und Zellinhalte individuell ausrichten. In der Arbeitsmappe *05.08-Autovermietung.xlsx* sollen die Beschriftungen der Zellen B4 bis B10 rechtsbündig formatiert werden, sodass die Doppelpunkte übereinanderstehen.

1. Dazu markieren Sie zunächst die betroffenen Zellen. Wählen Sie danach **Start > Ausrichtung > Rechtsbündig ausrichten** ❶. Als horizontale Ausrichtungen stehen Ihnen hier noch **Zentriert** und **Linksbündig ausrichten** zur Verfügung.
2. Außerdem werden Zellen standardmäßig mit der Option **Unten ausrichten** ❷ formatiert. Aber gerade bei großen oder verbundenen Zellen macht häufig eine zentrierte Ausrichtung mehr Sinn. Markieren Sie auch in diesem Fall die gewünschte Zelle, und klicken Sie danach auf **Zentriert ausrichten**.
3. Aber auch mit Einzügen lässt sich in Excel die Ausrichtung von Zellinhalten gestalten. Um beispielsweise den Abstand zwischen Inhalt und linkem Zellenrand ❸ zu erhöhen, markieren Sie die gewünschten Zellen und klicken auf **Einzug vergrößern** ❹.
4. Mit einem Klick auf die Schaltfläche **Start > Ausrichtung > Einzug verkleinern** setzen Sie die Formatierung wieder zurück.

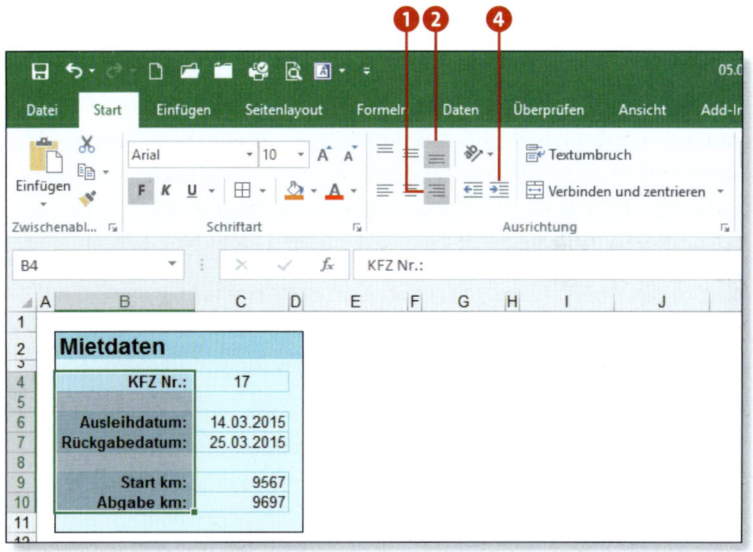

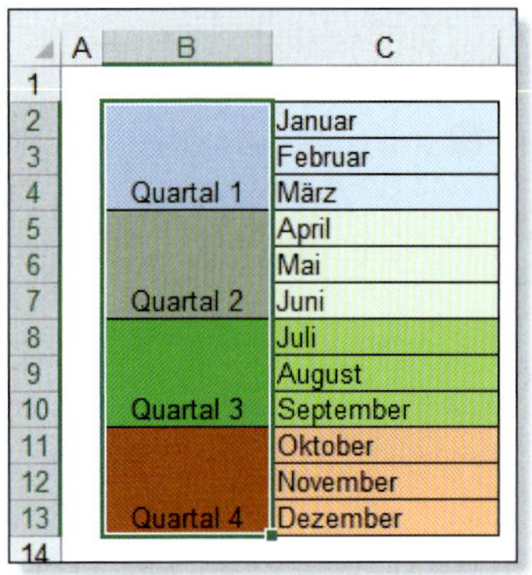

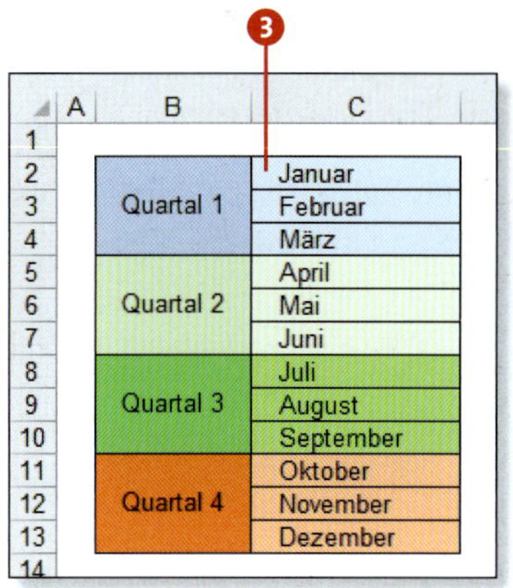

Weitere Formate

Im Dialog **Zellen formatieren** stehen Ihnen in den Aufklappmenüs **Horizontal** und **Vertikal** weitere Formate zur Verfügung. Geben Sie einmal in eine beliebige Zelle ein Minus (-) ein. Wählen Sie anschließend aus dem Aufklappmenü **Horizontal** den Menüeintrag **Ausfüllen**. Verändern Sie nun die Spaltenbreite für die Zelle. Sie sehen, die Zelle ist immer mit Minuszeichen gefüllt, egal wie breit die Zelle ist.

Mehrere Zellen verbinden und verbundene Zellen trennen

Einen Zellverbund herzustellen ist z. B. dann sinnvoll, wenn Sie eine übergreifende Überschrift ordentlich über einer Tabelle zentrieren möchten. Aber nicht nur bei Überschriften, sondern auch in Tabellen treten immer wieder Situationen auf, in denen das Verbinden von Zellen hilfreich ist.

1. Um die Überschrift `Klimatabelle` in der Arbeitsmappe *05.09-Zellen verbinden.xlsx* zu zentrieren, markieren Sie alle Zellen, die Sie im nächsten Schritt zu einer Zelle zusammenfassen möchten.
2. Wählen Sie **Start > Ausrichtung > Verbinden und zentrieren** ❶. Anschließend sind die markierten Zellen zu einer Zelle verbunden, und die Überschrift ist zentriert. Wie Sie im Namenfeld sehen, nennt sich die verbundene Zelle `B4` ❷. Die Zellen `C4` bis `O4` sind nicht mehr anwählbar.
3. Möchten Sie Zellen innerhalb einer Tabelle verbinden, markieren Sie zunächst wieder die zu verbindenden Zellen und klicken danach auf **Verbinden und zentrieren**. Jetzt müssen Sie nur noch die Schaltfläche **Zentriert ausrichten** ❸ anklicken, um den Text zu zentrieren ❹.

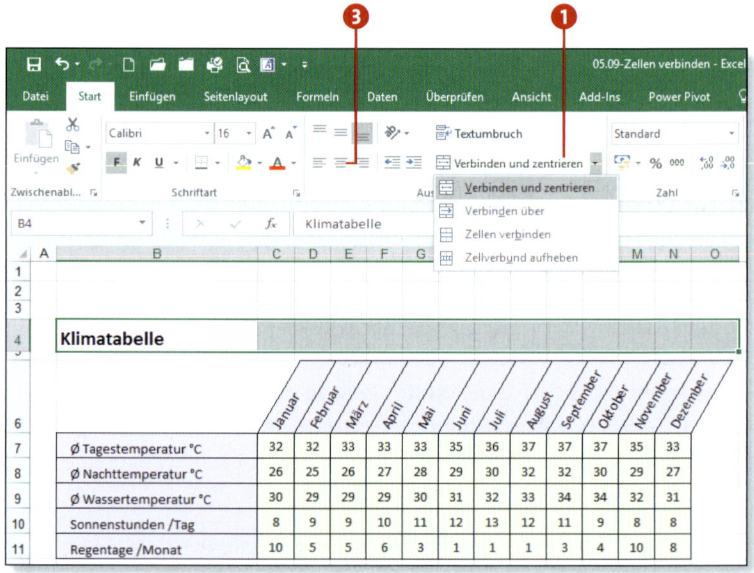

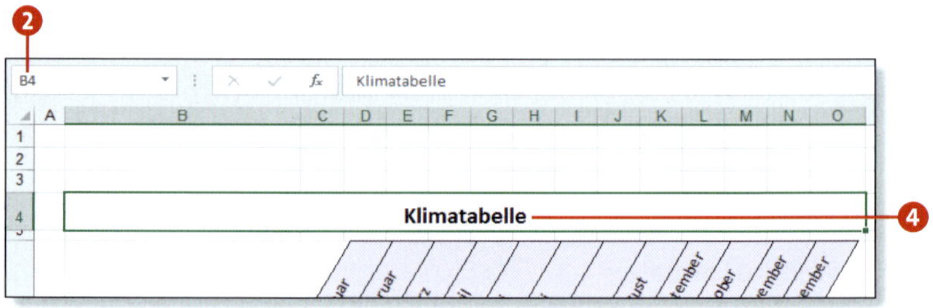

Inhalte werden gelöscht

Beim Verbinden von Zellen wird nur der Inhalt aus der oberen linken Zelle der Markierung übernommen. Inhalte der anderen markierten Zellen werden gelöscht!

4. Außerdem lassen sich auch nur die Zellen einer Zeile miteinander verbinden. Markieren Sie dazu einen Zellbereich. Statt auf die Schaltfläche **Verbinden und zentrieren** zu klicken, wählen Sie den Pfeil auf der rechten Seite der Schaltfläche. In dem folgenden Aufklappmenü klicken Sie auf den Befehl **Verbinden über** 5. In dem markierten Bereich werden alle Zellen einer Zeile zu einer Zelle verbunden.

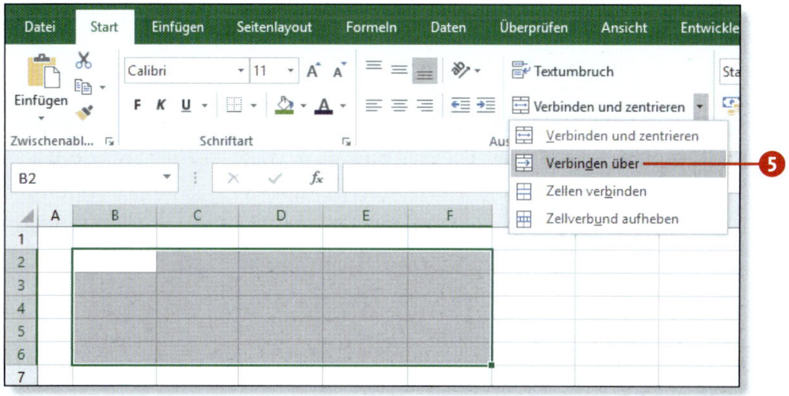

5. Natürlich lassen sich verbundene Zellen auch wieder in einzelne Zellen aufteilen. Markieren Sie die verbundene Zelle, und klicken Sie auf **Verbinden und zentrieren** 6.

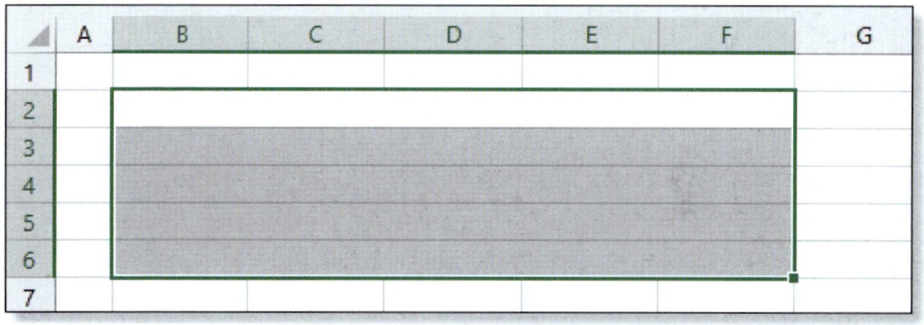

6. Egal auf welche Weise Sie die Zellen verbunden haben, ein Klick auf die Beschriftung der Schaltfläche **Verbinden und zentrieren** zerlegt die verbundenen Zellen wieder in einzelne Zellen. Der Inhalt der verbundenen Zelle befindet sich danach wieder in seiner ursprünglichen Zelle.

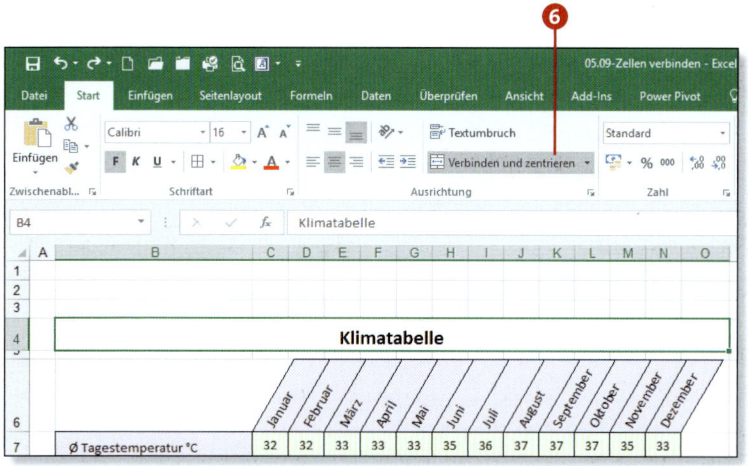

Das Löschen von Formaten hebt den Zellverbund auf

Sie können bei einer verbundenen Zelle auch die Formate löschen. Dabei werden, je nach gewählter Option, alle Formate wie Zellenformat, Schriftart, Rahmen oder Schriftfarbe gelöscht. Sie sollten aber auch beachten, dass das Löschen der Formate immer dazu führt, dass der Zellverbund aufgehoben wird. Mehr über das Löschen von Formaten erfahren Sie im Abschnitt »Eine Formatierung löschen« auf Seite 133.

Formatierungen kopieren

In einer Tabelle immer wieder einzelne Zellen zu formatieren kann zu einer nervtötenden Arbeit ausarten. Excel bietet auch hier Möglichkeiten, sich bestehender Formatierungen zu bedienen und diese auf andere Zellen zu übertragen. In der Arbeitsmappe *05.10-Projekt.xlsx* soll die rechte Tabelle wie die linke formatiert werden.

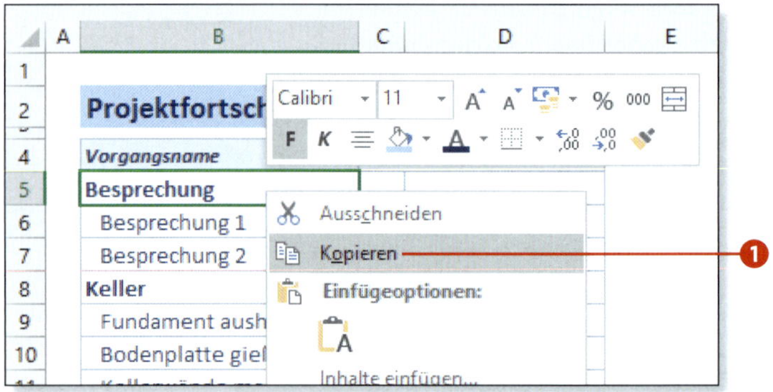

1. Dazu markieren Sie zunächst die Zelle, deren Formatierung Sie übernehmen möchten, mit der rechten Maustaste und wählen aus dem Kontextmenü den Menüeintrag **Kopieren** ❶.
2. Markieren Sie mit der rechten Maustaste die Zelle, auf die Sie das Format übertragen möchten. Im Kontextmenü wählen Sie im Abschnitt **Einfügeoptionen** die Option **Formatierung** ❷. Solange die Zelle mit dem Quellformat durch die gestrichelte Linie ❸ markiert ist, können Sie durch erneutes Klicken auf **Formatierung** ❷ das Format beliebig oft auf andere Zellen übertragen.
3. Durch Betätigen der [Esc]-Taste wird der Vorgang abgeschlossen und die Markierung der Quellzelle aufgehoben.

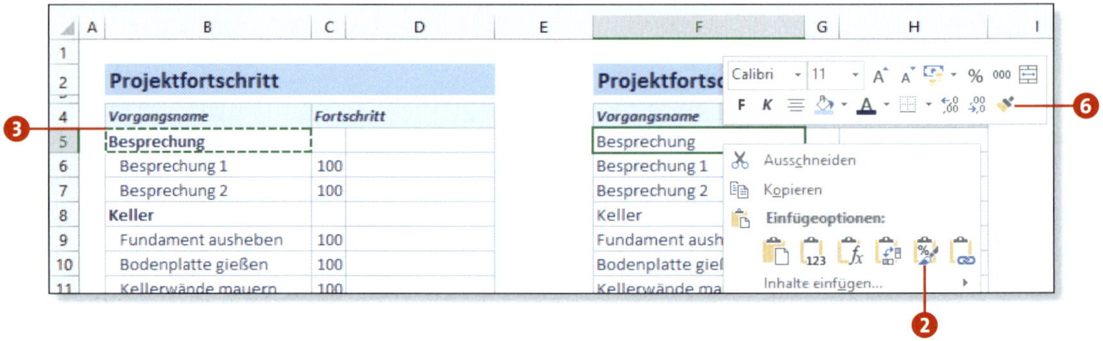

Befehl wiederholen

Statt, wie in Schritt 2 beschrieben, immer wieder auf **Formatierung** zu klicken, markieren Sie einfach die nächste Zelle, die das Format erhalten soll, und drücken die Taste [F4]. Dadurch wird der letzte Schritt wiederholt und das Format kopiert, ohne dass Sie den Umweg über das Kontextmenü nehmen müssen.

4. Anstatt ein Format über die Kopierfunktion zu übertragen, können Sie auch den *Formatpinsel* nutzen. Auch hierbei markieren Sie zunächst die Zelle, deren Formatierung Sie übertragen möchten. Klicken Sie dann in der Gruppe **Zwischenablage** der Registerkarte **Start** auf **Format übertragen** ❹. Der Mauszeiger wird nun als Pinsel ❺ dargestellt.

5. Anschließend klicken Sie auf die Zelle, auf die das Quellformat übertragen werden soll. Der Vorgang ist nach einmaliger Formatübertragung automatisch beendet.

   Beim Übertragen eines Formats auf eine der beschriebenen Arten können Sie nicht auswählen, welche Formate übertragen werden. Es werden immer alle Formate einer Zelle übertragen.

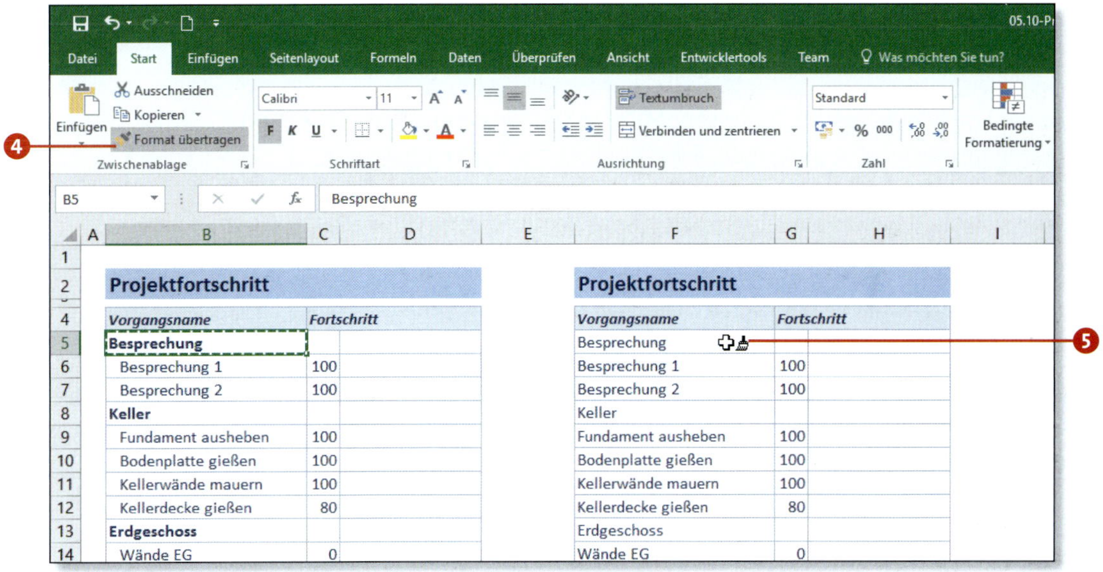

Formatpinsel

Der Formatpinsel steht Ihnen nach einem Rechtsklick auf eine Zelle auch in der Minisymbolleiste (❻ auf Seite 130) zur Verfügung.

Format beliebig häufig übertragen

Nachdem Sie mit dem Formatpinsel auf eine Zelle geklickt haben, wird dieser wieder deaktiviert. Möchten Sie das Format aber auf mehrere Zellen nacheinander übertragen, doppelklicken Sie auf die Schaltfläche **Format übertragen**. Mit [Esc] wird die Aktion beendet.

Formate suchen und ersetzen

In der Arbeitsmappe *05.12-DM-€.xlsx* wurden alle Geldbeträge in einer Entscheidungstabelle versehentlich in DM formatiert. Das kann natürlich nicht so bleiben, alles händisch zu bearbeiten würde allerdings viel Zeit in Anspruch nehmen. Aber alle Geldbeträge lassen sich auch bequem in einem Schritt mit dem Währungsformat (€) ersetzen.

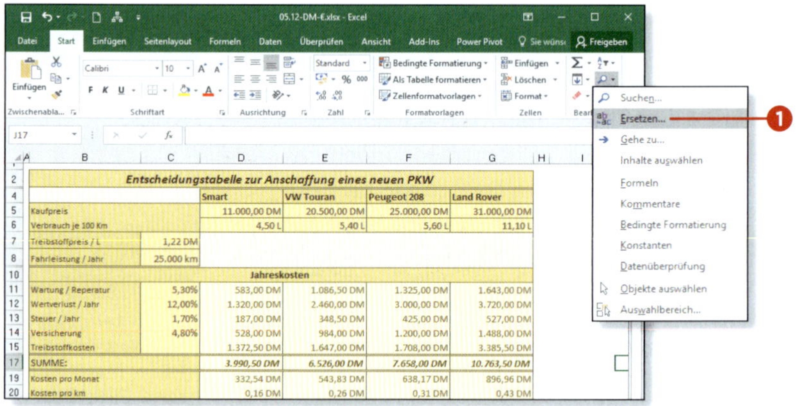

1. Wählen Sie **Start > Bearbeiten > Suchen und Auswählen**, und klicken Sie im Aufklappmenü auf **Ersetzen** ❶.
2. Der Dialog **Suchen und Ersetzen** wird nun angezeigt, und mit einem Klick auf **Optionen** ❷ blenden Sie die **Format**-Schaltflächen ein.
3. Mit einem Klick auf **Format** ❸ in der Zeile **Suchen nach** öffnen Sie das Dialogfenster **Format suchen**, in dem Sie das Format wählen, das Sie ersetzen möchten (**#.##0,00 "DM"** ❹), und bestätigen mit einem Klick auf **OK**.
4. Klicken Sie nun auf **Format** in der Zeile **Ersetzen durch**, und wählen Sie im Folgedialog das gewünschte Format aus. Bestätigen Sie erneut mit **OK**.
5. Über die Schaltfläche **Alle ersetzen** ❺ im Dialog **Suchen und Ersetzen** werden alle Zellen des Arbeitsblattes, die mit einem DM-Format versehen waren, jetzt durch das ausgewählte €-Format ersetzt.

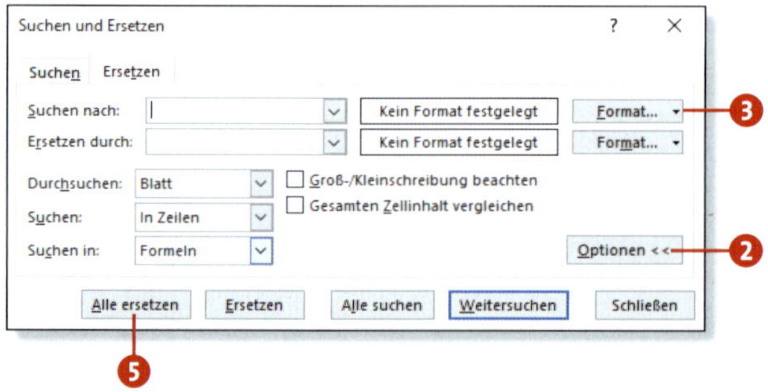

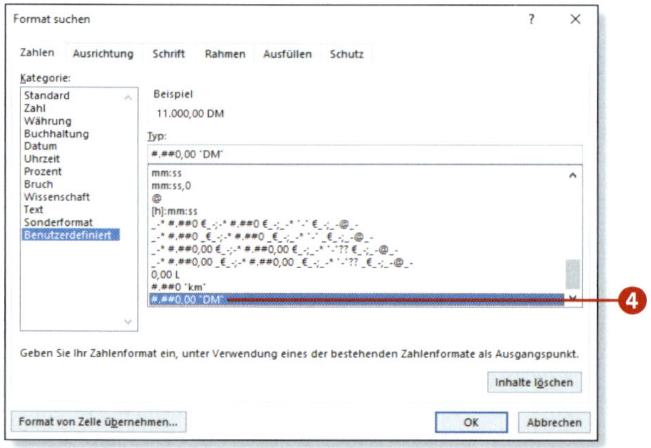

Welches Format?

Wenn Sie sich nicht sicher sind, mit welchem Format konkret eine Zelle formatiert ist, markieren Sie die Zelle und drücken Strg + 1. Das aktuelle Format wird Ihnen dann in dem Dialogfenster **Zelle formatieren** angezeigt.

Eine Formatierung löschen

Beim Löschen von Formaten können Sie zweistufig vorgehen. Dabei ist zwischen dem Löschen von Zahlenformaten und dem Löschen von Zellformatierungen, also Formatierungen wie Schriftfarbe, Hintergrund oder Rahmen, zu unterscheiden.

1. Möchten Sie lediglich das Zahlenformat entfernen, markieren Sie alle Zellen, deren Format Sie löschen möchten. Wählen Sie nun in der Gruppe **Zahl** der Registerkarte **Start** die Schaltfläche **Zahlenformat** aus. In dem folgenden Aufklappmenü klicken Sie auf das Format **Standard** ❶. Haben Sie die Zellen beispielsweise mit einem Rahmen versehen oder die Zeichen gefettet, bleiben diese Formatierungen bei dem Verfahren bestehen.
2. Um alle Formatierungen, also sowohl die Zahlenformate als auch Zeichenformate und Rahmen, zu löschen, markieren Sie zunächst wieder alle Zellen, deren Format Sie löschen möchten. Klicken Sie nun in der Gruppe **Bearbeiten** der Registerkarte **Start** auf die Schaltfläche **Löschen**. Im folgenden Menü wählen Sie die Option **Formate löschen** ❷.

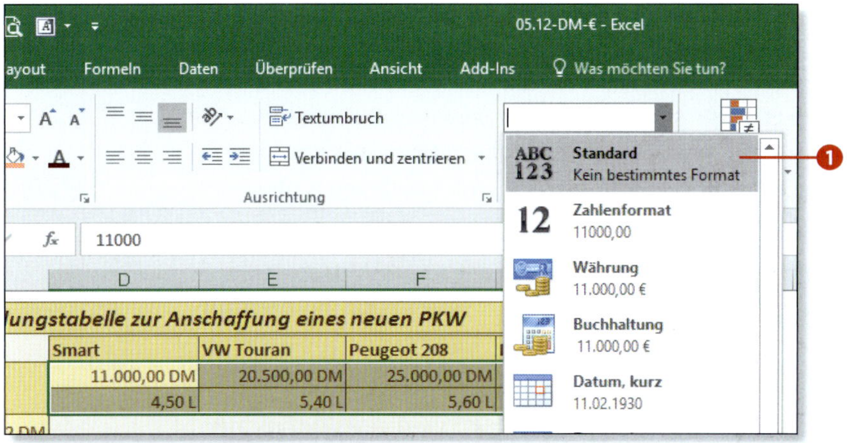

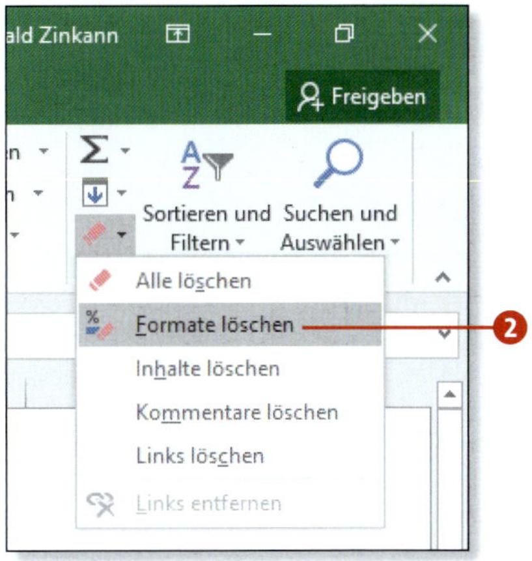

Formate löschen per Formatpinsel

Noch schneller geht das Löschen per Formatpinsel: Markieren Sie eine unformatierte Zelle. Klicken Sie auf **Format übertragen** (**Start > Zwischenablage**), und markieren Sie anschließend alle Zellen, deren Format Sie löschen möchten.

Effekte verwenden

Möchten Sie Überschriften oder andere Textteile besonders hervorheben, können Sie hierzu in Excel WordArt nutzen. Bei WordArt-Objekten handelt es sich um vordefinierte Textformate mit besonderen Effekten, die Sie in Zellen nicht verwenden können. So können Sie in Ihren Arbeitsmappen beispielsweise einen unübersehbaren Hinweis wie `Noch nicht geprüft` einfügen (siehe Beispieldatei *05.14-Niederlassungen.xlsx*).

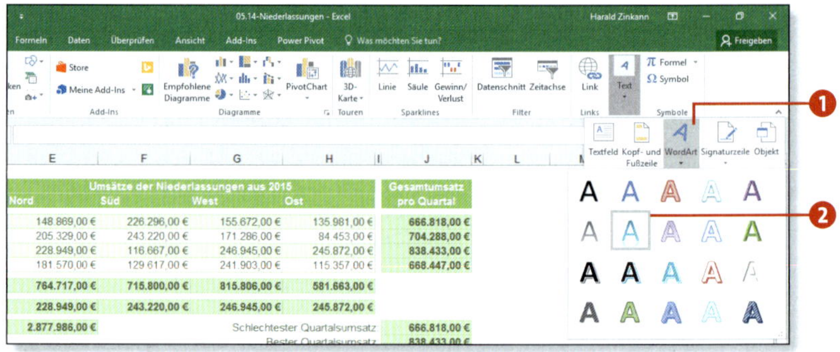

1. Um ein WordArt-Objekt einzufügen, klicken Sie in der Gruppe **Text** der Registerkarte **Einfügen** auf **WordArt** ❶. Aus dem Aufklappmenü wählen Sie eine der vorgegebenen Formatvorlagen, z. B. **Farbverlauf: Aquamarin, Akzentfarbe 5; Spiegelung** ❷.

2. Beim Einfügen eines WordArt-Objekts wird eine Textbox auf Ihrem Arbeitsblatt eingefügt, die Sie per Drag & Drop frei positionieren können. Der Platzhaltertext ist nach dem Einfügen der Textbox bereits markiert, sodass Sie gleich mit der Texteingabe beginnen können. Schriftart und -größe lassen sich wie gewohnt in der Gruppe **Schriftart** der Registerkarte **Start** über die entsprechenden Schaltflächen anpassen.

3. Über den Pfeilanfasser ❸ können Sie bei gedrückter Maustaste den Text frei nach rechts und links drehen. Je weiter Sie sich dabei mit dem Mauszeiger von Ihrem Text entfernen, desto genauer lässt sich die gewünschte Neigung einstellen.

WordArt drehen

Wenn Sie das WordArt-Objekt drehen und dabei die [⇧]-Taste gedrückt halten, dreht sich das Objekt in 15°-Schritten. So können Sie ohne Probleme exakt einen Winkel von 45° einstellen.

Größe der Textbox anpassen

Über die Anfasspunkte ❹ der Textbox können Sie die Größe anpassen. Klicken Sie einen Anfasspunkt an, und ziehen Sie ihn bei gedrückter Maustaste in die gewünschte Richtung.

4. In dem Moment, in dem Sie das WordArt-Objekt markieren, wird die kontextabhängige Registerkarte **Zeichentools/Format** ❺ eingeblendet. In der Gruppe **Formenarten** ❻ können Sie nun die Rahmenart und -farbe per Mausklick zuweisen.

5. In der Gruppe **WordArt-Formate** lässt sich das vordefinierte Textformat ändern. Ihnen wird, wenn Sie den Mauszeiger über die Textformate ❼ bewegen, jeweils eine Vorschau im Arbeitsblatt angezeigt. So können Sie schnell prüfen, ob sich das Format für das gewünschte Ergebnis eignet. Klicken Sie auf **Weitere** ❽, um sich mehr Textformatvorlagen anzeigen zu lassen.

6. Mit einem Klick auf **Texteffekte** ❾ lassen sich noch weitere Effekte wie Drehungen, Spiegelungen und Schatten einstellen. Sie sollten aber darauf achten, dass Sie nicht zu viele Effekte einsetzen. Das Arbeitsblatt wirkt ansonsten schnell unseriös.

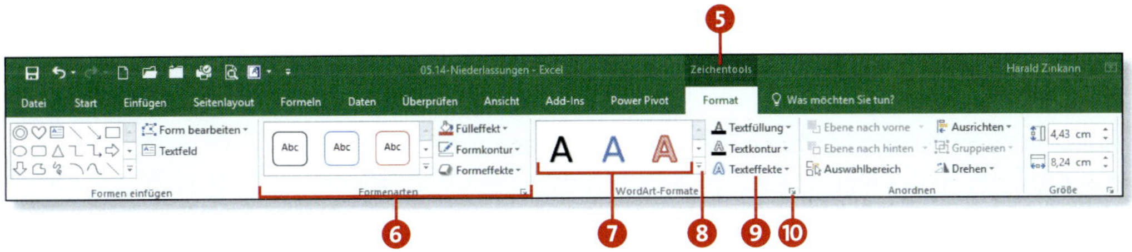

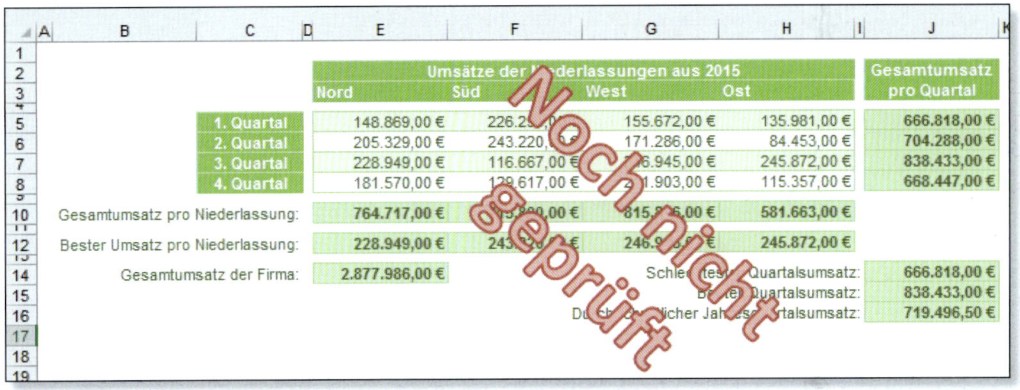

Arbeitsbereich »Form formatieren«

Klicken Sie auf die Pfeilschaltfläche ❿ in der Gruppe **WordArt-Formate**, wird der Arbeitsbereich **Form formatieren** eingeblendet. Hier können Sie Ihr WordArt-Objekt noch individueller und häufig intuitiv per Schieberegler gestalten.

Alles markieren

Bevor Sie eine Formatierung im WordArt-Objekt ändern, klicken Sie einfach auf den Rahmen. Er ist danach als durchgezogene Linie sichtbar. Ab jetzt wirken sich alle Formatierungen auf den gesamten Inhalt der Textbox aus. Sehen Sie eine gestrichelte Linie, steht Ihr Cursor noch in der Textbox. So werden Formatänderungen nur auf das Wort angewendet, in dem der Cursor steht.

Zellenformatvorlagen und Designs übernehmen

Sie haben sicher schon einmal erlebt, dass sich das Formatieren eines Arbeitsblattes zu einer zeitraubenden Angelegenheit entwickeln kann. Die Verwendung von *Formatvorlagen* und *Designs* kann diesen Prozess erheblich verkürzen.

1. Um Designs auf eine Zelle oder Zellbereiche anzuwenden, markieren Sie zunächst die Zellen, die Sie formatieren möchten.
2. Klicken Sie in der Gruppe **Formatvorlagen** des Registers **Start** auf eine der Vorlagen. Mit einem Klick auf **Weitere** ❶ öffnen Sie ein Menü mit verschiedenen Kategorien. Sollten Sie an einem kleineren Bildschirm arbeiten oder das Fenster verkleinert haben, wird Ihnen die Schaltfläche **Zellenformatvorlagen** ❷ angezeigt.
3. In dem Aufklappmenü ❸ können Sie sich aus fünf Vorlagenkategorien bedienen. Durch Anklicken einer Vorlage wird das Format auf die markierten Zellen übertragen. Die Vorlagen der Kategorie **Gut, Schlecht und Neutral** dienen zum Kennzeichnen von Zellen nach dem Ampelprinzip. **Daten und Modell** bietet Vorlagen, um Zellen nach ihrer Funktion zu kennzeichnen. Die Entscheidung über die Funktion müssen Sie treffen. **Titel und Überschrift** bietet geeignete Vorlagen für Überschriften. Mit den Formatvorlagen der Kategorie **Zellenformatvorlagen mit Design** lassen sich abgestimmte Farben mit heller Schrift auf dunklem Hintergrund und umgekehrt zuweisen. In der Kategorie **Zahlenformate** lassen sich die gängigsten Zahlenformate zuweisen.

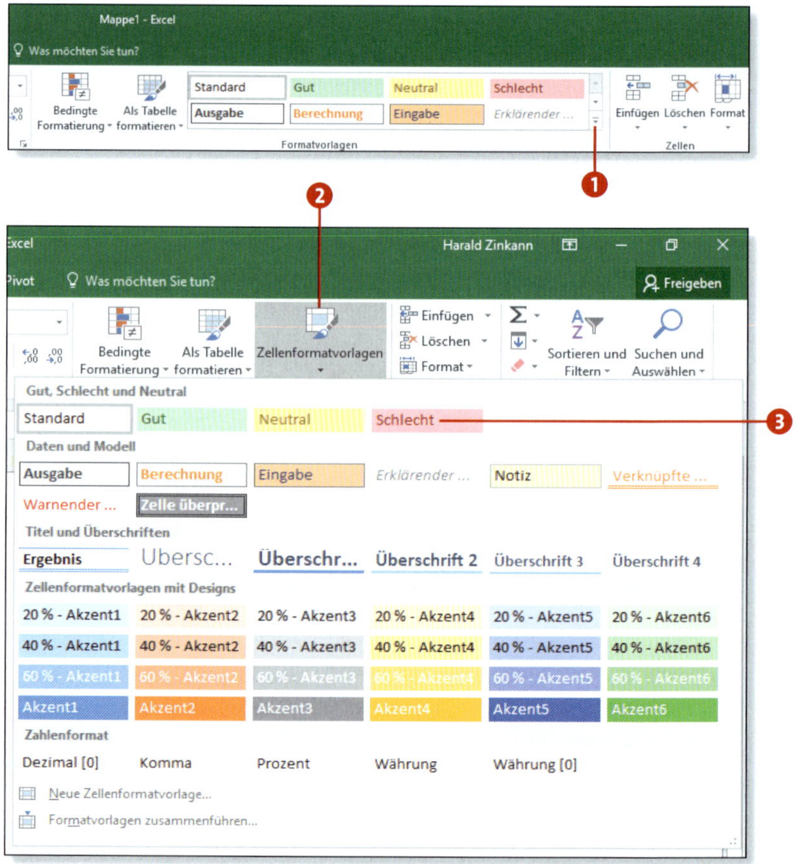

Als Tabelle formatieren

Besonders schnell können Sie eine Tabelle farblich hervorheben, wenn Sie sie als Tabelle formatieren und anschließend wieder in einen Zellbereich konvertieren. Mehr dazu erfahren Sie im Abschnitt »Zellbereiche in Tabellenbereiche konvertieren« ab Seite 108.

Designeinfluss

Haben Sie in Ihren Zellen Inhalte vorher in einer bestimmten Farbe oder Schriftart formatiert, werden diese bei Wahl einer Formatvorlage aus den Kategorien **Titel und Überschriften** oder **Zellenformatvorlagen mit Design** gelöscht und durch die vom ausgewählten Design festgelegten Formatierungen ersetzt.

Benutzerdefinierte Formatvorlagen erstellen und anpassen

Die vorgefertigten Zellenformatvorlagen enthalten nicht immer die Farbzusammenstellungen, die Ihnen zusagen. Was liegt also näher, als sich eine eigene Vorlage zu basteln?

1. Um eigene Vorlagen zu erstellen, formatieren Sie zunächst eine Zelle mit den gewünschten Formaten. Diese werden dann im folgenden Dialog übernommen.
2. Klicken Sie auf **Start > Formatvorlagen > Zellenformatvorlagen**, und wählen Sie im Aufklappmenü den Befehl **Neue Zellenformatvorlage** ❶.
3. Das Dialogfenster **Formatvorlage** wird geöffnet, in dem Sie zunächst einen Namen für Ihre Formatvorlage festlegen ❷. Sollte dieser Name bereits vorhanden sein, wird beim Schließen des Dialogfensters eine Fehlermeldung angezeigt. Wählen Sie dann eine andere Bezeichnung. Alle Formate, die Sie in Schritt 1 gewählt haben, sind übernommen worden und unter **Formatvorlage enthält** ❸ zu sehen.
4. Über die Schaltfläche **Formatieren** wird das Dialogfenster **Zellen formatieren** geöffnet. Hier können Sie Ihre in Schritt 1 vorgenommene Formatierung in den verschiedenen Registern prüfen und bei Bedarf ändern. Mit einem Klick auf **OK** beenden Sie die Definition Ihrer Vorlage. Die neu angelegte Vorlage ist jetzt in der Kategorie **Benutzerdefiniert** ❹ für weitere Zellen abrufbar.
5. Nach einem Rechtsklick auf eine Formatvorlage, egal welcher Kategorie, lässt sich im Kontextmenü der Menüeintrag **Ändern** auswählen, und der Dialog **Formatvorlage** wird geöffnet. So können Sie auch später noch Ihre Vorlagen anpassen.

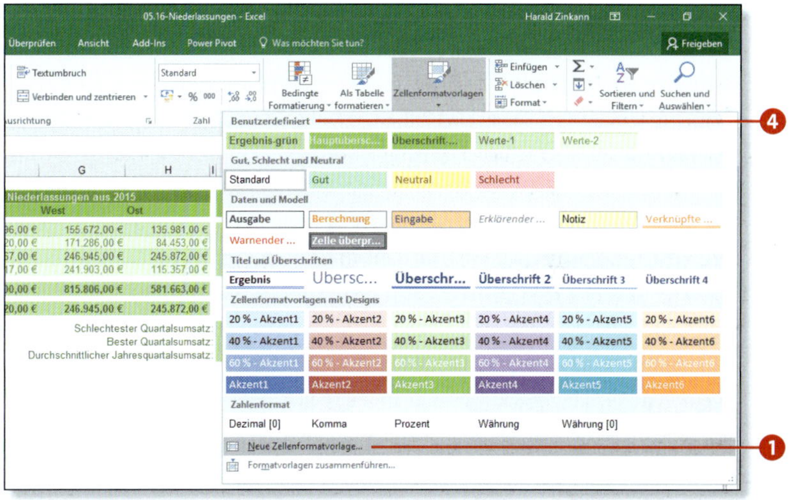

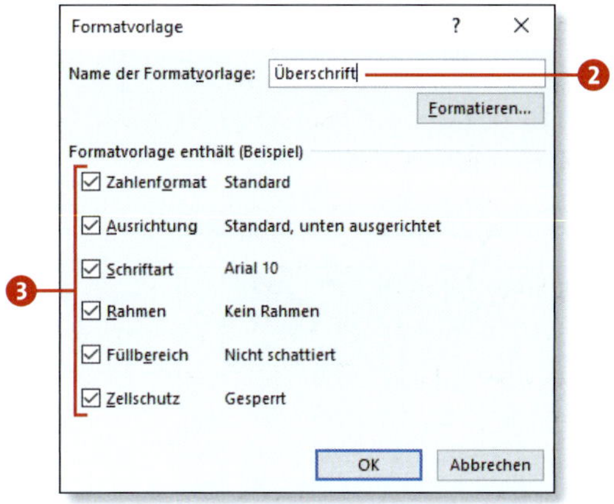

Formatvorlage löschen

Um eine Formatvorlage zu löschen, klicken Sie mit rechts auf die entsprechende Vorlage und wählen im Kontextmenü den Befehl **Löschen**.

Was ist eine bedingte Formatierung?

Bedingte Formate sind Formatierungen der Zellen, die von einer Bedingung abhängig sind. Das heißt, eine Zelle ist z. B. nicht grundsätzlich mit einem roten Hintergrund versehen, sondern erst, wenn ein bestimmter Schwellenwert überschritten wurde. Wird der Schwellenwert wieder unterschritten, verliert die Zelle auch wieder ihre Formatierung. Die Formate einer Zelle mit bedingter Formatierung sind also dynamisch und passen sich automatisch dem Zellinhalt an.

Für alle bedingten Formate gilt dieselbe Vorgehensweise. Zunächst markieren Sie alle Zellen, für die die bedingte Formatierung gelten soll. Danach wählen Sie die Formatierungsregel aus. Alle Regeln erreichen Sie in der Gruppe **Formatvorlagen** der Registerkarte **Start** nach einem Klick auf die Schaltfläche **Bedingte Formatierung** ❶. In dem Auswahlmenü finden Sie bereits vorgefertigte Regeln, aber auch die Möglichkeit, benutzerdefinierte Regeln zu erstellen.

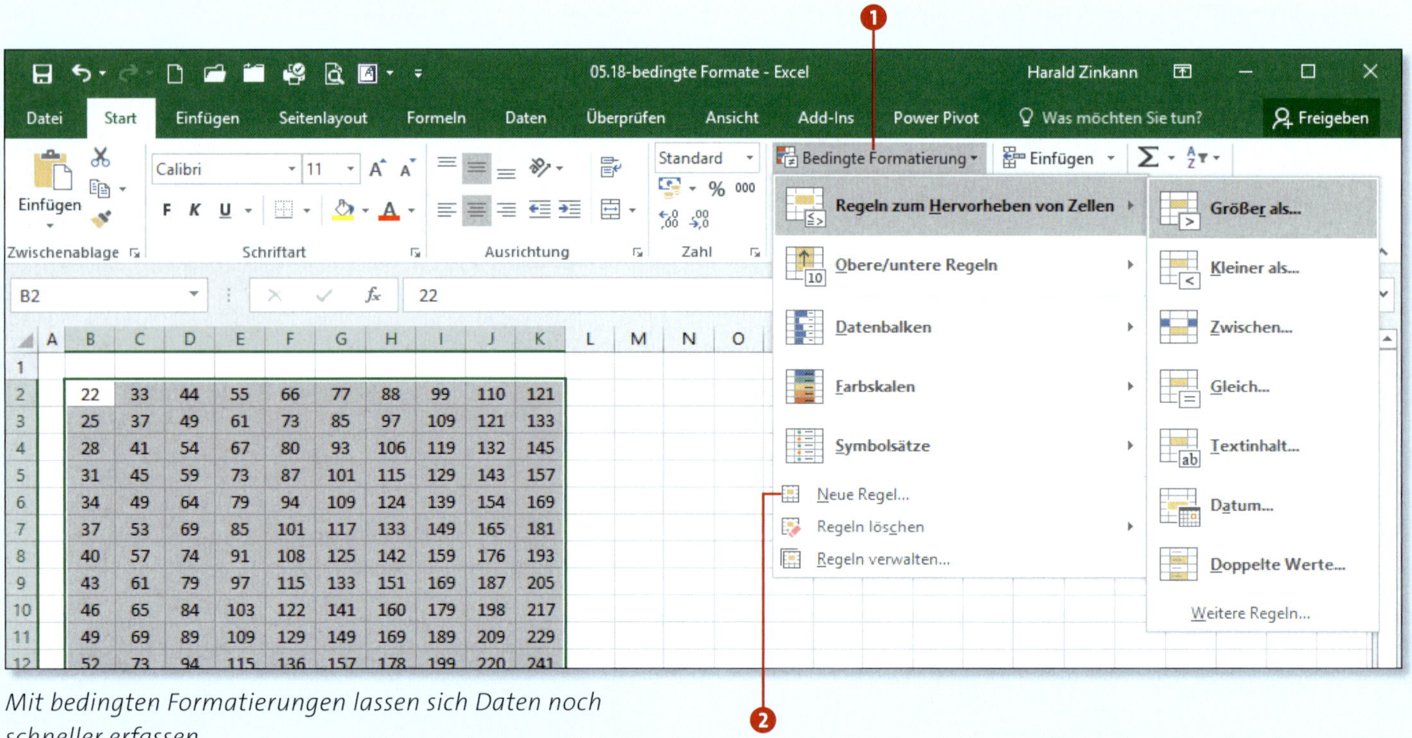

Mit bedingten Formatierungen lassen sich Daten noch schneller erfassen.

Klicken Sie auf den Menüeintrag **Neue Regel** ❷, rufen Sie das Dialogfenster **Neue Formatierungsregel** auf. Es dient Ihnen nicht nur dazu, eine benutzerdefinierte Bedingung zu erstellen, alle Regeln, die Sie im Menü der Schaltfläche **Bedingte Formatierung** sehen, stehen Ihnen noch einmal in diesem Dialogfenster zur Verfügung. Zusätzlich können Sie in diesem Dialogfenster den Regeltyp **Formel zur Ermittlung der zu formatierenden Zellen verwenden** ❸ auswählen. Damit lassen sich komplexe Bedingungen, wie sie in einer WENN-Funktion zum Einsatz kommen, eintragen.

Die Formatierungsregeln lassen sich grob in drei Kategorien einteilen:

- **Betrachtung des Inhalts jeder einzelnen Zelle** – Hier wird jede Zelle für sich betrachtet. Trifft die eingestellte Bedingung zu, wird die Zelle wie eingestellt formatiert. Hierzu zählen **Größer als**, **Kleiner als**, **Zwischen**, **Gleich**, **Textinhalt** und **Datum**.
- **Betrachtung einer Zahlenreihe** – Bei diesen Regeln werden alle markierten Zellen betrachtet und je nach Bedingung Abhängigkeiten gebildet und durch die gewählte Formatierung visualisiert. Hierzu zählen **Doppelte Werte**, alle **Obere/untere Regeln**, die **Datenbalken**, **Farbskalen** und alle **Symbolsätze**.
- **Betrachtung einer komplexen Bedingung** – Jede Bedingung, die in einer WENN-Funktion verwendet werden kann, um zu entscheiden, welche Aktion ausgeführt wird, kann an dieser Stelle dazu dienen, zu entscheiden, ob eine Zelle formatiert wird oder nicht. Um die Regeln dieser Kategorie sinnvoll einsetzen zu können, empfehle ich Ihnen, vorher den Exkurs »Logische Funktionen« auf Seite 208 zu lesen. Hier erfahren Sie im Detail, was eine Bedingung ist und wie sie aufgebaut ist.

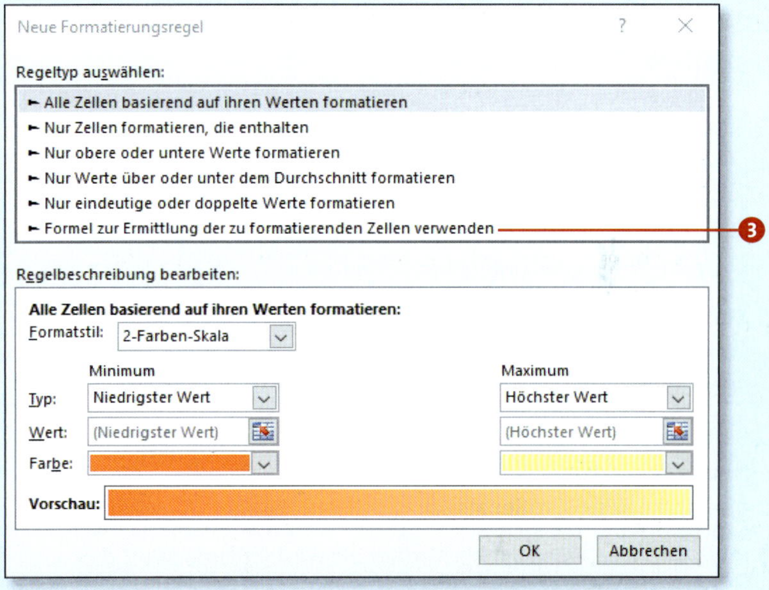

Im Dialog »Neue Formatierungsregel« legen Sie die Bedingungen für die Zellformatierung fest.

Eine Regel für eine bedingte Formatierung erstellen

Bei den einfachen Regeln wird jeder einzelne Zellinhalt betrachtet und mit der zugrunde liegenden Regel überprüft. Im Arbeitsblatt `Grenzwerte` der Beispieldatei *05.18-bedingte Formate.xlsx* sollen etwa alle Umsatzwerte, die über dem Grenzwert in der Zelle `E3` liegen, einen farbigen Hintergrund erhalten.

1. Markieren Sie dazu zunächst alle Umsatzwerte in der Spalte `Umsatz`, und wählen Sie danach **Start > Formatvorlagen > Bedingte Formatierung**.
2. Bewegen Sie den Mauszeiger im Aufklappmenü auf **Regeln zum Hervorheben von Zellen**, und klicken Sie im folgenden Untermenü auf die Regel **Größer als** ❶.
3. Im folgenden Dialogfenster **Größer als** wird als Grenzwert der Mittelwert aller markierten Zellinhalte und als Formatierung **hellrote Füllung 2** vorgeschlagen. Im Hintergrund sehen Sie, dass die Zellen bereits den Einstellungen entsprechend formatiert sind. Da das Eingabefeld für den Grenzwert bereits markiert ist, können Sie entweder direkt Ihren gewünschten Grenzwert eingeben oder sich auf eine Zelle beziehen (hier die Zelle `E3`).

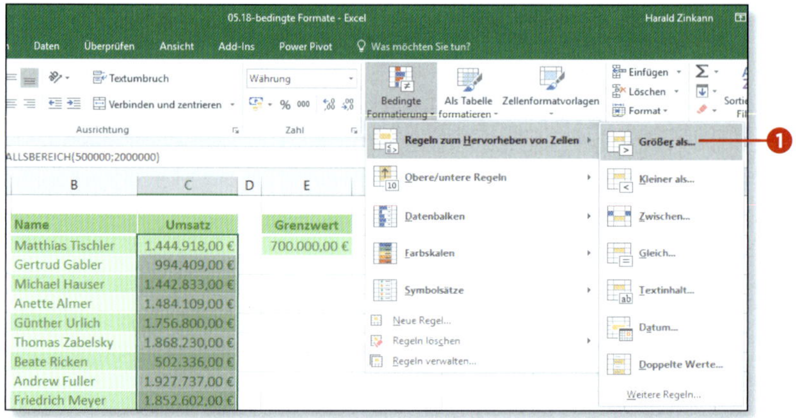

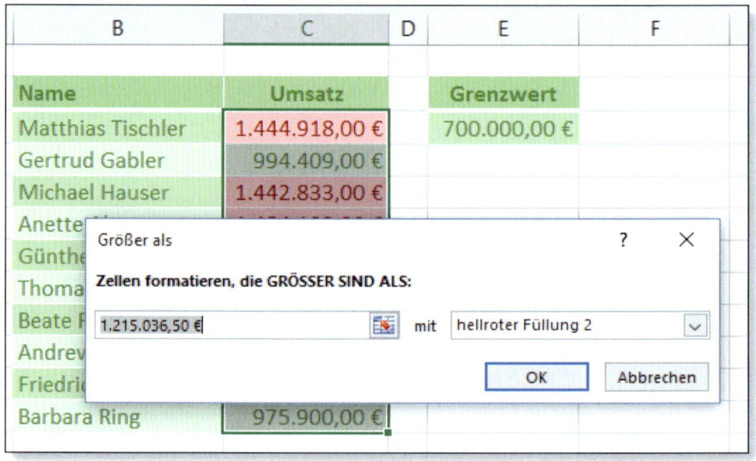

Zufällige Werte

Die Einzelumsätze der Beispieldatei werden mit der Funktion ZUFALLSBEREICH(*Untergrenze*;*Obergrenze*) generiert. Das heißt, jedes Mal wenn Sie die Taste F9 drücken, werden neue Werte gebildet. So können Sie sich verdeutlichen, dass die Formatierung wirklich dynamisch ist und jedes Mal auf Wertänderungen reagiert.

4. Möchten Sie eine andere Formatierung festlegen, klicken Sie auf die Pfeilschaltfläche rechts neben der vorgeschlagenen Formatierung und wählen aus dem Aufklappmenü entweder eine vorgefertigte Formatvorlage oder den Menüeintrag **benutzerdefiniertem Format** ❷, um eine eigene Formatierung festzulegen.
5. Im Dialogfenster **Zellen formatieren** können Sie sich in den Registern **Zahlen**, **Schrift**, **Rahmen** und **Ausfüllen** aus den bekannten Formaten eine individuelle Formatierung für Ihre markierten Zellen zusammenstellen. Einige Formate, wie z. B. **Hochgestellt** und **Tiefgestellt**, stehen Ihnen in diesem Zusammenhang nicht zur Verfügung. Sie erkennen das daran, dass diese Elemente ausgegraut sind ❸.
6. Abschließend bestätigen Sie die beiden geöffneten Dialogfenster mit einem Klick auf **OK**, um Ihre Einstellungen zu beenden.

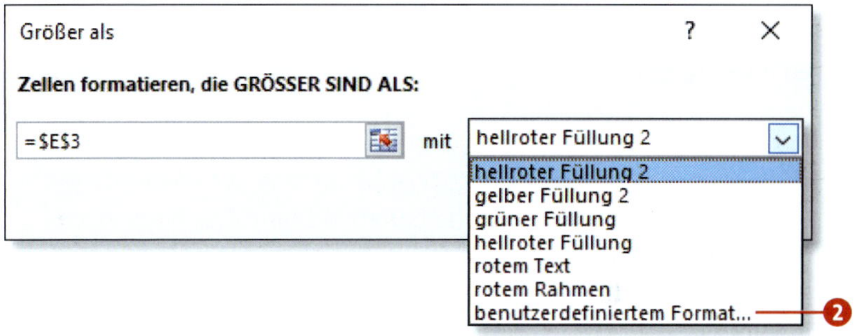

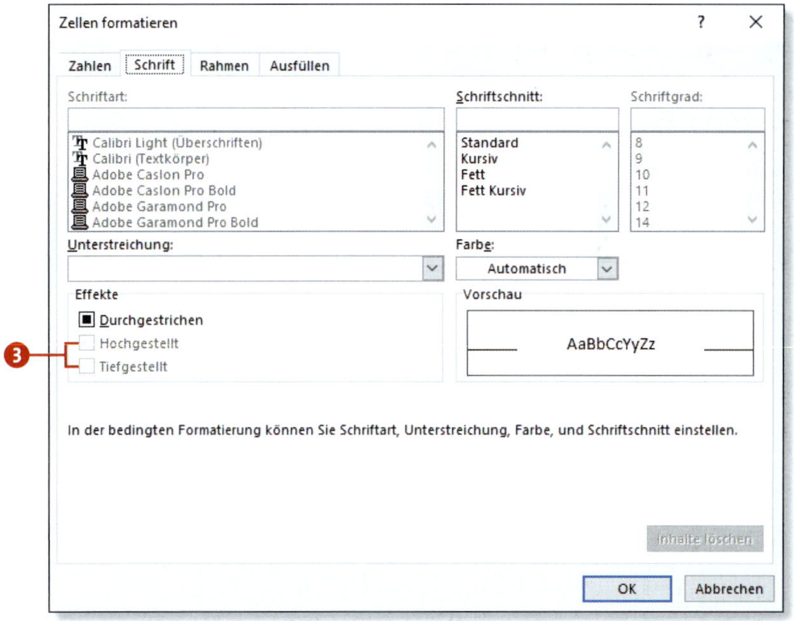

Separates Arbeitsblatt

Wenn Sie sich in den bedingten Formaten bei den Grenzwerten auf eine Zelle des Arbeitsblattes (im Beispiel die Zelle E3) beziehen, können Sie die Formatierung von dieser Zelle aus steuern. Sammeln Sie solche Werte einfach auf einem separaten Arbeitsblatt, und nennen Sie dieses z. B. `Steuerwerte`. So haben Sie einen zentralen Ort, und die Steuerwerte stören nicht das Bild Ihrer Tabellen. Vergeben Sie für diese Zellen auch noch Namen, können Sie sie über das Namenfeld direkt ansteuern (siehe den Abschnitt »Mit dem Namenfeld zu einer Zelle springen« auf Seite 101).

Regeln in einer bestimmten Reihenfolge anwenden

Bei einer bedingten Formatierung lassen sich auch mehrere Regeln nacheinander überprüfen. Dabei ist es sinnvoll, die Reihenfolge der Regeln festzulegen. Im Arbeitsblatt `Reihenfolge` der Beispieldatei *05.18-bedingte Formate.xlsx* sollen alle Werte des gerahmten Bereichs mit einem bedingten Format versehen werden. Dabei soll jeder Wert, der über den in den Zellen `M3` bis `P3` formulierten Grenzwerten liegt, in der unter den Grenzwerten angegebenen Farbe formatiert werden.

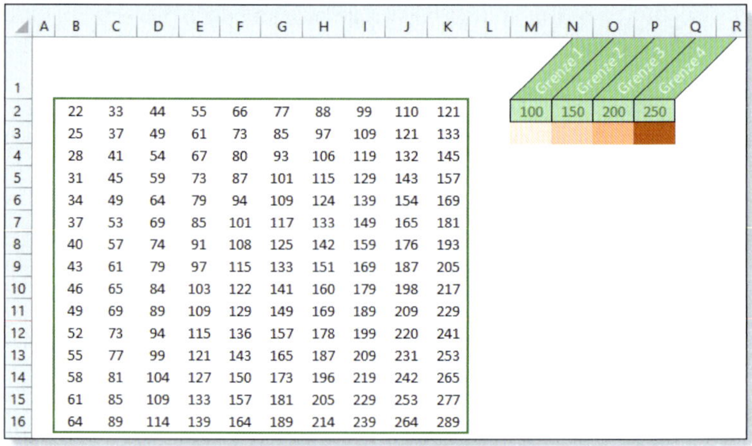

	A	B	C	D	E	F	G	H	I	J	K	L	M	N	O	P	Q	R
1													Grenze 1	Grenze 2	Grenze 3	Grenze 4		
2		22	33	44	55	66	77	88	99	110	121		100	150	200	250		
3		25	37	49	61	73	85	97	109	121	133							
4		28	41	54	67	80	93	106	119	132	145							
5		31	45	59	73	87	101	115	129	143	157							
6		34	49	64	79	94	109	124	139	154	169							
7		37	53	69	85	101	117	133	149	165	181							
8		40	57	74	91	108	125	142	159	176	193							
9		43	61	79	97	115	133	151	169	187	205							
10		46	65	84	103	122	141	160	179	198	217							
11		49	69	89	109	129	149	169	189	209	229							
12		52	73	94	115	136	157	178	199	220	241							
13		55	77	99	121	143	165	187	209	231	253							
14		58	81	104	127	150	173	196	219	242	265							
15		61	85	109	133	157	181	205	229	253	277							
16		64	89	114	139	164	189	214	239	264	289							

1. Markieren Sie zunächst alle Werte (im Beispiel die Zellen `B2` bis `K16`), und wählen Sie über **Start > Formatvorlagen > Bedingte Formatierung > Regeln zum Hervorheben von Zellen** die Regel **Größer als** aus.

2. Im Dialogfenster **Größer als** verweisen Sie im Eingabefeld auf den Wert `250`, indem Sie auf die Zelle `P2` klicken. Wählen Sie im Menü die Formatoption **benutzerdefiniertem Format** ❶.

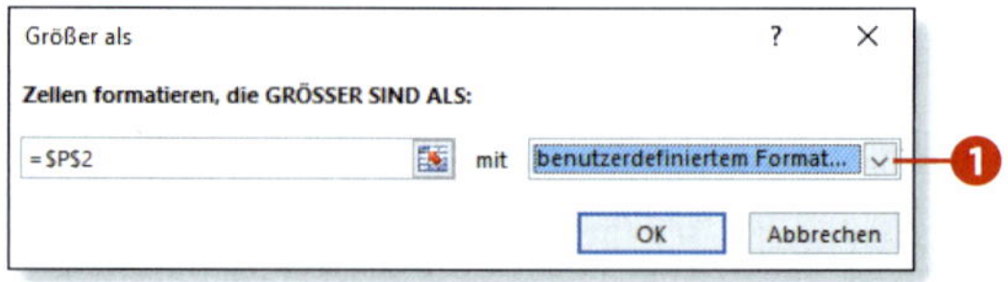

3. Klicken Sie im Dialog **Zellen formatieren** auf das Register **Ausfüllen**, um eine Füllfarbe ❷ für Werte größer als 250 auszuwählen. Schließen Sie alle Dialogfenster jeweils mit einem Klick auf **OK**.

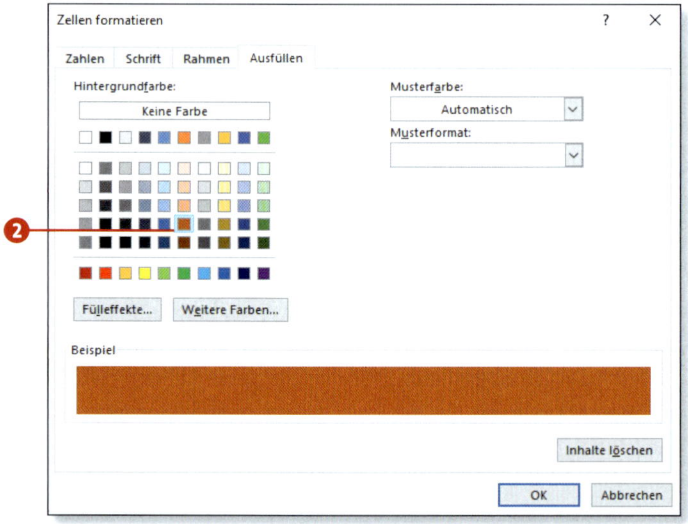

Löschen von Regeln

Wenn Sie eine Regel für eine bedingte Formatierung löschen, werden die Werte der Zellen mit den anderen bestehenden Regeln überprüft und die Formate gegebenenfalls angepasst. Um bei unserem Beispiel zu bleiben: Löschen Sie die Regel für Werte über 250, greift für die betroffenen Zellen die Regel für Werte über 200, und sie erhalten diese Formatierung und werden nicht etwa weiß!

4. Lassen Sie die Markierung des Zellbereichs bestehen, und wiederholen Sie die Schritte 1 bis 3 für die Werte 200, 150 und 100.

5. Nach diesen Schritten wurden alle Werte über 100 in der Farbe für Werte größer als 100 formatiert. Das liegt daran, dass ja auch z. B. der Wert 277 größer als 100 ist und somit diese Farbe erhält. Die Zelle wurde vorher korrekt in der dunkleren Farbe formatiert, jedoch später, für uns nicht sichtbar, mit dem letzten Format überschrieben. Die Regeln werden halt in der Reihenfolge abgearbeitet, in der sie definiert wurden. Das sollten Sie bedenken, wenn Sie die Regeln einrichten. Um die Reihenfolge zu prüfen und bei Bedarf zu ändern, markieren Sie den Zellbereich erneut und wählen **Start > Formatvorlagen > Bedingte Formatierung > Regeln verwalten**. Die Liste der bedingten Formate wird von unten nach oben abgearbeitet.

6. Die Reihenfolge der Regeln können Sie ändern, indem Sie eine Regel ❸ markieren und mit den Pfeilschaltflächen **Nach oben** beziehungsweise **Nach unten** ❹ die Position verschieben, bis Sie alle Regeln in die richtige Position gebracht haben.

7. Bestätigen Sie Ihre Änderungen mit **OK**. Die Werte auf dem Arbeitsblatt werden jetzt korrekt formatiert.

22	33	44	55	66	77	88	99	110	121
25	37	49	61	73	85	97	109	121	133
28	41	54	67	80	93	106	119	132	145
31	45	59	73	87	101	115	129	143	157
34	49	64	79	94	109	124	139	154	169
37	53	69	85	101	117	133	149	165	181
40	57	74	91	108	125	142	159	176	193
43	61	79	97	115	133	151	169	187	205
46	65	84	103	122	141	160	179	198	217
49	69	89	109	129	149	169	189	209	229
52	73	94	115	136	157	178	199	220	241
55	77	99	121	143	165	187	209	231	253
58	81	104	127	150	173	196	219	242	265
61	85	109	133	157	181	205	229	253	277
64	89	114	139	164	189	214	239	264	289

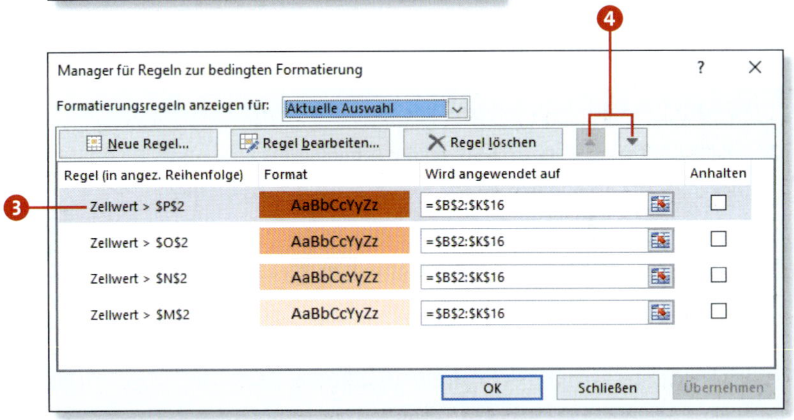

22	33	44	55	66	77	88	99	110	121
25	37	49	61	73	85	97	109	121	133
28	41	54	67	80	93	106	119	132	145
31	45	59	73	87	101	115	129	143	157
34	49	64	79	94	109	124	139	154	169
37	53	69	85	101	117	133	149	165	181
40	57	74	91	108	125	142	159	176	193
43	61	79	97	115	133	151	169	187	205
46	65	84	103	122	141	160	179	198	217
49	69	89	109	129	149	169	189	209	229
52	73	94	115	136	157	178	199	220	241
55	77	99	121	143	165	187	209	231	253
58	81	104	127	150	173	196	219	242	265
61	85	109	133	157	181	205	229	253	277
64	89	114	139	164	189	214	239	264	289

Jahrhundertkalender

In der Arbeitsmappe *05.18-Kalender.xlsx* finden Sie ein sehr komplexes Beispiel für eine bedingte Formatierung. Nachdem Sie das Kalenderjahr und das Bundesland ausgewählt haben, werden neben den Wochenenden auch die gesetzlichen Feiertage zu dem gewählten Bundesland, die restlichen Feiertage und Jahrestage (sofern sie eingepflegt sind) farblich formatiert.

Formate mit Formeln bestimmen

Die Königsdisziplin bei den bedingten Formaten ist definitiv das Formatieren in Abhängigkeit von Bedingungsausdrücken. Hierzu empfehle ich dringend, vorher den Exkurs »Logische Funktionen« und den Abschnitt »Relative und absolute Zellbezüge« auf Seite 208 und 189 zu lesen. Im Arbeitsblatt Bedingung der Beispieldatei *05.18-bedingte Formate.xlsx* sollen alle Tabellenzeilen grün formatiert werden, wenn in der Spalte B ein x eingetragen ist.

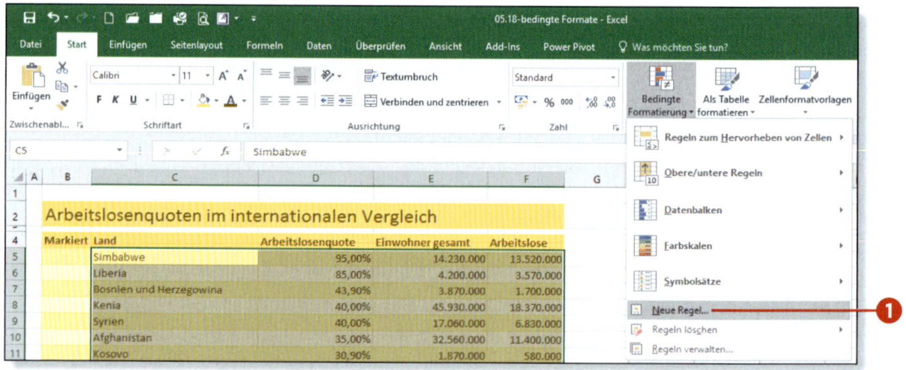

1. Markieren Sie die Spalten C bis F der Tabelle mit den Arbeitslosenquoten, und wählen Sie **Start > Formatvorlagen > Bedingte Formatierung > Neue Regel** ❶.

2. Im Dialogfenster **Neue Formatierungsregel** wählen Sie den Listeneintrag **Formel zur Ermittlung der zu formatierenden Zellen verwenden** ❷.

3. In das Eingabefeld geben Sie »=$B5="x"« ❸ ein. Über die Schaltfläche **Formatieren** ❹ wählen Sie das gewünschte Format. Ich habe hier einen hellgrünen Hintergrund und für die Schrift fett und kursiv gewählt. So können Sie jetzt z. B. zwei Zeilen markieren, um sie besser vergleichen zu können.

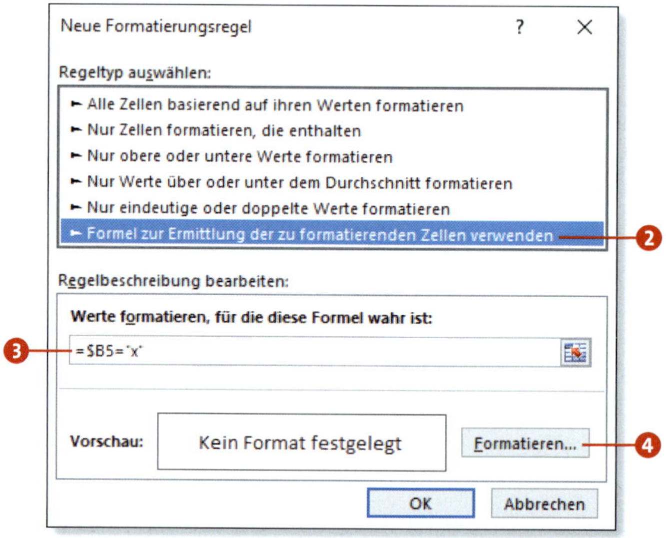

Pfeiltasten sind tabu

In der Eingabezeile des Dialogs **Neue Formatierungsregel** können Sie die Pfeiltasten nicht zum Positionieren in der Eingabezeile verwenden. Vielmehr wird die markierte Zelle auf dem Arbeitsblatt in Richtung der Pfeiltasten verschoben und der neue Bezug in Ihre Bedingung eingetragen. Im Regelfall führt das dazu, dass Ihre Bedingung nicht mehr zu gebrauchen ist.

4. Je nachdem, wie Sie den absoluten Bezug in der Bedingung setzen, hat dies Auswirkungen auf die Formatierung. Geben Sie statt $B5 nur B5 ein, wird für jede markierte Zelle ausgehend von C5 geprüft, ob in der Zelle davor ein x steht. Für die Zelle E5 wird also geprüft, ob in D5 ein x steht, und für D17, ob in C17 ein x steht usw.

5. Bei $B5 wird also für jede Zelle einer Zeile geprüft, ob in der Spalte B der gleichen Zeile ein x steht. Der Spaltenindex ist ja fixiert und wird daher nicht beim Übertragen des Formats mit angepasst. Somit wird immer die ganze Zeile markiert, wenn in der Spalte B ein x steht.

6. Bei $B$5 wird jede Zelle formatiert, wenn in der Zelle B5 ein x steht. Alle anderen Eingaben in der Spalte B zeigen dann keine Wirkung.

7. Der teilabsolute Bezug B$5 führt hier zu keinem Ergebnis. Die Fixierung des Zeilenbezugs ist nur sinnvoll, wenn sich die Markierung über der Tabelle befindet, um ganze Spalten zu formatieren.

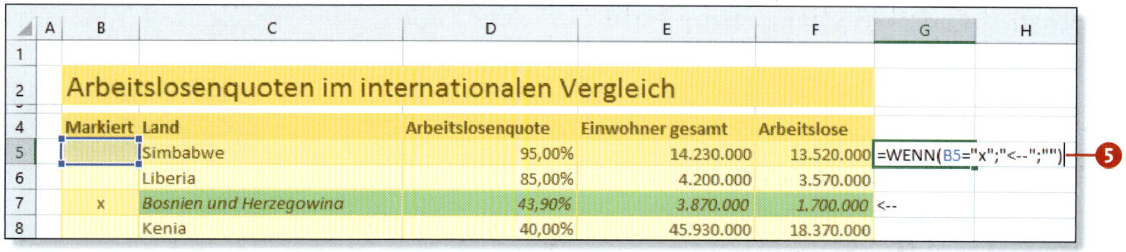

	A	B	C	D	E	F	G	H
1								
2		Arbeitslosenquoten im internationalen Vergleich						
4		Markiert	Land	Arbeitslosenquote	Einwohner gesamt	Arbeitslose		
5			Simbabwe	95,00%	14.230.000	13.520.000	=WENN(B5="x";"<--";"")	
6			Liberia	85,00%	4.200.000	3.570.000		
7		x	*Bosnien und Herzegowina*	*43,90%*	*3.870.000*	*1.700.000*	<--	
8			Kenia	40,00%	45.930.000	18.370.000		

5

Vorher ein WENN() formulieren

Manchmal sind die Bedingungsausdrücke so kompliziert, dass ich vorher auf dem Arbeitsblatt ein komplettes WENN() formuliere, also z. B. `WENN(B5="x"; "<--"; "")` 5. Sollte dieses WENN() alle Zeilen, die mit einem x versehen sind, richtig markieren, dann kann die Bedingung zunächst 1:1 für die bedingte Formatierung verwendet werden.

Der richtige Bezug ist wichtig

Wenn Sie einen größeren Bereich für die bedingte Formatierung markieren, muss die Bedingung immer für die linke obere Zelle formuliert werden! Sollten Sie sich hier auf die falsche Zelle beziehen, werden die Formate versetzt angezeigt.

Bedingte Formate suchen

Es kann vorkommen, dass Sie ein Arbeitsblatt betrachten und nicht sofort erkennen, wo sich Zellen mit bedingten Formaten verbergen.

1. Wählen Sie im Register **Start** aus der Gruppe **Bearbeiten** die Schaltfläche **Suchen und Auswählen**.
2. Im Aufklappmenü klicken Sie auf den Menüeintrag **Bedingte Formatierung** (1). Ihnen werden daraufhin alle Zellen auf dem Arbeitsblatt angezeigt, die eine bedingte Formatierung aufweisen.
3. Klicken Sie im Menü der Schaltfläche **Suchen und Auswählen** auf **Inhalte auswählen** (2), wird das Dialogfenster **Inhalte auswählen** geöffnet. Wenn Sie hier **Bedingte Formate** (3) auswählen, werden die Optionsfelder **Alles** und **Gleiche** freigeschaltet, mit denen Sie nur nach gleichen bedingten Formaten auf dem Arbeitsblatt suchen können.

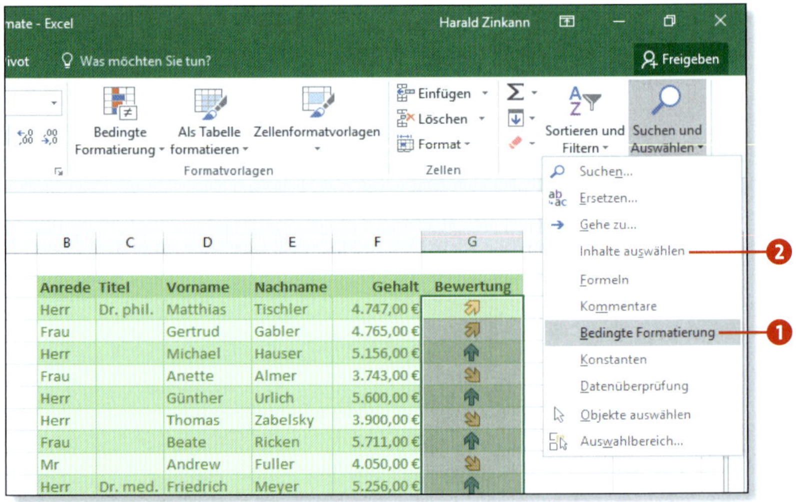

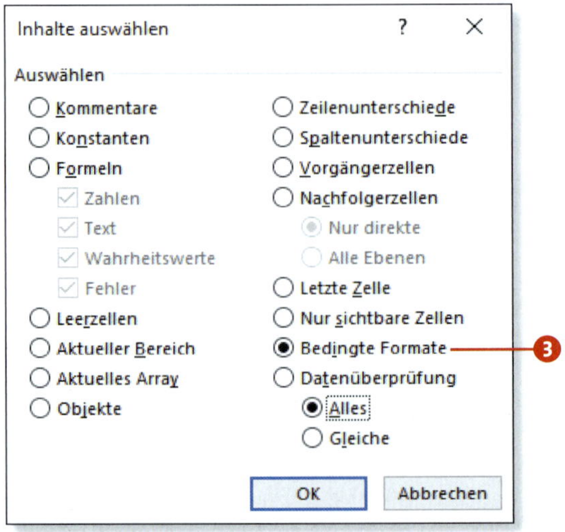

Suche über den Dialog »Gehe zu« starten

Auch über das Dialogfenster **Gehe zu** lässt sich die Suche nach bedingten Formatierungen starten. Um es zu öffnen, drücken Sie die Taste F5. Im Dialog klicken Sie auf die Schaltfläche **Inhalte** und markieren **Bedingte Formate** und direkt darunter **Gleich**. Klicken Sie abschließend auf **OK**, werden alle Zellen mit der gleichen bedingten Formatierung markiert.

Bedingte Formate wieder löschen

Sollte es notwendig werden, dass Sie einzelne bedingte Formate wieder löschen müssen, stehen Ihnen grundsätzlich drei Varianten zur Verfügung.

1. Markieren Sie die Zellen, für die Sie die bedingte Formatierung löschen möchten. Wählen Sie danach **Start > Formatvorlagen > Bedingte Formatierung > Regeln verwalten** (1).

2. Im Dialogfenster **Manager für Regeln zur bedingten Formatierung** wählen Sie die zu löschende Regel (2) und klicken auf die Schaltfläche **Regel löschen** (3). Bestätigen Sie anschließend mit **OK**. So löschen Sie einzelne Regeln für den markierten Bereich.

3. Mit einem Klick auf **Start > Formatvorlagen > Bedingte Formatierung > Regeln löschen > Regeln in ausgewählten Zellen löschen** (4) löschen Sie alle Regeln im ausgewählten Bereich. Wählen Sie hier stattdessen **Regeln in gesamtem Blatt löschen** (5), werden alle Regeln auf dem gesamten Arbeitsblatt gelöscht.

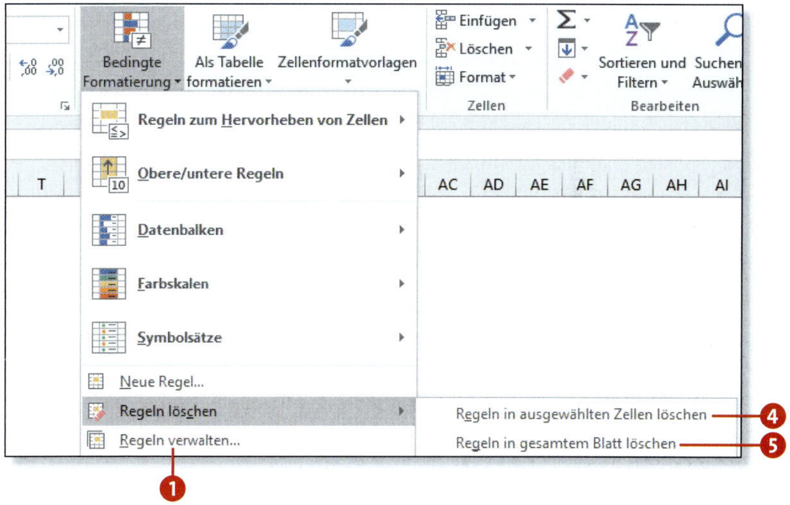

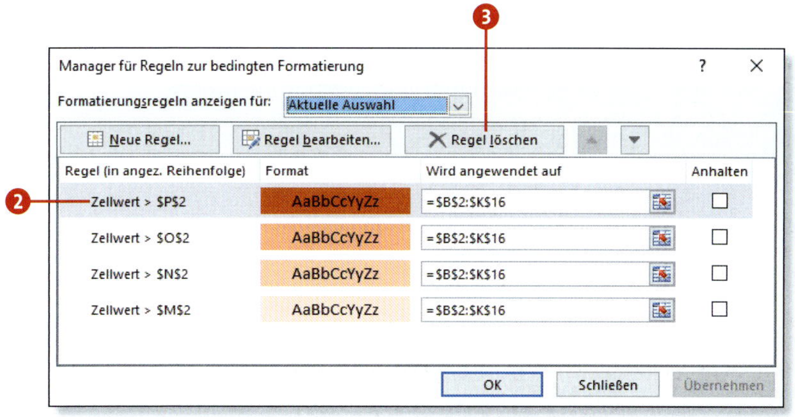

Schaltfläche »Löschen«

Neben den oben genannten Möglichkeiten können Sie auch einfach die gesamte Formatierung der markierten Zellen über **Start > Bearbeiten > Löschen** entfernen (siehe den Abschnitt »Eine Formatierung löschen« auf Seite 133). Allerdings werden hierbei wirklich alle Formate gelöscht, also auch z. B. Zahlenformate und Rahmen.

Grafische Formate – Datenbalken, Farbskalen und mehr

Die wohl auffälligsten Arten der bedingten Formatierung erzeugen Sie mit Datenbalken, Farbskalen und Symbolsätzen. Im Arbeitsblattregister Datenbalken der Arbeitsmappe *05.18-bedingte Formate.xlsx* sollen die Projektfortschritte mit Datenbalken versehen werden.

1. Dazu übernehmen Sie die Werte der Spalte C in die Spalte D und kopieren die Formel für alle weiteren Werte nach unten. Dieser Schritt ist nicht zwingend notwendig, Sie werden aber sehen, dass dadurch das Ergebnis professioneller aussieht.
2. Markieren Sie nun alle Werte in der Spalte D, und wählen Sie **Start > Formatvorlagen > Bedingte Formatierung > Datenbalken > Blauer Datenbalken** ❶. Alle Werte der Spalte D erhalten passend zu ihrem Wert einen Datenbalken. Genau so hätte auch die Spalte C ausgesehen, also Werte und Balken in einer Zelle. Mit der Verteilung auf zwei Spalten ist es deutlich übersichtlicher.
3. Behalten Sie die Markierung bei, und wählen Sie **Start > Formatvorlagen > Bedingte Formatierung > Regeln verwalten**.
4. Im Regel-Manager markieren Sie die Regel für die Datenbalken und klicken auf die Schaltfläche **Regel bearbeiten** ❷.
5. Im Dialogfenster **Formatierungsregel bearbeiten** setzen Sie ein Häkchen bei **Nur Balken anzeigen** ❸ und bestätigen zweimal mit **OK**. In der Spalte D werden jetzt nur noch die Datenbalken getrennt von den Werten angezeigt.

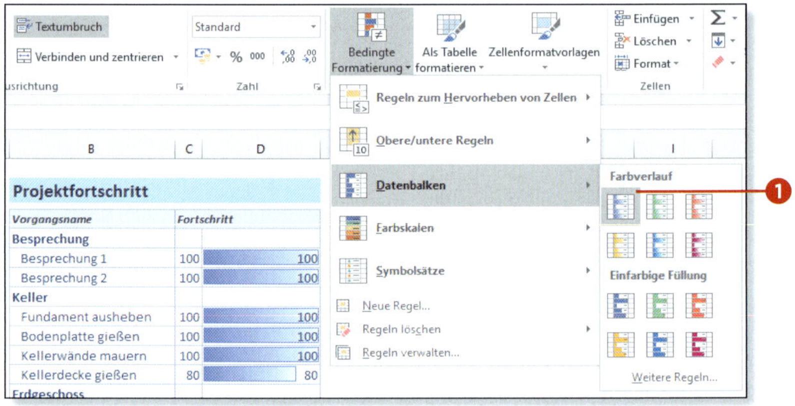

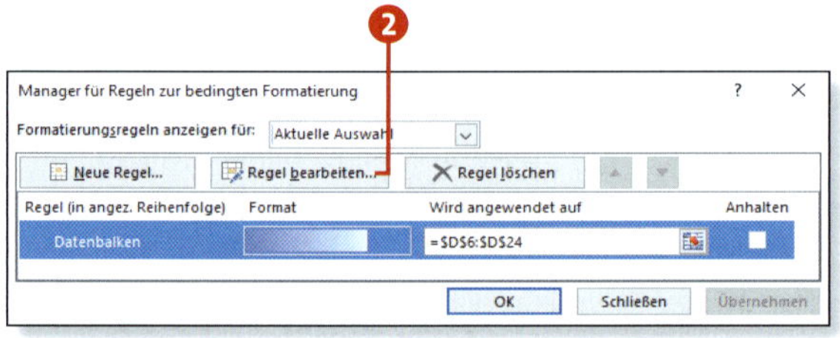

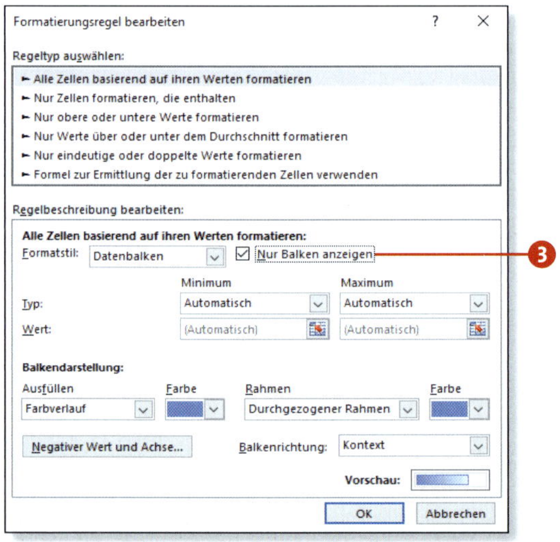

Farbskalen und Symbole

In den Arbeitsblättern Farbskalen und Symbolsätze der Datei *05.18-bedingte Formate.xlsx* finden Sie weitere Beispiele zur bedingten Formatierung. Die Vorgehensweise entspricht der hier beschriebenen. Probieren Sie es einfach einmal aus.

6 Sortieren und Auswerten

Dieses Kapitel ist ganz den Daten gewidmet. Hierbei reden wir nicht von einem kleinen Formular, sondern von verhältnismäßig großen Tabellen, die sich nicht so schnell mit einem Blick erfassen lassen. Sie erfahren, wie Sie Inhalte in Ihren Arbeitsblättern finden und je nach Anforderung sogar nach ihrer Zellenfarbe sortieren beziehungsweise filtern.

Ich zeige Ihnen, wie Sie Ihre Werte nach verschiedenen Kriterien gruppieren, um daraus Teilergebnisse zu generieren, wie Sie doppelte Datensätze identifizieren und eliminieren. Interessant ist sicher auch zu sehen, wie Sie anhand Ihrer Daten Entwicklungen aufzeigen können. Dazu stelle ich Ihnen das Prognoseblatt vor, mit dem Sie ein wenig in die Zukunft blicken können.

Eines der mächtigsten Werkzeuge in Excel ist mit Sicherheit die Pivot-Tabelle. Aber keine Sorge, das heißt nicht, dass sich das Thema sonderlich kompliziert gestaltet. Im Gegenteil, Sie werden feststellen, dass die Pivot-Tabelle nicht nur zu den mächtigsten Excel-Werkzeugen, sondern auch zu den intuitivsten gehört.

Abschließend zeige ich Ihnen in diesem Kapitel, wie Sie Daten aus unterschiedlichsten Datenquellen, wie z. B. einer Access-Datenbank oder dem Internet, importieren.

In diesem Kapitel

- Tabellen sortieren
- Nach einer benutzerdefinierten Reihenfolge sortieren
- Den AutoFilter aktivieren
- Einen Textfilter anwenden
- Nach Datumswerten filtern
- Mit Farben und Symbolen filtern
- Tabellen drehen
- Werte in Gruppen zusammenfassen
- Doppelte Datensätze entfernen
- Trendanalysen mit dem Prognoseblatt
- Pivot-Tabellen erstellen und bearbeiten
- Details in der Pivot-Tabelle ein- und ausblenden
- Pivot-Tabellen sortieren und filtern
- Datenschnitte und Zeitachsen zum Filtern nutzen
- Power Pivot
- Ergebnisse zusammenfassen
- Verschiedene Szenarien darstellen
- Daten importieren

Ganze Tabellen sortieren

Möchten Sie sich einen Überblick über den Datenbestand einer Tabelle verschaffen, kann es hilfreich sein, die Tabelle nach bestimmten Kriterien zu sortieren. In der dargestellten Tabelle sollen die Daten nach dem Nachnamen sortiert werden.

1. Klicken Sie dazu in der Tabellenüberschrift auf die Pfeilschaltfläche des AutoFilters ❶ in der Spalte `Nachname`.
2. Wählen Sie aus dem Aufklappmenü **Von A bis Z sortieren**, um die Daten aufsteigend, beziehungsweise **Von Z bis A sortieren** ❷, um die Daten absteigend zu sortieren. Die Schaltflächen finden Sie übrigens auch in der Gruppe **Sortieren und Filtern** des Registers **Daten**.
3. Die Struktur der Tabelle wird hierbei nicht zerstört! Alle Zeilen bleiben zusammen, und die gesamte Tabelle wird sortiert, nicht nur die Spalte `Nachname`. Sortieren Sie anschließend z. B. nach dem `Umsatz`, wird die vorige Sortierung gelöscht. Nach welcher Spalte und in welcher Reihenfolge die Tabelle gerade sortiert ist, sehen Sie an dem schmalen Pfeil rechts neben dem AutoFilter-Symbol ❸.

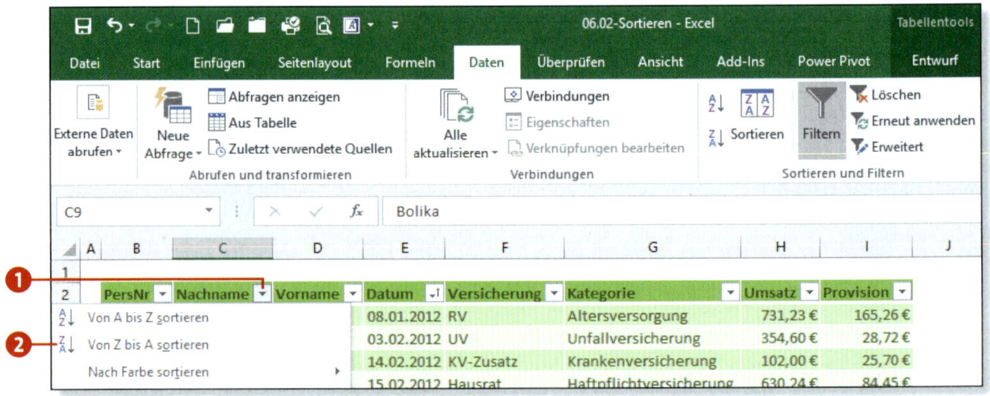

Tabellenformat

Um Tabellen komfortabel sortieren und später auch filtern zu können, ist es sinnvoll, die Datentabellen auch als Tabelle zu formatieren. In dem Beispiel auf dieser Seite, das Sie in der Arbeitsmappe *06.02-Sortieren.xlsx* finden, habe ich daher immer ein Tabellenformat verwendet. Mehr über das Tabellenformat lesen Sie im Abschnitt »Zellbereiche in Tabellenbereiche konvertieren« ab Seite 108.

Tabellenspalten von Hand sortieren

Haben Sie eine Tabelle erst einmal schnell zusammengeschustert, fällt Ihnen im Nachhinein vielleicht auf, dass die Spaltenreihenfolge doch nicht so optimal ist. In der Arbeitsmappe *06.03-Verein.xlsx* wurden dummerweise die Spalten `GebDatum` und `Alter` am Ende der Mitgliederliste eingefügt. Benötigt werden diese Spalten aber gleich hinter der Spalte `Nachname`. Sie müssen also nachbessern und die Spalten neu positionieren.

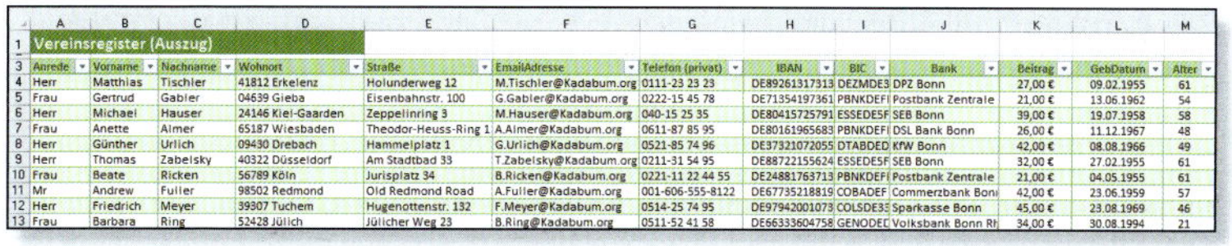

1. Markieren Sie nur diese beiden Tabellenspalten. Dazu bewegen Sie den Mauszeiger von oben auf die Überschrift `GebDatum`. Wenn der Mauszeiger zu einem schwarzen Pfeil wird, klicken Sie einmal, um nur die Daten unterhalb der Überschrift zu markieren.

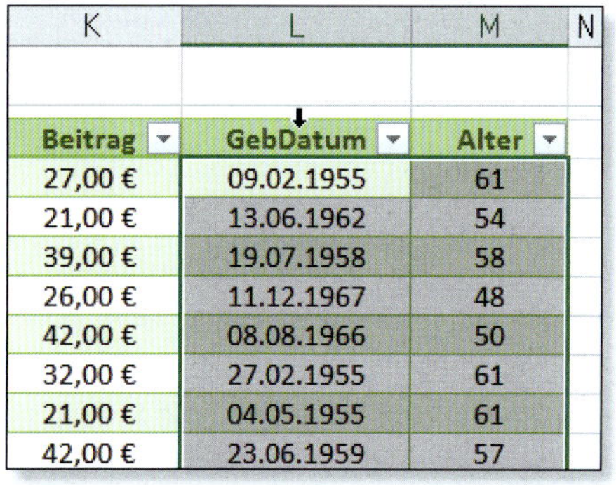

2. Bewegen Sie den Mauszeiger nicht, klicken Sie ein zweites Mal (kein Doppelklick), halten Sie die Maustaste gedrückt, und ziehen Sie den Mauszeiger nach rechts, bis auch die Spalte `Alter` samt Überschrift markiert ist.

3. Klicken und ziehen Sie jetzt bei gedrückter Maustaste die markierten Spalten über den Rahmen nach links. Ein breiter Strich zeigt Ihnen die Einfügeposition an ❶. Befinden Sie sich an der richtigen Position, lassen Sie die Maustaste los, um die Spalten an dieser Stelle einzufügen. Um Platz zu schaffen, werden die Spalten rechts der Einfügeposition nach rechts verschoben.

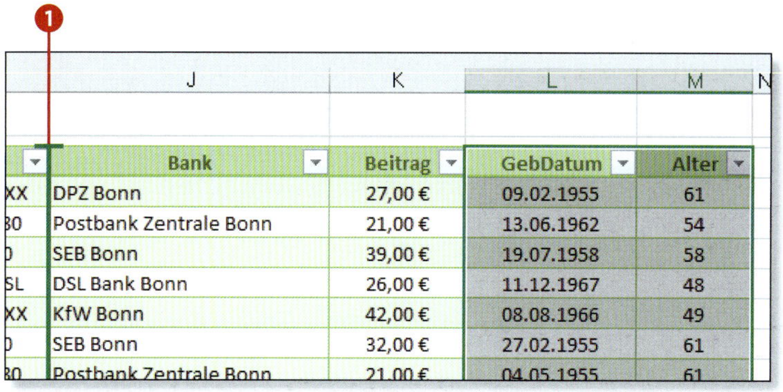

Auf die Spaltenbreite achten

Sortieren Sie auf die oben beschriebene Weise die Spalten eines Tabellenbereichs, werden die Spaltenbreiten nicht mit angepasst! Das heißt, bewegen Sie Inhalte einer breiten Spalte an die Position einer schmalen Spalte, werden die Inhalte in die schmale Spalte eingefügt. Verschieben Sie hingegen die Spalten des Arbeitsblattes, wird auch die ursprüngliche Spaltenbreite übernommen.

Tabelle nach Formatmerkmalen sortieren

Sie können Tabellen nicht nur nach ihren Werten auf- beziehungsweise absteigend sortieren, es ist auch möglich, nach Zellenfarbe, Schriftfarbe und Zellensymbol (also Symbole, die den Zellen durch bedingte Formatierung hinzugefügt wurden) zu sortieren. In der Arbeitsmappe *06.04-Lebenshaltungskosten.xlsx* sind in der Spalte F alle Werte, die unter dem Durchschnitt liegen, rosa markiert. Diese Werte sollen nach oben sortiert werden.

1. Klicken Sie zunächst auf das AutoFilter-Symbol der Spalte `Kaufkraft-Index`, und wählen Sie im Aufklappmenü **Nach Farbe sortieren**.
2. Im Untermenü wählen Sie aus dem Bereich **Nach Zellenfarbe sortieren** per Mausklick die gewünschte Farbe ❶. Hier lässt sich auch die Sortierung nach der Schriftfarbe und, sofern sich in der Spalte entsprechende Elemente befinden (siehe die Spalte `Monatseinkommen` in der Beispieldatei), nach Symbolen aktivieren.
3. Alternativ können Sie auch den Menüeintrag **Benutzerdefiniertes Sortieren** ❷ anklicken, um das Dialogfenster **Sortieren** zu öffnen. Hier wählen Sie zunächst die Spalte, nach der die Tabelle sortiert werden soll. Anschließend bestimmen Sie das Sortierkriterium. Sie können hier **Werte**, **Zellenfarbe**, **Schriftfarbe** oder **Zellensymbol** wählen. Bei den Farben und Symbolen können Sie noch entscheiden, ob nach oben oder unten sortiert wird ❸.

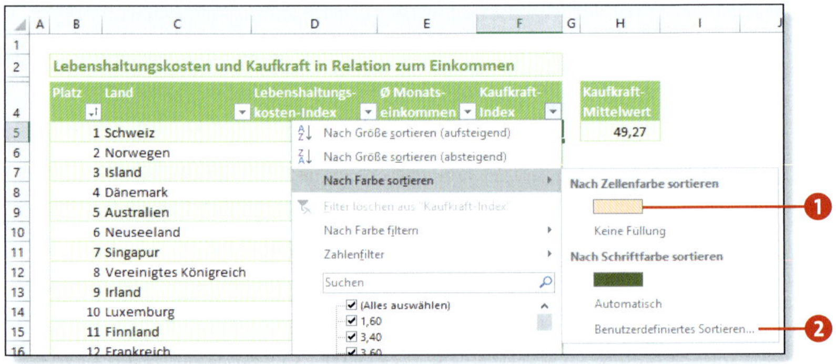

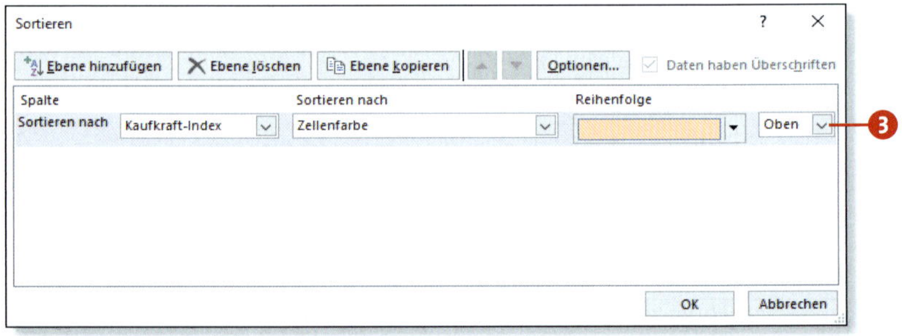

Dialogfenster »Sortieren« per Menüband öffnen

Das Dialogfenster **Sortieren** können Sie auch in der Gruppe **Sortieren und Filtern** des Registers **Daten** mit einem Klick auf die Schaltfläche **Sortieren** öffnen. Sie müssen dann aber zunächst den zu sortierenden Zellbereich auswählen beziehungsweise eine Zelle des Tabellenbereichs markieren. Andernfalls erhalten Sie eine Fehlermeldung.

Nach einer benutzerdefinierten Reihenfolge sortieren

Manchmal reicht es nicht aus, einfach nur nach einem Kriterium zu sortieren. Schauen wir uns noch einmal die Arbeitsmappe *06.02-Sortieren.xlsx* an. Die Tabelle ist nach Nachnamen sortiert. Betrachten Sie aber zusätzlich die Spalte `Vorname`, wird Ihnen auffallen, dass es sowohl `Anna` als auch `Benno Bolika` gibt. Es wäre wünschenswert, auch die Vornamen mit gleichem Nachnamen zu sortieren.

1. Markieren Sie eine beliebige Zelle der Tabelle. Wählen Sie **Daten > Sortieren und Filtern > Sortieren**, um das Dialogfenster **Sortieren** zu öffnen.
2. Wie Sie sehen, ist die Zeile **Sortieren nach** mit dem ersten Sortierkriterium befüllt (es werden die »Werte« der Spalte `Nachname` nach A bis Z geordnet). Klicken Sie auf die Schaltfläche **Ebene hinzufügen** ❶, um ein weiteres Sortierkriterium (eine neue Zeile im Dialog) hinzuzufügen.
3. In der neuen Zeile wählen Sie aus dem Aufklappmenü **Dann nach** ❷ den Menüeintrag **Vorname** und bestätigen mit **OK**. Die Sortierung wird daraufhin auf Ihre Tabelle angewendet.

	A	B	C	D	E	F	G	H	I
1									
2		PersNr	Nachname	Vorname	Datum	Versicherung	Kategorie	Umsatz	Provision
3		3	Angsthase	Arno	09.07.2012	LV	Altersversorgung	380,80 €	112,72 €
4		2	Ärger	Änne	11.05.2012	Recht	Rechtsschutz	80,04 €	13,29 €
5		2	Ärger	Änne	26.11.2012	UV	Unfallversicherung	338,84 €	28,46 €
6		2	Ärger	Änne	13.07.2012	DirektV	Altersversorgung	1.082,84 €	260,96 €
7		1	Bolika	Benno	07.10.2012	Recht	Rechtsschutz	71,76 €	6,31 €
8		1	Bolika	Benno	16.03.2012	KV	Krankenversicherung	491,64 €	30,97 €
9		1	Bolika	Benno	16.03.2012	KV	Krankenversicherung	491,64 €	50,15 €
10		1	Bolika	Benno	12.03.2012	Hausrat	Haftpflichtversicherung	617,76 €	105,64 €
11		1	Bolika	Anna	22.02.2012	Hausrat	Haftpflichtversicherung	692,64 €	138,53 €
12		1	Bolika	Anna	02.06.2012	DirektV	Altersversorgung	1.173,92 €	119,74 €
13		4	Brötchen	Benno	11.12.2012	KFZV	Haftpflichtversicherung	254,81 €	15,03 €
14		5	Chile	Chantal	02.03.2012	KV-Zusatz	Krankenversicherung	95,00 €	22,61 €
15		5	Chile	Chantal	05.10.2012	KV-Zusatz	Krankenversicherung	110,00 €	27,06 €

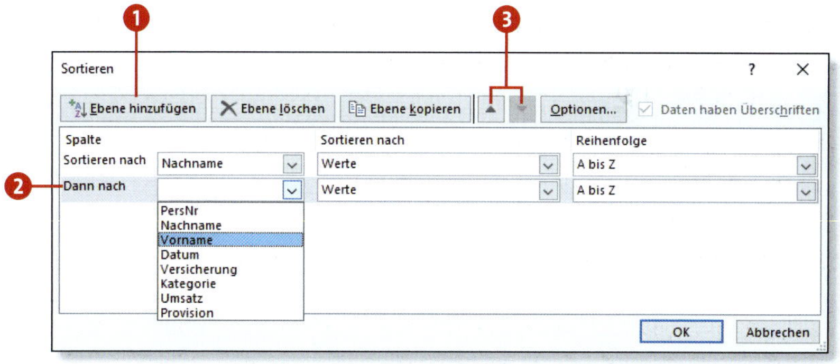

Reihenfolge ändern

Über die Pfeilschaltflächen ❸ lässt sich auch im Nachhinein die Reihenfolge der Sortierkriterien komfortabel ändern. So könnten Sie beispielsweise mit nur einem Klick zunächst nach Vornamen und innerhalb der Vornamen nach Nachnamen sortieren.

Sortierkriterien löschen

Benötigen Sie ein Sortierkriterium nicht mehr, können Sie es im Dialog **Sortieren** mit einem Klick auf **Ebene löschen** entfernen.

Den AutoFilter aktivieren

Die AutoFilter sind wohl die einfachste Art, Daten einer Tabelle zu filtern. Bevor Sie jedoch auf die Filterfunktion zugreifen können, müssen Sie die AutoFilter-Schaltflächen einblenden. Bei Tabellen, die als Tabellenbereich formatiert sind, ist dies automatisch der Fall. Bei allen »normalen« Zellbereichen müssen Sie die Filterschaltflächen zunächst aktivieren.

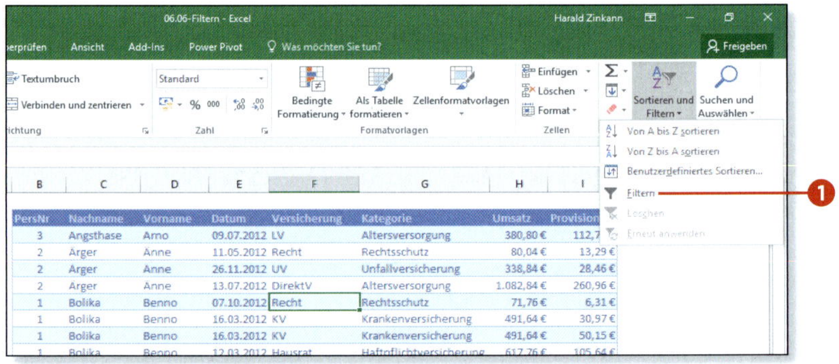

1. Markieren Sie eine Zelle im Zellbereich. Klicken Sie nun in der Gruppe **Bearbeiten** der Registerkarte **Start** auf **Sortieren und Filtern**, und wählen Sie im Menü den Befehl **Filtern** ❶. Alternativ wählen Sie **Daten > Sortieren und Filtern > Filtern**.
2. Über die Filterschaltflächen können Ihre Daten jetzt, je nach Spalteninhalt, nach Texten, Datum, Zahlen und optischen Elementen gefiltert ❷ werden. Das weitere Vorgehen stelle ich Ihnen in den folgenden Abschnitten genauer vor.
3. Ein weiterer Klick auf eine der beiden Schaltflächen blendet die Filter wieder aus.

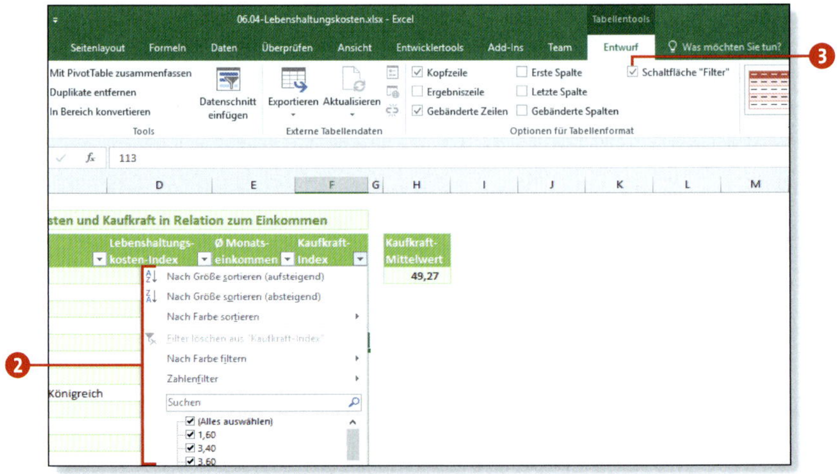

Trotz Tabellenbereich keine AutoFilter?

Haben Sie Ihre Daten als Tabelle formatiert, aber die AutoFilter-Schaltflächen stehen nicht zur Verfügung? Dann setzen Sie in der Gruppe **Optionen für Tabellenformat** der kontextabhängigen Registerkarte **Tabellentools/Entwurf** das Häkchen bei **Schaltfläche "Filter"** ❸.

AutoFilter per Tastenkombination aktivieren

Neben den Schaltflächen im Menüband zum Ein- und Ausblenden der AutoFilter-Schaltflächen können Sie auch die Tastenkombination Strg + ⇧ + L nutzen.

Einen Textfilter anwenden

In den Aufklappmenüs der Filterschaltflächen werden Ihnen je nach Datentyp und Inhalt der Spalten andere vordefinierte Filterkriterien angeboten. In der Arbeitsmappe *06.06-Filtern.xlsx* finden Sie Möglichkeiten, alle Varianten auszutesten.

1. Klicken Sie auf die Filterschaltfläche einer Spalte mit Text.
2. Wählen Sie den Menüeintrag **Textfilter** ❶. In dem Untermenü werden Ihnen nur Filterkriterien angeboten, die für Texte sinnvoll erscheinen. Egal, welche Auswahl Sie hier treffen, Sie landen in jedem Fall in dem Dialog **Benutzerdefinierter AutoFilter**.
3. In dem ersten Aufklappmenü des Dialogs ist das zuvor gewählte Filterkriterium voreingestellt. Im Eingabefeld ❷ rechts daneben können Sie Ihren Suchbegriff eingeben oder aus einer Liste der vorhandenen Inhalte auswählen. Durch Anwählen von **Und** beziehungsweise **Oder** lässt sich in der zweiten Eingabezeile ein weiteres Filterkriterium hinzufügen. Übrigens, wählen Sie im Aufklappmenü das Kriterium **ist größer als** und geben dann als Kriterium beispielsweise `Meier` ein, werden alle Namen angezeigt, die in der alphabetischen Liste nach Meier stehen. Klicken Sie auf **OK**, um den Filter anzuwenden. Sie sehen in Ihrer Tabelle nur noch die Inhalte, die den Kriterien entsprechen.

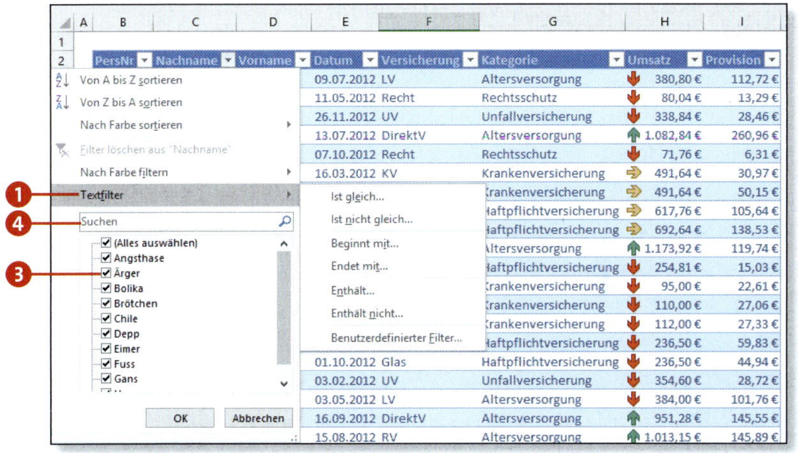

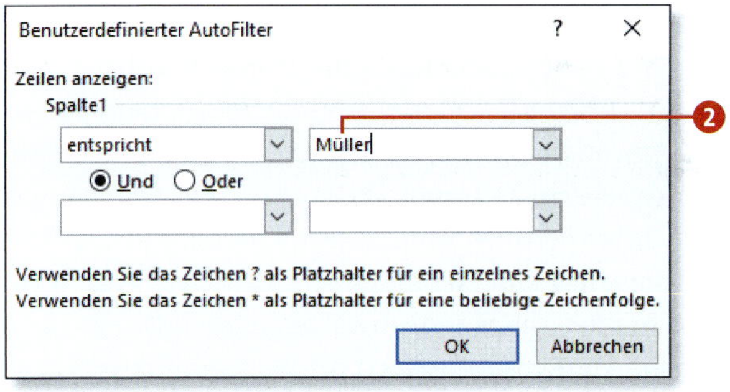

Wenn es mal schnell gehen soll

Im Menü der Filterschaltflächen können Sie einzelne Einträge über die Auswahlkästchen ❸ aus der Liste entfernen oder hinzufügen. Im Eingabefeld **Suchen** ❹ besteht die Möglichkeit, direkt nach Inhalten zu suchen. Bereits die Eingabe von `se` beispielsweise reicht aus, dass in dem darunter liegenden Menü noch Inhalte mit dieser Zeichenfolge angezeigt werden. Dies ist übrigens nicht auf Textfilter beschränkt, sondern funktioniert z. B. auch bei Zahlenwerten.

Stellvertreterzeichen

In den benutzerdefinierten Filtern können Sie auch die Stellvertreterzeichen * und ? verwenden. Hierbei steht * für eine beliebige Zeichenkette (auch keine) und das ? für genau ein Zeichen. Die Eingabe `M??er*` filtert also Namen wie Maier, Mayer, Meier, Meyerlein, aber natürlich auch Maler. An der 2. und 3. Position muss also ein Zeichen stehen, es ist aber egal, welches. Ab der 6. Stelle kann dann alles Mögliche stehen, auch nichts.

Nach Datumswerten filtern

Excel bietet Ihnen sehr komfortable Filtermöglichkeiten von Datumswerten mit dem AutoFilter. Hierbei erweist sich vor allem das Menü mit den Auswahlkästchen als sehr hilfreich.

1. Öffnen Sie in der Beispieldatei *06.06-Filtern.xlsx* das Filtermenü für die Spalte `Datum`. Entfernen Sie im Menü alle Häkchen mit einem Klick auf das Kästchen **(Alles auswählen)** ❶.
2. Über die Plusschaltfläche ❷ können Sie nun einzelne Jahre und Monate erweitern (hier **März**). Wählen Sie jetzt per Klick auf die Kästchen einzelne Tage aus, etwa den 20. und 22. März. Bestätigen Sie Ihre Wahl mit einem Klick auf **OK**, werden in der Tabelle nur noch die Daten angezeigt, die den eingestellten Filterkriterien entsprechen.
3. Über **Datumsfilter** ❸ rufen Sie weitere Kriterien auf. Die ersten vier Kriterien leiten Sie zum Dialog **Benutzerdefinierte AutoFilter**, in dem Sie Grenzen festlegen können. Die weiteren Filter dienen dem Eingrenzen der Daten auf bestimmte Zeiträume. Interessant ist auch der Menüeintrag **Alle Datumswerte im Zeitraum** ❹. Bewegen Sie den Mauszeiger darauf, wird ein Untermenü geöffnet. Diese Kriterien für Quartale oder Monate filtern, ohne das Jahr zu berücksichtigen. Das heißt, wählen Sie hier z. B. **Januar**, werden alle Januarumsätze angezeigt, egal aus welchem Jahr. Für einen direkten Vergleich ist das sehr praktisch.

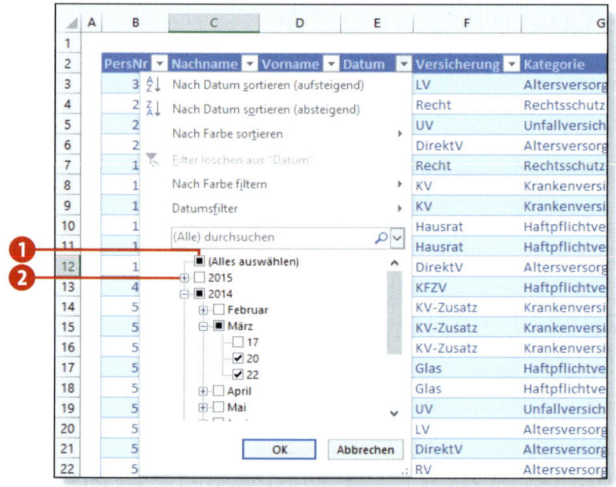

Per Formel die Filtermöglichkeiten erweitern

Trotz der Vielfalt von Kriterien kann es auch vorkommen, dass Sie z. B. die ersten 10 Tage jeden Monats vergleichen möchten. Für dieses Problem ist kein Kriterium vorgesehen. Auch die benutzerdefinierten AutoFilter helfen hier nicht weiter. Fügen Sie der Tabelle aber eine Spalte hinzu und ermitteln dort per `=TAG()` den Tag eines Monats (in der Beispieldatei `=TAG(E3)`), können Sie die Spalte danach per Zahlenfilter (kleiner als 11) filtern. Auf diese Weise können Sie nahezu jede Aufgabe meistern.

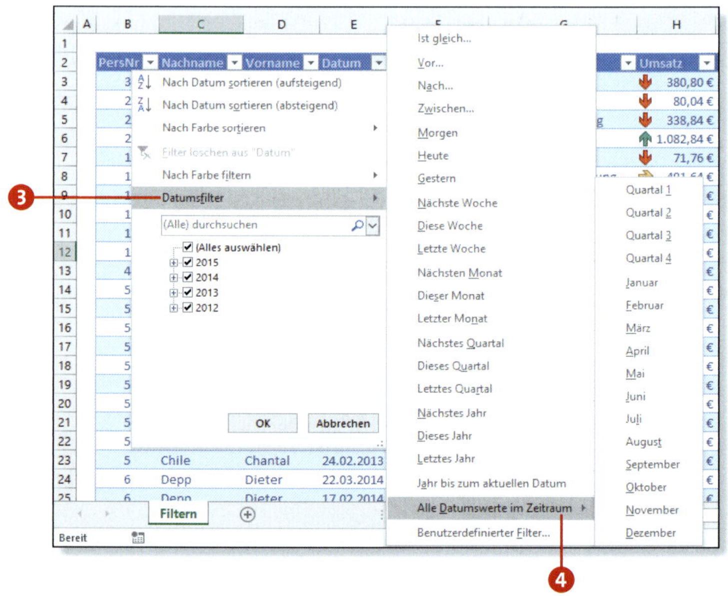

Mit Farben und Symbolen filtern

Genauso wie beim Sortieren besteht auch beim Filtern die Möglichkeit, dass Sie sich auf Zellenfarben und -symbole beziehen.

1. Zum Mitmachen öffnen Sie die Arbeitsmappe *06.06-Filtern.xlsx*. Klicken Sie auf die Filterschaltfläche der Spalte, in der sich die Symbole befinden (hier `Umsatz`).
2. Bewegen Sie den Mauszeiger im folgenden Menü auf den Eintrag **Nach Farbe filtern**.
3. Im Untermenü wählen Sie z. B. den grünen Pfeil ❶ oder eine der aufgelisteten Zellenfarben darüber. Daraufhin werden nur die Zeilen angezeigt, die in der betreffenden Spalte mit einem grünen Pfeil formatiert sind.

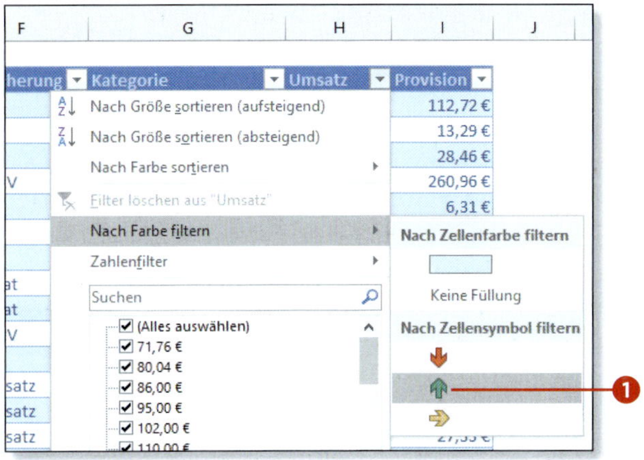

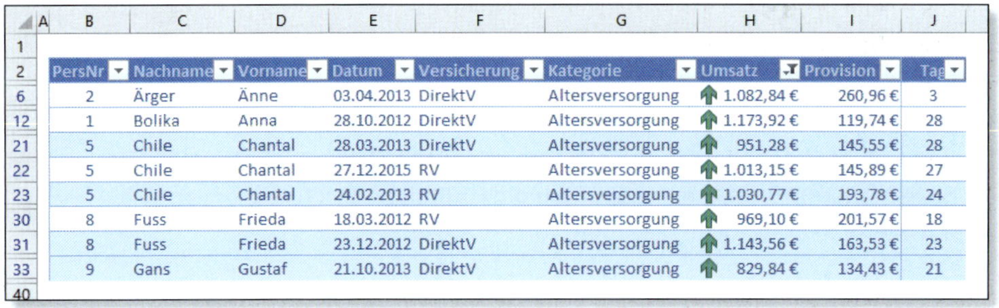

	PersNr	Nachname	Vorname	Datum	Versicherung	Kategorie	Umsatz	Provision	Tag
6	2	Ärger	Änne	03.04.2013	DirektV	Altersversorgung	1.082,84 €	260,96 €	3
12	1	Bolika	Anna	28.10.2012	DirektV	Altersversorgung	1.173,92 €	119,74 €	28
21	5	Chile	Chantal	28.03.2013	DirektV	Altersversorgung	951,28 €	145,55 €	28
22	5	Chile	Chantal	27.12.2015	RV	Altersversorgung	1.013,15 €	145,89 €	27
23	5	Chile	Chantal	24.02.2013	RV	Altersversorgung	1.030,77 €	193,78 €	24
30	8	Fuss	Frieda	18.03.2012	RV	Altersversorgung	969,10 €	201,57 €	18
31	8	Fuss	Frieda	23.12.2012	DirektV	Altersversorgung	1.143,56 €	163,53 €	23
33	9	Gans	Gustaf	21.10.2013	DirektV	Altersversorgung	829,84 €	134,43 €	21

Spaltenübergreifende Filter

Sollten Sie in mehreren Spalten einen Filter setzen, wird die Ergebnismenge immer kleiner, da sich der jeweils nächste Filter nur noch auf die bereits gefilterten Daten bezieht. Das heißt, die verschiedenen Filter sind untereinander mit UND verknüpft. Die angezeigten Daten müssen ja das eine *und* das andere Kriterium erfüllen. Eine ODER-Verknüpfung der Kriterien in AutoFiltern ist nicht möglich.

Tabellen drehen

In der Arbeitsmappe *06.10-Umsätze.xlsx* sind die Umsätze verschiedener Filialen über 4 Quartale zusammengefasst. Betrachten Sie die Daten zeilenweise, stehen die Quartale im Fokus. In einem anderen Zusammenhang möchten Sie aber vielleicht primär die Filialen/Orte betrachten. Es wäre also besser, wenn jetzt die Orte die Zeilen und die Quartale die Spalten bilden würden. Um dies zu realisieren, bietet Ihnen Excel das sogenannte *Transponieren*. In der Spalte D der Beispieldatei habe ich die Werte aus Spalte C sukzessive addiert, um zu sehen, was beim Transponieren mit diesen Berechnungen passiert.

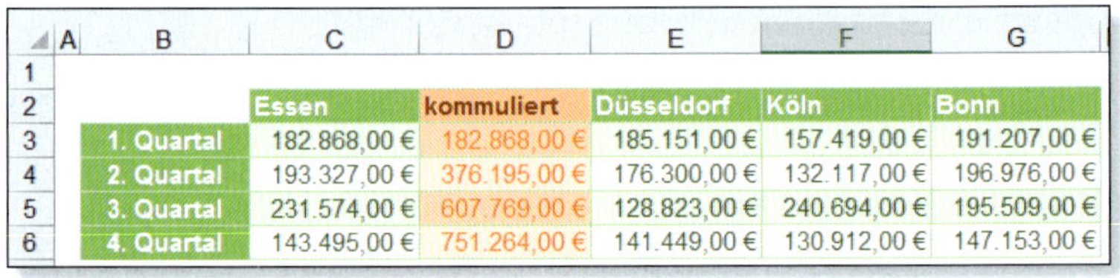

1. Markieren Sie alle Zellen der Tabelle, im Beispiel B2 bis G6, und kopieren Sie sie z. B. mit der Tastenkombination Strg + C.

2. Markieren Sie nun die Zielzelle, in der die obere linke Ecke der kopierten Tabelle liegen soll. Klicken Sie danach in der Gruppe **Zwischenablage** des Registers **Start** auf die Schaltfläche **Einfügen**, und fügen Sie die Tabellenkopie mit einem Klick auf **Transponieren** ❶ ein.

   Die Tabelle wurde um 90° gekippt und einmal gespiegelt, damit Essen nicht unten in der Liste, sondern oben steht. Wie Sie in der Spalte D überprüfen können, wurden die Formeln, die sich alle auf Werte in der Tabelle beziehen, korrekt angepasst.

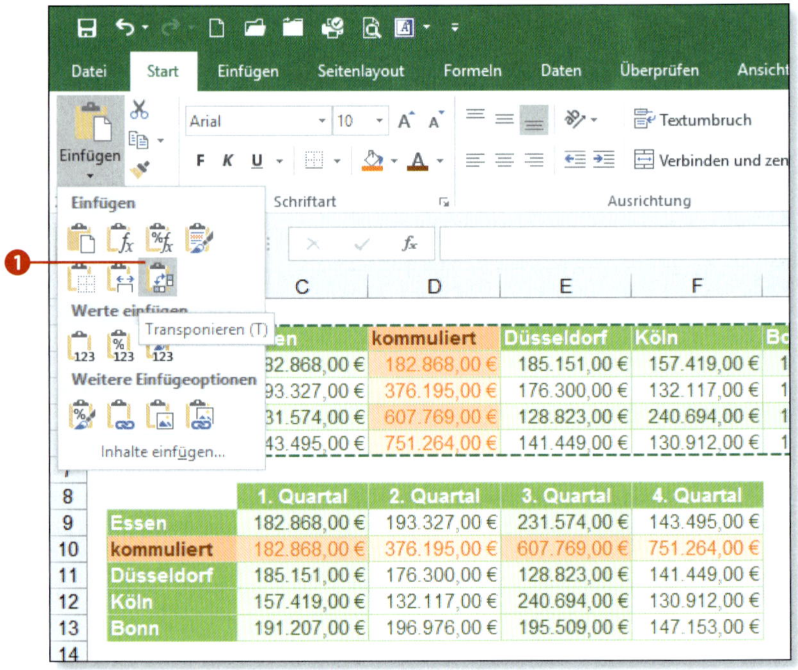

Häufiges Drehen

Sollten Sie die Tabelle sehr häufig transponieren, um sie einmal quartalsweise und dann wieder filialbezogen zu betrachten, bietet es sich an, die Daten in einer Pivot-Tabelle zusammenzufassen. In einer Pivot-Tabelle ist es deutlich einfacher, mal eben schnell die Betrachtungsrichtung zu ändern.

3. Im zweiten Arbeitsblattregister finden Sie ein weiteres Beispiel, bei dem ich das Augenmerk noch mal auf Formeln in transponierten Tabellen lenke. Die Tabelle enthält Formeln, die sich auf Werte beziehen, die außerhalb der Tabelle stehen. Markieren Sie auch hier alle Zellen von B2 bis G6, und kopieren Sie die Tabelle.

4. Markieren Sie die Zielzelle, und fügen Sie die Tabellenkopie wieder mit einem Klick auf **Transponieren** ein.

   Auch in diesem Fall werden die Formeln angepasst und beziehen sich daher nicht mehr auf den Bereich I3 bis I6! Dieses Problem können Sie nur lösen, indem Sie absolute Bezüge benutzen oder den Bereich I2 bis I6 mit kopieren.

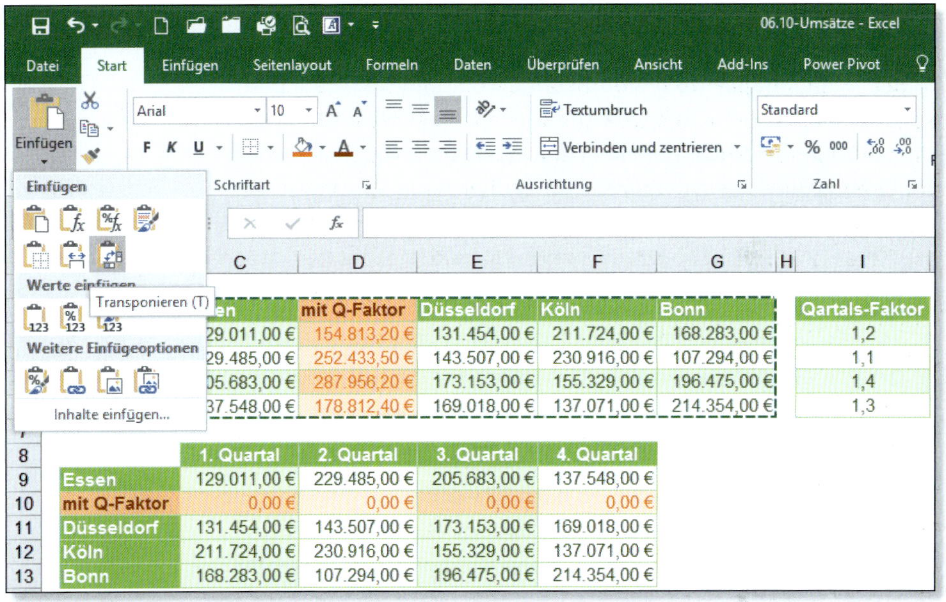

SVERWEIS und WVERWEIS

Beim SVERWEIS muss die Tabelle, in der nach den Detaildaten gesucht wird, in der ersten Spalte (senkrecht) das Suchkriterium enthalten. Die Datensätze stehen also in den Zeilen. Manchmal stehen Ihnen aber nur Datentabellen zur Verfügung, in denen die Datensätze spaltenweise untergebracht sind. Das Suchkriterium steht dann in der ersten Zeile (waagerecht). Es gibt zwei einfache Möglichkeiten, dieses Problem zu lösen. Sie transponieren die Tabelle, sodass das Suchkriterium in der ersten Spalte steht, oder Sie verwenden den WVERWEIS. Mehr über SVERWEIS beziehungsweise WVERWEIS lesen Sie im Exkurs »Nachschlagen und Verweisen« auf Seite 214.

Die Funktion MTRANS()

Bei den transponierten Tabellen handelt es sich um eine Kopie. Das heißt, Änderungen in der einen Tabelle wirken sich nicht auf die andere aus. Mit der Funktion MTRANS als Matrixformel eingegeben, ist die zweite Tabelle dynamisch mit der ersten verknüpft. Änderungen der ersten Tabelle wirken sich auf die zweite aus. Ein Beispiel dazu finden Sie im Arbeitsblattregister MTRANS() der Beispieldatei *06.10-Umsätze.xlsx*. Mehr zu Matrixformeln erfahren Sie im gleichnamigen Abschnitt auf Seite 198.

Werte in Gruppen zusammenfassen

In der Arbeitsmappe *06.11-Hauptstädte.xlsx* finden Sie eine Liste aller Hauptstädte auf allen Kontinenten. Für jeden Kontinent soll die Summe der Einwohner aller Hauptstädte ausgegeben werden. Da hierzu jeweils eine neue Zeile mit lediglich der Summe eingefügt wird, kann für diese Tabelle das Tabellenformat nicht genutzt werden. Ein Tabellenbereich muss homogen aufgebaut sein, was hier nicht der Fall ist.

1. Markieren Sie eine Zelle in der Tabelle, und klicken Sie in der Gruppe **Gliederung** des Registers **Daten** auf die Schaltfläche **Teilergebnis** ❶. Die Tabelle wird automatisch komplett markiert und das Dialogfenster **Teilergebnisse** geöffnet.
2. Im Aufklappmenü **Gruppieren nach** ❷ wählen Sie die Spalte, in der Sie Werte zusammenfassen möchten. Die Tabelle muss nach dieser Spalte sortiert sein, ansonsten werden falsche Teilergebnisse angezeigt! Im Aufklappmenü **Unter Verwendung von** wählen Sie die Funktion **Summe** ❸. Anschließend setzen Sie unter **Teilergebnis addieren zu** bei allen Spalten, in denen Sie die Summe bilden möchten, ein Häkchen ❹ und bestätigen mit einem Klick auf **OK**.
3. Am Ende jeder Gruppe sehen Sie jetzt das Zwischenergebnis ❺. Beim Erstellen der Teilergebnisse werden die Daten automatisch gruppiert, und die »Schieberegler« zum Ausblenden der Gruppen werden eingeblendet ❻.

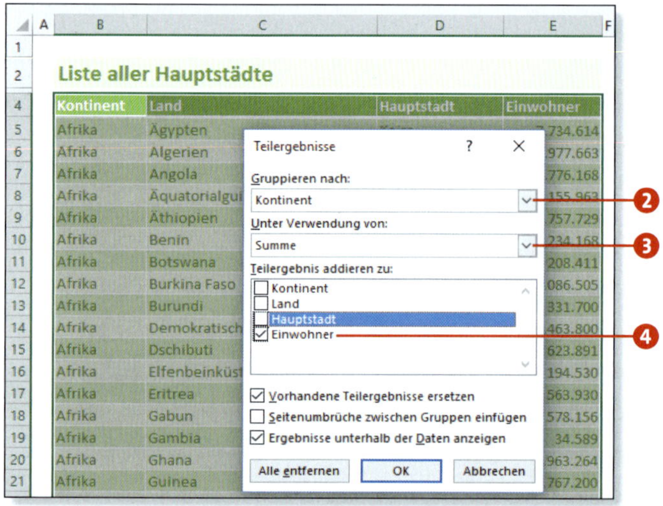

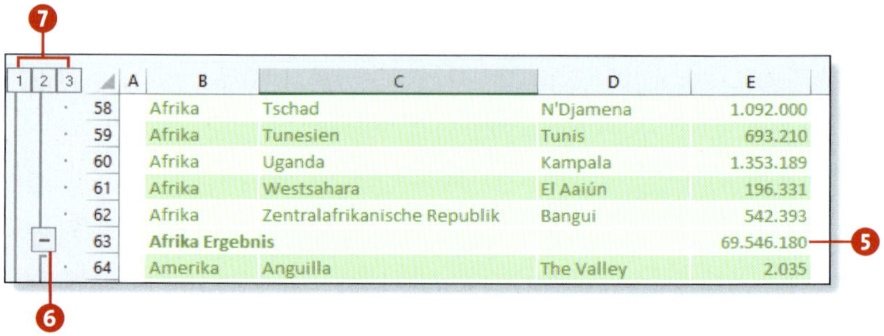

Gliederungsebenen ein- und ausblenden

Über die Schaltflächen **1**, **2** oder **3** ❼, können Sie die Gliederungsebenen 1, 2 beziehungsweise 3 einblenden. In Ebene 1 wird nur das Gesamtergebnis angezeigt, in Ebene 2 zusätzlich alle Teilergebnisse und in Ebene 3 zusätzlich alle Einzelergebnisse.

Gruppierung aufheben

Mit einem Klick auf die Schaltfläche **Alle entfernen** im Dialog **Teilergebnisse** wird die Gruppierung aufgehoben und die Tabelle wieder in ihren ursprünglichen Zustand versetzt.

Doppelte Datensätze entfernen

Durch ungeprüfte Eingaben und bei Tabellen, die über einen langen Zeitraum hinweg genutzt werden, kann es leicht zu doppelten Datensätzen kommen. In der Arbeitsmappe *06.12-Duplikate.xlsx* werden Seriennummern von Software zum Teil doppelt aufgeführt. Diese doppelten Einträge sollen entfernt werden.

1. Markieren Sie eine Zelle in der Tabelle. Sollte die Tabelle als Tabellenbereich formatiert sein, wird das kontextabhängige Register **Tabellentools/Entwurf** eingeblendet. Klicken Sie hier in der Gruppe **Tools** auf **Duplikate entfernen** ❶. Verwenden Sie kein Tabellenformat, finden Sie die Schaltfläche unter **Daten > Datentools > Duplikate entfernen**.
2. Der Dialog **Duplikate entfernen** wird aufgerufen. Hier sind im Bereich **Spalten** alle Tabellenspalten mit einem Häkchen versehen. Entfernen Sie die Häkchen bei den Spalten, die Sie von der Suche nach Duplikaten ausschließen möchten (hier **Artikel** und **Abteilung** ❷), und bestätigen Sie mit einem Klick auf **OK**.
3. Hätten Sie die Häkchen bei diesen Spalten nicht gelöscht, wären nur die Zeilen gelöscht worden, die in allen Spalten den gleichen Inhalt haben, also nur identische Zeilen. So wurden alle Zeilen gelöscht, die die gleiche Seriennummer haben. Dabei bleibt die jeweils erste Zeile stehen, und alle folgenden Dopplungen werden gelöscht.

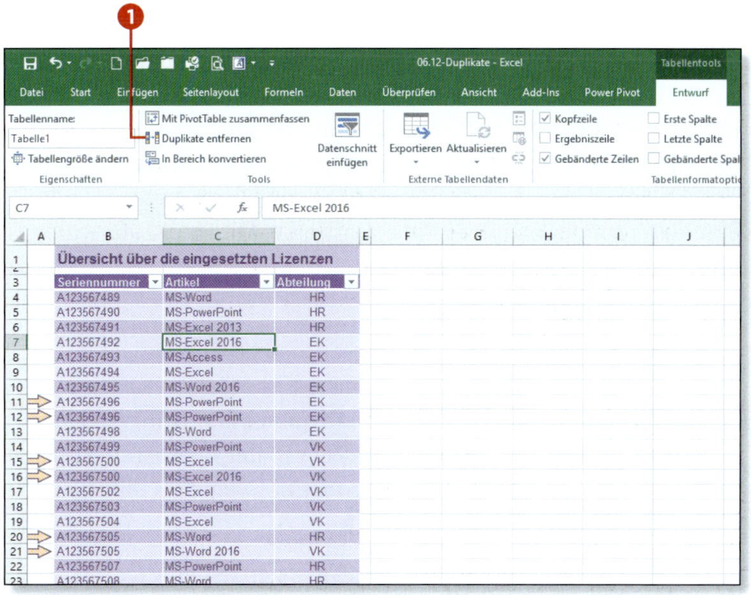

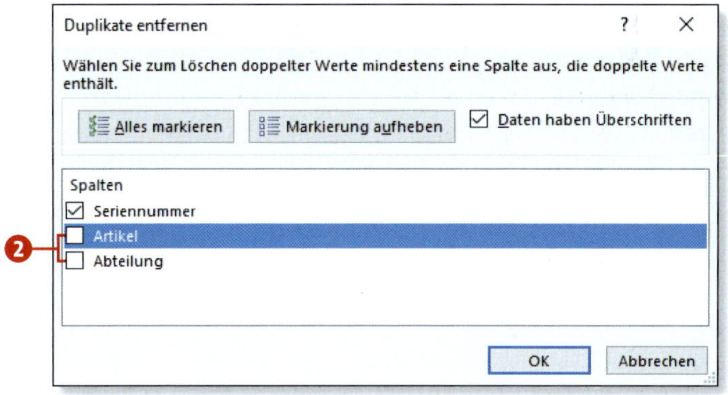

Referenzliste erstellen

Um für die Datenüberprüfung eine Referenzliste mit den gültigen Inhalten zu erstellen, kopieren Sie einfach die Spalte mit den benötigten Daten an eine beliebige, freie Stelle auf dem Arbeitsblatt. Solange die Kopie noch markiert ist, wählen Sie **Daten > Datentools > Duplikate entfernen** und klicken auf **OK**.

Das Prognoseblatt zur Trendanalyse nutzen

In früheren Versionen von Excel konnten Sie den Trend ermitteln, indem Sie z. B. mindestens die drei letzten Umsatzwerte markierten und die Reihe über das Ausfüllkästchen vervollständigten oder in einem Diagramm eine Trendlinie einfügten. Mit Excel 2016 wurde eine neue Funktionalität hinzugefügt, die diese beiden Methoden vereint: das *Prognoseblatt*.

1. In der Beispieldatei *06.13-Prognosen.xlsx* sind die Umsatzdaten des Jahres 2015 aufgelistet. Auf Basis dieser Zahlen soll eine Prognose für die nächsten 3 Monate (ab Januar 2016) erstellt werden. Dazu markieren Sie eine Zelle in der Tabelle und klicken anschließend in der Gruppe **Prognose** des Registers **Daten** auf die Schaltfläche **Prognoseblatt** ❶.

2. Das Dialogfenster **Prognosearbeitsblatt erstellen** wird, mit einer Vorschau der aktuellen und prognostizierten Daten, eingeblendet. Sie können entscheiden, ob Sie den Trend in einem Linien- oder Säulendiagramm darstellen möchten ❷. Klicken Sie in das Feld **Prognoseende** ❸, um einen Prognosezeitraum zu bestimmen beziehungsweise ein Enddatum für die Prognose einzurichten. Möchten Sie die mathematischen Berechnungsgrundlagen anpassen, klicken Sie auf **Optionen** ❹.

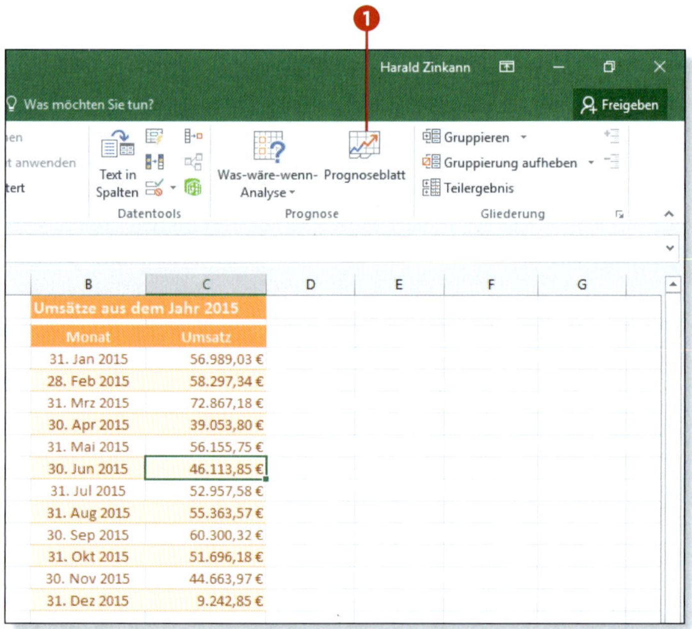

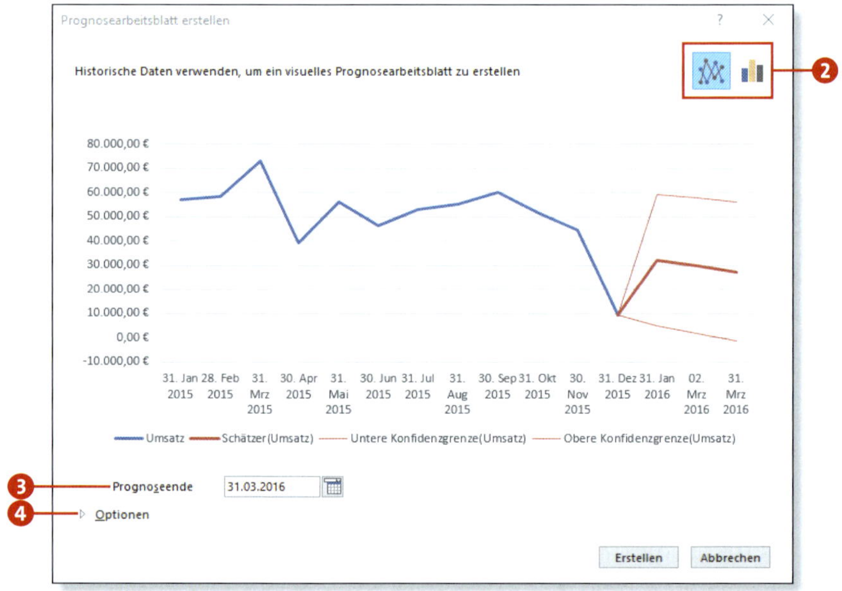

Mehrere Prognoseblätter verwenden

Das Einfügen eines Prognoseblattes lässt sich beliebig oft mit anderen Einstellungen wiederholen. So können Sie verschiedene Varianten austesten und miteinander vergleichen.

3. Das Dialogfenster wird daraufhin um mehrere Eingabefelder erweitert, und unter den **Optionen** lässt sich dann beispielsweise das **Konfidenzintervall** ❺ ein- und ausblenden oder die **Saisonalität** ❻ anpassen. Sie legt z. B. fest, aus wie vielen Monaten eine Saison besteht. Wenn sich ein Geschäftszyklus alle sechs Monate wiederholt, kann dies manuell eingestellt werden.
4. Im Diagramm bildet die blaue Linie die vorhandenen Werte ab, die fette rote Linie die Prognose. Die dünnen roten Linien bilden die untere und obere Konfidenzgrenze. Schließen Sie Ihre Einstellungen mit einem Klick auf **Erstellen** ❼ ab.
5. In Ihrer Arbeitsmappe wird ein neues Arbeitsblatt vor dem aktuellen eingefügt. Auf diesem Arbeitsblatt sehen Sie eine Tabelle mit den vorhandenen Daten und drei neuen Spalten: **Schätzen(Umsatz)** sowie den beiden Spalten **Untere Konfidenzgrenze (Umsatz)** und **Obere Konfidenzgrenze (Umsatz)**. Über der Tabelle sehen Sie das Diagramm zu den Werten. Markieren Sie das Diagramm mit einem Mausklick, lässt es sich nicht nur in der Größe verändern und auf dem Arbeitsblatt verschieben, es sind außerdem nahezu alle Anpassungen möglich, die Sie in Kapitel 8, »Diagramme und Grafiken«, ab Seite 223 kennenlernen werden.

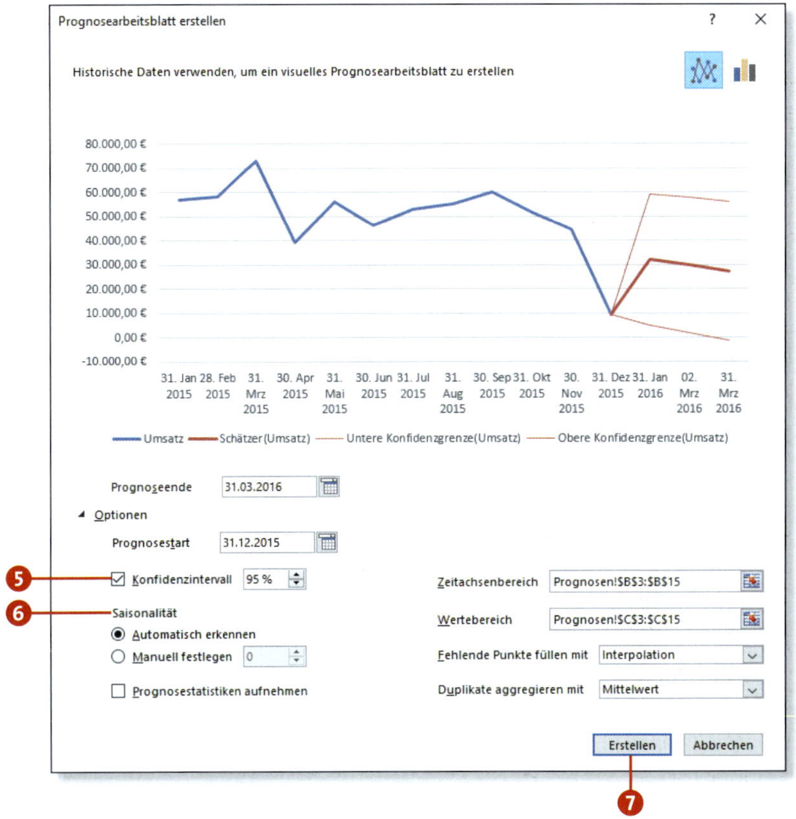

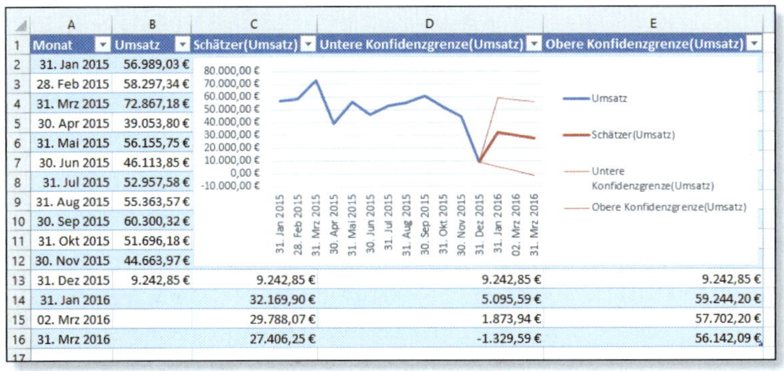

	A	B	C	D	E
1	Monat	Umsatz	Schätzer(Umsatz)	Untere Konfidenzgrenze(Umsatz)	Obere Konfidenzgrenze(Umsatz)
2	31. Jan 2015	56.989,03 €			
3	28. Feb 2015	58.297,34 €			
4	31. Mrz 2015	72.867,18 €			
5	30. Apr 2015	39.053,80 €			
6	31. Mai 2015	56.155,75 €			
7	30. Jun 2015	46.113,85 €			
8	31. Jul 2015	52.957,58 €			
9	31. Aug 2015	55.363,57 €			
10	30. Sep 2015	60.300,32 €			
11	31. Okt 2015	51.696,18 €			
12	30. Nov 2015	44.663,97 €			
13	31. Dez 2015	9.242,85 €	9.242,85 €	9.242,85 €	9.242,85 €
14	31. Jan 2016		32.169,90 €	5.095,59 €	59.244,20 €
15	02. Mrz 2016		29.788,07 €	1.873,94 €	57.702,20 €
16	31. Mrz 2016		27.406,25 €	-1.329,59 €	56.142,09 €
17					

Konfidenzgrenze

Die *Konfidenzgrenzen* bilden die Ober- und Untergrenze für das *Konfidenzintervall*. Das Konfidenzintervall wird auch *Vertrauensbereich* oder *Erwartungsbereich* genannt. Dies ist also der Bereich, in dem Sie die nächsten Ergebnisse erwarten. Dieser Bereich kann in den Optionen angepasst werden und liegt voreingestellt bei 95 %.

Was ist eine Pivot-Tabelle?

Bevor Sie eine Pivot-Tabelle erstellen, werde ich Ihnen zunächst einige grundlegende Zusammenhänge erläutern. Eine Pivot-Tabelle hat die primäre Aufgabe, Daten zusammenzufassen. Das heißt, in einer Pivot-Tabelle wird es keine doppelten Datensätze geben. In der Arbeitsmappe *06.14-Vertreterumsätze-2012-2014.xlsx* finden Sie eine Tabelle mit den Umsätzen einzelner Versicherungsvertreter. In einer Pivot-Tabelle, in der die Vertreternamen zu sehen sind, sind alle Zeilen eines Vertreters zu einer Zeile zusammengefasst. Alle Einzelumsätze pro Vertreter können dann zu einer Summe addiert werden.

Eine Pivot-Tabelle wird immer aus bereits bestehenden Daten generiert. Dabei ist es wichtig, darauf zu achten, dass diese Datenbasis zwei wichtige Merkmale aufweist:

- Sie sollte mindestens eine Spalte mit doppelten Werten enthalten, damit die Pivot-Tabelle etwas zum Zusammenfassen hat.
- Sie sollte mindestens eine Spalte mit numerischen Werten haben, damit die Pivot-Tabelle etwas zum Berechnen hat.

In der unten dargestellten Tabelle sehen Sie, dass sich in den Spalten `Nname`, `Vname`, `Versicherung` und `Kategorie` die Inhalte wiederholen. In den Spalten `Umsatz` und `Provision` gibt es etwas zu berechnen. Wenn Sie dafür einen Blick entwickeln, welche Tabellen sich für eine Pivot-Tabelle eignen, haben Sie schon gewonnen. Die Pivot-Tabelle selbst ist, wie Sie sehen werden, dann sehr intuitiv zu verwenden.

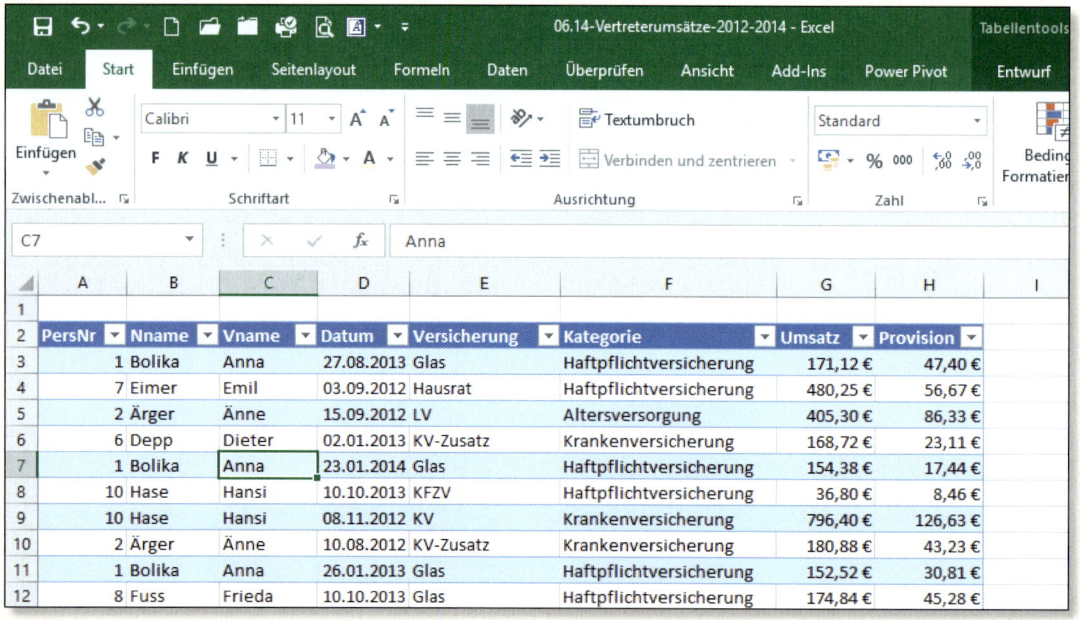

PersNr	Nname	Vname	Datum	Versicherung	Kategorie	Umsatz	Provision
1	Bolika	Anna	27.08.2013	Glas	Haftpflichtversicherung	171,12 €	47,40 €
7	Eimer	Emil	03.09.2012	Hausrat	Haftpflichtversicherung	480,25 €	56,67 €
2	Ärger	Änne	15.09.2012	LV	Altersversorgung	405,30 €	86,33 €
6	Depp	Dieter	02.01.2013	KV-Zusatz	Krankenversicherung	168,72 €	23,11 €
1	Bolika	Anna	23.01.2014	Glas	Haftpflichtversicherung	154,38 €	17,44 €
10	Hase	Hansi	10.10.2013	KFZV	Haftpflichtversicherung	36,80 €	8,46 €
10	Hase	Hansi	08.11.2012	KV	Krankenversicherung	796,40 €	126,63 €
2	Ärger	Änne	10.08.2012	KV-Zusatz	Krankenversicherung	180,88 €	43,23 €
1	Bolika	Anna	26.01.2013	Glas	Haftpflichtversicherung	152,52 €	30,81 €
8	Fuss	Frieda	10.10.2013	Glas	Haftpflichtversicherung	174,84 €	45,28 €

Die Pivot-Tabelle arbeitet dann aber nicht direkt mit dieser Tabelle. Beim Erstellen einer Pivot-Tabelle wird zunächst eine Kopie der Datentabelle erstellt, die nur die Werte enthält. Auf dieser Kopie baut dann die Pivot-Tabelle auf. Das macht die Pivot-Tabelle sehr schnell, da das Zahlenmaterial keine Formeln und Funktionen mehr enthält.

Bei Änderungen in der Ursprungstabelle muss die Pivot-Tabelle daher aktualisiert werden, damit über eine neue Kopie die neuen Daten in der Pivot-Tabelle ankommen. Sollten Sie auch die Größe der Ursprungstabelle ändern, wird dies nicht durch Aktualisieren in die Pivot-Tabelle übernommen. Es sei denn, Sie haben die Ursprungstabelle in einen Tabellenbereich umgewandelt. Daher sollten Sie immer Ihre Daten, aus denen Sie eine Pivot-Tabelle erstellen möchten, als Tabellenbereich formatieren.

Die Pivot-Tabelle selbst besteht aus einem Filterbereich, einer Tabelle mit Spalten- und Zeilenbeschriftungen und dem Wertebereich. Die einzelnen Felder und ihr Zusammenspiel werde ich Ihnen in den folgenden Abschnitten erläutern.

PersNr	Nname	Vname	Datum	Versicherung	Kategorie	Umsatz	Provision
1	Bolika	Anna	27.08.2013	Glas	Haftpflichtversicherung	171,12 €	47,40 €
7	Eimer	Emil	03.09.2012	Hausrat	Haftpflichtversicherung	480,25 €	56,67 €
2	Ärger	Änne	15.09.2012	LV	Altersversorgung	405,30 €	86,33 €
6	Depp	Dieter	02.01.2013	KV-Zusatz	Krankenversicherung	168,72 €	23,11 €
1	Bolika	Anna	23.01.2014	Glas	Haftpflichtversicherung	154,38 €	17,44 €
10	Hase	Hansi	10.10.2013	KFZV	Haftpflichtversicherung	36,80 €	8,46 €
10	Hase	Hansi	08.11.2012	KV	Krankenversicherung	796,40 €	126,63 €
2	Ärger	Änne	10.08.2012	KV-Zusatz	Krankenversicherung	180,88 €	43,23 €
1	Bolika	Anna	26.01.2013	Glas	Haftpflichtversicherung	152,52 €	30,81 €
8	Fuss	Frieda	10.10.2013	Glas	Haftpflichtversicherung	174,84 €	45,28 €
4	Brötchen	Benno	10.06.2013	KFZV	Haftpflichtversicherung	38,80 €	2,56 €
10	Hase	Hansi	22.10.2012	DirektV	Altersversorgung	463,42 €	61,17 €

Der ursprüngliche Datenbestand wird kopiert, und Formeln und Funktionen werden in der Datenquelle der Pivot-Tabelle entfernt.

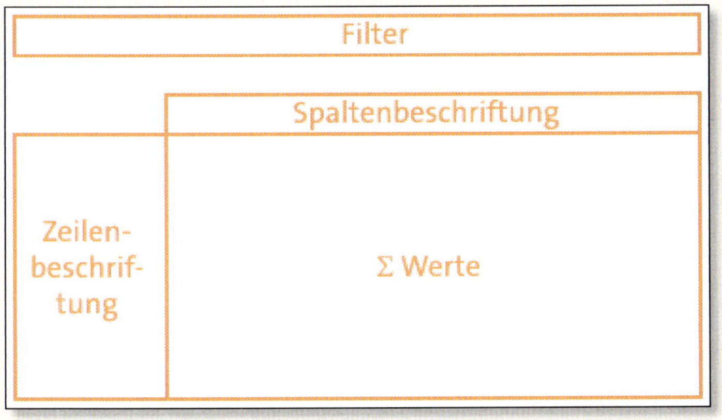

Exemplarischer Aufbau einer Pivot-Tabelle

Eine Pivot-Tabelle erstellen

Vor dem Erstellen einer Pivot-Tabelle sollten Sie sich überzeugen, dass Ihre Tabelle mit den Basisdaten als Tabellenbereich formatiert ist und einen sprechenden Bereichsnamen trägt. Für alle folgenden Pivot-Tabellen-Themen werde ich die Arbeitsmappe *06.14-Vertreterumsätze-2012-2014.xlsx* benutzen.

1. Markieren Sie eine Zelle im Tabellenbereich `Jahresumsätze`. Wählen Sie aus der Gruppe **Tools** des Registers **Tabellentools/Entwurf** die Schaltfläche **Mit PivotTable zusammenfassen** ❶. Alternativ klicken Sie auf **Einfügen > Tabellen > PivotTable**.
2. Das Dialogfenster **PivotTable erstellen** wird daraufhin angezeigt. Prüfen Sie hier zunächst, ob in der Eingabezeile **Tabelle/Bereich** der gewünschte Bereichsname ❷ steht.
3. Anschließend entscheiden Sie, ob die Pivot-Tabelle auf dem gleichen oder einem neuen Arbeitsblatt ❸ erstellt werden soll. Wählen Sie hier **Neues Arbeitsblatt**, und bestätigen Sie mit einem Klick auf **OK**.
4. Auf dem neuen Arbeitsblatt befinden sich jetzt die leere Pivot-Tabelle ❹ und die *Feldliste* (auch Arbeitsbereich **PivotTable-Felder** genannt) ❺. Sollte die Feldliste noch am rechten Rand angeheftet sein, können Sie diese über die Titelleiste per Drag & Drop frei auf dem Arbeitsblatt platzieren. Die Pivot-Tabelle, wenn auch zurzeit noch leer, ist fertig.

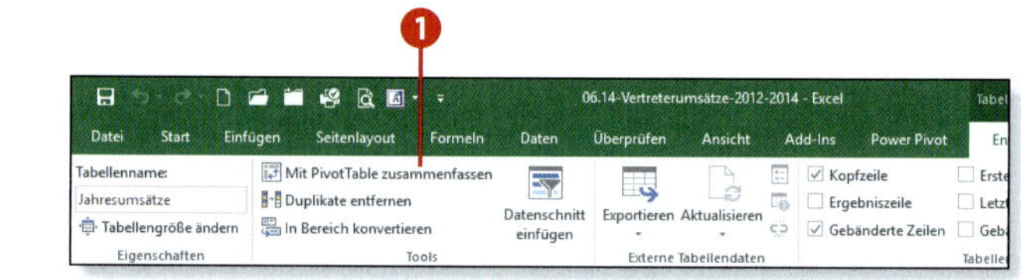

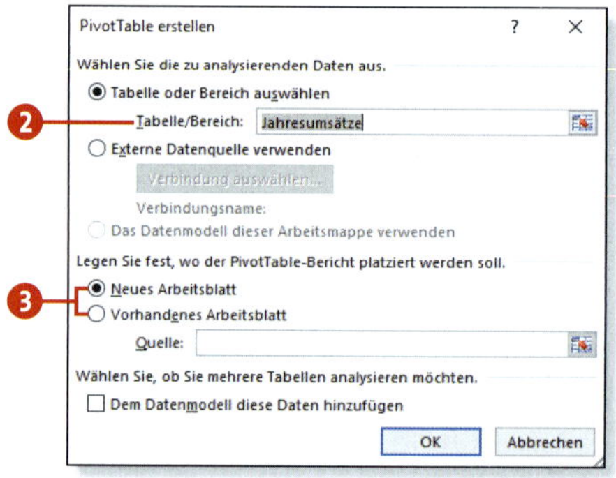

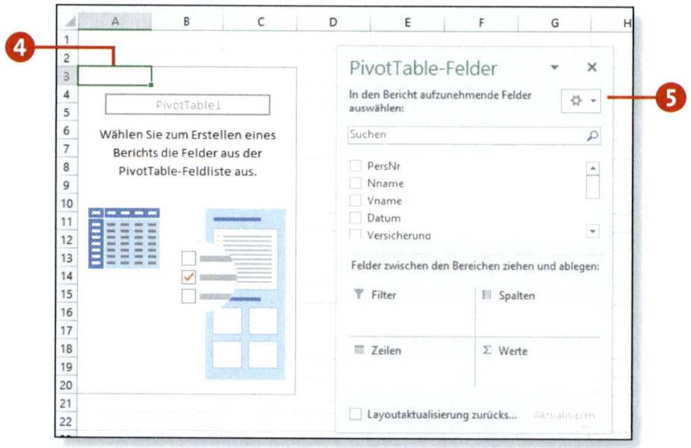

Verwenden Sie Bereichsnamen!

Wenn beim Erstellen einer Pivot-Tabelle als Bereichsname der Name des Tabellenbereichs steht, ist dies ein gutes Feedback, dass alles korrekt markiert wurde. Haben Sie dem Tabellenbereich vorher einen sprechenden Namen gegeben, ist dies eine gute Kontrollmöglichkeit. Ohne Tabellenbereich würde dort `Daten!$A$2:$H$100000` stehen. Ob das wohl stimmt?

Feldliste ist nicht zu sehen

Wenn Sie außerhalb der Pivot-Tabelle eine Zelle markieren, wird die Feldliste ausgeblendet. Genauso wie die kontextabhängigen Registerkarten **PivotTable-Tools/Analysieren** und **PivotTable-Tools/Entwurf** wird sie erst wieder eingeblendet, sobald Sie eine Zelle der Pivot-Tabelle markieren.

Pivot-Tabellen bearbeiten

Haben Sie eine Pivot-Tabelle erstellt, gilt es als Nächstes, sie mit Daten zu füllen. In der Feldliste sehen Sie alle Überschriften der Basistabelle. Die Spalteninhalte Ihrer Basistabelle bilden in der Pivot-Tabelle die Spalten- und Zeilenbeschriftungen.

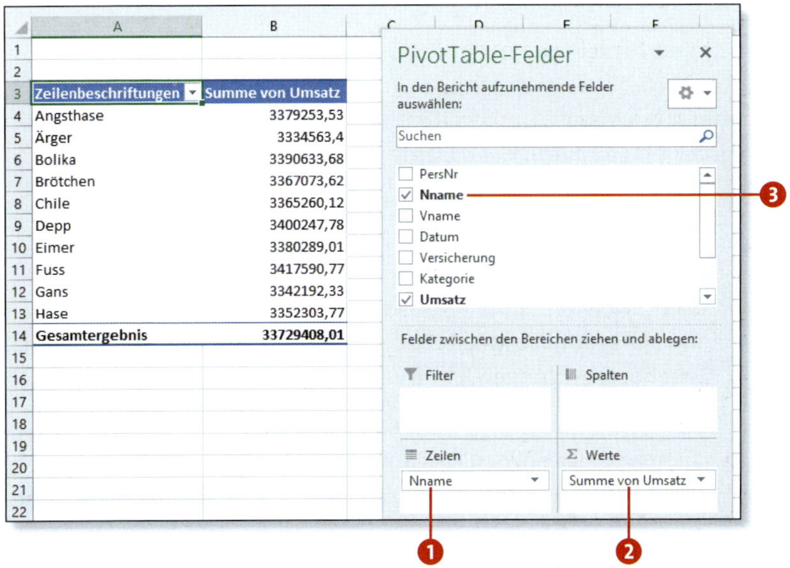

1. Ziehen Sie aus der Feldliste bei gedrückter Maustaste das Feld `Nname` in den Bereich **Zeilen** ❶. In der Pivot-Tabelle erscheinen sofort alle Namen aus der Spalte `Nname`. Jeder allerdings genau einmal! Die Pivot-Tabelle hat alle doppelten Einträge in einer Zeile zusammengefasst, statt 1.000 Zeilen nur noch zehn.

2. Ziehen Sie jetzt das Feld `Umsatz` aus der Feldliste in den Bereich **Werte** ❷. In der Pivot-Tabelle werden alle Einzelumsätze der Basistabelle pro Vertreter addiert und angezeigt (SUMME() ist bei numerischen Werten der Standardwert). Sie können in der Feldliste auch einfach durch Anklicken die einzelnen Felder ❸ aktivieren. Dann entscheidet Excel, wo das Feld angezeigt wird.

3. Ziehen Sie nun das Feld `Kategorie` in den Bereich **Spalten** ❹. Sie sehen jetzt, wie viel Umsatz jeder Vertreter in welcher Versicherungskategorie gemacht hat, am Ende jeder Spalte den Gesamtumsatz pro Kategorie und am Ende jeder Zeile den Gesamtumsatz pro Vertreter. Möchten Sie den Fokus auf die Gesamtumsätze der Vertreter legen, tauschen Sie die Felder der Bereiche **Zeilen** und **Spalten**. Ihnen wird nun in der untersten Zeile der Pivot-Tabelle angezeigt, was jeder einzelne Vertreter erzielt hat.

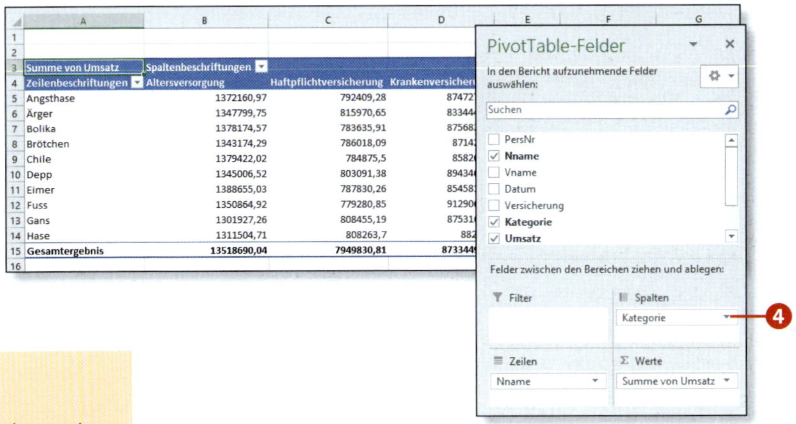

Zahlenformat

In der Pivot-Tabelle reicht es aus, wenn Sie eine Zahl aus der Tabelle mit der rechten Maustaste markieren, im Kontextmenü auf **Zahlenformat** klicken und ein anderes Format wählen. Die gewählte Formatierung wirkt sich dann auf alle Zahlen einer Wertegruppe aus, auch wenn Sie die Struktur der Tabelle verändern.

Details in der Pivot-Tabelle ein- und ausblenden

Befinden sich in einem der Bereiche **Zeilen** oder **Spalten** mehrere Felder, besteht die Möglichkeit, Inhalte in einer Pivot-Tabelle ein- oder auszublenden, um sich so einen groben Überblick oder einen detaillierten Eindruck von Daten zu verschaffen.

1. Befinden sich zwei Felder (hier `Nname` und `Kategorie`) im Bereich **Zeile**, werden beide als Zeilenbeschriftungen verwendet und dadurch mehrere Detailebenen angelegt. Da sich Excel im Kurzformat des Berichtlayouts nicht entscheiden kann, ob `Nname` oder `Kategorie` als Überschrift dienen soll, wird die Bezeichnung **Zeilenbeschriftungen** ❶ verwendet. Markieren Sie sie, können Sie die Beschriftung nachträglich abändern.
2. Um nun Detailebenen einzublenden, klicken Sie auf eine der Plusschaltflächen ❷ vor der Zeilenbeschriftung. Daten des zweiten Felds (hier `Kategorie`) werden daraufhin eingeblendet.
3. Möchten Sie die Daten der unteren Detailebene auf einmal einblenden, klicken Sie in der Gruppe **Aktives Feld** des Registers **PivotTable-Tools/Analysieren** auf die Schaltfläche **Feld erweitern** ❸. Klicken Sie hier auf die Schaltfläche **Feld reduzieren** ❹, um nur die erste Gliederungsebene anzuzeigen.

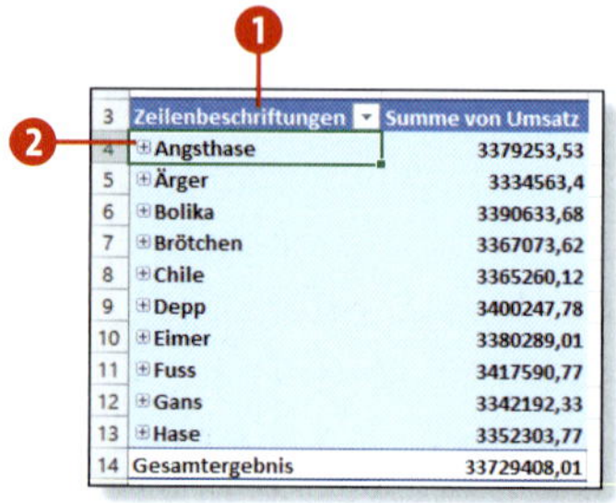

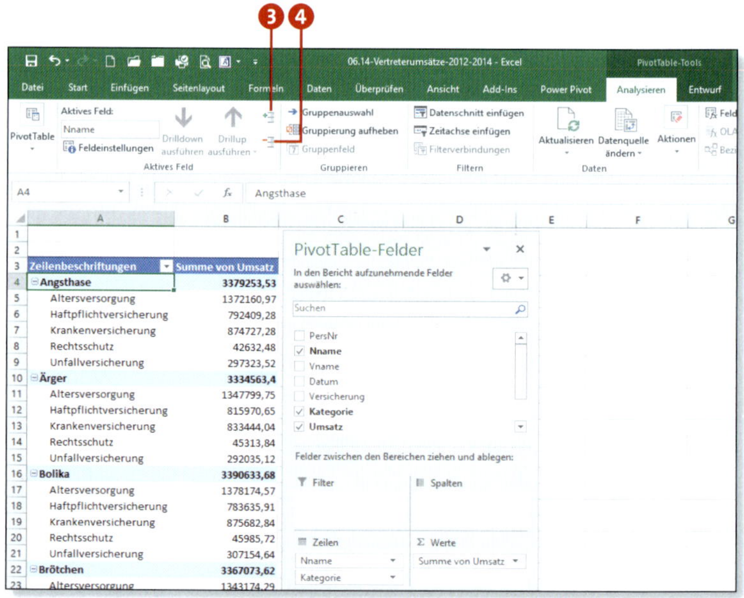

Layout ändern

Standardmäßig werden Pivot-Tabellen im Berichtslayout *Kurzformat* dargestellt. Sollten Sie mit mehreren Feldern im Bereich **Zeilen** arbeiten, werden diese in einer Spalte angezeigt. Daher auch die Überschrift `Zeilenbeschriftungen`. Unter **PivotTable-Tools/Entwurf > Layout > Berichtslayout** können Sie zwischen **Im Gliederungsformat anzeigen** und **Im Tabellenformat anzeigen** wählen. In beiden Fällen werden die untergeordneten Spaltenbeschriftungen in neuen Spalten angezeigt.

Reihenfolge der Felder beachten

Je nachdem, in welcher Reihenfolge Sie die Felder in den Bereichen **Spalten** und **Zeilen** hinzufügen, ändert sich der Blickwinkel auf Ihre Daten. Steht also im Bereich **Zeilen** das Feld `Nname` oben, sehen Sie, wie sich der Umsatz pro Vertreter zusammensetzt. Steht das Feld `Kategorie` oben, sehen Sie, über welche Vertreterumsätze sich der Gesamtumsatz pro Kategorie zusammensetzt.

Pivot-Tabellen sortieren und filtern

Ihnen ist bestimmt schon aufgefallen, dass sich in den Spalten- und Zeilenüberschriften einer Pivot-Tabelle AutoFilter-Schaltflächen befinden. Zum besseren Verständnis: In diesem Beispiel habe ich in der Datei *06.14-Vertreterumsätze-2012-2014.xlsx* das Feld `Nname` in den Bereich **Zeilen**, das Feld `Versicherung` in **Spalten** und `Kategorie` in den Bereich **Filter** gezogen.

1. Klicken Sie auf die AutoFilter-Schaltfläche, stehen Ihnen grundsätzlich die gleichen Sortiermöglichkeiten, die Sie auch in einer »normalen« Tabelle über den AutoFilter anwenden können, zur Verfügung. Im unteren Bereich des Menüs können Sie zudem einzelne Datensätze ❶ filtern beziehungsweise ein- oder ausblenden.
2. Ein Klick auf **Wertefilter** ❷ öffnet ein Untermenü, in dem Filteroptionen angeboten werden, die sich nicht auf die Texte in den Überschriften (hier: die Namen der Versicherungen) beziehen, sondern auf die Gesamtergebnisse am Ende einer Spalte oder Zeile.
3. Ziehen Sie eines der Felder in den Bereich **Filter** ❸, wird über der Pivot-Tabelle ein Filtermenü mit dem Feldnamen (hier: `Kategorie`) angelegt. In dem Filter können Sie dann bestimmte Kriterien ❹ mit einem Mausklick auswählen und so Ihre Daten weiter eingrenzen. Klicken Sie auf **OK**, um den Vorgang zu bestätigen. Hier im Beispiel werden dann alle zur gewählten Kategorie gehörenden Versicherungen in der Pivot-Tabelle angezeigt.

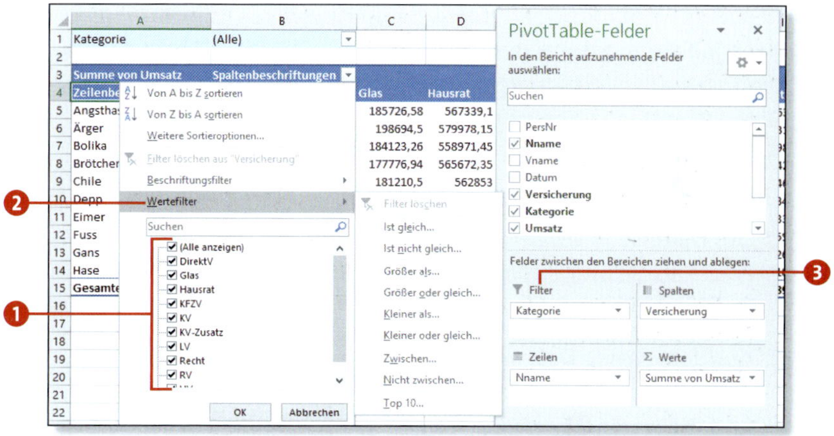

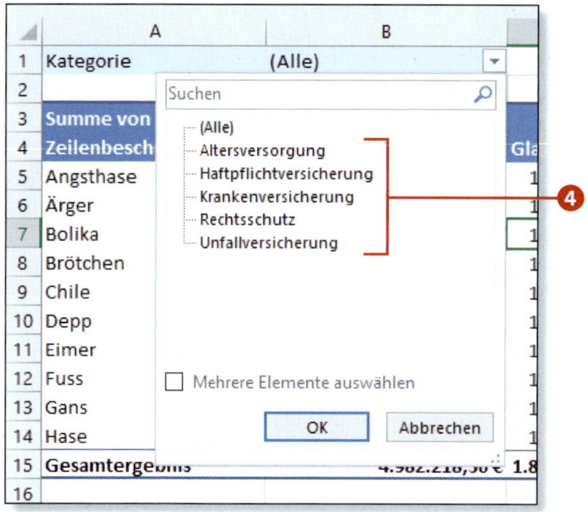

Filter

Über die AutoFilter-Schaltflächen können Sie nur nach Feldern filtern, die sich auch in der Pivot-Tabelle befinden. Entfernen Sie die Kategorien wieder aus dem Bereich **Filter**, wird der eingestellte Filter unwirksam.

Datenschnitte und Zeitachsen zum Filtern nutzen

Neben der Methode per AutoFilter und Filterbereich, Daten in einer Pivot-Tabelle zu filtern, stellt Excel dazu zwei weitere komfortable Werkzeuge zur Verfügung: die *Datenschnitte* und die *Zeitachse*. Mit Datenschnitten lassen sich Ihre Daten, ähnlich wie in den Auto-Filtern, filtern. Die Filter sind dabei außerhalb der Pivot-Tabelle angeordnet.

1. Um Datenschnitte einzufügen, markieren Sie eine Zelle aus der Pivot-Tabelle und wählen **PivotTable-Tools/Analysieren > Filtern > Datenschnitt einfügen** ❶.
2. Aus dem Dialog **Datenschnitt auswählen** markieren Sie die Felder der Pivot-Tabelle, nach denen Sie filtern möchten, hier `Nname` und `Kategorie` ❷, und bestätigen mit **OK**. Der Vorteil ist, dass Sie hier auch Felder wählen können, die sich zurzeit nur in der Datenquelle, nicht aber in der Tabelle selbst befinden.
3. Die Datenschnitte werden in einzelnen Boxen ❸ auf dem Arbeitsblatt eingefügt, die sich per Drag & Drop frei verschieben lassen. Die Datenschnitte funktionieren wie Schaltflächen, klicken Sie einfach auf eine, um den Inhalt zu filtern. Um mehrere Inhalte zu markieren, klicken Sie vorher auf die Schaltfläche **Mehrfachauswahl** ❹.
4. Um die Filter zu löschen, klicken Sie auf die Schaltfläche **Filter löschen** ❺. Einen Datenschnitt entfernen Sie, indem Sie ihn markieren und `Entf` drücken. Sollten dabei noch Filter eingeschaltet sein, werden diese gelöscht.

Spaltenzahl anpassen

Für den markierten Datenschnitt können Sie in der Gruppe **Schaltflächen** des kontextabhängigen Registers **Datenschnitttools/Optionen** die Spaltenzahl angeben ❻. So können Sie bei einer großen Anzahl von Schaltflächen diese besser verteilen.

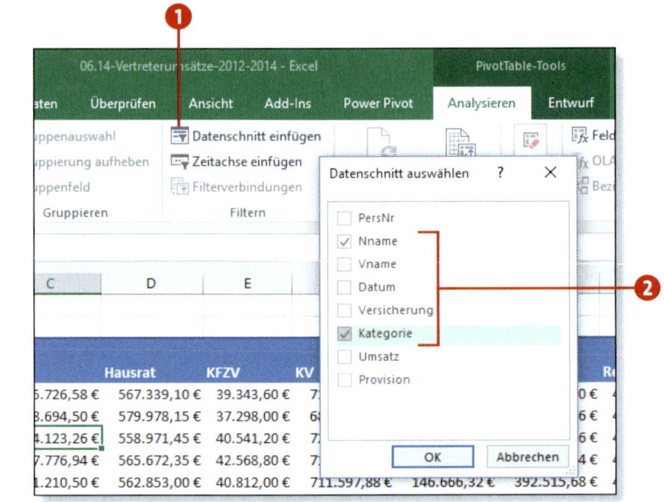

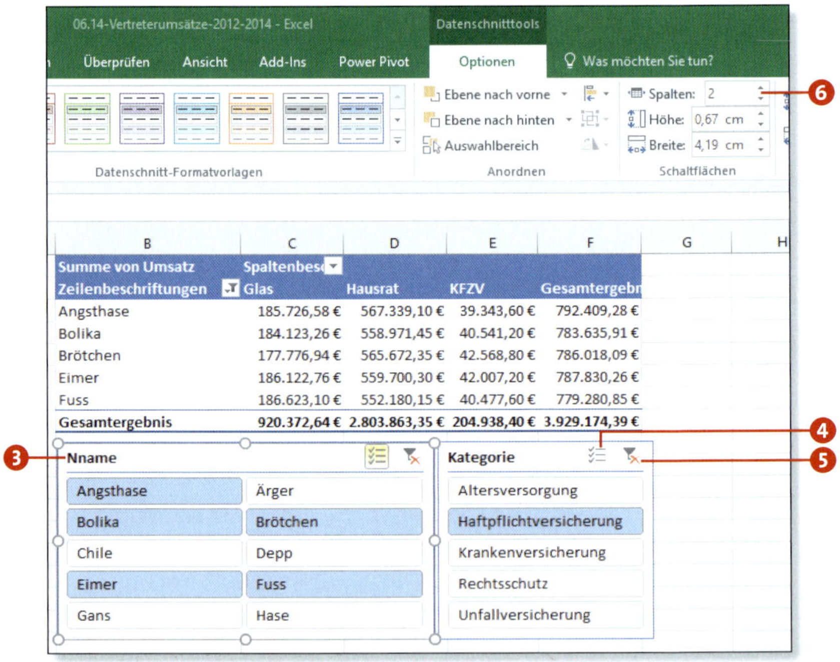

Die Zeitachse ist ein Filter, mit dem Sie Daten aus einem von Ihnen gewählten Zeitraum wählen können. Dazu muss mindestens eine Datumsspalte in Ihrer Feldliste vorhanden sein.

1. Markieren Sie eine Zelle aus der Pivot-Tabelle, damit das Register **PivotTable-Tools/Analysieren** eingeblendet wird, und wählen Sie hier in der Gruppe **Filtern** die Schaltfläche **Zeitachse einfügen** ❼.
2. Aus dem Dialogfenster **Zeitachsen einfügen** wählen Sie das Feld mit Ihren Datumswerten (hier `Datum`) und bestätigen mit **OK**.
3. Im eingefügten Zeitachsenfilter können Sie durch Anklicken und Ziehen auf der Zeitskala den gewünschten Zeitraum angeben. In dem Aufklappmenü ❽ können Sie für die Zeitskala ein anderes Intervall wählen.
4. Um wieder alle Daten einzublenden, klicken Sie auf die Schaltfläche **Filter löschen** ❾. Eine Zeitachse entfernen Sie, indem Sie sie markieren und `Entf` drücken. Sollten dabei noch Filter eingeschaltet sein, werden diese wieder gelöscht.

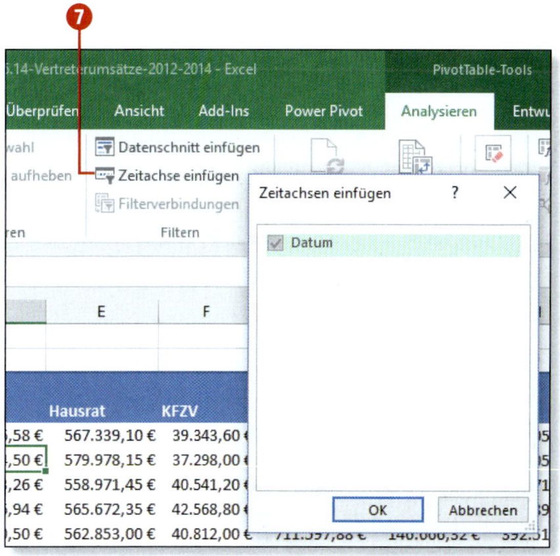

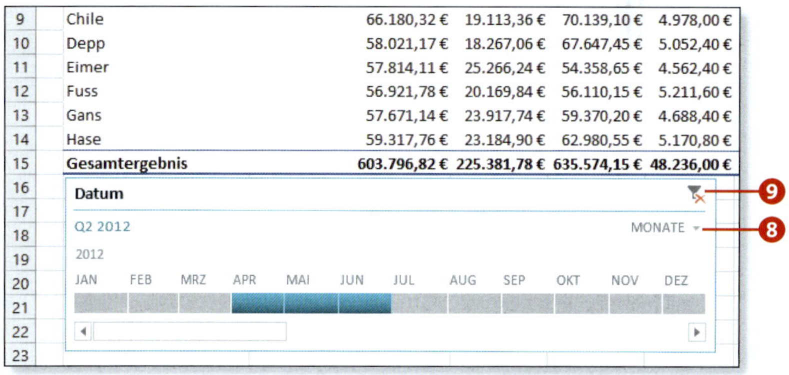

Datenschnitte auch in Tabellenbereichen

Datenschnitte können Sie auch in Tabellenbereichen verwenden. Markieren Sie einfach eine Zelle aus Ihrem Tabellenbereich und klicken auf **Entwurf > Tools > Datenschnitt einfügen**. Die Anwendung der Datenschnitte in Tabellenbereichen und Pivot-Tabellen ist identisch.

Power Pivot

Bei *Power Pivot* handelt es sich um ein COM-Add-In, das Ihnen nur in der Professional Version von Excel 2016 zur Verfügung steht. Um das Register **Power Pivot** im Menüband einzublenden, muss das COM-Add-In aktiviert sein. Über **Datei > Optionen > Add-Ins** wählen Sie aus dem Aufklappmenü **Verwalten** ❶ den Menüeintrag **COM-Add-Ins** und klicken auf die Schaltfläche **Los**.

Im Dialogfenster **COM-Add-Ins** kann jetzt durch Setzen des Häkchens das Add-In aktiviert werden. Durch Entfernen des Häkchens wird auch das Register wieder aus dem Menüband entfernt.

Mit Power Pivot werden Verbindungen zu Datenmodellen hergestellt, die sich aus unterschiedlichen Tabellen zusammensetzen können, die wiederum nach den Spielregeln der relationalen Datenbanken über ihre Spalten miteinander verknüpft sind. Dabei wird Ihnen eine erweiterte Modellierungsumgebung in einem separaten Anwendungsfenster zur Verfügung gestellt. Über **Power Pivot > Datenmodell > Verwalten** finden Sie diese Umgebung. Eine weitere Vertiefung des Themas würde allerdings den Rahmen dieses Buches bei Weitem sprengen.

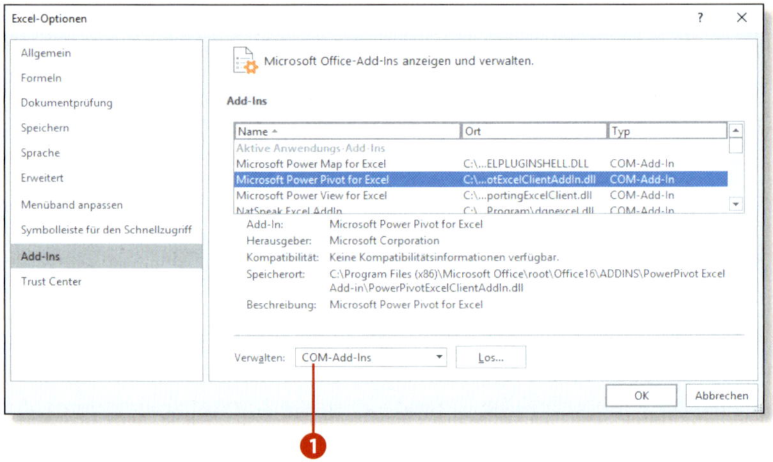

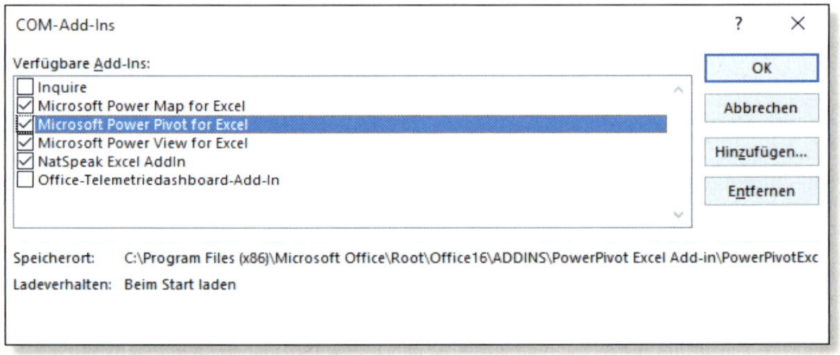

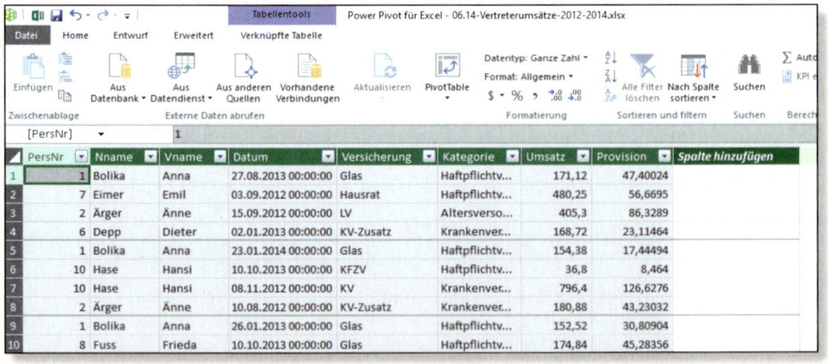

Ergebnisse zusammenfassen

Angenommen, Sie bekommen Bestandsdaten aus verschiedenen Niederlassungen zur Verfügung gestellt und möchten diese auf einem Ergebnisblatt zusammenfassen. Die Funktion *Konsolidierung* hilft Ihnen, diese Aufgabe zu lösen. In der Beispieldatei *06.21-Fenster.xlsx* finden Sie drei Register mit Bestandsdaten und ein viertes noch leeres für die konsolidierten Daten.

1. Markieren Sie im Arbeitsblatt `Gesamt` die Zelle `B2`. Sie bildet später die obere linke Ecke des Konsolidierungsbereichs. Klicken Sie nun in der Gruppe **Datentools** der Registerkarte **Daten** auf die Schaltfläche **Konsolidieren** ❶.
2. Im Dialog **Konsolidieren** klicken Sie in die Eingabezeile **Verweis**. Wechseln Sie nun zum Arbeitsblatt `Berlin`, und markieren Sie hier nur die Daten mit ihren Überschriften. Klicken Sie im Dialog **Konsolidieren** auf **Hinzufügen** ❷. Wiederholen Sie diese Schritte auch für die Arbeitsblattregister `Köln` und `Bremen`.
3. Wenn Sie die Überschriften mit übernehmen möchten, müssen Sie noch mit einem Mausklick die Auswahlkästchen **Oberster Zeile** und **Linker Spalte** ❸ ankreuzen und anschließend den Dialog mit einem Klick auf **OK** schließen. Im Arbeitsblatt `Gesamt` befinden sich jetzt alle konsolidierten Werte in einer Tabelle, die allerdings noch formatiert werden sollte.

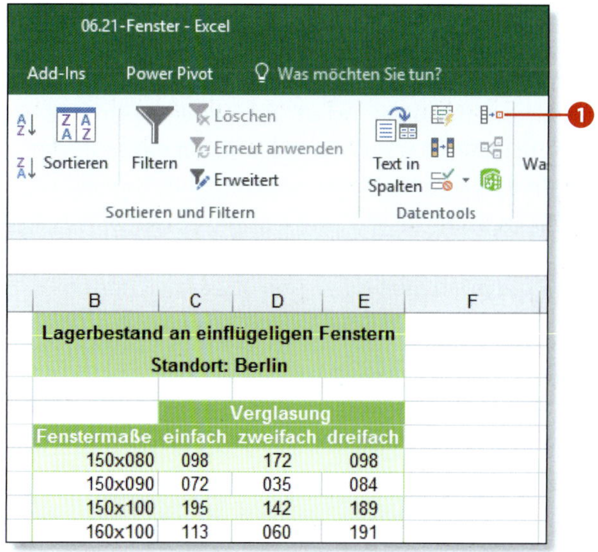

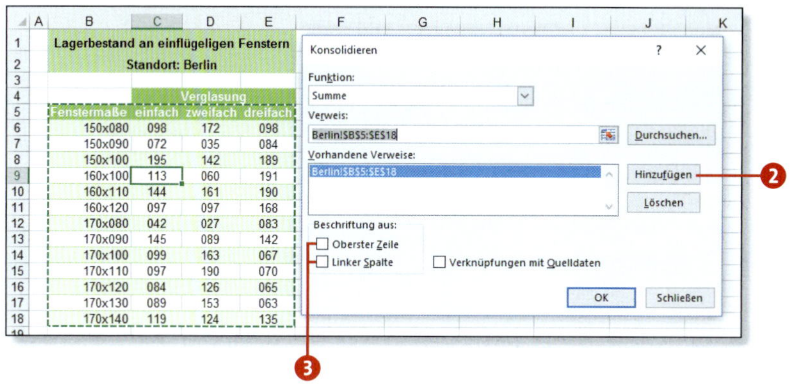

Gesamtergebnisse

Sollten die Daten der Quelltabellen bereits Gesamtergebnisse enthalten, die durch Formeln oder Funktionen gebildet wurden, werden nicht die Formeln, sondern die Werte übernommen. Wenn Sie aber die Gesamtergebnisse erst in der konsolidierten Tabelle bilden möchten, dürfen Sie sie in den einzelnen Bereichen nicht mit markieren.

Verschiedene Szenarien darstellen

Um eine Rechnung mit verschiedenen Mehrwertsteuersätzen durchzuspielen, müssen Sie lediglich in einer Zelle die Mehrwertsteuer verändern. Alle Berechnungen, die sich auf die Mehrwertsteuer beziehen, werden dann angepasst. Es kommt aber häufig vor, dass Sie mehrere Parameter ändern müssen, um ein bestimmtes Ergebnis zu simulieren. Statt immer wieder mehrere Zellen zu verändern, machen Sie diesen Schritt nur einmal und speichern die Einstellungen als Szenario ab. Anschließend brauchen Sie nur noch die verschiedenen Szenarien abzurufen, und die gespeicherten Werte werden in das Arbeitsblatt eingetragen.

1. In der Beispieldatei *06.22-Konserve.xlsx* finden Sie die Berechnung der Oberfläche und des Volumens einer Konservenbüchse bei variabler Höhe und Durchmesser. Klicken Sie auf **Daten > Prognose > Was-wäre-wenn-Analyse > Szenario-Manager** ❶.
2. Klicken Sie im Dialog **Szenario-Manager** auf **Hinzufügen**.
3. Im Dialogfenster **Szenario hinzufügen** klicken Sie in die Eingabezeile **Veränderbare Zellen** ❷ und markieren jetzt auf dem Arbeitsblatt alle Zellen, die die Werte enthalten, die Sie ändern möchten.
4. Geben Sie dem Szenario noch eine Bezeichnung ❸. Ich habe als Name 8-12 verwendet, da ich diese Werte für Durchmesser und Höhe angeben möchte. Bestätigen Sie mit **OK**.

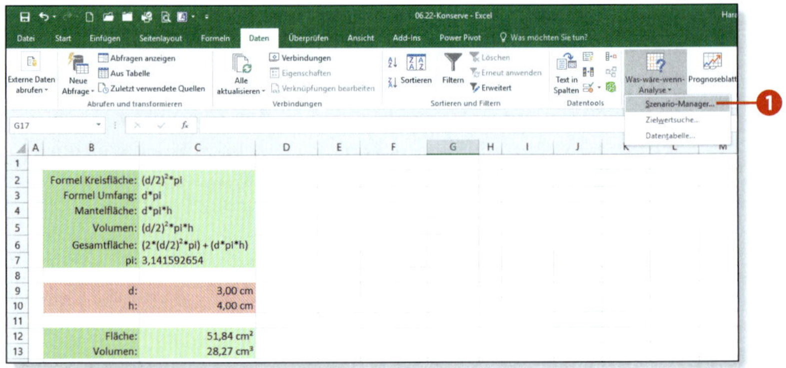

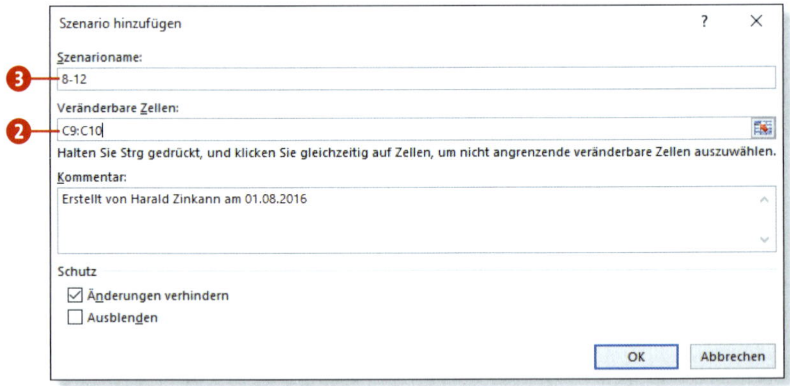

Dateikopien oder Szenarien?

Alternativ zu den Szenarien könnten Sie natürlich auch Kopien Ihrer Arbeitsmappe speichern und in jeder Kopie die Werte für ein weiteres Szenario ablegen. Bei großen Tabellen kostet das aber unnötig Speicherplatz, und Änderungen in einer Arbeitsmappe haben keinen Einfluss auf die Kopien. Sie sehen, es lohnt sich, sich mit den Szenarien auseinanderzusetzen.

5. Sie gelangen daraufhin in das Dialogfenster **Szenariowerte**. Hier geben Sie für jede zuvor markierte Zelle den gewünschten Wert ein und bestätigen mit **OK** oder wählen **Hinzufügen** (4), um ein weiteres Szenario hinzuzufügen und die Schritte 3–5 zu wiederholen.

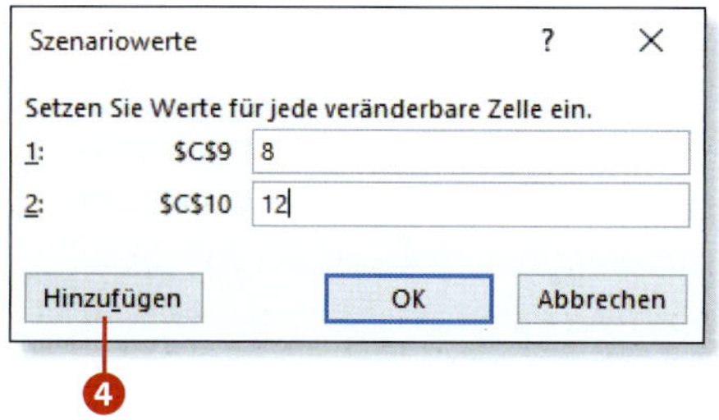

6. Nachdem Sie alle Szenarien angelegt haben, brauchen Sie sie nur noch abzurufen, um die entsprechenden Werte auf dem Arbeitsblatt eintragen zu lassen. Klicken Sie dazu erneut auf **Daten > Prognose > Was-wäre-wenn-Analyse > Szenario-Manager**.

7. Die einzelnen Szenarien lassen sich jetzt per Doppelklick im Bereich **Szenarien** (5) oder über die Schaltfläche **Anzeigen** aus der Liste abrufen.

   Natürlich können Sie auch jetzt noch Werte im Dialog hinzufügen oder bestehende Szenarien löschen. Klicken Sie dazu auf die entsprechende Schaltfläche im Dialog.

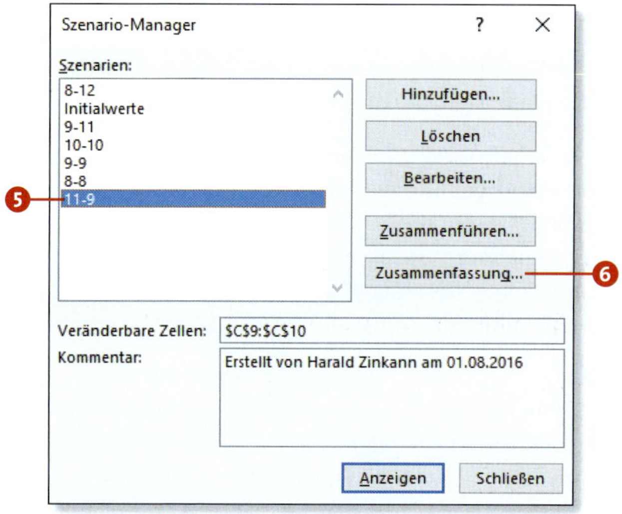

Initialwerte sichern

Wenn Sie ein neues Szenario ausprobieren möchten und die neuen Werte als Szenario gespeichert und abgerufen haben, werden die aktuellen Werte durch die Werte aus dem Szenario ersetzt. Haben Sie diese initialen Werte nicht als Szenario gespeichert, sind sie verloren.

Zusammenfassung erstellen

Probieren Sie im Szenario-Manager einmal die Taste **Zusammenfassung** (6) aus. Sie werden angenehm überrascht sein.

Analyse-Funktionen

Einige Analyse-Funktionen, wie die Pivot-Tabelle, Power Pivot, das Prognoseblatt, den Szenario-Manager und das Konsolidieren von Daten, haben Sie bereits kennengelernt. Um Ihnen ein vollständiges Bild von den Möglichkeiten der Datenanalyse in Excel zu geben, werde ich an dieser Stelle diese Liste um weitere Funktionen erweitern, wobei es in diesem Abschnitt nicht darum gehen kann, die Funktionen im Detail zu beschreiben. Dafür reicht leider der zur Verfügung stehende Platz nicht aus. Die Arbeitsmappe *06.23-Analysefunktionen.xls*, die Sie in den Beispieldateien zum Buch finden, enthält die hier gezeigten Beispiele, sodass Sie sie selbst mitmachen und hoffentlich auch nachvollziehen können.

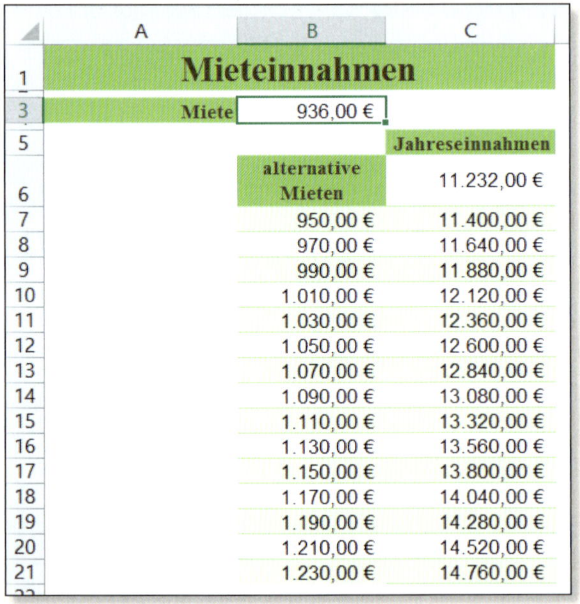

	A	B	C
1	Mieteinnahmen		
3	Miete	936,00 €	
5			Jahreseinnahmen
6		alternative Mieten	11.232,00 €
7		950,00 €	11.400,00 €
8		970,00 €	11.640,00 €
9		990,00 €	11.880,00 €
10		1.010,00 €	12.120,00 €
11		1.030,00 €	12.360,00 €
12		1.050,00 €	12.600,00 €
13		1.070,00 €	12.840,00 €
14		1.090,00 €	13.080,00 €
15		1.110,00 €	13.320,00 €
16		1.130,00 €	13.560,00 €
17		1.150,00 €	13.800,00 €
18		1.170,00 €	14.040,00 €
19		1.190,00 €	14.280,00 €
20		1.210,00 €	14.520,00 €
21		1.230,00 €	14.760,00 €

- **Die Datentabelle** – Klicken Sie in der Gruppe **Prognose** der Registerkarte **Daten** auf die Schaltfläche **Was-wäre-wenn-Analyse** und wählen im Menü **Datentabelle**, lassen sich die Ergebniswerte in einer Tabelle generieren. So lassen sich z. B. die Mieteinnahmen zu unterschiedlichen Mietsätzen schnell generieren, ohne Formeln kopieren zu müssen.
- **Die Zielwertsuche** – Über **Daten > Prognose > Was-wäre-wenn-Analyse > Zielwertsuche** lässt sich eine Unbekannte in einer Formel finden, ohne die Formel nach der Unbekannten umstellen zu müssen. In dem nebenstehenden Beispiel (1) wird der Wert x gesucht, der in beiden Formeln zum gleichen Ergebnis führt.

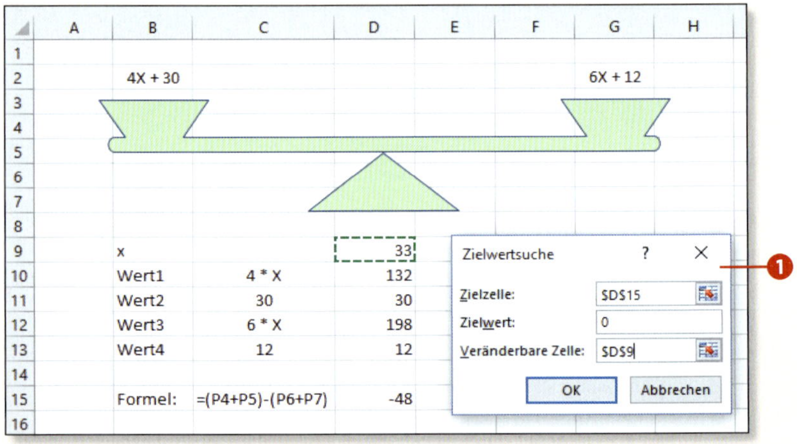

- **Der Solver** – Beim *Solver* handelt es sich um ein Excel-Add-In, das es Ihnen ermöglicht, Gleichungen mit mehreren Unbekannten zu lösen. Der Solver muss zunächst über **Datei > Optionen > Add-Ins > Excel-Add-Ins > Solver** installiert werden. Danach steht die Schaltfläche **Daten > Analyse > Solver** zur Verfügung. Im Solver werden die Unbekannten in Form von Zellbezügen und die Abhängigkeiten als Kriterien eingetragen. Wird der Solver gestartet, werden so lange verschiedene Wertkombinationen eingesetzt, bis ein Ergebnis gefunden wurde. Das Ergebnis kann dann per Klick in das Arbeitsblatt übernommen werden. Sie können z. B. auch die Rechengenauigkeit, Methode und Intervalle anpassen. In diesem Beispiel wird für eine Konservenbüchse das optimale Verhältnis zwischen Durchmesser und Höhe gesucht, bei dem die geringste Materialmenge für die Produktion der Dose benötigt wird. Der Solver berechnet hier das Minimum. Auf die gleiche Art könnte der Solver auch das Maximum berechnen. So könnten Sie z. B. eine bestimmte Flaschenzahl alkoholischer Getränke (Gin, Wodka, Tequila, Grand Marnier ...) vorgeben, aus denen sich unterschiedliche Longdrinks mischen lassen, wobei die verschiedenen Getränke in mehreren Longdrinks, aber auch nur in einem verwendet werden können. Die Longdrinks selbst sollen zu unterschiedlichen Preisen verkauft werden. Über die **Max.**-Bedingung des Solvers könnten Sie jetzt ermitteln, wie viele Longdrinks Sie in welcher Menge verkaufen müssen, damit alle Flaschen verbraucht werden und der Umsatz maximiert ist.

Bei der Ermittlung eines vorgegebenen Zielwertes treten aber schon einmal Probleme auf. So soll unter anderem das Alter eines Kapitäns berechnet werden, der ein Schiff und mehrere Töchter und Söhne hat. Dabei ist die Länge des gesuchten Schiffs in Metern eine ganze Zahl. Der Kapitän ist jünger als 100 Jahre, aber älter als die Anzahl seiner Kinder. Wie viele Kinder hat der Kapitän, wie alt ist er und wie lang ist sein Schiff, wenn das Produkt der drei gesuchten Werte die Zahl 32118 ergibt? Der Solver ermittelt, dass der Kapitän 4 Jahre alt ist, 4 Kinder und ein 2007,375 m langes Schiff hat. Nach dem Anpassen der Optionen (**Ganzzahlige Nebenbedingungen ignorieren** war eingeschaltet) liefert er 101 Meter, 53 Kinder und das Alter von 6 Jahren. Wenn man Alter und Kinder vertauscht, stimmt es dann.

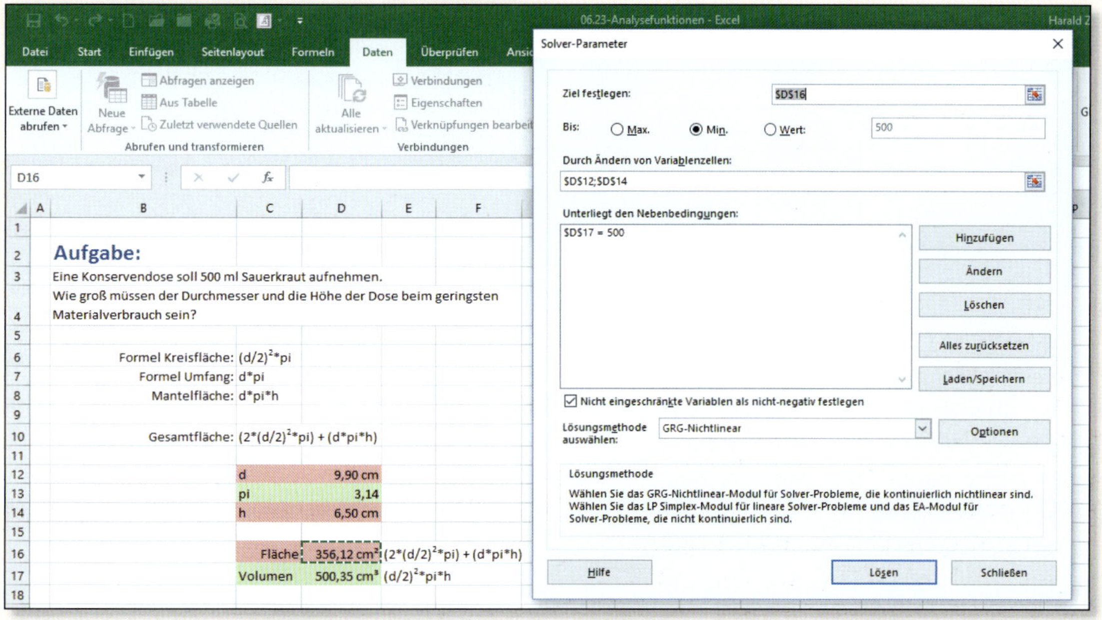

Access-Daten importieren

Oft liegen die Daten, die Sie benötigen, schon in anderen Datenquellen vor, sodass Sie sie nur noch in Excel importieren müssen. In der Access-Datenbank *06.24-Filialen.accdb* befindet sich die Tabelle `Orte` mit über 6.000 verschiedenen Orten. Anstatt die Orte in Excel neu zu erfassen, können Sie diese auch aus Access importieren.

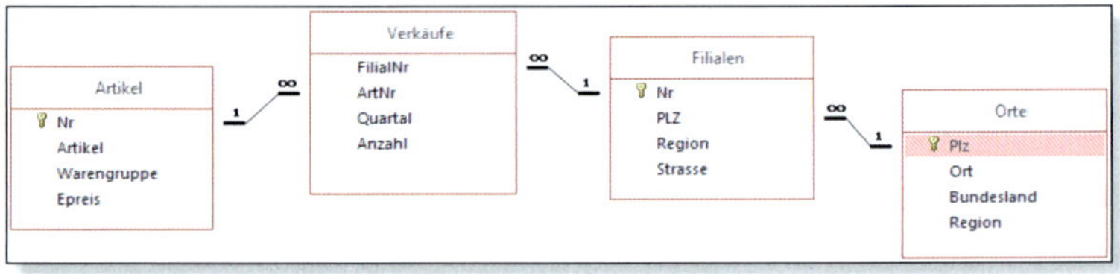

1. Öffnen Sie die Arbeitsmappe *06.24-Access Import.xlsx*, und markieren Sie die Zelle `A1`. Starten Sie nun den Datenimport über **Daten > Externe Daten abrufen > Aus Access** ❶.
2. Im anschließenden Dialogfenster **Datenquelle auswählen** wählen Sie den Speicherort der Datenbank *06.24-Filialen.accdb* und klicken auf **Öffnen**.
3. Im folgenden Dialogfenster **Tabelle auswählen** wählen Sie die Datensätze der Datenbank aus, die Sie importieren möchten. Markieren Sie hier also die Tabelle `Orte` ❷, und bestätigen Sie mit einem Klick auf **OK**.

❶
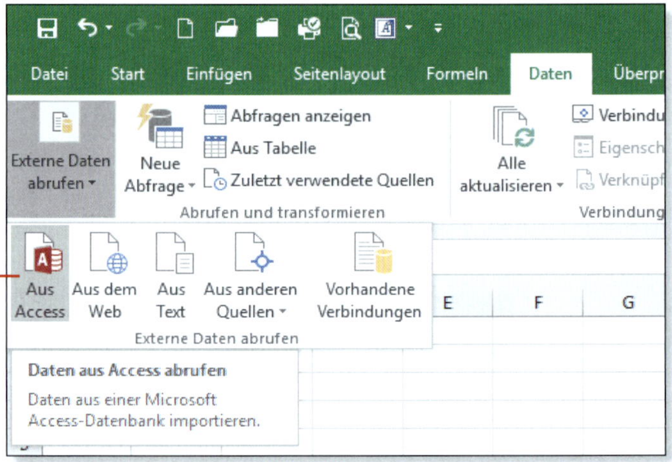

❷
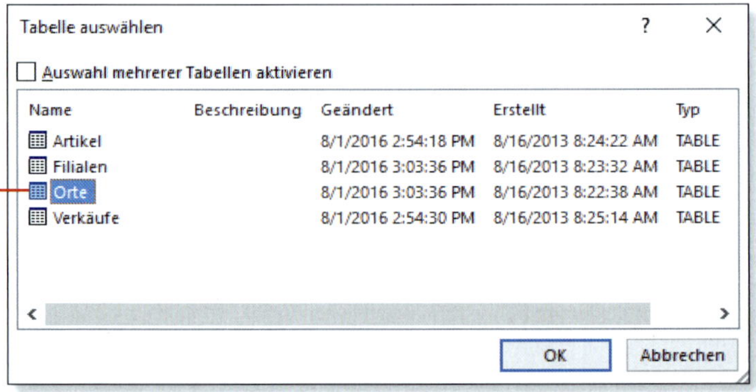

Daten kopieren

Sollten Sie nur die Daten übernehmen wollen, können Sie diese auch einfach kopieren. Sie müssen dazu nur in der Access-Datenbank die entsprechende Tabelle öffnen, alles markieren (Strg + A), dann kopieren (Strg + C) und in einem Excel-Arbeitsblatt an einer beliebigen Stelle einfügen (Strg + V).

4. Im Dialogfenster **Daten importieren** wählen Sie **Tabelle** ❸. Als Ziel ist die zuvor markierte Zelle `A1` bereits als absoluter Bezug `$A$1` ❹ eingetragen. Bestätigen Sie mit **OK**.

   Die Tabelle wurde erfolgreich als Tabellenbereich importiert und ist jetzt mit der Tabelle `Orte` der Access-Datenbank dynamisch verknüpft. Das heißt, Änderungen in der Access-Tabelle werden in den Tabellenbereich des Excel-Arbeitsblattes übertragen.

5. Dazu wählen Sie in der Gruppe **Externe Tabellendaten** der Registerkarte **Tabellentools/Entwurf** die Schaltfläche **Aktualisieren** ❺ aus. Sämtliche Änderungen werden dann in Ihre Arbeitsmappe übernommen.

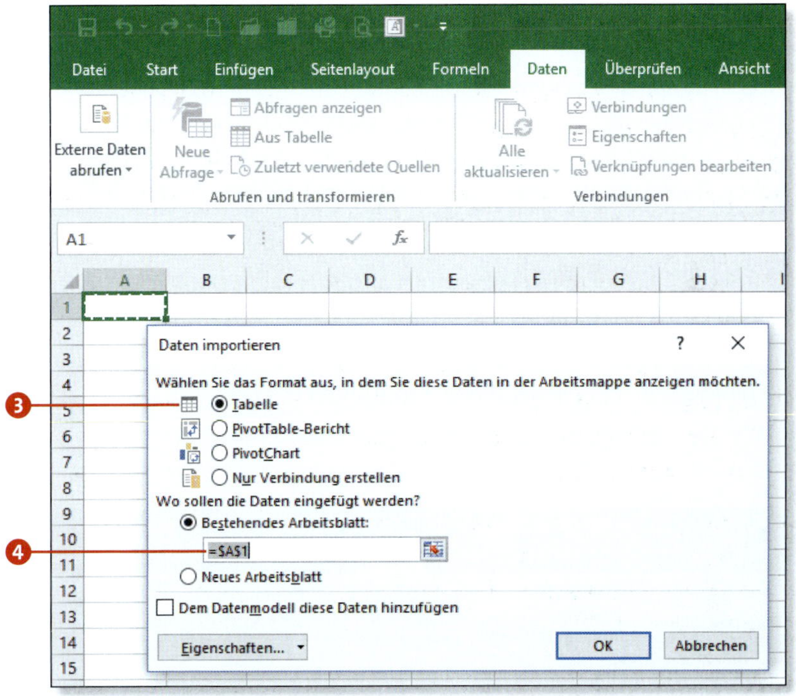

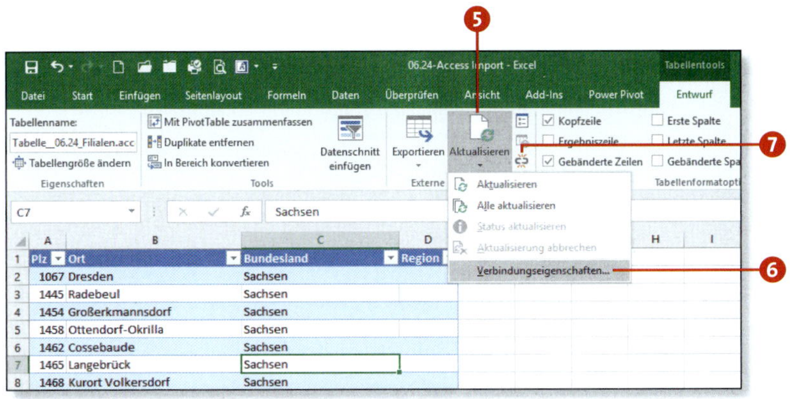

Aktualisieren berücksichtigt keine Änderungen

Änderungen in diesem Tabellenbereich werden durch das Aktualisieren wieder rückgängig gemacht. Das betrifft das Löschen von Datensätzen, Änderungen von Inhalten und auch das Hinzufügen neuer Datensätze. Über **Tabellentools/Entwurf > Externe Tabellendaten > Aktualisieren > Verbindungseigenschaften** ❻ lässt sich einstellen, wann und was aktualisiert wird. Sollten Sie keine Verknüpfung mit der Access-Tabelle wünschen, können Sie die Verbindung über **Tabellentools/Entwurf > Externe Tabellendaten > Verknüpfung aufheben** ❼ wieder trennen. Die Schaltfläche **Aktualisieren** wird dann grau geschaltet.

Aus weiteren Datenquellen importieren

Neben den in den beiden vorangegangenen Abschnitten vorgestellten Möglichkeiten des Datenimports stehen Ihnen noch weitere Quellformate für den Import zur Verfügung. Eine Liste der möglichen Quellformate sehen Sie unter **Daten > Externe Daten abrufen > Aus anderen Quellen** ❶.

In der Liste finden Sie z. B.:

- **SQL-Server-Daten** ❷ – ähnlich wie Access-Dateien bestehen diese aus Datenbanktabellen, die Sie unter anderem als Tabellenbereich oder Pivot-Tabelle importieren können.
- **XML-Dateien** ❸ – ermöglicht Ihnen, Daten, die im XML-Format vorliegen, als Excel-Datei zu öffnen.
- **Microsoft Query** ❹ – es wird auf sogenannte *ODBC* (*Open DataBase Connectivity*) zugegriffen. Über diese Schnittstelle lässt sich nahezu jede Datenbanktabelle einbinden. Die Datenbank muss lediglich über eine ODBC-Schnittstelle verfügen, was faktisch bei jeder Datenbank der Fall ist.

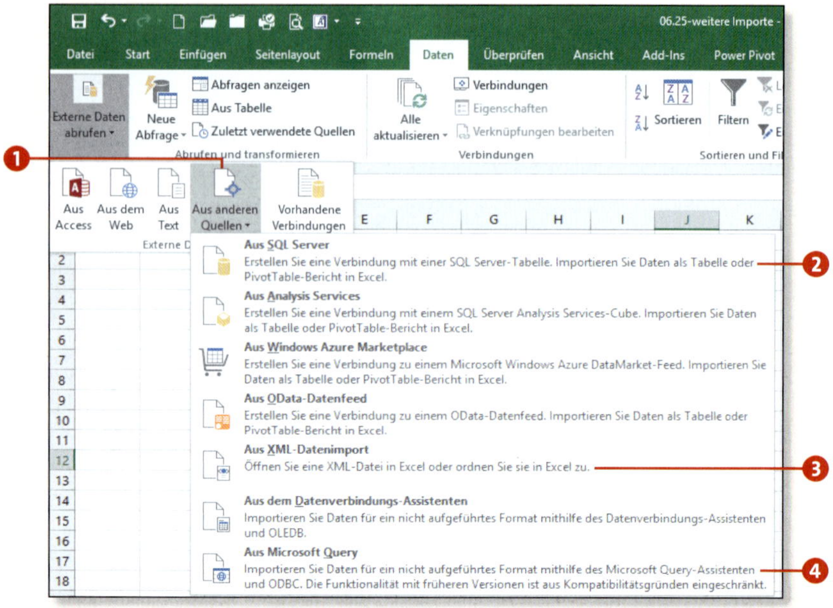

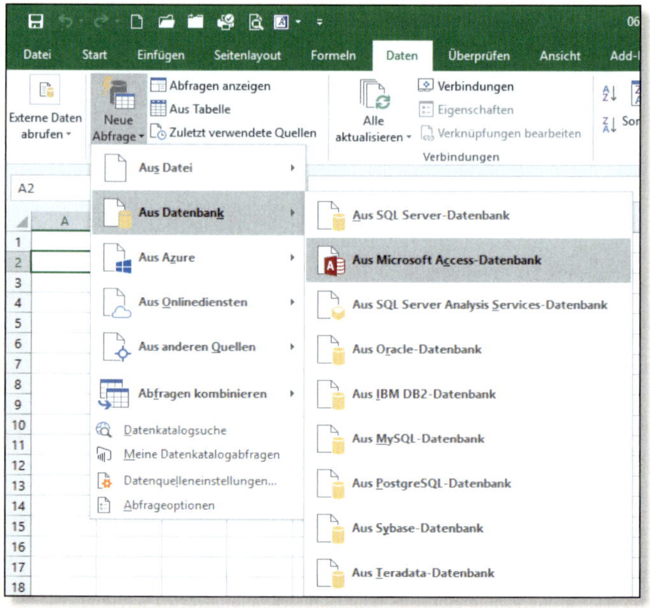

Weiterhin finden Sie unter **Daten > Externe Daten abrufen** den Eintrag **Aus Text**. Er ermöglicht den Import von Daten, die als ASCII-Datei vorliegen. Diese Dateien enthalten je Zeile einen Datensatz, und die Felder einer Zeile sind durch ein Zeichen, meistens Semikolon oder Tab, getrennt. Die meisten Datenbanken, aber auch Outlook, Excel und z. B. SAP unterstützen einen Datenexport in diesem Format.

Unter **Daten > Abrufen und transformieren** finden Sie zusätzlich die Möglichkeit, über die Schaltfläche **Neue Abfrage** auf Abfragen z. B. aus einer Access-Datenbank zuzugreifen. In diesem Fall führt es zum gleichen Ergebnis wie im Abschnitt »Access-Daten importieren« ab Seite 178 beschrieben. Die Auswahl der Datenquellen ist hier noch um einiges größer.

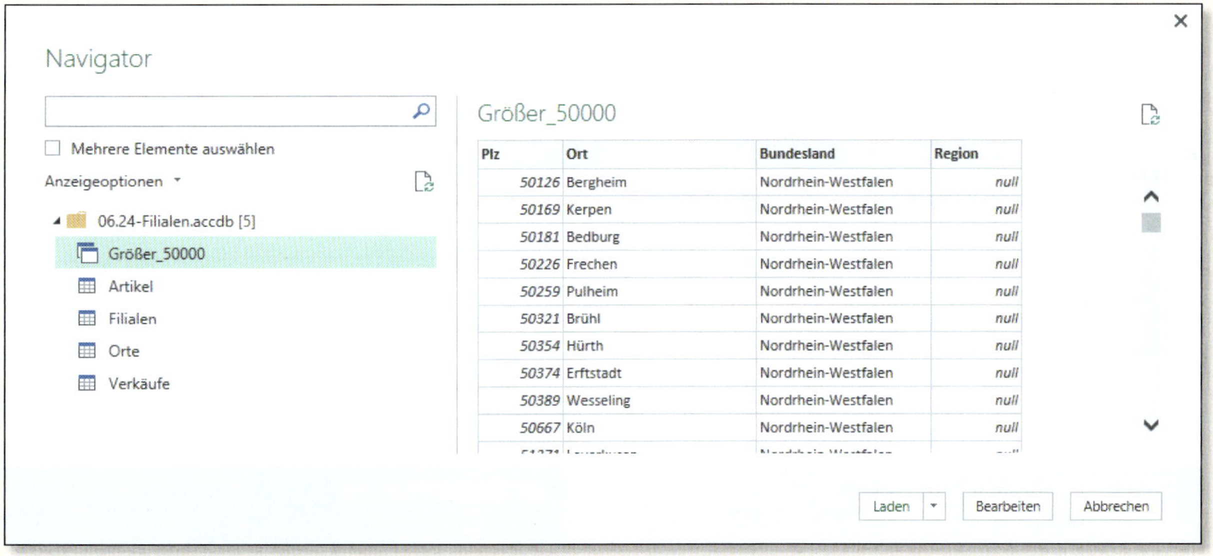

Hier z. B. wird das Ergebnis der Abfrage mit dem Namen »Größer_50000« aus der Access-Datenbank »06.24-Filialen.accdb« angezeigt.

Daten aus dem Internet importieren

Auch Daten aus dem Internet lassen sich bequem in Excel importieren. Dazu müssen sie allerdings in Tabellenform vorliegen. Die aufwendigste Arbeit für Sie besteht darin, solche Seiten im Internet zu finden. Sind die Daten erst einmal importiert, sind sie mit der Tabelle im Internet dynamisch verknüpft. Das heißt: Ändert sich ein Wert im Internet, wird auch Ihre Tabelle angepasst.

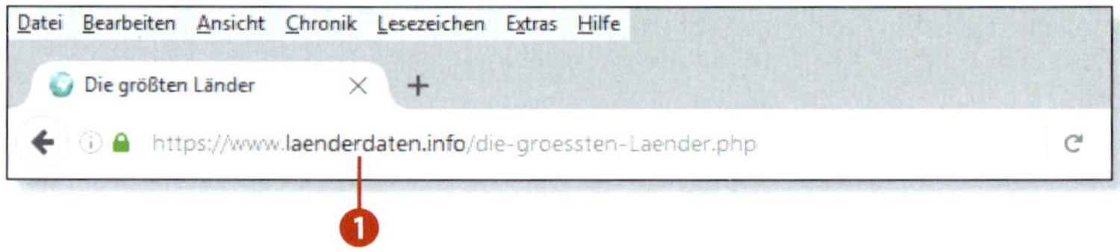

1. Nachdem Sie eine passende Internetseite gefunden haben, kopieren Sie die URL aus der Adresszeile in Ihrem Browser ❶.
2. Wählen Sie nun in Excel **Daten > Externe Daten abrufen > Aus dem Web** ❷.
3. Im folgenden Dialogfenster **Neue Webabfrage** fügen Sie die kopierte URL in das Eingabefeld **Adresse** ein und bestätigen die Eingabe mit einem Klick auf **OK**. Die Internetseite wird angezeigt und überall dort, wo Excel zusammenhängende Bereiche entdeckt hat, mit einem Pfeil ❸ versehen. Eventuelle Meldungen zu Skriptfehlern können Sie einfach ignorieren. Meistens klappt der Datenimport trotzdem. Halten Sie den Mauszeiger auf diesen Pfeil, wird der Bereich mit einem blauen Rahmen hervorgehoben. Ein Klick auf diesen Pfeil markiert den Bereich. Jetzt noch einen Klick auf die Schaltfläche **Importieren** ❹ und die Tabelle wird auf Ihrem Arbeitsblatt eingefügt.

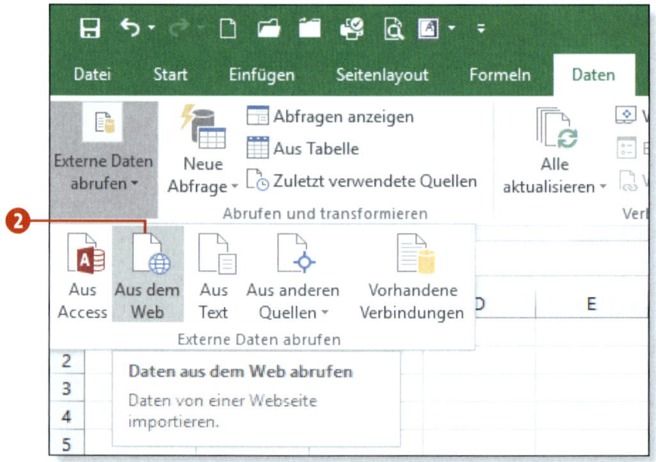

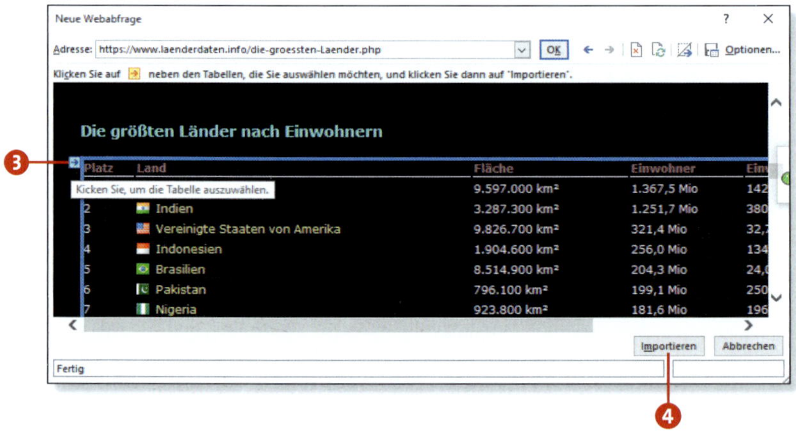

> **Tabellenformat ist nicht möglich**
>
> Ein aus dem Internet importierter Datenbereich lässt sich nicht in einen Tabellenbereich konvertieren! Möchten Sie die importierte Tabelle optisch hervorheben, müssen Sie sie selbst formatieren oder eine Formatierung z. B. mit der Pinselfunktion (**Format übertragen**) übertragen.

7 Formeln und Funktionen

In diesem Kapitel erfahren Sie zunächst etwas über Formeln. Als Formeln in Excel bezeichnet man alle Berechnungen, die auf den Grundrechenarten, der Potenzierung und der Prozentrechnung beruhen. Sie sehen, ein überschaubarer Bereich. Ich zeige Ihnen, wie Sie Formeln eingeben, Berechnungsoptionen einstellen und mögliche Fehler ermitteln. Außerdem schauen wir uns an einem Beispiel das spannende Feld der Matrixformeln an, mit denen Sie unkompliziert Einzelergebnisse und ein daraus resultierendes Gesamtergebnis erzeugen.

Der zweite Teil dieses Kapitels widmet sich den Funktionen. Excel verfügt über einen Fundus von über 460 Funktionen, die in verschiedene anwendungsspezifische Kategorien unterteilt sind. So werden wir uns mit Funktionen für Datum- und Zeitangaben beschäftigen, die interessante Welt der Finanzmathematik streifen, die Verweisfunktionen nutzen, um Daten miteinander zu verknüpfen, statistische Funktionen zum Analysieren von Daten kennenlernen, mathematische Funktionen zum Berechnen komplexerer Zusammenhänge, logische Funktionen zum Formulieren aufwendiger Bedingungen nutzen und mit Textfunktionen z. B. eine E-Mail-Adresse aus Namen und Firmendomäne bilden.

In diesem Kapitel

- Einfache Formeln eingeben
- Operatoren und Grundrechenarten
- Relative und absolute Zellbezüge
- Formeln kopieren und einfügen
- Berechnungsoptionen einstellen
- Fehlermeldungen in Formeln
- Fehler per Formelüberwachung ermitteln
- Matrixformeln
- Aufbau von Funktionen
- Funktionen manuell eingeben
- Funktionen suchen
- Finanzmathematische Funktionen
- Logische Funktionen
- Textfunktionen
- Datums- und Zeitfunktionen
- Nachschlagen und Verweisen
- Mathematik und Trigonometrie
- Funktionen verschachteln

So sind Formeln aufgebaut

Eine Formel beginnt immer mit einem Gleichheitszeichen, gefolgt von Operanden, die durch Operatoren verknüpft sind. Das Gleichheitszeichen ist dabei nicht Bestandteil einer Gleichung, sondern für Excel lediglich das Zeichen, das ankündigt, dass jetzt etwas berechnet werden muss. Eine formelähnliche Eingabe, die nicht mit einem Gleichheitszeichen beginnt, wird als Text interpretiert. Nach Bestätigung der Formel `=44+5` ❶ wird hingegen die Berechnung durchgeführt, und Ihnen wird das Ergebnis in der Zelle angezeigt. Die Formel besteht also aus zwei Zahlen, die mit einem Operator verknüpft werden. Bei dieser einfachen Addition wird sich der Wert allerdings nie ändern, also können Sie auch direkt den Wert (hier `49`) eintragen.

Sie sollten daher immer vermeiden, Werte direkt in Formeln zu verwenden, und stattdessen Bezüge ❷ auf Zellen nutzen, in denen die Werte stehen. Die Formel setzt sich dann aus Bezügen auf zwei oder mehrere Zellen zusammen, die ebenfalls mit einem Operator verknüpft sind (beispielsweise `=E3+F3`). So kann durch Ändern der Werte das Formelergebnis angepasst werden, ohne die Formel selbst verändern zu müssen. Es gibt natürlich auch Ausnahmen. Wenn Sie aus einem gegebenen Jahreswert auf den Monatsbetrag runterrechnen müssen, können Sie natürlich durch den Wert 12 teilen. Die Anzahl der Monate pro Jahr wird sich vermutlich in nächster Zeit nicht ändern.

Normale Formeln beziehen sich auf einzelne Zellen und werden immer mit [↵] abgeschlossen. Sie können aber auch z. B. einen ganzen Zahlenblock mit 100 Werten mit einem anderen gleich großen Zahlenblock mathematisch verknüpfen, um mit nur einer Eingabe auch 100 Ergebnisse zu erhalten. Dies wird mit sogenannten Matrixformeln realisiert. Sie werden nach der Eingabe mit [Strg] + [⇧] + [↵] abgeschlossen und dadurch in geschweifte Klammern gesetzt (z. B. `{=B4:B20*C4:C20}`).

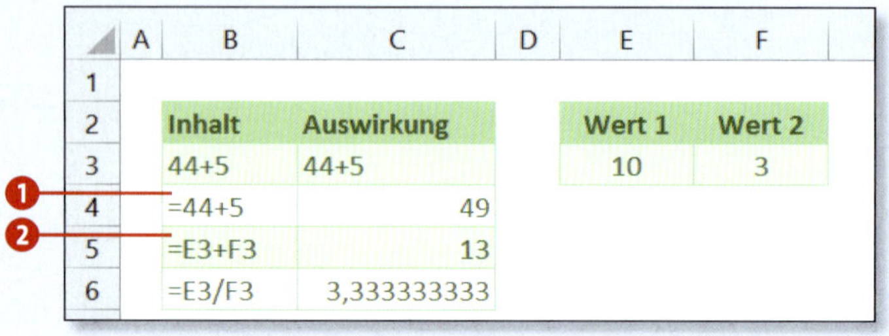

Die Eingabe einer einfachen Formel ❶ *und einer Formel mit Zellbezug* ❷

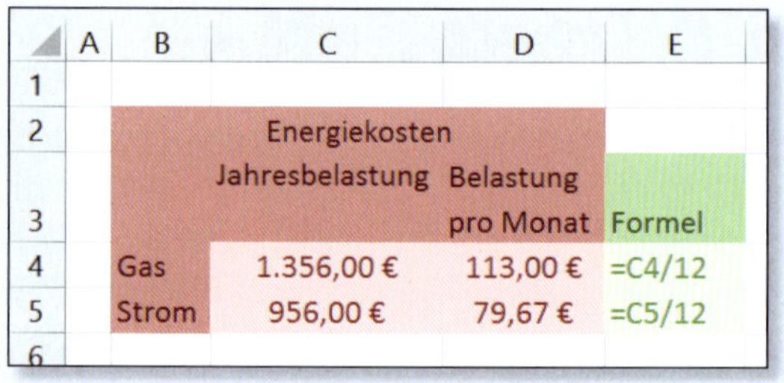

Auch eine Kombination aus Bezügen und Werten ist in Formeln kein Problem.

Einfache Formeln können sich aus einem oder allen der folgenden Bestandteile zusammensetzen:

- **Konstanten** ❸ – sind Zahlen oder Texte, die direkt in die Formel eingegeben werden. Bei ihnen handelt es sich also um Werte, die unveränderlich sind und nicht aus einer vorangegangenen Berechnung resultieren. Texte müssen hierbei immer in Anführungszeichen gesetzt werden. Auf Texte wird später in diesem Kapitel noch eingegangen.
- **Bezug** ❹ – stellt die Verbindung zu Zellen oder Bereichen im Arbeitsblatt her. Die Eingabe von B4 in Ihre Formel bewirkt, dass der Inhalt von B4 in die Formel eingesetzt wird.
- **Funktion (wie hier PI() ❺)** – kann in Formeln verwendet werden. Die Funktion ermittelt hier den Wert 3,141592…. und setzt diesen in die Formel ein. Im weiteren Verlauf des Kapitels erfahren Sie mehr über den Aufbau und die Anwendungsbereiche der verschiedenen Funktionen.
- **Operator** ❻ – verbindet, mit Ausnahme des %-Zeichens, immer zwei Operanden und legt die Art der Berechnung in der Formel fest. Mehr über die verschiedenen Operatoren und ihre Einsatzarten erfahren Sie im folgenden Exkurs »Operatoren und Grundrechenarten« auf der folgenden Seite.

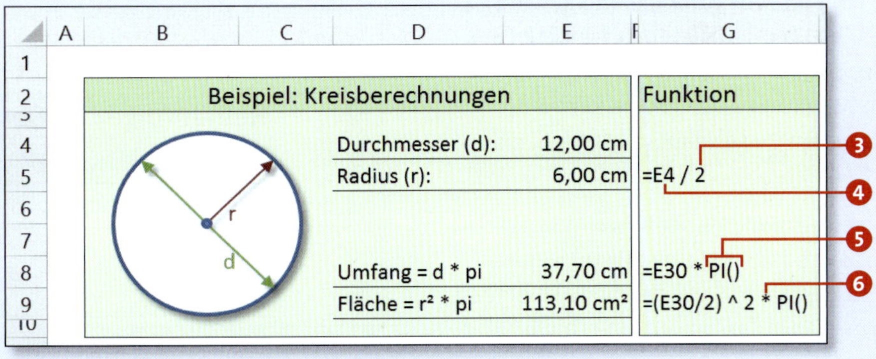

Hier sehen Sie die verschiedenen Bestandteile einer Formel.

Operatoren und Grundrechenarten

Natürlich können Sie über Bezüge einfach einen Wert aus einer anderen Zelle übernehmen, aber Formeln wie =F12 sind auf Dauer nicht wirklich sinnvoll. Spannend wird es, wenn Sie anfangen zu berechnen. In den Formeln stehen Ihnen die Grundrechenarten Addition (+), Subtraktion (-), Multiplikation (*), Division (/) und das Potenzieren (^) zur Verfügung. Sie werden verwendet, indem Sie einfach den Operator der gewünschten Rechenart zwischen die Werte oder Bezüge Ihrer Formel, die sogenannten *Operanden*, eingeben (z. B. =7+3 oder =A2*C5).

Operatoren (+-*/^)			
Operand 1	*Operand 2*	*Operator*	*Ergebnis*
7	3	+	10,00
10	5	–	5,00
13	7	*	91,00
16	9	/	1,78
4	3	^	64,00

Grundsätzlich wird die Berechnung von Excel von links nach rechts durchgeführt. Allerdings gelten die üblichen Rechenregeln: Punktrechnung geht also auch in Excel vor Strichrechnung, wie Sie in der Abbildung rechts an den Ergebnissen ❶ sehen. Möchten Sie bestimmte Berechnungen Ihrer Formel zuerst vornehmen, setzen Sie den entsprechenden Teil in Klammern. Die übliche Rechenreihenfolge wird dadurch unterbrochen und zunächst das Ergebnis der Klammer ermittelt.

Reihenfolge der Berechnung	
Punktrechnung geht vor Strichrechnung	
5 + 5	10
5 + 5 * 5	30 ❶
(5 + 5) * 5	50

Zum Potenzieren wird das Caret-Zeichen (^), eher bekannt unter dem Namen *Zirkumflex* (französisch [accent] circonflexe), verwendet. Um =C4^D4 einzugeben, müssen Sie =C4 [^], Leertaste D4 eingeben, da das Caret-Zeichen ansonsten in Texten nur in Verbindung mit einem Vokal genutzt wird.

Das Prozentzeichen (%) nimmt in Excel eine Doppelrolle ein. Es ist nicht nur ein Format hinter einer Zahl mit dem Zahlenformat **Prozent**, es ist auch ein Operator! Er teilt den vorangestellten Wert durch 100. Dann ist ja Gott sei Dank alles so, wie wir es in der Schule gelernt haben. 100 % entspricht demnach 100/100, also 1, und 34 % entspricht 34/100, also 0,34. Mit dem Wissen können Sie mit nur zwei Merksätzen dem Dreisatz aus dem Weg gehen.

Prozentrechnung	
Prozent	*Faktor*
100%	1,00
34%	0,34
50%	0,50
156%	1,56

Angenommen, Sie sollen für die Klassenfahrt Ihres Kindes 350 € anzahlen. Bei der Besprechung grinst Sie der Lehrer an und sagt: »Jeder sollte 30 % anzahlen.« In Excel müssen Sie nicht =350/100*30 rechnen, sondern nur =350*30%, denn das Prozentzeichen ❷ wird hier als Operator verwendet und teilt ja schon durch 100.

Genauso verhält es sich, wenn der Lehrer sagt: »Jeder muss 130 € anzahlen«, und noch hinterherschiebt: »Kann mir jemand sagen, wie viel Prozent das sind?« Auch hier müssen Sie nicht =100*130/350 rechnen, sondern die Zielzelle ❸ mit dem Zahlenformat **Prozent** formatieren und dort einfach nur =130/350 eingeben. Das Ergebnis wird ja durch das Format **Prozent** für die Anzeige mit 100 multipliziert.

Grundsätzlich ist es in Formeln immer besser, Bezüge statt fester Werte zu verwenden. So sollte die Berechnung hier nicht =130/350 lauten, sondern =B9/B8.

In der Tabelle rechts zeige ich Ihnen noch einmal eine Auswahl der Operatoren, die Ihnen wohl am häufigsten in Ihren Arbeitsblättern begegnen werden. Natürlich gibt es noch weitere Operatoren wie Vergleichsoperatoren, Textverkettungs- und Bezugsoperatoren, eine nähere Beschäftigung mit ihnen würde an dieser Stelle aber den Rahmen sprengen. Sie werden beziehungsweise wurden an anderen Stellen erläutert.

	A	B	C	D	E	F	G
1	**Klassenfahrt**						
2	Kosten gesamt	350,00 €					
3	Anzahlung	30% ❷		Frage:	Wie viel € soll ich zahlen?		
4	Anzahlung in €:	105,00 €		Merke:	Mit dem %-Wert multiplizieren		

	A	B	C	D	E	F	G
7	**Klassenfahrt**						
8	Kosten gesamt	350,00 €					
9	Anzahlung	130,00 €		Frage:	Wie viel % soll ich anzahlen?		
10	Anzahlung in %:	37,14% ❸		Merke:	Kleiner Wert geteilt durch großer Wert		

Operator	Beispiel	Verwendung
+	=A1+A2	Addition
–	=A1-A2	Subtraktion
*	=A1*A2	Multiplikation
/	=A1/A2	Division
%	=A1*30%	Prozentrechnung
^	=A1^2	Potenzierung

Übersicht über die häufigsten Operatoren

Einfache Formeln eingeben

Eine Formel geben Sie direkt in eine Zelle des Arbeitsblattes ein. Sie beginnen die Eingabe einer Formel immer mit einem Gleichheitszeichen. Danach geben Sie die gewünschte Berechnung ein, indem Sie entweder Werte oder Bezüge angeben und diese mit Operatoren verbinden. Die Arbeitsmappe zum Mitmachen finden Sie unter dem Namen *07.03-Rechnungsauszug.xlsx*. Gehen Sie wie in diesem Beispiel vor:

1. Markieren Sie die Zelle, in der das Ergebnis stehen soll ❶ (hier E11). Nicht lachen, gerade bei Anfängern erlebe ich es häufiger, dass sie zwar auf die Zelle blicken, in die etwas eingegeben werden soll, aber dann anfangen zu tippen, obwohl eine ganz andere Zelle markiert ist. Geben Sie jetzt einfach nur ein Gleichheitszeichen ein.

2. Um einen Bezug einzutragen, klicken Sie auf die Zelle ❷, in der der Wert steht. Excel trägt dann automatisch den Bezug ein.

3. Geben Sie dann den verknüpfenden Operator (also +, -, * etc.) ein, und vervollständigen Sie die Formel (hier =E8+E10), indem Sie den zweiten Bezug ❸ anklicken. Schließen Sie die Eingabe mit [↵] ab. Nach Drücken der [↵]-Taste wird das Ergebnis statt der Formel in der Zelle angezeigt.

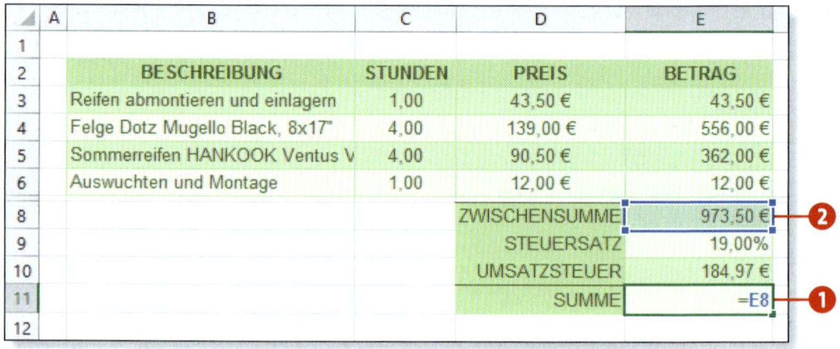

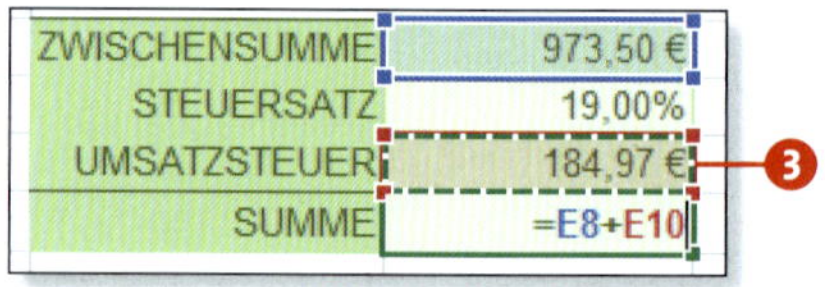

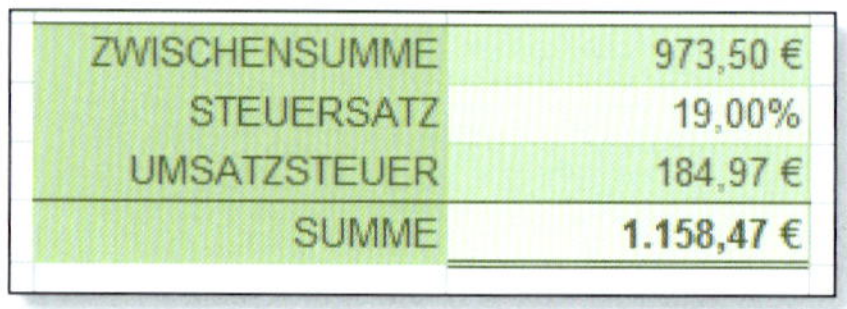

Eingabe von Leerzeichen

Leerzeichen spielen bei der Eingabe von Formeln keine Rolle und können nahezu beliebig eingefügt werden. Sie müssen nur darauf achten, dass Sie durch die Leerzeichen keine Bezüge oder Funktionsnamen trennen und dadurch zerstören. =E 8 + E1 0 ist nicht möglich.

Relative und absolute Zellbezüge

Durch einen Bezug verweisen Sie auf Ihrem Arbeitsblatt auf eine Zelle (oder einen Zellbereich) und beziehen die Daten oder Werte in die Berechnung Ihrer Formel ein. Bezüge einer Formel oder Funktion werden beim Kopieren automatisch mit angepasst (es handelt sich um *relative Bezüge*), und in den meisten Fällen ist das auch gut so. Aber es gibt auch Fälle, in denen immer auf eine bestimmte Zelle beziehungsweise Zellposition verwiesen werden soll. Man spricht dann von einem *absoluten Bezug*.

1. In der Arbeitsmappe *07.03-relative und absolute Bezüge.xlsx* soll zu den Nettoumsätzen die Mehrwertsteuer berechnet werden. Die Formel =D3*H3 würde nach dem *AutoAusfüllen* nur in der Zelle E3 das korrekte Ergebnis liefern. In allen anderen Zellen würde 0,00 € stehen, da aus dem Bezug H3 beim Kopieren H4, H5 usw. würde. In den Zellen H4 bis H18 steht aber nichts, und z. B. wird aus =D4*»Nichts« dann 0,00 €. Damit dies nicht passiert, muss der betroffene Bezugsteil fixiert werden. Sie müssen also aus einem relativen einen absoluten Bezug machen.

2. Tippen Sie dazu in die Zelle E3 die Formel =D3*H$3 ein ❶. Wenn Sie =D3*$H$3 eingeben, ist das auch nicht schlimm, Sie haben dann den Spaltenindex auch fixiert, was in diesem Fall aber überflüssig ist.

   Wird eine Formel/Funktion nach unten oder oben kopiert, ändert sich in allen Bezügen die Zahl, also der Zeilenbezug. Wird eine Formel/Funktion nach rechts oder links kopiert, ändert sich in allen Bezügen der Buchstabe, also der Spaltenbezug. Für jeden Bezug müssen Sie für sich prüfen: »Will ich das?« Wenn nicht, muss der entsprechende Bezugsteil mit $ fixiert werden.

3. Kopieren Sie die Formel über das Autoausfüllkästchen ❷ nach unten. In den folgenden Zeilen wird nun immer auf die Zelle H3 verwiesen, sodass Ihnen auch hier die Mehrwertsteuersätze korrekt angegeben werden.

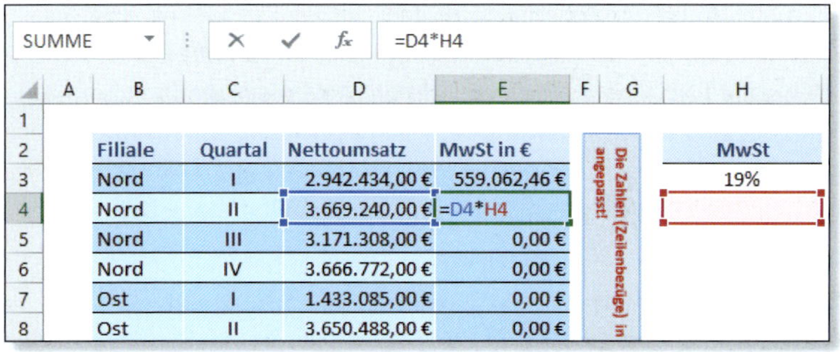

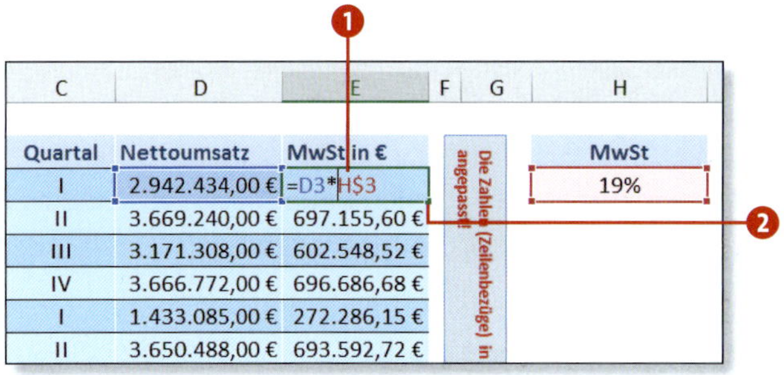

Bezugsart per F4 wechseln

Das Dollarzeichen ($) fixiert in Bezügen den direkt folgenden Bezugsteil. Sie können das Dollarzeichen an der gewünschten Position eingeben oder den betroffenen Bezug in der Formel oder Funktion markieren und anschließend die Taste F4 so oft drücken, bis die gewünschte Bezugsart eingestellt ist. Sehen Sie sich hierzu auch die Beispiele zu den Bezugsarten im Arbeitsblatt Bezüge der Beispieldatei *07.03-relative und absolute Bezüge.xlsx* an.

Bezüge auf Arbeitsblätter oder Arbeitsmappen

In den vorangegangenen Abschnitten haben Sie gelernt, dass Sie sich in Formeln und Funktionen möglichst immer auf Zellen beziehen sollen, in denen die Werte stehen, statt diese direkt in Formeln einzugeben. Diese Zellen müssen sich aber nicht nur auf Ihrem Arbeitsblatt befinden, sondern können sich auch auf einem anderen Arbeitsblatt oder sogar in einer anderen Arbeitsmappe befinden.

1. Um einen externen Bezug zu erzeugen, geben Sie zunächst ein Gleichheitszeichen in die Zelle Ihrer Berechnung ein.
2. Anschließend wechseln Sie auf das andere Arbeitsblatt und wählen per Mausklick die Zelle oder den Bereich, auf den Sie sich beziehen möchten. Bestätigen Sie mit [↵]. Der Bezug wird dann eingetragen (etwa Zelle `C4` auf dem Arbeitsblatt `Mrz` (1)), und Sie können z. B. so Artikelverkaufszahlen von verschiedenen Monatsblättern in dieser Zelle zusammenfassen (1). Der externe Bezug kann nicht nur auf eine einzelne Zelle, sondern auch auf einen Zellbereich, Tabellenbereich oder Namen verweisen.
3. Möchten Sie sich auf ein Arbeitsblatt einer anderen Arbeitsmappe beziehen, gehen Sie wie beschrieben vor. Sie wählen allerdings dann den Bezug in der anderen Arbeitsmappe aus. Die Schreibweise eines Bezugs ist dann wie folgt aufgebaut: `='[Arbeitsmappe]Arbeitsblattregister'!Zelle` (2). Um einen externen Bezug zu erzeugen, muss die betroffene Arbeitsmappe geöffnet sein. Das sollten Sie vor allem dann beachten, wenn Sie die Bezüge direkt eintippen, anstatt sie durch Anklicken der entsprechenden Zellen zu erstellen.

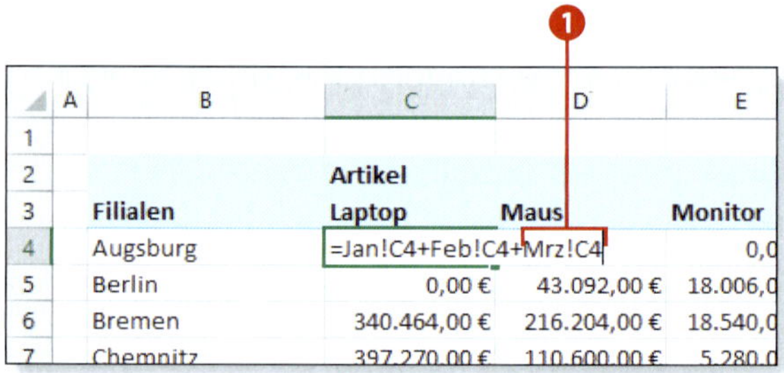

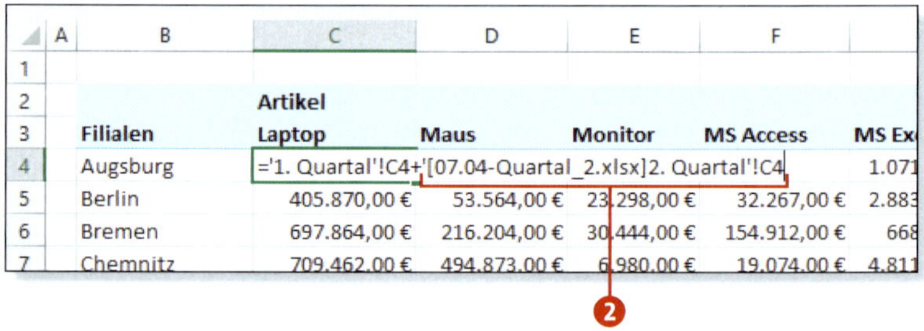

Anführungszeichen verwenden

Bei einem Bezug auf ein Arbeitsblattregister in der gleichen Arbeitsmappe müssen Sie bei der Eingabe den Arbeitsblattnamen in Anführungszeichen setzen, wenn dieser Leerzeichen enthält (z. B. `='1. Quartal'!A1`).

Externe Bezüge aktualisieren

Beim Öffnen einer Datei mit externen Bezügen werden Sie gefragt, ob diese aktualisiert werden sollen. Wurde die Datei nicht gefunden, weil sie z. B. umbenannt wurde, besteht die Möglichkeit, im Dialogfenster **Verknüpfungen bearbeiten** die Quelle zu ändern.

Formeln kopieren und einfügen

Wie Sie im Abschnitt »Relative und absolute Zellbezüge« auf Seite 189 gesehen haben, werden alle Bezüge in Formeln und Funktionen angepasst, wenn Sie das Autoausfüllkästchen zum Kopieren benutzen. Das Gleiche passiert, wenn Sie eine Formel (oder auch Funktion) per Tastenkombination, Drag & Drop oder über den Kontextmenübefehl kopieren. Kopieren Sie eine Zelle um 4 Spalten nach rechts und 3 Zeilen nach unten, werden alle Bezüge in der Zelle um 4 Buchstaben und 3 Zahlen erhöht. Zum Beispiel wird aus `=B5*B6` dann `=F8*F9`.

1. In der Arbeitsmappe *07.05-Umsatz.xlsx* sehen Sie die Ergebnisse aus zwei Halbjahren. In der zweiten Jahreshälfte fehlen noch die Monatssummen. In der Zelle `C11` ❶ sehen Sie, dass die Summe über die Zellen `C6` bis `C9` gebildet wird. Zum Kopieren der Formeln für die Monats- und Gesamtsummen markieren Sie den Quellbereich ❷ und kopieren ihn mit `Strg` + `C`.
2. Markieren Sie die Zelle `B24`, und fügen Sie die markierten Zellen dort z. B. mit der Tastenkombination `Strg` + `V` ein ❸. Wenn Sie jetzt den Inhalt der Zelle `C24` prüfen, stellen Sie fest, dass alle Bezüge an die neue Zelle angepasst wurden ❹.

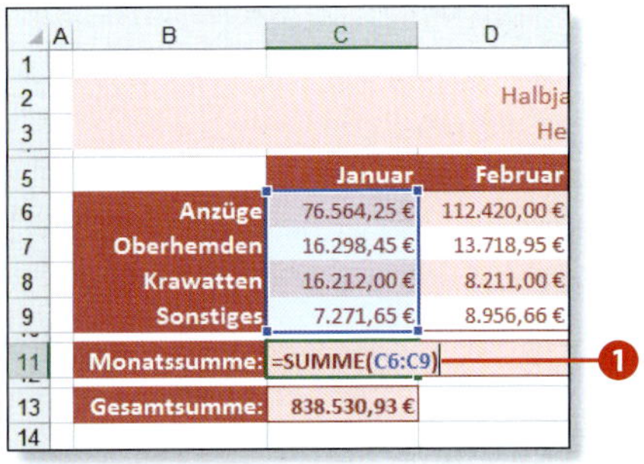

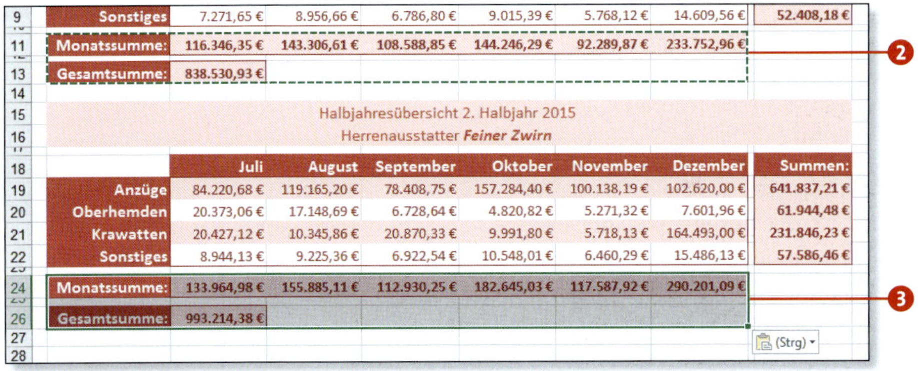

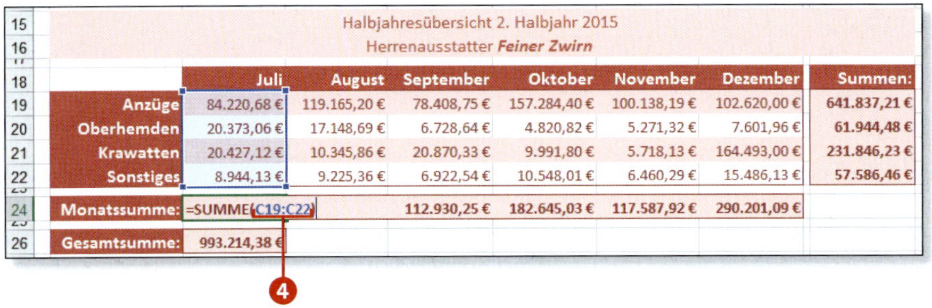

Formeln und Funktionen verschieben

Wird eine Formel/Funktion verschoben, bleiben alle enthaltenen Bezüge unverändert. Sie können also auch im Nachhinein bedenkenlos Ihre Berechnungen verschieben, um z. B. Platz für eine weitere Zeile oder Spalte zu schaffen.

Berechnungsoptionen einstellen

Immer wenn Sie auf einem Arbeitsblatt etwas ändern, werden alle Formeln und Funktionen, die von der Änderung abhängig sind, neu berechnet. Werden auf einem Arbeitsblatt sehr viele Formeln/Funktionen verwendet, kann dies dazu führen, dass die Neuberechnungen viel Zeit in Anspruch nehmen. Insbesondere Bezüge auf andere Arbeitsblätter und -mappen sorgen für größere Verzögerungen.

1. Verändern Sie in der Beispieldatei *07.08-Vertreterumsätze-10000.xlsx* den Mehrwertsteuersatz in der Zelle K3 ❶, werden Sie feststellen, dass sofort alle Werte der Spalte I angepasst werden. Verändern Sie auch eine Zahl in der Spalte A, verursachen Ihre Änderungen erneut eine Neuberechnung, diesmal in den Spalten B und C.

2. Möchten Sie dieses Verhalten für die aktuelle Arbeitsmappe ändern, weil diese besonders umfangreich und ressourcenhungrig ist, klicken Sie in der Gruppe **Berechnung** der Registerkarte **Formeln** auf die Schaltfläche **Berechnungsoptionen**. Standardmäßig ist in dem Menü der Schaltfläche die Option **Automatisch** aktiviert. Klicken Sie auf **Manuell** ❷, um selbst zu bestimmen, wann eine Neuberechnung der Werte vorgenommen werden soll. Sie können so zunächst in aller Ruhe alle Änderungen vornehmen und danach die Neuberechnung aktivieren.

3. Um die Neuberechnung des aktuellen Arbeitsblattes manuell zu starten, klicken Sie auf **Blatt berechnen** ❸. Möchten Sie alle Werte auf allen Arbeitsblättern neuberechnen lassen, wählen Sie **Neu berechnen**.

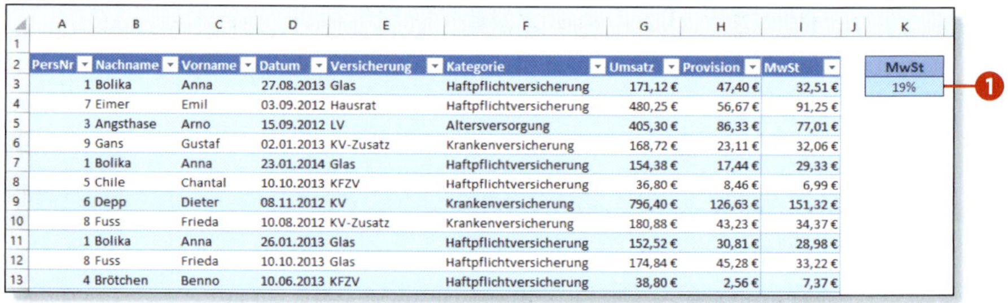

	A	B	C	D	E	F	G	H	I	J	K
1											
2	PersNr	Nachname	Vorname	Datum	Versicherung	Kategorie	Umsatz	Provision	MwSt		MwSt
3	1	Bolika	Anna	27.08.2013	Glas	Haftpflichtversicherung	171,12 €	47,40 €	32,51 €		19%
4	7	Eimer	Emil	03.09.2012	Hausrat	Haftpflichtversicherung	480,25 €	56,67 €	91,25 €		
5	3	Angsthase	Arno	15.09.2012	LV	Altersversorgung	405,30 €	86,33 €	77,01 €		
6	9	Gans	Gustaf	02.01.2013	KV-Zusatz	Krankenversicherung	168,72 €	23,11 €	32,06 €		
7	1	Bolika	Anna	23.01.2014	Glas	Haftpflichtversicherung	154,38 €	17,44 €	29,33 €		
8	5	Chile	Chantal	10.10.2013	KFZV	Haftpflichtversicherung	36,80 €	8,46 €	6,99 €		
9	6	Depp	Dieter	08.11.2012	KV	Krankenversicherung	796,40 €	126,63 €	151,32 €		
10	8	Fuss	Frieda	10.08.2012	KV-Zusatz	Krankenversicherung	180,88 €	43,23 €	34,37 €		
11	1	Bolika	Anna	26.01.2013	Glas	Haftpflichtversicherung	152,52 €	30,81 €	28,98 €		
12	8	Fuss	Frieda	10.10.2013	Glas	Haftpflichtversicherung	174,84 €	45,28 €	33,22 €		
13	4	Brötchen	Benno	10.06.2013	KFZV	Haftpflichtversicherung	38,80 €	2,56 €	7,37 €		

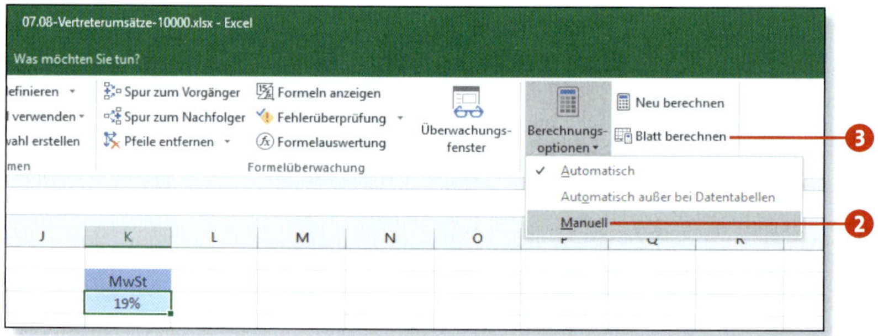

Mit der Datenüberprüfung Fehlermeldungen vermeiden

In der Beispieldatei *07.08-Vertreterumsätze-10000.xlsx* werden die Inhalte der Spalte Vorname und Nachname durch die Funktion SVERWEIS() (siehe Exkurs »Nachschlagen und Verweisen« auf Seite 214) eingesetzt. Der SVERWEIS() sucht zu der Personalnummer aus der Spalte A den passenden Namen aus der Referenztabelle im Arbeitsblattregister Steuergrößen. Würde in der Spalte PersNr ein falscher Wert eingegeben, käme es, je nach Verwendung der Funktion SVERWEIS(), zu einer Fehlermeldung oder einem falschen Wert. Durch die eingebaute *Datenüberprüfung* (siehe Abschnitt »Eingaben beschränken und auf Gültigkeit prüfen« ab Seite 90) ist eine Fehleingabe unmöglich.

4. Möchten Sie nicht nur in der aktuellen Arbeitsmappe, sondern generell auf die automatisch durchgeführten Berechnungen verzichten, können Sie diese Automatik in den **Excel-Optionen** abschalten. Klicken Sie auf **Datei > Optionen > Formeln** ❹. Standardmäßig ist im Bereich **Berechnungsoptionen** unter **Arbeitsmappenberechnung** die Option **Automatisch** aktiv.

5. Klicken Sie auf den Radiobutton **Manuell** ❺, um die vollautomatische Berechnung zu deaktivieren. Die Änderung bezieht sich auf alle (auch bereits geöffneten) Arbeitsmappen.

6. Das Häkchen im Kontrollkästchen **Vor dem Speichern die Arbeitsmappe neu berechnen** sollten Sie bestehen lassen. Neuberechnungen der Arbeitsmappe werden dann automatisch vor dem Speichern durchgeführt, was durchaus sinnvoll ist. Schließen Sie Ihre Änderungen mit einem Klick auf **OK** ab.

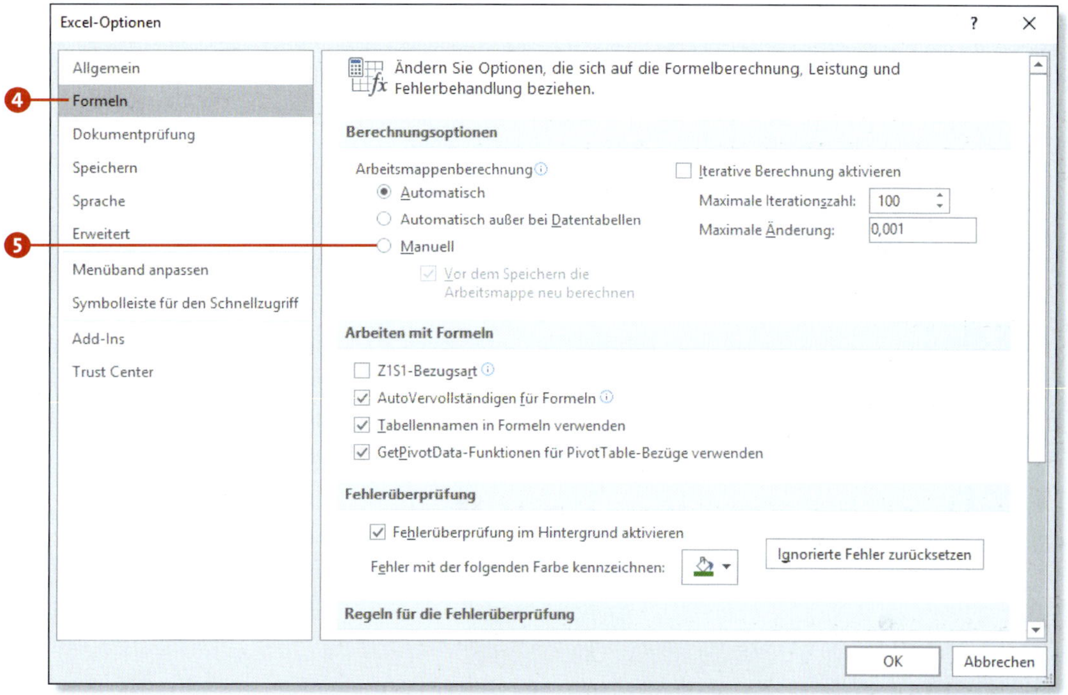

Neuberechnung per Tastendruck

Haben Sie die automatische Neuberechnung deaktiviert, können Sie sie auch jederzeit manuell durch Drücken der Taste F9 auslösen.

Externe Bezüge

Es kann durchaus einmal vorkommen, dass Sie sich auf Zellen in anderen Arbeitsmappen beziehen. Solche externen Bezüge werden, solange alle betroffenen Arbeitsmappen geöffnet sind, automatisch aktualisiert. Sie können aber auch unter **Daten > Verbindungen > Verknüpfungen bearbeiten** für alle externen Bezüge entscheiden, wie diese beim Öffnen der Arbeitsmappe behandelt werden. So kann dann ein Bezug auch ohne Nachfrage aktualisiert werden, ohne dass die verknüpfte Arbeitsmappe geöffnet wird.

Fehlermeldungen in Formeln

Natürlich kommt es auch vor, dass Sie bei der Eingabe einer Formel/Funktion einmal einen Fehler machen. Excel versucht, Ihnen mit Fehlermeldungen unter die Arme zu greifen. Es wird grundsätzlich zwischen drei Formen von Fehlermeldungen unterschieden:

- **Syntaxfehler** – In einer Formel wurde ein Operator oder Operand vergessen oder eine Klammer fehlt. In einer Funktion wurde ein falsches Argument übergeben oder ganz vergessen. Die Meldung selbst hängt dann sehr stark vom Fehler ab.
- **Zirkelbezug** – In der Formel oder Funktion wurde das Ergebnis der Berechnung mit einbezogen ❶. Das bewirkt, dass das Ergebnis wieder in die Berechnung einfließt und das folgende Ergebnis verändert, welches wieder in die Berechnung einfließt usw. Nachdem Sie eine Zirkelbezugsmeldung mit einem Klick auf **OK** bestätigt haben, wird in die betroffene Zelle das Ergebnis 0 eingetragen. Wenn Sie an dieser Stelle den Fehler ignorieren, merken Sie später vermutlich nicht mehr, dass diese Zelle einen Fehler enthält!
- **Fehlerwert** – Fehlerwerte werden in der betroffenen Zelle ausgegeben. Alle Fehlerwerte beginnen mit einem #. In der folgenden Tabelle sehen Sie die häufigsten Fehlermeldungen:

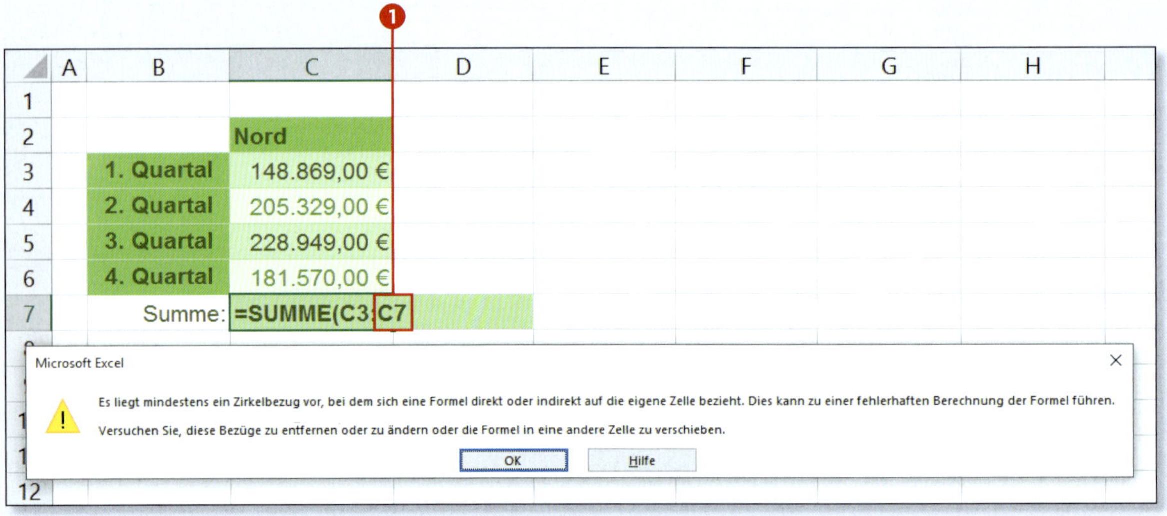

Excel weist Sie darauf hin, dass etwas nicht stimmt.

Fehlermeldung	Beschreibung	Lösung
#####	Zahl passt nicht in die Zelle.	Erhöhen Sie die Spaltenbreite.
#DIV/0!	Ein Wert wurde durch 0 oder ein leeres Feld dividiert.	Korrigieren Sie die Werte, oder fangen Sie den Fehler mit WENN() oder WENNFEHLER() ab.
#BEZUG!	Es besteht ein Bezug auf eine Zelle, die gelöscht wurde, oder in eine andere Arbeitsmappe, die nicht gefunden wurde.	Stellen Sie den Bezug erneut her.
#WERT!	Ein Operand oder Funktionsargument hat einen falschen Datentyp. Meistens wird versucht, mit Text zu rechnen.	Prüfen und ändern Sie gegebenenfalls die Inhalte aller betroffenen Zellen.
#NAME?	Ein Bereichs- oder Funktionsname ist Excel nicht bekannt. Meistens wurde er einfach falsch geschrieben.	Überprüfen Sie die Schreibweise, und installieren Sie gegebenenfalls Funktionen nach.
#NV	Ist eigentlich keine Fehlermeldung. NV steht für nicht vorhanden. Der SVERWEIS() liefert diesen Wert, wenn kein Datensatz gefunden wurde. Wird aber z. B. zur Kundennummer 37 kein Kunde gefunden, ist das kein Fehler, sondern der Kunde existiert einfach nicht (ISTFEHL(), ISTFEHLER()).	Verhindern Sie mit der Datenprüfung, dass ungültige Werte eingegeben werden, oder erzeugen Sie durch z. B. WENNFEHLER() eine aussagekräftige Meldung.
#ZAHL!	Ein ungültiges Zahlenformat wurde z. B. als Funktionsargument übergeben.	Übergeben Sie den Wert ohne Einheit.
#NULL!	Zwei Bereiche überschneiden sich z. B. in einer Funktion, wo sie sich nicht überschneiden dürfen.	Passen Sie die Bereichsverweise an.

Die häufigsten Fehlermeldungen im Überblick.

Fehlermeldungen beheben

Die Fehlermeldungen zeigen Ihnen zwar, dass ein Fehler vorliegt, oft lässt sich aber noch nicht erkennen, wo die Ursache verborgen ist. Auch zum Aufspüren der Fehler hat Excel einiges zu bieten.

1. Wird Ihnen in einer Zelle ein Fehler mit dem Rautenzeichen (#) ausgegeben, können Sie unmittelbar darauf reagieren, um die Fehlerursache zu ermitteln. Markieren Sie zunächst die Zelle mit der Fehlermeldung, und klicken Sie auf das Ausrufezeichen ❶, das daraufhin eingeblendet wird.

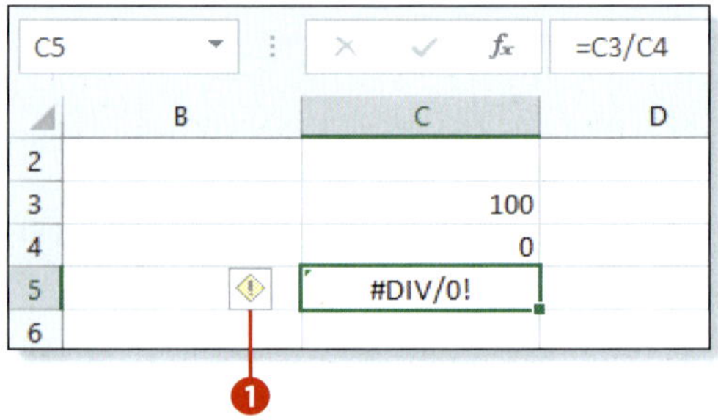

2. In dem folgenden Menü werden Ihnen die Fehlerursache ❷ und einige Optionen zum weiteren Vorgehen angeboten.

3. Mit einem Klick auf **Hilfe für diesen Fehler anzeigen** wird bei bestehender Internetverbindung die Excel-Hilfe aufgerufen, und Sie erfahren in einer Beschreibung, wie sich der Fehler vermeiden lässt. Bei umfangreichen Formeln ist vor allem die Option **Berechnungs-Schritte anzeigen** ❸ hilfreich. Im Dialogfenster **Formel auswerten** werden Ihnen die Werte der Formelbezüge angezeigt, sodass Sie sie etwas übersichtlicher prüfen können.

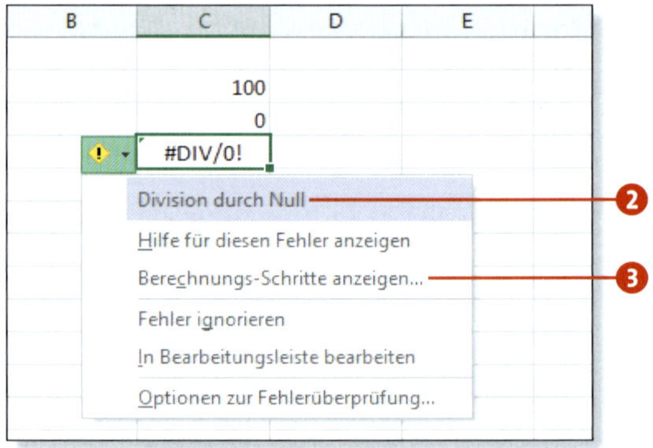

Die Fehlermeldung »#####«

Die Fehlermeldung ##### besagt eigentlich, dass der Wert, der in der Zelle angezeigt werden soll, nicht in die Zelle passt. In der oben dargestellten Tabelle finden Sie dazu auch schon eine Lösung. Es gibt allerdings eine Situation, in der die Verbreiterung der Spalte nicht hilft. Immer dann, wenn Sie zwei Uhrzeiten voneinander abziehen, muss der erste Wert größer als der zweite sein! Vertauschen Sie die Reihenfolge, sehen Sie nur Rauten, egal wie breit Sie die betroffene Spalte machen.

Fehlerursachen per Formelüberwachung ermitteln

Excel bietet Ihnen mit der Formelüberwachung ein weiteres Werkzeug, um gerade in komplexen Formeln schnell möglichen Fehlern auf die Spur zu kommen oder sich einen Überblick über die Formelstruktur zu verschaffen.

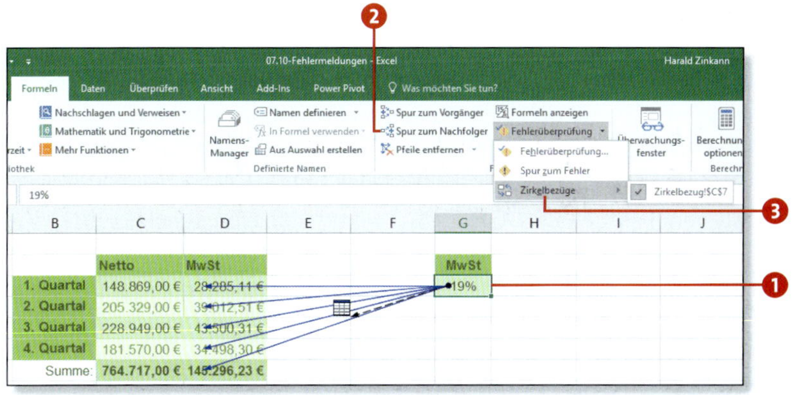

1. Um z. B. zu sehen, in welchen Formeln/Funktionen eine Zelle benötigt wird, markieren Sie diese Zelle (hier G3 ❶) und klicken auf **Formeln > Formelüberwachung > Spur zum Nachfolger** ❷. Die blauen Pfeile zeigen Ihnen, welche Zellen sich auf G3 beziehen. Der schwarze Pfeil zeigt an, dass der Wert auch auf einem anderen Arbeitsblatt genutzt wird. Mit **Spur zum Vorgänger** wird hingegen angezeigt, welche Zellen für die Berechnung benötigt werden (hier für D3 etwa die Zellen C3 und G3). Haben Sie die Fehlerursache gefunden, klicken Sie auf **Pfeile entfernen**, um alle Pfeile wieder zu löschen.

2. Benötigen Sie weitere Hilfe, wählen Sie **Formeln > Formelüberwachung > Fehlerüberprüfung** und klicken im Menü beispielsweise auf **Zirkelbezüge** ❸, um alle Zirkelbezüge der Arbeitsmappe aufgelistet zu bekommen.

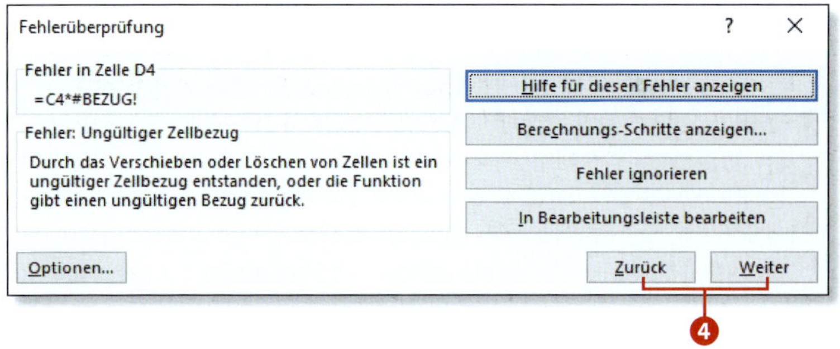

3. Über **Formeln > Formelüberwachung > Fehlerüberprüfung > Fehlerüberprüfung** werden im Dialogfenster **Fehlerüberprüfung** alle Zellen, die eine Fehlermeldung enthalten, nacheinander angezeigt. Mit den Schaltflächen **Zurück** und **Weiter** ❹ können Sie durch die Fehlermeldungen blättern. Über **Berechnungs-Schritte anzeigen** kann die Formel Schritt für Schritt ausgeführt werden, um so dem Fehler auf die Schliche zu kommen. Nach dem letzten Fehler müssen Sie noch ein Dialogfenster mit **OK** bestätigen, um diesen Schritt abzuschließen.

Zellen überwachen

Über **Formeln > Formelüberwachung > Überwachungsfenster** können Sie einzelne Zellen in einem Überwachungsfenster beobachten. In dem Fenster werden unter anderem Zellbezug, Wert und Formel/Funktion angezeigt.

Matrixformeln

Mit Matrix- oder Arrayformeln können Sie mit nur einer Formel eine Vielzahl von Einzelergebnissen erzeugen und in einem Gesamtergebnis zusammenfassen. In der Arbeitsmappe *07.09-Matrixformeln.xlsx* habe ich ein einfaches Beispiel vorbereitet, das das Prinzip der Matrixformeln verdeutlichen soll. Normalerweise müsste in den Zellen der Spalte E3 bis E18 eine Folge von Formeln stehen (=B3*C3, =B4*C4, =B5*C5, ..., =B18*C18). Eine Matrixformel wird dazu nur einmal eingegeben.

1. Markieren Sie die Zellen E3 bis E18. Geben Sie dann = ein. Das Gleichheitszeichen wird in die Zelle E3 eingetragen.

2. Markieren Sie die Zellen B3 bis B18. Die Formel wird zu =B3:B18 ergänzt. Geben Sie nun [*] ein, und markieren Sie den Bereich von C3 bis C18 ❶. In der Zelle E3 und in der Bearbeitungsleiste steht jetzt =B3:B18*C3:C18 ❷.

3. Drücken Sie jetzt gleichzeitig [Strg] + [⇧] + [↵]. Alle Ergebnisse werden berechnet, und in den Zellen steht {=B3:B18*C3:C18}. Die geschweiften Klammern können Sie nicht manuell eingeben, um eine Matrixformel zu erzeugen. Sie werden durch die Eingabe von [Strg] + [⇧] + [↵] gesetzt. Wenn Sie die Klammern über die Tastatur in eine Zelle eingeben, wird sie als Text angezeigt.

Einzelergebnisse in Gesamtsumme zusammenfassen

Um die Gesamtsumme zu bilden, ohne die Zwischenergebnisse aus Spalte E zu verwenden, reicht eine Matrixformel aus: {=SUMME(B3:B18*C3:C18)}. Hier wird zeilenweise multipliziert, und anschließend werden alle Einzelergebnisse addiert. Mit der Funktion SUMMENPRODUKT() hätten Sie das auch hinbekommen, aber in der Matrixformel können Sie jeden Operator einsetzen!

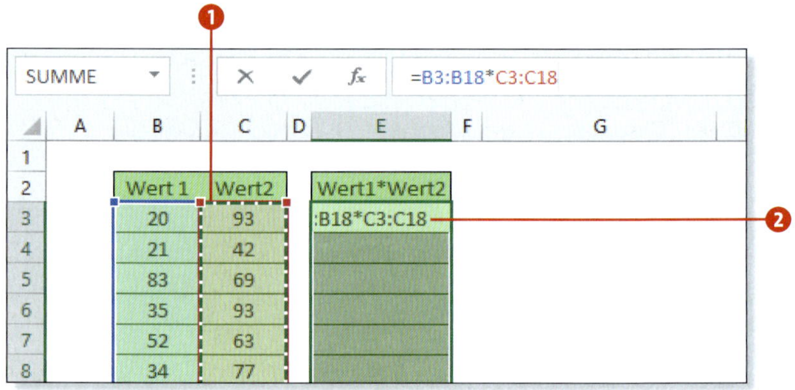

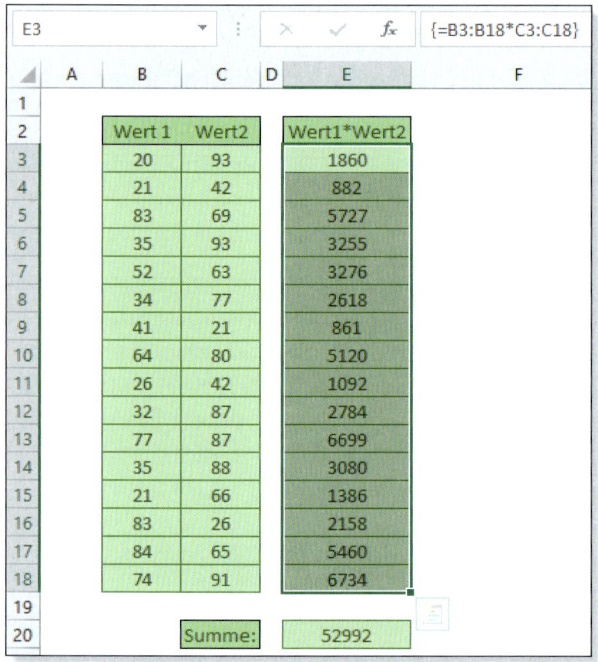

Aufbau von Funktionen

Funktionen in Excel beginnen genau wie Formeln immer mit einem Gleichheitszeichen, gefolgt vom Funktionsnamen und gegebenenfalls einem oder mehreren Argumenten. Daraus ergibt sich der folgende exemplarische Aufbau:

`=NAME([Argument(e)])`

Argumente werden hinter dem Funktionsnamen in Klammern eingefügt. Argumente können Zahlen, Text, logische Werte, Matrizen oder Zellbezüge sein. Die Anzahl der Argumente kann von Funktion zu Funktion sehr unterschiedlich sein. So gibt es Funktionen, die ohne Argumente auskommen, wie PI, HEUTE oder JETZT.

Funktionen mit einem oder mehreren Argumenten sind aber häufiger. In den Funktionen mit einem Argument wie MONAT, JAHR oder STUNDE wird als Argument ein Datum übergeben, und die Funktion ermittelt den Monat, das Jahr oder die Stunde aus dem übergebenen Datum. Bei Funktionen mit mehreren Argumenten wie MONATSENDE oder WENN werden die Argumente immer mit Semikolon (;) getrennt.

Außerdem gibt es noch Funktionen mit optionalen Argumenten, wie SPALTE oder KALENDERWOCHE. So ermittelt `=SPALTE()` die Spaltenzahl der Zelle, in der die Funktion steht. Der Funktionsaufruf `=SPALTE(F17)` ermittelt die Spalte der Zelle `F17`, also `6`. Bei der Funktion KALENDERWOCHE ist das 2. Argument optional. Es gibt an, wann die Woche beginnt. Verzichtet man auf dieses Argument, wird ein Standardwert eingesetzt.

Funktionen ohne Argument		Funktion
akt. Datum:	04.08.2016	=HEUTE()
akt. Datum mit Uhrzeit:	04.08.2016 08:42	=JETZT()
die Zahl ***pi*** :	3,141592654	=PI()

Funktionen mit einem Argument		Funktion
akt. Datum:	04.08.2016 09:22:25	=JETZT()
Monat aus akt. Datum:	8	=MONAT(D4)
Jahr aus akt. Datum:	2016	=JAHR(D4)
Stunde aus akt. Datum:	9	=STUNDE(D4)
Sekunde aus akt. Datum:	25	=SEKUNDE(D4)

Funktionen mit mehreren Argumenten		Funktion
akt. Datum:	04.08.2016	=JETZT()
Ende des Monats:	31.08.2016	=MONATSENDE(D4;0)
aktuelle Kalenderwoche:	32. KW	=KALENDERWOCHE(D4;2)

Die Abbildungen zeigen den Aufbau von Funktionen ohne, mit einem oder mehreren Argumenten.

Funktionen manuell eingeben

Wie bereits erwähnt, unterscheidet sich die Eingabe von Funktionen nicht entscheidend von der Eingabe von Formeln. Allerdings muss Ihnen bei der Eingabe von Funktionen die Syntax bekannt sein. In der Arbeitsmappe *07.13-Funktionsbibliothek.xlsx* habe ich eine Liste mit allen Funktionen für Sie zusammengestellt.

1. Um eine Funktion manuell in eine Zelle einzutragen, markieren Sie zunächst die Zelle, die die Funktion aufnehmen soll. Geben Sie dann ein Gleichheitszeichen ein und danach den ersten Buchstaben der Funktion (hier S). Es erscheint eine Liste mit allen Funktionen, die mit S beginnen. Ist Ihnen die Liste zu lang und unübersichtlich, geben Sie weitere Buchstaben des Funktionsnamens ein. Die Liste reduziert sich auf alle Einträge, die mit den Buchstaben beginnen.

2. Nutzen Sie die Tasten [Bild ↑] und [Bild ↓], um in der Liste die Funktion **SUMME** (1) zu markieren, und übernehmen Sie die Funktion mit [⇆]. In der Zelle steht jetzt =SUMME(. Alternativ können Sie die gewünschte Funktion auch per Mausklick in der Liste anwählen.

3. Markieren Sie die Zellen E5 bis E22. In der Zelle, in der Sie die Funktion eingefügt haben, sehen Sie dementsprechend =SUMME(E5:E22. Schließen Sie jetzt noch die Klammer, und beenden Sie die Eingabe mit [↵].

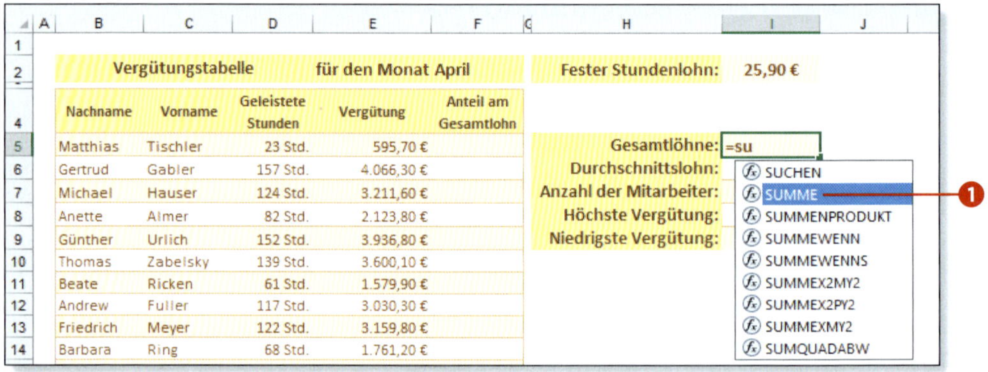

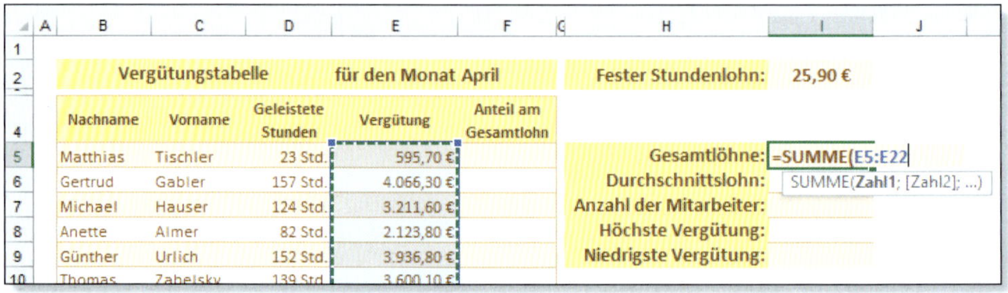

AutoVervollständigen

Sollten Sie in Schritt 3 nur [↵] drücken, ohne die Klammer der Funktion zu schließen, setzt Excel diese Klammer automatisch. An der Stelle bin ich vielleicht ein Erbsenzähler, aber Sie sollten die Klammer immer selbst schließen und sich nicht auf die Automatik von Excel verlassen und so unnötige Fehlerquellen ausschließen.

4. Nachdem Sie die Funktion in Schritt 2 aus der Liste der Funktionen mit [Tab] übernommen haben, ist Ihnen vielleicht aufgefallen, dass unter der Eingabe eine QuickInfo mit der Funktionssyntax eingeblendet wird. Der fett formatierte Teil ❷ zeigt an, in welchem Argument Sie sich zurzeit befinden. Sie sehen auch, dass es bei dieser Funktion mindestens ein weiteres, optionales Argument gibt ❸. Die eckigen Klammern geben an, dass es sich um ein optionales Argument handelt. Würden Sie ein Semikolon eingeben, würde das zweite Argument fett formatiert, sodass Sie anhand der Hervorhebung immer erkennen, welches Argument Sie gerade bearbeiten.

5. Um zusätzliche Hilfe zu erhalten, bewegen Sie den Mauszeiger einmal auf das Wort SUMME in der QuickInfo. Der Mauszeiger wird zu einem Handsymbol ❹ und signalisiert, dass es sich um einen Link handelt. Ein Klick auf den Funktionsnamen (hier SUMME) öffnet die Hilfe zu der entsprechenden Funktion.

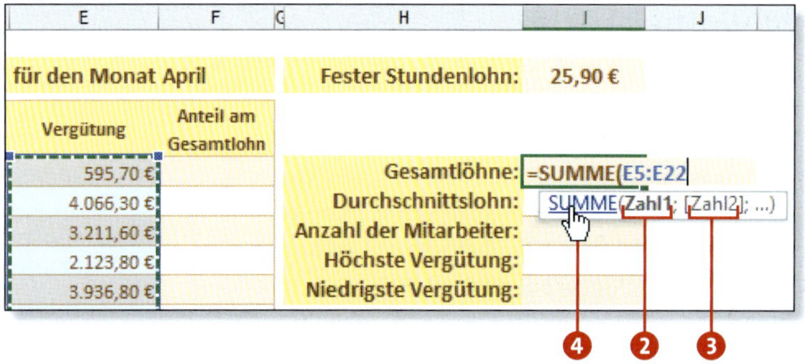

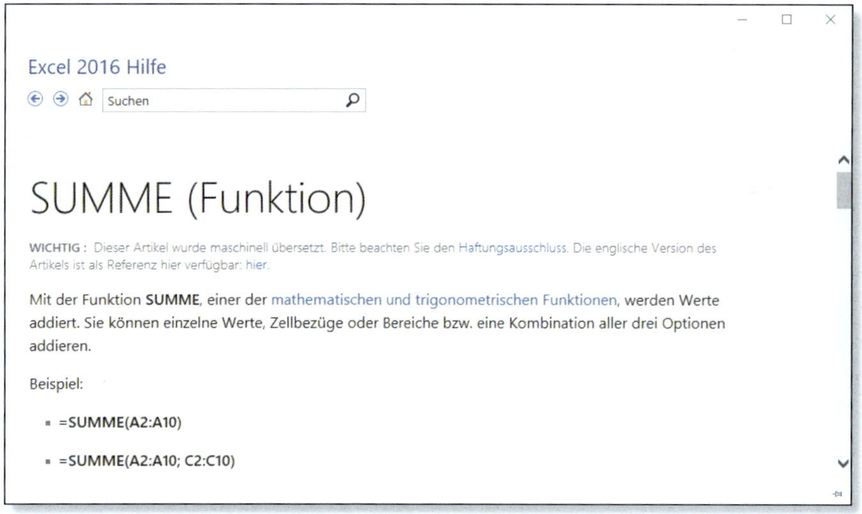

QuickInfo verschieben

Manchmal kommt es vor, dass die QuickInfo die Zellen verdeckt, die Sie anklicken möchten. Bewegen Sie den Mauszeiger auf den Rahmen der QuickInfo, er verwandelt sich daraufhin in einen gekreuzten Doppelpfeil. Schieben Sie die QuickInfo nun bei gedrückter Maustaste an eine beliebige andere Stelle.

Die Funktionsbibliothek

Die Excel-Funktionsbibliothek umfasst derzeit 468 Funktionen verteilt auf zwölf Kategorien. In den folgenden Abschnitten werde ich auf die meisten davon eingehen. An dieser Stelle gebe ich Ihnen aber schon einmal einen Überblick über die Aufteilung. Die Kategorien der Funktionsbibliothek und die zugeordneten Funktionen finden Sie im Menüband in der Gruppe **Funktionsbibliothek** der Registerkarte **Formeln**.

- **Kompatibilitätsfunktionen** – Ab der Version 2010 wurden diese Funktionen durch neue ersetzt, die eine höhere Genauigkeit aufweisen und einen neuen passenderen Namen bekommen haben. Wenn in Ihren Arbeitsmappen keine Abwärtskompatibilität notwendig ist, sollten Sie die neuen Funktionen verwenden.
- **Cubefunktionen** – Die Cubefunktionen greifen auf dreidimensionale Datenmodelle, sogenannte *OLAP-Cubes*, zurück. Sie können die gleichen Ergebnisse wie eine Pivot-Tabelle liefern, benötigen dazu aber keine Pivot-Tabelle, sondern greifen direkt auf die Daten einer SQL-Datenbank zu.
- **Datenbankfunktionen** – Datenbankfunktionen greifen auf Spalten einer Tabelle, die in diesem Zusammenhang Datenbank genannt wird, zu und berechnen Werte, die von anderen Spalten der Tabelle abhängig sind. Sie benötigen zusätzlich einen *Kriterienbereich*, der aufgebaut ist wie in einer Access-Abfrage beziehungsweise bei einem Spezialfilter.
- **Datums- und Uhrzeitfunktionen** – Mit ihnen werden Datumsbestandteile ermittelt und zusammengesetzt, Datumsdifferenzen gebildet und z. B. das aktuelle Datum ermittelt.
- **Technische Funktionen** – Umfasst alle Funktionen, die z. B. Werte von einem in das andere Zahlensystem umwandeln oder die *Bitmuster* zweier Werte miteinander vergleichen.
- **Finanzmathematische Funktionen** – Diese Funktionen decken alle Bereiche ab, in denen z. B. Zins und Zinseszins, die Rendite eines Wertpapiers und vieles mehr berechnet werden muss.
- **Informationsfunktionen** – Liefern z. B. Informationen zu einer Zelle. Zu ihnen gehören alle Funktionen, die mit IST beginnen. Geben Sie einfach einmal `=IST` in eine Zelle ein, um einen kurzen Überblick zu bekommen.

In der Gruppe »Funktionsbibliothek« sind alle verfügbaren Funktionen zusammengefasst.

- **Logische Funktionen** – Diese Kategorie deckt viele Funktionen ab, die einen logischen Wert (WAHR/FALSCH) liefern oder einen solchen benötigen.
- **Nachschlage- und Verweisfunktionen** – Beinhalten überwiegend Funktionen, die auf Adressbestandteile der Zellen zugreifen oder einzelne Werte aus Matrizen ermitteln.
- **Mathematische und trigonometrische Funktionen** – Hier geht es, wie der Name vermuten lässt, um Mathematik. Sie finden hier Funktionen zum Auf- und Abrunden, alle Winkelfunktionen und nahezu alles, um mathematische Aufgaben zu lösen. Dies ist eine der umfangreichsten Kategorien.
- **Statistische Funktionen** – Ist mit 112 Funktionen noch vor den mathematischen und trigonometrischen Funktionen die größte Kategorie. Hier finden Sie Funktionen wie MITTELWERT(), QUARTILE() und Funktionen zur Berechnung des linearen Trends.
- **Textfunktionen** – Alles, was zum Verketten, Zerlegen und Analysieren von Zeichenketten notwendig ist, finden Sie in dieser Kategorie.

In der Arbeitsmappe *07.13-Funktionsbibliothek.xlsx*, die Sie in den Beispieldateien zum Buch finden, habe ich Ihnen alle Funktionen in einer Tabelle zusammengefasst. Neben dem Funktionsnamen finden Sie hier auch die Kategorie und eine kurze Beschreibung der Funktion. Über die Filterfunktion ❶ können Sie zudem die Anzeige eingrenzen.

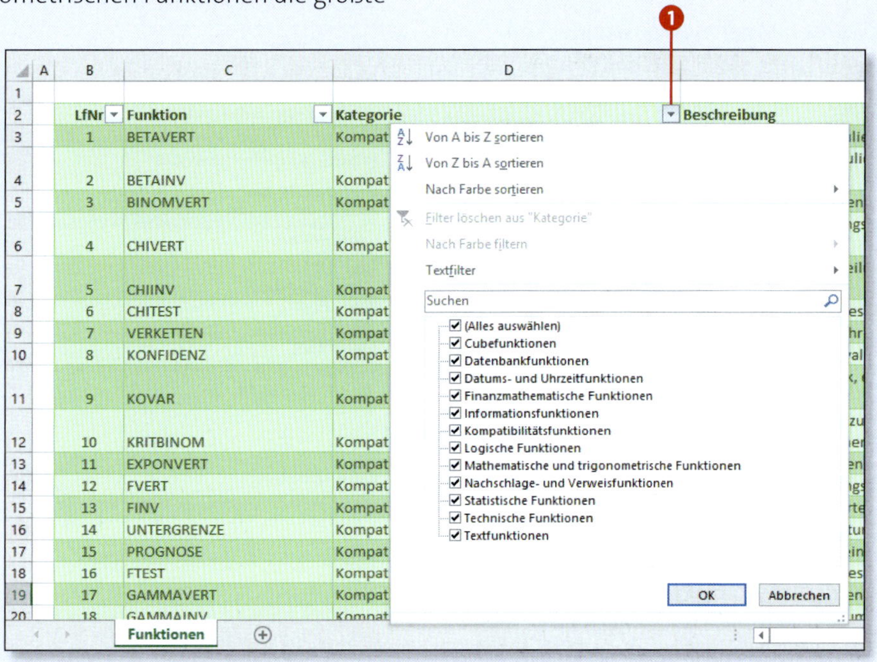

Die Beispieldatei »07.13-Funktionsbibliothek.xlsx« bietet Ihnen einen Überblick über die verfügbaren Funktionen.

Funktionen suchen

Eine große Herausforderung besteht darin, zu einer konkreten Aufgabenstellung die passende Funktion zu finden. Sie möchten z. B. die Länge eines Textes in der Zelle B2 der Arbeitsmappe *07.14-Funktion_suchen.xlsx* ermitteln. Excel bietet Ihnen auch hier wie sooft viele Wege, die zum Ziel führen.

1. Markieren Sie zunächst wieder die Zelle, in der Sie die Funktion einfügen möchten, und klicken Sie auf die Schaltfläche **fx** ❶, um das Dialogfenster **Funktion einfügen** zu öffnen.
2. In diesem Dialog können Sie im Feld **Funktion suchen** ❷ die Aufgabe, die Sie lösen wollen, beziehungsweise Ihre Fragestellung eingeben. Starten Sie die Suche mit einem Klick auf **OK** ❸.
3. Im Feld **Funktion auswählen** werden Ihnen nun passende Funktionen zu Ihrer Suche angeboten. Unter dem Feld wird Ihnen außerdem noch eine Kurzinfo zu der markierten Funktion angeboten. Wählen Sie mit einem Mausklick die richtige Funktion aus, und übernehmen Sie sie mit einem Klick auf **OK** ❹. Das Dialogfenster **Funktionsargumente** wird geöffnet.

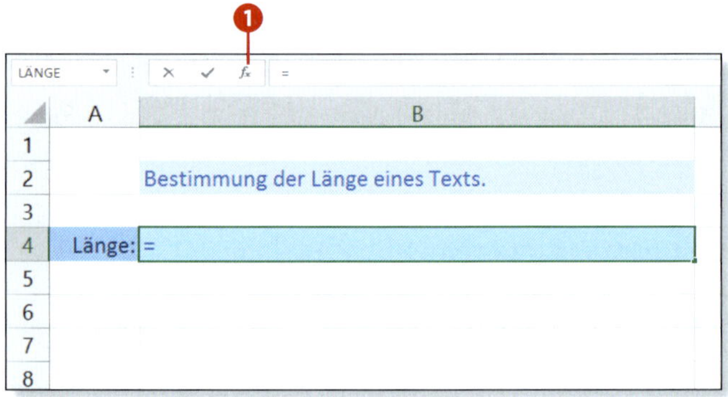

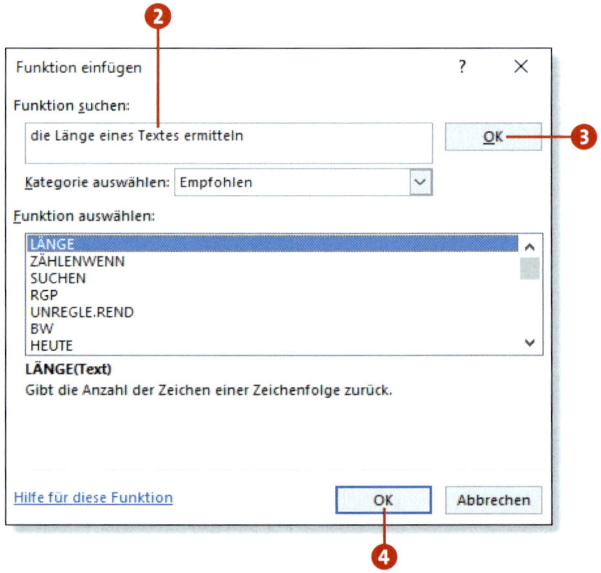

Was möchten Sie tun?

Sie können zur Funktionssuche natürlich auch das Eingabefeld **Was möchten Sie tun?** ganz rechts im Menüband nutzen. Klicken Sie in das Feld, und geben Sie hier Ihre Fragestellung beziehungsweise Ihren Suchbegriff ein. Mit etwas Glück gelangen Sie so zu der passenden Funktion.

4. Alternativ zu Schritt 1 und 2 wechseln Sie zur Funktionssuche auf das Register **Formeln**. In der Gruppe **Funktionsbibliothek** sehen Sie die verfügbaren Funktionskategorien. Da Sie Informationen zu einem Text erhalten möchten, könnten Sie in den Informationsfunktionen oder Textfunktionen suchen. Durch einen Klick auf die Schaltfläche **Text** ❺ werden Ihnen in einem Aufklappmenü alle Textfunktionen angeboten. Bewegen Sie den Mauszeiger auf eine Funktion, wird Ihnen die QuickInfo mit der Funktionsbeschreibung angezeigt. Ein Klick auf die Funktion öffnet das Dialogfenster **Funktionsargumente**, und die Funktion wird in die zuvor markierte Zelle eingetragen.

5. In dem Dialogfenster stellen Sie im Eingabefeld (hier **Text** ❻) den Bezug zu der gewünschten Zelle her, indem Sie sie einfach im Arbeitsblatt anklicken. Sie können den Bezug natürlich auch per Tastatur eingeben. Je nach gewählter Funktion und Anzahl möglicher Funktionsargumente ändert sich das Aussehen des Dialogfensters leicht. Beenden Sie Ihre Eingabe mit einem Klick auf **OK**.

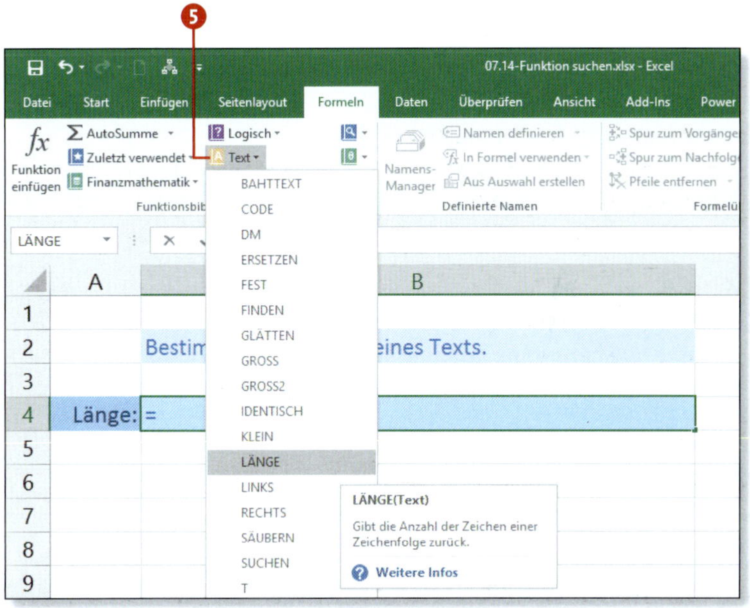

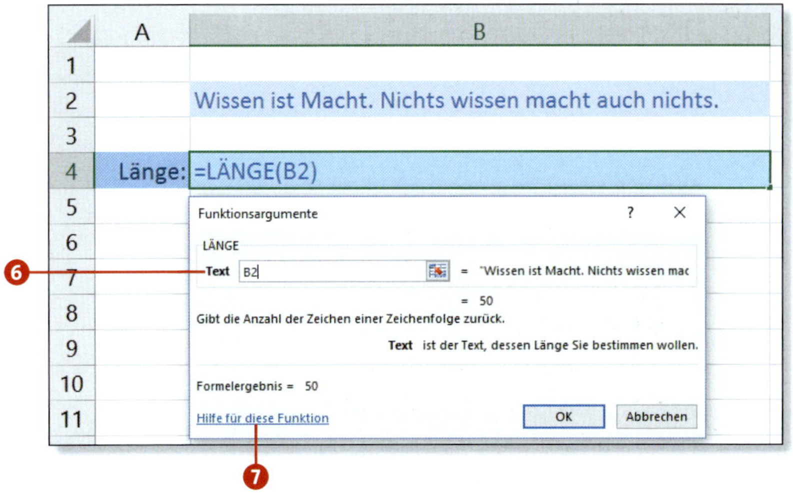

Direkt zur Hilfe

Mit einem Klick auf den Hyperlink **Hilfe für diese Funktion** ❼ im Dialog **Funktionsargumente** gelangen Sie direkt zu der passenden Online-Hilfe.

Finanzmathematische Funktionen

In der Kategorie **Finanzmathematik** finden Sie all jene Funktionen, die sich mit Kapital, Zinsen, Abschreibung und Wertpapieren beschäftigen. Sie sind also insbesondere dann nützlich, wenn Sie sich einen Überblick über Ihren Finanzhaushalt verschaffen möchten.

- **GDA** – Gibt die Abschreibung eines Anlagegutes für einen angegebenen Zeitraum unter Verwendung der degressiven Doppelraten-Abschreibung oder eines anderen von Ihnen angegebenen Abschreibungsverfahrens zurück.

  Syntax: `GDA(Anschaffungswert; Restwert; Nutzungsdauer; Periode;[Faktor])`

- **LIA** – Gibt die Abschreibungsrate eines Wirtschaftsgutes in einem Abschreibungszeitraum nach der linearen Berechnungsmethode zurück.

  Syntax: `LIA(Anschaffungswert; Restwert; Nutzungsdauer)`

- **KUMKAPITAL** – Berechnet die aufgelaufene Tilgung eines Darlehens, die zwischen zwei Perioden zu zahlen ist. Sie sollten unbedingt darauf achten, dass Sie für Zins und Anzahl der Zahlungszeiträume zueinander passende Zeiteinheiten verwenden. Wenn Sie für einen Kredit mit vierjähriger Laufzeit und einer jährlichen Verzinsung von 12 Prozent monatliche Zahlungen leisten, müssen Sie für Zins `12%/12` und für Anzahl der Zahlungszeiträume `4*12` angeben. Wenn Sie für den gleichen Kredit jährliche Zahlungen leisten, müssen Sie für Zins `12%` und für Anzahl der Zahlungszeiträume `4` angeben.

  Syntax: `KUMKAPITAL(Zins; Anzahl der Zahlungszeiträume; Barwert; Zeitraum_Anfang; Zeitraum_Ende; Fälligkeit)`

- **ZW** – berechnet den zukünftigen Wert oder Endwert einer Investition. Dabei wird ein konstanter Zinssatz vorausgesetzt. Sie können ZW entweder mit regelmäßigen, konstanten Zahlungen oder der Zahlung eines einzigen Pauschalbetrags verwenden.

  Syntax: `ZW(Zins; Anzahl der Zahlungszeiträume; Regelmäßige Zahlung;[ Barwert];[ Fälligkeit])`

- **RMZ (RMZ = *Regelmäßige Zahlung*)** – berechnet die Ratenhöhe einer Tilgung in einem festgelegten Zeitraum, wobei konstante Zahlungen und auch hier ein konstanter Zinssatz vorausgesetzt werden.

  Syntax: `RMZ(Zins; Anzahl der Zahlungszeiträume; Barwert; [ Endwert];[ Fälligkeit])`

- **BW (BW = *Barwert*)** – berechnet den aktuellen Wert eines Darlehens oder einer Investition. Die Funktion setzt einen konstanten Zinssatz voraus. Sie können die Funktion BW entweder mit regelmäßigen, konstanten Zahlungen (z. B. zum Berechnen einer möglichen Kredithöhe) oder mit einem zukünftigen Wert, der Ihr Investitionsziel darstellt, verwenden.

  Syntax: `BW(Zins; Anzahl der Zahlungszeiträume; Regelmäßige Zahlung;[ Endwert];[ Fälligkeit])`

- **AUSZAHLUNG** – Gibt den Auszahlungsbetrag einer Einlage am Fälligkeitstermin zurück.

  Syntax: `AUSZAHLUNG(Abrechnung; Fälligkeit; Anlage; Disagio;[Basis])`

- **RENDITE** – Gibt die Rendite eines Wertpapiers zurück, das periodisch Zinsen auszahlt. Mit RENDITE können Sie die Rendite von Anleihen und Obligationen berechnen.

  Syntax: `RENDITE(Abrechnung; Fälligkeit; Satz; Kurs; Rückzahlung; Häufigkeit;[Basis])`

Mit RMZ die Ratenhöhe einer Finanzierung bestimmen

Sie möchten sich eine Kamera für 1.540 € kaufen. Leider ist Ihr Sparschwein gerade leer. Der Fachhandel, der Ihnen die Kamera verkaufen möchte, bietet Ihnen eine Finanzierung zu 0,8 % bei einer Laufzeit von 36 Monaten an. Um die Konditionen in Excel zu berechnen, gehen Sie wie folgt vor.

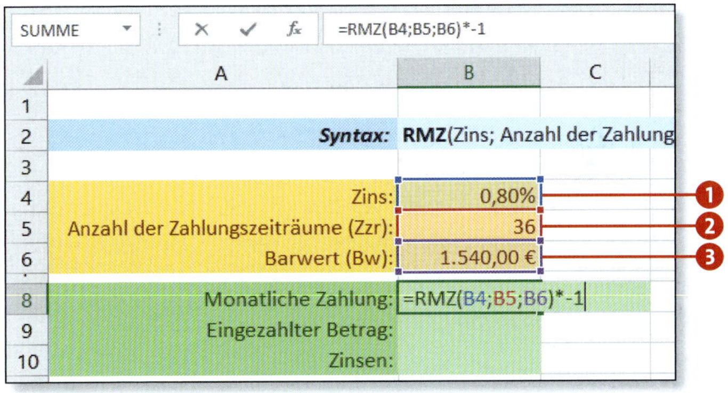

1. Legen Sie zunächst eine Tabelle an, in der Sie die Eckdaten der Finanzierung angeben, also den Zinssatz **1**, den Tilgungszeitraum **2** und den Barwert **3**. Tragen Sie danach in die Zelle B8 die Formel =RMZ(B4;B5;B6)*-1 ein, um die Höhe der monatlichen Rate zu ermitteln. Schließen Sie die Eingabe mit [↵] ab. Das Funktionsergebnis wurde mit -1 multipliziert, damit kein negatives Ergebnis angezeigt wird.

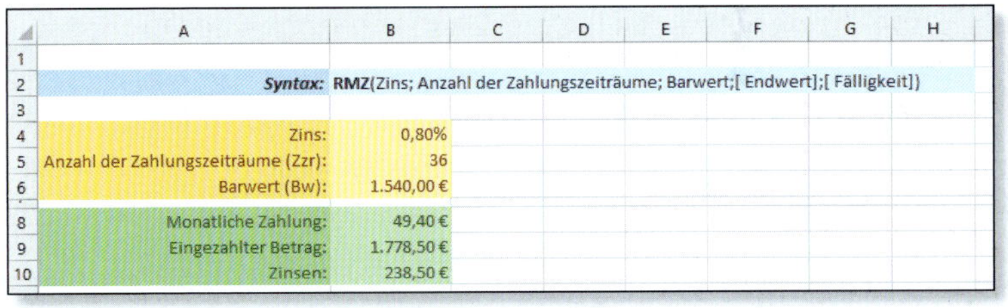

2. Um zu berechnen, welchen Betrag Sie nach 36 Monaten einbezahlt haben, berechnen Sie in der Zelle B9 die monatliche Zahlung multipliziert mit der Anzahl der Zahlungsräume (=B8*B5). Bestätigen Sie mit [↵].

3. Jetzt möchten Sie sicher noch wissen, wie viel Zinsen Sie zahlen sollen. Also ziehen Sie von dem Betrag in der Zelle B9 den Barwert aus Zelle B6 ab. Die Berechnung hierzu tragen Sie in die Zelle B10 ein. Schließen Sie die Berechnung erneut mit [↵] ab.

   Ändern Sie in den Zellen B4 bis B6 einmal die Werte, und Sie werden sehen, wie sich die unterschiedlichen Parameter auf monatliche Zahlungen und Zinsen auswirken.

Szenarien nutzen

Sie können die einzelnen Varianten auch als Szenarien speichern. Lesen Sie dazu mehr im Abschnitt »Verschiedene Szenarien darstellen« ab Seite 174.

Die ABS-Funktion

Statt das Funktionsergebnis in Zelle B8 mit –1 zu multiplizieren, hätten Sie auch die mathematische Funktion ABS verwenden können (=ABS(RMZ(B4;B5;B6))). Im Schritt 1 genannten Fall würden positive Ergebnisse negativ angezeigt. Bei Verwendung der Funktion ABS wird dieser Fall ausgeschlossen.

Logische Funktionen

Bei den Funktionen der Kategorie **Logisch** handelt es sich um Funktionen, die die logischen Werte WAHR und FALSCH auswerten oder selbst diese Werte liefern.

- **WENN** – Die Funktion WENN wertet einen Bedingungsausdruck aus und trägt je nach Resultat der Prüfung den einen oder anderen Wert in die Zelle ein. Der eingetragene Wert kann auch wieder eine Funktion sein, auch wieder ein WENN. Insbesondere für das WENN sind die Vergleichsoperatoren (< = kleiner, > = größer, = = gleich, <> = ungleich, >= = größer oder gleich, <= = kleiner oder gleich) wichtig.

  Syntax: `WENN(Bedingung; Dann-Inhalt; Sonst-Inhalt)`

- **WENNS** – Diese Funktion ist momentan nur in Office 365 verfügbar. Sie können bis zu 127 Bedingungen prüfen und jeweils einen Dann-Zweig ausführen lassen. Zusätzlich steht Ihnen ein Sonst-Zweig zur Verfügung. Dies entspricht einem 127-mal Sonst-Zweig verschachtelten WENN, was man rein theoretisch auch durch einen SVERWEIS ersetzen könnte. Allerdings kann in WENNS nicht nur auf Gleichheit und Größer geprüft werden, sondern in jedem Zweig eine neue komplexe Bedingung angegeben werden.

  Syntax: `WENNS([Etwas ist Wahr1; Wert wenn Wahr1; [Etwas ist Wahr2; Wert wenn Wahr2];…[Etwas ist Wahr127; Wert wenn Wahr127])`

- **WENNFEHLER** – Ermöglicht bei einem Fehler, individuell zu reagieren. Eine fehlerträchtige Formel oder Funktion wird einfach von dieser Funktion umschlossen. WENNFEHLER prüft dann, ob bei der Ausführung ein Fehler auftritt (`=WENNFEHLER(B17/E2;"eigene Fehlermeldung"), gibt statt #DIV/0! die eigene Meldung aus`).

  Syntax: `WENNFEHLER(Wert;Wert_falls_Fehler)`

- **UND** – Verbindet mehrere Bedingungen, jeweils durch Semikolon getrennt, miteinander. Alle Bedingungen müssen WAHR sein, damit der gesamte Ausdruck WAHR wird. Statt die Funktion UND in WENN zu verwenden, können Sie auch mehrere WENNs jeweils im Dann-Zweig verknüpfen.

  Syntax: `UND(Wahrheitswert1;[Wahrheitswert2];...)`

- **ODER** – Verbindet mehrere Bedingungen, jeweils durch Semikolon getrennt, miteinander. Eine der Bedingungen muss WAHR sein, damit der gesamte Ausdruck WAHR wird. Statt die Funktion ODER in WENN zu verwenden, können Sie auch mehrere WENNs jeweils im Sonst-Zweig verknüpfen oder die Funktion WENNS verwenden.

  Syntax: `ODER(Wahrheitswert1;[Wahrheitswert2];...)`

- **XODER** – Steht für Exklusiv ODER. Wird wie UND beziehungsweise ODER verwendet. Nur eine der Bedingungen muss WAHR sein, damit der gesamte Ausdruck WAHR wird. Sind mehrere Bedingungen WAHR oder alle Bedingungen FALSCH, liefert die Funktion FALSCH.

  Syntax: `XODER(Wahrheitswert1;[Wahrheitswert2];...)`

- **NICHT** – Invertiert eine Bedingung. Aus FALSCH wird WAHR und umgekehrt. In den Informationsfunktionen gibt es zwar die Funktion ISTLEER, aber keine Funktion, die prüft, ob etwas in einer Zelle steht. Sie können z. B. schreiben: `=WENN(NICHT(ISTLEER(B4)); …; … )`. Dieses WENN prüft, ob in der Zelle `B4` irgendetwas steht, also die Zelle NICHT LEER ist.

  Syntax: `NICHT(Wahrheitswert)`

- **WAHR bzw. FALSCH** – Liefert immer den Wert WAHR bzw. FALSCH

  Syntax: `WAHR()` *bzw.* `FALSCH()`

Mit WENN Bedingungen prüfen

Die wohl am häufigsten verwendete logische Funktion ist WENN(). Mit ihr kann in Abhängigkeit von einer Bedingung der eine beziehungsweise andere Wert in die Zelle eingetragen werden. Als *Bedingungsausdruck* kann jeder Ausdruck verwendet werden, der als Ergebnis `WAHR` oder `FALSCH` liefert, also alle Vergleiche und Funktionen, die einen logischen Wert zurückliefern. In Abhängigkeit vom Rückgabewert der Bedingung wird bei `WAHR` Inhalt 1 und bei `FALSCH` Inhalt 2 in die Zelle, in der das `WENN` steht, eingetragen. Als Inhalt kann alles eingesetzt werden, was auch normalerweise in einer Zelle stehen könnte.

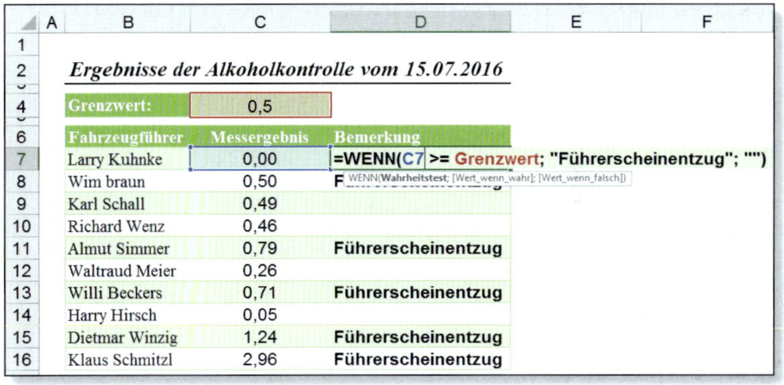

	A	B	C	D
2		*Ergebnisse der Alkoholkontrolle vom 15.07.2016*		
4		Grenzwert:	0,5	
6		Fahrzeugführer	Messergebnis	Bemerkung
7		Larry Kuhnke	0,00	=WENN(C7 >= Grenzwert; "Führerscheinentzug"; "")
8		Wim braun	0,50	F
9		Karl Schall	0,49	
10		Richard Wenz	0,46	
11		Almut Simmer	0,79	Führerscheinentzug
12		Waltraud Meier	0,26	
13		Willi Beckers	0,71	Führerscheinentzug
14		Harry Hirsch	0,05	
15		Dietmar Winzig	1,24	Führerscheinentzug
16		Klaus Schmitzl	2,96	Führerscheinentzug

1. In der Arbeitsmappe *07.19-Alkohol.xlsx* stehen Messergebnisse einer Alkoholkontrolle. »**Wenn** das Messergebnis mindestens so groß ist wie der Grenzwert, **dann** wird der Führerschein entzogen, an**sonsten** passiert nichts.« Diesen Satz gilt es jetzt in die Syntax zu bringen.
2. Markieren Sie die Zelle `D7`, und geben Sie `=wen` + [Tab] ein. Die Eingabe wird zu `=WENN(` erweitert.
3. Geben Sie nun den Bezug ein, den Sie überprüfen wollen (hier also `C7`), die Vergleichsoperatoren `>=` und den Bezug des Grenzwerts an. Danach machen Sie die Angaben für `WAHR` (Führerscheinentzug) und `FALSCH` (nichts). Achten Sie darauf, Texte immer in Anführungszeichen zu setzen. Schließen Sie die Eingabe mit [Enter] ab.

Vergleichsoperatoren

Ein Vergleich besteht immer aus zwei Werten, die durch einen Vergleichsoperator verknüpft sind. Vergleichsoperatoren sind `=`, `<>`, `>`, `>=`, `<`, `<=`. Der Vergleich `B3 >= B4` prüft, ob der Wert der Zelle `B3` größer oder gleich dem Wert in Zelle `B4` ist. Trifft der Vergleich zu, wird `WAHR`, sonst `FALSCH` zurückgegeben.

Leerer Sonst-Zweig (wert_wenn_falsch)

Wenn die Bedingung `FALSCH` liefert, wird der Sonst-Zweig in die Zelle eingetragen. Durch zwei Anführungszeichen ("") sorgen Sie dafür, dass nichts eingetragen wird. Bleibt der Zweig leer, wird der Wert `0` (entspricht `FALSCH`) in die Zelle eingetragen. Lassen Sie auch das Semikolon weg, wird der Rückgabewert `FALSCH` eingetragen. Also nicht erschrecken, wenn in Ihrer Zelle `FALSCH` angezeigt wird, Sie haben dann nur den Sonst-Zweig vergessen.

Textfunktionen

Alle Funktionen, mit denen Sie Texte bearbeiten und auswerten können, werden in der Kategorie **Text** zusammengefasst. Die Funktionen, die ich bisher am häufigsten benötigte, habe ich hier aufgelistet und kurz beschrieben.

- **LINKS** – Schneidet eine angegebene Anzahl Zeichen links von einem gegebenen Text ab. Eignet sich hervorragend, um z. B. die Initialen aus einem Namen zu extrahieren.

  Syntax: `LINKS(Text;[Anzahl_Zeichen])`

- **RECHTS** – Schneidet eine angegebene Anzahl Zeichen rechts von einem gegebenen Text ab, also die hinteren Zeichen. So kann man z. B. die letzten 4 Ziffern der Kontonummer verkettet mit Sternchen (****6391) statt der ganzen Kontonummer angeben.

  Syntax: `RECHTS(Text;[Anzahl_Zeichen])`

- **TEIL** – Schneidet eine angegebene Anzahl Zeichen aus der Mitte eines Textes aus. Hier wird nicht nur die Anzahl der Zeichen angegeben, sondern auch die Position, an der begonnen werden soll, den Text auszuschneiden. Häufig muss die Startposition erst mit der Funktion `SUCHEN` ermittelt werden.

  Syntax: `TEIL(Text;Erstes_Zeichen;Anzahl_Zeichen)`

- **SUCHEN** – Sucht in einem angegebenen Text das erste Auftreten des angegebenen Suchmusters. So können Sie in einem Doppelnamen z. B. nach dem Bindestrich suchen, um so die Position zu ermitteln, an der der zweite Name beginnt.

  Syntax: `SUCHEN(Suchtext;Text;[Erstes_Zeichen])`

- **ZEICHEN** – Gibt das Zeichen zu dem angegebenen ASCII-Code aus. `=ZEICHEN(65)` gibt also `'A'`, `=ZEICHEN(66)` gibt `'B'` aus usw.

  So können Sie sich mal eben schnell eine ASCII-Tabelle basteln, um sie anschließend in verschiedenen Zeichensätzen zu formatieren. Insbesondere bei den Symbolschriftarten bekommen Sie so schnell einen Überblick über die darin versteckten Bilder und Symbole.

  Syntax: `ZEICHEN(Zahl)`

- **CODE** – Macht genau das Gegenteil von `ZEICHEN`, gibt also zu einem gegebenen Zeichen den ASCII-Code aus. Übergeben Sie statt einem Zeichen einen längeren Text, wird der ASCII-Code des 1. Zeichens ermittelt und ausgegeben.

  Syntax: `CODE(Text)`

- **WERT** – Wandelt einen Text, der nur aus Ziffern besteht, in eine Zahl um. Statt diese Funktion zu nutzen, können Sie die Zahl auch mit `1` multiplizieren, das führt zum gleichen Ergebnis.

  Syntax: `WERT(Text)`

- **GLÄTTEN** – Entfernt alle überflüssigen Leerzeichen aus einem Text. Entspricht der Funktion `TRIM()` in vielen Programmiersprachen. Das heißt, es werden alle führenden und abschließenden Leerzeichen gelöscht, und Leerzeichenfolgen im Text werden bis auf eins gelöscht.

  Syntax: `GLÄTTEN(Text)`

- **VERKETTEN** – Ermöglicht, mehrere Texte aus verschiedenen Zellen und Konstanten zu verketten. Mit dem Verkettungsoperator `&` gelingt dies genauso. Die Ausdrücke `=VERKETTEN(B2;" ";B3)` und `=B2&" "&B3` bringen das gleiche Ergebnis.

  Syntax: `VERKETTEN(Text1;[Text2];...)`

Aus einer Namensliste eine E-Mail-Adressliste erzeugen

In der Arbeitsmappe *07.20-Textfunktionen.xlsx* sollen Vor- und Nachname zusammengefasst, die Initialen gebildet und eine E-Mail-Adresse aus dem ersten Buchstaben des Vornamens, dem Nachnamen und der Firmendomäne erstellt werden.

1. Markieren Sie die Zelle `G2`, tragen Sie dort die Formel `=B2&" "&C2` ❶ ein, und schließen Sie die Eingabe mit [↵] ab. Der Name wird aus Vorname, Leerzeichen und Nachname zusammengesetzt. Kopieren Sie die Formel über das Autoausfüllkästchen nach unten, und wählen Sie aus dem Smarttag **Ohne Formatierung ausfüllen** ❷.

2. Markieren Sie die Zelle `I2`, tragen Sie zunächst die Funktion `=LINKS(B2;1)` ein, und schließen Sie die Eingabe mit [↵] ab. Der erste Buchstabe des Vornamens erscheint in der Zelle. Erweitern Sie den Zelleninhalt zu `=LINKS(B2;1)&"."LINKS(C2;1)&"."`. In der Zelle steht jetzt `M.T.`, die Initialen von Mattias Tischler.

3. Kopieren Sie die Formel über das Autoausfüllkästchen nach unten, und wählen Sie aus dem Smarttag **Ohne Formatierung ausfüllen**.

4. Markieren Sie die Zelle `K2`, tragen Sie `=LINKS(B2;1)&"."&C2&"@"&K$16` ❸ ein, und schließen Sie die Eingabe mit [↵] ab. Es wird hier also der erste Buchstabe des Vornamens, ein Punkt, der Nachname, das @-Zeichen und der Domänenname aus der Zelle `K16` zu der gewünschten E-Mail-Adresse vereint.

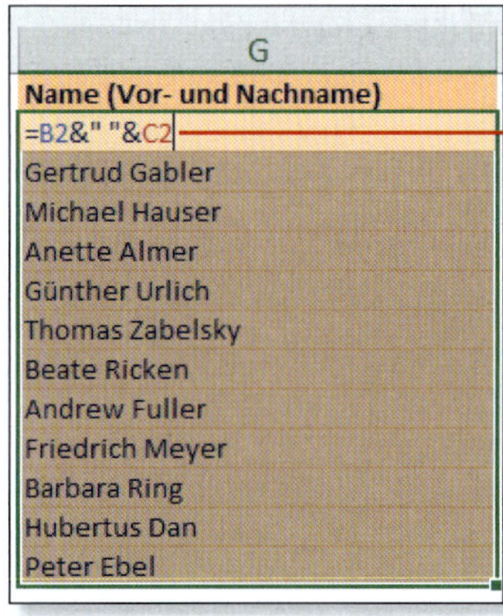

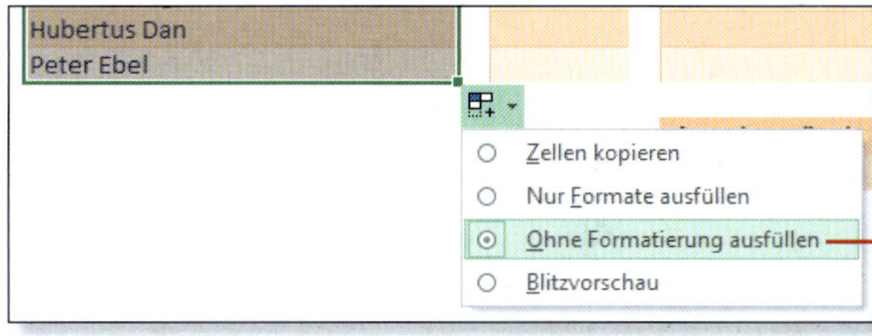

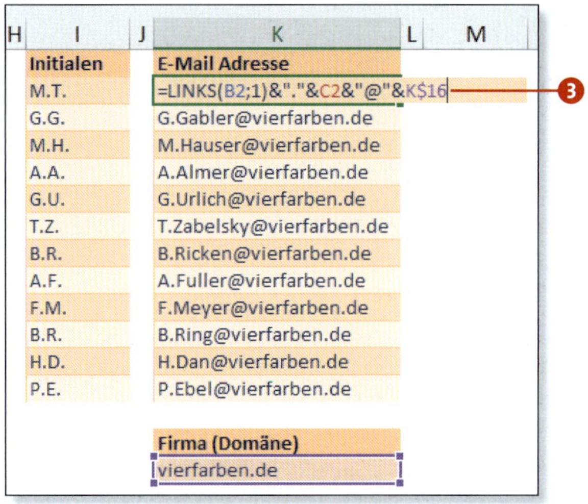

Mehrere Ergebnisse zusammenfügen

Die Formeln in Schritt 2 und 4 setzen sich aus Funktionsergebnissen und Konstanten zusammen. Das kann schon einmal komplizierter werden. Beenden Sie nach jedem Teil die Eingabe mit [↵], und schauen Sie sich das Ergebnis an. Erst wenn es stimmt, erweitern Sie die Formel. Gibt es dann irgendwann Probleme, können Sie diese ziemlich genau dem letzten Schritt zuordnen.

Datums- und Zeitfunktionen

Die Datums- und Zeitfunktionen umfassen alle Funktionen, die ein Datum in seine Bestandteile zerlegen und wieder zusammensetzen. Weiterhin finden Sie hier Funktionen zum Rechnen mit Datumswerten, was auch die Uhrzeit nicht ausschließt. Dazu muss man wissen, dass die Zeitrechnung in Excel am 1.1.1900 beginnt, jedes Datum eine Tageszahl seit dem 1.1.1900 darstellt und die Uhrzeit ein Bruchteil von 1 (ein Tag) ist. Ich habe diese Zusammenhänge bereits im Abschnitt »Datentypen und automatische Formatierung« ab Seite 72 beschrieben. In der Arbeitsmappe *07.23-Datumsfunktionen.xlsx* habe ich für die gebräuchlichsten Funktionen ein paar Beispiele zusammengestellt. Bitte beachten Sie in der Datei auch das Register `Zeitberechnungen`. Dort sehen Sie, wie Sie Uhrzeiten in dezimale Zeiten umrechnen (das ist notwendig, um mit dem Stundenlohn multiplizieren zu können) und Zeiten auch über 24 Stunden addieren können.

- **HEUTE** – Liefert die Tageszahl für das aktuelle Datum. Diese Zahl wird immer wieder aktualisiert. Das heißt, Sie könnten z. B. eine Telefonliste mit dieser Funktion versehen. Vor jedem Ausdrucken wird das Datum aktualisiert, und Sie wissen immer, welche der Listen auf Ihrem Schreibtisch die aktuelle ist.
- **JETZT** – Liefert zu der aktuellen Tageszahl zusätzlich die aktuelle Uhrzeit.
- **DATUM** – Ermittelt aus den Einzelkomponenten Jahr, Monat und Tag wieder die Tageszahl für das zusammengesetzte Datum.
- **DATWERT** – Berechnet zu einem Datum, das als Text vorliegt (kann auch mit & zusammengesetzt sein), die Tageszahl. Die kann jetzt wieder als Datum formatiert werden, was mit einem Text nicht möglich ist.
- **JAHR, MONAT, TAG, STUNDE, MINUTE, SEKUNDE** – Ermitteln aus einem gegebenen Datum genau das, was ihr Name besagt. Die Funktion JAHR schneidet aus einem Datum das Jahr aus, MONAT den Monat usw.
- **NETTOARBEITSTAGE** – Ermittelt, wie viele Arbeitstage zwischen zwei Datumswerten liegen. Die Wochenenden werden automatisch rausgerechnet. Es kann zusätzlich eine Liste mit arbeitsfreien Tagen angegeben werden. Diese Tage werden auch abgezogen, wenn sie nicht auf ein Wochenende fallen.
- **WOCHENTAG** – Ermittelt, auf welchen Wochentag ein Datum fällt. Dabei ist z. B. 1 der Montag, 2 der Dienstag usw., alles > 5 ist somit Wochenende.
- **KALENDERWOCHE** – Ermittelt, in welcher Kalenderwoche das angegebene Datum liegt. Achten Sie darauf, dass Sie als **Zahl_Typ** `21` wählen, dann ist die KW identisch mit der KW in Outlook.

Den letzten Tag eines Monats ermitteln

Fragen Sie sich auch immer mal wieder: »Haben wir dieses Jahr ein Schaltjahr?« Nichts ist einfacher, als diese Frage mit Excel zu beantworten. Excel berechnet das Datum immer korrekt. Nur wir machen schon mal Fehler. Wenn Sie in einer Jahresübersicht immer auf den 28.02 1 aufaddieren, kommt halt nur in Schaltjahren der 29.02 dabei raus, in allen anderen Fällen der 01.03.

1. Öffnen Sie die Arbeitsmappe *07.24-Monatsende.xlsx*, tragen Sie in die Hilfszelle C16 die Funktion =MONATSENDE(C3;0) ein, und schließen Sie die Eingabe mit [↵] ab. In dieser Zelle wird nun das Ende des Monats Februar berechnet.
2. Tragen Sie in die Hilfszelle C17 die Funktion =TAG(C16) ❶ ein, und schließen Sie die Eingabe mit [↵] ab. In dieser Zelle wird jetzt nur der Tag, also 28 oder 29, angezeigt.
3. In die Zelle C14 tragen Sie jetzt =WENN(C17=29;C13+1;"") ❷ ein. Ab jetzt wird nur der 29.02 eingetragen, wenn es ihn auch gibt.

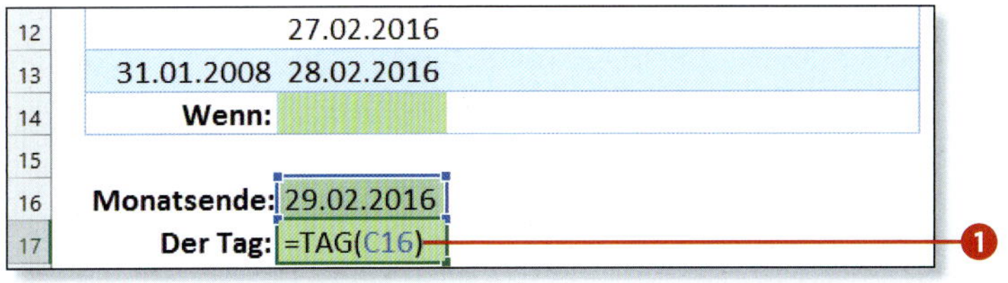

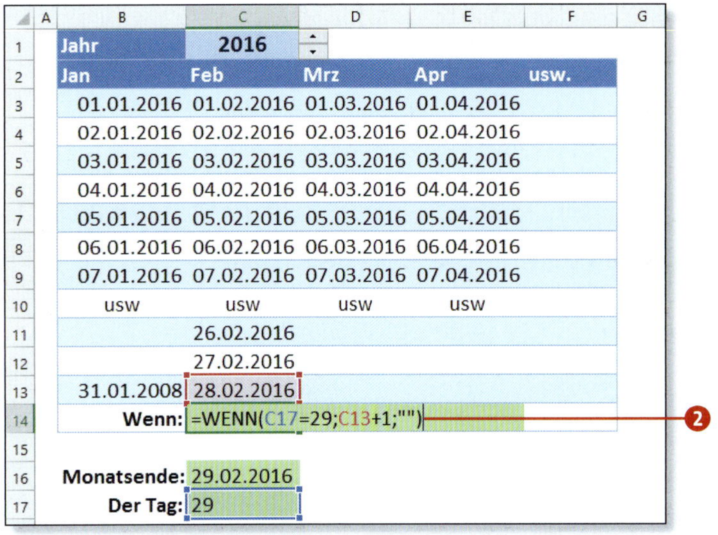

Funktion verschachteln

Hier bietet es sich wieder an, die einzelnen Funktionen zu verschachteln, sodass Sie ohne die Hilfsfelder auskommen. Tragen Sie einfach statt der Bezüge das ein, was in dem Bezug steht. So erhalten Sie die Funktion: =WENN(TAG(MONATSENDE(C3;0))=29;C13+1;"").

MONATSENDE

Die Funktion MONATSENDE berechnet das Monatsende des Monats, in dem das Datum liegt, sofern das *Offset* (also der Wert, der auf einen Startwert addiert wird) 0 beträgt. Das 2. Argument ist das Offset in Monaten. 1 berechnet das Monatsende des Folgemonats, -1 das Monatsende des Vormonats. Beachten Sie das Beispiel in den Zellen H1 bis J10 der Beispieldatei.

Nachschlagen und Verweisen

Die Nachschlage- und Verweisfunktionen beziehen sich auf Bereiche, Zeilen, Spalten und Zellen. Mit ihnen lassen sich Werte aus Matrizen und Pivot-Tabellen ermitteln oder auch indirekt auf Zellen und Bereiche zugreifen.

- **ZEILE** – Diese Funktion ermittelt ohne Argument, in welcher Zeile sie steht. Geben Sie als Argument einen Bezug an, wird die Zeile aus dem Bezug ermittelt. Die Funktion =ZEILE(B14) liefert den Wert 14 zurück. Hiermit lassen sich Listennummerierungen realisieren, die automatisch angepasst werden, wenn Zeilen aus der Liste entfernt werden.
- **SPALTE** – Ermittelt ohne Argument, in welcher Spalte die Funktion steht. Geben Sie als Argument einen Bezug an, wird die Spalte aus dem Bezug ermittelt. Die Funktion =SPALTE(G23) liefert den Wert 7 (7. Buchstabe) zurück.
- **ZEILEN, SPALTEN** – Diese Funktionen ermitteln, wie hoch beziehungsweise wie breit ein markierter Bereich ist. Wenn Sie als Argument z. B. den Namen eines Tabellenbereichs übergeben, wissen Sie immer, wie viele Zeilen beziehungsweise Spalten der Bereich hat, also auch, wenn Sie Zeilen/Spalten hinzufügen oder löschen.
- **SVERWEIS** – Ermittelt zu einem Wert weitere Details. Zum Beispiel werden zu einer Kundennummer Vorname, Nachname, PLZ und Ort ermittelt. Dazu muss eine Tabelle mit diesen Informationen vorhanden sein. Die erste Spalte dieser Tabelle muss das Suchkriterium, also die Kundennummer, enthalten. In SVERWEIS stehen die gesuchten Inhalte senkrecht untereinander. Daher das S in SVERWEIS.
- **WVERWEIS** – Arbeitet genau wie der SVERWEIS, nur hier liegt die Datenmatrix transponiert vor. Das heißt, die gesuchten Inhalte stehen waagerecht nebeneinander, daher das W in WVERWEIS. Wenn Sie lieber mit dem SVERWEIS arbeiten, die Datenmatrix aber für den WVERWEIS ausgelegt ist, kopieren Sie einfach die Matrix und fügen sie transponiert wieder ein. So können Sie mit der Kopie und SVERWEIS arbeiten. Mit der Funktion MTRANS können Sie auch eine transponierte Tabelle erstellen, die mit der Quelltabelle dynamisch verknüpft ist.
- **INDEX** – Ermittelt in einer Matrix den Wert aus dem Kreuzungspunkt von Zeile und Spalte der Matrix. Lässt sich gut in Entfernungstabellen einsetzen, um z. B den Kreuzungspunkt von Hamburg und Bonn zu ermitteln.
- **VERGLEICH** – Ermittelt die Position eines Eintrags in einer Liste. Sie können z. B. in einer Entfernungstabelle ermitteln, an welcher Position Hamburg und Bonn liegen, um die ermittelten Werte für die Funktion INDEX zu verwenden.
- **PIVOTDATENZUORDNEN** – Um einen Wert aus einer Pivot-Tabelle für weitere Berechnungen zu nutzen, könnten Sie z. B. =B6*23% eingeben. B6 soll dabei eine Zelle aus der Pivot-Tabelle sein. Wenn Sie jetzt in der Pivot-Tabelle Zeilen hinzufügen oder durch Filtern entfernen, rutscht der Wert aus B6 an eine andere Position. Ihre Berechnung bezieht sich aber auf B6, egal, was da jetzt steht. Ihre Berechnung wird also das falsche Ergebnis liefern. Mit der Funktion PIVOTDATENZUORDNEN passiert Ihnen das nicht.

Detaildaten zu einem Referenzwert finden

Die Arbeitsmappe *07.26-IP-Schutzklassen.xlsx* zeigt Informationen zu bestimmten IP-Schutzklassen. In der Zelle C4 wird die IP-Schutzklasse gewählt, in den Zellen C6 bis C8 werden die Aussagen zur Schutzklasse angezeigt. Die ersten beiden Aussagen beziehen sich auf die erste Ziffer der IP-Klasse (hier 1), die dritte auf die zweite Ziffer (hier 6). Die Zelle ist über die Datenüberprüfung mit einer Listenauswahl versehen und hat den Namen Klasse. Die beiden Referenztabellen für die SVERWEISe tragen die Namen Ziffer_1 und Ziffer_2.

1. Markieren Sie die Zelle C6, und tragen Sie den ersten Teil der Funktion =SV + [Tab] ein. Die Autovervollständigung macht daraus =SVERWEIS(. Da Sie nur zu der Ziffer 1 die 1. Aussage sehen möchten, ergänzen Sie die Funktion zu =SVERWEIS(TEIL(Klasse;3;1)*1;. Mit TEIL(Klasse;3;1) ❶ schneiden Sie aus dem Text IP16 ab der 3. Stelle ein Zeichen aus. Da es sich hierbei aber um ein Textelement handelt, muss es noch mit 1 multipliziert werden ❷, um daraus die Ziffer 1 zu erzeugen. Vervollständigen Sie den SVERWEIS zu =SVERWEIS(TEIL(Klasse;3;1)*1;Ziffer_1;2;FALSCH). Das 2. Argument Ziffer_1 ❸ ist der Name der Tabelle, in der die Ziffer (1) in der 1. Spalte gesucht wird. Die Zahl 2 ❹ gibt an, dass, wenn die Zeile zu der zu suchenden Zahl (1) gefunden wurde, daraus die 2. Spalte ausgegeben wird. Durch FALSCH ❺ werden nur exakte Treffer angezeigt. Wird eine falsche IP-Klasse eingetragen, wird der Fehlercode #NV ausgegeben.

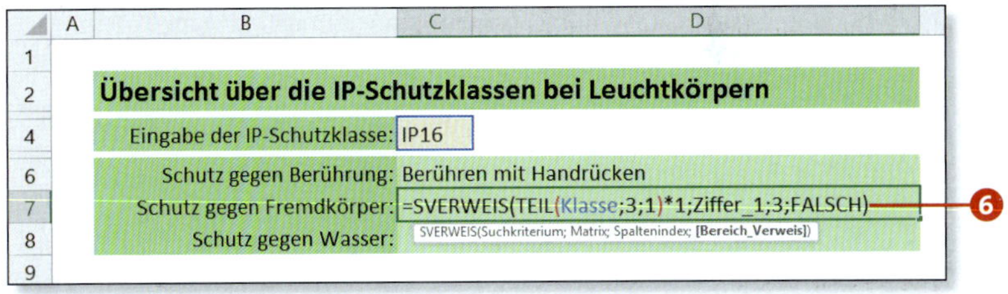

2. In die Zelle C7 tragen Sie die Funktion =SVERWEIS(TEIL(Klasse;3;1)*1;Ziffer_1;3;FALSCH) ❻ ein. Hier wird die 3. Spalte aus der Tabelle Ziffer_1 ausgegeben.

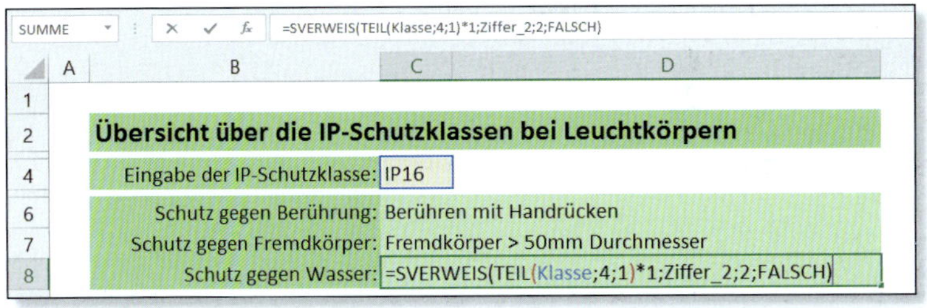

3. In die Zelle C8 wird abschließend die Funktion =SVERWEIS(TEIL(Klasse;4;1)*1;Ziffer_2;2;FALSCH) eingegeben. Durch die Funktion TEIL wird hier das 4. Zeichen (6) ausgeschnitten und in der Tabelle Ziffer_2 gesucht. Ab jetzt können Sie eine IP-Schutzklasse wählen und bekommen die passenden Informationen angezeigt.

Fehlermeldung ausschließen

Dadurch, dass ich die Zelle C4 über die Datenüberprüfung eingeschränkt habe, ist es nicht möglich, eine falsche IP-Klasse einzugeben. Somit kann es nie zu dem Fehlercode #NV kommen!

Mathematik und Trigonometrie

In dieser Kategorie werden die allgemeinen mathematischen Aufgaben wie Potenzieren, Bilden von Zufallszahlen und z. B. das Logarithmieren, zusammengefasst. Zusätzlich finden Sie hier alle trigonometrischen und hyperbolischen Funktionen.

- **COS, SIN, TAN, COT** – Die trigonometrischen Funktionen. Mit ihnen lassen sich alle Winkel eines Dreiecks berechnen.
- **AGGREGAT** – Mit dieser Funktion lassen sich Aggregate von Daten in Bereichen berechnen. Anders als bei MIN, MAX, MITTELWERT etc. lassen sich hier z. B. Fehlermeldungen unterdrücken.
- **GANZZAHL, KÜRZEN** – Rundet eine Zahl auf die nächstkleinere Ganzzahl ab. Die Nachkommastellen werden ähnlich wie bei der Funktion KÜRZEN abgeschnitten. Bei der Funktion KÜRZEN können jedoch noch die Nachkommastellen angegeben werden, auf die gekürzt werden soll.
- **GERADE, UNGERADE** – Die Funktionen runden auf die nächstgrößere gerade beziehungsweise ungerade Zahl auf. Die Zahl 16,3 wird also auf 18 beziehungsweise 17 aufgerundet.
- **REST** – Ermittelt den ganzzahligen Rest einer Integer-Division. Also genau so, wie wir es im 3. Schuljahr (oder war es ein anderes?) gelernt haben: »10 geteilt durch 3 ergibt 3, Rest 1.« Dieser Rest wird ausgegeben. REST eignet sich hervorragend, um zu prüfen, ob eine Zahl durch eine andere teilbar ist. Dann kommt nämlich ein Rest von 0 dabei heraus. Diese Rechenoperation findet in einigen Prüfziffernverfahren Anwendung.
- **ZUFALLSZAHL** – Liefert eine Zufallszahl in einem angegebenen Bereich (`=ZUFALLSZAHL(Untergrenze; Obergrenze)`).
- **SUMME** – Dürfte wohl die am häufigsten verwendete Funktion sein. Statt `=A1+A2+A3+A4+A5+A6` können Sie auch `=SUMME(A1:A6)` eingeben. Leider sehe ich es in meinen Seminaren recht häufig, dass jemand `=SUMME(B4*C4)` eingibt. Das ist mit Kanonen auf Spatzen schießen. Hier wird zunächst eine Zahl berechnet, *eine* Zahl. Aus dieser Zahl wird dann die Summe gebildet. Ich hoffe, Ihnen ist aufgefallen, was hier überflüssig ist. Das ist so, als wollten Sie ein Gruppenfoto von einer Person machen.
- **SUMMEWENN, SUMMEWENNS** – Beide Funktionen bilden eine Summe z. B. über die Spalte `Gehalt`. Mit `SUMMEWENN` können Sie die Bildung der Summe von einer Bedingung abhängig machen, also z. B. die Summe aller Gehälter, aber nur für die Abteilung `Einkauf`. Diese Information muss in einer anderen Spalte vorhanden sein. `SUMMEWENNS` macht das Gleiche, es können aber mehrere Bedingungen angegeben werden.

Eine Gesamtsumme abhängig von einer Bedingung ermitteln

In der Arbeitsmappe *07.28-Vertreterumsätze.xlsx* soll für den ausgewählten Vertreter in Zelle `I3` und die ausgewählte Versicherung in Zelle `J3` der Gesamtumsatz in Zelle `K3` berechnet werden. Die Funktion SUMMEWENNS bietet sich hierfür an, da mit ihr Summen in Abhängigkeit von mehreren Kriterien gebildet werden können.

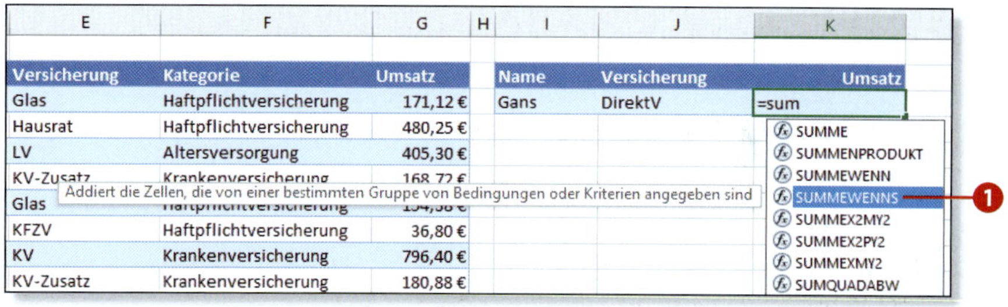

1. Markieren Sie die Zelle `K3`, und geben Sie `=sum` ein. In dem Ausklappmenü sehen Sie alle Funktionen, die mit `SUM` beginnen. Markieren Sie die Funktion `SUMMEWENNS` ❶, und übernehmen Sie diese mit [Tab]. In der Zelle steht jetzt `=SUMMEWENNS(`.

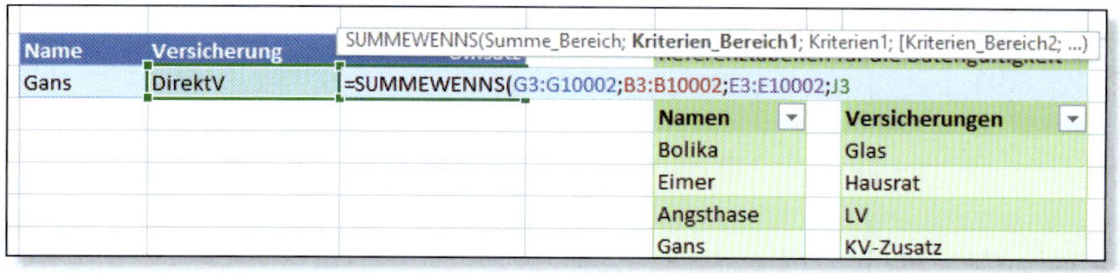

2. Erweitern Sie die Funktion zu `=SUMMEWENNS(G3:G10002`. Dieses erste Argument gibt an, welche Werte addiert werden sollen.

3. Jetzt folgen weitere Pärchen aus jeweils **Kriterien_Bereich** und **Kriterium**. Also erweitern Sie die Funktion zu `SUMMEWENNS(G3:G10002;B3:B10002;I3` (damit werden nur die Ergebnisse des eingestellten Vertreters ❷ berücksichtigt) und `SUMMEWENNS(G3:G10002;B3:B10002;I3;E3:E10002;J3)` (für Umsätze aus der eingestellten Versicherung ❸).

   Jetzt werden nur die Umsätze addiert, die Gustav Gans mit Direktversicherungen gemacht hat. In den Zellen `I3` und `J3` können Sie die Kriterien für SUMMEWENNS ändern, um weitere Ergebnisse zu erhalten.

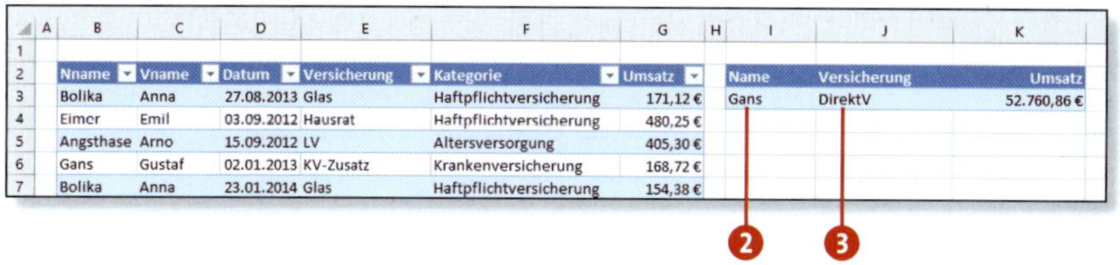

TEILERGEBNIS

Das gleiche Resultat erzielen Sie mit der Funktion TEILERGEBNIS. Diese Funktion kann verwendet werden, um nur die Werte zu summieren, die durch Filterung auf dem Arbeitsblatt angezeigt werden. Die Funktion SUMME liefert immer das Gesamtergebnis, egal, ob gefiltert wurde oder nicht.

Wichtige Statistik-Funktionen

Die Kategorie der statistischen Funktionen umfasst mit Abstand die meisten Funktionen. Fast ein Viertel aller Funktionen gehören dieser Kategorie an. Dabei gibt es eine Menge Funktionen, die das Herz eines Statistikers höherschlagen lassen. Für den normalen Gebrauch von Excel sollten Sie aber mindestens die hier aufgeführten Funktionen kennen, auch wenn Statistik nicht zu Ihren Lieblingsfächern gehört.

- **MIN** – Ermittelt den kleinsten Wert aus einer Liste von Werten. Enthält die Liste einen Fehlerwert, wird dieser ausgegeben.
- **MAX** – Ermittelt den größten Wert aus einer Liste von Werten. Enthält die Liste einen Fehlerwert, wird dieser ausgegeben.
- **MITTELWERT** – Berechnet den Durchschnittswert aus einer Liste von Werten. Dabei wird die Summe aller numerischen Werte durch die Anzahl aller numerischen Werte geteilt. Enthält die Liste z. B. einen Text, hat dies keinen Einfluss auf die Anzahl, verfälscht also nicht das Ergebnis. Enthält die Liste einen Fehlerwert, kann der Mittelwert nicht berechnet werden. Stattdessen wird der Fehlerwert ausgegeben.
- **MEDIAN** – Ermittelt den mittleren Wert aus einer Liste. Das heißt der Wert, der dem Mittelwert am nächsten kommt. Dieser Wert kommt im Regelfall, anders als bei der Funktion MITTELWERT, immer in der Liste vor.
- **ANZAHL** – Zählt alle numerischen Werte im angegebenen Bereich. Enthält der Bereich einen Fehlerwert, wird dieser ignoriert.
- **ANZAHL2** – Zählt alle alphanumerischen Werte im angegebenen Bereich. Enthält der Bereich einen Fehlerwert, wird dieser als Text gewertet und mitgezählt.
- **ZÄHLENWENN, ZÄHLENWENNS, ZÄHLENWENN** – zählt einen Zelleninhalt, wenn dieser ein Kriterium erfüllt. So können Sie z. B. ermitteln, wie oft in einer Klausur die einzelnen Noten 1 bis 6 vergeben wurden, und daraus ein Diagramm mit der gaußschen Verteilung generieren. Bei ZÄHLENWENNS können mehrere Kriterien angegeben und so z. B. alle männlichen beziehungsweise weiblichen Mitarbeiter einer Abteilung gezählt werden.
- **KGRÖSSTE, KKLEINSTE** – Ermittelt das z. B. drittgrößte (`=KGRÖSSTE(B8:H20;3)`) beziehungsweise drittkleinste (`=KKLEINSTE(B8:H20;3)`) Element in einem Bereich. Enthält die Liste einen Fehlerwert, wird dieser ausgegeben.
- **RANG.GLEICH** – Ermittelt die Zahl in einer Liste (Bereich), die dem angegebenen Rang entspricht.

Zeitauswertung mit statistischen Funktionen

In der Arbeitsmappe *07.30-Zeiten.xlsx* sollen die 100m-Zeiten des Schulsportwettkampfes 2016 ausgewertet werden. In der Spalte B sollen basierend auf den Zielzeiten die Plätze ermittelt, das Siegertreppchen soll mit den richtigen Zeiten versehen und die Durchschnittszeit aller Ergebnisse berechnet werden.

1. Markieren Sie die Zelle B5, fügen Sie die Funktion =RANG.GLEICH(F5;$F$5:$F$64;1) ❶ ein, und schließen Sie die Eingabe mit [↵] ab. F5 ist die Zahl, deren Position in der Liste ermittelt werden soll, $F$5:$F$64 der Bereich, in dem alle Zeiten stehen. Das dritte Argument (1) gibt an, dass die Liste für die Positionsbestimmung aufsteigend betrachtet wird. Kopieren Sie die Funktion über das Autoausfüllkästchen nach unten.

2. Markieren Sie die Zelle J4 ❷, geben Sie die Funktion =KKLEINSTE($F$5:$F$64;1) ein, und schließen Sie die Eingabe mit [↵] ab. Das 1. Argument gibt an, wo gesucht werden soll, das 2. Argument, welche Position gesucht wird. Wiederholen Sie die Formel auch für den 2. und 3. Platz.

3. Berechnen Sie in der Zelle J10 ❸ die Durchschnittszeit, indem Sie die Funktion =MITTELWERT(F5:F64) eingeben und mit der Taste [↵] bestätigen.

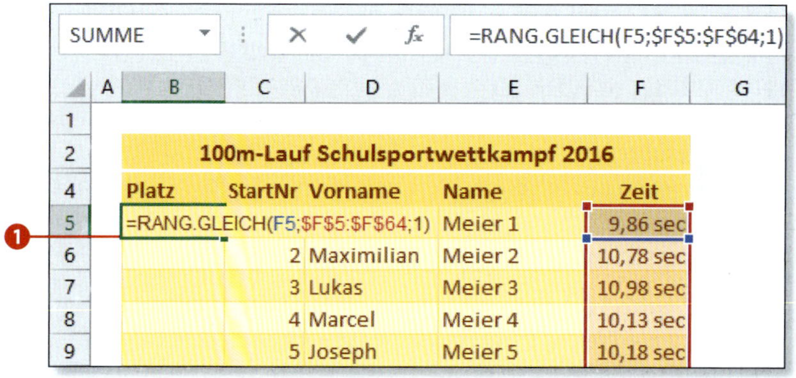

	A	B	C	D	E	F	G
1							
2		100m-Lauf Schulsportwettkampf 2016					
4		Platz	StartNr	Vorname	Name	Zeit	
5		=RANG.GLEICH(F5;$F$5:$F$64;1)			Meier 1	9,86 sec	
6			2	Maximilian	Meier 2	10,78 sec	
7			3	Lukas	Meier 3	10,98 sec	
8			4	Marcel	Meier 4	10,13 sec	
9			5	Joseph	Meier 5	10,18 sec	

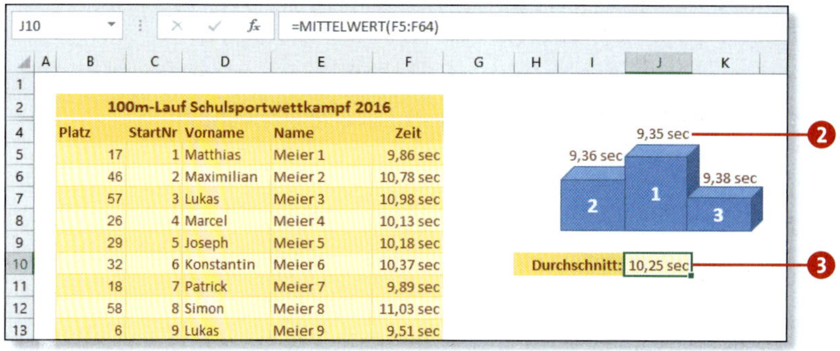

	B	C	D	E	F
2	100m-Lauf Schulsportwettkampf 2016				
4	Platz	StartNr	Vorname	Name	Zeit
5	17	1	Matthias	Meier 1	9,86 sec
6	46	2	Maximilian	Meier 2	10,78 sec
7	57	3	Lukas	Meier 3	10,98 sec
8	26	4	Marcel	Meier 4	10,13 sec
9	29	5	Joseph	Meier 5	10,18 sec
10	32	6	Konstantin	Meier 6	10,37 sec
11	18	7	Patrick	Meier 7	9,89 sec
12	58	8	Simon	Meier 8	11,03 sec
13	6	9	Lukas	Meier 9	9,51 sec

Absolute Bezüge

In Schritt 1 habe ich absolute Bezüge in der Funktion RANG.GLEICH verwendet ($F$5:$F$64). Die Dollarzeichen vor den Buchstaben sind hier überflüssig, da die Funktion nur nach unten kopiert wird. In Schritt 2 ist dies nicht der Fall. Hier wird die Funktion KKLEINSTE nach links, rechts und unten kopiert, wenn Sie sie nicht neu eingeben. Daher sind hier beide Dollarzeichen notwendig, um ein korrektes Ergebnis zu erhalten.

AGGREGAT

Die Funktion AGGREGAT gehört zwar zu den mathematischen und trigonometrischen Funktionen, mit ihr lassen sich aber alle Aggregatfunktionen (unter anderem Statistik) realisieren. Sie ist flexibler nutzbar und kann vor allen Dingen Fehler ignorieren. Versuchen Sie einmal, dieses Beispiel nur mit Aggregatfunktionen umzusetzen.

Funktionen verschachteln

In diesem Abschnitt zeige ich Ihnen, wie Sie unkompliziert Funktionen beliebig ineinander verschachteln können, ohne den Überblick zu verlieren. Beim Verschachteln werden eine oder mehrere Funktionen als Argumente in einer Funktion verwendet, die dann beispielsweise nur ausgeführt werden, wenn eine Bedingung zutreffend ist. Zum Nachvollziehen des folgenden Beispiels können Sie die Arbeitsmappe *07.22-letzten Buchstaben abschneiden.xlsx*, die Sie in den Beispieldateien zum Buch finden, nutzen.

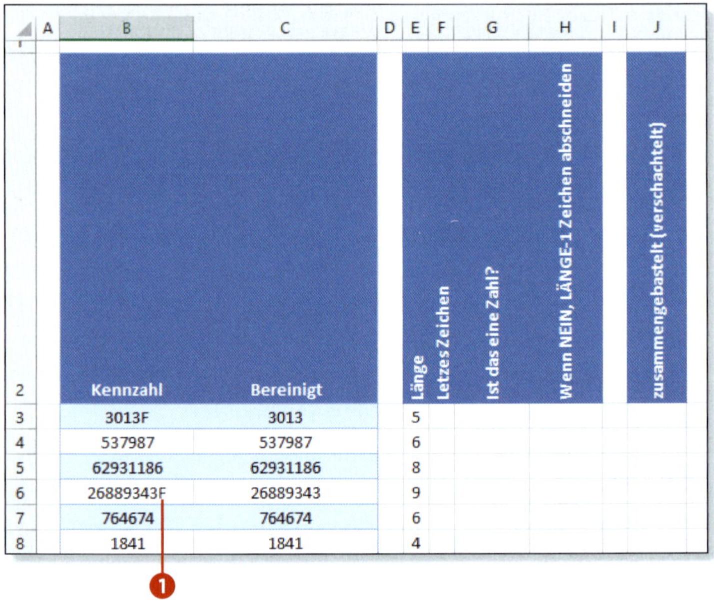

1. In der Spalte B sehen Sie unterschiedlich lange Kennzahlen. Einige von ihnen enden mit einem Buchstaben ❶. In diesem Fall soll der Buchstabe gelöscht werden. Sie benötigen also folgende Funktionen:

   RECHTS, um das letzte Zeichen zum Überprüfen abzuschneiden

   WENN, um das letzte Zeichen zu prüfen

   LÄNGE, um die Länge der Zeichenkette zu bestimmen

   LINKS, um im Fall, dass das letzte Zeichen ein Buchstabe ist, ein Zeichen weniger als die Länge links abzuschneiden

2. Statt die benötigte Formel direkt in die Zelle C3 einzugeben, sammeln Sie in Hilfsspalten, die Sie später wieder löschen können, zunächst alle Teilinformationen. Tragen Sie in die Zelle E3 die Funktion =LÄNGE(B3) ❷ ein, und schließen Sie die Eingabe mit ↵ ab.

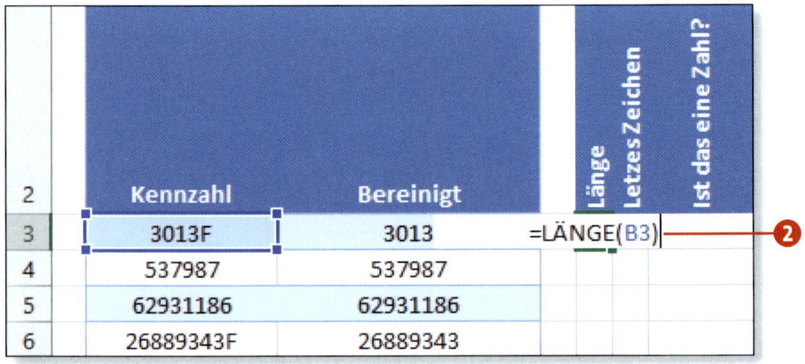

Letztes Zeichen entfernen

Die Funktion RECHTS(B3;1) schneidet das letzte Zeichen aus der Zeichenkette in der Zelle B3 ab und legt es (hier) in der Zelle E3 ab. Damit ist es nicht aus der Zeichenkette entfernt. Um etwas rechts zu entfernen, muss links etwas abgeschnitten werden, daher der Funktionsteil LINKS(B3;LÄNGE(B3)-1). Dieser Funktionsteil zeigt die Kennziffer ohne das letzte Zeichen.

3. Geben Sie nun der Reihe nach die weiteren Funktionen in die Hilfsspalten ein. Tragen Sie also in die Zelle `F3` die Funktion `=RECHTS(B3;1)` ein, und schneiden Sie so das letzte Zeichen der Kennziffer ab. Schließen Sie die Eingabe mit [↵] ab. Danach geben Sie in die Zelle `G3` die Funktion `=ISTZAHL(F3*1)` ein. Nur bei einer Ziffer wird jetzt WAHR, ansonsten FALSCH eingetragen. Schließen Sie auch hier die Eingabe mit [↵] ab.
4. In der zunächst letzten Funktion beziehen Sie sich auf die Hilfsfelder. Tragen Sie in die Zelle `H3` die Funktion `=WENN(H6=WAHR;B3;LINKS(B3;E3-1))` ein, und schließen Sie die Eingabe mit [↵] ab. Wenn in `H6` WAHR steht, ist das letzte Zeichen eine Ziffer, also wird die Kennziffer aus `B3` übernommen. Ansonsten werden nur die ersten Ziffern ohne das letzte Zeichen übernommen.
5. Beginnen Sie nun in der Zelle `C3` mit `=WENN(`. Ersetzen Sie alle Bezüge, die sich auf Hilfsspalten beziehen, durch das, was in den Hilfsspalten steht, erhalten Sie folgende Funktion: `=WENN(ISTZAHL(RECHTS(B3;1))=WAHR;B3;LINKS(B3;LÄNGE(B3)-1))`. Der Vergleich, ob `ISTZAHL(RECHTS(B3;1))=WAHR` ist, ist allerdings überflüssig und kann entfernt werden. Der Rückgabewert von ISTZAHL kann direkt verwendet werden. Daraus ergibt sich: `=WENN(ISTZAHL(RECHTS(B3;1));B3;LINKS(B3;LÄNGE(B3)-1))` ❸. In dieser Funktion beziehen Sie sich nur noch auf `B3`.

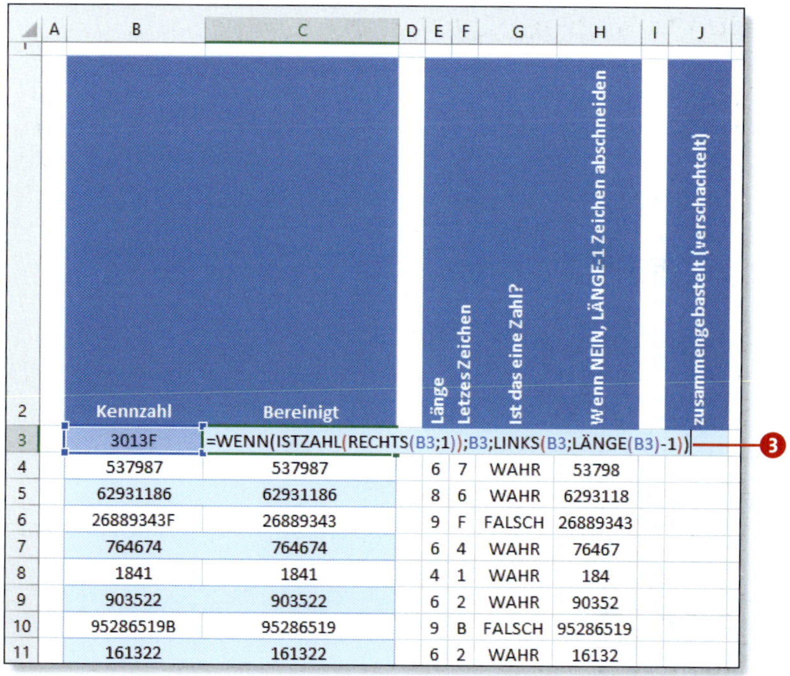

	A	B	C	D	E	F	G	H	I	J
2		Kennzahl	Bereinigt		Länge	Letzes Zeichen	Ist das eine Zahl?	Wenn NEIN, LÄNGE-1 Zeichen abschneiden		zusammengebastelt (verschachtelt)
3		3013F	=WENN(ISTZAHL(RECHTS(B3;1));B3;LINKS(B3;LÄNGE(B3)-1))							
4		537987	537987		6	7	WAHR	53798		
5		62931186	62931186		8	6	WAHR	6293118		
6		26889343F	26889343		9	F	FALSCH	26889343		
7		764674	764674		6	4	WAHR	76467		
8		1841	1841		4	1	WAHR	184		
9		903522	903522		6	2	WAHR	90352		
10		95286519B	95286519		9	B	FALSCH	95286519		
11		161322	161322		6	2	WAHR	16132		

Nach Datenimport Text in Zahlen wandeln

Es kommt vor, dass Zahlen, die z. B. aus einem SAP-System importiert werden, als Text in Ihre Tabelle eingetragen werden. Mit diesen Zahlen können Sie dann unter Umständen nicht rechnen. Sie erhalten stattdessen den Fehlercode `#WERT!`. Multiplizieren Sie den Inhalt einfach mit `1`, und die Zeichenkette wird in eine Zahl umgewandelt. In der Formel `=WENN(ISTZAHL(RECHTS(B3;1)`**`*1`**`);B3;LINKS(B3;LÄNGE(B3)-1))` habe ich diesen Trick angewendet, da die Funktion `RECHTS` auch einen Text zurückliefert, wenn es sich um eine Ziffer handelt. Ohne `*1` liefert `ISTZAHL` also immer FALSCH.

8 Diagramme und Grafiken

Dieses Kapitel ist ganz der Visualisierung Ihrer Daten mit Diagrammen und Grafiken gewidmet. Sie erfahren etwas über die Wahl des richtigen Diagramms, sodass Sie Ihre Daten für jeden Anwendungsfall im rechten Licht präsentieren. Sie erfahren, wie Sie ein Diagramm einfügen, im Nachhinein den Diagrammtyp ändern und zwei Diagrammtypen miteinander kombinieren. Sollten sich Ihre zugrunde liegenden Daten erweitern, fügen Sie dem Diagramm einfach neue Datenreihen hinzu.

Ihre Diagramme sollen natürlich auch ansprechend fürs Auge sein und, falls nötig, dem Corporate Design Ihrer Firma entsprechen. Daher zeige ich Ihnen, wie Sie die einzelnen Elemente des Diagramms formatieren und Beschriftungen hinzufügen.

Eine besondere Form der Diagramme sind die *Sparklines*. Ich zeige Ihnen, in welchen Fällen es sich lohnt, diese Minidiagramme zu verwenden. Und natürlich schauen wir uns auch hier an, wie man sie formatiert, damit das Gesamtbild des Arbeitsblattes stimmig ist. Abschließend werden Sie in diesem Kapitel die umfangreichen Möglichkeiten, Formen, Bilder und Grafiken einzufügen, kennenlernen. Ein spannendes Kapitel erwartet Sie! Lesen Sie also am besten gleich weiter.

In diesem Kapitel

- Den richtigen Diagrammtyp finden
- Ein Diagramm einfügen
- Den Diagrammtyp ändern
- Diagrammtypen kombinieren
- Datenreihen oder Datenpunkte hinzufügen und entfernen
- Datenquelle bearbeiten
- Achsen tauschen
- Diagramm- und Achsentitel hinzufügen
- Die Diagrammfarbe ändern
- Formatvorlagen nutzen
- Beschriftung und Legende anpassen
- Achsen und Datenpunkte formatieren
- Diagramme in Bilder umwandeln
- 3D-Karte erstellen
- Sparklines einfügen und bearbeiten
- Formen einfügen und anpassen
- Bilder und Onlinegrafiken einfügen

Den richtigen Diagrammtyp finden

Excel bietet Ihnen eine große Auswahl an verschiedenen Diagrammtypen, um Ihre Daten zu visualisieren. Für nahezu jeden Anwendungsfall werden Sie im Dialog **Diagrammtyp ändern** fündig, und mit den speziellen Diagrammen wie Sunburst, Treemap, Wasserfall oder gar der 3D-Karte wurde das Angebot zu Excel 2016 noch erweitert. In den meisten Fällen werden Sie aber vor allem auf vier Diagrammformen zurückgreifen:

Die wohl am häufigsten verwendeten Diagrammtypen dürften die *Säulen-* und *Balkendiagramme* sein. Wie Sie in der folgenden Abbildung sehen, eignen sie sich ideal, um Zahlen miteinander zu vergleichen. So lassen sich etwa die Umsatzzahlen verschiedener Filialen gegenüberstellen. Durch die Säulenform fällt es besonders leicht, die einzelnen Ergebnisse zu vergleichen. Doch aufgepasst, durch Anpassungen an der *Größenachse* ❶ kann das Ergebnis optisch verfälscht werden! So können Sie für die Größenachse einen neuen Nullpunkt festlegen oder einen logarithmischen Verlauf einstellen. Dadurch sehen schlechte Ergebnisse plötzlich gut aus.

Das *Kreisdiagramm* ❷ eignet sich in fast allen Ausprägungen hervorragend, um eine Verteilung von 100 % darzustellen. So lässt sich beispielsweise visualisieren, wie sich der Gesamtumsatz auf die Filialen, Produktgruppen oder Geschäftsbereiche verteilt. In einem Kreisdiagramm kann allerdings immer nur eine Datenreihe dargestellt werden. Selbst wenn Sie mehrere Datenreihen markieren, um daraus ein Kreisdiagramm zu generieren, wird im Diagramm nur die erste Datenreihe angezeigt. Um mehrere Datenreihen kreisförmig darzustellen, eignet sich das *Ringdiagramm*, welches die Datenreihen in konzentrischen Kreisen abbildet. Ich persönlich finde diese Form der Darstellung aber sehr unübersichtlich.

Um eine Entwicklung darzustellen, bietet sich das *Liniendiagramm* ❸ geradezu an. Beim Liniendiagramm bildet die Größenachse die Zeitintervalle ab. So lässt sich, wie hier dargestellt, z. B. die Entwicklung des Körpergewichts über einen beliebigen Zeitraum beobachten.

❷

❶

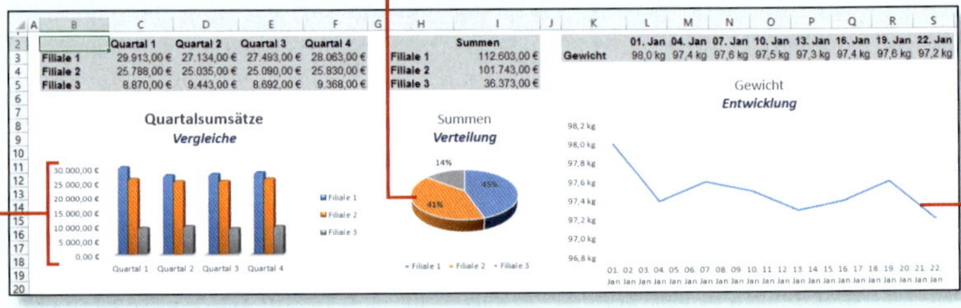

❸

Die wohl häufigsten Diagrammtypen: Säulen- und Balkendiagramme, Kreisdiagramme und Liniendiagramme

Neben diesen Diagrammtypen finden Sie in der Seitenleiste des Dialogs **Diagrammtyp ändern** noch eine Vielzahl weiterer Kategorien. Jede Diagrammkategorie bietet Ihnen häufig mehrere Varianten ❹ an, die Sie sich mit einem Mausklick anschauen können.

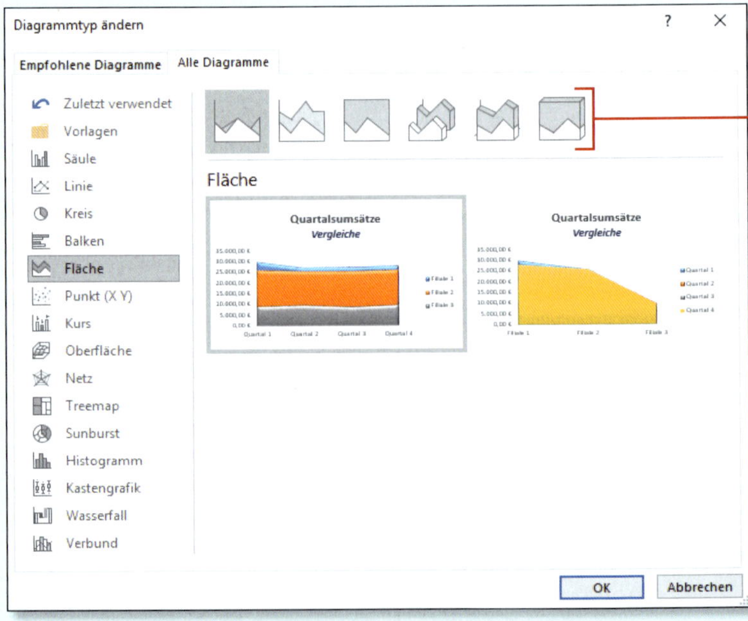

❹

Folgende Kategorien stehen Ihnen im Dialog **Diagrammtypen ändern** zur Verfügung:

- **Fläche** – Hierbei wird die Fläche unterhalb eines Liniendiagramms bis zu den Achsen eingefärbt. Bei einer zweiten Datenreihe müssen die Werte über denen der ersten Datenreihe liegen, ansonsten verschwinden sie hinter der Fläche der ersten Datenreihe. Mit diesem Diagrammtyp lässt sich z. B. ein Tauchprofil abbilden.
- **Punkt** – Im Punktdiagramm wird pro Wert ein Punkt in ein Koordinatensystem gesetzt. So können z. B. Bewertungen unabhängig voneinander dargestellt werden.
- **Kurs** – ist eigentlich ein Säulendiagramm, in dem zusätzlich der Höchst- und Tiefstpreis angezeigt werden. Pro Aktie werden fünf Datenreihen benötigt.
- **Oberfläche** – benötigt mindestens zwei Datenreihen, um eine Oberfläche darzustellen. Das Diagramm besteht dann aus drei Achsen.
- **Netz** – Jede Netzkategorie verfügt über eine eigene Größenachse, die vom Mittelpunkt ausgeht. Alle Werte einer Datenreihe sind miteinander verbunden. So kann z. B. der beste Kandidat aus einem Assessment-Center ermittelt werden.
- **Treemap** – Wenn Daten nach Hierarchieebenen strukturiert sind, können Sie sie in diesem Diagramm als farbige Blöcke zusammenfassen.
- **Sunburst** – Sind Daten nach Hierarchieebenen strukturiert, können sie in diesem Diagrammtyp zu farbigen, konzentrischen Kreisen zusammengefasst werden.

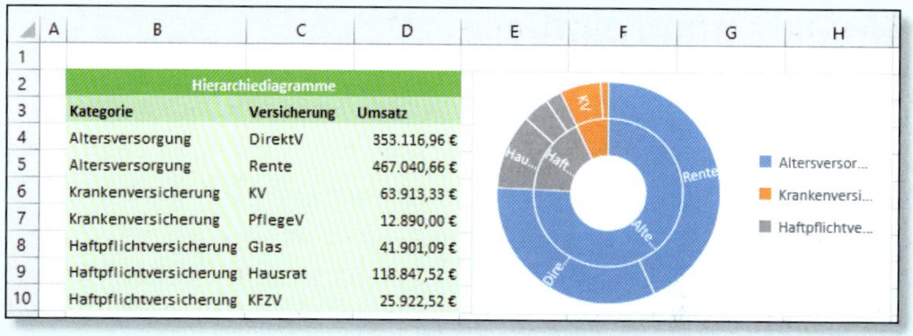

Hierarchiediagramme		
Kategorie	**Versicherung**	**Umsatz**
Altersversorgung	DirektV	353.116,96 €
Altersversorgung	Rente	467.040,66 €
Krankenversicherung	KV	63.913,33 €
Krankenversicherung	PflegeV	12.890,00 €
Haftpflichtversicherung	Glas	41.901,09 €
Haftpflichtversicherung	Hausrat	118.847,52 €
Haftpflichtversicherung	KFZV	25.922,52 €

- **Histogramm** – Ein Histogramm ist ein Säulendiagramm, in dem die Häufigkeit von Daten angezeigt wird.
- **Kastengrafik** – In einem Kastengrafikdiagramm wird die Verteilung von Daten in *Quartilen* (Viertelwerten) dargestellt, wobei Mittelwerte und Ausreißer besonders hervorgehoben werden.
- **Wasserfall** – Ein Wasserfalldiagramm zeigt die fortlaufende Summe von z. B. Projektkosten. Der Endwert einer Phase ist dabei der neue Nullpunkt der nächsten Phase.
- **Verbund** – Das Verbunddiagramm zeigt die Werte aus zwei oder mehr Datenreihen. Hierbei werden verschiedene Diagrammtypen kombiniert. Gerade wenn die Werte der Datenreihen in stark unterschiedlichen Wertebereichen liegen, ist es sinnvoll, eine Sekundärachse zu verwenden.
- **3D-Karte** – Mit 3D-Karten können Sie geografische Daten und auch deren zeitlichen Verlauf auf einem 3D-Globus darstellen. Der zeitliche Verlauf kann als Animation abgespeichert werden.

Ein Diagramm einfügen

Bevor Sie ein Diagramm einfügen, sollten Sie einen Blick auf Ihre Daten werfen. Ihre Datenquelle **1** sollte mit Zeilen- und Spaltenüberschriften versehen sein. Aus ihnen werden im Diagramm die Legende und die Achsenbeschriftung. Die Datenquelle sollte keine Leerzeilen und -spalten enthalten, denn dadurch entstehen Lücken im Diagramm. In der Arbeitsmappe *08.03-Diagramm einfügen.xlsx* finden Sie in mehreren Arbeitsblattregistern Datenquellen zum Erzeugen von Diagrammen.

1. Markieren Sie die Datenquelle (hier B3:F6), und wählen Sie in der Gruppe **Diagramme** der Registerkarte **Einfügen** die Schaltfläche **Säulen oder Balkendiagramm einfügen**.
2. Bewegen Sie nun den Mauszeiger im Menü auf **3D-Säulen (gruppiert)** **2**. Ihnen wird unmittelbar eine Vorschau des gewählten Diagramms in der Mitte des Bildschirms angezeigt. Sie können also in aller Ruhe verschiedene Diagrammtypen austesten, ohne jedes Mal das Diagramm gleich einzufügen. Übernehmen Sie das Diagramm mit einem Klick auf den Menüeintrag.
3. Verschieben Sie das Diagramm unter die Daten. Achten Sie darauf, dass Sie das Diagramm in der Nähe des Rahmens anklicken, um es zu verschieben. Sollten Sie Ihr Diagramm an einer »falschen« Stelle, z. B. im Diagrammtitel, anklicken, wird nur der Diagrammtitel, nicht aber das ganze Diagramm verschoben. Notfalls machen Sie den letzten Schritt rückgängig und versuchen es noch einmal. Über die Anfasspunkte können Sie die Größe Ihres Diagramms ändern. Die gegenüberliegende Seite beziehungsweise Ecke bleibt dabei fixiert. Die Schaltflächen **Diagrammelemente**, **Diagrammformatvorlagen** und **Diagrammfilter** **3**, die Sie rechts neben dem Diagrammbereich sehen, werden in den folgenden Abschnitten besprochen.

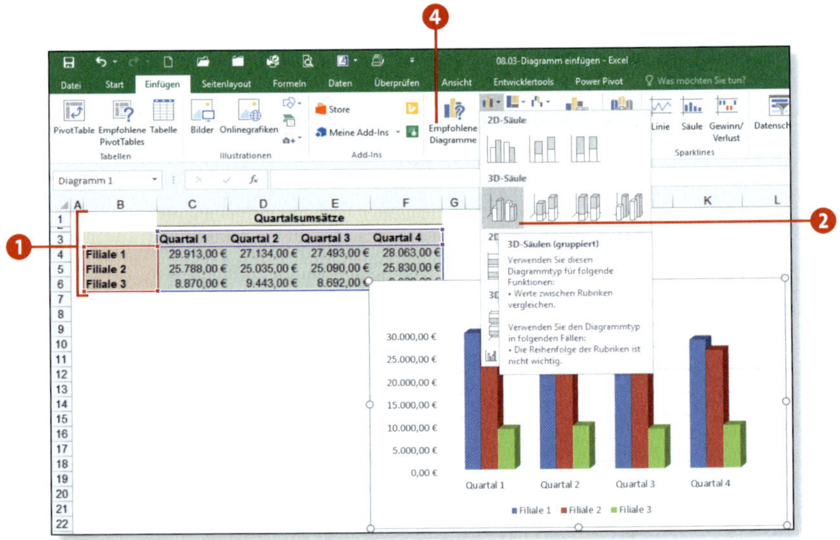

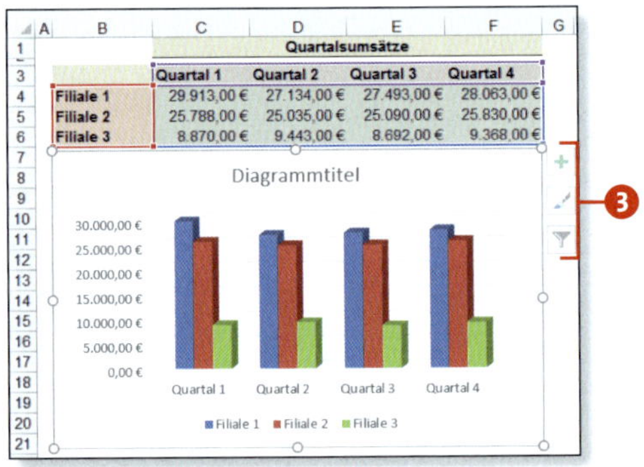

Empfohlenes Diagramm

Statt aus der Liste der Diagramme auszuwählen, können Sie in Schritt 1 auch **Einfügen > Diagramme > Empfohlene Diagramme** **4** wählen. Danach wird Ihnen mit Ihrer Datenquelle eine Liste von Diagrammen erstellt, aus der Sie auswählen können. Versuchen Sie es einfach einmal.

4. Sollte Ihnen der Platz auf diesem Arbeitsblatt nicht ausreichen, besteht auch die Möglichkeit, das Diagramm auf einem eigenen Blatt darzustellen. Markieren Sie hierzu das Diagramm durch Anklicken, und wählen Sie **Diagrammtools/Entwurf > Ort > Diagramm verschieben** 5.

5. Im Dialogfenster **Diagramm verschieben** klicken Sie auf **Neues Blatt** 6 und geben, wenn Sie möchten, eine neue Bezeichnung ein (Standard ist `Diagramm1`) und bestätigen mit **OK**. Über den gleichen Weg können Sie Ihr Diagramm wieder zurück verschieben. In diesem Fall wählen Sie aber **Objekt in** und aus dem Aufklappmenü das Zielarbeitsblatt.

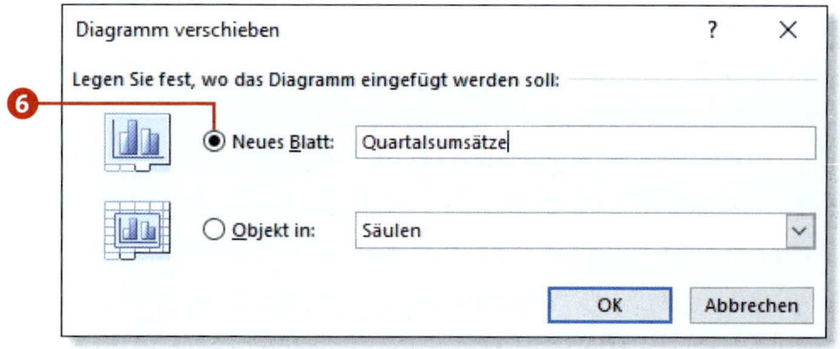

Die Achsen eines Koordinatensystems

Abgesehen von den achsenlosen Diagrammen, wie das Kreisdiagramm, finden Sie in einem klassischen Koordinatensystem bis zu drei Achsen, die x-, y- und z-Achse. Die *x-Achse*, also die, die nach rechts zeigt, wird als primäre Horizontalachse (*Rubrikenachse*) bezeichnet, weil auf ihr die Kategorien oder Rubriken der Werte abgebildet werden. Hier finden Sie z. B. Quartale, Fachgebiete, Städte, aber auch numerische Werte. Die *y-Achse*, also die, die nach oben zeigt, wird als primäre Vertikalachse (*Größenachse*) bezeichnet, weil auf ihr die Werte abgebildet werden, also z. B. die Höhe der Säule in einem Säulendiagramm. Die *z-Achse*, also die, die in die Tiefe zeigt, wird auch als *Tiefenachse* bezeichnet. Auf ihr werden weitere Rubriken angezeigt, im Regelfall die Daten aus der Legende.

Den Diagrammtyp ändern

Nachdem Sie ein Diagramm eingefügt haben, stellen Sie fest, dass das, was Sie aussagen möchten, mit einem anderen Diagrammtyp besser zu realisieren ist? Kein Problem, nichts einfacher als das. Ändern Sie einfach im Nachhinein den Diagrammtyp. Wenn Sie möchten, können Sie für diese Anleitung die Arbeitsmappe *08.04-Diagrammtyp ändern.xlsx* verwenden, die Sie in den Beispieldateien zum Buch finden.

1. Markieren Sie das Diagramm, und wählen Sie **Diagrammtools/Entwurf > Typ > Diagrammtyp ändern**. Das Dialogfenster **Diagrammtyp ändern** wird geöffnet.
2. Die aktuelle Kategorie **Säule** ist bereits markiert. Da Sie die aufsummierten Umsätze pro Filiale präsentieren möchten, markieren Sie den Diagrammtyp **Gestapelte 3D-Säulen** ❶.
3. Nach Wahl des Diagrammtyps werden Ihnen im Dialog zwei Diagrammvarianten angeboten, die erste mit den Quartalssummen ❷ und die zweite mit den Filialsummen ❸. Wählen Sie durch Anklicken die zweite, und bestätigen Sie mit **OK**. Sie haben durch diese Aktion nicht nur den Diagrammtyp geändert, sondern auch die Rubrikenachsenbeschreibung mit der Legende vertauscht.

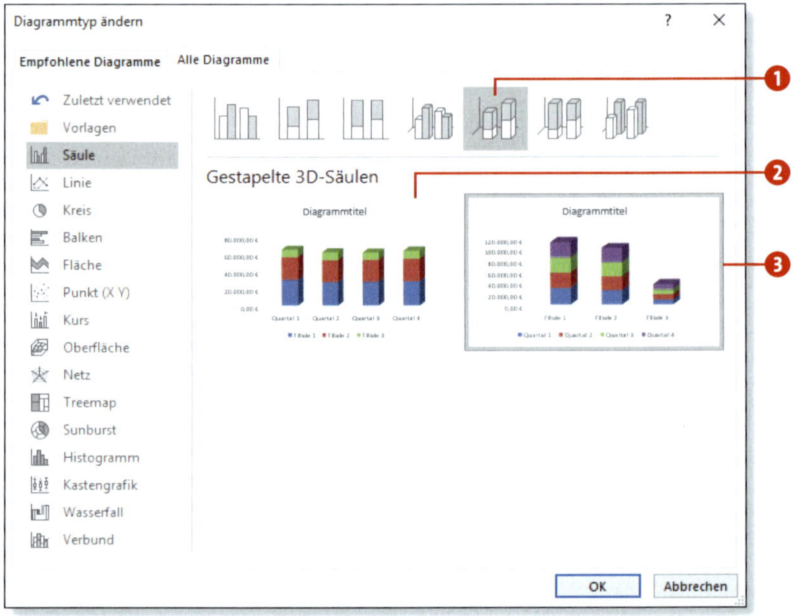

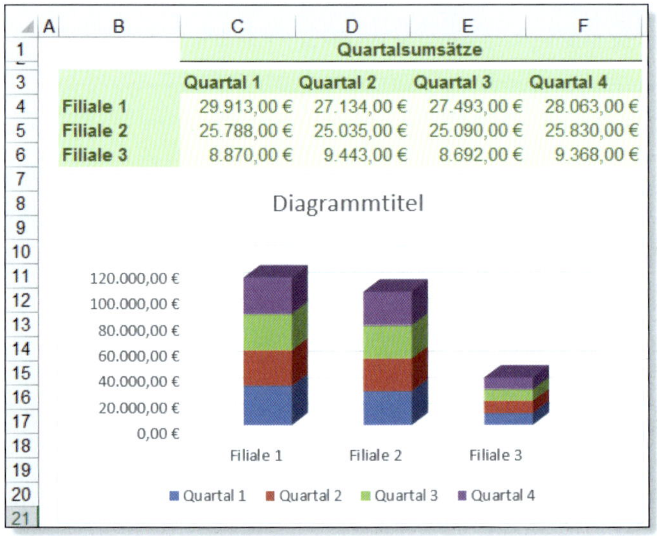

Achsen tauschen

Das Vertauschen der Beschriftungen erreichen Sie auch, indem Sie die Achsen tauschen. Lesen Sie dazu den Abschnitt »Achsen tauschen« auf Seite 232.

Diagrammtypen kombinieren

Häufig kommt es vor, dass die Wertebereiche von zwei Datenreihen deutlich auseinanderliegen oder eine Datenreihe so geringe Änderungen aufweist, dass diese nicht zu erkennen sind. Im Beispiel der Arbeitsmappe *08.05-Kombinieren.xlsx* habe ich ein Liniendiagramm eingefügt. Beim Gewicht sind aber so geringe Schwankungen, dass keine Zusammenhänge zwischen Blutzuckerspiegel und Gewicht zu erkennen sind. Hier eignet sich eine Darstellung in einem kombinierten Säulen- und Liniendiagramm.

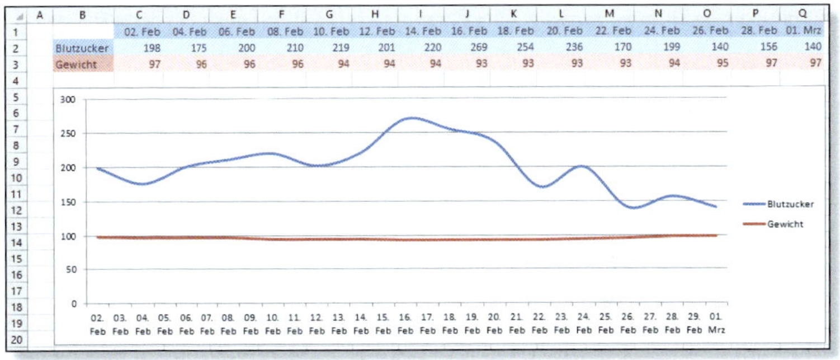

1. Markieren Sie das Diagramm, und wählen Sie **Diagrammtools/ Entwurf > Typ > Diagrammtyp ändern**. Im Dialogfenster **Diagrammtyp ändern** wählen Sie die Kategorie **Verbund** ❶. Hier stehen Ihnen nur 2D-Diagramme zur Verfügung.
2. Aus der Liste der Diagrammtypen wählen Sie **Gruppierte Säulen/ Linien auf der Sekundärachse** ❷. Die Werte für das Gewicht finden Sie jetzt auf der Sekundärachse ❸, für die Sie einen eigenen Wertebereich einstellen können. Im Regelfall wird dies aber passend von Excel gewählt.
3. Im Feld **Wählen Sie den Diagrammtyp und die Achse für die Datenreihe aus** ❹ können Sie das Verbunddiagramm individuell (in Grenzen) anpassen. Bestätigen Sie Ihre Änderungen mit **OK**.

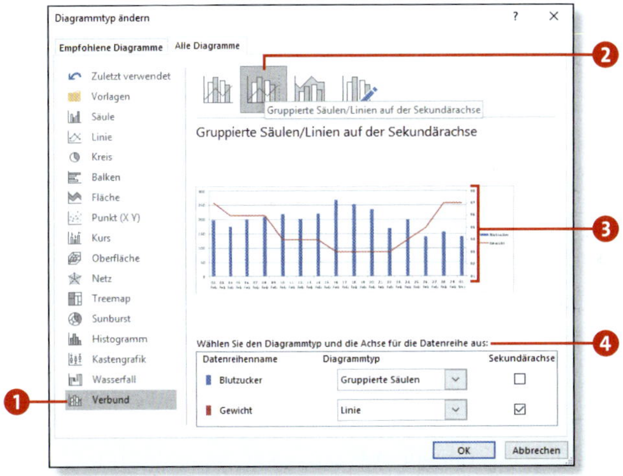

Datenreihe und Datenpunkt

Als *Datenreihe* werden alle Werte bezeichnet, die z. B. in einem Säulendiagramm in einer Säulenfarbe dargestellt werden oder die eine Linie in einem Liniendiagramm bilden. Klicken Sie einmal auf eine Linie, und Sie sehen, dass lauter Punkte markiert sind. Diese Punkte nennt man *Datenpunkte*. Ein zweiter Klick auf die Linie markiert den Datenpunkt, der dem Klickpunkt am nächsten ist. Mit einem Rechtsklick sehen Sie dann den Menüeintrag **Datenpunkt formatieren**.

Linie glätten

Um die Kanten aus der Linie der 2. Datenreihe zu entfernen, klicken Sie mit der rechten Maustaste auf die entsprechende Linie und wählen aus dem Kontextmenü **Datenreihe formatieren**. Im Dialogfenster **Datenreihe formatieren** klicken Sie auf die Schaltfläche mit dem Farbeimer und dort in die Kategorie **Linie**. Scrollen Sie ganz nach unten, und klicken Sie auf **Linie glätten**.

Datenreihen oder Datenpunkte hinzufügen und entfernen

Daten ändern sich. So kann es auch vorkommen, dass sich nicht nur ein Wert ändert, sondern ein ganz neuer Wert hinzukommt. In der Arbeitsmappe *08.06-Bundestag.xlsx* finden Sie die Sitzverteilung des deutschen Bundestages im Jahr 2016.

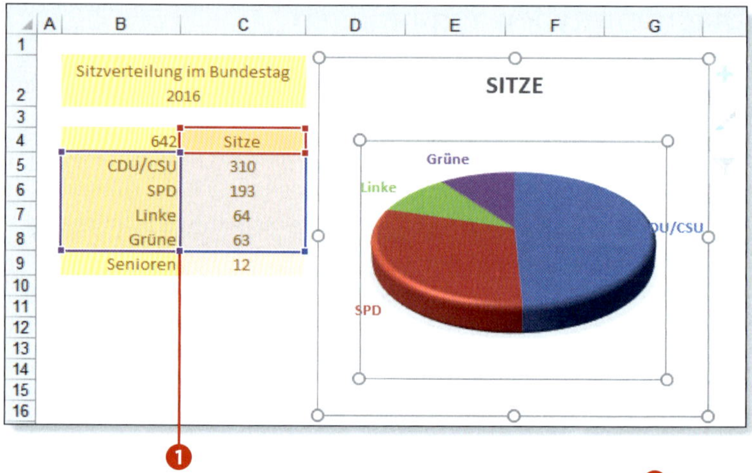

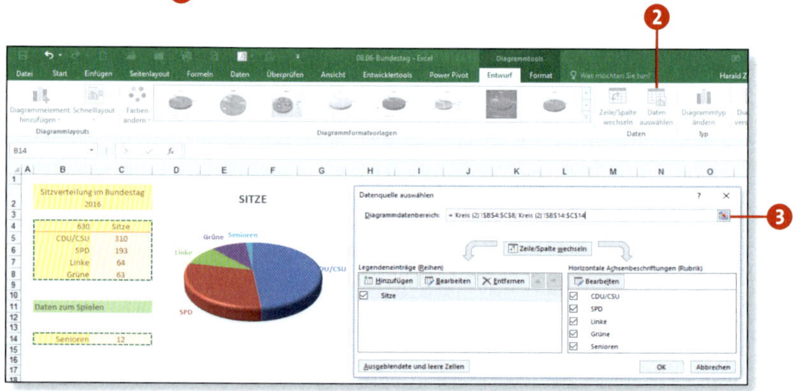

1. Markieren Sie das Kreisdiagramm. Sie sehen in Ihrer Datenquelle, aus welchen Daten sich die Datenreihe für das Kreisdiagramm zusammensetzt. Ich habe den Datenpunkt `Senioren` mit 12 Sitzen hinzugefügt. Damit stimmt zwar die Gesamtzahl nicht mehr, ich wollte aber nicht polarisieren und einer Partei Sitze entziehen.
2. Klicken Sie in der Datenquelle auf einen der Anfasspunkte ❶ an der unteren Linie der Markierung, und ziehen Sie sie um eine Zeile nach unten. Schon ist der neue Datenpunkt in die Datenreihe aufgenommen und wird im Diagramm angezeigt.
3. Problematisch wird es, wenn die neuen Daten an einer anderen Stelle stehen, die nicht direkt in die Markierung aufgenommen werden kann. Markieren Sie das Diagramm, und wählen Sie **Diagrammtools/Entwurf > Daten > Daten auswählen** ❷.
4. Im Dialogfenster **Datenquelle auswählen** fügen Sie in die Eingabezeile **Diagrammdatenbereich** ❸ hinter dem bestehenden Datenbereich ein Semikolon ein und markieren mit der Maus die neuen Daten. Klicken Sie abschließend auf **OK**. Die Änderung ist auch hier sofort im Diagramm zu sehen.

Neue Datenreihe

Bei den Datenreihen verhält es sich genau wie bei den Datenpunkten. Nur dass die Datenquelle aus mindestens zwei Datenreihen besteht.

Datenpunkte/-reihen ausblenden

Im Dialogfenster **Datenquelle auswählen** können Sie über die Auswahlkästchen in den Bereichen **Legendeneinträge (Reihen)** und **Horizontale Achsenbeschriftungen (Rubrik)** trotz Markierung einzelne Reihen und Rubriken durch Entfernen des Häkchens ausblenden.

Datenquelle bearbeiten

In diesem Abschnitt zeige ich Ihnen, wie sich Änderungen der Werte in der Datenquelle im Diagramm auswirken. In der Arbeitsmappe *08.07-monatliche Kosten.xlsx* habe eine Monatsübersicht über Haushaltskosten angefangen. In diesem Zusammenhang ist noch wichtig zu wissen, dass ich die Tabelle als Tabellenbereich formatiert habe.

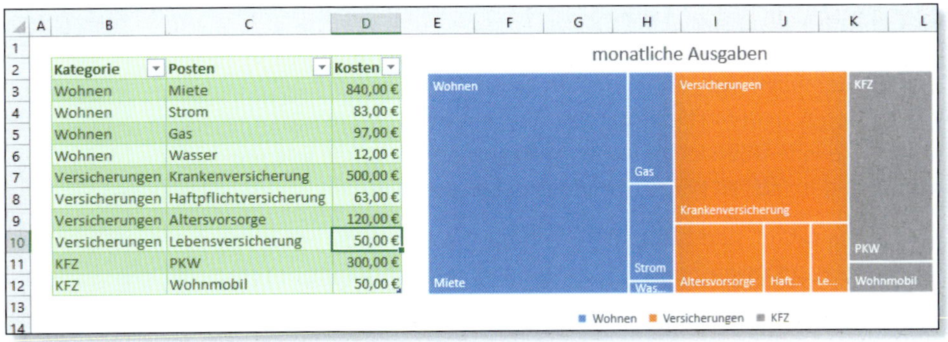

1. Markieren Sie die Zelle D10, und tragen Sie den Wert 250 ein.
2. Beobachten Sie, was in dem Moment im Diagramm passiert, wenn Sie ↵ drücken. Die vorgenommenen Änderungen sollten gegebenenfalls deutlich sein, sonst sehen Sie unter Umständen kaum einen Unterschied. Bei dem hier verwendeten Diagrammtyp wirkt sich die Änderung je nach Größe auf die Gesamtdarstellung aus, denn die einzelnen Bereiche einer Kategorie werden basierend auf den Werten in Größenverhältnisse gesetzt.
3. Tragen Sie jetzt in die Zelle B13 KFZ, in C13 Hausboot und in D13 200 ein ❶. Da es sich bei der Datenquelle um einen Tabellenbereich handelt, wird die Datenquelle für das Diagramm automatisch angepasst und der neue Datenpunkt ❷ im Diagramm angezeigt. Bei einer »normalen« Tabelle wäre das nicht der Fall gewesen. Sie hätten die neuen Daten dann, wie im vorigen Abschnitt »Datenreihen oder Datenpunkte hinzufügen und entfernen« beschrieben, hinzufügen müssen.

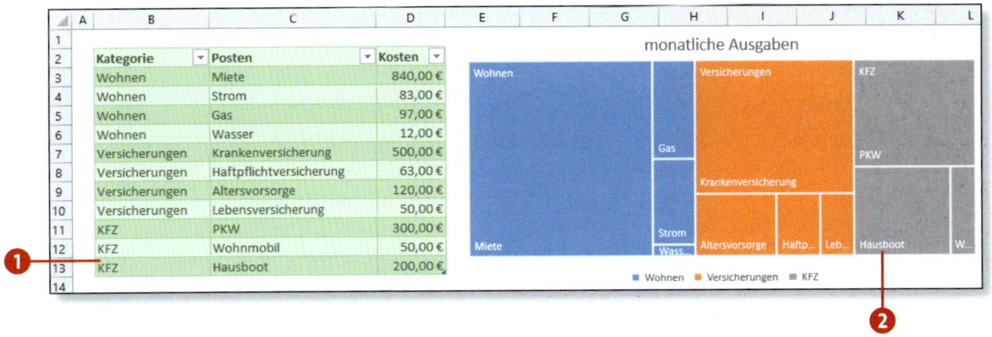

Treemap-Diagramm

Da die Daten der Datenquelle nicht nur eine Spalte für die Datenbeschriftung enthalten, sondern diese auch noch nach Kategorien zusammengefasst sind, bietet es sich an, als Diagrammtyp das *Treemap*-Diagramm zu wählen.

Achsen tauschen

Je nachdem, auf welche Daten Sie den Fokus in Ihrem Diagramm lenken, steuern Sie gleichzeitig die Interpretation Ihrer Daten. Das sollten Sie unbedingt verinnerlichen, damit Sie Ihre Daten optimal präsentieren. In der Arbeitsmappe *08.08-Achsen tauschen.xlsx* finden Sie eine Übersicht darüber, wie viele Sechsen pro Fach, pro Lehrer in den letzten Klausuren geschrieben wurden.

1. Wie Sie sehen, sind die Werte pro Lehrer jeweils zu einer Gruppe pro Fach zusammengefasst worden. So lässt sich ganz gut erkennen, dass Mathe wohl eines der schwierigeren Fächer ist. Dies wird besonders deutlich, wenn Sie als Diagrammtyp **Gestapelte 3D-Säulen** ❶ wählen.

2. Um die Betrachtungsrichtung zu ändern und in diesem Beispiel zu ermitteln, welcher Lehrer die meisten Sechsen vergeben hat, markieren Sie zunächst das Diagramm. Klicken Sie dann in der Gruppe **Daten** der kontextabhängigen Registerkarte **Diagrammtools/Entwurf** auf die Schaltfläche **Zeilen/Spalten wechseln** ❷. Wiederholen Sie diesen Schritt auch für das untere Diagramm

   Wie Sie sehen, haben sich nicht die Werte der Datenquelle geändert, sondern nur die Betrachtungsrichtung. Die Daten werden jetzt nicht mehr zeilenweise betrachtet, hier bildet eine Zeile einen Datenblock, sondern spaltenweise. Jetzt bilden die Daten einer Spalte einen Datenblock im Diagramm. Je nachdem, auf welche Aussage Sie den Fokus setzen möchten, kann es also sinnvoll sein, die Betrachtungsrichtung zu ändern.

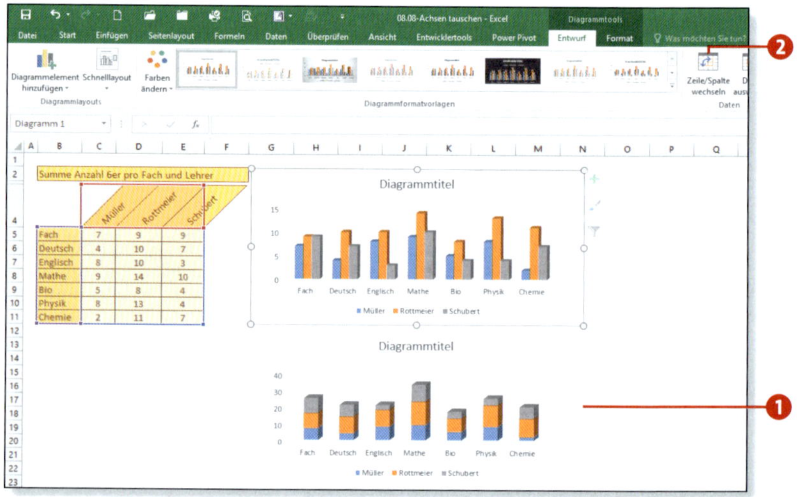

Pivot-Chart

Wenn Sie in einem Diagramm, das auf einer Pivot-Tabelle basiert, die Zeilen und Spalten wechseln, wird tatsächlich die Pivot-Tabelle transponiert. Im Arbeitsblattregister `Noten` habe ich dazu ein Beispiel erstellt, in dem die Durchschnittsnoten angezeigt werden.

Diagramm- und Achsentitel hinzufügen

Wenn Sie ein neues Diagramm einfügen, wird über dem Diagramm der Platzhaltertext `Diagrammtitel` angezeigt. Sie sollten diesen Text durch einen eigenen ersetzen und außerdem darauf achten, dass Sie verständliche Achsentitel verwenden.

1. Markieren Sie in der Arbeitsmappe *08.09-Diagrammtitel.xlsx* das Diagramm, indem Sie es anklicken. Neben der rechten oberen Ecke des Diagramms steht Ihnen nun unter anderem die Schaltfläche **Diagrammelemente** ❶ zur Verfügung.
2. Klicken Sie auf diese Schaltfläche, und es öffnet sich das Aufklappmenü, in dem Sie durch Setzen und Löschen von Häkchen per Klick auf die vorangestellten Auswahlkästchen ❷ Diagrammelemente hinzufügen und entfernen können.
3. Bewegen Sie den Mauszeiger über die Menüeinträge, wird ein kleines Dreieck eingeblendet. Ein Klick auf eines dieser Dreiecke öffnet jeweils ein Untermenü mit weiteren Einstellungen. Klicken Sie z. B. auf das Kontrollkästchen **Achsentitel** ❸, um beide Achsen zu beschriften, oder im Untermenü nur auf eine der beiden Achsen ❹, um nur eine zu beschriften.
4. Bei allen aktivierten Elementen wird ein Textfeld mit einem Platzhaltertext eingefügt. Durch Anklicken des Textfelds können Sie den Text bearbeiten. Dabei markiert der erste Klick das Textkästchen, und der zweite wechselt in den Bearbeitungsmodus.

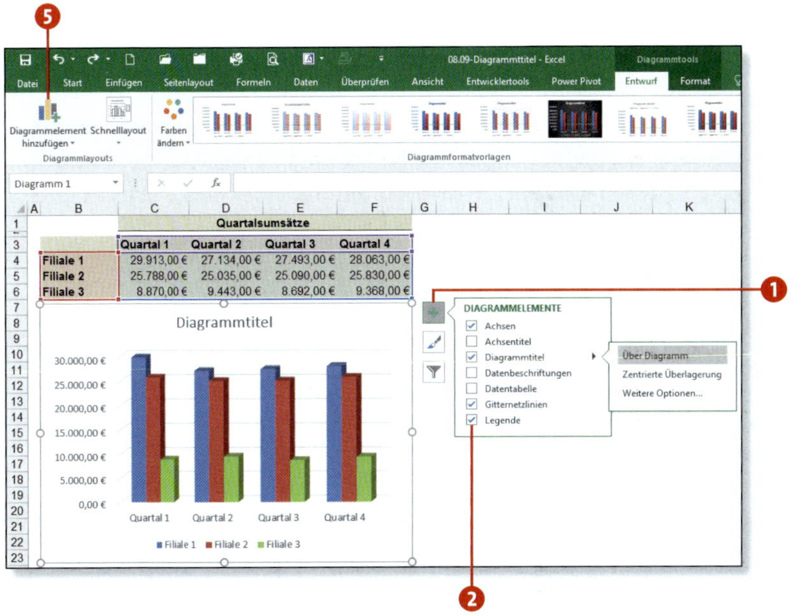

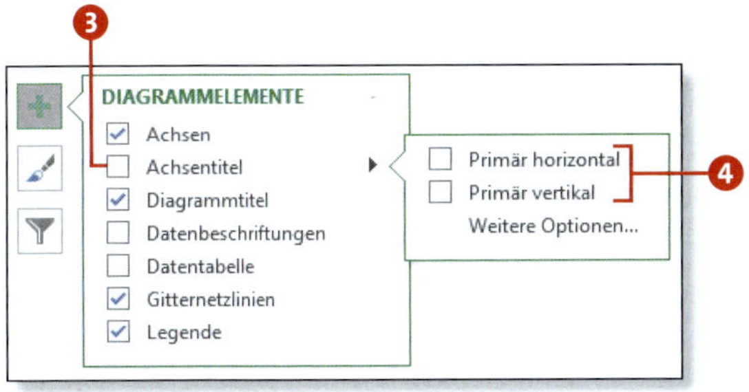

Befehle im Menüband

Alternativ zu der Schaltfläche am Diagramm können Sie auch, nachdem Sie das Diagramm markiert haben, **Diagrammtools/Entwurf > Diagrammlayouts > Diagrammelement hinzufügen** ❺ wählen. Hier finden Sie die gleichen Menüeinträge wie am Diagramm.

Die Diagrammfarbe ändern

Beim Einfügen eines Diagramms greift Excel zunächst auf Standardfarbsätze zurück. Manchmal ist es aber notwendig, die Farben des Diagramms an das eigene Farbempfinden oder das Corporate Design der Firma anzupassen. Im Diagramm der Arbeitsmappe *08.10-Farben.xlsx* soll die blaue Datenreihe der Filiale 1 mit einem rot-orangefarbenen Farbverlauf versehen werden.

1. Klicken Sie mit der rechten Maustaste auf einen der blauen Balken. Es werden alle Balken dieser Datenreihe markiert. Im Kontextmenü erhalten Sie ein Feedback, ob Sie das richtige Objekt getroffen haben. Hier muss der Befehl **Datenreihen formatieren** ❶ zu sehen sein. Falls Sie sich verklickt haben, können Sie im Ausklappmenü **Diagrammelemente** ❷ die Auswahl korrigieren und die gewünschte Datenreihe wählen. Klicken Sie auf **Datenreihen formatieren**, um den Aufgabenbereich **Datenreihen formatieren** am rechten Bildschirmrand einzublenden.

2. Wählen Sie dort das Register **Füllung und Linie** ❸, und klicken Sie im Bereich **Füllung** auf **Farbverlauf** ❹.

3. Entfernen Sie die beiden mittleren Farbverlaufstopps ❺, indem Sie sie anklicken und anschließend auf die Schaltfläche **Farbverlaufstopps entfernen** ❻ klicken. Die darunter befindlichen Einstellungen für **Farbe**, **Position** und **Transparenz** gelten immer nur für den markierten Farbverlaufstopp. Markieren Sie den linken Farbverlaufstopp, und stellen Sie die Farbe Dunkelrot ein. Für den rechten verwenden Sie die Farbe Orange. Die Änderung wirkt sich sofort auf das Diagramm aus. Durch Verschieben der Stopps verändern Sie den Bereich, in dem der Farbverlauf zu sehen ist.

Weitere Diagrammelemente anpassen

Mit einem Klick auf das kleine Dreieck neben **Datenreihenoptionen** ❼ können Sie andere Diagrammelemente auswählen und diese auf die gleiche Art formatieren.

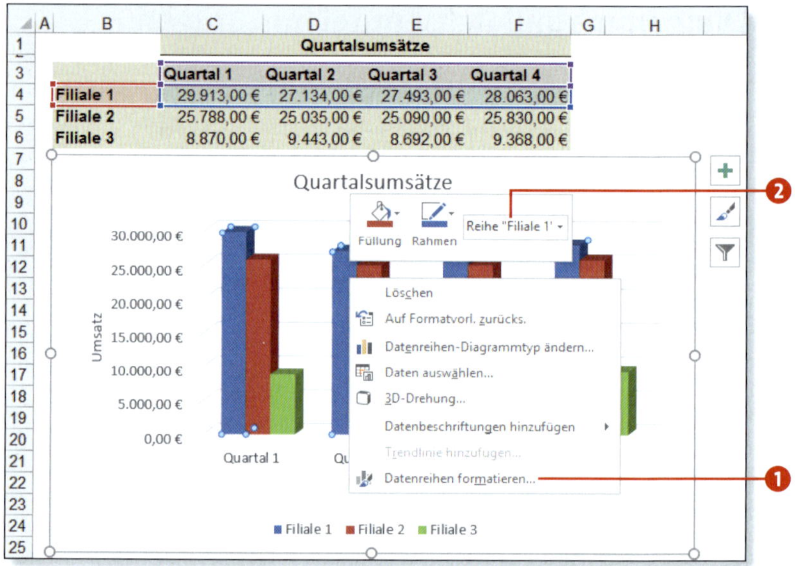

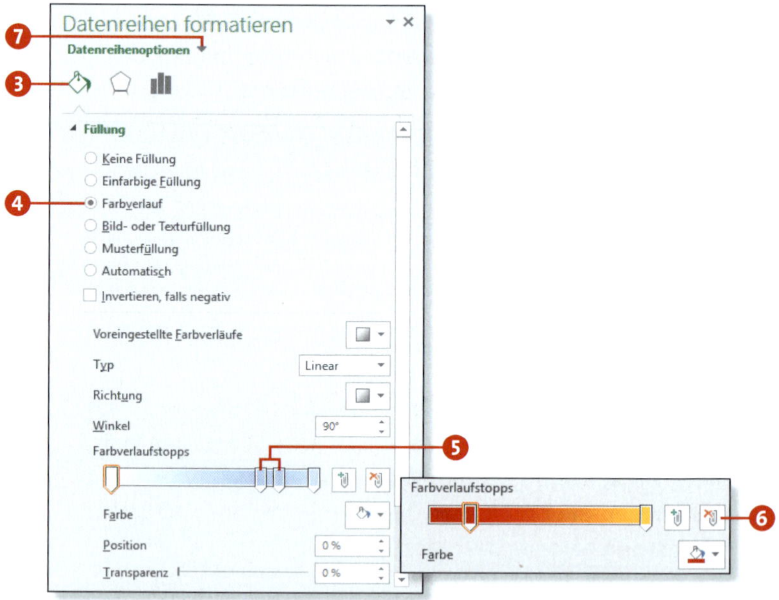

Formatvorlagen nutzen

Die einfachste und schnellste Art, ein Diagramm zu formatieren, besteht darin, eine Formatvorlage zu nutzen. In der Arbeitsmappe *08.11-Vorlagen.xlsx* sollen Sie die etwas misslungenen Formatierungen möglichst schnell wieder in den Griff bekommen.

1. Markieren Sie das Diagramm, und klicken Sie auf die Schaltfläche **Diagrammformatvorlagen** ❶.
2. In dem Aufklappmenü können Sie zwischen elf verschiedenen Formatvorlagen wählen. Lassen Sie den Mauszeiger für einen Moment auf einer Vorlage ruhen, sehen Sie in Ihrem Diagramm eine Vorschau. So können Sie sich besser für das passende Format entscheiden. Klicken Sie die gewünschte Formatvorlage ❷ an (hier: **Formatvorlage 11**), werden mit einem Klick alle Ausrutscher korrigiert und die Formate der Vorlage verwendet. Die Balken haben jetzt leicht abgerundete Kanten und einen dezenten Farbverlauf. So haben Sie zumindest eine gute Basis für weitere Formatierungen.
3. Neben den Formatvorlagen finden Sie das Register **Farbe** ❸, in dem Sie aus verschiedenen Farbpaletten mit aufeinander abgestimmten Farben auswählen können. Die Farben Ihrer Balken werden dann in diesen Farben formatiert.

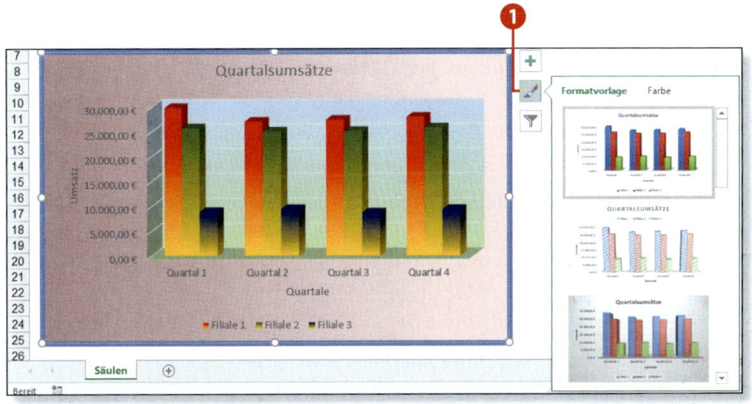

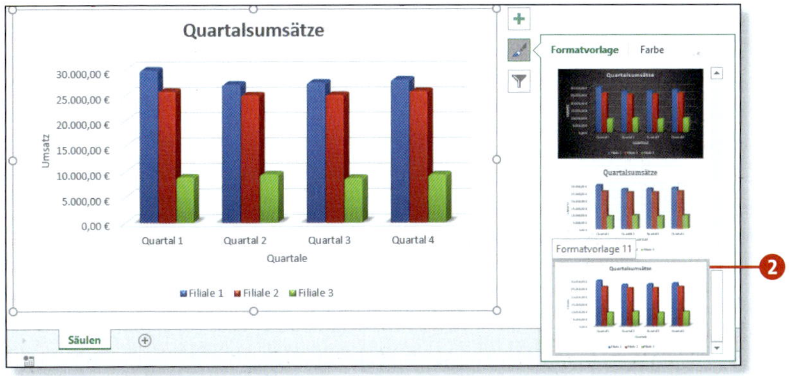

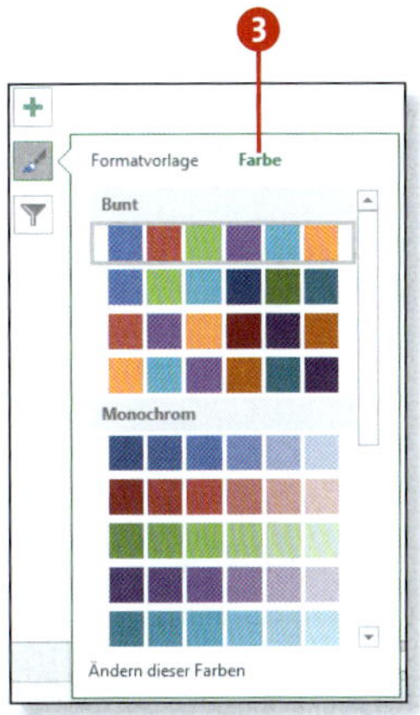

Weniger ist mehr!

Gerade beim Formatieren gilt der Grundsatz »Weniger ist mehr!«. Bevor Sie ein Diagramm so formatieren wie ich in der Beispieldatei, belassen Sie es lieber bei den Standardeinstellungen. Die sind zwar nicht besonders spektakulär, aber schaden den Augen auch nicht.

Beschriftung und Legende anpassen

Neben den Beschriftungen für Diagrammtitel und Achsen können Sie noch Datenbeschriftungen und eine Datentabelle einfügen sowie die Legende bearbeiten. Öffnen Sie dazu die Arbeitsmappe *08.12-Beschriftungen.xlsx*.

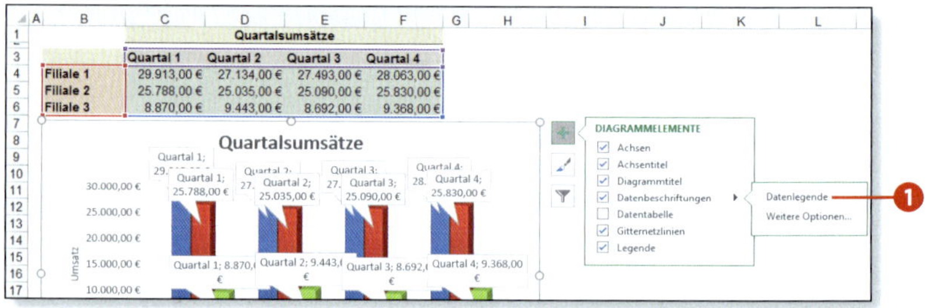

1. Um die Balken mit ihren Werten zu versehen, klicken Sie auf die Schaltfläche **Diagrammelemente** und setzen durch Anklicken ein Häkchen bei **Datenbeschriftungen**. Mit einem Klick auf das Dreiecksymbol erreichen Sie den Menüeintrag **Datenlegende** ❶. Hiermit fügen Sie zusätzlich die dargestellten Werte in Textkästen in Ihr Diagramm ein. Hier sollten Sie darauf achten, dass genügend Platz zur Verfügung steht, andernfalls wird Ihr Diagramm schnell unübersichtlich.

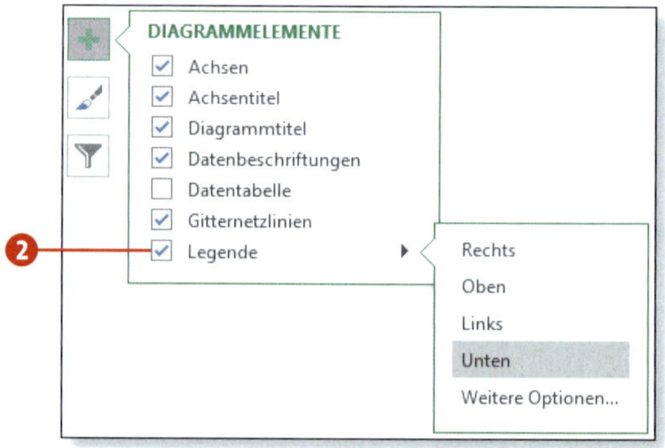

2. Über den Menüeintrag **Legende** ❷ und sein Untermenü lässt sich die Position der Legende bestimmen oder diese auch ganz ausblenden.

3. Mit der Option **Datentabelle** ❸ schlagen Sie zwei Fliegen mit einer Klappe: Zum einen enthält die Tabelle alle Werte zu den Balken, und Sie können die Legende inklusive der Symbole einblenden. In dem Fall wird aber die eigentliche Legende überflüssig, und Sie sollten sie ausblenden.

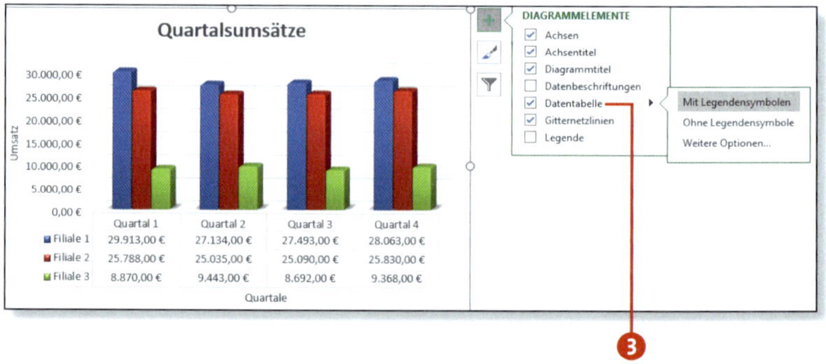

Als Vorlage speichern

Jetzt, nachdem Sie sich so viel Mühe gegeben haben, können Sie Ihr Diagramm als Vorlage speichern. Dazu klicken Sie mit der rechten Maustaste auf das Diagramm und wählen aus dem Kontextmenü **Als Vorlage speichern**. Anschließend können Sie z. B. unter **Diagrammtools/Entwurf > Typ > Diagrammtyp ändern** in der Kategorie **Vorlagen** auf Ihre benutzerdefinierten Vorlagen zugreifen.

Achsen formatieren

In der Arbeitsmappe *08.13-Achsen formatieren.xlsx* finden Sie zwei Diagramme. Im ersten Diagramm liegen die Ergebnisse der drei Filialen sehr nah beieinander. Um die Differenzen in den Spitzen besser zu sehen, bietet sich eine *Nullpunktverschiebung* an.

1. Klicken Sie mit der rechten Maustaste auf einen der Werte ❶ aus der Größenachse, und wählen Sie im Kontextmenü den Eintrag **Achse formatieren**. Der Aufgabenbereich **Achse formatieren** wird daraufhin eingeblendet.
2. Der niedrigste Wert im Diagramm liegt bei `25.035,00 €`. Daher setzen Sie den Nullpunkt auf `24.500`, indem Sie diesen Wert in das Eingabefeld **Minimum** ❷ eintragen und mit [↵] bestätigen. Im Diagramm sehen Sie sofort das Ergebnis ❸. Die Werte liegen immer noch nah beieinander, aber die Unterschiede lassen sich gut erkennen.
3. Im zweiten Register der Arbeitsmappe sehen Sie ein Diagramm, in dem die `Filiale 3` ein sehr schlechtes Ergebnis geliefert hat. Kreuzen Sie diesmal im Aufgabenbereich **Achse formatieren** das Kontrollkästchen **Logarithmische Skalierung** ❹ an. Danach sehen die Ergebnisse wieder fast gleich aus, was daran liegt, dass bei der logarithmischen Skalierung nicht die Zahlenwerte an sich, sondern deren Logarithmus zur Darstellung verwendet wird. Probieren Sie auch die anderen Einstellmöglichkeiten aus. Da Sie immer sofort ein Ergebnis bekommen, sind die Schritte meistens gut nachvollziehbar.

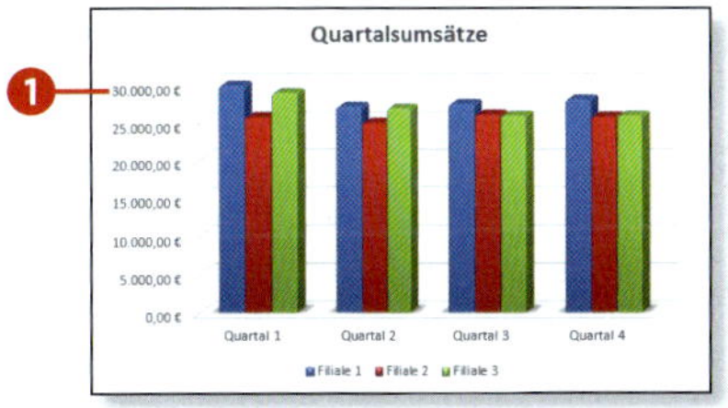

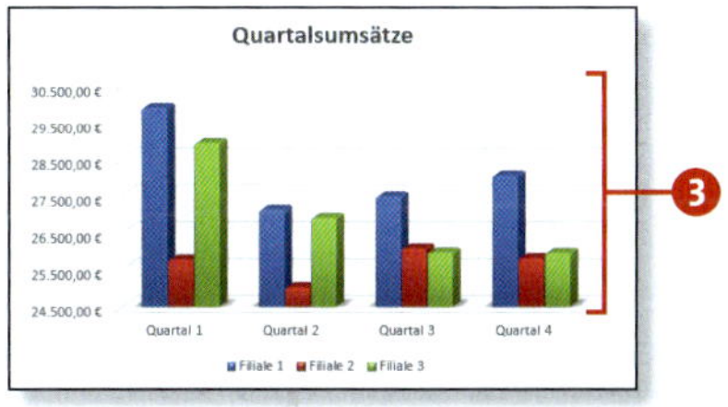

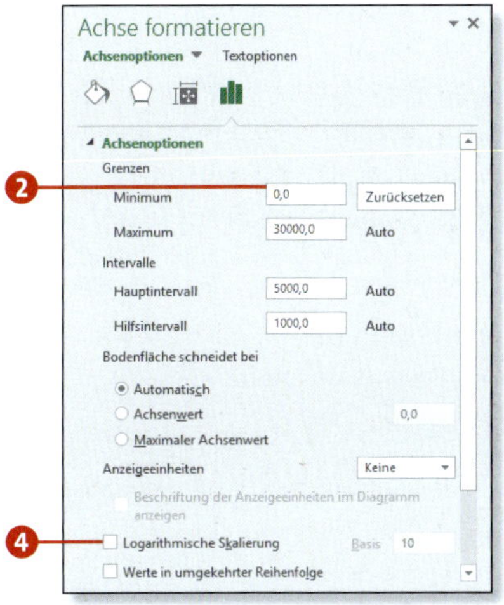

Logarithmische Skalierung

Die logarithmische Skalierung kann nicht für negative Werte oder für null verwendet werden.

Was nehmen wir wahr?

Studien haben ergeben, dass jemand, der ein solches Diagramm in einer Präsentation zu sehen bekommt, die ersten 7 bis 10 Sekunden nur die optischen Merkmale betrachtet. Erst danach fängt der Betrachter an, das ganze Diagramm zu analysieren. Also, nach 6 Sekunden – Folienwechsel. Nein, Spaß beiseite, Sie sollten darauf achten, dass Sie sich beim Betrachten gerade fremder Diagramme (z. B. im Fernsehen) auf das Wesentliche konzentrieren. Denn genau mit diesen Tricks werden Sie hinters Licht geführt.

Datenpunkte formatieren

In der Arbeitsmappe *08.14-Datenpunkte.xlsx* finden Sie ein Diagramm mit Blutzuckerwerten, die zum Teil deutlich über dem Zielwert von 150 liegen. Diese Strecke oberhalb der grünen Linie soll orange eingefärbt werden. Dazu muss jeder betroffene Datenpunkt einzeln formatiert werden.

1. Klicken Sie im Diagramm auf die Linie. Alle Datenpunkte werden sichtbar, die *Datenreihe* ist markiert. Klicken Sie auf einen Punkt oberhalb der Zielwertlinie. Jetzt ist nur noch ein Punkt sichtbar. Ein *Datenpunkt* ist markiert.
2. Mit einem Rechtsklick auf diesen Punkt öffnen Sie das Kontextmenü. Wählen Sie hier den Befehl **Datenpunkt formatieren** ❶. Auf der rechten Seite des Bildschirms wird der Aufgabenbereich **Datenpunkt formatieren** eingeblendet.
3. Wählen Sie das Register **Füllung und Linie** ❷, und öffnen Sie danach den Bereich **Linie** ❸, um hier die Farbe Orange einzustellen. Unmittelbar nach dem Klick auf die Farbe ❹ wird das Liniensegment zwischen dem markierten Datenpunkt und dem davor eingefärbt. Markieren Sie nacheinander jeden weiteren Punkt oberhalb der Zielwertlinie, und färben Sie sie wie beschrieben um.

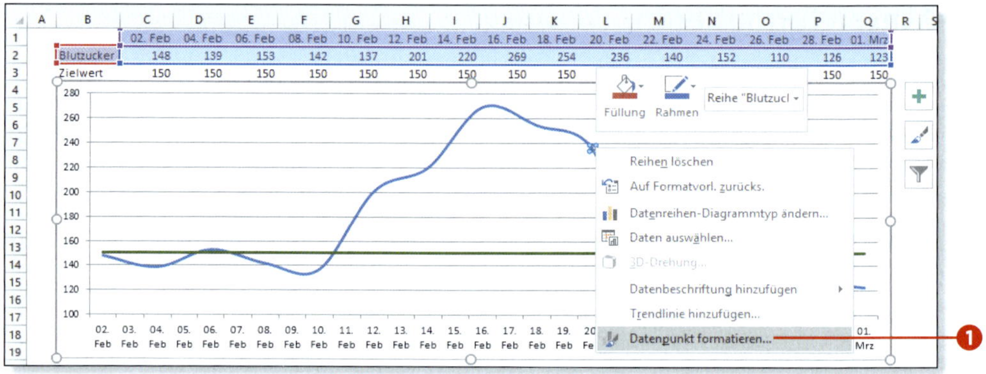

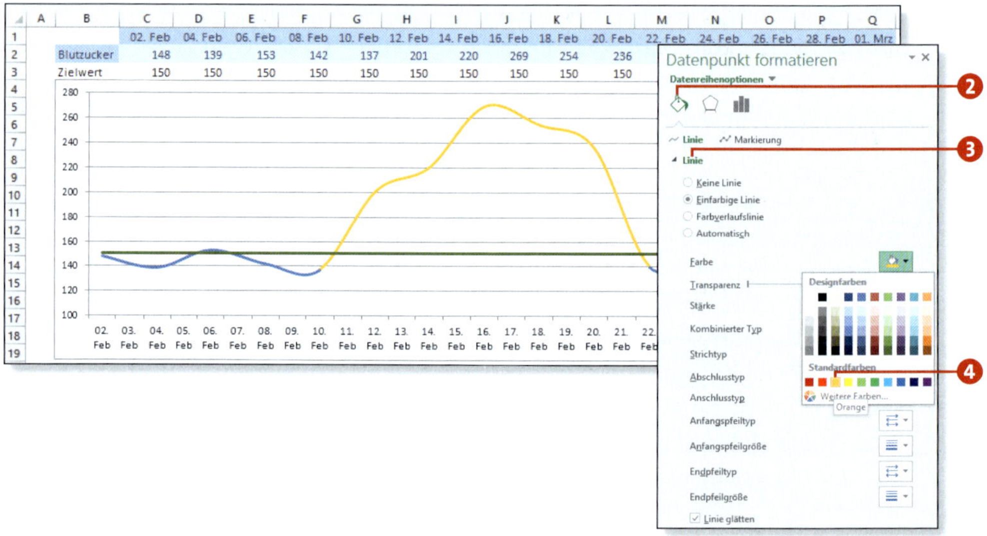

Befehl wiederholen

Nachdem Sie den ersten Datenpunkt formatiert haben, markieren Sie einfach den jeweils nächsten Datenpunkt und drücken F4. Die Taste F4 wiederholt den unmittelbar zuvor eingegebenen Befehl. Das heißt, das jeweils nächste Liniensegment wird orange eingefärbt.

Diagramme in Bilder umwandeln

In der Arbeitsmappe *08.15-Bundestag-Bild.xlsx* sollen Sie ein Miniaturbild des vorhandenen Diagramms erstellen. Diese Miniatur soll später in einem anderen Arbeitsblatt als Schaltfläche dienen, um per Link auf das Arbeitsblatt mit dem Diagramm zu gelangen.

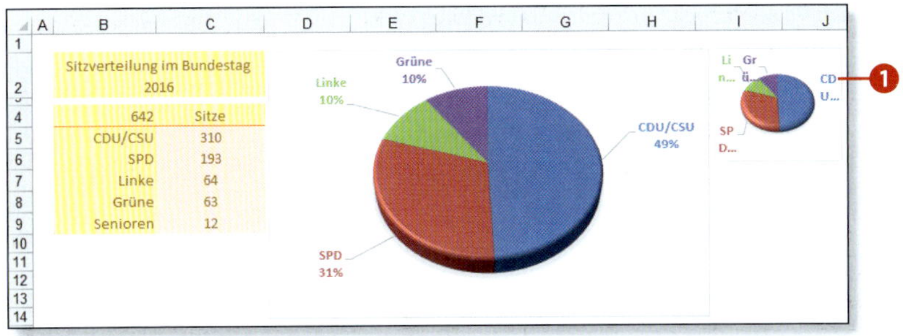

1. Dazu habe ich das Diagramm kopiert und über einen der Eckanfasser mit der Maus verkleinert. Wie Sie sehen, ist zwar das Diagramm verkleinert, die Schrift aber nicht ❶. Diese müssten Sie jetzt über die Formatierung verkleinern. Einfacher ist es, ein Bild des Diagramms zu verwenden.
2. Markieren Sie zunächst das Diagramm, und kopieren Sie es über die Tastenkombination Strg + C oder über den Befehl im Kontextmenü.
3. Klicken Sie mit der rechten Maustaste die Zielzelle an, und wählen Sie aus dem Kontextmenü im Bereich **Einfügeoptionen** den Menübefehl **Grafik** ❷.
4. Auf diese Weise erhalten Sie ein korrektes Miniaturbild Ihres Diagramms. Das so eingefügte Bild lässt sich über die Eckanfasser verkleinern. Dabei bleibt das Seitenverhältnis erhalten. Benutzen Sie nicht die Anfasspunkte an den Seiten, damit das Bild nicht verzerrt wird.

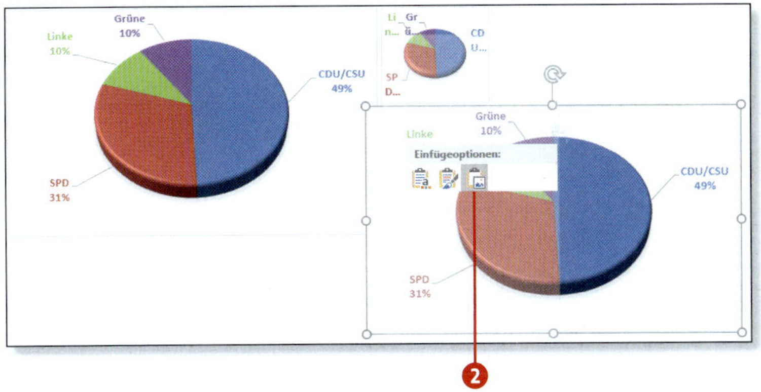

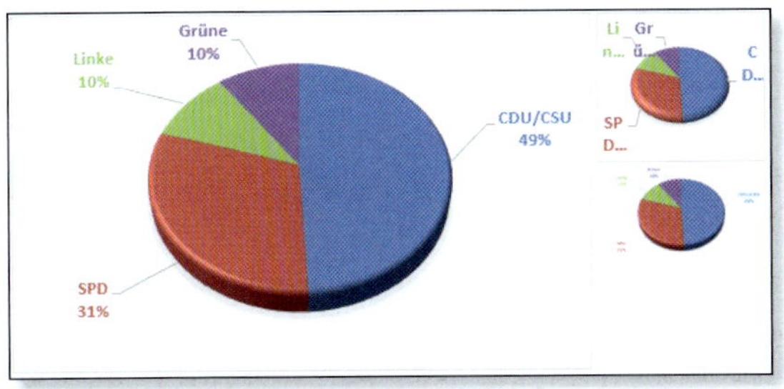

Grafik extern verwenden

Das kopierte Diagramm lässt sich auf die beschriebene Weise auch in andere Anwendungen wie Word oder PowerPoint einfügen. Lesen Sie zu diesem Thema auch den Abschnitt »Dateien dynamisch verknüpfen« auf Seite 261.

3D-Karte erstellen

Mit Excel 2016 wurde die 3D-Karte eingeführt. Mit diesem Tool besteht die Möglichkeit, Daten, ähnlich wie in der Pivot-Tabelle, zusammenzufassen und dann z. B. als Säulen auf einer Weltkugel dreidimensional darzustellen. Hierzu ist eine Internetverbindung notwendig, damit über die Suchmaschine *Bing* von Microsoft ein Globus mit aktuellen Landesgrenzen geladen werden kann. In der Beispieldatei *08.16-Bevölkerung.xlsx* sollen die Daten auf einer 3D-Karte dargestellt werden. Diese Daten stammen von der Internetseite *www.laenderdaten.info* und wurden mir freundlicherweise vom Betreiber, Herrn Lars Eglitis, zur Verfügung gestellt.

1. Markieren Sie eine Zelle des Tabellenbereichs, und wählen Sie im Menüband **Einfügen > Touren > 3D-Karte** ❶. Ein separates Fenster mit einer aktuellen Weltkarte wird geöffnet. Sollte Ihre Liste Länder- oder Städtenamen enthalten, werden diese bereits als Punkte auf dem Globus angezeigt.
2. Blenden Sie das Fenster **Feldliste** und den **Tour-Editor** mit einem Klick auf das Schließkreuz aus. In der Gruppe **Start > Ansicht** ❷ lassen sich diese Elemente jederzeit wieder einblenden.
3. Mit den Schaltflächen in der unteren rechten Ecke lässt sich der Globus drehen, kippen und in der Größe verändern ❸.

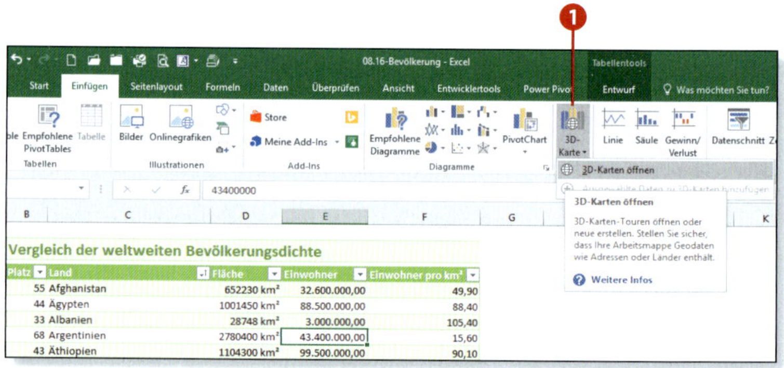

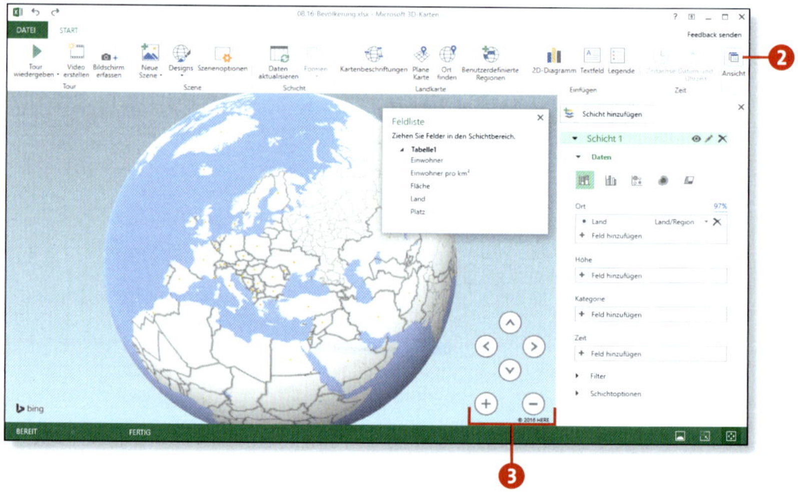

Mausaktionen auf dem Globus

Klicken Sie einmal auf den Globus, halten Sie die linke Maustaste gedrückt, und bewegen Sie die Maus. Sie werden feststellen, dass er sich nahezu ruckelfrei in alle Richtungen drehen lässt. Durch das Mausrädchen lässt sich der Globus zoomen, ohne dabei die Strg-Taste zu drücken. Ein Doppelklick zoomt in vorgegebenen Stufen in den Globus. Die angeklickte Stelle wird dabei zentriert.

4. Auf der rechten Seite des Fensters sehen Sie den **Schichtbereich**. In diesem lässt sich einstellen, welche Daten wie angezeigt werden. Enthält Ihre Liste Ländernamen, ist das Feld **Land** bereits eingetragen. Über das Aufklappmenü **Land/Region** ❹ lassen sich aber auch die Stadt, die PLZ oder Längen- und Breitengrade wählen, wenn die Daten in der Tabelle verfügbar sind.

5. Klicken Sie im Aufklappmenü **Höhe** auf **Feld hinzufügen** ❺, um die Liste der Tabellenspalten anzuzeigen. Wählen Sie die Spalte `Einwohner`. In der Kartendarstellung werden entsprechende Datensäulen eingefügt.

6. Wechseln Sie jetzt die Darstellung von **Gestapelte Säulen** durch Anklicken auf **Region** ❻. Hierbei ist etwas Geduld erforderlich, da die Farben online auf die aktuellen Ländergrenzen angepasst werden. In den **Schichtoptionen** ❼ können Sie im gleichnamigen Bereich die verwendete **Farbe** nach Ihren Wünschen anpassen.

7. Wenn Sie jetzt den Mauszeiger über die Länder bewegen, werden Ihnen die Einwohnerzahlen in einem Infofenster angezeigt. Auf Ihrem Arbeitsblatt wurde außerdem ein Textfeld eingefügt, das darauf hinweist, dass 3D-Karten-Touren zur Verfügung stehen. Mit einem Klick auf **Einfügen > Touren > 3D-Karte** können Sie auf bestehende 3D-Karten zurückgreifen oder neue anlegen.

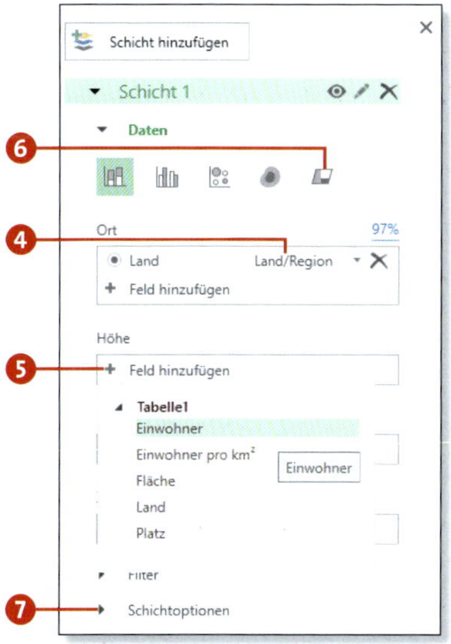

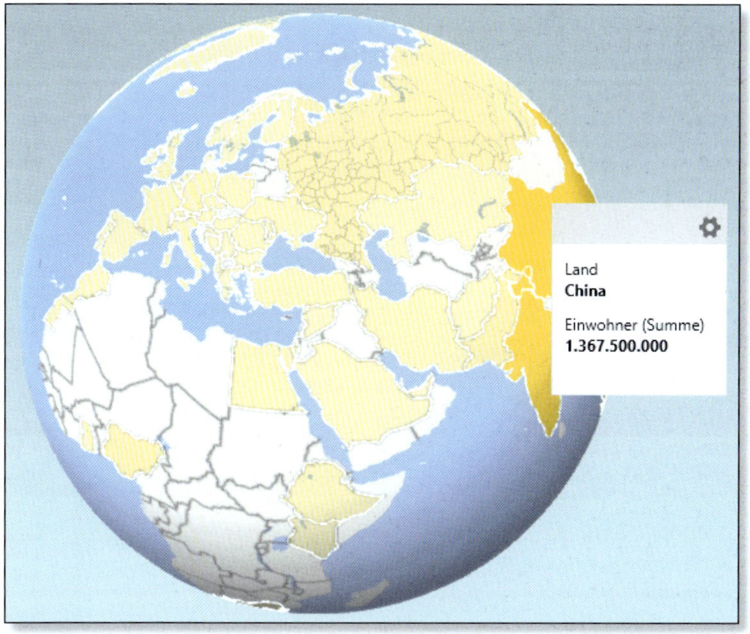

Entwicklungsperioden darstellen

Sollte Ihre Tabelle auch noch Werte für Zeitperioden (etwa 1999–2016) enthalten, können Sie sich die Entwicklung der Werte in einer Zeitrafferdarstellung ansehen und sogar als Video speichern, um dieses anschließend z. B. in Power Point einzufügen. So machen Zahlen Spaß!

Sparklines einfügen

Sparklines sind eine besondere Form von Minidiagrammen. Sie werden direkt auf dem Arbeitsblatt eingefügt und sind nicht größer als eine Zelle. Sie dienen also nicht dazu, Werte abzulesen, sondern auf einen Blick Informationen oder Beziehungen darzustellen. In der Arbeitsmappe *08.17-Sparklines – Klima.xlsx* sollen die Klimadaten von Teneriffa visualisiert werden.

1. Markieren Sie die Klimadaten ohne Überschriften, Minima und Maxima. Wählen Sie danach im Menüband **Einfügen > Sparklines > Säule** ❶. Das Dialogfenster **Sparklines erstellen** wird daraufhin eingeblendet.

2. Der markierte Bereich ist bereits in der Eingabezeile **Datenbereich** ❷ eingetragen. Klicken Sie in das Eingabefeld **Positionsbereich** ❸, und markieren Sie die Zellen R5 bis R9. Bestätigen Sie mit **OK**.

   Hinter der Klimatabelle sehen Sie jetzt kleine Balken, die verdeutlichen, in welchen Monaten die beste Badetemperatur zu erwarten ist.

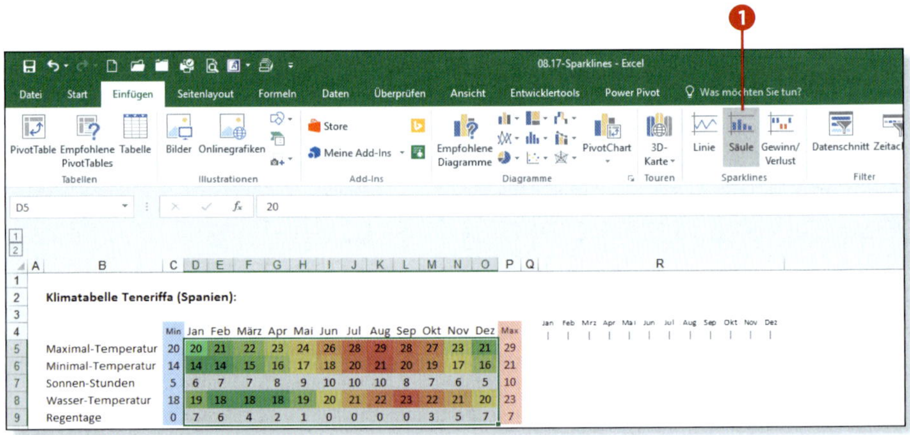

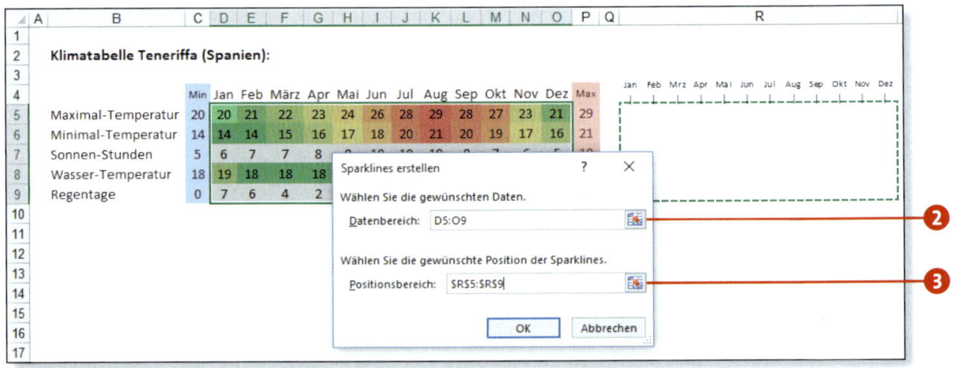

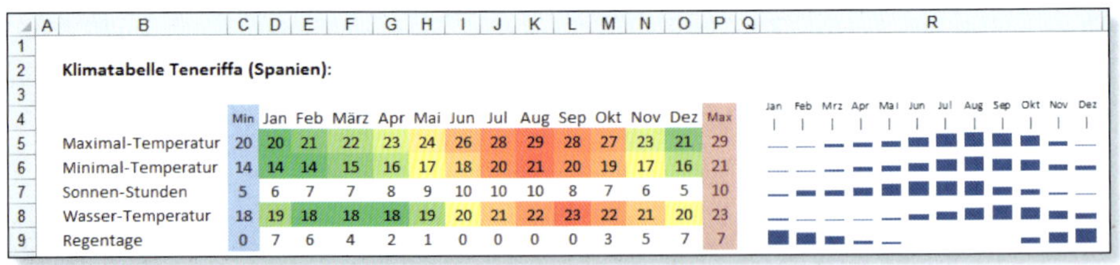

Position der Sparklines

Der Positionsbereich für die Sparklines muss parallel zum Datenbereich markiert werden. Es können (in diesem Fall) beliebig viele Spalten zwischen dem Datenbereich und dem Positionsbereich sein, wichtig ist nur, dass die Bereiche nicht vertikal versetzt sind. Das würde zu falschen Darstellungen führen.

Sparklines bearbeiten

Wenn Sie Sparklines in ihr Tabellenblatt eingefügt haben, wird die kontextabhängige Registerkarte **Sparklinetools/Entwurf** eingeblendet, sobald Sie die Sparklines markieren. In der Arbeitsmappe *08.18-Sparklines – MinusWerte.xlsx* finden Sie eine Tabelle mit Messwerten, die nur im positiven Zahlenbereich liegen dürfen (um die Schaltflächen in der Arbeitsmappe nutzen zu können, müssen Sie die Inhalte nach dem Öffnen aktivieren). Um negative Ausreißer zu erkennen, ist der Bereich bedingt formatiert worden. Negative Werte werden rot angezeigt. Die Tabelle ist aber so breit, dass die negativen Werte in Zeile 7 nicht sichtbar sind. Zur besseren Kontrolle sind vor den Werten Sparklines eingefügt.

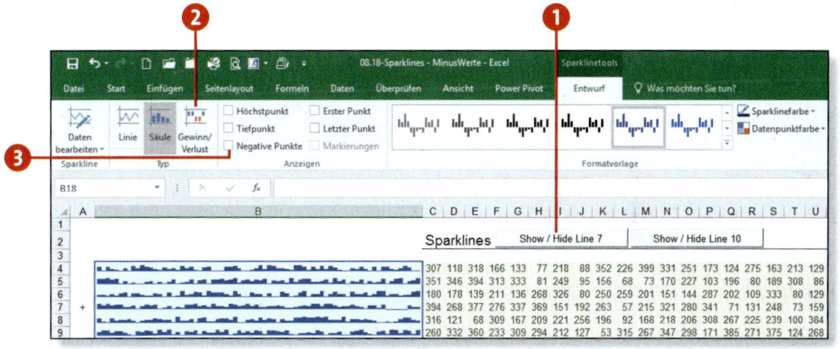

1. Klicken Sie auf die Schaltfläche **Show / Hide Line 7** ❶. Selbst bei dieser Zeilenhöhe fallen die negativen Werte kaum auf. Das sollten Sie ändern.

2. Klicken Sie im Menüband auf **Sparklinetools/Entwurf > Typ > Gewinn/Verlust** ❷. Bei der Einstellung **Gewinn/Verlust** wird für jeden positiven Wert ein Peek nach oben und bei negativen ein Peek nach unten angezeigt. Nullwerte werden als Lücke angezeigt. So wird die Darstellung schon übersichtlicher, aber optimal ist das noch nicht.

3. Um die negativen Werte deutlicher hervorzuheben, klicken Sie auf das Kontrollkästchen **Negative Punkte** ❸ in der Gruppe **Anzeigen**.

4. Klicken Sie erneut auf die Schaltfläche **Show / Hide Line 7**, um die Zeile 7 wieder auf ihre ursprüngliche Höhe zu bringen, und stellen Sie als Spaltenbreite 60 Punkte ein. Sie sehen, diese Einstellung reicht vollkommen aus, um negative Werte ❹ zu identifizieren. Testen Sie auch weitere Einstellungen im Register **Entwurf**. Da Sie immer sofort eine Reaktion sehen, fällt es nicht schwer, den Sinn der einzelnen Schaltflächen zu verstehen.

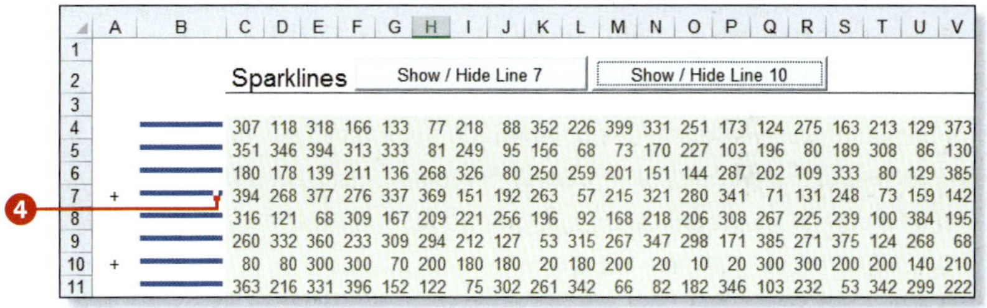

Spaß muss sein

Stellen Sie die Spaltenbreite für Spalte B auf 434 Punkte und die Sparklines auf **Säule** ein. Wenn Sie jetzt auf die Schaltfläche **Show / Hide Line 10** klicken, sehen Sie in Zeile 10 die Skyline von Manhattan. Zur Kontrolle können Sie auch unten über **Show / Hide Picture** ein Bild von Manhattan ein- und ausblenden.

Formen einfügen

Manchmal kommt es vor, dass Sie zur Visualisierung einer Berechnung Formen auf Ihr Arbeitsblatt einfügen möchten. Excel stellt Ihnen auch hierzu eine große Anzahl vorgefertigter Formen zur Verfügung.

1. Klicken Sie auf **Einfügen > Illustrationen > Formen**. Bis auf die Linien lassen sich alle Formen gleich einfügen. Klicken Sie z. B. im Menü den Smiley ❶ an. Das Aufklappmenü wird geschlossen und der Mauszeiger als dünnes Fadenkreuz dargestellt.
2. Klicken Sie nun an eine beliebige Stelle des Arbeitsblattes, wird die Form in einer vorgegebenen Standardgröße eingefügt. Statt zu klicken, können Sie auch ziehen und so die Größe und das Seitenverhältnis selbst bestimmen. Sobald Sie die Maustaste loslassen, wird die Form in der eingestellten Größe eingefügt. Wenn Sie bei dieser Aktion zusätzlich noch die Taste ⇧ drücken, wird nur die Größe, nicht aber das Seitenverhältnis geändert. Fügen Sie einfach so viele Formen ein, wie Sie möchten, um ein Gespür für die verschiedenen Möglichkeiten zu bekommen.
3. Eine gerade Linie fügen Sie durch Ziehen bei gedrückter Maustaste ein. Wenn Sie hierbei die Taste ⇧ drücken, wird die Linie nur auf den Winkeln 0°, 45°, 90° usw. eingefügt. Formen wie Kurven oder Skizzen beziehungsweise Freihandformen sind eher etwas für PowerPoint, daher gehe ich hier nicht näher darauf ein.

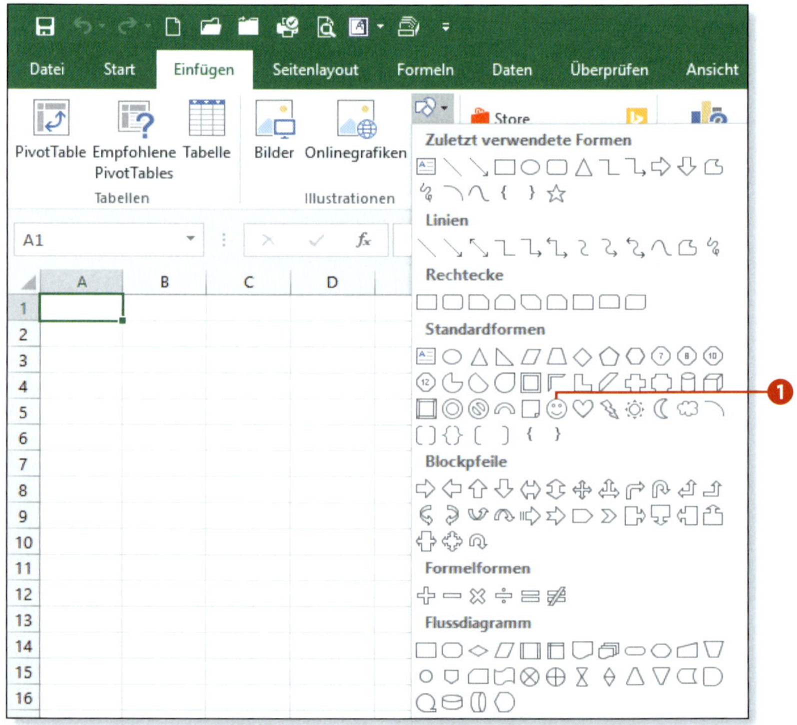

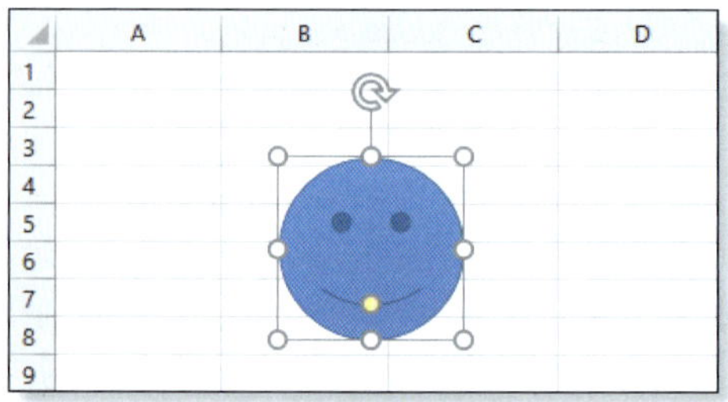

Mausaktionen mit Umschalttaste

Drücken Sie beim Einfügen einer Form die ⇧-Taste, sollten Sie zum Abschließen der Aktion zuerst die Maustaste loslassen, danach erst die ⇧-Taste. Die ⇧-Taste bewirkt den Wechsel zwischen freiem Seitenverhältnis und festem Seitenverhältnis. Lassen Sie ⇧ als Erstes los, wird umgeschaltet und das Objekt mit dem freien Seitenverhältnis eingefügt.

Größe und Anordnung der Form verändern

Wenn Sie eine eingefügte Form in der Arbeitsmappe *08-20-Formen ändern.xlsx* markieren, werden verschiedene Punkte an der Form sichtbar. Zunächst die weißen Kreise, die Anfasspunkte beziehungsweise Eckanfasser.

1. Klicken Sie auf den unteren Anfasspunkt ❶, und verändern Sie die Position der Linie durch Ziehen bei gedrückter Maustaste. Die gegenüberliegende Seite bleibt fixiert, und nur das ursprüngliche Seitenverhältnis wird verändert.
2. Klicken Sie auf den **Eckanfasser** ❷, und ziehen Sie die Ecke bei gedrückter Maustaste auf eine neue Position. Die gegenüberliegende Ecke bleibt fixiert, und das Seitenverhältnis wird beliebig verändert. Drücken Sie bei dieser Aktion die ⇧-Taste, bleibt das Seitenverhältnis unverändert.
3. Ihnen sind sicherlich schon die gelben Punkte aufgefallen, die zwischen den Anfasspunkten und Eckanfassern eingeblendet werden. Diese dienen dazu, die Geometrie der Form zu verändern. Klicken Sie nacheinander auf die gelben Punkte ❸ des Pfeils, und verändern Sie die Geometrie so, dass er aussieht wie der Pfeil daneben.
4. Der kreisförmige Pfeil ❹ oberhalb der Form dient dazu, die Form zu drehen. Klicken Sie auf den Pfeil oberhalb des Halbbogens, und drehen Sie die Form durch Ziehen. Je weiter Sie sich von der Form entfernen, desto genauer können Sie den Drehwinkel einstellen. Drücken Sie bei dieser Aktion die ⇧-Taste, wird die Form auf einem Winkelraster von 15° gedreht.

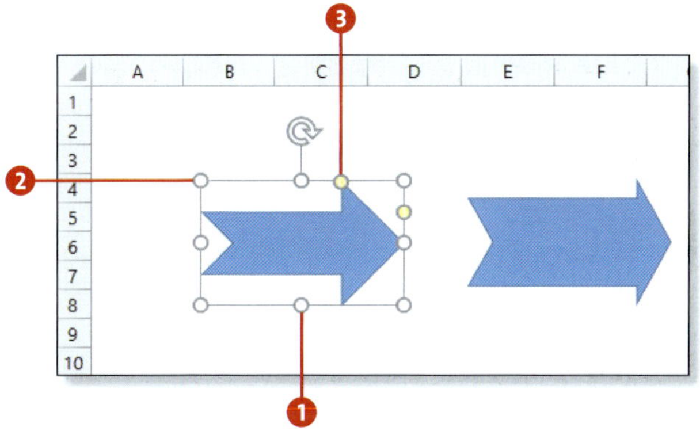

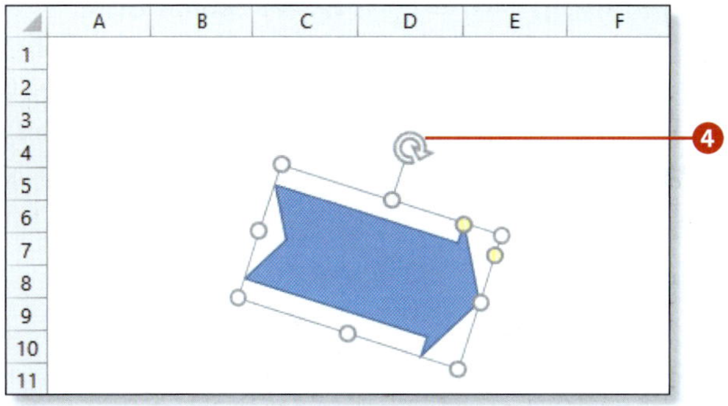

Formen ausrichten

Mehrere Formen lassen sich außerdem bequem auf einer Linie ausrichten. Markieren Sie dazu zunächst nur eine Form und anschließend nacheinander bei gedrückter Strg-Taste die anderen. Wählen Sie danach **Format > Anordnen > Ausrichten > Unten ausrichten**. Anschließend können die Formen mit **Format > Anordnen > Ausrichten > Horizontal verteilen** gleichmäßig verteilt werden.

Bilder und Onlinegrafiken einfügen

Natürlich lassen sich auch Bilder in Ihr Arbeitsblatt einfügen. Dabei können Sie sie entweder aus einem Verzeichnis auf Ihrer Festplatte oder als Onlinegrafik einfügen. Onlinegrafiken können Sie entweder von Ihrem OneDrive-Speicher oder aus den Suchergebnissen der Suchmaschine *Bing* laden.

1. Markieren Sie eine Zelle auf Ihrem Arbeitsblatt, und wählen Sie **Einfügen > Illustrationen > Bilder** ❶. Das Dialogfenster **Grafik einfügen** wird aufgerufen.
2. Wählen Sie auf der linken Seite das Speichermedium und das Verzeichnis, in dem sich das Bild befindet. Auf der rechten Seite markieren Sie mit einem Klick das Bild ❷, das Sie einfügen möchten, und bestätigen den Vorgang mit einem Klick auf **Einfügen**. Das Bild wird mit der linken oberen Ecke in der Zelle eingefügt, die Sie zuvor markiert haben. Genauso wie bei den Formen (siehe den vorigen Abschnitt »Größe und Anordnung der Form ändern«) lässt sich das Bild in der Größe verändern und drehen.
3. Über **Einfügen > Illustrationen > Onlinegrafiken** lassen sich Bilder aus dem Suchergebnis der **Bing-Bildersuche** oder dem **OneDrive**-Speicher einfügen. Geben Sie in das Eingabefeld ❸ einen Suchbegriff ein, werden Ihnen die entsprechenden Bilder angezeigt. Beachten Sie hierbei aber unbedingt das Urheberrecht!

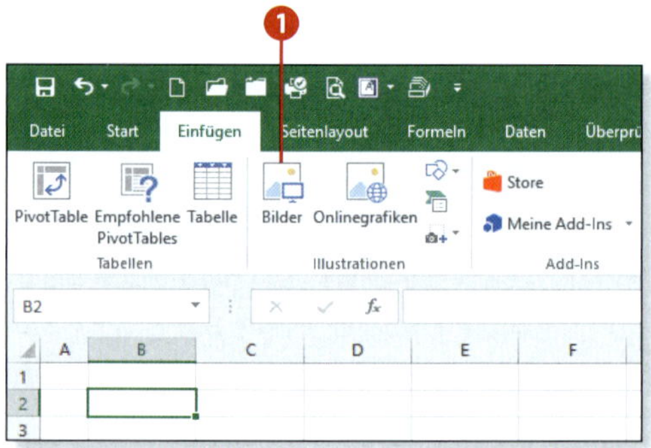

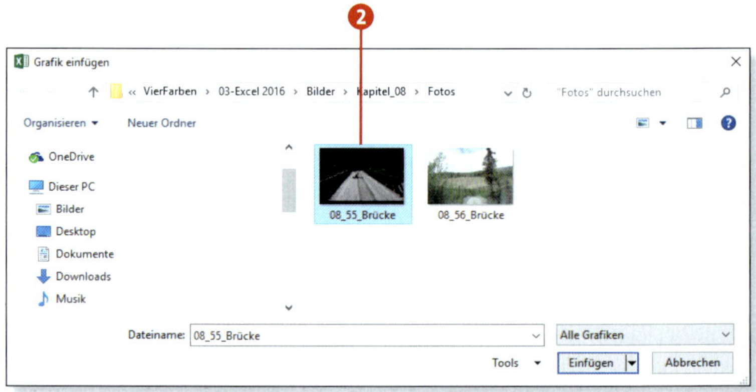

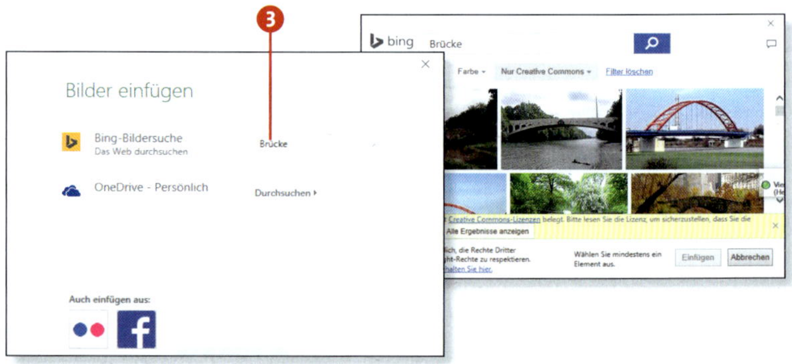

Speicherplatz sparen

Bilder, die mit einer Digitalkamera aufgenommen wurden, haben oft eine Größe von mehreren MByte. Wenn Sie das Bild markieren, können Sie über **Format > Anpassen > Bilder komprimieren** den Speicherbedarf des Bildes deutlich verringern. Darunter leidet zwar die Qualität, bei der Bildgröße werden Sie das aber nicht bemerken.

9 Drucken

In diesem Kapitel geht es darum, ihre Tabellen zu Papier zu bringen, also ums Drucken. Ich zeige Ihnen, wie Sie Ihre Tabelle für den Druck vorbereiten, indem Sie die Seitenränder und Seitenumbrüche anpassen, Kopf- und Fußzeilen einfügen und den zu druckenden Bereich festlegen.

In den weiteren Abschnitten geht es um das Format. Hierbei müssen Sie sich die Frage stellen, wie die Seite ausgedruckt werden soll. Soll sie im Hoch- oder Querformat gedruckt werden? Ein- oder doppelseitig? In der Druckvorschau prüfen Sie schließlich Ihren späteren Ausdruck, ohne Papier zu verschwenden. Bei mehrseitigen Ausdrucken ist es außerdem hilfreich, Drucktitel zu verwenden, damit Sie später auch auf den Ausdrucken nicht die Übersicht verlieren. Dazu zeige ich Ihnen, wie Sie Tabellenüberschriften auf jede Seite unterbringen.

Bevor es dann ans Drucken geht, zeige ich Ihnen abschließend noch, wie Sie über die Druckoptionen z. B. festlegen, welche Seiten wie oft und in welcher Reihenfolge gedruckt werden.

In diesem Kapitel

- Seitenränder und Seitenumbrüche anpassen
- Kopf- und Fußzeilen einfügen
- Den Druckbereich festlegen
- Im Hoch- oder Querformat drucken
- Die Druckvorschau nutzen
- Einen Drucktitel verwenden
- Die Druckoptionen festlegen

Seitenränder und Seitenumbrüche anpassen

Da sich die Größe eines Arbeitsblattes nicht an DIN-Normen orientiert, sollten Sie vor einem Ausdruck kontrollieren, wie sich Ihre Daten auf die einzelnen Druckseiten verteilen. Die Tabelle aus der Arbeitsmappe *09.02-EineSeiteDrucken.xlsx* soll ausgedruckt werden.

1. Um zu kontrollieren, wie alles passt, wählen Sie **Ansicht > Arbeitsmappenansichten > Seitenlayout** ❶. In der Ansicht **Seitenlayout** können Sie die Seitenränder einstellen, die Spaltenbreiten verändern, Kopf-und Fußzeilen anpassen, aber auch die Zelleninhalte verändern.

2. Bewegen Sie den Mauszeiger im nun eingeblendeten Lineal auf die Grenze zwischen heller und dunklerer Hintergrundfarbe. Er wird daraufhin zu einem Doppelpfeil ❷, und Sie können die Seitenränder bei gedrückter Maustaste verkleinern, sodass alle Spalten auf ein Blatt passen.

3. Klicken Sie nun auf **Umbruchvorschau** ❸. Die gestrichelten Linien markieren den Seitenumbruch. Auch den Seitenumbruch können Sie anpassen. Bewegen Sie den Mauszeiger auf die gestrichelte Linie. Sobald er zum Doppelpfeil ❹ wird, verschieben Sie die Linie, sodass der gewünschte Bereich auf eine Seite passt. Dies wird erreicht, indem im Hintergrund der Zoomfaktor des Ausdrucks angepasst wird. Hier im Beispiel wird nun nur noch mit 92 % Vergrößerung gedruckt. Behalten Sie hierbei aber unbedingt die Lesbarkeit im Blick. Verkleinern Sie den Seitenumbruch, wird der Zoomfaktor nicht angepasst.

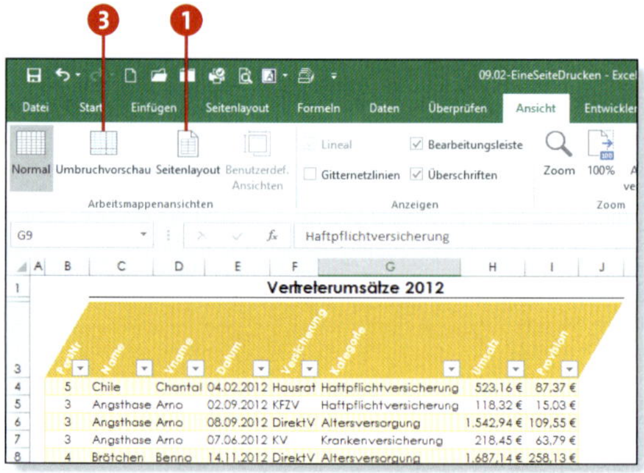

Linienarten

Wenn Sie eine gestrichelte Linie verschieben, wird sie anschließend als durchgezogene Linie dargestellt. Daran können Sie unterscheiden, welche Seitenumbrüche von Ihnen und von Excel gesetzt wurden.

Seitenränder und -umbrüche

Über **Seitenlayout > Seite einrichten > Seitenränder** lassen sich vordefinierte Seitenränder abrufen. Mit **Seitenlayout > Seite einrichten > Umbrüche** können Sie an beliebiger Stelle einen Seitenumbruch einfügen und auch wieder entfernen.

Kopf- und Fußzeilen einfügen

Die Kopf- und Fußzeilen dienen dazu, später auf jeder Seite des Ausdrucks seitenübergreifende Informationen anzuzeigen. Kopf- und Fußzeilen werden aus drei Bereichen ❶ gebildet, die Sie individuell beschriften können. Wenn Sie möchten, können Sie die folgende Anleitung mit der Arbeitsmappe *09.03-Kopf- und Fußzeilen.xlsx* nachvollziehen.

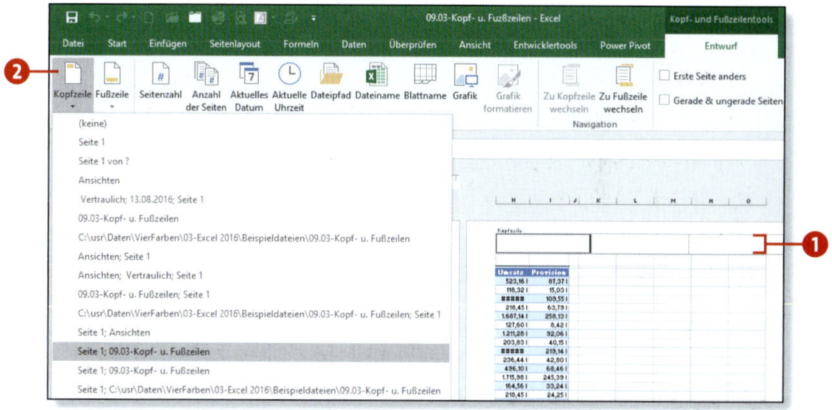

1. Wechseln Sie die Ansicht über **Ansicht > Arbeitsmappenansichten > Seitenlayout**, und markieren Sie eine noch leere Kopfzeile.

2. Sie können nun die einzelnen Felder mit eigenen Inhalten befüllen, indem Sie das gewünschte Feld anklicken und Ihren Text eintippen. Sie können aber auch auf vorgefertigte Kopfzeilen zurückgreifen. Klicken Sie dazu in der Gruppe **Kopf- und Fußzeile** der kontextabhängigen Registerkarte **Kopf- und Fußzeilentools/Entwurf** auf die Schaltfläche **Kopfzeile**. Wählen Sie nun aus dem Menü mit einem Klick eine der vorgefertigten Kopfzeilen aus ❷ (bei dieser Kopfzeile tragen Sie in das erste Kopfzeilenfeld Ihren Namen ein). Scrollen Sie weiter nach unten, um zu kontrollieren, dass die Kopfzeile auch auf allen Seiten eingefügt wurde.

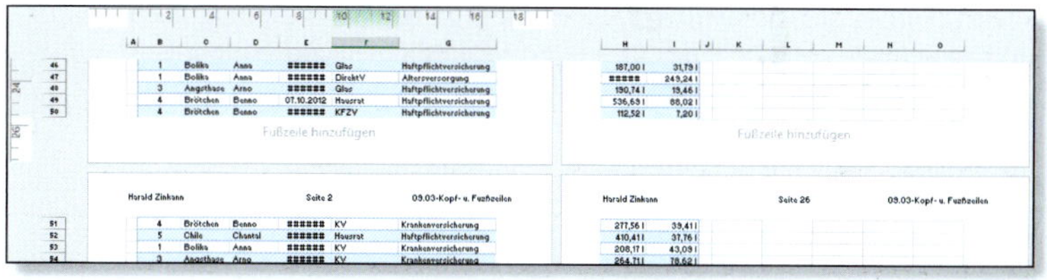

3. Fügen Sie jetzt noch eine Fußzeile nach Ihren Wünschen ein. Gehen Sie dabei wie beschrieben vor, klicken Sie nach dem Markieren jedoch auf **Kopf- und Fußzeilentools/Entwurf > Kopf- und Fußzeile > Fußzeile**.

4. Wenn Sie jetzt in die Normalansicht zurückschalten (**Ansicht > Arbeitsmappenansichten > Normal**), werden die Kopf- und Fußzeile ausgeblendet. Im Ausdruck sind sie dann aber wieder zu sehen.

Fehlercode »####« nach Ansichtwechsel

Es kann vorkommen, dass einzelne Zahlen in den Spalten nicht dargestellt werden. Stattdessen wird der Fehlercode #### ausgegeben. Das liegt in diesem Fall an der Auflösung des Bildschirms. In der Normalansicht und dem Ausdruck werden alle Zahlen korrekt dargestellt. Es sei denn, Sie sehen den Fehlercode auch in der Normalansicht. Dann sollten Sie die Spaltenbreite vergrößern.

Den Druckbereich festlegen

In der Arbeitsmappe *09.04-Umbrüche und Druckbereich.xlsx* befindet sich eine Tabelle, die ausgedruckt werden soll. Die Informationen, die rechts neben der Tabelle stehen, sollen aber nicht im Ausdruck erscheinen. Mit einem definierten Druckbereich können Sie den Ausdruck auf bestimmte Inhalte beschränken.

1. Wechseln Sie die Ansicht über **Ansicht > Arbeitsmappenansichten > Umbruchvorschau** ❶. Die gestrichelten Linien zeigen die Seitenumbrüche an, die durchgezogene blaue Linie ❷ umrahmt den Druckbereich.
2. Klicken Sie die rechte durchgezogene Linie an, sobald der Mauszeiger als Doppelpfeil dargestellt wird, und ziehen Sie sie bei gedrückter Maustaste so weit nach links, dass nur noch die Tabelle in den Druckbereich fällt. Der Bereich rechts der Linie wird jetzt grau dargestellt ❸, da er sich außerhalb des Druckbereichs befindet.

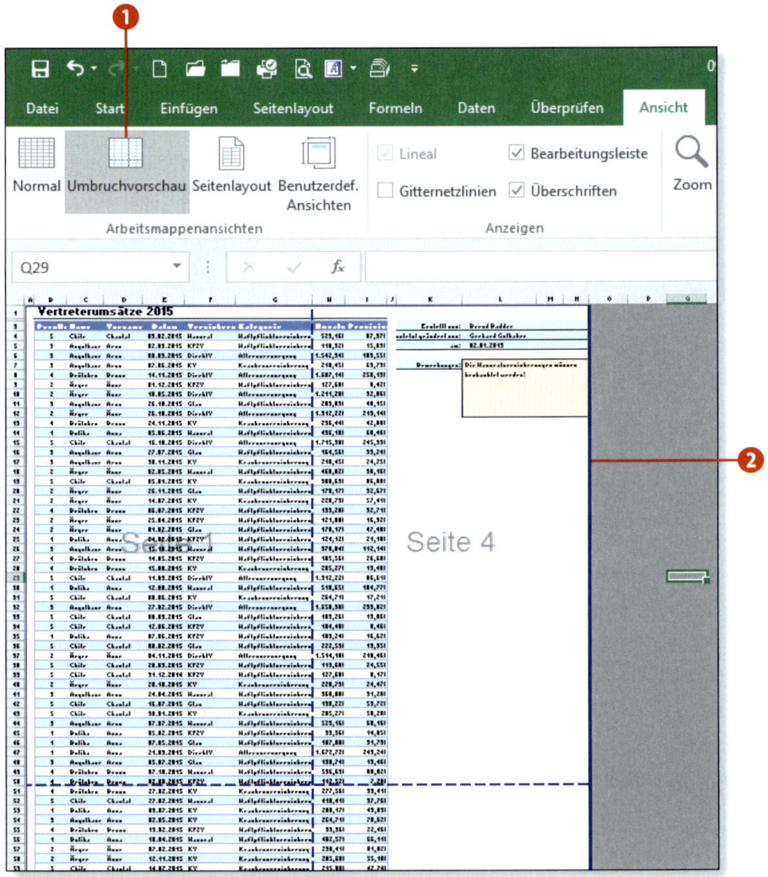

Druckbereich aufheben

Der eingestellte Druckbereich kann wieder gelöscht werden, indem Sie **Seitenlayout > Seite einrichten > Druckbereich > Druckbereich aufheben** wählen. Über den gleichen Weg können Sie auch einen zuvor markierten Bereich als Druckbereich festlegen. Es ist allerdings einfacher, im späteren Druckdialog **Auswahl drucken** zu wählen. So sparen Sie sich ein paar Klicks.

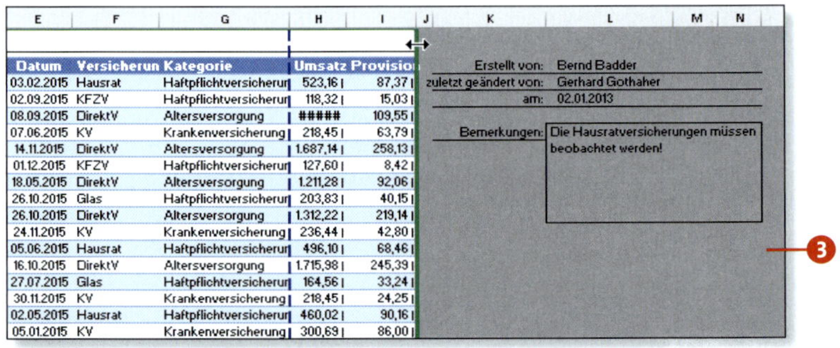

Im Hoch- oder Querformat drucken

In der Arbeitsmappe *09.05-Seitenausrichtung.xlsx* finden Sie eine Tabelle, die für ein hochformatiges DIN-A4-Blatt zu breit ist. Bevor Sie jetzt anfangen, den Seitenumbruch zu verschieben und so den Zoomfaktor für den Ausdruck zu verkleinern, sollten Sie probieren, ob die Tabelle nicht im Querformat auf eine Seite passt.

1. Wechseln Sie dazu zunächst die Ansicht über **Ansicht > Arbeitsmappenansichten > Seitenlayout**, um zu kontrollieren, wie sich die Tabelle auf die Seiten verteilt.

   Wie Sie sehen, ist die erste Seite ohnehin sehr leer. Das Verringern des Zoomfaktors beim Anpassen des Seitenumbruchs würde diesen leeren Bereich noch vergrößern und die Tabelle unter Umständen unlesbar machen.

2. Im Register **Seitenlayout** finden Sie in der Gruppe **Seite einrichten** die Schaltfläche **Ausrichtung** ❶. Wählen Sie hier den Menüeintrag **Querformat** ❷. Sie sehen, die Tabelle passt jetzt schon ohne weitere Anpassungen auf eine Seite.

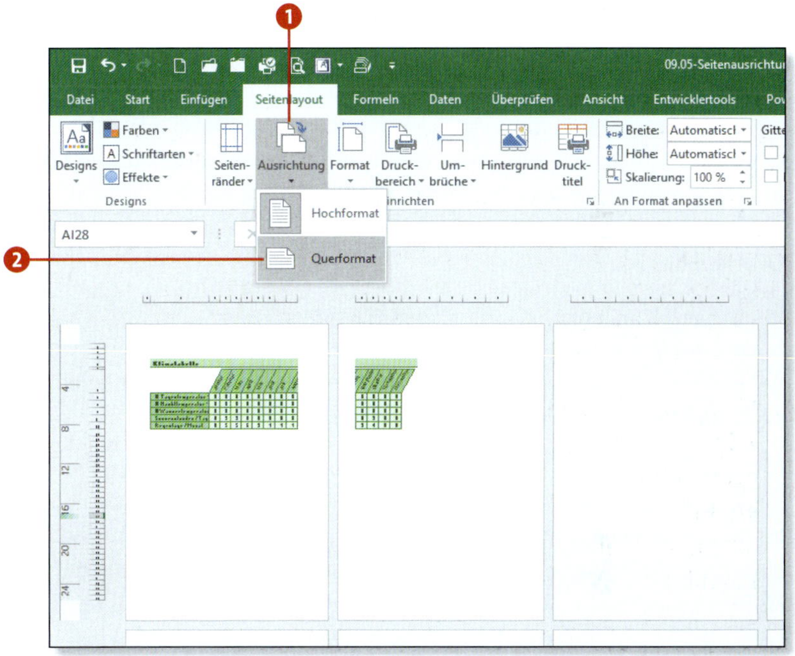

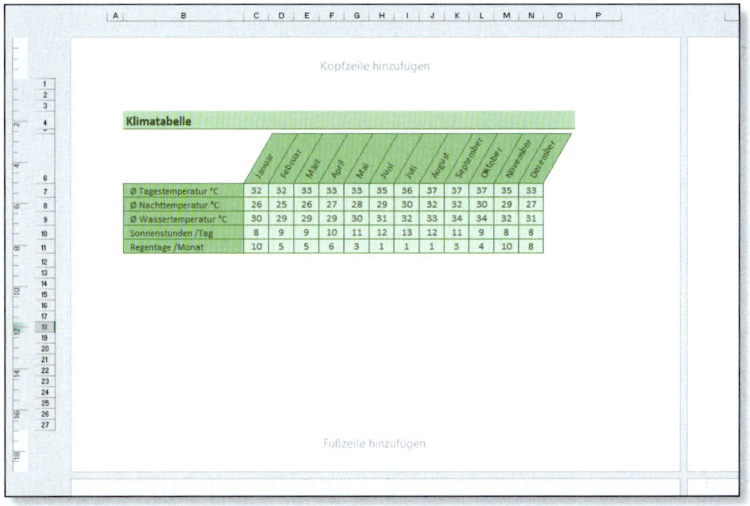

Skalierung manuell verändern

Nach den Anpassungen, die Sie vorgenommen haben, sehen Sie, dass die Tabelle eigentlich noch etwas größer dargestellt werden könnte. Der Zoomfaktor wird aber von Excel automatisch nicht über 100 % hinaus vergrößert. Über die Schaltfläche **Seitenlayout > An Fenster anpassen > Skalierung** können Sie den Zoomfaktor auf z. B. 115 % setzen. So nutzen Sie die Seite besser aus, und die Tabelle ist auch noch besser zu lesen.

Die Druckvorschau nutzen

Eine weitere Variante, sich ein Bild davon zu machen, wie eine Tabelle ausgedruckt wird, ist die *Druckvorschau* beziehungsweise *Seitenansicht*. Sie erreichen diese Ansicht entweder über **Datei > Drucken**, oder Sie blenden sich die Schaltfläche **Seitenansicht und Drucken** ❶ in Ihre **Symbolleiste für den Schnellzugriff** ein. Mit einem Klick auf diese Schaltfläche gelangen Sie an die gleiche Stelle: in die Kategorie **Drucken** der Backstage-Ansicht.

Im linken Bereich der Kategorie **Drucken** stehen Ihnen alle Druckoptionen zur Wahl, im rechten Bereich sehen Sie die Seitenansicht Ihres Arbeitsblattes. Hier wird jede Seite, ähnlich der Ansicht **Seitenlayout**, so dargestellt, wie sie im Ausdruck erscheinen wird.

Mit den Schaltflächen **Vorherige Seite** und **Nächste Seite** ❷ können Sie, genau wie mit der Bildlaufleiste am rechten Rand, durch die zu druckenden Seiten blättern. Zwischen den beiden Schaltflächen sehen Sie, wie viele Seiten der Ausdruck umfasst. Auf diesen Wert sollten Sie achten. Es kann schon mal sein, dass Ihnen dort z. B. ein sehr hoher Wert angezeigt wird, obwohl Sie nur einige Seiten drucken wollten. Das kann daran liegen, dass irgendwo auf dem Arbeitsblatt nur eine Zahl oder ein Leerzeichen steht. Excel druckt dann alle dazwischen liegenden Seiten mit aus, auch wenn sie »leer« sind. Im Eingabefeld **Aktuelle Seite** wird nicht nur die aktuelle Seitenzahl angezeigt, Sie können hier auch die Seite eintippen, zu der Sie springen möchten.

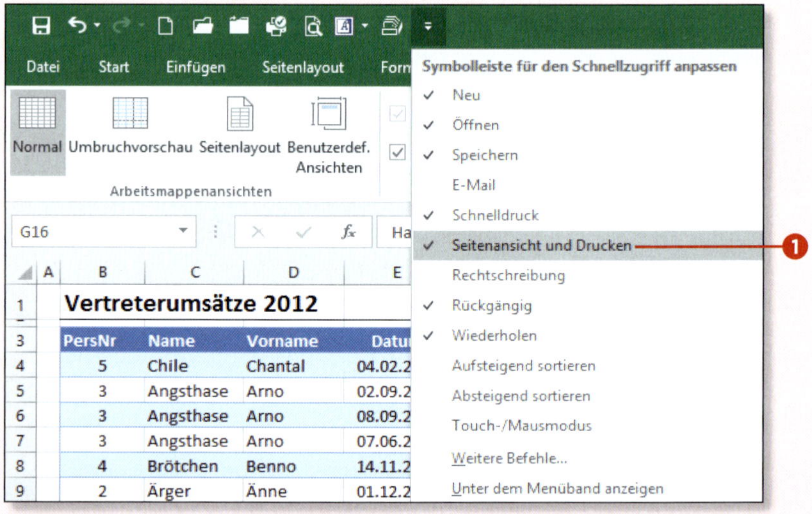

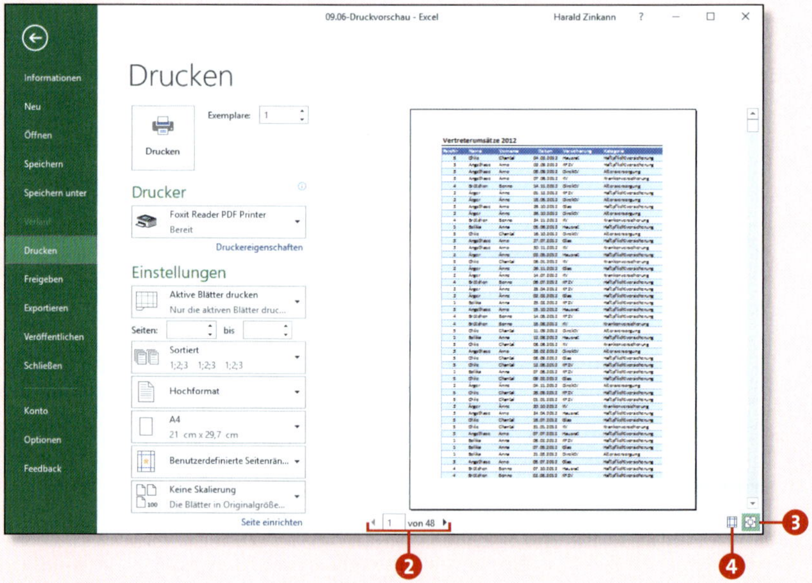

In der Seitenansicht stehen Ihnen nur zwei Zoomfaktoren zur Verfügung, zwischen denen Sie mit einem Klick auf die Schaltfläche **Auf Seite zoomen** ❸ wechseln. Einerseits wird die ganze Seite verkleinert und an Ihre Fenster- beziehungsweise Bildschirmgröße angepasst, sodass Sie die gesamte Seite vor Augen haben. Klicken Sie erneut, wird das Tabellenblatt mit dem Zoomfaktor 100 % dargestellt. Dabei wird Ihnen dann je nach Fenster- und Bildschirmgröße nur ein Teil der Seite angezeigt.

Über die Schaltfläche **Seitenränder anzeigen** ❹ blenden Sie Markierungen für die Seitenränder ❺, die Bereiche für Kopf- und Fußzeilen ❻ sowie die Spaltenbreiten ❼ der Tabellenspalten ein. Per Drag & Drop können Sie diese Linien in der Seitenansicht verschieben. Das wird dann interessant, wenn Sie keine Kopf- und Fußzeile nutzen. Dann können Sie durch Verschieben der jeweils zweiten waagerechten Linie von oben beziehungsweise unten den Bereich, der ursprünglich für Ihre Kopf- und Fußzeile gedacht war, für Ihre Tabelle nutzen. Je nach Umfang der Tabelle lassen sich so mehrere Seiten einsparen.

Vertreterumsätze 2012

PersNr	Name	Vorname	Datum	Versicherung	Kategorie
5	Chile	Chantal	04.02.2012	Hausrat	Haftpflichtversicherung
3	Angsthase	Arno	02.09.2012	KFZV	Haftpflichtversicherung
3	Angsthase	Arno	08.09.2012	DirektV	Altersversorgung
3	Angsthase	Arno	07.06.2012	KV	Krankenversicherung
4	Brötchen	Benno	14.11.2012	DirektV	Altersversorgung
2	Ärger	Änne	01.12.2012	KFZV	Haftpflichtversicherung
2	Ärger	Änne	18.05.2012	DirektV	Altersversorgung
3	Angsthase	Arno	26.10.2012	Glas	Haftpflichtversicherung
2	Ärger	Änne	26.10.2012	DirektV	Altersversorgung
4	Brötchen	Benno	24.11.2012	KV	Krankenversicherung
1	Bolika	Anna	05.06.2012	Hausrat	Haftpflichtversicherung
5	Chile	Chantal	16.10.2012	DirektV	Altersversorgung
3	Angsthase	Arno	27.07.2012	Glas	Haftpflichtversicherung
3	Angsthase	Arno	30.11.2012	KV	Krankenversicherung
2	Ärger	Änne	02.05.2012	Hausrat	Haftpflichtversicherung
5	Chile	Chantal	06.01.2012	KV	Krankenversicherung
2	Ärger	Änne	26.11.2012	Glas	Haftpflichtversicherung
2	Ärger	Änne	14.07.2012	KV	Krankenversicherung
4	Brötchen	Benno	06.07.2012	KFZV	Haftpflichtversicherung
2	Ärger	Änne	23.04.2012	KFZV	Haftpflichtversicherung
2	Ärger	Änne	02.02.2012	Glas	Haftpflichtversicherung
1	Bolika	Anna	23.02.2012	KFZV	Haftpflichtversicherung
3	Angsthase	Arno	13.10.2012	Hausrat	Haftpflichtversicherung
4	Brötchen	Benno	14.05.2012	KFZV	Haftpflichtversicherung
4	Brötchen	Benno	13.08.2012	KV	Krankenversicherung
5	Chile	Chantal	11.09.2012	DirektV	Altersversorgung
1	Bolika	Anna	12.08.2012	Hausrat	Haftpflichtversicherung
5	Chile	Chantal	08.06.2012	KV	Krankenversicherung
3	Angsthase	Arno	28.02.2012	DirektV	Altersversorgung
5	Chile	Chantal	08.09.2012	Glas	Haftpflichtversicherung
5	Chile	Chantal	12.06.2012	KFZV	Haftpflichtversicherung
1	Bolika	Anna	07.06.2012	KFZV	Haftpflichtversicherung
5	Chile	Chantal	09.02.2012	Glas	Haftpflichtversicherung
2	Ärger	Änne	04.11.2012	DirektV	Altersversorgung
5	Chile	Chantal	28.09.2012	KFZV	Haftpflichtversicherung
5	Chile	Chantal	01.01.2012	KFZV	Haftpflichtversicherung
2	Ärger	Änne	20.10.2012	KV	Krankenversicherung
3	Angsthase	Arno	24.04.2012	Hausrat	Haftpflichtversicherung
5	Chile	Chantal	16.07.2012	Glas	Haftpflichtversicherung
5	Chile	Chantal	31.01.2012	KV	Krankenversicherung
3	Angsthase	Arno	07.07.2012	Hausrat	Haftpflichtversicherung
1	Bolika	Anna	06.02.2012	KFZV	Haftpflichtversicherung
1	Bolika	Anna	07.05.2012	Glas	Haftpflichtversicherung
1	Bolika	Anna	21.03.2012	DirektV	Altersversorgung
3	Angsthase	Arno	05.07.2012	Glas	Haftpflichtversicherung
4	Brötchen	Benno	07.10.2012	Hausrat	Haftpflichtversicherung
4	Brötchen	Benno	02.08.2012	KFZV	Haftpflichtversicherung

Einen Drucktitel verwenden

Gerade bei Ausdrucken, die über mehrere Seiten gehen, ist es schwer, die Übersicht zu behalten, wenn die Spaltenüberschriften nur auf der ersten Seite stehen. Sie sollten Ihre Arbeitsmappe daher so einrichten, dass die Überschriften auf jeder Seite wiederholt werden.

1. Klicken Sie dazu in der Gruppe **Seite einrichten** der Registerkarte **Seitenlayout** auf die Schaltfläche **Drucktitel** ❶.
2. Im Dialogfenster **Seite einrichten** klicken Sie in die Eingabezeile **Wiederholungszeilen oben** ❷ und dann auf eine beliebige Stelle in der Überschriftenzeile. Es wird dann der Zeilenbereich eingetragen (hier $3:$3, womit die gesamte Zeile und keine einzelne Zelle beschrieben wird). Sie können auch bei gedrückter Maustaste mehrere Zeilen markieren, dann würde z. B. der Bezug $1:$3 eingetragen. Dies funktioniert genauso mit den *Wiederholungsspalten*, wenn Sie in Ihrem Arbeitsblatt Zeilenüberschriften verwenden, die im Ausdruck wiederholt werden sollen. Geben Sie in diesem Fall den Bereich im Feld **Widerholungsspalten links** ein. Bestätigen Sie Ihre Eingabe mit einem Klick auf **OK**.
3. Wechseln Sie in die Seitenansicht, indem Sie **Datei > Ducken** wählen (oder in der **Symbolleiste für den Schnellzugriff** auf die Schaltfläche **Seitenansicht und Drucken** ❸ klicken). Hier können Sie kontrollieren, wie sich Ihre Einstellungen auf den Ausdruck auswirken, indem Sie durch die Seiten blättern.

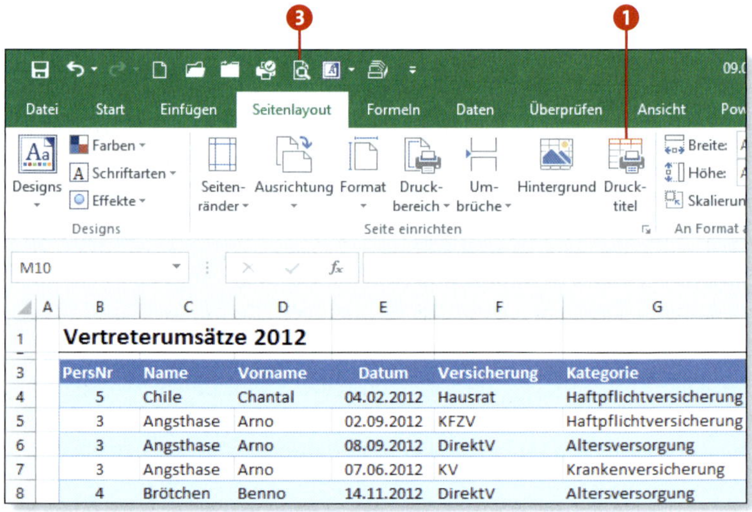

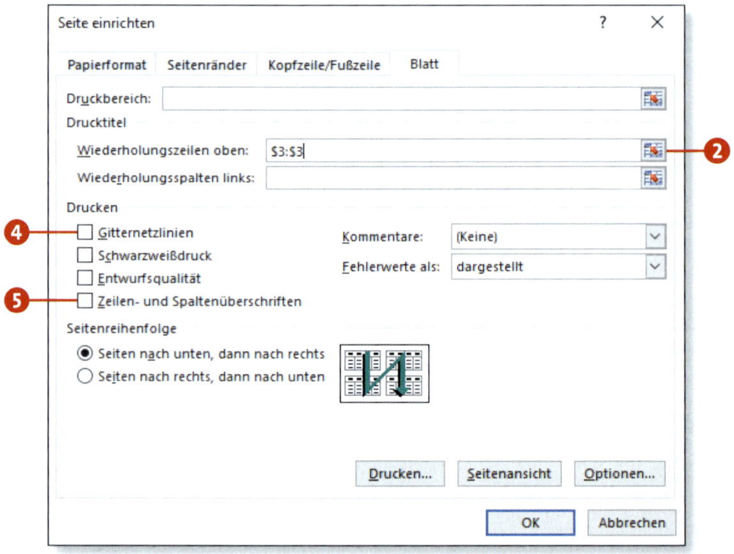

Der Dialog »Seite einrichten«

Im Dialog **Seite einrichten** können Sie auch die **Gitternetzlinien** ❹ sowie die **Zeilen- und Spaltenüberschriften** ❺ (hiermit sind die Zeilen- und Spaltenüberschriften des Arbeitsblattes gemeint, nicht die Ihrer Tabelle!) einschalten. Das kann recht hilfreich sein, wenn Sie zu einem Arbeitsblatt die Formeln ausdrucken. So können Sie die Zellen zu den Bezügen besser identifizieren.

Die Druckoptionen festlegen

Jetzt geht es tatsächlich ans Drucken. Aber auch hier bietet Ihnen Excel noch einige Einstellmöglichkeiten, die Sie berücksichtigen sollten. Ein Teil der Einstellungen, die Sie in der Kategorie **Drucken** der Backstage-Ansicht vornehmen können, sind allerdings druckerspezifisch (etwa der beidseitige Ausdruck). Wundern Sie sich also nicht, wenn die ein oder andere Schaltfläche bei Ihnen nicht vorhanden ist oder anders aussieht.

1. Wechseln Sie über **Datei > Drucken** zur Druckvorschau. Im linken Bereich können Sie nun die gewünschten Druckeinstellungen vornehmen. Im Eingabefeld **Exemplare** ❶ legen Sie fest, wie oft Sie das Arbeitsblatt ausdrucken möchten. Unter **Drucker** wird Ihnen der im Betriebssystem festgelegte Standarddrucker samt Status angezeigt. Nutzen Sie mehrere Drucker, können Sie einen anderen installierten Drucker mit einem Klick auf die Schaltfläche ❷ auswählen. In darunter liegenden Eingabefeldern **Seiten** und **bis** legen Sie einen Seitenbereich fest für den Fall, dass Sie nicht alle Seiten ausdrucken möchten.
2. Drucken Sie mehrere Exemplare, können Sie an den Drucker übermitteln, in welcher Reihenfolge die Arbeitsblätter gedruckt werden sollen. In den meisten Fällen sollte die Standardeinstellung **Sortiert** ❸ die sinnvollere Wahl sein.
3. Es ist sinnvoll, vor dem Ausdruck durch die Seiten zu scrollen, denn Sie stellen möglicherweise fest, dass z. B. ab der Seite 27 nur noch zwei schmale Spalten auf der sonst leeren Seite zu sehen sind. Klicken Sie in diesem Fall auf die Schaltfläche **Keine Skalierung** ❹, und wählen Sie im Menü **Alle Spalten auf einer Seite darstellen** ❺. Der Zoomfaktor wird dann so weit reduziert, bis alle Spalten auf eine Seite passen. Für die Zeilen werden so viele Seiten genutzt, wie benötigt werden. Starten Sie abschließend den Druckvorgang mit einem Klick auf **Drucken** ❻.

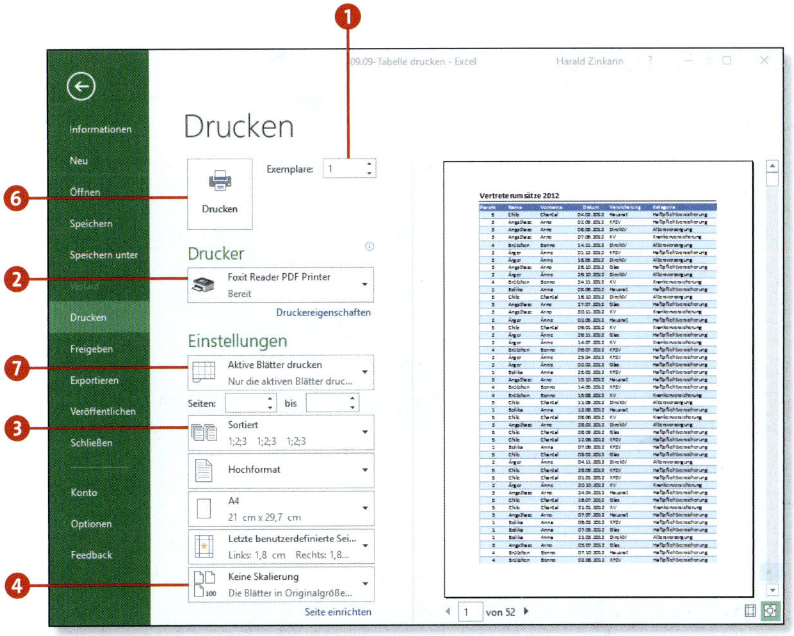

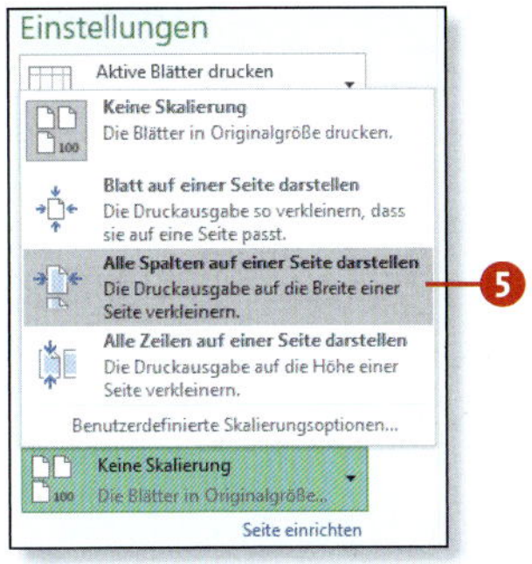

Markierten Bereich drucken

Möchten Sie den Bereich ausdrucken, den Sie aktuell auf dem Arbeitsblatt markiert haben, wählen Sie aus dem ersten Aufklappmenü ❼ unter **Einstellungen** den Menüeintrag **Auswahl drucken**.

10

Im Team arbeiten

In diesem Kapitel erfahren Sie alles, was die Arbeit mit Excel im Team erleichtert. Wollen Sie eine Arbeitsmappe zum Korrekturlesen weitergeben, schalten Sie vorher die Nachverfolgung ein und geben die Arbeitsmappe frei. Anschließend lassen Sie sich die Änderungen anzeigen und entscheiden sich für oder gegen die Änderung. Sie können aber auch mehrere Kopien Ihrer freigegebenen Arbeitsmappe zu einer finalen Version zusammenführen.

Sollen Bereiche Ihrer Arbeitsmappe mit anderen Dokumenten, z. B. einer PowerPoint-Präsentation, verknüpft werden? Kein Problem, *OLE* (*Object Linking & Embedding*) und *DDE* (*Dynamic Data Exchange*) sind hierfür die Lösung. Oder sollen andere Personen einfach nur mit Ihren Arbeitsmappen arbeiten, dann geben Sie ihnen über Kommentare Hinweise mit auf den Weg.

In den letzten Abschnitten werden wir uns ein wenig mit dem Thema Sicherheit beschäftigen. Hier zeige ich Ihnen, wie Sie für einzelne Zellen und Bereiche Berechtigungen festlegen und Arbeitsblätter sowie Arbeitsmappe vor unerlaubtem Zugriff schützen.

In diesem Kapitel

- Änderungen nachverfolgen
- Änderungen anzeigen, annehmen oder ablehnen
- Arbeitsmappen zusammenführen
- Dateien dynamisch verknüpfen
- Kommentare einfügen
- Bedienungshinweise in Textfeldern
- Arbeitsmappen zur gemeinsamen Bearbeitung veröffentlichen
- Arbeitsmappen in der Cloud freigeben
- Berechtigungen für einzelne Bereiche zuweisen
- Arbeitsblatt schützen
- Arbeitsmappe verschlüsseln

Änderungen nachverfolgen

Stellen Sie sich vor, Sie möchten eine Arbeitsmappe (z. B. *10.02-Provisionen.xlsx*) an Arbeitskollegen zur weiteren Bearbeitung weitergeben, aber alle vorgenommenen Änderungen nachvollziehen können. Nichts leichter als das.

1. Klicken Sie in der Gruppe **Änderungen** des Registers **Überprüfen** auf die Schaltfläche **Änderungen nachverfolgen**. In dem Menü der Schaltfläche wählen Sie **Änderungen hervorheben** ❶.

2. Im Dialogfenster **Änderungen hervorheben** setzen Sie ein Häkchen bei **Änderungen während der Eingabe protokollieren. Arbeitsmappe wird freigegeben** ❷. Durch Entfernen des Häkchens können Sie die Protokollierung jederzeit wieder aufheben.

3. Alle weiteren Einstellungen sind optional, aber mit ihnen lässt sich die Nachverfolgung noch spezifischer definieren. Voreingestellt ist hier etwa, dass Änderungen ständig aufgezeichnet werden ❸. Denkbar wäre hier aber auch eine zeitliche Eingrenzung. Sie können aber auch festlegen, ob nur Änderungen von anderen Nutzern ❹ oder auch von Ihnen selbst vorgenommene verfolgt werden sollen. Über das Feld **Wo** lässt sich zudem ein Bereich definieren, in dem die Nachverfolgung aktiv ist. Werden Änderungen außerhalb des Bereichs vorgenommen, werden diese nicht protokolliert. Die Zeile **Änderungen auf einem neuen Blatt protokollieren** ❺ wird erst nach dem ersten Speichern freigeschaltet (mehr dazu erfahren Sie im nächsten Abschnitt).

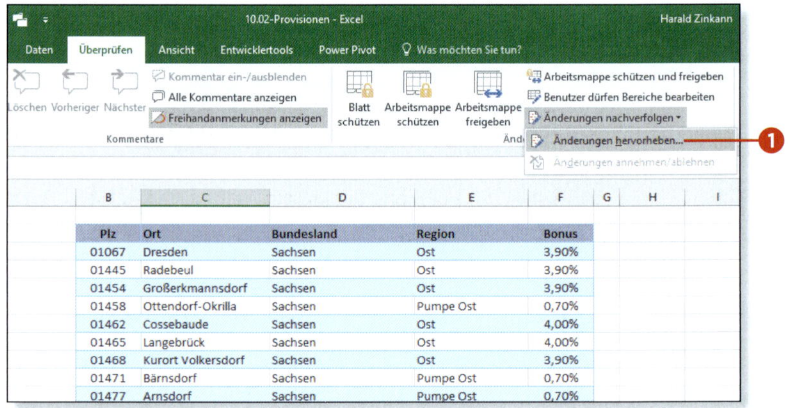

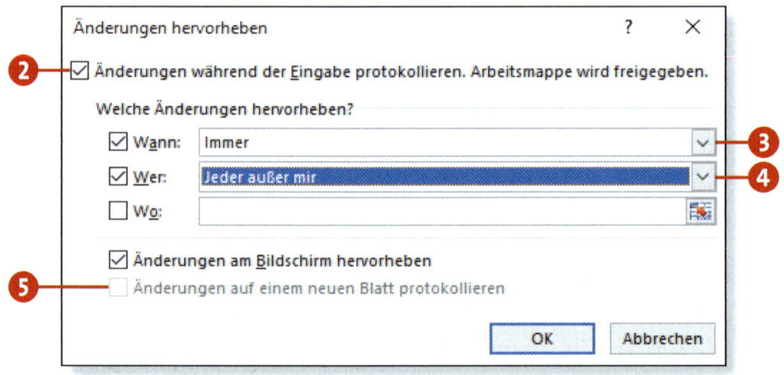

Tabellenbereiche

Die Freigabe der Arbeitsmappe und damit die Nachverfolgung der Änderungen kann nur genutzt werden, wenn die Arbeitsmappe keine Tabellenbereiche und XLM-Zuordnungen enthält. Markieren Sie eine Zelle der Tabelle. Erscheint dann das Register **Tabellentools/Entwurf**, handelt es sich um einen Tabellenbereich, den Sie über **Tabellentools/Entwurf > Tools > In Bereich konvertieren** wieder umwandeln.

Änderungen anzeigen, annehmen oder ablehnen

Haben Sie die Nachverfolgung über die Option **Änderungen hervorheben** (siehe den vorigen Abschnitt) aktiviert, werden alle Zellen, in denen etwas verändert wurde, mit einer blauen Ecke und einem Rahmen markiert ❶. Zusätzlich lassen sich Änderungen aber auch übersichtlich auf einem Arbeitsblatt sammeln.

1. Wählen Sie dazu im Dialogfenster **Änderungen hervorheben** die Option **Änderungen auf einem neuen Blatt protokollieren** ❷, und bestätigen Sie mit einem Klick auf **OK**.

   In einem separaten Arbeitsblattregister `Änderungsverlauf` wird eine Tabelle mit allen Änderungen generiert, in der Sie chronologisch jede Änderung nachverfolgen können. Diese Änderungen können Sie sich jederzeit anzeigen lassen und entscheiden, ob Sie sie übernehmen möchten oder nicht.

2. Wählen Sie nun **Überprüfen > Änderungen > Änderungen nachverfolgen > Änderungen annehmen/ablehnen**, um die vorgenommenen Korrekturen zu begutachten. Wählen Sie im Dialogfenster **Änderungen zur Überprüfung auswählen** durch Anklicken, welche Änderungen Sie sehen möchten (hier: **Noch nicht überprüft**). Auch hier haben Sie die Möglichkeit, die Prüfung auf einen bestimmten Änderungszeitraum, Personenkreis oder Bereich einzuschränken. Bestätigen Sie abschließend mit **OK**.

3. Ihnen wird nun jede Änderung angezeigt, und Sie können mit einem Klick auf die entsprechende Schaltfläche im Dialog **Änderungen annehmen oder ablehnen** die Änderung akzeptieren oder ablehnen. Wenn Sie möchten, können Sie diese Entscheidung auch für alle Änderungen treffen ❸. Beenden Sie die Prüfung mit einem Klick auf **Schließen**.

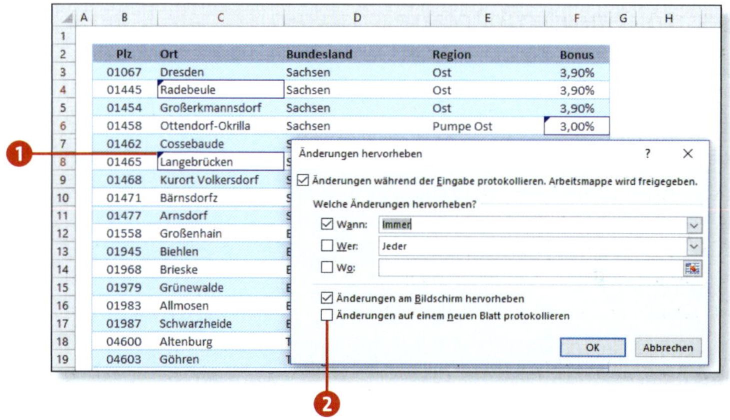

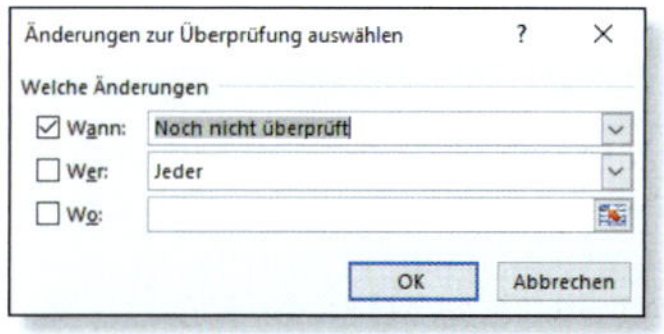

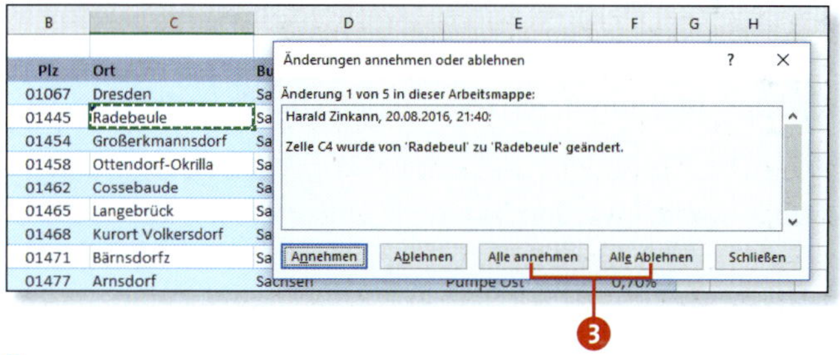

Datenschutz beachten

Sie sollten sich bei Ihrem Betriebsrat/Datenschutzbeauftragten (wenn vorhanden) versichern, dass Sie die Tätigkeiten von anderen Personen protokollieren dürfen. In jedem Fall sollten Sie die Kollegen darüber informieren, dass ihre Änderungen an der Tabelle protokolliert werden. Der Ansatz »Bloß keine schlafenden Hunde wecken« wäre hier der falsche.

Arbeitsmappen zusammenführen

Angenommen, Sie haben eine Arbeitsmappe zur gemeinsamen Benutzung freigegeben (**Überprüfen > Änderungen > Arbeitsmappe freigeben**) und möchten die Kopien der Arbeitsmappe mit dem Original vergleichen, um zu entscheiden, welche Änderungen Sie übernehmen möchten. Dazu müssen Sie sich zunächst die Schaltfläche **Arbeitsmappen vergleichen und zusammenführen** in Ihre Symbolleiste für den Schnellzugriff einfügen.

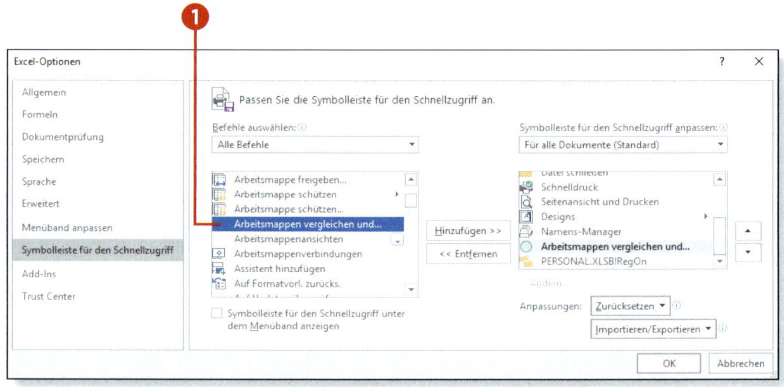

1. Wählen Sie hierzu **Datei > Optionen > Symbolleiste für den Schnellzugriff**, und fügen Sie die Schaltfläche **Arbeitsmappen vergleichen und zusammenführen** ❶ der Symbolleiste hinzu.

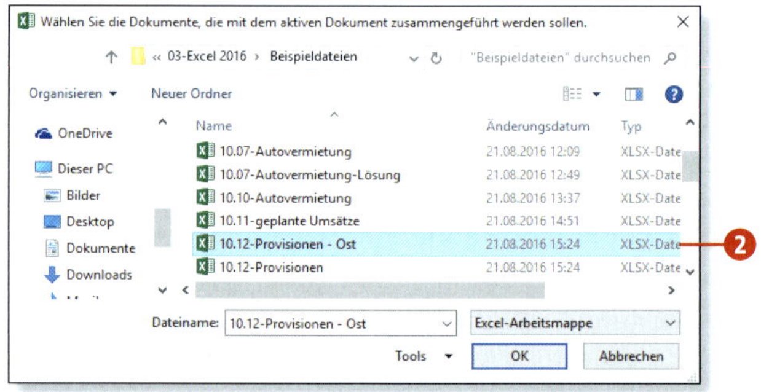

2. Zum Testen der nächsten Schritte habe ich die Arbeitsmappen *10.12-Provisionen.xlsx* und *10.12-Provisionen - Ost.xlsx* bereitgestellt. Die erste enthält die Original-Arbeitsmappe, die zweite eine Kopie mit Änderungen. Öffnen Sie die Arbeitsmappe *10.12-Provisionen.xlsx*, und klicken Sie auf die Schaltfläche **Arbeitsmappen vergleichen und zusammenführen**. Im folgenden Dialogfenster wählen Sie die Datei, die mit der aktuellen Arbeitsmappe zusammengeführt werden soll ❷. Bestätigen Sie mit einem Klick auf **OK**.

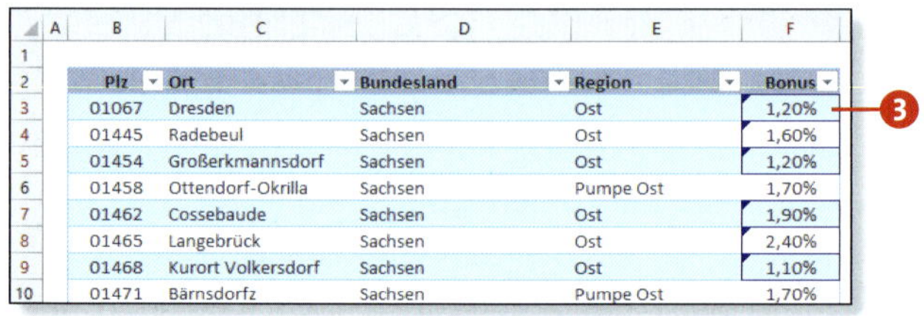

	A	B	C	D	E	F
1						
2		Plz	Ort	Bundesland	Region	Bonus
3		01067	Dresden	Sachsen	Ost	1,20%
4		01445	Radebeul	Sachsen	Ost	1,60%
5		01454	Großerkmannsdorf	Sachsen	Ost	1,20%
6		01458	Ottendorf-Okrilla	Sachsen	Pumpe Ost	1,70%
7		01462	Cossebaude	Sachsen	Ost	1,90%
8		01465	Langebrück	Sachsen	Ost	2,40%
9		01468	Kurort Volkersdorf	Sachsen	Ost	1,10%
10		01471	Bärnsdorfz	Sachsen	Pumpe Ost	1,70%

3. Unmittelbar danach werden Ihnen die Unterschiede der beiden Tabellen in der geöffneten Arbeitsmappe anhand der blauen Markierungen ❸ angezeigt. Nun gehen Sie vor, wie im vorigen Abschnitt »Änderungen anzeigen, annehmen oder ablehnen« beschrieben.

Änderungen rückgängig machen

Wenn Sie einmal zwei Arbeitsmappen zusammengeführt haben, lässt sich dieser Schritt nicht mehr rückgängig machen! Sie können zwar die Änderungen annehmen oder ablehnen, aber das Zusammenführen nicht.

Dateien dynamisch verknüpfen

Möchten Sie ein Diagramm aus einer Arbeitsmappe auch in anderen Anwendungen einsetzen, z. B. in einer PowerPoint-Präsentation, sollten Sie es dynamisch verknüpfen, denn so sind die Daten auch in der PowerPoint-Präsentation immer auf dem neuesten Stand.

1. Öffnen Sie die Arbeitsmappe *10.05-Diagramm für OLE-DDE.xlsx*, und markieren Sie zunächst das Diagramm per Rechtsklick auf einen freien Bereich im Diagramm. Wählen Sie aus dem Kontextmenü **Kopieren** ❶.
2. Rufen Sie nun die PowerPoint-Präsentation *10.05-Diagramm.pptx* auf, und wählen Sie dort die zweite Folie mit der Überschrift »DDE – Dynamic Data Exchange«. Klicken Sie mit der rechten Maustaste auf eine freie Fläche der Folie, und wählen Sie im Bereich **Einfügeoptionen** des Kontextmenüs den Befehl **Zieldesign verwenden und Daten verknüpfen** oder **Ursprüngliche Formatierung beibehalten und Daten verknüpfen** ❷.
3. Das Diagramm ist jetzt dynamisch verknüpft. Das heißt, ändern Sie die Daten in der Excel-Arbeitsmappe, ändert sich auch das Diagramm in der PowerPoint-Präsentation. Beachten Sie aber: Nehmen Sie nur die Präsentation, z. B. auf einem USB-Stick, mit zu einer Präsentation, bleibt das Diagramm unverändert. Die Daten können in der Präsentation zu diesem Zeitpunkt nicht mehr geändert werden.

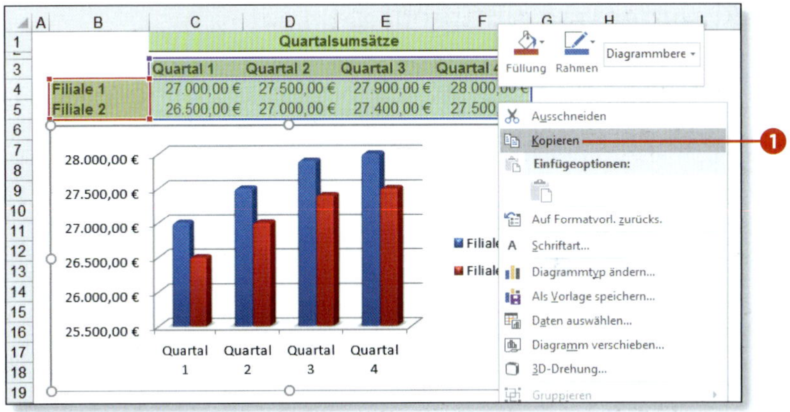

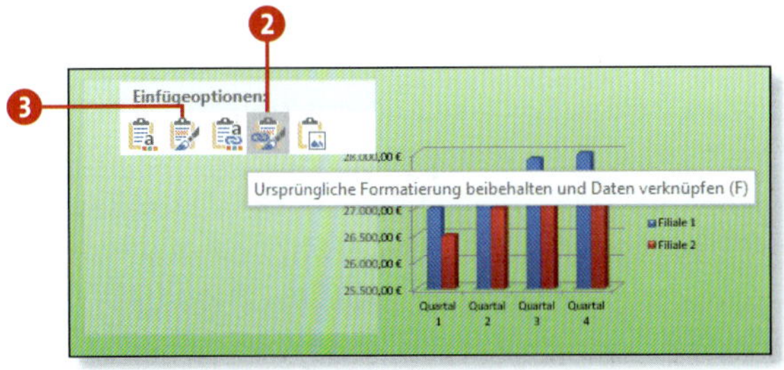

Einfügen per DDE (Dynamic Data Exchange)

Verwenden Sie beim Einfügen die Schaltflächen **Zieldesign verwenden und Daten verknüpfen** oder **Ursprüngliche Formatierung beibehalten und Daten verknüpfen** ❷, wird das Diagramm nach dem DDE-Prinzip eingefügt. Das bedeutet, dass es dynamisch mit der Quelle verknüpft bleibt und Daten weiterhin ausgetauscht werden.

Einfügen per OLE (Object Linking & Embedding)

Sollten Sie beim Einfügen **Zieldesign verwenden und Arbeitsmappe einbetten** oder **Ursprüngliche Formatierung beibehalten und Arbeitsmappe einbetten** ❸ nutzen, wird die komplette Arbeitsmappe mit allen Registern als Kopie in die Präsentation eingebettet. Änderungen in der Quelldatei wirken sich dann nicht mehr auf das Diagramm der Folie aus. Die Daten müssten in PowerPoint im eingebetteten Objekt geändert werden. Sollten Sie die Präsentation weitergeben wollen, sollten Sie darauf achten, überflüssige Register oder Daten, die nicht für andere Augen bestimmt sind, zu löschen.

Kommentare einfügen

Einige Zelleninhalte erfordern unter Umständen eine Erläuterung. Gerade wenn Sie Arbeitsmappen im Team bearbeiten, sind Kommentare an die Bearbeiter oder bei vorgenommenen Änderungen hilfreich.

1. Wenn Sie möchten, öffnen Sie die Arbeitsmappe *10.06-Übersee-container.xlsx* aus den Beispieldateien zum Buch. Um eine Zelle mit einem Kommentar zu versehen, klicken Sie mit der rechten Maustaste auf die Zelle, und wählen Sie aus dem Kontextmenü **Kommentar einfügen** ❶.

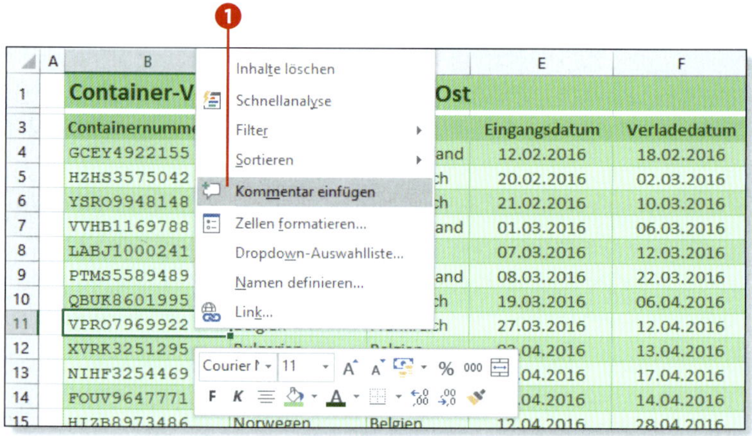

2. Die Zelle wird rechts oben mit einer roten Ecke versehen, und ein Kommentarfenster wird geöffnet. Dieses Kommentarfenster enthält bereits Ihren Anmeldenamen, und der Cursor steht in der zweiten Zeile. Füllen Sie das Textkästchen mit Ihrem Kommentar. Wenn Sie [↵] drücken, erzeugen Sie eine neue Zeile in dem Textkästchen. Über die Anfasspunkte können Sie die Größe des Textkästchens anpassen. Um die Eingabe abzuschließen, klicken Sie ausnahmsweise einmal an eine beliebige Stelle des Arbeitsblattes oder drücken zweimal [Esc].

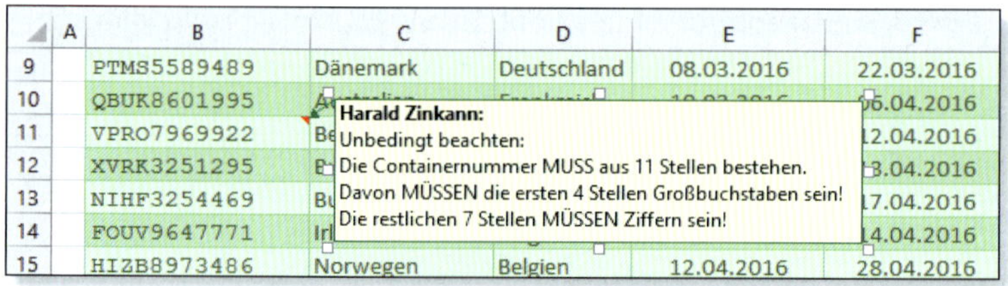

3. Bewegen Sie den Mauszeiger auf die Zelle mit einer roten Ecke, wird der Kommentar angezeigt. Zum Bearbeiten oder Löschen des Kommentars klicken Sie mit der rechten Maustaste auf die Zelle mit dem Kommentar und wählen im Kontextmenü **Kommentar bearbeiten** beziehungsweise **Kommentar löschen**.

Kommentare drucken

Um alle Kommentare mit zu drucken, wählen Sie im Dialogfenster **Datei > Drucken > Seite einrichten** das Register **Blatt**. Hier wählen Sie aus dem Aufklappmenü **Kommentare** den Eintrag **Am Ende des Blattes** oder **Wie auf dem Blatt angezeigt**.

Kommentare dauerhaft einblenden

Um Kommentare dauerhaft einzublenden, klicken Sie mit der rechten Maustaste auf die Zelle mit dem Kommentar und wählen aus dem Kontextmenü **Kommentar ein-/ausblenden**. Dies gilt nur für die markierte Zelle. Die Kommentare und die roten Ecken werden, auch wenn sie eingeblendet sind, nicht mitgedruckt.

Bedienungshinweise in Textfeldern

Manchmal sind Hinweise für den Anwender für Kommentarfelder einfach zu groß. In diesem Fall bietet es sich an, Textfelder mit z. B. Bedienungsanleitungen auf dem Arbeitsblatt einzufügen. In der Arbeitsmappe *10.07-Autovermietung.xlsx* soll dies geschehen.

1. Wählen Sie **Einfügen > Text > Textfeld** ❶, um ein neues Textfeld auf Ihrem Arbeitsblatt einzufügen. Ihr Mauszeiger verändert sich daraufhin zu einem Fadenkreuz. Hiermit können Sie durch Klicken und Ziehen den Bereich markieren, in dem das Textfeld stehen soll. Wie auch bei Formen oder Bildern lässt sich das Textfeld über die Anfasspunkte vergrößern oder verkleinern und frei auf dem Arbeitsblatt verschieben.
2. Klicken Sie in das Textfeld, um den gewünschten Text einzufügen. Mit den Schaltflächen der Gruppen **Schriftart** und **Ausrichtung** (Registerkarte **Start**) formatieren Sie bei Bedarf den Text.
3. Sobald das Textfeld markiert ist, wird im Menüband das kontextabhängige Register **Zeichentools/Format** ❷ eingeblendet. In diesem Register finden Sie alle Möglichkeiten, das Textfeld zu formatieren. Über die Gruppe **Formenarten** ❸ gelingt Ihnen das besonders schnell. Testen Sie es einfach einmal.

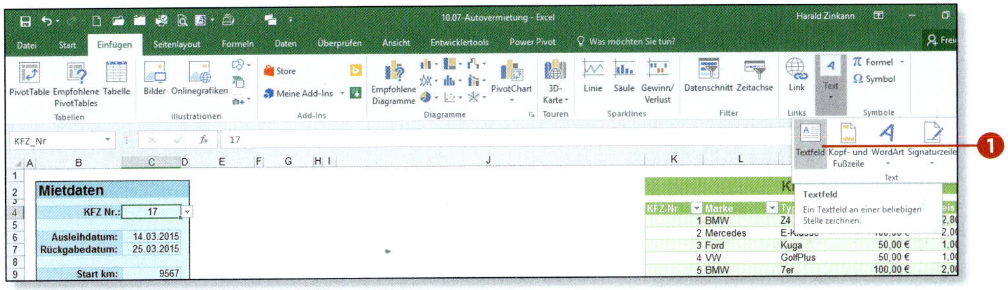

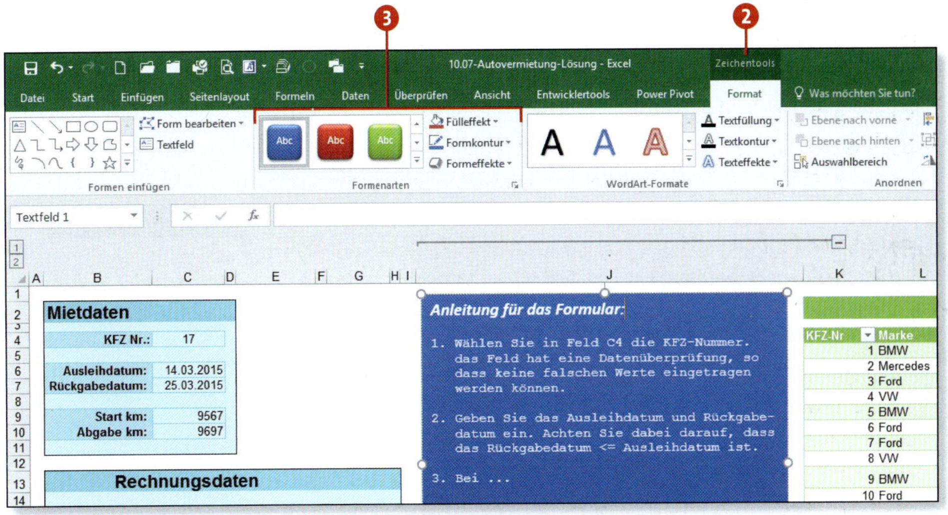

Textfelder ausblenden

Die Textfelder sind an die Zellen gebunden, über denen sie eingefügt wurden. Fügen Sie daher das Textfeld am besten innerhalb der Spaltenbreite einer Zelle ein. Verbreitern Sie die Spalte notfalls so wie in der Beispieldatei die Spalte J. Ändern Sie jetzt die Spaltenbreite, ändert sich auch die Breite des Textfelds. Blenden Sie die Spalte (über die Gruppierung) aus, verschwindet auch das Textfeld.

Arbeitsmappen zur gemeinsamen Bearbeitung veröffentlichen

Damit mehrere Personen gleichzeitig auf eine Arbeitsmappe zugreifen können, muss die Arbeitsmappe zur gemeinsamen Benutzung freigegeben sein und sich auf einem für alle zugänglichen Speichermedium befinden. Dies muss nicht zwangsläufig *OneDrive* sein. Auch eine *OwnCloud* oder ein Netzlaufwerk reichen vollkommen aus. Zu diesem Zweck soll die Arbeitsmappe *10.08-Offene Regionsumsätze.xlsx* freigegeben und auf einem Netzlaufwerk gespeichert werden.

1. Wählen Sie **Überprüfen > Änderungen > Arbeitsmappe freigeben** ❶. Im Dialogfenster **Arbeitsmappe freigeben** sehen Sie, wer zurzeit auf die Arbeitsmappe zugreift. Da die Arbeitsmappe noch nicht freigegeben ist, sollte hier jetzt nur Ihr Name stehen. Später wird diese Liste immer um die Personen ergänzt, die zu dem Zeitpunkt gerade auf die Arbeitsmappe zugreifen.
2. Setzen Sie ein Häkchen in das Kontrollkästchen **Bearbeiten von Benutzern zur selben Zeit zulassen** ❷, und bestätigen Sie mit **OK**. Anschließend werden Sie gefragt, ob die Arbeitsmappe gespeichert werden soll. Bestätigen Sie auch hier mit **OK**.
3. Danach ist die Arbeitsmappe freigegeben und einige Schaltflächen grau geschaltet ❸, weil Sie z. B. eine geschützte Arbeitsmappe nicht noch einmal schützen können. Wenn noch nicht geschehen, sollte die Arbeitsmappe nun auf einem öffentlichen Speichermedium gespeichert werden (siehe dazu die Abschnitte »Eine Arbeitsmappe speichern« auf Seite 39 und »Excel-Dateien in OneDrive speichern« auf Seite 42).

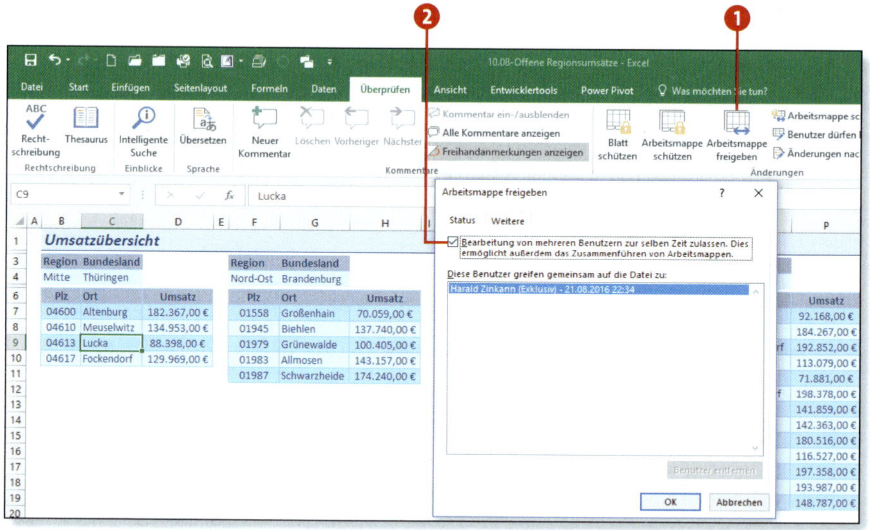

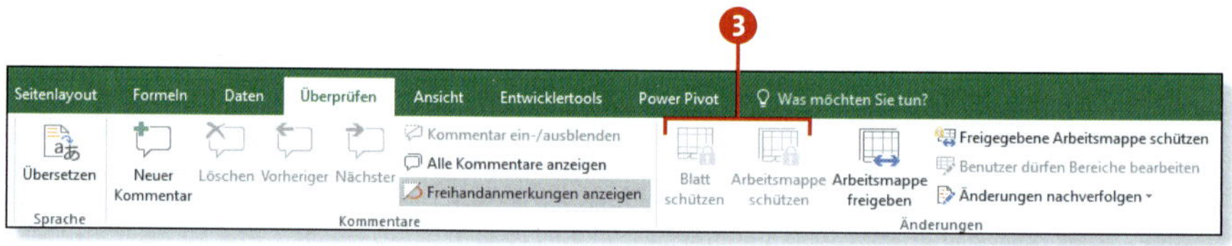

Gemeinsame Nutzung

Um gemeinsam auf die Arbeitsmappe zugreifen zu können, kann die Arbeitsmappe auch z. B. in ein Verzeichnis auf einem Netzlaufwerk kopiert werden. Die Freigabe geht dabei nicht verloren. Es müssen dann aber auch alle auf diese Arbeitsmappe zugreifen und nicht Sie auf das Original und alle anderen auf eine Kopie. Dann würden Sie die Änderungen der anderen Bearbeiter nicht online verfolgen können, sondern erst nach dem Zusammenführen der Arbeitsmappen (siehe den Abschnitt »Arbeitsmappen zusammenführen« auf Seite 260).

4. In dem Moment, in dem andere Benutzer auf die freigegebene Arbeitsmappe zugreifen, wird dies unter **Überprüfen > Änderungen > Arbeitsmappe freigeben** angezeigt.
5. Über die Schaltfläche **Benutzer entfernen** ❹ können Sie den markierten Benutzer aus der Liste entfernen. Diesem ist es dann nicht möglich, seine Änderungen zu speichern. Durch Entfernen des Häkchens ❺ wird die Freigabe wieder zurückgenommen.
6. In dem Moment, in dem Sie eine freigegebene Arbeitsmappe speichern, werden Sie durch ein Dialogfenster darauf aufmerksam gemacht, dass andere Personen Änderungen an Ihrer Arbeitsmappe vorgenommen haben. Die bearbeiteten Zellen werden in gewohnter Weise mit einer blauen Ecke markiert. Bewegen Sie den Mauszeiger auf die markierte Zelle, wird Ihnen angezeigt, wer die Zelle wie verändert hat ❻. Sie können alle Änderungen annehmen oder verwerfen, wie es im Abschnitt »Änderungen anzeigen, annehmen oder ablehnen« auf Seite 259 beschrieben wird.

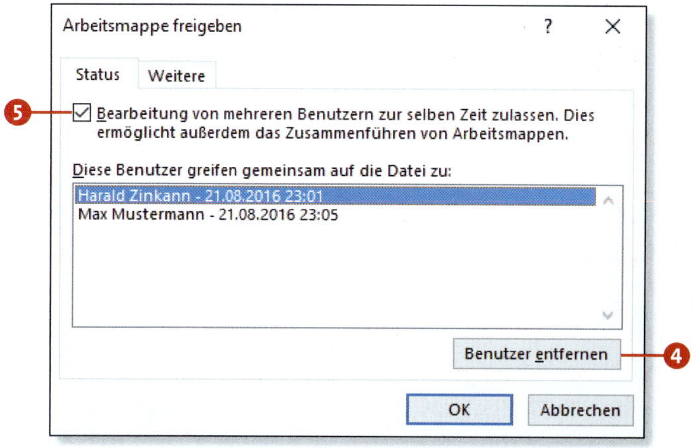

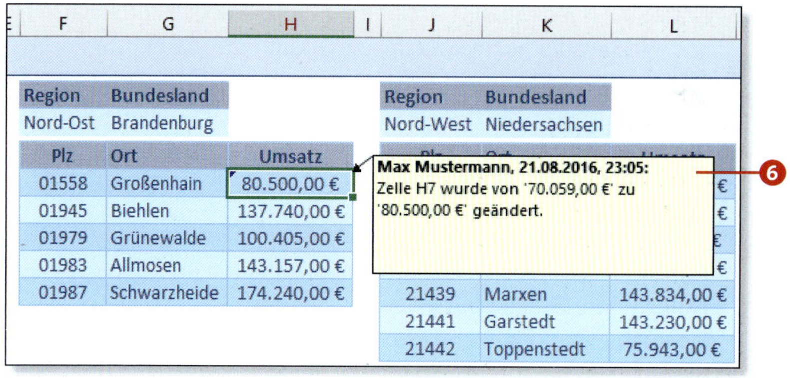

Freigegebene Arbeitsmappe erkennen

Wenn Sie eine freigegebene Arbeitsmappe öffnen, erkennen Sie das daran, dass in der Titelleiste hinter dem Arbeitsmappennamen der Text `[Freigegeben]` steht.

Arbeitsmappen in der Cloud freigeben

Im Menüband befindet sich die Schaltfläche **Freigeben** ❶. Über diese Taste, genau wie über **Datei > Freigeben > In der Cloud speichern**, lässt sich die Arbeitsmappe zur gemeinsamen Bearbeitung freigeben.

1. Klicken Sie auf die Schaltfläche **Freigeben** ❶, um den Aufgabenbereich **Freigeben** einzublenden und in diesem auf **In der Cloud speichern** ❷ zu klicken. Im Dialog **Speichern unter** wählen Sie das Zielverzeichnis in der Cloud und bestätigen mit einem Klick auf **Speichern**.
2. Im Aufgabenbereich **Freigeben** können Sie jetzt Personen dazu einladen, die Arbeitsmappe zu betrachten oder mit Ihnen zu bearbeiten. Über die Schaltfläche **Das Adressbuch nach Kontakten durchsuchen** ❸ können Sie E-Mail-Adressen aus Ihrem Outlook-Adressbuch hinzufügen. In das Eingabefeld neben der Schaltfläche können Sie aber auch einfach eine E-Mail-Adresse eintragen. Im Aufklappmenü darunter entscheiden Sie, ob die Person die Arbeitsmappe nur anzeigen oder auch bearbeiten darf. Geben Sie in dem Textfeld bei Bedarf eine persönliche Nachricht für den Empfänger ein, und schließen Sie den Vorgang mit einem Klick auf **Freigeben** ❹ ab.
3. Erst wenn Sie die Arbeitsmappe, die Sie mit Excel geöffnet haben, schließen, können alle angegebenen Personen die freigegebene Arbeitsmappe gleichzeitig, jeweils im Browser, bearbeiten. Möchten Sie auch mitmischen, müssen Sie die Arbeitsmappe auch über den Browser aus der Cloud öffnen. Die Zellen, in denen andere Personen arbeiten, sind farblich gekennzeichnet. Ein Annehmen der Änderungen durch den Besitzer ist hier nicht erforderlich.

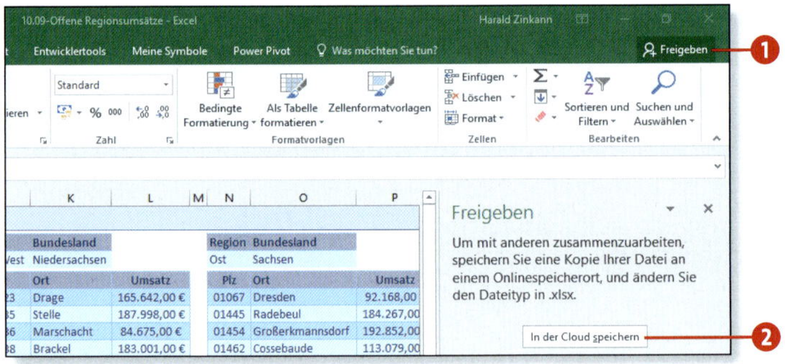

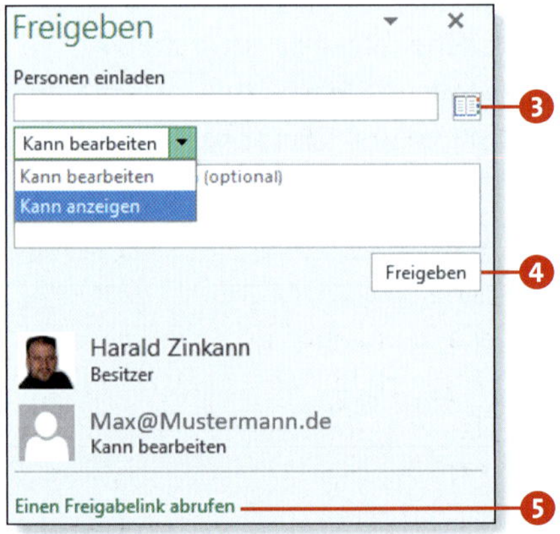

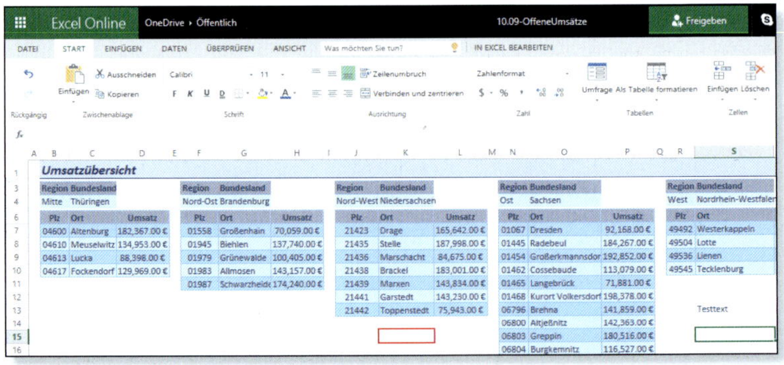

Freigabelink abrufen

Über **Einen Freigabelink abrufen** ❺ können Sie eine Linkadresse zum Bearbeiten oder nur zur Anzeige generieren. Diese können Sie kopieren und dann an andere Personen verschicken.

Berechtigungen für einzelne Bereiche zuweisen

Anstatt eine Arbeitsmappe zu schützen und einzelne Zellen für alle Nutzer freizugeben, können Sie auch verschiedene Bereiche für Benutzer zur Bearbeitung freigeben. In der Arbeitsmappe *10.09-Regionsumsätze.xlsx* finden Sie Bereiche, in denen nur Mitarbeiter der einzelnen Regionen Änderungen eintragen sollen. In fremden Bereichen soll es nicht möglich sein, etwas zu ändern.

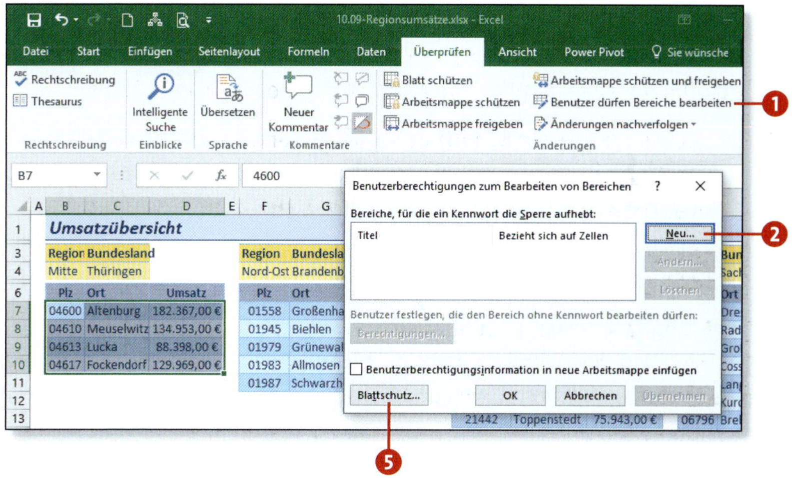

1. Markieren Sie den Bereich B7 bis D10, und wählen Sie in der Gruppe **Änderungen** des Registers **Überprüfen** die Schaltfläche **Benutzer dürfen Bereiche bearbeiten** ❶.
2. Im folgenden Dialog können Sie beliebige Bereiche definieren, die nur unter Angabe eines Kennwortes bearbeitet werden können. Klicken Sie auf **Neu** ❷, um einen neuen Bereich anzulegen.
3. Das Dialogfenster **Neuer Bereich** wird angezeigt. Unter **Titel** geben Sie einen aussagefähigen Bereichstitel an. Im Eingabefeld **Bezieht sich auf Zellen** ist bereits der markierte Bereich als Bezug eingetragen, Sie können ihn aber auch nachträglich ändern ❸. Unter **Kennwort des Bereiches** vergeben Sie ein Kennwort. Nach einem Klick auf **OK** müssen Sie das vergebene Kennwort noch einmal eingeben und erneut auf **OK** klicken.

   Über die Schaltfläche **Berechtigungen** ❹ können Sie bestimmten Benutzern den Zugriff auch ohne Kennwort gewähren. Diese Benutzer müssen in Ihrem System eingepflegt sein.

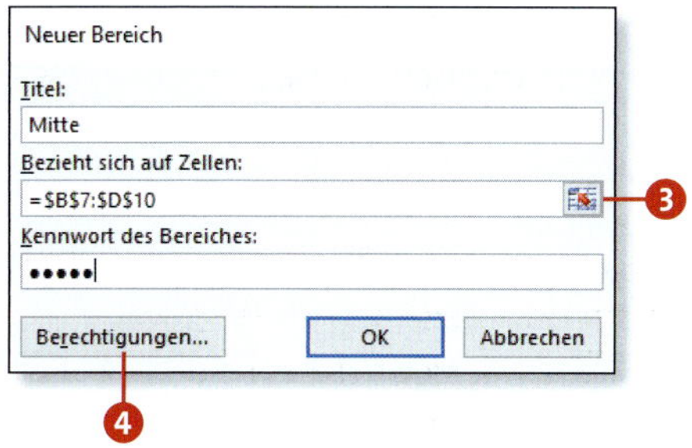

4. Sie gelangen nun wieder in die erste Dialogbox. Würden Sie hier jetzt mit **OK** bestätigen, würde das Arbeitsblatt automatisch geschützt, allerdings ohne Kennwort. Daher klicken Sie auf die Schaltfläche **Blattschutz** ❺ und vergeben auch hier ein (anderes) Kennwort. Öffnet jemand anders jetzt die Arbeitsmappe, muss er für jeden Bereich das passende Kennwort kennen, um den Bereich zu bearbeiten.

Freigegebener Bereich

Wenn Sie nur die farbig gekennzeichneten Bereiche freigeben, können den einzelnen Bereichen keine neuen Zeilen hinzugefügt werden. Soll dies aber möglich sein, sollten Sie größere Bereiche freigeben als hier optisch hervorgehoben.

Arbeitsblatt schützen

Bevor Sie beginnen, ein Arbeitsblatt zu schützen, müssen Sie wissen, dass der Schutz in zwei Schritten eingestellt werden muss, wenn Anwender noch in der Lage sein sollen, Eingaben in bestimmten Bereichen vorzunehmen. Dann besteht der erste Schritt darin, für jede Zelle, die bearbeitet werden soll, den Zellschutz aufzuheben. In der Voreinstellung sind alle Zellen geschützt. Der Schutz ist nur noch nicht aktiviert. In der Arbeitsmappe *10.10-Autovermietung.xlsx* bietet sich das für alle Eingabefelder im Block `Mietdaten` an.

1. Markieren Sie alle Zellen, die im geschützten Arbeitsblatt verändert werden dürfen (hier die Zellen `C4`, `C6`, `C7`, `C9` und `C10`).

2. Klicken Sie auf einen der Pfeile der Gruppen **Schriftart**, **Ausrichtung** ❶ oder **Zahl**, um das Dialogfenster **Zellen formatieren** zu öffnen.

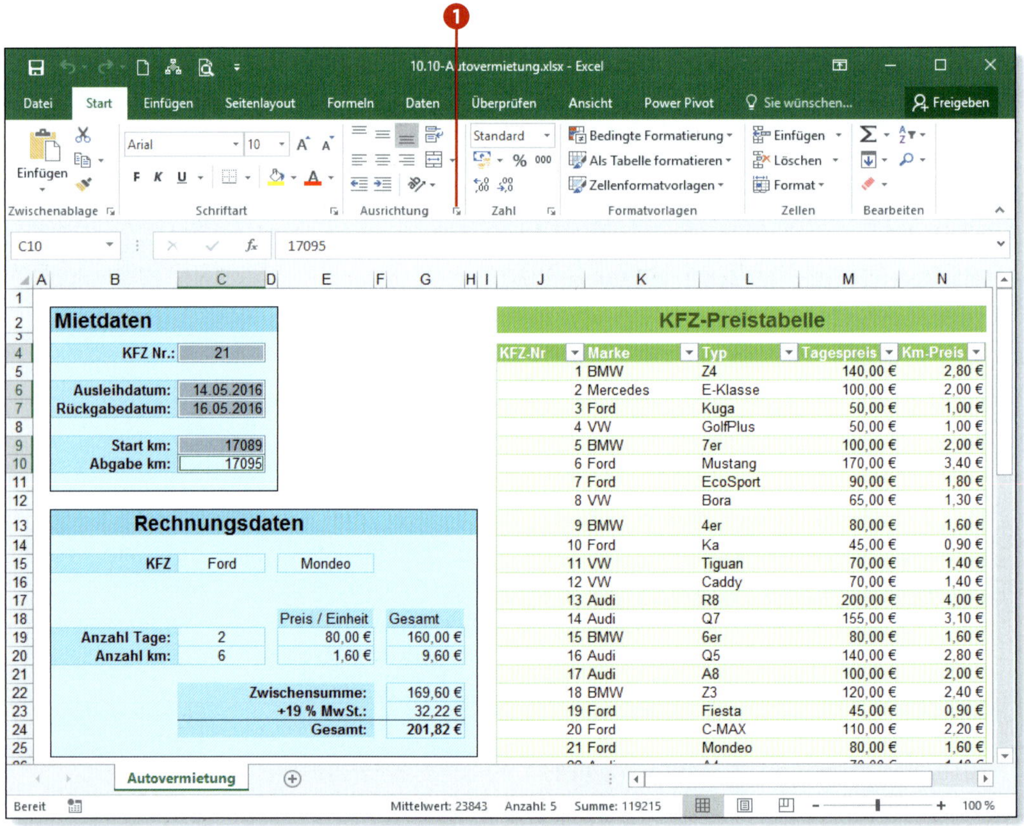

Dialog »Zellen formatieren« öffnen

Noch schneller rufen Sie das Dialogfenster übrigens per Tastenkombination auf. Drücken Sie dazu [Strg] + [⇧] + [A].

3. Wählen Sie in diesem Dialogfenster das Register **Schutz** ❷, entfernen Sie das Häkchen im Kontrollkästchen **Gesperrt** ❸, und bestätigen Sie mit **OK**. Hiermit sind jetzt nahezu alle Zellen Ihres Arbeitsblattes gesperrt und nur die ausgewählten nicht gesperrt.

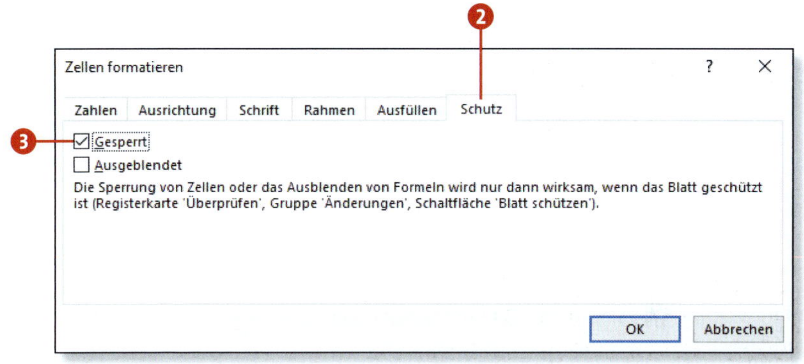

4. Um nun die Einstellungen wirksam zu machen, müssen Sie nur noch das Arbeitsblatt schützen. Wählen Sie hierzu **Überprüfen > Änderungen > Blatt schützen** ❹. Wenn Sie nicht möchten, dass die gesperrten Zellen angewählt werden können, entfernen Sie noch das Häkchen bei **Gesperrte Zellen auswählen** ❺.

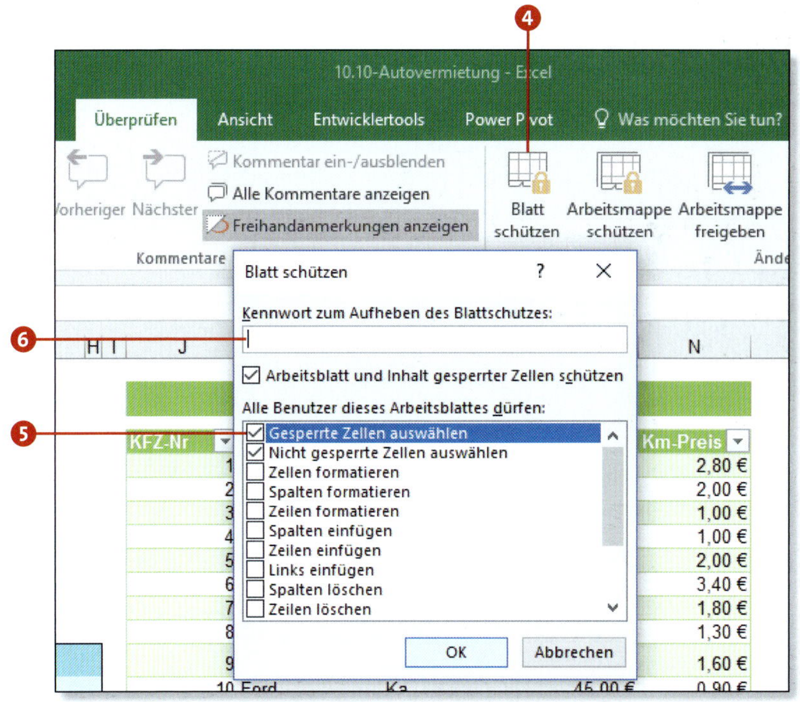

Formeln ausblenden

Aktivieren Sie im Register **Schutz** des Dialogs **Zellen formatieren** die Option **Ausgeblendet**, wird bei geschützten Zellen, die zwar anwählbar sind, der Inhalt der Zelle nicht in der Bearbeitungszeile angezeigt.

Ein Kennwort vergeben

Sie können den Blattschutz einsetzen, um das Arbeiten mit einem Formular zu vereinfachen, aber auch, um andere daran zu hindern, etwas an dem Arbeitsblatt zu verändern. Für den zweiten Fall bietet es sich an, zusätzlich zum Schutz auch ein Kennwort ❻ zu vergeben.

Arbeitsmappe verschlüsseln

Möchten Sie noch einen Schritt weitergehen und selbst das Öffnen der Arbeitsmappe nur dann zulassen, wenn das gültige Kennwort eingegeben wurde, müssen Sie die Arbeitsmappe verschlüsseln. Um dies zu üben, habe ich die Arbeitsmappe *10.11-geplante Umsätze.xlsx* vorbereitet.

1. Wählen Sie **Datei > Informationen > Arbeitsmappe schützen > Mit Kennwort verschlüsseln** ❶.

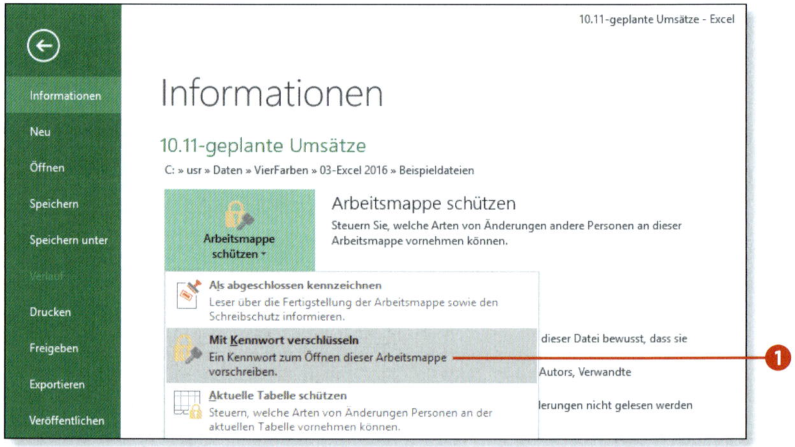

2. Im anschließenden Dialogfenster **Dokument verschlüsseln** geben Sie ein Kennwort ❷ ein, und bestätigen Sie die Eingabe mit einem Klick auf **OK**. Geben Sie das Kennwort zur Bestätigung erneut ein.

   Sind die beiden Eingaben identisch, wird die Arbeitsmappe verschlüsselt und kann nur noch geöffnet werden, wenn das korrekte Kennwort eingegeben wird. Sie sollten sich das Passwort gut merken! Sollten Sie es vergessen, besteht keine Möglichkeit, die Arbeitsmappe zu öffnen.

3. Um das Kennwort wieder zu löschen, öffnen Sie zunächst die Arbeitsmappe. Da Sie sich durch die Eingabe des Kennwortes bereits legitimiert haben, können Sie jetzt im selben Dialogfenster, in dem Sie das Kennwort vergeben haben, die Punkte, die für das Kennwort stehen, wieder löschen. Bestätigen Sie den Vorgang mit einem Klick auf **OK**, wird das Kennwort entfernt, und die Arbeitsmappe ist wieder frei zugänglich.

Speichern – Tools

Im **Speichern unter**-Dialogfenster können Sie aus dem Aufklappmenü **Tools** den Eintrag **Allgemeine Optionen** wählen. Im folgenden Dialogfenster besteht die Möglichkeit, sowohl für das Öffnen als auch für das Ändern einer Arbeitsmappe getrennte Kennwörter zu vergeben.

11 Makros und VBA

In diesem Kapitel

- Makros aufzeichnen
- Makros ausführen
- Eine Arbeitsmappe mit Makro speichern
- Makros als Schaltflächen anlegen
- Den Funktionsumfang mit VBA erweitern
- Formulare anlegen
- Eigene Tabellenfunktionen erstellen

In diesem Kapitel geht es darum, Arbeitsabläufe in Excel zu automatisieren. Dazu bietet Ihnen das Programm verschiedenste Möglichkeiten. Die einfachste besteht darin, eine Folge von immer wiederkehrenden Arbeitsschritten mit dem *Makro-Rekorder* aufzuzeichnen. Das so aufgezeichnete Makro kann dann immer wieder abgespielt werden. Die gespeicherten Arbeitsschritte werden dann wie von Geisterhand automatisch ausgeführt. Um es noch komfortabler zu gestalten, zeige ich Ihnen, wie Sie Ihre Makros auch über Schaltflächen starten können. Allerdings müssen Sie beim Verwenden von Makros darauf achten, dass Sie Ihre Arbeitsmappe richtig abspeichern, andernfalls sind alle Makros wieder verschwunden. Aber keine Sorge, ich zeige Ihnen in diesem Kapitel, was Sie machen müssen, damit das nicht passiert.

Mit Makros stoßen Sie aber relativ schnell an Grenzen. Immer wenn es um Wiederholungen und andere Kontrollstrukturen geht, kommen Sie um die Programmiersprache *VBA* (*Visual Basic for Applications*) nicht herum. Ich zeige Ihnen, wie Sie mit wenig Aufwand eigene Eingabeformulare entwickeln und auf Ihrem Arbeitsblatt einsetzen. Abschließend nutzen Sie VBA, um die Vielfalt der Funktionen um Ihre eigenen zu erweitern.

Makros aufzeichnen

Bevor Sie sich mit dem Thema Makros auseinandersetzen, sollten Sie das Register **Entwicklertools** dem Menüband hinzufügen. Dieses Register ist standardmäßig ausgeblendet.

1. Klicken Sie mit der rechten Maustaste auf eine beliebige Stelle im Menüband, und wählen Sie aus dem Kontextmenü **Menüband anpassen**. Das Dialogfenster **Excel-Optionen** wird mit der aktiven Kategorie **Menüband anpassen** geöffnet. Auf der rechten Seite fehlt in der Liste **Hauptregisterkarten** das Häkchen bei dem Eintrag **Entwicklertools** ❶. Aktivieren Sie das Register mit einem Klick auf das Auswahlkästchen, und bestätigen Sie mit **OK**.
2. Jetzt haben Sie Zugriff auf das Register **Entwicklertools** ❷ und damit auf alle Elemente, die wichtig für die Makroaufzeichnung sind. In der Arbeitsmappe *11.02-Makro aufzeichnen.xlsm* wird ein Makro benötigt, das bei der aktuellen Zelle die Farbe verändert und einen Kommentar hinzufügt. Da es sich um eine Arbeitsmappe mit Makros handelt, müssen Sie die Inhalte nach dem Öffnen zunächst aktivieren. Klicken Sie dazu auf **Inhalt aktivieren** ❸.
3. Markieren Sie zunächst die Zelle ❹, die durch das Makro verändert werden soll. Das Markieren der Zelle darf noch nicht mit aufgenommen werden, sonst wird später immer diese Zelle formatiert, egal, welche Sie anklicken. Starten Sie jetzt die Aufnahme, indem Sie auf **Entwicklertools > Code > Makro aufzeichnen** ❺ klicken.

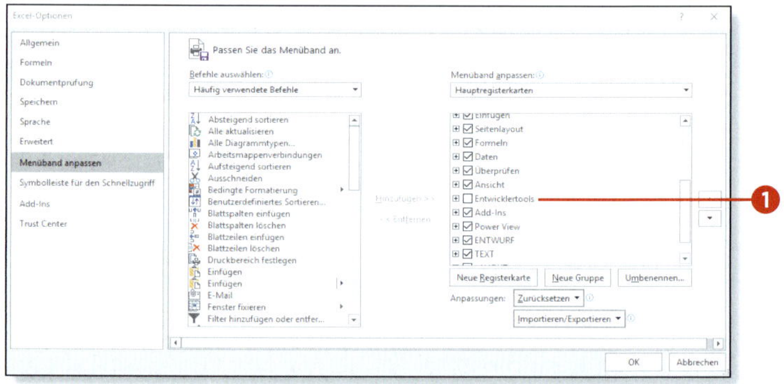

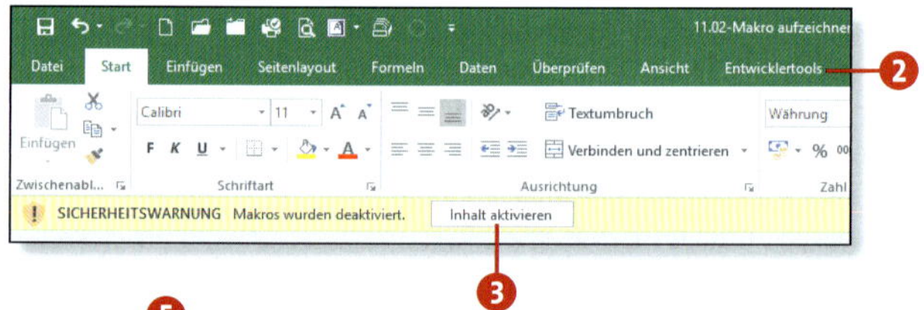

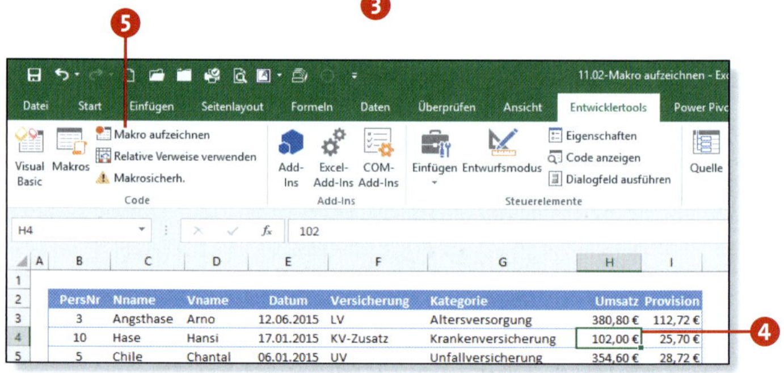

Makroaufzeichnung starten

Links unten in der Statuszeile von Excel befindet sich eine Schaltfläche, mit der Sie die Makroaufzeichnung starten und auch wieder beenden können. Weitere Möglichkeiten bietet diese Schaltfläche aber nicht. Wenn es aber mal schnell gehen muss und die Registerkarte **Entwicklertools** nicht eingeblendet ist, ist dies eine charmante Alternative.

Generalprobe

Sie müssen während der Aufnahme einmal alles selbst durchführen. Daher sollten Sie die Schrittfolge vorher einmal genau durchspielen. Später wird auch jeder Fehler aufgezeichnet.

4. Im folgenden Dialogfenster **Makro aufzeichnen** geben Sie in das Feld **Makroname** eine passende Bezeichnung ein (hier: `MarkCell`). Aus **Makro speichern in** wählen Sie **Persönliche Makroarbeitsmappe** und bestätigen mit **OK**. Der Rekorder läuft jetzt, nimmt aber Ihre Wartezeiten nicht auf. Schalten Sie die relative Aufzeichnung ein, indem Sie auf **Relative Verweise verwenden** klicken (mehr dazu im folgenden Schritt).

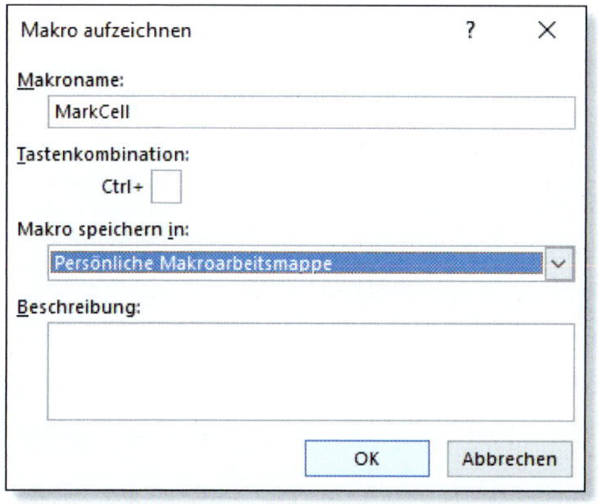

5. Beginnen Sie nun mit den Arbeitsschritten, die Sie aufzeichnen möchten. Klicken Sie auf **Start > Schriftart > Füllfarbe**, und wählen Sie eine auffällige Hintergrundfarbe. Fügen Sie der Zelle über das Kontextmenü (rechte Maustaste) einen Kommentar hinzu. Wenn Sie hier nicht relativ aufzeichnen, versucht das Makro später immer, der bei der Aufzeichnung markierten Zelle einen Kommentar hinzuzufügen. Das wäre erstens falsch und würde zweitens eine Fehlermeldung erzeugen. Schließen Sie die Eingabe durch zweimaliges Drücken der [Esc]-Taste ab ([↵] würde in der Kommentarbox eine neue Zeile erzeugen).

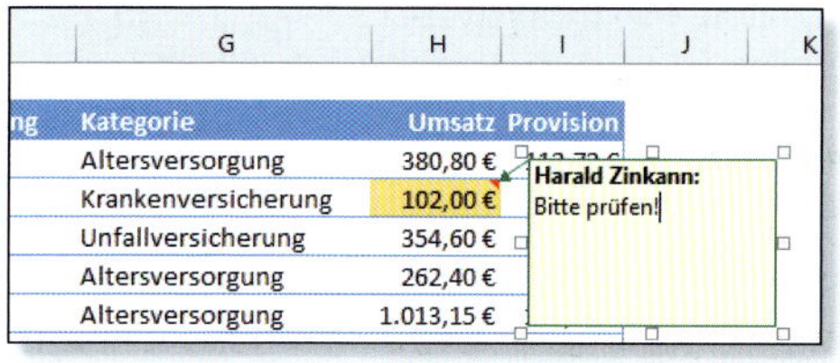

6. Schließen Sie die Aufzeichnung ab, indem Sie auf **Aufzeichnung beenden** ❻ klicken.

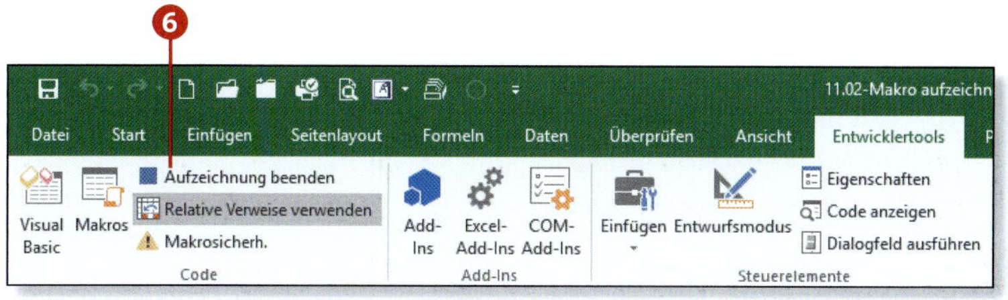

Persönliche Makroarbeitsmappe

Normalerweise speichern Sie Ihre Makros in der Arbeitsmappe, in der Sie sie aufnehmen. Makros wie dieses, das auch in anderen Arbeitsmappen sinnvoll nutzbar ist, sollten Sie aber in Ihrer persönlichen Makroarbeitsmappe speichern. Hierbei handelt es sich um die Datei *personal.xlsb*, die sich im Verzeichnis *C:\Users\[Ihr Benutzername]\AppData\Roaming\Microsoft\Excel\XLSTART* befindet. Sie wird beim Starten von Excel mit geöffnet. Damit stehen alle Makros, die sich in dieser Datei befinden, in allen Arbeitsmappen zur Verfügung.

Größe des Kommentarfelds

Ändern Sie nicht die Größe des Kommentarfelds. Diese Aktion kann nicht aufgezeichnet werden und führt beim Abspielen des Makros unweigerlich zu einem Fehler! In diesem Fall geht es dann nur mit VBA weiter.

Makros ausführen

In der Arbeitsmappe *11.03-Makro ausführen.xlsm* habe ich das Ergebnis aus Abschnitt »Makros aufzeichnen« ab Seite 272 gespeichert. Ich habe mein Makro in dieser Arbeitsmappe gespeichert, damit ich es an Sie weitergeben kann. Hätte ich mein Makro in der persönlichen Makroarbeitsmappe *personal.xlsb* gespeichert, wäre das so nicht möglich gewesen.

1. Öffnen Sie die Arbeitsmappe *11.03-Makro ausführen.xlsm*, und aktivieren Sie die Inhalte, indem Sie auf die Schaltfläche **Inhalt aktivieren** ❶ klicken. Markieren Sie die Zelle, für die Sie das Makro aufrufen möchten. Klicken Sie in der Gruppe **Code** des Registers **Entwicklertools** auf die Schaltfläche **Makros** ❷.
2. Im folgenden Dialogfenster **Makro** finden Sie alle verfügbaren Makros. Also auch die, die Sie in der Arbeitsmappe *personal.xlsb* gespeichert haben. Markieren Sie in der Liste das gewünschte Makro ❸, und klicken Sie auf die Schaltfläche **Ausführen** ❹.
3. Das Makro wird daraufhin gestartet und führt die gespeicherten Arbeitsschritte aus. Im Beispiel wird also die markierte Zelle in der Akzentfarbe 4 formatiert und es wird ein Kommentar mit meinem Namen eingefügt. Möchten Sie den Namen ändern, müssen Sie entweder das Makro neu aufzeichnen oder das Makro mit dem *Visual Basic Editor* (*VBE*) verändern.

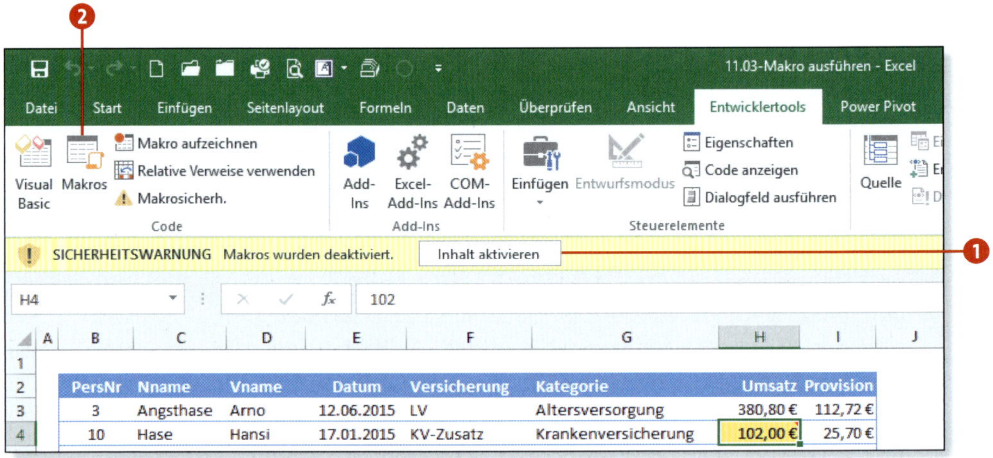

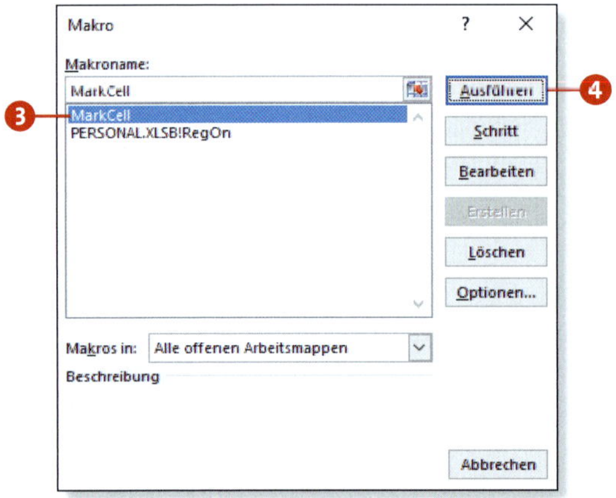

Makro zweimal ausführen

Sollten Sie das Makro für eine Zelle ausführen, für die Sie es schon ausgeführt haben, wird das Makro gestoppt und eine Fehlermeldung ausgegeben. Das liegt daran, dass das Makro versucht, einen Kommentar hinzuzufügen, wo schon einer existiert. Klicken Sie dann einfach auf die Schaltfläche **Beenden**, um das Makro zu beenden. Die Schaltfläche **Debuggen** öffnet den VBE und kennzeichnet den Fehler. Ohne VBA-Kenntnisse wird eine Fehlerkorrektur aber recht kompliziert.

4. Schauen Sie sich das Dialogfenster **Makro** noch einmal etwas genauer an, denn es bietet Ihnen noch einige weitere interessante Funktionen. Die Schaltfläche **Schritt** startet den *Debugger*, und Sie können das Makro im Visual Basic Editor Schritt für Schritt ausführen.

5. Klicken Sie auf **Bearbeiten**, wird ebenfalls der Visual Basic Editor geöffnet, in dem Sie Ihr Makro bearbeiten können. Sie können dann beispielsweise im Makro `MarkCell` meinen Namen ❺ durch Ihren ersetzen. Verlassen Sie den VBE mit einem Klick auf **Schließen**. Sie müssen nicht speichern, da alle Makros beim Speichern der Arbeitsmappe mitgespeichert werden. Führen Sie anschließend das Makro zur Kontrolle aus.

6. Mit einem Klick auf **Optionen** können Sie dem Makro im Dialog **Makrooptionen** auch noch im Nachhinein eine Tastenkombination ❻ zuweisen und eine Beschreibung hinzufügen. Bestätigen Sie mit **OK**. Nun können Sie Ihr Makro unmittelbar per Tastenkombination starten.

7. Mit einem Klick auf **Löschen** im Dialogfenster **Makro** wird das in der Liste markierte Makro entfernt. Haben Sie alle Änderungen vorgenommen, klicken Sie im Dialog **Makro** auf **Abbrechen**, um das Fenster zu schließen.

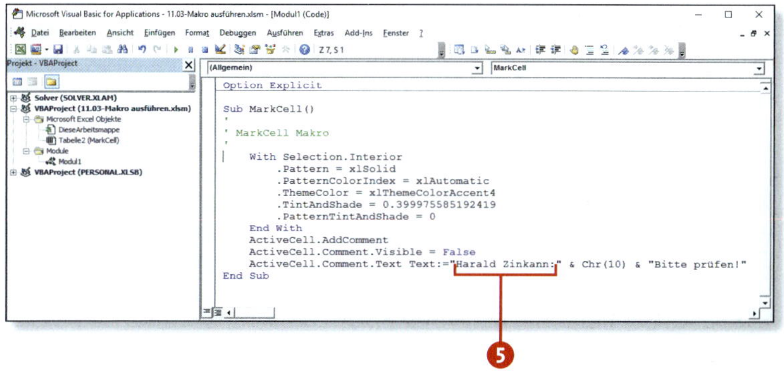

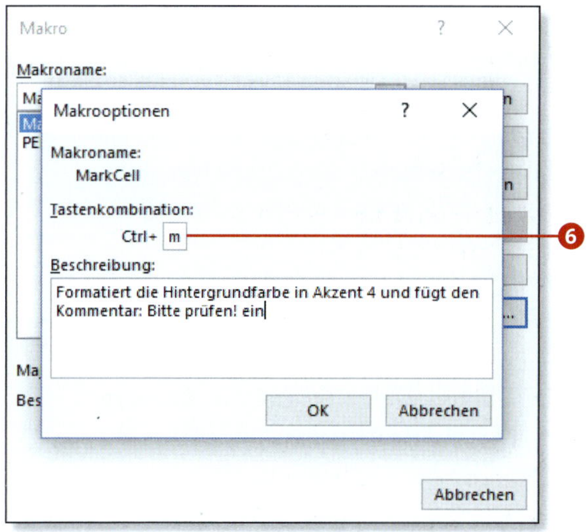

Sicherheitseinstellungen für Makros

Im Trust Center, das Sie über **Datei > Optionen > Trust Center > Einstellungen für das Trust Center > Makroeinstellungen** erreichen, können Sie einstellen, was mit Makros passiert, wenn Sie eine Arbeitsmappe mit Makros das erste Mal öffnen. Eine vernünftige Einstellung ist **Alle Makros mit Benachrichtigung deaktivieren**. Sie erhalten dann nach dem Öffnen einer Arbeitsmappe mit Makros den Hinweis **Inhalt aktivieren** und können entscheiden, ob Sie dem Urheber vertrauen oder nicht.

Eine Arbeitsmappe mit Makro speichern

Solange Sie eine neue Arbeitsmappe, in der Sie Makros verwenden, noch nicht gespeichert haben, funktionieren alle Makros. Um diese aber dauerhaft zu speichern, muss im **Speichern unter**-Dialog das richtige Speicherformat gewählt werden. Speichern Sie die Datei im *.xlsx*-Format, werden alle Makros entfernt.

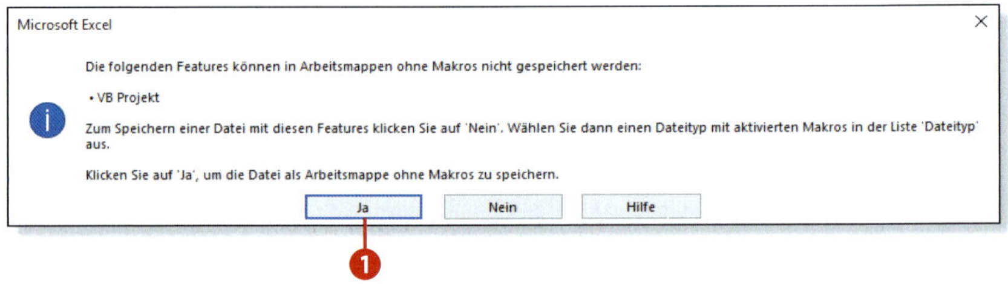

1. Erstellen Sie zunächst in einer neuen Arbeitsmappe ein Makro. Möchten Sie dies nur testen, starten Sie dazu einfach die Makroaufzeichnung, vergeben einen beliebigen Namen und beenden die Aufzeichnung direkt wieder. Versuchen Sie jetzt, die Arbeitsmappe im Standardformat *.xlsx* (über **Datei > Speichern unter** oder per Strg + S) zu speichern, wird Ihnen ein Hinweisdialog angezeigt.
2. In diesem Dialog fehlt eigentlich die Frage: »Möchten Sie wirklich ohne Makros speichern?« Sie müssen hier also eine Antwort auf eine nicht gestellte Frage geben. Mit einem Klick auf **Ja** 1 werden alle Makros entfernt, und die Arbeitsmappe wird im Format *.xlsx* gespeichert. Klicken Sie auf **Nein**, gelangen Sie zurück in den Dialog **Speichern unter**.
3. Im Dialog **Speichern unter** wählen Sie im Menü **Dateityp** das Speicherformat **Excel-Arbeitsmappe mit Makros** 2. Die Arbeitsmappe erhält dann die Endung *.xlsm*.

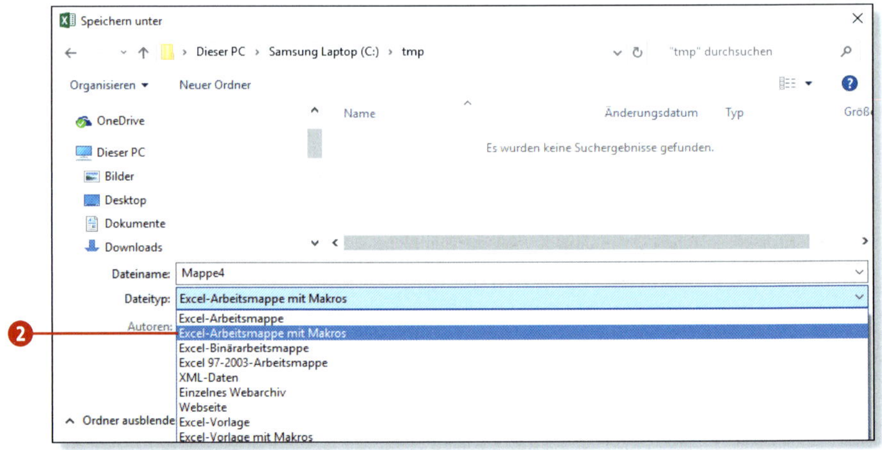

Speichern mit Makros

Wenn Sie im späteren Verlauf diese Arbeitsmappe mit Makros einfach speichern, also aktualisieren, werden Sie darauf hingewiesen, dass die Arbeitsmappe über die Makros persönliche Informationen enthalten könnte, die über die Dokumentprüfung nicht entfernt werden kann.

Makros als Schaltflächen anlegen

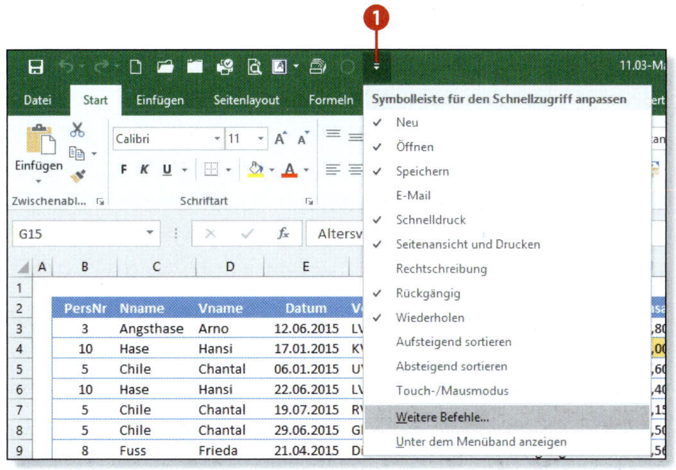

Sollten Sie ein Makro häufig benutzen, ist es sinnvoll, für das Makro eine Schaltfläche anzulegen. Ein Klick auf die Schaltfläche startet dann das Makro. Hier stehen Ihnen zwei Varianten zur Verfügung. Einerseits lässt sich eine Schaltfläche im Menüband oder der Symbolleiste für den Schnellzugriff einfügen, andererseits können Sie aber auch eine Schaltfläche direkt auf dem Arbeitsblatt platzieren. Die erste Variante bietet sich an, wenn Ihr Makro in der persönlichen Makroarbeitsmappe gespeichert wurde, die zweite bei Makros, die in der Arbeitsmappe gespeichert sind (lesen Sie dazu auch den Abschnitt »Makros aufzeichnen« ab Seite 272).

1. Klicken Sie auf **Symbolleiste für den Schnellzugriff anpassen** ❶, und wählen Sie im Aufklappmenü **Weitere Befehle**. Das Dialogfenster **Excel-Optionen** wird mit der bereits aktiven Kategorie **Symbolleiste für den Schnellzugriff** geöffnet.

2. Wählen Sie aus dem Aufklappmenü **Befehle auswählen** ❷ den Menüeintrag **Makros**. In der Liste darunter sehen Sie alle verfügbaren Makros. Den Makros, die in Ihrer persönlichen Makroarbeitsmappe gespeichert sind, ist der Dateiname getrennt durch ein Ausrufungszeichen vorangestellt. Markieren Sie das gewünschte Makro (hier: `PERSONAL.XLSB!MarkCell`), und klicken Sie auf **Hinzufügen** ❸. Wenn Sie möchten, können Sie dem Makro über die Schaltfläche **Ändern** ❹ noch ein passendes Symbol verpassen.

3. Bestätigen Sie Ihre Änderungen mit einem Klick auf **OK**. Ab jetzt befindet sich in Ihrer Symbolleiste für den Schnellzugriff eine neue Schaltfläche, über die Sie das Makro starten können, natürlich auch in ganz normalen Arbeitsmappen im *.xlsx*-Format.

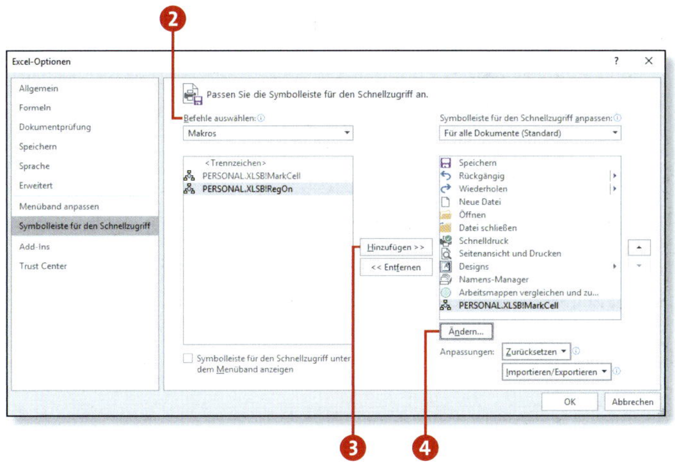

Schaltfläche auf dem Arbeitsblatt

Über **Entwicklertools > Steuerelemente > Einfügen > Formularsteuerelemente > Schaltfläche** können Sie auch gleich eine Schaltfläche für Makros auf Ihrem Arbeitsblatt einfügen.

Den Funktionsumfang mit VBA erweitern

VBA (*Visual Basic for Applications*) lässt sich in verschiedenen Bereichen einsetzen. Der Einsatzbereich entscheidet darüber, wie und wo Sie den Quelltext definieren. Um eine Prozedur zu schreiben, die alle ausgeblendeten Register wieder einblendet, muss diese als `sub` und in einem **Modul** definiert werden. In der Arbeitsmappe *11.06-Versteckte Register.xlsx* habe ich sieben Register angelegt. Drei davon sind ausgeblendet, und das siebte Register ist über den Visual Basic Editor auf `VeryHidden` gesetzt.

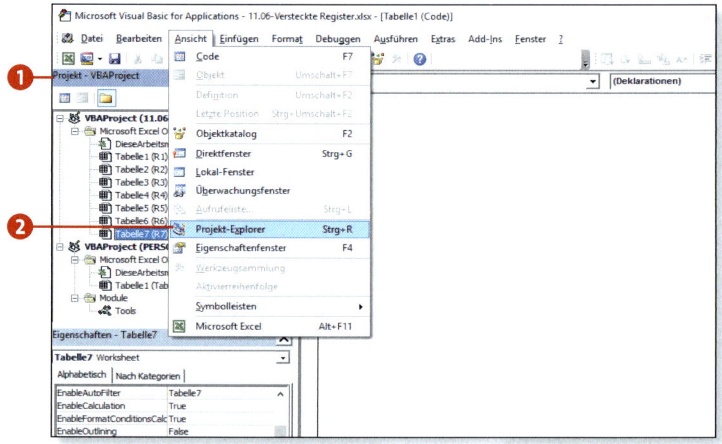

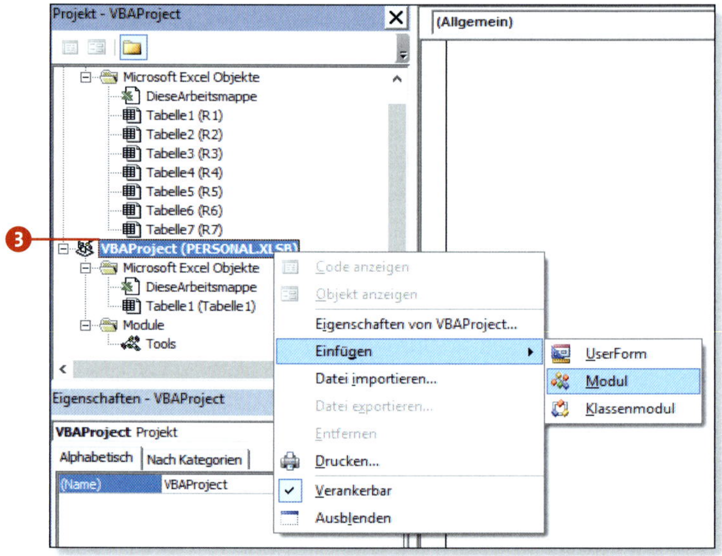

1. Starten Sie den Editor, indem Sie auf **Entwicklertools > Code > Visual Basic** klicken. Wenn Sie im folgenden Editor-Fenster den *Projekt-Explorer* ❶ nicht sehen, blenden Sie ihn über **Ansicht > Projekt-Explorer** ❷ ein.

2. Im Projekt-Explorer sehen Sie alle geöffneten Arbeitsmappen mit deren **Objekten** und, wenn vorhanden, **Modulen**, **UserForms** und **Klassenmodulen**. Im Eigenschaftenfenster sehen Sie übrigens, dass die markierte **Tabelle7** nicht nur versteckt, also `xlSheetHidden`, sondern auf `xlSheetVeryHidden` gesetzt ist. In meiner *PERSONAL.XLSB* befindet sich bereits ein Modul **Tools**. Dort sammle ich kleine Prozeduren, die ich immer mal wieder benötige.

3. Wenn sich in Ihrer *PERSONAL.XLSB* noch kein Modul befindet, müssen Sie eins anlegen. Klicken Sie dazu mit rechts auf **VBAProject (PERSONAL.XLSB)** ❸ und im Kontextmenü auf **Einfügen > Modul**.

i

Tabellen und ihre Namen

Im Projekt-Explorer sehen Sie alle Tabellen mit ihren internen Namen (**Tabelle1**, **Tabelle2** usw.) und dem umbenannten Namen in Klammern. Für jedes markierte Objekt (hier **Tabelle7**) lassen sich im Fenster **Eigenschaften** die Eigenschaften ablesen und einstellen. Hier können Sie z. B. bei einzelnen Tabellenblättern die Eigenschaft **Visible** auf `xlSheetVeryHidden` setzen. Damit werden sie im **Einblenden**-Dialog auf dem Arbeitsblatt nicht mit aufgelistet. Unsere kleine Prozedur wird sich daran aber nicht stören.

4. Machen Sie einen Doppelklick auf das Modul. In meinem Fall wäre es das Modul **Tools**, bei Ihnen sollte **Modul1** stehen. Klicken Sie in das Codefenster, und wählen Sie **Einfügen > Prozedur** 4. Das Dialogfenster **Prozedur hinzufügen** wird angezeigt. Lassen Sie alle Einstellungen so, wie sie sind, geben Sie in das Feld **Name** nur einen Namen für die Prozedur ein, und bestätigen Sie mit **OK**. Im Codefenster steht jetzt eine leere Prozedur.

5. Füllen Sie die Prozedur mit den angegebenen Zeilen. Wenn Sie alles richtig abgetippt haben, blendet diese Prozedur alle Register, die ausgeblendet sind, wieder ein. Die Prozedur steht in der Liste der Makros (**Entwicklertools > Code > Makros**) und kann genau wie ein Makro aufgerufen werden. Zu den Inhalten der Prozedur: Alles, was hinter einem Hochkomma (,) steht, wird grün formatiert und ist Kommentar, hat also keine Auswirkung auf den Programmablauf. Die Prozedur wird zeilenweise von oben nach unten abgearbeitet. Ich habe versucht, die Zeilen so aussagekräftig wie möglich zu kommentieren. Daher werde ich hier nur kurz etwas zum `FOR` sagen. Bei `For … Next` handelt es sich um eine Schleife, die von einem Startwert (hier `1`) bis zu einem Endwert (hier `int_AnzSheets`) in der Schrittweite 1 hochgezählt wird. Das heißt, sie wird für jeden Wert einmal durchlaufen. Ist die Liste abgearbeitet, wird die *For-Schleife* beendet. In der Schleife werden alle Register `1` bis `int_AnzSheets` auf sichtbar gesetzt (`Worksheets(int_Zähler).Visible = True`). Das war es schon. Jetzt einfach den Editor mit einem Klick auf das Schließkreuz beenden und die Prozedur mit einem Symbol in der **Symbolleiste für den Schnellzugriff** anzeigen.

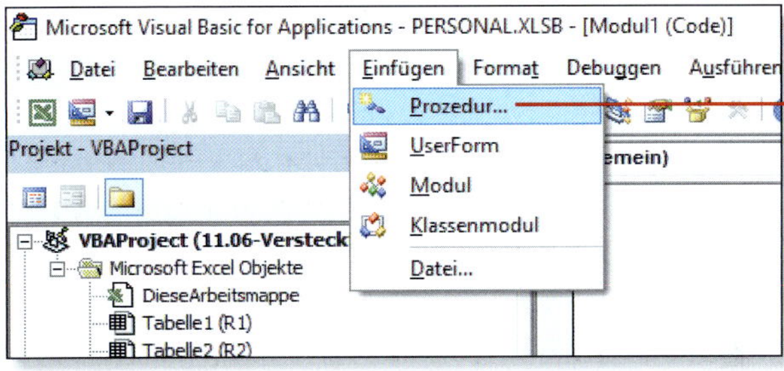

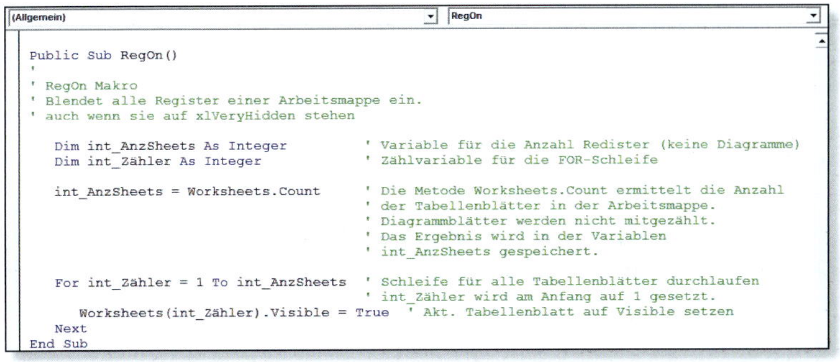

Modul umbenennen

Um einen besseren Überblick über die Module zu bekommen, benennen Sie sie um. Dazu markieren Sie das Modul und geben im Fenster **Eigenschaften** unter **Name** einen neuen Namen ein.

Doppelklick

Um im Visual Basic Editor auf der rechten Seite das Codefenster für das markierte Objekt im Projekt-Explorer zu sehen, müssen Sie einen Doppelklick auf das Objekt machen. Ein einfacher Klick markiert zwar das Objekt und zeigt im Fenster **Eigenschaften** die Eigenschaften zu dem Objekt an, aber nicht den Quellcode im Codefenster.

Formulare anlegen

In Ihrer Firma wird regelmäßig ein Reisekostenformular in Excel genutzt. Es kommt aber leider immer wieder vor, dass Reisekostenabrechnungen abgegeben werden, auf denen der Name fehlt. Ein Eingabeformular, das den Anwender auffordert, seinen Namen einzugeben, ist also hilfreich. Mit VBA ist das kein Problem. Den Reisekostenantrag finden Sie in der Arbeitsmappe *11.07-Reisekosten.xlsm*.

1. Öffnen Sie den Editor (**Entwicklertools > Code > Visual Basic**), und fügen Sie Ihrer Datei ein leeres Formular hinzu, indem Sie rechts auf den Dateinamen klicken und aus dem Kontextmenü **Einfügen > UserForm** ❶ anklicken. Im Projekt-Explorer erscheint eine neue Objektgruppe **Formulare** ❷. Darunter der Eintrag für Ihr neues Formular, **UserForm1**. Im Codefenster sehen Sie ein leeres Formular. Im Eigenschaftenfenster finden Sie den Eintrag **Caption** ❸.

2. Tragen Sie unter **Caption** `Name erfassen` ein. Die Änderung sehen Sie sofort in der Titelleiste Ihres Formulars ❹. Unter **(Name)** tragen Sie `Name_erfassen` ein.

3. Sie benötigen jetzt ein Eingabefeld für den Vor- und Nachnamen sowie die dazugehörigen Beschriftungsfelder. Dazu klicken Sie in der **Toolsammlung** ❺ auf die Schaltfläche **Beschriftungsfenster** und klicken einmal in Ihr Formular. Das Beschriftungsfeld verschieben Sie einfach über den Rahmen, und den Platzhaltertext `Label1` überschreiben Sie einfach durch `Vorname`.

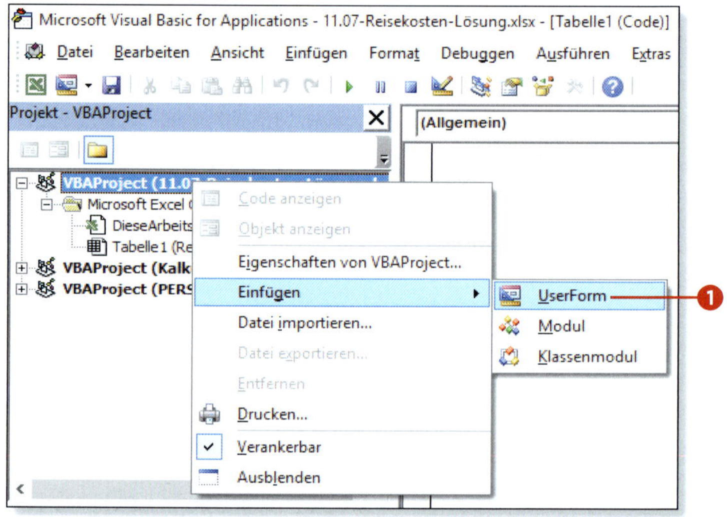

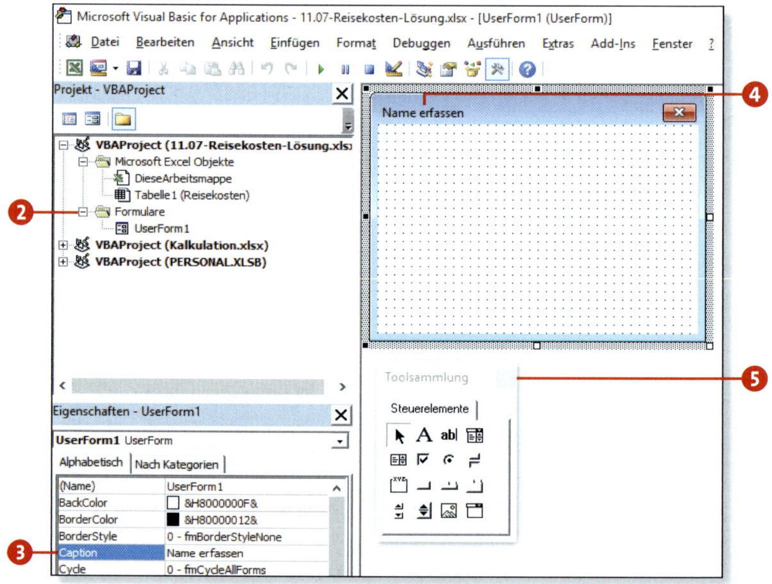

Ausrichtung einstellen

Wenn Sie ein Beschriftungsfeld markieren, können Sie in den Eigenschaften die Ausrichtung ändern, indem Sie im Feld **TextAlign** `3-fmTextAlignRight` auswählen.

4. Das Gleiche machen Sie jetzt mit den **Textfeldern** zur Dateneingabe. Vergeben Sie für die Textfelder sprechende Namen, indem Sie in den Eigenschaften unter **Name** 6 `Vorname` beziehungsweise `Nachname` eintragen. Das wird später noch einmal wichtig, wenn Sie auf die Inhalte dieser Felder zugreifen.

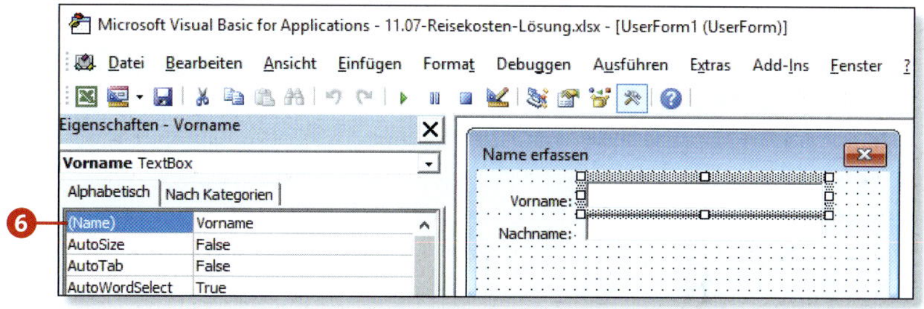

5. Jetzt müssen Sie nur noch die Schaltflächen für OK und Abbrechen einfügen. Dazu klicken Sie zunächst in der Toolsammlung auf **Befehlsschaltfläche** und anschließend wieder in Ihr Formular. Passen Sie auch hier die Größe der Schaltfläche an, und überschreiben Sie den Platzhaltertext durch `OK`. Fügen Sie auf die gleiche Art eine Schaltfläche für Abbrechen ein. Vergeben Sie auch hier für die Schaltflächen im Eigenschaftenfenster einen passenden Namen.

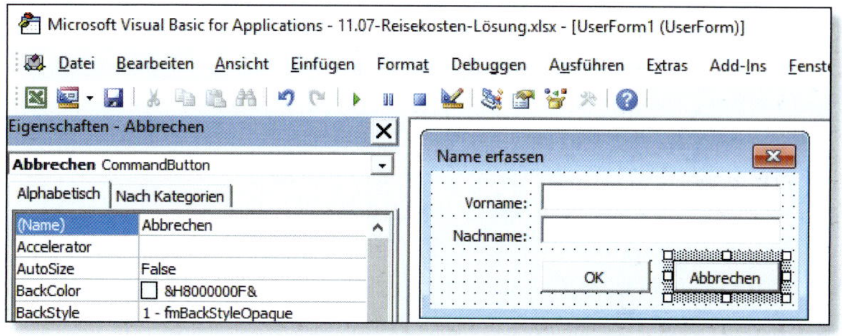

6. Verändern Sie anschließend die Größe des Formulars über die Anfasspunkte, bis Ihnen die Größe passend erscheint.

Das Formular ist fertig. Jetzt geht es an die Programmierung. Sie müssen drei kleine Ereignisprozeduren schreiben. Die erste soll beim Öffnen der Arbeitsmappe das Formular aufrufen, die zweite den Namen in die Arbeitsmappe einfügen, wenn **OK** angeklickt wird, und die dritte das Formular ausblenden, wenn **Abbrechen** angeklickt wurde.

Ereignisprozeduren

Ereignisprozeduren sind Prozeduren, die auf bestimmte Ereignisse reagieren, also ausgeführt werden. Für jedes Objekt – Arbeitsmappe, Arbeitsblatt, Button, UserForm etc. – gibt es unterschiedliche Ereignisse, auf die reagiert werden kann. So gibt es für die Arbeitsmappe z. B. das Ereignis `Open`, das auf das Öffnen der Arbeitsmappe reagiert. Für eine Schaltfläche ist das weniger sinnvoll, daher gibt es hier z. B. das Ereignis `Click`. Es reagiert auf das Anklicken der Schaltfläche.

7. Wählen Sie im Projekt-Explorer per Doppelklick die Arbeitsmappe `Diese Arbeitsmappe` aus ❼, und im Codefenster wählen Sie aus dem Aufklappmenü **Objekt** den Eintrag `Workbook` ❽. Im Aufklappmenü **Prozedur** könnten Sie das Ereignis wählen, als Standard ist aber `Open` bereits vorgegeben. Genau das, was wir brauchen.

8. Tragen Sie als Quellcode `Name_erfassen.show` ein. In dem Moment, in dem Sie den Punkt eingeben, erscheint eine Liste aller möglichen Methoden ❾ und anderer Einträge, deren Beschreibung jetzt nur verwirren würde. Wenn die Methode, die Sie benötigen, in der Liste erscheint, können Sie sie markieren und mit [⇆] übernehmen.

9. Die erste Ereignisprozedur ist fertig. Jetzt geht es an die Programmierung der Schaltflächen. Öffnen Sie das Codefenster für Ihr Formular, indem Sie einen Doppelklick auf den Namen **Name_erfassen** machen. Die einzelnen Elemente des Formulars sind nicht im Projekt-Explorer zu sehen. Die Codefenster für die einzelnen Elemente sind etwas versteckt. Sie erreichen sie über einen Doppelklick auf das Element. Machen Sie einen Doppelklick auf die **OK**-Schaltfläche ❿.

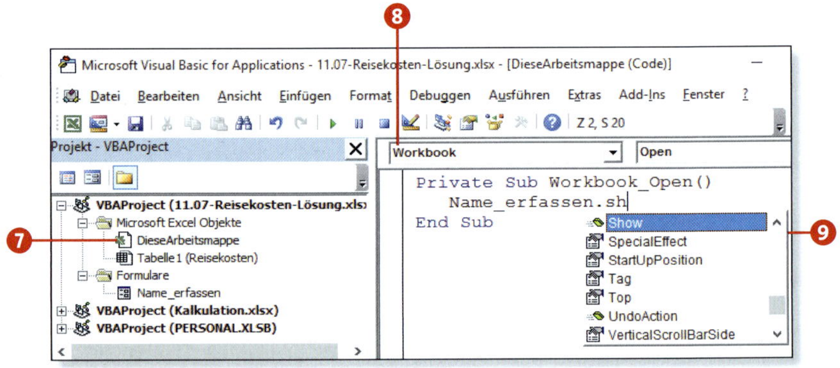

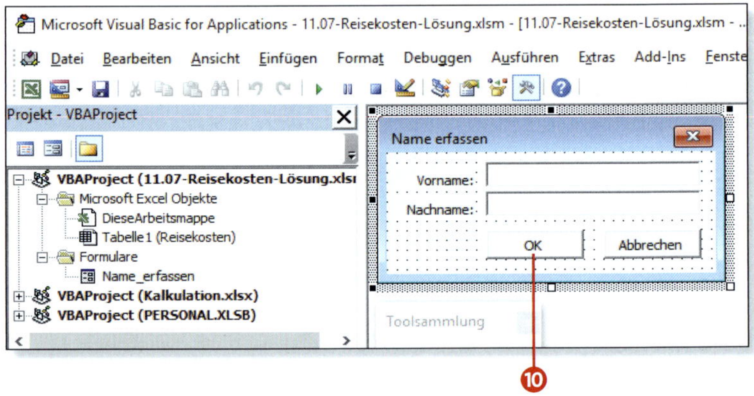

Programmierung testen

Sie sollten nach jedem wichtigen Schritt in der Programmierung testen, ob auch alles funktioniert. Das heißt, nach Schritt 8 sollten Sie den Editor schließen und Ihre Arbeitsmappe speichern. Passen Sie aber auf. Noch handelt es sich bei Ihrer Arbeitsmappe um eine normale Arbeitsmappe im *.xlsx*-Format. Daher wählen Sie beim Speichern sinnvollerweise **Arbeitsmappe mit Makros**!

10. Als **Objekt** ist schon **OK** vorgegeben. Hier sehen Sie, dass es sinnvoll war, der Schaltfläche den Namen `OK` zu geben. Andernfalls würde hier jetzt `CommandButton1` stehen, nicht gerade sehr aussagekräftig. Auch die Prozedur `Click` ⓫ ist schon vorgegeben. Sie brauchen also nur noch die zwei Codezeilen einzugeben. Die erste, um den Namen einzutragen, und die zweite, um das Formular wieder zu schließen.

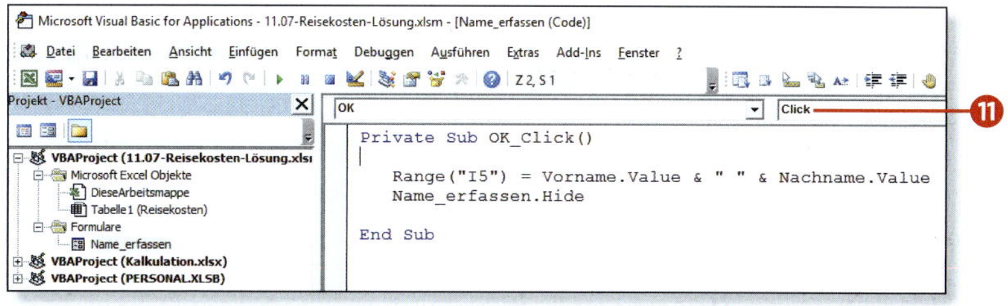

11. Bei der Schaltfläche **Abbrechen** gehen Sie genauso vor. Hier muss nur eine Codezeile eingetragen werden: `Name_erfassen.Hide`, welche das Formular nur wieder schließt.

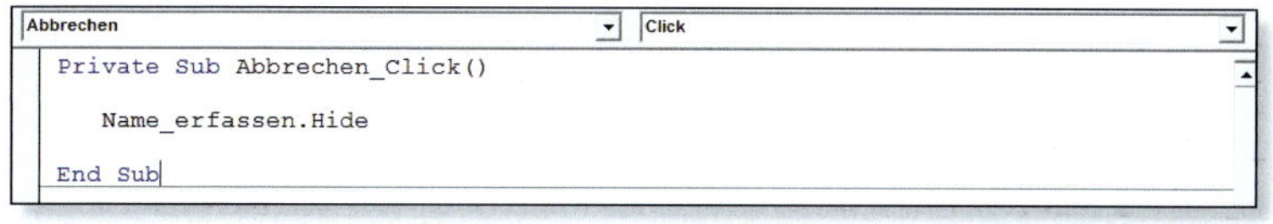

12. Im Formular fehlt jetzt noch die Fehlerbehandlung. Was passiert, wenn kein Vorname oder Nachname eingegeben wurde? Die Fehlerbehandlung macht in der Programmierung locker zwei Drittel aus. Im Quelltext sehen Sie, dass geprüft wird, ob bei `Vorname` nichts steht. Ist das der Fall, wird eine Fehlermeldung ausgegeben. Bei `Nachname` wird das Gleiche geprüft. Nur wenn in beiden Feldern etwas eingetragen wurde, werden die Inhalte in `I5` eingetragen, und das Formular wird geschlossen.

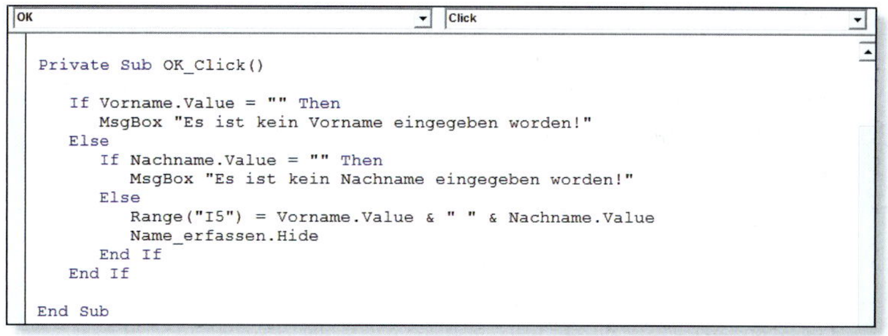

Range-Objekt

Die einfachste Form, direkt aus einem VBA-Programm auf eine Zelle auf dem Arbeitsblatt zuzugreifen, besteht in der Nutzung von `Range("[Zellbezug]")`. Mit `Range("I5")` greifen Sie auf die Zelle `I5` der aktuellen Arbeitsmappe zu. Das heißt, dass die Anweisung `Range("I5") = Vorname.Value & " " & Nachname.Value` den Inhalt (`Value`) des Textfelds `Vorname` verbunden durch ein Leerzeichen mit dem Inhalt des Textfelds `Nachname` in die Zelle `I5` des aktuellen Arbeitsblattes einfügt.

Eigene Tabellenfunktionen erstellen

Ein weiterer interessanter Einsatzbereich von VBA sind die Funktionen. Sie werden in einem Modul definiert und ergänzen die Excel-Funktionen. Sie werden genau wie Excel-Funktionen aufgerufen und tragen das Ergebnis ihrer Berechnungen in die Zelle ein, aus der sie aufgerufen wurden. Da es in Excel keine Funktion gibt, die das Quartal berechnet, wollen wir diese zusammen erstellen. Öffnen Sie dazu die Arbeitsmappe *11.08-FunktionQuartal.xlsm*.

1. Öffnen Sie den Visual Basic Editor (**Entwicklertools > Code > Visual Basic**), und legen Sie in dieser Arbeitsmappe ein neues Modul an. Klicken Sie in das Codefenster des neuen Moduls, und wählen Sie **Einfügen > Prozedur**.
2. Im Dialog **Prozedur hinzufügen** wählen Sie **Funktion** und geben den Namen `QUARTAL` ein. Dieser Name erscheint später auf dem Arbeitsblatt in der Liste der Funktionen. Bestätigen Sie die Eingabe mit **OK**.
3. Geben Sie nun die Funktion ein, wie sie in der Abbildung ❶ dargestellt wird. Beenden Sie danach den Editor.
4. Jetzt können Sie in die Zelle `D5` die Funktion `=QUARTAL(C3)` eintragen, und die Quartalsnummer wird passend zum Datum eingetragen. Die Funktion taucht auch in der Liste für die Autovervollständigung auf, als hätte es sie immer gegeben ❷.

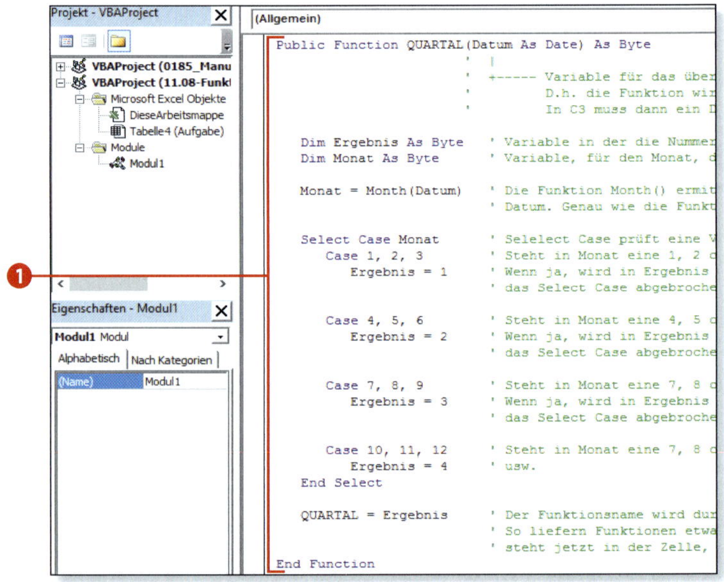

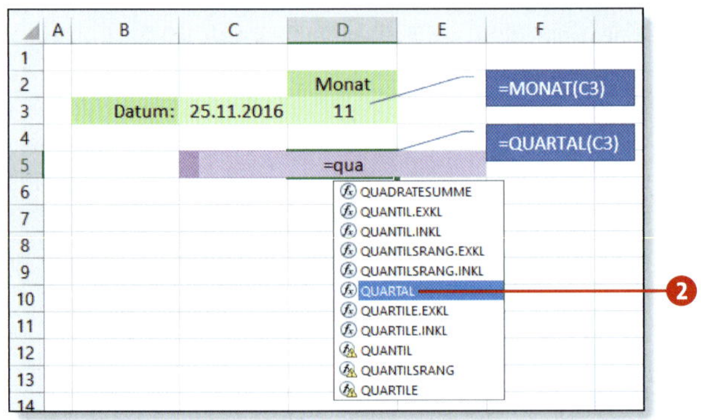

Funktionen überall verfügbar machen

Diese Funktionen sind allerdings nur in der Arbeitsmappe verwendbar, in der sie definiert wurden. Um sie überall verfügbar zu machen, legen Sie eine neue leere Arbeitsmappe mit einem leeren Modul an. Kopieren Sie alle Funktionen in dieses leere Modul. Speichern Sie die Arbeitsmappe als Add-In (`.XLAM`) im Verzeichnis *C:\Users\[Ihr Benutzername]\AppData\Roaming\Microsoft\AddIns*, und aktivieren Sie das Add-In danach.

12

Excel auf dem Tablet oder Smartphone

In diesem Kapitel

- Die Excel-App laden und installieren
- Die App im Überblick
- Excel per Touchscreen steuern
- Die Ansicht anpassen
- Die grundlegende Bedienung der Excel-App
- Daten aus OneDrive öffnen

In diesem Kapitel stelle ich Ihnen die mobile Nutzung von Excel 2016 vor. Dabei werde ich Ihnen zunächst zeigen, wie Sie die Excel-App im Store finden und auf Ihrem Smartphone oder Tablet installieren. Da die Bedienung beim Arbeiten unterwegs in aller Regel auf den Touchscreen des Geräts beschränkt ist, zeige ich Ihnen auf den folgenden Seiten außerdem, wie Sie auch ohne Maus und Tastatur die gewünschten Ergebnisse erzielen werden. Excel bietet Ihnen sogar die Möglichkeit, schnell zwischen Touch- und Mauseingabe zu wechseln, sodass Sie auf entsprechend ausgestatteten Geräten (wie etwa dem Surface von Microsoft) jederzeit entscheiden können, ob Sie mit Maus und Tastatur oder doch lieber per Touchscreen arbeiten möchten.

Gerade bei kleinen Mobilgeräten sind die Darstellungsgröße und die Optimierung der Ansicht entscheidend, ob Sie die Excel-App sinnvoll verwenden können. Denn was nützt Ihnen eine mobile App, in der Sie nichts erkennen können? Daher werden wir uns ansehen, welche Ansichten Ihnen auf dem Tablet beziehungsweise Smartphone zur Verfügung stehen und wie Sie die passende Ansicht einstellen.

Zu guter Letzt zeige ich Ihnen, wie Sie dank OneDrive jederzeit auf Ihre Daten zugreifen können, sodass Sie Ihre Arbeitsmappen auch unterwegs bearbeiten können.

Die Excel-App laden und installieren

Um Excel auf einem Tablet oder Smartphone nutzen zu können, müssen Sie es zunächst installieren. Die App steht Ihnen für die drei großen mobilen Betriebssysteme Windows 10 Mobile, iOS und Android zur Verfügung. In der folgenden Anleitung stelle ich Ihnen exemplarisch die Installation auf einem Android-Tablet vor.

1. Öffnen Sie auf Ihrem Smartphone oder Tablet Ihren App Store (also den *Microsoft Store*, den *App Store* oder den *Google Play Store*), und suchen Sie dort über das Eingabefeld ❶ nach Excel.
2. Ihnen werden daraufhin passende Treffer angeboten, und in der Ergebnisliste finden Sie unter anderem die Kachel für Microsoft Excel ❷. Tippen Sie einmal auf diese Kachel, um sich weitere Informationen zu dieser App anzeigen zu lassen.
3. In der Detailansicht tippen Sie dann auf die Schaltfläche **Installieren** ❸. Haben Sie die App bereits installiert, sehen Sie hier stattdessen die Schaltflächen **Deinstallieren** beziehungsweise **Öffnen**.

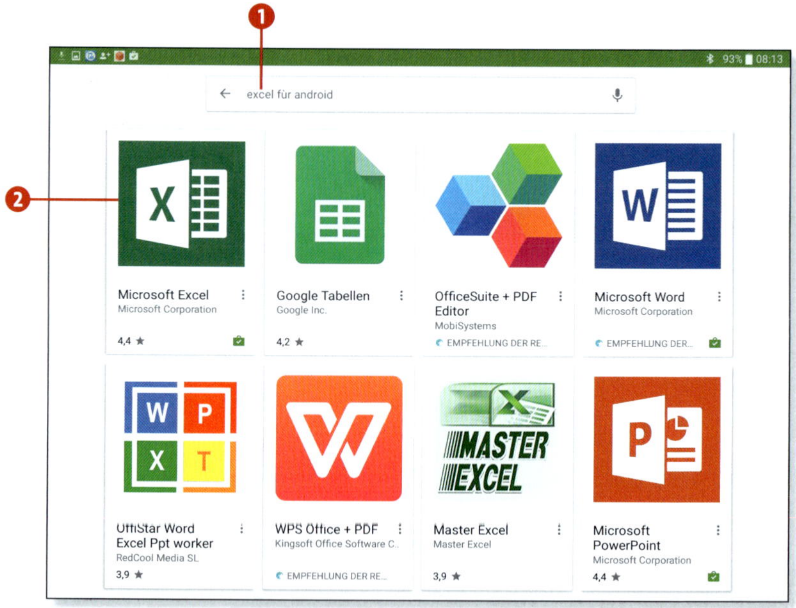

Vorinstallierte Office-Apps

Microsoft kooperiert mittlerweile mit Hardware-Herstellern, daher ist auf einigen Tablets und Smartphones die Excel-App bereits vorinstalliert. Achten Sie auf ein entsprechendes Icon in der Liste der installierten Apps, oder durchsuchen Sie das Gerät nach dem Begriff »Excel«. Ist die App vorinstalliert, lässt sie sich aufgrund der Voreinstellung des Herstellers auch nicht deinstallieren. In diesem Fall stehen Ihnen im App Store nur die Schaltflächen **Aktualisieren** und **Öffnen** zur Verfügung. Durch die Aktualisierung wird die App auf den neuesten Stand gebracht. Statt **Aktualisieren** steht dann der Text **Deinstallieren** auf der Schaltfläche. Hierüber lassen sich aber nur die Updates deinstallieren.

4. Sie müssen die Installation gegebenenfalls noch durch Eingabe Ihres Passworts bestätigen, bevor das Programm automatisch aus dem Internet geladen und auf Ihrem mobilen Gerät installiert wird. Ist die Installation abgeschlossen, sehen Sie auf der Detailseite des App Stores die Schaltfläche **Öffnen** 4. Tippen Sie darauf, um die App zu starten.
5. Sie können aber auch zunächst den Store schließen und die App durch Antippen des App-Icons 5 auf dem Startbildschirm Ihres Tablets oder Smartphones aufrufen.

Apps anordnen und organisieren

Je nach Betriebssystem können Sie nun Ihre neue App auf einen anderen Bildschirm ziehen, zu einer Gruppe mit den anderen Office-Apps zusammenfassen oder die Kachel in die Schnellstartleiste verschieben.

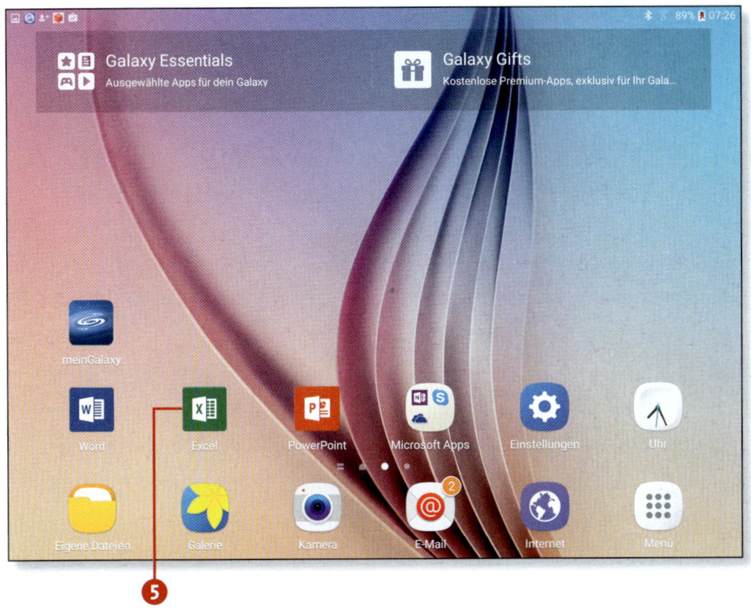

App Store schließen

Sie können Excel zwar über den App Store öffnen, der Store bleibt dann aber auch im Hintergrund geöffnet und belastet den Hauptspeicher. Daher empfehle ich, den Store zu schließen. Bei einem Android-Tablet oder -Smartphone muss die Store-App über die Taskansicht noch aus dem Hauptspeicher entfernt werden, bevor Sie Excel über Ihren Bildschirm per Antippen starten.

Die App im Überblick

In diesem Abschnitt gebe ich Ihnen einen groben Überblick über die Benutzeroberfläche der kostenlosen Excel-App. Der Funktionsumfang der App ist zwar im Vergleich zur Desktopversion deutlich eingeschränkt, aber Sie sollten sich trotzdem einmal die Möglichkeiten anschauen, die Ihnen Excel für Smartphones und Tablets bietet. In der App finden Sie folgende Bereiche und Funktionen:

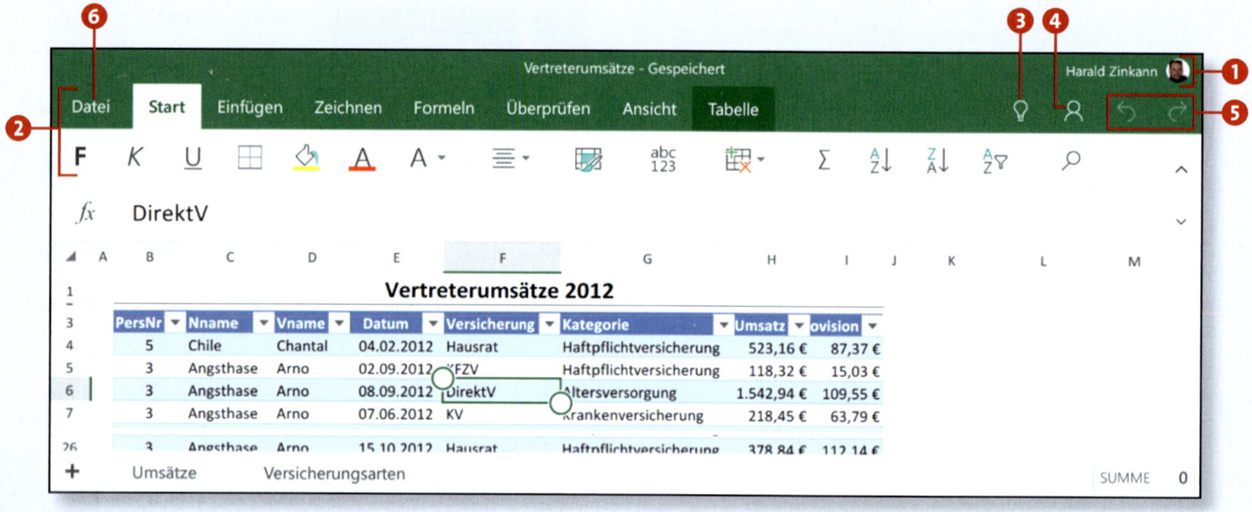

1. In der *Titelleiste* wird nicht nur der Arbeitsmappenname angezeigt, sondern auch der Status. Hier sehen Sie, ob die aktuelle Arbeitsmappe gespeichert ist oder gerade gespeichert wird. Rechts außen sehen Sie den Namen und das Bild des Kontoinhabers. Ein Klick auf diesen Namen oder das Bild öffnet das Konto, in dem Sie sich abmelden oder ein weiteres Konto hinzufügen können. Hierüber gelangen Sie auch zu den Einstellungen.
2. Das *Menüband* enthält die Register mit den Schaltflächen. Markieren Sie einen Tabellenbereich oder ein Diagramm, werden wie gewohnt weitere kontextabhängige Register eingeblendet, etwa das Register **Tabelle**, da in der Arbeitsmappe eine Zelle eines Tabellenbereichs markiert ist.
3. Tippen Sie auf das Glühbirnensymbol, wird die Eingabezeile **Was möchten Sie tun?** geöffnet. Hier können Sie nach Schaltflächen und Befehlen suchen, die Sie nicht sofort in den Registern finden.
4. Über das Figurensymbol öffnen Sie den **Freigeben**-Dialog. Auch in der App können Sie das Arbeitsblatt zur gemeinsamen Bearbeitung freigeben. Im Menü dieser Schaltfläche finden Sie aber auch die Möglichkeit, Ihre Arbeitsmappe als Anlage im Excel- oder PDF-Format zu verschicken.
5. Mit den beiden Pfeilschaltflächen lassen sich die letzten Schritte rückgängig machen beziehungsweise wiederholen. Lediglich ihre Position ist anfangs etwas gewöhnungsbedürftig.

6. Im Register **Datei** finden Sie statt der Kategorie **Optionen** (beziehungsweise dem Dialogfenster **Excel-Optionen**) mit ihren sehr umfangreichen Einstellmöglichkeiten die Kategorie **Einstellungen**. Hier können Sie den Zugang zu OneDrive herstellen, die wichtigsten Einstellungen aus dem Trust Center vornehmen, die automatische Speicherung einschalten oder ein Feedback an Microsoft senden.
7. Über die Plusschaltfläche in der Statuszeile lassen sich weitere Register einfügen.
8. Ein einfaches Tippen auf ein Arbeitsblattregister wechselt das Arbeitsblatt. Halten Sie den Finger für circa 2 Sekunden auf dem Registernamen, wird nach dem Loslassen ein Menü mit Registerbefehlen (**Umbenennen**, **Farbe** etc.) angezeigt ⑩.
9. Rechts in der Statuszeile wird, sobald Sie Zellen mit numerischen Inhalten markieren, die Summe angezeigt. Wenn Sie dieses Feld antippen, werden Ihnen in einem Menü zusätzlich noch der Mittelwert, Minimum, Maximum usw. angezeigt.

Alles in allem ist die App-Variante von Excel gelungen, die umfangreiche Bearbeitung von Arbeitsblättern wird aber nach wie vor am PC stattfinden. Durch den größeren Bildschirm bietet Ihnen die Desktopvariante in aller Regel mehr Übersicht, die bessere Ergonomie und vermutlich schlicht und ergreifend die besseren Arbeitsbedingungen – andererseits, mit dem Tablet im Park unter einem Baum zu sitzen …

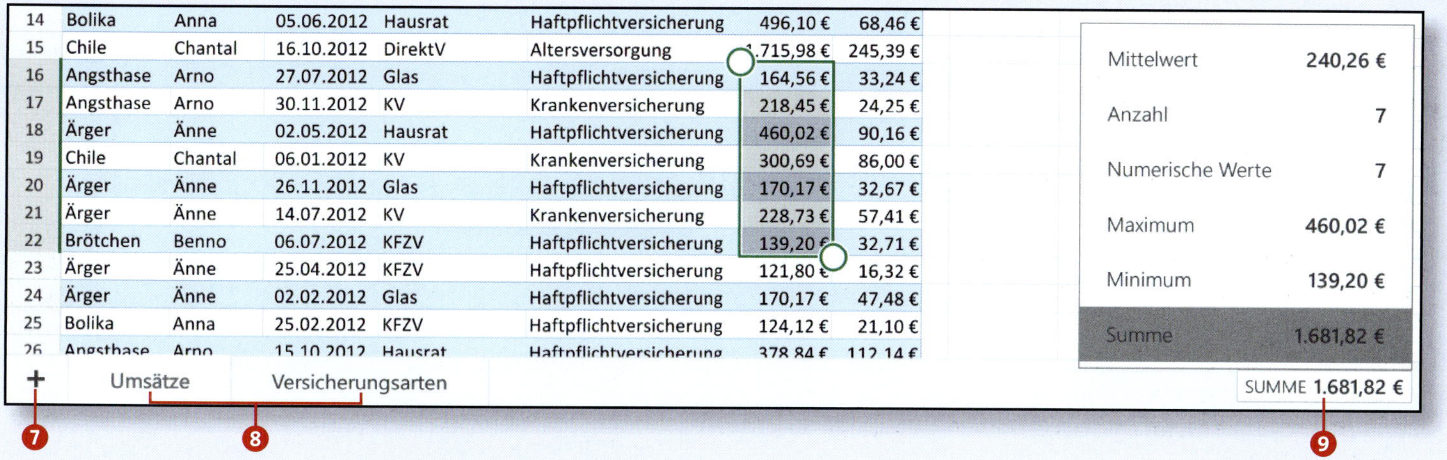

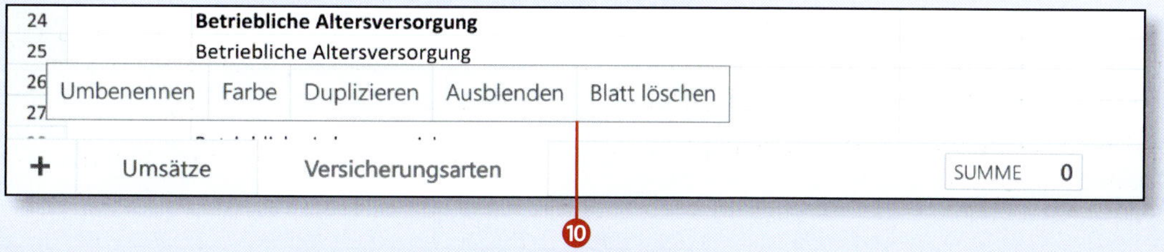

Excel per Touchscreen steuern

Excel ist bereits für die Bedienung mit den Fingern vorbereitet, und Sie können in der App (und auch im Desktopprogramm) zwischen dem Touch- und Mausmodus umschalten. Sollten Sie einen Touchscreen oder ein Tablet verwenden, schalten Sie die Eingabe von Maus- auf Fingereingabe um.

1. Fügen Sie der Symbolleiste für den Schnellzugriff zunächst aus dem Menü **Symbolleiste für den Schnellzugriff anpassen** ❶ den Befehl **Touch-/Mausmodus** hinzu.
2. Über das Aufklappmenü dieser Schaltfläche können Sie nun durch Antippen (oder Klicken) zwischen **Maus** und **Fingereingabe** ❷ wählen. Wählen Sie hier **Fingereingabe**.

   Alle Bedienelemente, also die Symbolleiste für den Schnellzugriff, das Menüband, die Statuszeile und Aufgabenbereiche, werden so vergrößert, dass eine Bedienung mit den Fingern denkbar einfach ist. Vor allem wird der Abstand zwischen den Schaltflächen erhöht ❸, sodass Sie sie bequem mit den Fingerspitzen bedienen können. Die Einstellung ist nicht zwingend nötig, erleichtert das Arbeiten auf Mobilgeräten aber ungemein.

Dialogfenster werden nicht optimiert

Die Dialogfenster, die Sie in der Regel über die kleinen Pfeilschaltflächen unten rechts in den Gruppen des Menübands erreichen, werden leider nicht optimiert dargestellt.

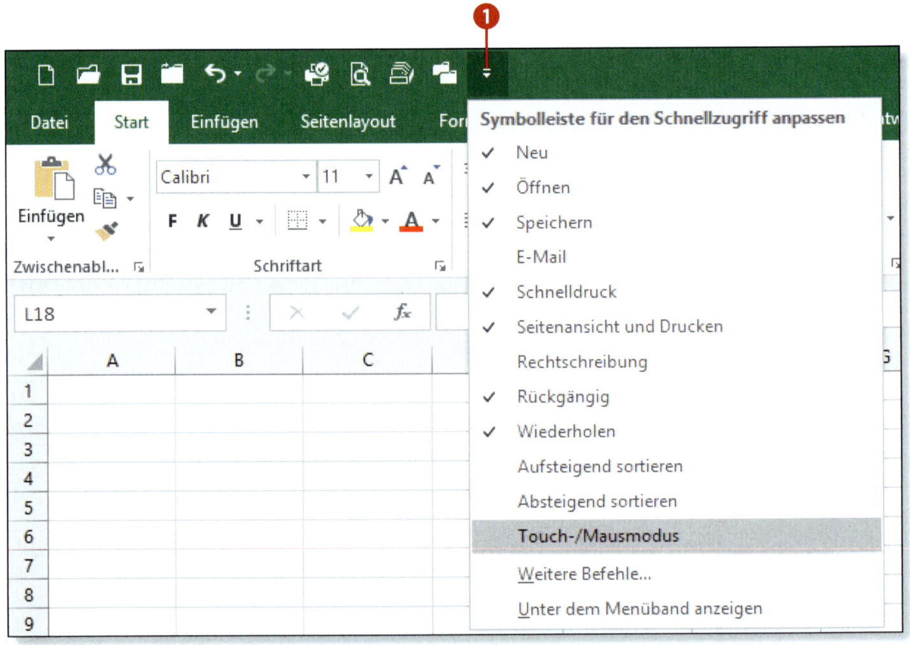

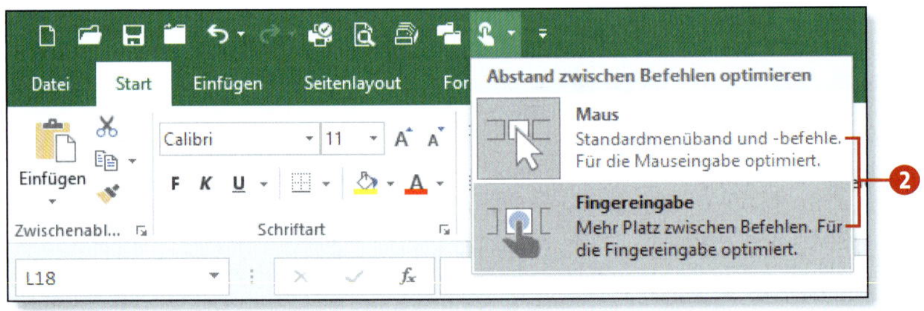

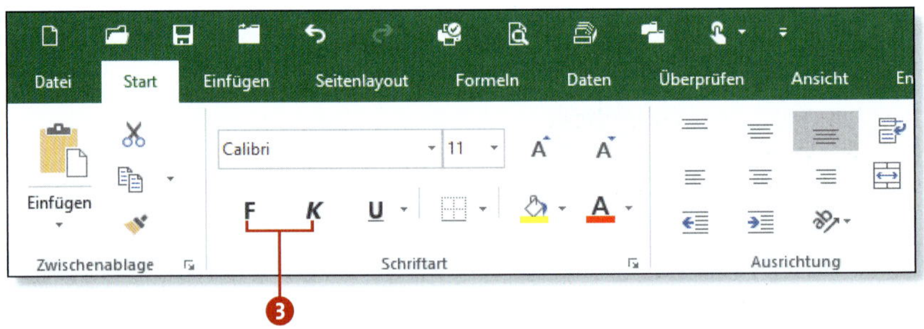

3. Um mehr Platz für Ihr Arbeitsblatt auf dem Bildschirm zu erhalten, können Sie auch in der Excel-App über die Pfeilschaltfläche **4** im Menüband dieses aus- beziehungsweise wieder einblenden.

4. Um auf einen anderen Tabellenausschnitt zu gelangen, tippen und ziehen Sie Ihren Finger einfach über das Arbeitsblatt. Um einen Ausschnitt zu vergrößern, tippen Sie mit zwei Fingern, vorzugsweise Daumen und Zeigefinger, auf das Arbeitsblatt und ziehen sie auseinander. Zum Verkleinern gehen Sie genau umgekehrt vor. In der Mitte des Bildschirms wird Ihnen der Zoomfaktor **5** angezeigt. Am unteren beziehungsweise oberen Ende der Skala wird der Text `Minimum` beziehungsweise `Maximum` angezeigt.

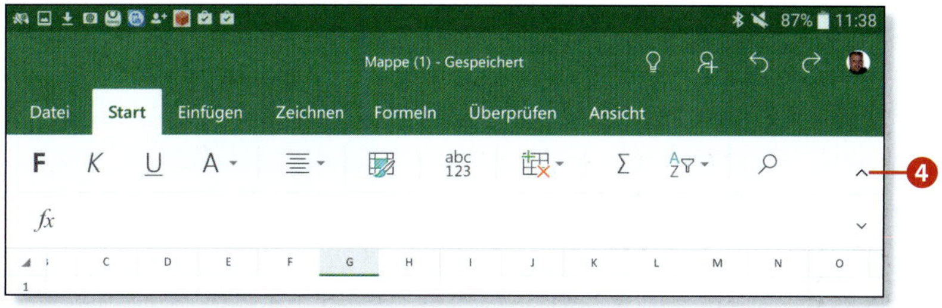

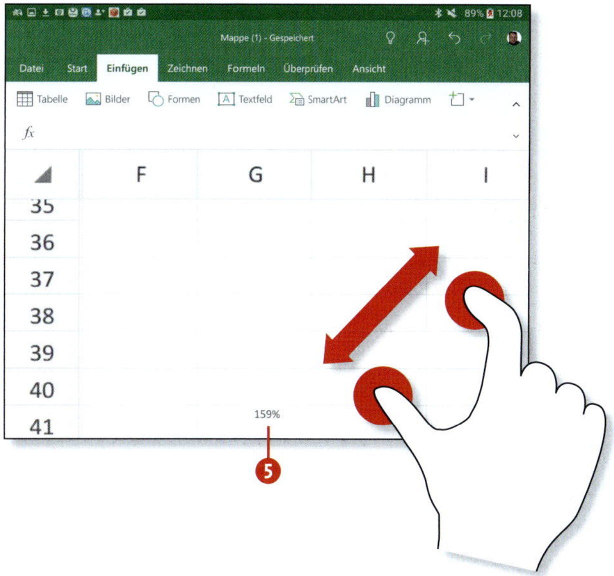

Excel in der Desktop- und Tabletversion

Die Bildschirmfotos auf der ersten Seite dieses Abschnitts stammen von einem Desktop-PC mit Touchscreen, die Bilder auf dieser Seite von einem Tablet. Bei der Bedienung von Excel mit Fingergesten spielt das keine Rolle, aber je nach Bildschirmgröße sind Unterschiede im Menüband, der Symbolleiste für den Schnellzugriff und den Schaltflächen zu erkennen. So werden Sie in der Tabletversion weder die Symbolleiste für den Schnellzugriff noch alle Register vorfinden, außerdem sind die Einstellmöglichkeiten in der mobilen Version deutlich eingeschränkt. Zum Betrachten und Korrigieren eines Arbeitsblattes ist die App vollkommen ausreichend. Zum Entwickeln einer neuen Tabelle würde ich den PC und damit das Programm immer der App vorziehen.

Die Ansicht anpassen

Auch auf einem Tablet haben Sie einige Möglichkeiten, die Ansicht so zu verändern, dass Ihnen mehr Platz zum Arbeiten bleibt beziehungsweise das Arbeiten erleichtert wird.

1. Um die Ansicht anzupassen, tippen Sie auf die Registerkarte **Ansicht** ❶. Wie auch in der Desktopversion finden Sie hier sämtliche Befehle, um die Benutzeroberfläche auf Ihre Bedürfnisse anzupassen. Nimmt Ihnen etwa die Bearbeitungsleiste zu viel Platz ein, entfernen Sie durch Antippen das Häkchen vor **Bearbeitungsleiste** ❷.
2. Haben Sie z. B. einen Tabellenbereich mit eigenen Gitternetzlinien versehen, können Sie über das Aufklappmenü **Einblenden/Ausblenden** ❸ das Häkchen bei dem Menüeintrag **Gitternetzlinien** durch Antippen entfernen.
3. Es kann auch schon einmal vorkommen, dass Sie, gerade auf einem Tablet, die Arbeitsmappe nur nutzen, um anderen Personen Ergebnisse oder Diagramme zu präsentieren. In diesem Fall entfernen Sie auch die Häkchen für **Überschrift** und **Blattregisterkarten**, um so noch mehr Raum für das Wesentliche zu schaffen.

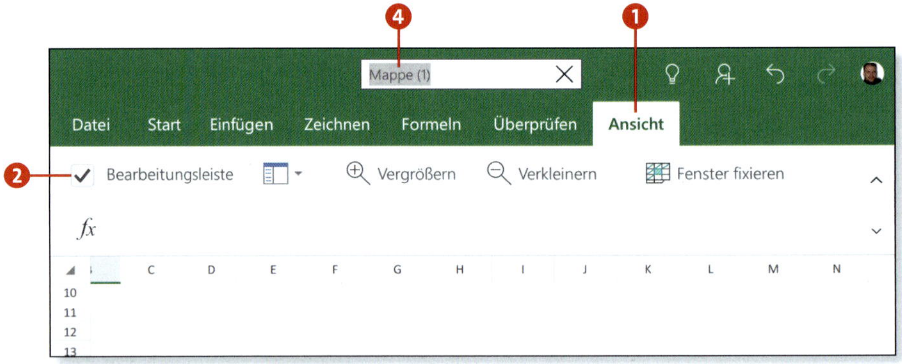

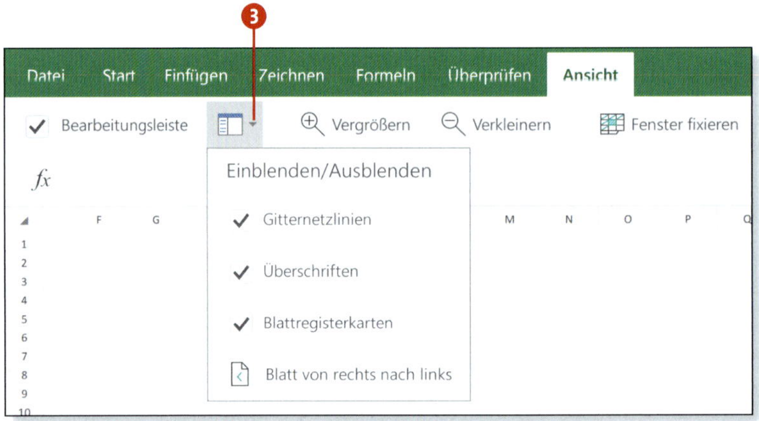

Arbeitsmappe umbenennen

Wollen Sie eine Arbeitsmappe in der App umbenennen, tippen Sie dazu auf den Arbeitsmappennamen in der Titelleiste ❹. Sie können dann die alte Bezeichnung überschreiben. Die Arbeitsmappe wird unter dem angegebenen Namen im Verzeichnis *Dokumente* auf Ihrem Tablet gespeichert.

4. Erhalten Sie eine Arbeitsmappe aus einem Land, in dem von rechts nach links geschrieben wird, werden die Buchstaben der Spaltenüberschriften auch von rechts nach links angeordnet. Klicken Sie auf **Ansicht > Einblenden/Ausblenden > Blatt von rechts nach links**, um die Ansicht wieder umzudrehen.

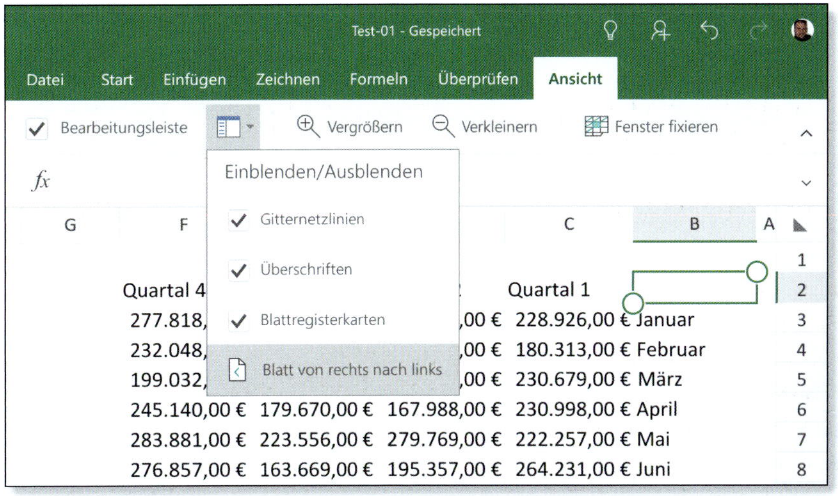

5. Sehr praktisch ist, dass Sie auch in der App das Arbeitsblatt an einer bestimmten Position fixieren können. Markieren Sie dazu per Fingertipp die Zelle vor beziehungsweise über den Spalten und/oder Zeilen, die Sie fixieren möchten. Wählen Sie im Register **Ansicht** das Aufklappmenü **Fenster fixieren** und hier den Menüeintrag **Fenster fixieren** 5. Alternativ können Sie hier auch, genau wie im Programm, nur die oberste Zeile oder nur die erste Spalte des Arbeitsblattes fixieren.

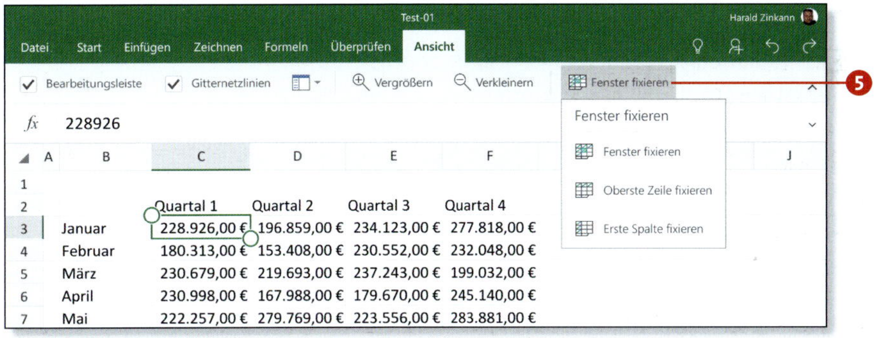

QuickInfo einblenden

Um sich in der Excel-App z. B. auf einem Tablet die QuickInfo zu einer Schaltfläche anzeigen zu lassen, bewegen Sie den Finger auf die Schaltfläche und verharren dort einen Moment. Nach ein paar Sekunden wird die QuickInfo für circa zwei Sekunden angezeigt.

Blatt von rechts nach links

Möchten Sie die Leserichtung in der Desktopversion von Excel, also z. B. auf Ihrem PC oder Laptop, ändern, wählen Sie **Datei > Optionen > Erweitert > Optionen für dieses Arbeitsblatt anzeigen** und aktivieren dort das Kontrollkästchen **Blatt in Rechts-nach-Links-Ansicht anzeigen**.

Die grundlegende Bedienung der Excel-App

In diesem Abschnitt stelle ich Ihnen die grundlegende Bedienung in der App vor, denn es gibt einige Abweichungen aufgrund der Touchbedienung, die Sie kennen sollten. Aber keine Sorge, Sie müssen nicht vollständig umdenken. Auch im Touchmodus gilt natürlich, dass Sie Zellen zunächst markieren müssen, bevor Sie etwas eingeben oder sie formatieren können.

1. Tippen Sie einfach mit dem Finger auf eine Zelle **1**, um sie zu markieren. Die derzeit aktive Zelle wird auch in der App durch den grünen Rahmen hervorgehoben.
2. Möchten Sie nun einen Zellbereich markieren, tippen und ziehen Sie den rechten Kreis **2**, um die Markierung zu erweitern.
3. Um eine Spalte zu markieren, tippen Sie einen Buchstaben der Spaltenüberschrift an. Über den rechten Kreis an der Markierung lässt sich die Markierung nach rechts erweitern. Über den doppelten Strich rechts neben dem Buchstaben **3** können Sie durch Tippen und Ziehen die Spaltenbreite verändern. Bei Zeilen gehen Sie genauso vor.

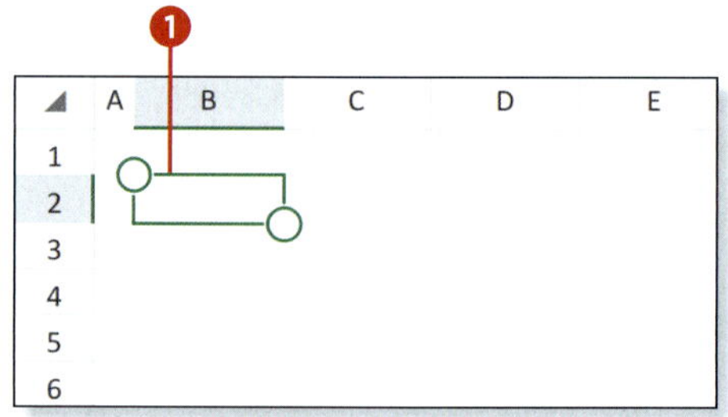

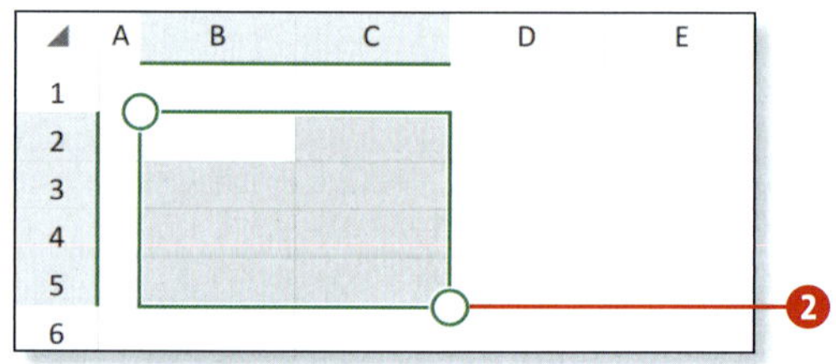

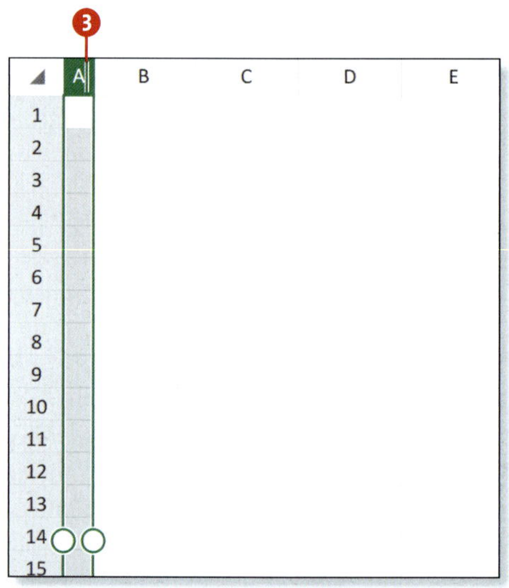

Tastatur einblenden

Nachdem Sie eine Zelle markiert haben, tippen Sie einfach zweimal schnell hintereinander auf die Zelle oder tippen einmal in die Bearbeitungszeile, um den Inhalt der Zelle zu bearbeiten. In beiden Fällen wird die Tastatur wieder ausgeblendet, wenn Sie zur Bestätigung Ihrer Eingabe das Häkchen in der Bearbeitungszeile antippen. Tippen Sie auf ↵ oder auf eine andere Zelle, wird die Bearbeitung beendet, die Tastatur bleibt aber eingeblendet. Um die Tastatur wieder auszublenden, tippen Sie einfach erneut in die Bearbeitungszeile und dort auf die grüne Schaltfläche mit dem Häkchen.

4. Um in der App die Autoausfüll-Funktion zu nutzen, tippen Sie zweimal nacheinander mit einer kurzen Verzögerung auf die gleiche Zelle (kein Doppeltipp). Die Zelle wird nun mit grünen Eckpunkten markiert, und über der Zelle wird die Minisymbolleiste angezeigt. Tippen Sie auf die Schaltfläche **Ausfüllen** ❹. Die Zelle wird grau ausgefüllt, und die Anfasspunkte werden zu grünen Quadraten. Tippen und ziehen Sie das rechte Quadrat nach rechts, bis auch die Zelle `F2` markiert und ausgefüllt ist.

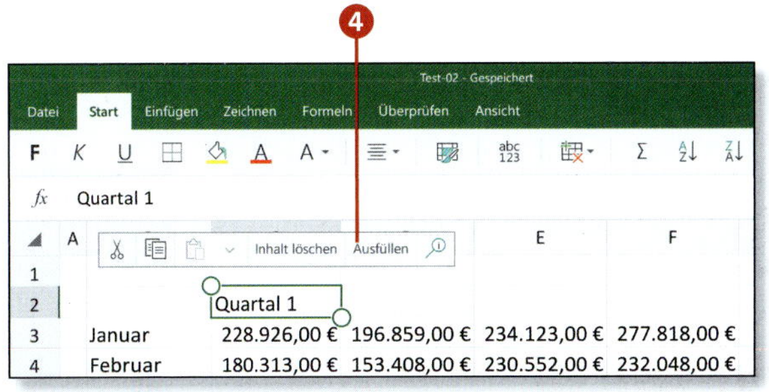

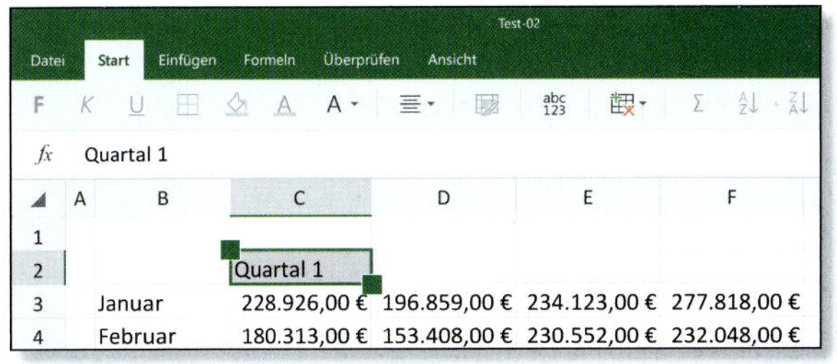

5. Auf dem Tablet lässt sich auch die Handschriftenerkennung sehr gut zum Beschriften von Tabellen einsetzen. Anstatt die Tastatur zu nutzen, geben Sie den Text einfach mit Ihrem Zeigefinger wie mit einem Kugelschreiber ein. Markieren Sie eine Zelle, und tippen Sie in die Bearbeitungszeile. Halten Sie Ihren Finger für circa zwei Sekunden auf die Taste rechts neben der **Sym**-Taste ❺. In dem folgenden Auswahlmenü wählen Sie die Texteingabe ❻. Das Tastaturlayout wird ausgeblendet und durch ein Eingabefeld für die Freitexteingabe ersetzt.

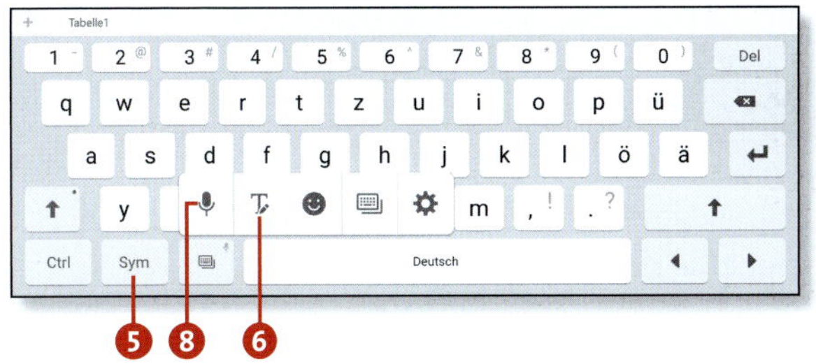

6. Schreiben Sie mit dem Finger Ihren Text (hier `Januar`). Anschließend bietet Ihnen die Texterkennung in der Zeile darüber die gefundenen Treffer an. Per Fingertipp wählen Sie `Januar` ❼, um den Text in die markierte Zelle zu übernehmen. Testen Sie es einfach einmal aus. Sie werden staunen, wie einfach es funktioniert.

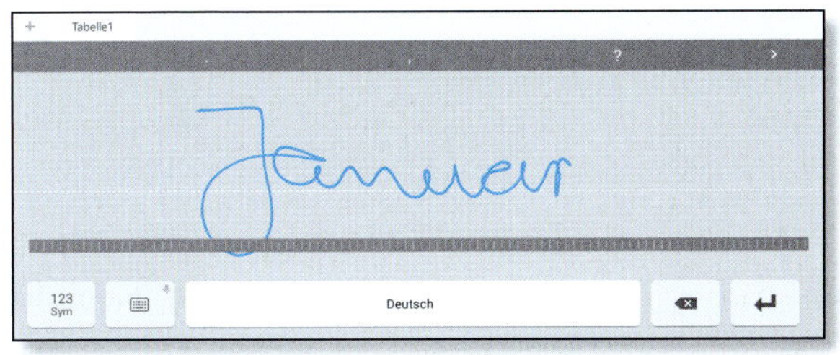

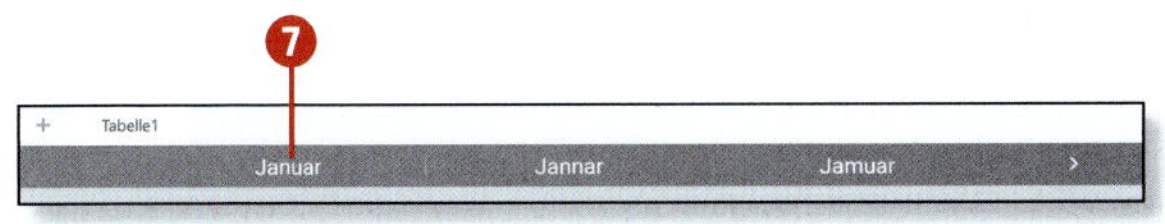

Spracheingabe

Auch die Spracheingabe klappt hervorragend. Tippen Sie in der Auswahl einfach auf das Mikrofonsymbol ❽, und sprechen Sie Ihren Text. Er wird dann in die markierte Zelle eingetragen.

Daten aus OneDrive öffnen

Natürlich lassen sich auch aus der Excel-App auf dem Tablet oder dem Smartphone Daten aus der Cloud, in diesem Fall *OneDrive*, öffnen und bearbeiten. So können Sie z. B. unterwegs eine Datei noch einmal begutachten, die Sie vorher auf Ihrem PC erstellt und anschließend in OneDrive gespeichert haben.

1. Tippen Sie dazu auf das Register **Datei**, und wählen Sie in der Backstage-Ansicht die Rubrik **Öffnen**. In der zweiten Spalte wählen Sie per Fingertipp **OneDrive** (1) aus.
2. Sie haben nun im rechten Bereich Zugriff auf alle Verzeichnisse und Dateien, die sich auf der obersten Ebene Ihres OneDrive-Speichers befinden. Tippen Sie auf das Verzeichnis, in das Sie wechseln möchten, oder auf die Arbeitsmappe, wenn sie bereits in dieser Spalte sichtbar ist. Sollten Sie ein Verzeichnis gewählt haben, erscheint eine neue Spalte in diesem Dialog mit den enthaltenen Ordnern und Dateien. Haben Sie die gewünschte Datei (2) gefunden, tippen Sie sie an.
3. Nach dem Antippen einer Arbeitsmappe wird diese aus Ihrem Onlinespeicher geladen und geöffnet. Während des Downloads sehen Sie ein Dialogfenster, das Ihnen den Fortschritt anzeigt.

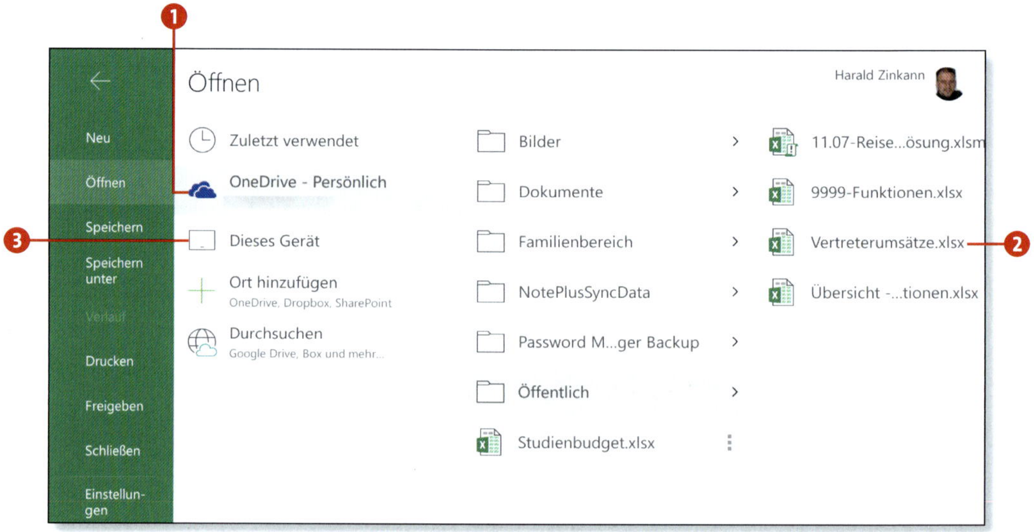

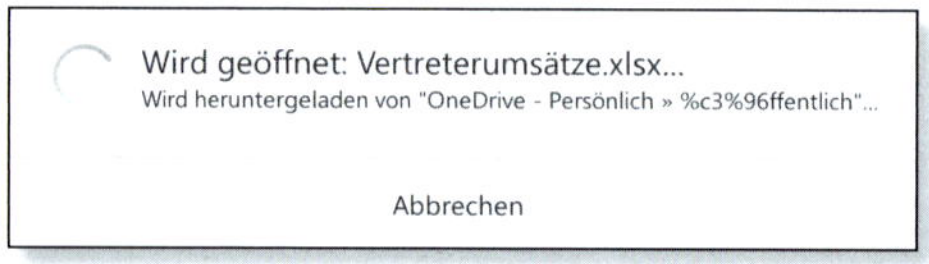

Arbeitsmappe öffnen

Die Excel-App verfügt nicht über das Datei-öffnen-Dialogfenster, in dem Sie in der Desktopversion die Festplatte Ihres PCs nach Dateien durchsuchen. In der App bietet Ihnen die Kategorie **Öffnen** diese Funktion. Auch wenn Sie eine Arbeitsmappe von Ihrem Tablet-Speicher öffnen möchten, durchwandern Sie spaltenweise Ihre Verzeichnisstruktur. Das heißt, genau wie beim Öffnen einer Arbeitsmappe aus der Cloud wird pro Verzeichnis eine neue Spalte mit der nächsten Verzeichnisebene angezeigt, wenn Sie **Dieses Gerät** (3) antippen.

13

Tipps und Tricks

In diesem Kapitel finden Sie themenübergreifende Tipps und Tricks, um die Arbeit mit Excel noch effizienter zu gestalten. Sie erfahren, wie Sie das Menüband mit eigenen Registerkarten und Befehlen erweitern, um es optimal an Ihre Bedürfnisse anzupassen. Aber nicht nur bestehende Elemente lassen sich in Excel anpassen, der Funktionsumfang des Programms kann darüber hinaus durch die Installation von Add-Ins erweitert werden. Ich zeige Ihnen, wie Sie im Store nach solchen Erweiterungen suchen und diese dann z. B. auf dem Arbeitsblatt verwenden.

In diesem Kapitel erfahren Sie aber auch, welche nicht allzu offensichtlichen Einstellungen sich noch im Backstage-Bereich verbergen. Ich zeige Ihnen beispielsweise, wie Sie Ihr Dokument prüfen, um persönliche Informationen zu entfernen, bevor Sie Ihre Arbeitsmappe weitergeben. Wir werden uns die Einstellmöglichkeiten des Trust Centers und der Excel-Optionen genauer ansehen und zu guter Letzt die Kontoeinstellungen prüfen.

In diesem Kapitel

Das Menüband anpassen

In Kapitel 11, »Makros und VBA«, ab Seite 271 haben Sie bereits gelernt, wie die Entwicklertools dem Menüband hinzugefügt werden. In diesem Abschnitt zeige ich Ihnen, wie Sie eigene Registerkarten und Gruppen mit den von Ihnen benötigten Schaltflächen zusammenstellen und diese schließlich im Menüband einblenden.

1. Klicken Sie mit der rechten Maustaste an eine beliebige Stelle des Menübands und in dem folgenden Menü auf den Befehl **Menüband anpassen**.
2. Sie gelangen daraufhin in das Dialogfenster **Excel-Optionen** mit der aktiven Kategorie **Menüband anpassen**. Markieren Sie im Bereich **Menüband anpassen** das Register (hier **Entwicklertools**), hinter dem Sie die benutzerdefinierte Registerkarte einfügen möchten, und klicken Sie auf die Schaltfläche **Neue Registerkarte** ❶.
3. Markieren Sie die neue Registerkarte ❷, und klicken Sie auf **Umbenennen** ❸. Im Dialogfenster **Umbenennen** geben Sie den Namen für Ihr neues Register ein und bestätigen die Eingabe mit **OK**. Sie sollten hier einen möglichst kurzen, aber sprechenden Namen wählen.

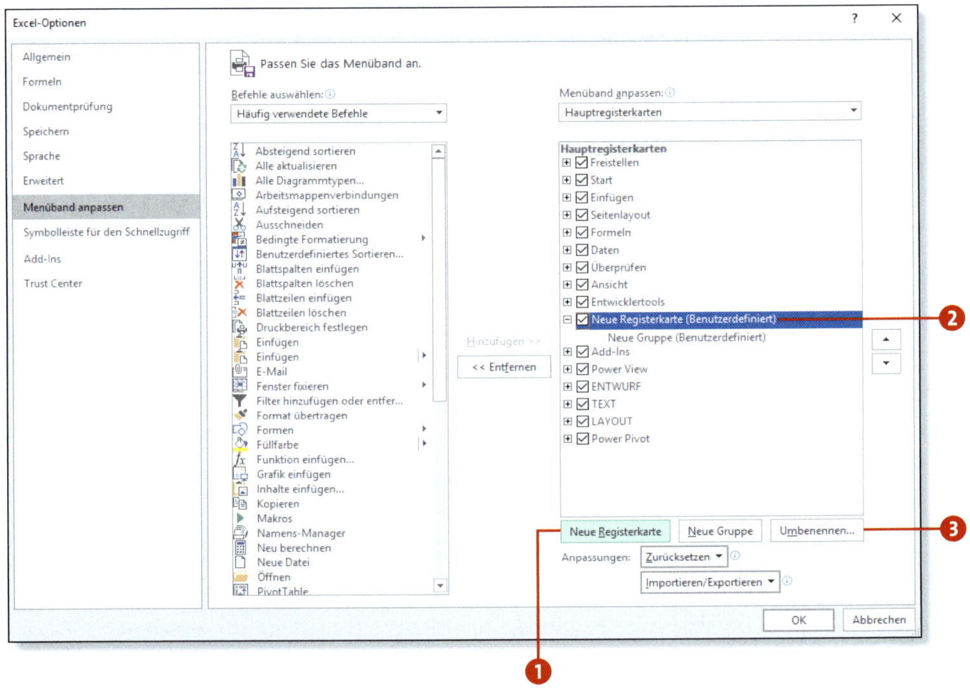

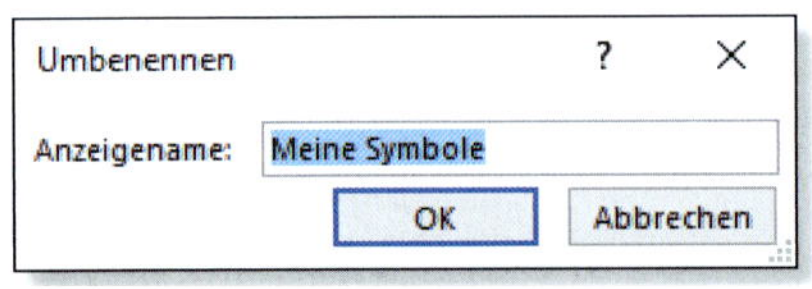

Standardregisterkarten umbenennen

Sollten Sie einmal ausprobieren, die bereits bestehenden Register umzubenennen, werden Sie feststellen, dass dies auch möglich ist. Ich möchte aber dringend davon abraten. Alle Hilfen, die sich auf diese Register beziehen, lassen sich dann nicht mehr mühelos zuordnen, um nur einen Grund zu nennen.

4. Wiederholen Sie anschließend Schritt 3 auch für die neue Gruppe. Nennen Sie sie z. B. »Diagramme«. Pro Register benötigen Sie mindestens eine Gruppe. Sie können aber nahezu beliebig Gruppen hinzufügen.
5. Fügen Sie nun Ihre Auswahl von Schaltflächen der neuen Gruppe hinzu, indem Sie zunächst die Position auf der rechten Seite markieren, unter der Sie die neue Schaltfläche platzieren möchten, nun im Aufklappmenü **Befehle auswählen** den Eintrag **Alle Befehle** 3 wählen, die gewünschte Schaltfläche 4 markieren und schließlich per Mausklick auf die Schaltfläche **Hinzufügen** 5 auf die rechte Seite kopieren.
6. Markieren Sie die neue Schaltfläche, Gruppe oder Registerkarte im Bereich **Menüband anpassen**, können Sie ihre Position mit den Pfeilschaltflächen 6 ändern. Dies gilt übrigens auch für bestehende Registerkarten.
7. Bestätigen Sie abschließend Ihre Modifikationen mit einem Klick auf **OK**. Im Menüband sehen Sie jetzt Ihr neues Register.

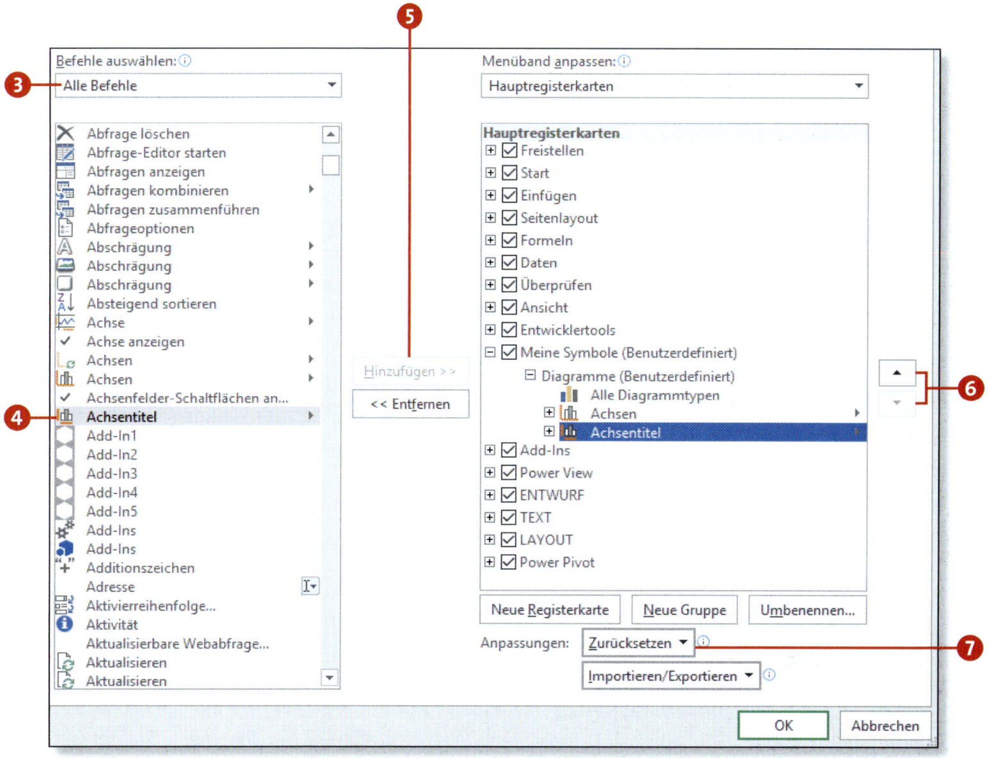

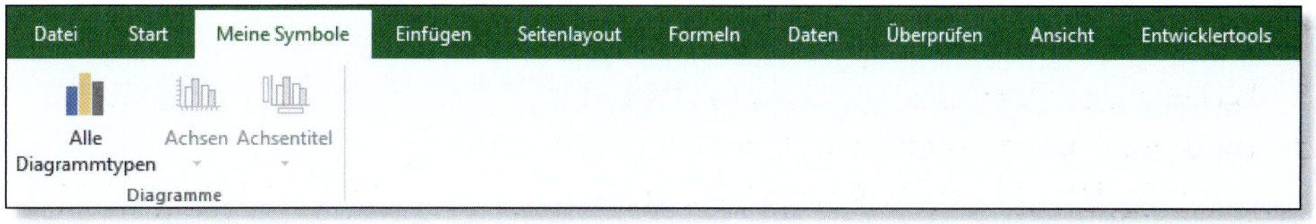

Standardregister entfernen und umsortieren

Standardregisterkarten lassen sich ausblenden, indem Sie in den **Excel-Optionen** die Häkchen entfernen. Davon rate ich aber ab, da Sie sich danach auf einem fremden Rechner nicht mehr zurechtfinden werden.

Änderungen zurücksetzen

Mit einem Klick auf Zurücksetzen 7 lassen sich alle Änderungen verwerfen. Damit werden alle benutzerdefinierten Registerkarten gelöscht, die **Entwicklertools** wieder ausgeblendet, und die Symbolleiste für den Schnellzugriff wird auf die ursprüngliche Größe zurückgesetzt.

Excel mit Add-Ins erweitern

Die Arbeitsmappe *13.03-Add-Ins.xlsx* enthält das Add-In *Gauge*. Um dieses Add-In in Ihre Arbeitsmappen zu integrieren, müssen Sie es im Store zunächst laden. Keine Sorge, hier gibt es, genau wie bei Ihrem Smartphone, viele kostenlose Add-Ins. Gauge zählt auch zu ihnen.

1. Klicken Sie auf **Einfügen > Add-Ins > Store** ❶, um den Store zu öffnen.
2. Im Store wird Ihnen eine Liste von Add-Ins zusammengestellt, die Sie durchstöbern können. Klicken Sie z. B. auf die Kategorie **Visualisierung** ❷. Suchen Sie ein bestimmtes Add-In zum Visualisieren, können Sie aber auch das Suchfeld ❸ verwenden: Geben Sie in das Textfeld Ihren Suchbegriff ein (hier »Gauge«), und klicken Sie auf das Lupensymbol. Ihnen werden daraufhin die Suchergebnisse angezeigt. Im Beispiel beschränkt sich die Liste auf zwei Ergebnisse: *Gauge* und *Gauge Pro*. Beachten Sie, dass manche Add-Ins kostenpflichtig ❹ sind. Klicken Sie auf **Gauge** ❺, um mehr über dieses Add-In zu erfahren. Über die Schaltfläche **Hinzufügen** wird das Add-In Ihren Add-Ins und dem Arbeitsblatt hinzugefügt.
3. Dort folgen Sie den Anweisungen. Ihr Arbeitsblatt enthält nun einen Tacho, über den Sie Ihre Zahlen visualisieren können. Für dieses Add-In ist ein Internetzugang erforderlich. Unter **Einfügen > Add-Ins > Meine Add-Ins** ❻ können Sie sich einen Überblick über bereits erworbene Add-Ins verschaffen und diese auch wieder entfernen.

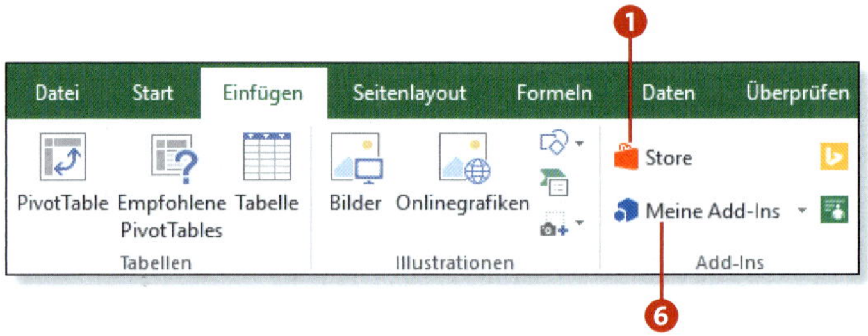

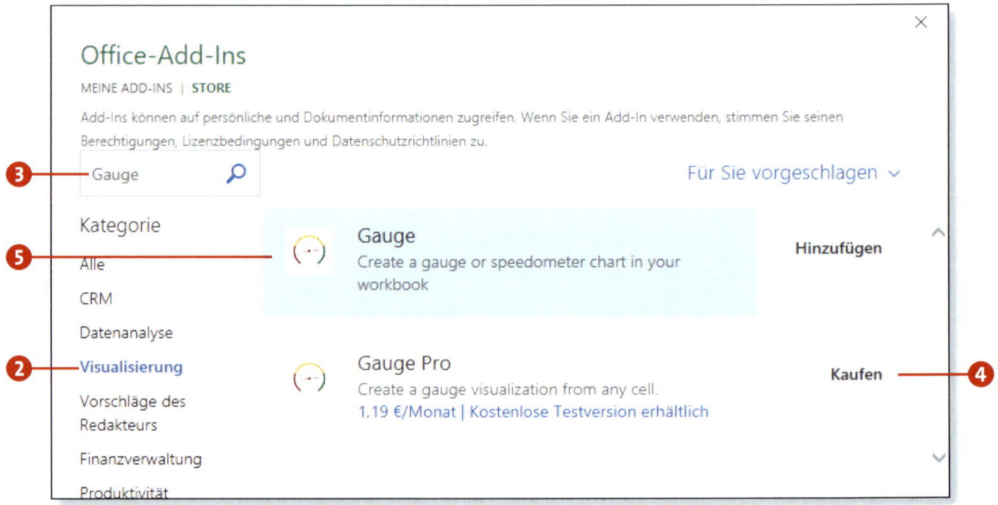

Suchergebnisse im Store

Wenn Sie im Store nach Add-Ins suchen, wird immer nur in der ausgewählten Kategorie gesucht. Möchten Sie alle Kategorien in Ihre Suche einschließen, wählen Sie vorher in der Seitenleiste die Kategorie **Alle**.

Tipps zu Add-Ins

Nach der Installation von Excel 2016 stehen Ihnen noch nicht alle Funktionen und Funktionalitäten zur Verfügung, obwohl sie installiert wurden. Es ist einfach nicht sinnvoll, immer alles, was möglich ist, auch in den Speicher zu laden. Daher müssen Sie einige Add-Ins bei Bedarf zunächst aktivieren. Wenn Sie sie längere Zeit nicht mehr genutzt haben, ist es außerdem sinnvoll, sie zu deaktivieren. Im Abschnitt »Eigene Tabellenfunktionen erstellen« auf Seite 284 habe ich bereits beschrieben, wie Sie eigene Funktionen via Add-In in allen Arbeitsmappen verfügbar machen. Schauen wir uns die Excel-Optionen zu Add-Ins aber noch einmal genauer an.

1. Klicken Sie auf **Datei > Optionen > Add-Ins**. In der rechten Hälfte des Dialogfensters sehen Sie eine Übersicht über die aktiven und inaktiven Add-Ins ❶.
2. Klicken Sie auf ein Add-In aus dieser Liste, werden Ihnen im unteren Bereich des Fensters weitere Informationen zum markierten Add-In angezeigt. Im Aufklappmenü **Verwalten** ❷ wird Ihnen eine Liste der Add-In-Kategorien angezeigt. Nach der Auswahl wechseln Sie mit einem Klick auf **Los** in die Liste der Add-Ins dieser Kategorie.
3. Hier können Sie jetzt durch Anklicken der Kontrollkästchen Add-Ins aktivieren beziehungsweise deaktivieren. Bestätigen Sie Ihre Änderungen, indem Sie beide Dialogfenster mit einem Klick auf **OK** schließen.

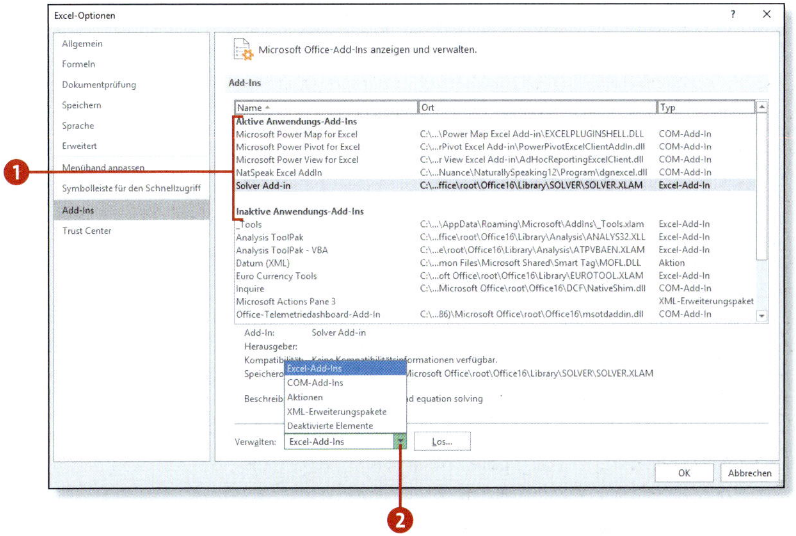

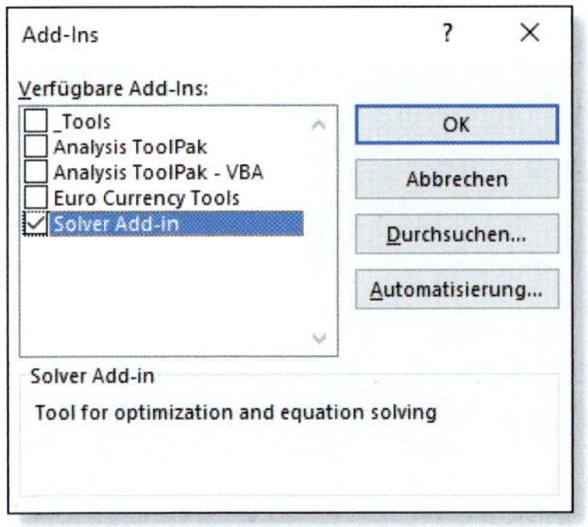

Systemressourcen einsparen

Unter dem Typ **Excel-Add-Ins** finden Sie z. B. den Solver, den Sie deaktivieren sollten, wenn Sie ihn nicht benötigen. So stehen Ihnen für das Arbeiten mit Excel mehr Systemressourcen zur Verfügung.

Dokumente überprüfen

Es kann schon einmal vorkommen, dass Sie eine Arbeitsmappe an andere Personen weitergeben. Ihre Arbeitsmappe enthält aber noch hausinterne Kommentare und Eigenschaftenfelder, die für andere Personen nicht gedacht sind. Natürlich können Sie jetzt beginnen, alle Elemente Schritt für Schritt zu entfernen, Excel bietet hierfür aber ein Tool, das Ihnen diese Arbeit abnimmt. In der Arbeitsmappe *13.05-Adressen.xlsx* habe ich Kommentare eingefügt und unter **Datei > Informationen** einige Felder mit Informationen versehen, die entfernt werden sollten.

1. Klicken Sie auf **Datei > Informationen**, und wählen Sie anschließend die Schaltfläche **Auf Probleme überprüfen**. Im Menü der Schaltfläche klicken Sie auf **Dokument prüfen** ❶.
2. Im folgenden Dialogfenster **Dokumentprüfung** können Sie auswählen, nach welchen Elementen gesucht werden soll. In der Regel ist die Standardeinstellung sinnvoll, klicken Sie daher gleich auf **Prüfen** ❷.
3. Das Dialogfenster wird um die gefundenen Elemente erweitert. Per Klick auf die Schaltflächen **Alle entfernen** ❸ können Sie jetzt individuell entscheiden, welche Elemente aus welcher Kategorie entfernt werden sollen.

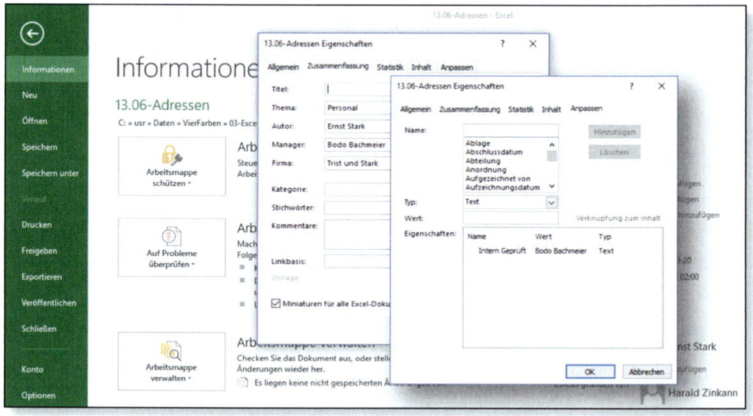

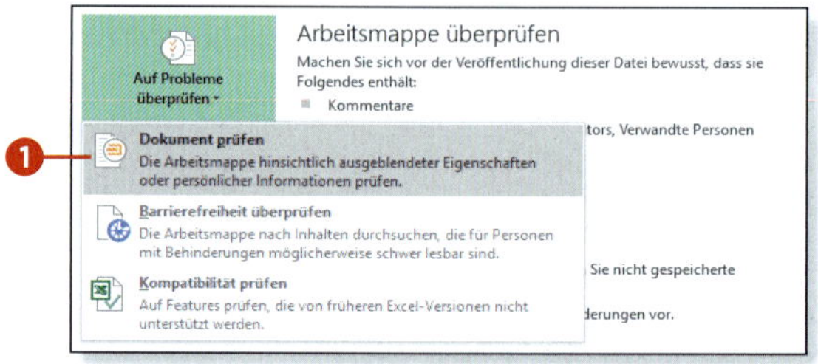

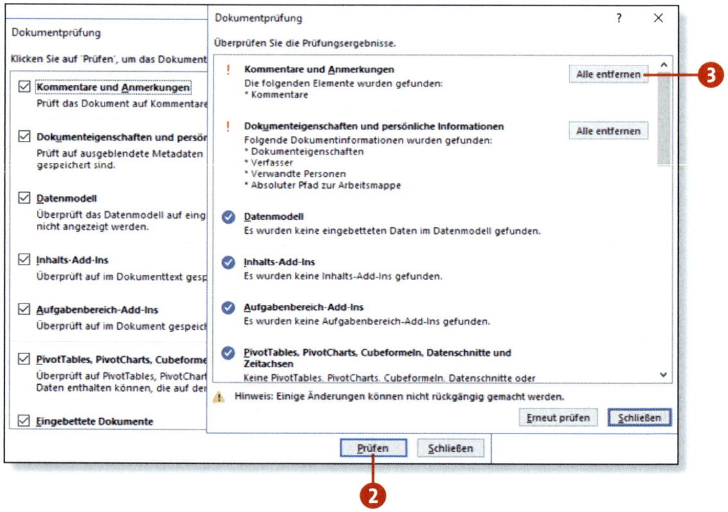

Sicherungskopie

Damit Sie die Schritte auf dieser Doppelseite beliebig oft wiederholen können, habe ich Kopien der beiden Beispieldateien im Unterverzeichnis *Sicherungskopie* gespeichert. Sollten Sie also nach den hier beschriebenen Schritten Ihre Arbeitsmappe gespeichert haben, überschreiben Sie sie einfach mit der entsprechenden Arbeitsmappenkopie aus diesem Ordner.

Es kann aber auch sein, dass Sie sich darüber wundern, dass alle Ihre persönlichen Einstellungen nach dem Speichern wieder verschwunden sind, obwohl Sie sie zuvor extra eingetragen haben. Im Regelfall liegt das daran, dass Ihre Excel-Arbeitsmappe in einer älteren Version erstellt und die Option **Beim Speichern persönliche Daten aus Dateieigenschaften entfernen** aktiviert wurde. Eine solche alte Arbeitsmappe habe ich mit dem Namen *13.05-Alte Datei.xlsx* in den Beispielen abgelegt.

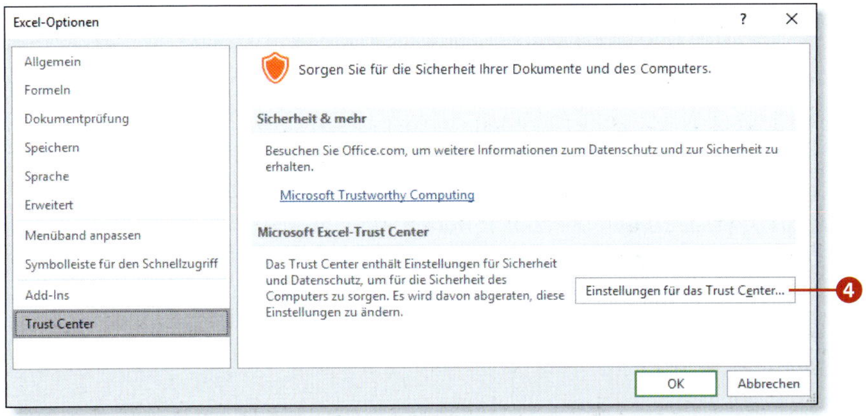

1. Geben Sie unter **Datei > Optionen > Informationen** in das Feld **Autor** Ihren Namen ein, und speichern Sie die Arbeitsmappe. Wählen Sie anschließend wieder **Datei > Informationen**. Sie werden feststellen, dass Ihr Name entfernt wurde.
2. Zum Deaktivieren dieser Option wählen Sie **Datei > Optionen > Trust Center** und klicken hier auf die Schaltfläche **Einstellungen für das Trust Center** ❹.
3. Im Dialogfenster **Trust Center** wählen Sie die Kategorie **Datenschutzoptionen** ❺. Auf der rechten Seite des Dialogfensters entfernen Sie das Häkchen bei **Beim Speichern persönliche Daten aus Dateieigenschaften entfernen** ❻ und verlassen das **Trust Center**, indem Sie alle noch offenen Dialoge mit **OK** bestätigen. Alle persönlichen Eingaben werden jetzt mitgespeichert.

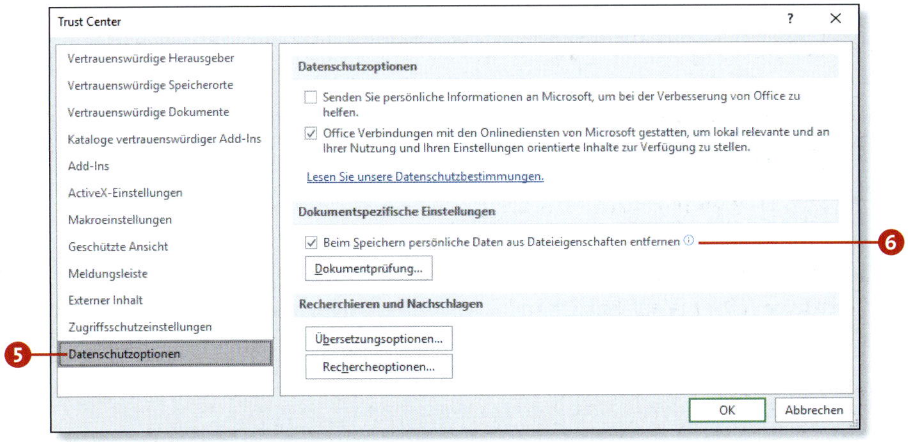

Option lässt sich nicht erneut aktivieren

Die Option **Beim Speichern persönliche Daten aus Dateieigenschaften entfernen** lässt sich im **Trust Center** zwar ausschalten, danach aber nicht wieder einschalten, da es hierzu ja jetzt die *Dokumentenprüfung* gibt.

Arbeitsmappen als Webseiten veröffentlichen

Sie möchten hausintern eine Mitarbeiterliste, die Daten zu der Abteilung, Telefonnummer, E-Mail-Adresse und andere Daten enthält, im Intranet verfügbar machen. Dazu können Sie Ihre Excel-Arbeitsmappe als Webseite veröffentlichen. Die Arbeitsmappe *13.06-Mitarbeiter.xlsx* enthält die hierfür notwendigen Daten.

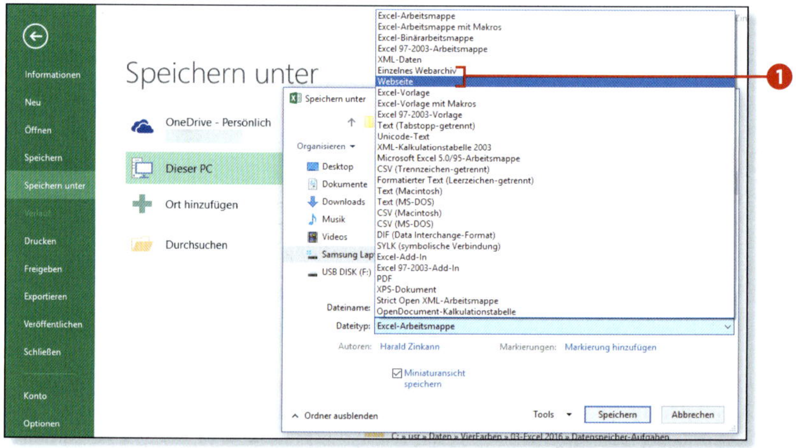

1. Wählen Sie zunächst **Datei > Speichern unter > Dieser PC** und dann ein Verzeichnis Ihrer Wahl. Im Dialogfenster **Speichern unter** wählen Sie als Dateityp **Einzelnes Webarchiv** oder **Webseite** ❶.

2. Jetzt wird es etwas komplexer, da, je nachdem, welche Schaltflächen Sie im Dialog **Speichern unter** nutzen, unterschiedliche Dialogfenster erscheinen. Wählen Sie bei den Optionsfeldern **Gesamte Arbeitsmappe** ❷, wird über die Schaltfläche **Veröffentlichen** ❸ das Dialogfenster **Als Webseite veröffentlichen** (siehe nächste Seite) angezeigt, obwohl Sie, wie man an der Dateiendung erkennt, ein Webarchiv speichern. Mit einem Klick auf **Speichern** ❹ öffnet sich ein Infofenster. Wenn Sie hier mit **OK** bestätigen, wird das Archiv erstellt.

   Sollten Sie **Neu veröffentlichen: Tabelle** ❺ wählen, gelangen Sie sowohl über **Veröffentlichen** als auch über **Speichern** ❹ in das Dialogfenster **Als Webseite veröffentlichen**.

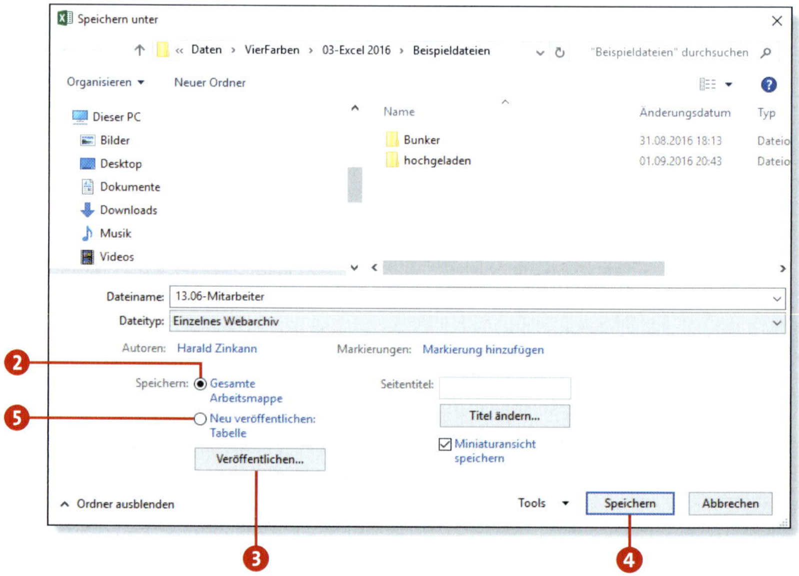

Webarchiv und Webseite

Ein *Webarchiv* besteht nur aus einer MHTML-Datei, in der alle Bestandteile (Bilder, Text, Tabellen etc.) zu einem Archiv zusammengepackt wurden. Dieses Archiv wird zum Betrachten, also nach einem Doppelklick auf den Dateinamen, automatisch entpackt und in Ihrem Browser angezeigt. Eine *Webseite* besteht aus einer HTML-Datei und einem Verzeichnis mit gleichem Namen, das die einzelnen Elemente der Webseite enthält.

3. In dem Dialogfenster **Als Webseite veröffentlichen** haben Sie nun noch weitere Einstellungsmöglichkeiten. Im Aufklappmenü **Wählen** 6 stehen Ihnen fünf Listeneinträge zur Verfügung:

   Wählen Sie **Bereits veröffentlichte Elemente**, werden Ihnen anschließend im Feld darunter alle Bereiche aufgelistet, die Sie bereits veröffentlicht oder gespeichert haben. Sollten Sie **Gesamte Arbeitsmappe** wählen, werden alle Register der Arbeitsmappe gespeichert. Bei **Zellbereich** müssen Sie zusätzlich den Bereich markieren 7, der als Webseite oder -archiv gespeichert werden soll. So lässt sich genau festlegen, welche Tabellenbereiche sichtbar sein sollen. Die restlichen Einträge zeigen die vorhandenen Arbeitsblattregister. Wählen Sie einen dieser Einträge, wird das jeweilige Arbeitsblatt komplett veröffentlicht.

4. Über die Schaltfläche **Ändern** können Sie der Webseite noch einen Titel hinzufügen. Mit einem Klick auf **Durchsuchen** können Sie die Webseite unter einem anderen Namen als die Excel-Arbeitsmappe speichern. Haben Sie alle Änderungen vorgenommen, klicken Sie abschließend im Dialog **Als Webseite veröffentlichen** auf **Veröffentlichen**.

6
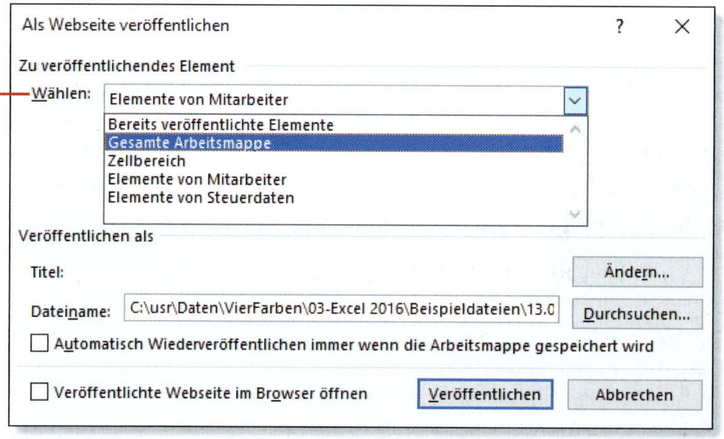

7
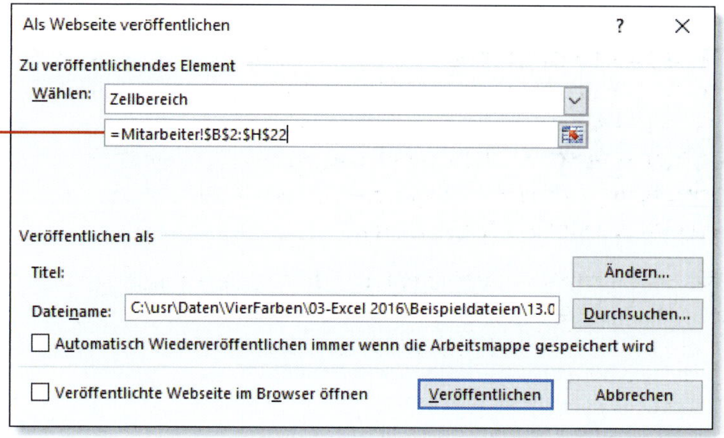

Verbotene Zeichen für URLs

In einem Dateinamen sind nahezu alle Zeichen erlaubt. Bei einer *URL* (*Uniform Resource Locator*) einer Webseite ist das nicht der Fall. Insbesondere die Zeichen ä, ö, ü, Ä, Ö, Ü, ß, Leerzeichen und . sind für Internetadressen tabu. Daher sollten Sie bei der Namensgebung darauf achten, dass nicht wie hier der Name der Datei mit z. B. *13.06_...* beginnt.

Veröffentlichen versus Speichern

Die Unterschiede zwischen den Vorgängen *Speichern* und *Veröffentlichen* habe ich Ihnen in der Tabelle `Dateinamen und was damit passiert` der Beispieldatei *13.06-Mitarbeiter.xlsx* verdeutlicht.

Sicherheit mit dem Trust Center

Die Sicherheit auf Ihrem PC sollte natürlich großgeschrieben werden. Doch manchmal ist es einfach nervig, wenn jedes Mal vor dem Speichern oder nach dem Öffnen ein Sicherheitshinweis angezeigt wird. Beides lässt sich aber relativ einfach in den Griff bekommen. Die Warnung beim Speichern liegt daran, dass Ihre Arbeitsmappe in einer älteren Version erstellt wurde und ein Häkchen bei **Beim Speichern persönliche Informationen aus Dateieigenschaften entfernen** gesetzt ist.

1. Um diese Option auszuschalten, klicken Sie auf **Datei > Optionen > Trust Center > Einstellungen für das Trust Center > Datenschutzoptionen** ❶ und entfernen das Häkchen durch einen Klick auf das entsprechende Kontrollkästchen ❷.
2. Da es sich bei diesem Kontrollkästchen um eine Option aus älteren Excel-Versionen handelt, wird, nachdem Sie das Häkchen entfernt haben, diese Zeile deaktiviert und grau geschaltet.

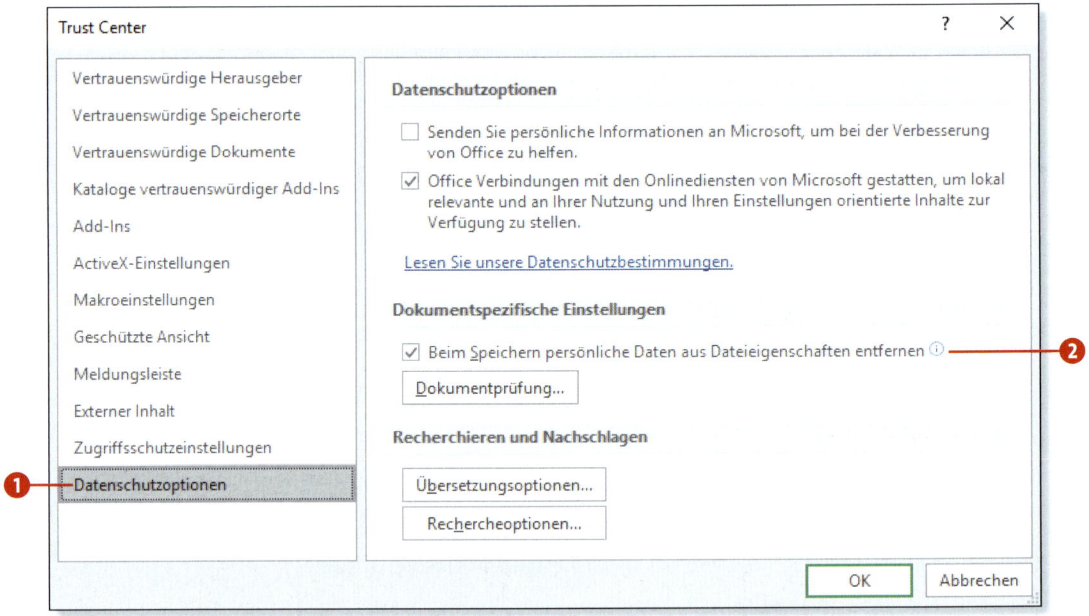

Persönliche Informationen entfernen

Um persönliche Informationen aus Ihrer Arbeitsmappe zu entfernen, klicken Sie auf **Datei > Informationen > Auf Probleme überprüfen > Dokument prüfen**.

Die Sicherheitswarnung ❸ nach dem Öffnen einer Arbeitsmappe mit Makros können Sie unterbinden, indem Sie die Arbeitsmappe in ein vertrauenswürdiges Verzeichnis kopieren. Dazu sollten Sie zunächst ein Verzeichnis auf Ihrem lokalen Rechner anlegen. Diesen Ordner fügen Sie dann zu den vertrauenswürdigen Speicherorten hinzu.

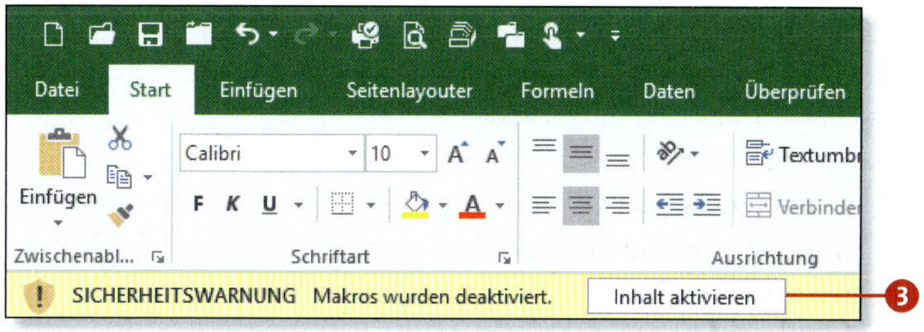

1. Öffnen Sie das **Trust Center** über **Datei > Optionen > Trust Center > Einstellungen für das Trust Center > Vertrauenswürdige Speicherorte**. In der Liste auf der rechten Seite des Dialogfensters sehen Sie eine Liste der bereits als vertrauenswürdig eingestuften Speicherorte.

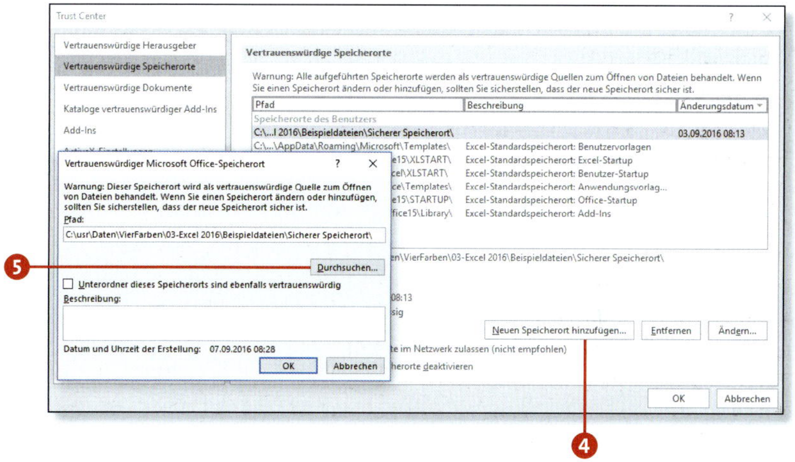

2. Klicken Sie auf die Schaltfläche **Neuen Speicherort hinzufügen** ❹. Wählen Sie im Dialog **Vertrauenswürdiger Microsoft Office-Speicherort** mit einem Klick auf die Schaltfläche **Durchsuchen** ❺ Ihr neu angelegtes Verzeichnis, und bestätigen Sie mit **OK**.

   Das neue Verzeichnis wird Ihnen daraufhin in der Liste der vertrauenswürdigen Speicherorte ❻ angezeigt. Arbeitsmappen, die Makros enthalten und sich in diesem Verzeichnis befinden, können jetzt geöffnet werden, ohne dass die Warnung nach dem Öffnen angezeigt wird.

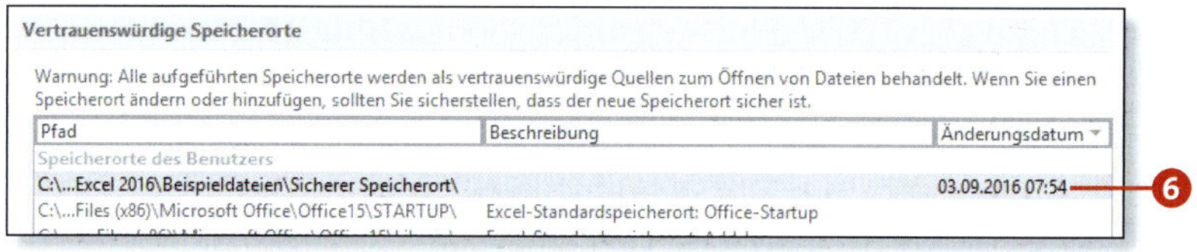

Vertrauenswürdige Dokumente

Unter **Datei > Optionen > Trust Center > Einstellungen für das Trust Center > Vertrauenswürdige Dokumente** finden Sie das Kontrollkästchen **Vertrauenswürdigkeit von Dokumenten in einem Netzwerk zulassen**. Dieses Häkchen sollten Sie nicht setzen, da Sie nie sicher sein können, wer alles im Netzwerk Ihre Dateien manipulieren kann. Setzen Sie ein Häkchen bei **Vertrauenswürdige Dokumente deaktivieren**, wird die Sicherheitswarnung nach dem Öffnen immer angezeigt. Sie müssen die Inhalte dann also auch jedes Mal bewusst aktivieren.

Verwenden von Formularsteuerelementen

Auch wenn Sie kein versierter VBA-Programmierer sind, können Sie in Ihren Arbeitsblättern Steuerelemente wie Scrollleisten, Dreh- oder Optionsfelder verwenden. Solange Sie sich aus dem Bereich **Formularsteuerelemente** bedienen, müssen Sie sich um den VBA-Quelltext keine Sorgen machen. Einige Beispielarbeitsblätter mit Steuerelementen habe ich in den Arbeitsmappen *13.09-1-Steuerelemente.xlsx*, *13.09-2-Nitrox-Tauchtiefenrechner.xlsx* und *13.09-3-Zeilen markieren.xlsx* zusammengestellt.

1. Um z. B. eine Scrollleiste einzufügen, klicken Sie auf **Entwicklertools > Steuerelemente > Einfügen > Formularsteuerelemente > Scrollleiste** ❶. Ihr Mauszeiger verändert sich daraufhin zu einem Fadenkreuz, mit dem Sie durch Klicken und Ziehen die Scrollleiste auf Ihrem Arbeitsblatt einfügen. Fügen Sie zunächst eine horizontale Scrollleiste ❷ ein.
2. Anschließend klicken Sie mit der rechten Maustaste auf die eingefügte Scrollleiste und wählen aus dem Kontextmenü **Steuerelement formatieren**.
3. Im folgenden Dialogfenster **Steuerelement formatieren** klicken Sie in das Eingabefeld **Zellverknüpfung** ❸ und anschließend auf die Zelle, in der das Ergebnis der Scrollleisten-Einstellung eingetragen werden soll, und bestätigen mit **OK**. Jetzt müssen Sie nur noch irgendeine Zelle anklicken, um die Markierung der Scrollleiste aufzuheben. Der Wert in der angegebenen Zelle wird jetzt über die Scrollleiste eingestellt. So können Sie z. B. den Sauerstoffanteil in einer Pressluftflasche über den Schieberegler einstellen, statt über die Tastatur einzugeben, um den Wert dann für weitere Berechnungen zu nutzen.

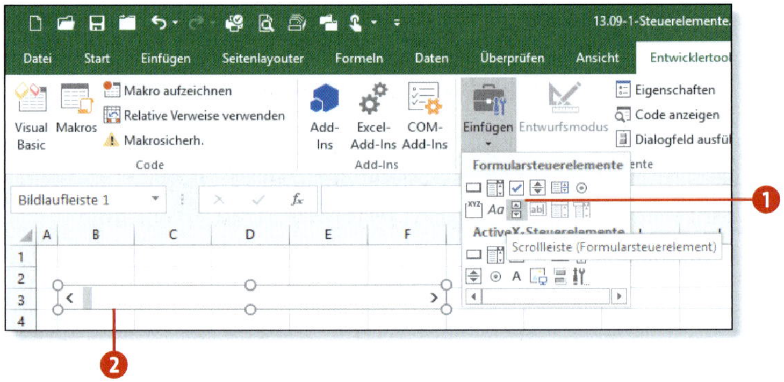

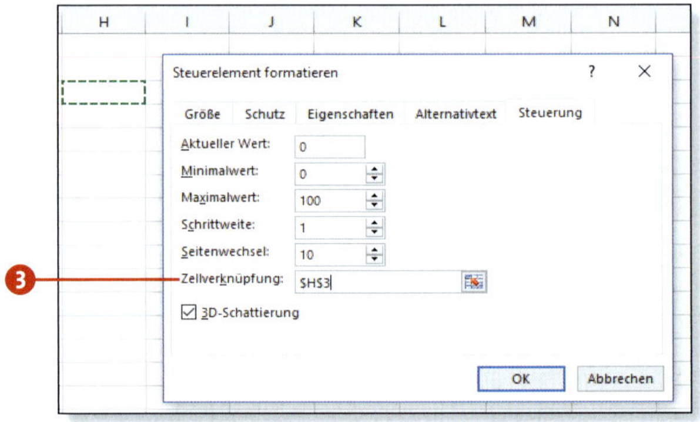

Wertebereich anpassen

Im Dialog **Steuerelement formatieren** können Sie auch den Start- und Endwert eingeben, also den Bereich, der von Ihrer Scrollleiste abgedeckt werden soll. Die **Schrittweite** gibt an, wie weit das Ergebnis verändert wird, wenn Sie auf die Pfeile klicken. Der **Seitenwechsel** gibt den Wert an, um den sich das Ergebnis verändert, wenn der Bereich neben dem Scrollelement angeklickt wird.

4. Auf diese Weise lassen sich nahezu alle Steuerelemente einfügen und anpassen. Ich gehe hier aber noch kurz auf die Optionsfelder ein, da diese sich etwas anders verhalten. Fügen Sie zunächst ein Optionsfeld über **Entwicklertools > Steuerelemente > Einfügen > Formularsteuerelemente > Optionsfeld** ein.

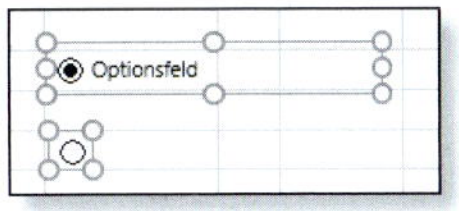

5. Klicken Sie anschließend in den Platzhaltertext, um ihn mit `Entf` oder `←` zu löschen. Verkleinern Sie den Rahmen so klein wie möglich, ohne das Optionsfeld zu beschneiden. In den nächsten Schritten wird klar, warum. Fügen Sie untereinander drei Optionsfelder ein, und beschriften Sie die Zellen daneben mit `UKW`, `MW` und `LW`. Das Gleiche machen Sie mit zwei Optionsfeldern für `Mono` und `Stereo`.

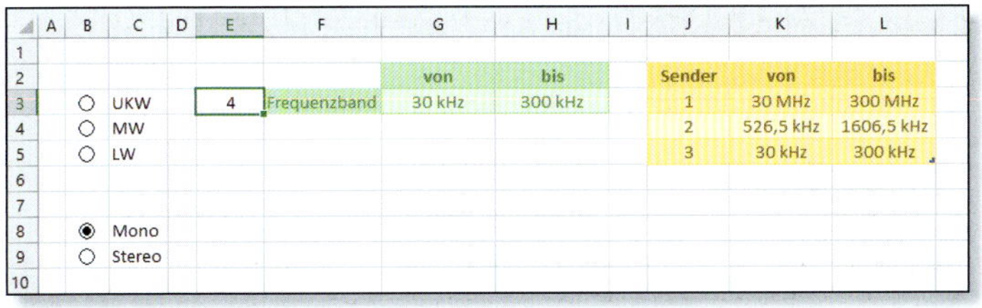

6. Setzen Sie die Zellverknüpfung für eines der Optionsfelder auf eine freie Zelle (hier `E3`). Sie werden feststellen, dass jetzt alle Optionsfelder mit dieser Zelle verknüpft sind. Alle Optionsfelder eines Arbeitsblattes bilden automatisch eine Gruppe.

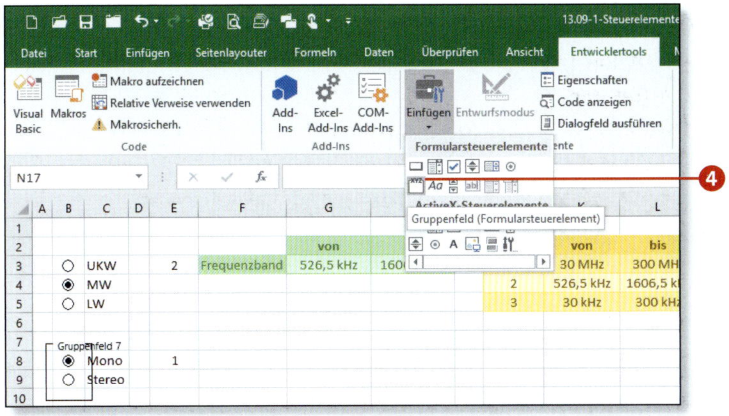

7. Möchten Sie davon abweichen, was für `Mono` und `Stereo` sinnvoll wäre, müssen Sie um die beiden Optionsfelder ein Gruppenfeld ziehen (daher vorher die Rahmen so klein wie möglich). Klicken Sie dazu auf **Entwicklertools > Steuerelemente > Einfügen > Gruppenfeld** 4, und ziehen Sie anschließend einen Rahmen um die beiden Optionsfelder. Für eines der Optionsfelder müssen Sie danach die Zellverknüpfung auf eine weitere freie Zelle setzen (hier `E8`). So können Sie jetzt sowohl die Senderwahl als auch die Tonqualität unabhängig voneinander auswerten.

Gruppenfeld ausblenden

Damit das Gruppenfeld später im Arbeitsblatt ausgeblendet wird, blenden Sie über **Start > Bearbeiten > Suchen und Auswählen > Auswahlbereich** den Aufgabenbereich **Auswahl** ein. Hier blenden Sie mit einem Klick auf das Augensymbol die Optionsgruppe (im Beispiel `Group Box 7`) aus.

Vertikale Scrollleiste

Bei einer vertikalen Scrollleiste liegen der kleinste Wert oben und der höchste Wert unten. Hier hat man sich offensichtlich an der Zeilennummerierung orientiert. Sie möchten aber, dass das Ergebnis sich erhöht, wenn Sie das Scrollelement nach oben schieben. Dazu verknüpfen Sie zunächst eine Zelle, wie beschrieben, mit der Scrollleiste und ziehen diesen Wert dann in einer anderen Zelle vom Maximalwert ab. In meiner Arbeitsmappe also `=100-C6`, wobei `100` das eingestellte Maximum ist.

Das Menüband per Tastenfolge bedienen

Sie haben die Möglichkeit, Registerkarten, Gruppen oder Auswahlmenüs des Menübands auch ohne Maus zu aktivieren. Das kann nützlich sein, wenn die Batterien der Maus mal wieder leer sind und Sie vergessen haben, diese zu laden. Da Sie ohnehin häufig Ihre Finger an der Tastatur haben, kann es außerdem schneller sein, einen Befehl per Tastenfolge zu aktivieren.

Um das Menüband mit der Tastatur zu bedienen, drücken Sie die Taste F10 (alternativ drücken und halten Sie die Alt-Taste). Im Menüband werden nach einem kurzen Moment Buchstaben unter den Registerkarten ❶ eingeblendet. Jedes Register wird also durch den eingeblendeten Buchstaben adressiert. Die Logik erschließt sich einem allerdings nicht auf den ersten Blick, da es (außer bei der Registerkarte **Datei**) keinen Zusammenhang zwischen der Registerkartenbezeichnung und dem angezeigten Buchstaben gibt. Möchten Sie zum Register **Einfügen** wechseln, drücken Sie nun I. (Übrigens erhalten auch die Befehle der Symbolleiste für den Schnellzugriff eine Buchstabenzuordnung, Sie könnten also auf diese Weise auch einen dieser Befehle starten.)

Das gewählte Register wird angewählt, und die Befehle und selbst die Pfeilschaltflächen in der rechten unteren Ecke einer Gruppe, über die Sie weiterführende Dialogfenster aufrufen, erhalten eine Buchstaben- oder Ziffernzuweisung.

Nach Drücken der Taste F10 können Sie Registerkarten per Tastatur aktivieren.

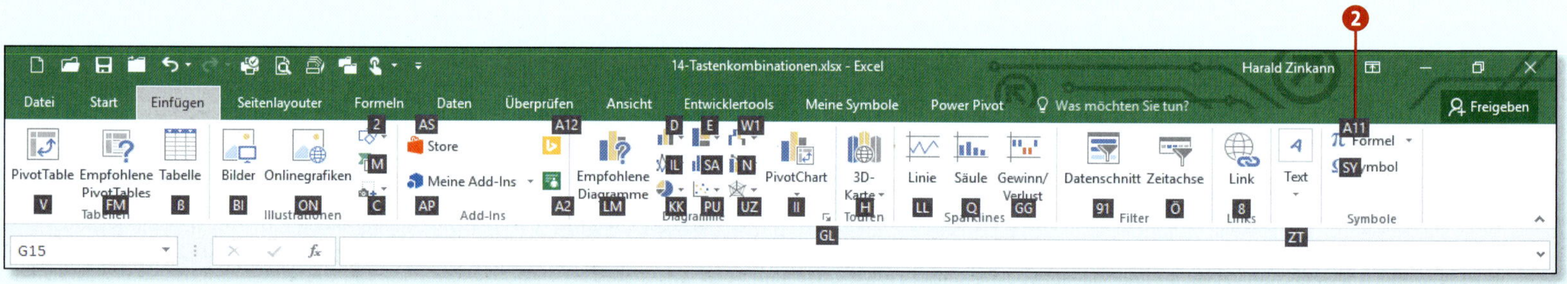

Haben Sie eine Registerkarte gewählt, erhalten alle Befehle dieses Registers eine eindeutige Zuweisung.

Möchten Sie beispielsweise den *Formeleditor* aufrufen, prüfen Sie im Menüband, welche Buchstabenfolge Ihnen an der Schaltfläche **Formel** ❷ angezeigt wird, und drücken Sie diese Taste(n). Den Formeleditor finden Sie unter **A11**. Nach der Eingabe der Zeichenfolge [A] > [1] > [1] wird das Aufklappmenü des Formeleditors geöffnet. Mit den Buchstaben [N] beziehungsweise [I] (sofern nicht ausgeblendet) können Sie nun Befehle im Menü aktivieren, per [↑] und [↓] können Sie durch die angegebenen Formeln im Menü blättern. Haben Sie die passende Formel gefunden, übernehmen Sie sie mit [↵] auf das Arbeitsblatt.

Sie sehen, auf diese Weise lässt sich prinzipiell jeder Befehl des Menübands auch per Tastatur anwählen. Die Tasten werden dabei, im Gegensatz zu Tastenkombinationen, die Sie auf der Tastatur gleichzeitig eingeben, nacheinander gedrückt, bis letztendlich der gewünschte Befehl ausgeführt wird. Haben Sie sich bei der Eingabe einmal vertan, gelangen Sie per [Esc]-Taste jeweils einen Schritt zurück.

Übrigens lassen sich auch Kontextmenüs zu markierten Elementen per Tastatur aktivieren. Drücken Sie dazu einfach die Tastenkombination (!) [⇧] + [F10]. Im Kontextmenü wählen Sie dann per [↑] und [↓] den gewünschten Eintrag aus.

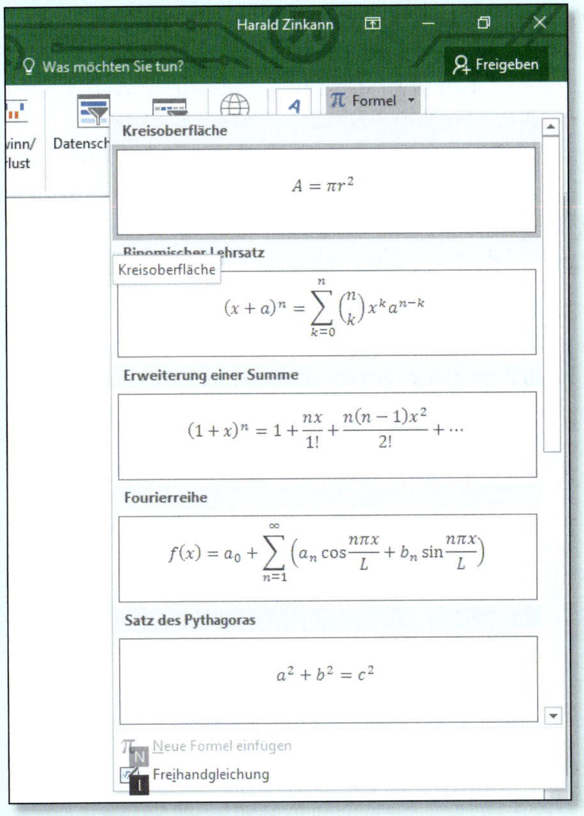

Nach Eingabe der Tastenfolge [Alt] > [I] > [A] > [1] > [1] gelangen Sie in das Menü der Schaltfläche »Formel«.

Die Programmeinstellungen im Überblick

In den vorangegangenen Kapiteln habe ich, wenn es sinnvoll erschien, schon etwas zu den Einstellmöglichkeiten in dem Dialogfenster **Excel-Optionen** geschrieben. Hier nutze ich noch einmal die Möglichkeit, Ihnen eine Übersicht über die Optionen zu geben und Ihnen die eine oder andere Einstellung zu erläutern. Unter **Datei > Optionen** finden Sie folgende Kategorien:

- **Allgemein** – In dieser Kategorie finden Sie, wie es der Name schon vermuten lässt, allgemeine Einstellungen z. B. zu der QuickInfo, der Standardschriftart und der zu verwendenden Ansicht. Hier können Sie aber auch Ihren Benutzernamen eintragen und den Hintergrund für die Titelleiste auswählen. Wenn Sie hier das Häkchen bei **Startbildschirm beim Start der Anwendung anzeigen** ❶ entfernen, gelangen Sie nach dem Start von Excel immer auf ein neues Arbeitsblatt.
- **Formeln** – Hier finden Sie alles, was die Berechnung von Formeln und Funktionen beeinflusst. Weiterhin ist in dieser Kategorie der Umgang mit Fehlern geregelt. Hier können Sie z. B. die Farbe ❷ für den Fehlerindikator (in der linken oberen Ecke einer Zelle) festlegen oder auch alle bisher in der Arbeitsmappe ignorierten Fehler zurücksetzen ❸.
- **Speichern** – Alles, was sich um Speicherort für bestimmte Dateitypen, Standarddateiformat und AutoWiederherstellung dreht, finden Sie hier. Besonders interessant sind hier die Speicherorte für normale Arbeitsmappen und Vorlagen.
- **Sprache** – Wenn es Sie interessiert, wie die einzelnen Register in Englisch oder Türkisch bezeichnet werden, hier können Sie die Anzeigesprache und auch die Sprache für die Hilfen an Ihre Bedürfnisse anpassen. Notfalls müssen Sie vorher noch das passende Sprachpaket herunterladen und installieren, entsprechende Hyperlinks in dieser Kategorie führen Sie zur richtigen Internetseite, wo die einzelnen Schritte beschrieben werden.

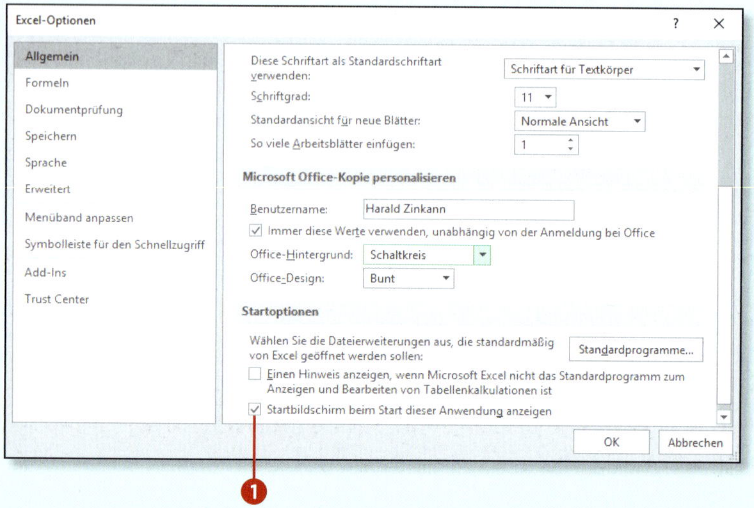

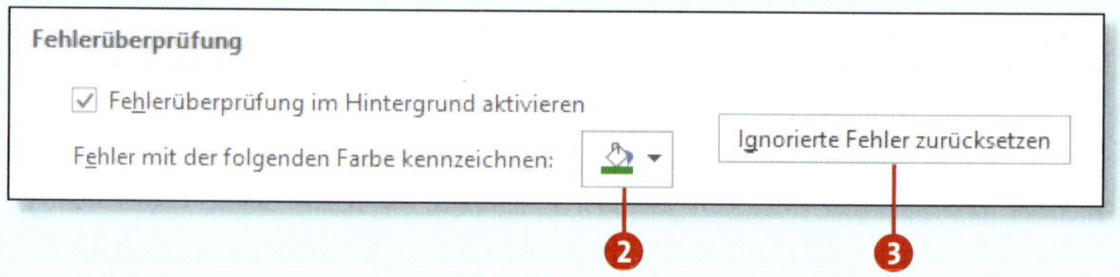

- **Erweitert** – Die Kategorie **Erweitert** ist wohl die umfangreichste in den Optionen. Hier ist alles untergebracht, was in den anderen Kategorien keinen Platz gefunden hat. Hier können Sie z. B. im Bereich **Bearbeitungsoptionen** einstellen, in welche Richtung es weitergeht, wenn Sie [↵] betätigen, aber auch, wie viele Arbeitsmappen und Ordner unter **Zuletzt verwendet** angezeigt werden, wie mit Kommentaren umgegangen wird und welche Elemente auf dem Bildschirm angezeigt werden.
- **Menüband anpassen** – Über diese Kategorie können Sie, wie schon im Abschnitt »Das Menüband anpassen« ab Seite 298 beschrieben, das Menüband an Ihre Bedürfnisse anpassen und Register ein- und ausblenden, neue Register und Gruppen hinzufügen sowie deren Reihenfolge verändern.
- **Symbolleiste für den Schnellzugriff** – In diesem Bereich passen Sie die Symbolleiste für den Schnellzugriff an. Im Abschnitt »Die Symbolleiste für den Schnellzugriff nutzen« ab Seite 30 erfahren Sie mehr dazu.
- **Add-Ins** – Hier können Sie sich alle Add-Ins anzeigen lassen und sie verwalten.
- **Trust Center** – Dies ist die einzige Kategorie, die über die Schaltfläche **Einstellungen für das Trust Center** ein eigenes Dialogfenster mit weiteren Kategorien aufruft. Hier finden Sie die Kategorien **Vertrauenswürdige Herausgeber**, **Vertrauenswürdige Speicherorte**, **Vertrauenswürdige Dokumente**, **Kataloge vertrauenswürdiger Add-Ins**, **Add-Ins**, **ActiveX-Einstellungen**, **Makroeinstellungen**, **Geschützte Ansicht**, **Meldungsleiste**, **Externe Inhalte**, **Zugriffsschutzeinstellungen** und **Datenschutzoptionen**. Aus Platzgründen kann leider nicht auf jede Kategorie im Einzelnen eingegangen werden, weitere Informationen erhalten Sie aber im Abschnitt »Sicherheit mit dem Trust Center« ab Seite 306.

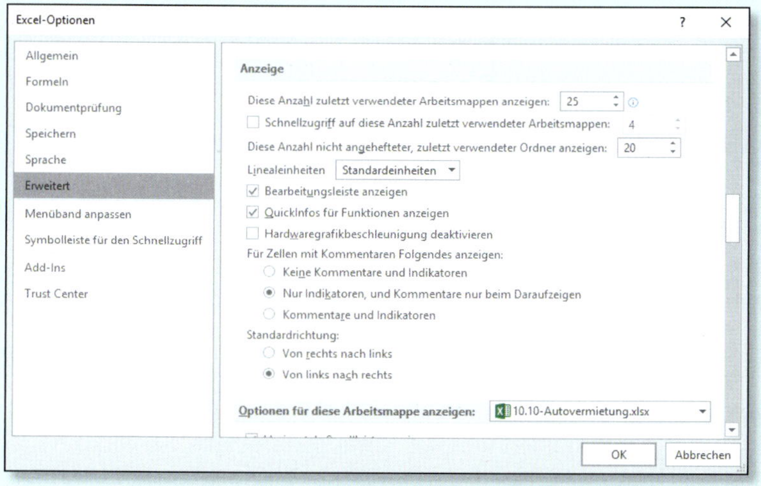

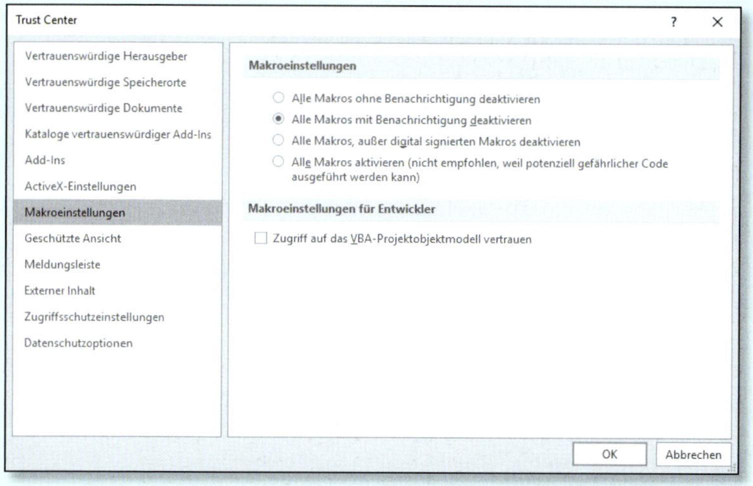

Kontoeinstellungen vornehmen und nach Updates suchen

In den Kontoeinstellungen hat sich seit dem letzten Update einiges getan. Daher werde ich abschließend zu diesem Thema noch ein paar Worte verlieren.

1. Öffnen Sie die Kontoeinstellungen über **Datei > Konto** ❶. Unter Ihrem Bild mit Namen können Sie nun Ihr **Foto** und die Einstellungen **Über mich** ändern. In beiden Fällen gelangen Sie über Ihren Browser zur Anmeldeseite Ihres Microsoft-Kontos ❷. Geben Sie hier Ihre E-Mail-Adresse und das passende Kennwort ein. Nach dem Anmelden lassen sich hier Ihre persönlichen Einstellungen wie Name, Bild, Adresse, geschäftliche Position etc. anpassen.
2. Klicken Sie im Bereich **Konto** auf **Abmelden** ❸, wird Excel ohne die Verknüpfung zu einem Microsoft-Konto verwendet. Ihnen stehen dann bestimmte Dienste, wie z. B. das Speichern in der Cloud, nicht mehr zur Verfügung. Über **Konto wechseln** besteht die Möglichkeit, dass Sie sich unter einem weiteren Konto anmelden, sodass Sie z. B. auf Daten eines anderen Cloudspeichers zugreifen können.
3. Mit den Menüs **Office-Hintergrund** und **Office-Designs** ❹ lässt sich die Benutzeroberfläche von Excel farblich anpassen. Klicken Sie im Aufklappmenü eine Option an, um zu prüfen, wie sie sich auf Ihre Titelleiste und Teile des Menübands auswirkt.
4. Mit einem Klick auf **Office-Updates** ❺ können Sie festlegen, ob Updates automatisch installiert werden, und prüfen, ob Ihre Excel-Version auf dem neuesten Stand ist.

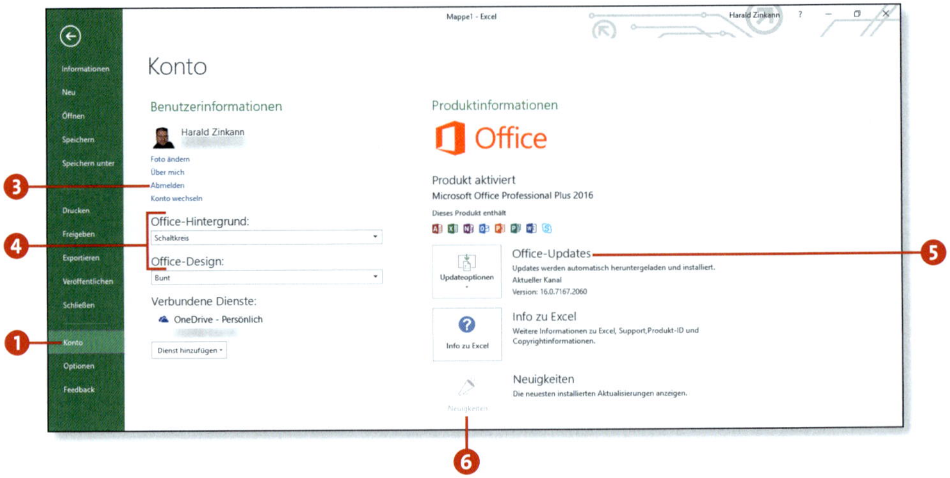

Das Menü »Neuigkeiten«

Schauen Sie ab und zu einmal in diesem Menü vorbei, und sehen Sie nach, ob die Schaltfläche **Neuigkeiten** ❻ freigeschaltet ist. In diesem Fall verbergen sich darunter interessante neue Funktionen und Funktionalitäten, die nachträglich installiert wurden. Unter den Updates, wo wirklich jede kleine Änderung aufgelistet ist, könnten solche wichtigen Informationen verloren gehen.

Nützliche Tastenkürzel

In diesem Abschnitt habe ich einige Tastenkombinationen nach ihren Anwendungsbereichen zusammengestellt. Die Liste erhebt keinen Anspruch auf Vollständigkeit. Ich habe mich vielmehr auf die Tasten, Tastenfolgen und Tastenkombinationen beschränkt, die mir sinnvoll erschienen und mir selbst die tägliche Arbeit mit Excel erleichtern. In der letzten Tabelle ab Seite 318 finden Sie noch eine Übersicht über die Funktionstasten und andere wichtige Tasten auf der Tastatur.

Navigieren in Zellen	
Tastenkombination	**Beschreibung**
⇆	weiter zur nächsten Zelle
⇧ + ⇆	zurück zur vorherigen Zelle
↑	eine Zelle nach oben
↓	eine Zelle nach unten
←	eine Zelle nach links
→	eine Zelle nach rechts
Strg + Pfeiltasten	zum Rand des aktuellen Datenbereichs bewegen
Strg + Ende	zur unteren rechten Ecke des benutzten Zellbereichs eines Arbeitsblattes springen
Strg + ⇧ + Ende	Markiert alle Zellen von der aktuellen bis zur unteren rechten Ecke.
Strg + Pos1	zur Zelle A1 springen
Bild ↓	eine Bildschirmseite nach unten
Bild ↑	eine Bildschirmseite nach oben
Alt + Bild ↓	eine Bildschirmseite nach rechts
Alt + Bild ↑	eine Bildschirmseite nach links
Strg + Bild ↓	zum nächsten Blatt in einer Arbeitsmappe wechseln
Strg + Bild ↑	zum vorherigen Blatt in einer Arbeitsmappe wechseln

Markieren von Zellen und Bereichen	
Tastenkombination	**Beschreibung**
Strg + A	aktuellen zusammenhängenden Datenbereich markieren
Strg + ⇧ + Bild ↓	aktuelles und nächstes Blatt einer Arbeitsmappe markieren
Strg + ⇧ + Bild ↑	aktuelles und voriges Blatt einer Arbeitsmappe markieren
Strg + Leertaste	ganze Spalte markieren
⇧ + Leertaste	ganze Zeile eines Arbeitsblattes markieren
⇧ + Pfeiltasten	Zellenmarkierung um eine Zelle in Richtung der Pfeiltaste erweitern
Strg + ⇧ + Pfeiltasten	Zellenmarkierung bis zur letzten ausgefüllten Zelle in Richtung der Pfeiltaste erweitern
Strg + ⇧ + Pos1	Zellenmarkierung bis zur Zelle A1 erweitern

Formatieren in Zellen	
Tastenkombination	**Beschreibung**
Strg + 1	Öffnet den Dialog **Zellen formatieren** mit dem zuletzt gewählten Register.
Strg + ⇧ + P	Öffnet den Dialog **Zellen formatieren** mit aktivem Register **Schrift**.
Strg + ⇧ + F oder Strg + 2	**Fett** ein/aus
Strg + 3	**Kursiv** ein/aus
Strg + 4	**Unterstrichen** ein/aus
Strg + 5	**Durchgestrichen** ein/aus
Strg + ⇧ + %	Prozentformat ohne Dezimalstellen
Strg + #	Datumsformat mit Tag, Monat und Jahr (TT. MMM.JJ)
Strg + ⇧ + :	aktuelle Uhrzeit in die aktuelle Zelle einfügen
Strg + ⇧ + !	Zahlenformat **Zahl**

Bearbeiten von Zellen	
Tastenkombination	**Beschreibung**
F2	Öffnet die aktuelle Zelle im Bearbeitungsmodus.
Alt + ↵	Zeilenumbruch in derselben Zelle
⇧ + F2	Hinzufügen oder Bearbeiten eines Kommentars
Esc	Eingabe abbrechen; schließt außerdem ein geöffnetes Menü oder Untermenü, Dialogfeld oder Meldungsfenster
↵	Eingabe abschließen und nächste Zelle markieren
Strg + +	Öffnet den Dialog **Zellen einfügen**, um markierte Zellen einzufügen; bei markierten Zeilen oder Spalten werden diese eingefügt.
Strg + -	Öffnet den Dialog **Löschen**, um markierte Zellen zu löschen; bei markierten Zeilen oder Spalten werden diese gelöscht.
Strg + ⇧ + `	zwischen der Darstellung von Zellwerten oder Formeln wechseln
Strg + X	Löscht die markierten Zellen und kopiert sie in die Zwischenablage.
Strg + C	Kopiert die markierten Zellen in die Zwischenablage.
Strg + V	Fügt den Inhalt der Zwischenablage ab der aktiven Zelle ein.
Strg + Alt + V	Öffnet den Dialog **Inhalt einfügen**, wenn zuvor etwas kopiert wurde.
Strg + 8	markierte Spalten ausblenden
Strg + 9	markierte Zeilen ausblenden
Strg + F	Öffnet den Dialog **Suchen und Ersetzen**.
Strg + L oder Strg + T	Öffnet den Dialog **Tabelle erstellen**.
Strg + Y	Wiederholt den letzten Befehl beziehungsweise die letzte Aktion, sofern möglich.
Strg + Z	Rückgängigmachen der letzten Aktion

Funktionstasten und andere wichtige Tasten	
Tastenkombination	**Beschreibung**
F1	Zeigt den Aufgabenbereich **Excel-Hilfe** an.
Strg + F1	Blendet das Menüband ein/aus.
Alt + F1	Erstellt ein eingebettetes Diagramm zu den markierten Daten im aktuellen Arbeitsblatt.
F2	Öffnet die aktuelle Zelle im Bearbeitungsmodus.
⇧ + F2	Hinzufügen oder Bearbeiten eines Kommentars
Strg + F2	Öffnet die Kategorie **Drucken** des Backstage-Bereichs (mit Seitenansicht).
F3	Öffnet den Dialog **Namen einfügen** (nur verfügbar, wenn Namen in der Arbeitsmappe definiert wurden).
⇧ + F3	Öffnet den Dialog **Funktion einfügen**.
F4	Wiederholt den letzten Befehl beziehungsweise die letzte Aktion, sofern möglich.
F4 im Bearbeitungsmodus	Hiermit werden für den markierten Zellbezug einer Formel oder Funktion sämtliche Kombinationen absoluter und relativer Bezüge durchlaufen.
Strg + F4	Schließt die aktuelle Arbeitsmappe.
Alt + F4	Beendet Excel.
F5	Öffnet den Dialog **Gehe zu**.
F6	Wechselt zwischen Arbeitsblatt, Menüband, Aufgabenbereich und Zoom-Steuerelementen.
⇧ + F6	siehe F6, nur in umgekehrter Reihenfolge
Strg + F6	zwischen den Arbeitsmappen wechseln, sofern mehrere geöffnet sind
F7	Rechtschreibprüfung starten
F8	Aktiviert oder deaktiviert den Erweiterungsmodus, um eine Markierung ohne die ⇧-Taste mit den Pfeiltasten zu erweitern.
Alt + F8	Öffnet den Dialog **Makro**.
F9	Berechnet alle Tabellenblätter in allen geöffneten Arbeitsmappen neu.

Funktionstasten und andere wichtige Tasten (Fort.)	
Tastenkombination	**Beschreibung**
⇧ + F9	Berechnet das aktive Arbeitsblatt neu.
Strg + F9	Minimiert die aktuelle Arbeitsmappe und legt sie in der Taskleiste ab.
F10 oder Alt	Blendet im Menüband Buchstaben zur Navigation per Tastatur ein.
⇧ + F10	Blendet das Kontextmenü der aktiven Zelle/eines markierten Elements ein.
Strg + F10	Wechselt die Fenstergröße zwischen Maximieren und Verkleinern.
F11	Erstellt zu den markierten Daten ein Diagramm auf einem separaten Diagrammblatt.
⇧ + F11	Fügt ein neues Arbeitsblatt vor dem aktuellen ein.
Alt + F11	Öffnet den VBE (Visual Basic Editor).
F12	Öffnet den Dialog **Speichern unter**.
←	Löscht im Bearbeitungsmodus beziehungsweise in der Bearbeitungsleiste ein Zeichen links des Cursors.
←	Löscht bei markierter Zelle den Inhalt und wechselt in den Bearbeitungsmodus.
Entf	Löscht den Zelleninhalt aus markierten Zellen (Formate oder Kommentare werden nicht gelöscht).
Entf	Löscht im Bearbeitungsmodus beziehungsweise in der Bearbeitungsleiste ein Zeichen rechts des Cursors.
⭾	Navigiert in einem Tabellenblatt um eine Zelle nach rechts und in einem geschützten Tabellenblatt zwischen nicht gesperrten Zellen.

Beispieldateien zum Buch

In den Anleitungen verwende ich Beispiele, die mir so oder so ähnlich in meinem Trainer-Alltag begegnet sind. Damit Sie das Gezeigte besser nachvollziehen können, stehen Ihnen sämtliche Übungsdateien zum Buch zum kostenlosen Download unter *www.vierfarben.de/3953* zur Verfügung. Scrollen Sie auf der Seite ein wenig nach unten bis Sie den Abschnitt Materialien zum Buch sehen. Klicken Sie hier auf den Link und speichern Sie die Dateien auf der Festplatte Ihres Computers. Zu Beginn der Anleitung finden Sie dann einen Hinweis, welche Datei im Folgenden verwendet wird.

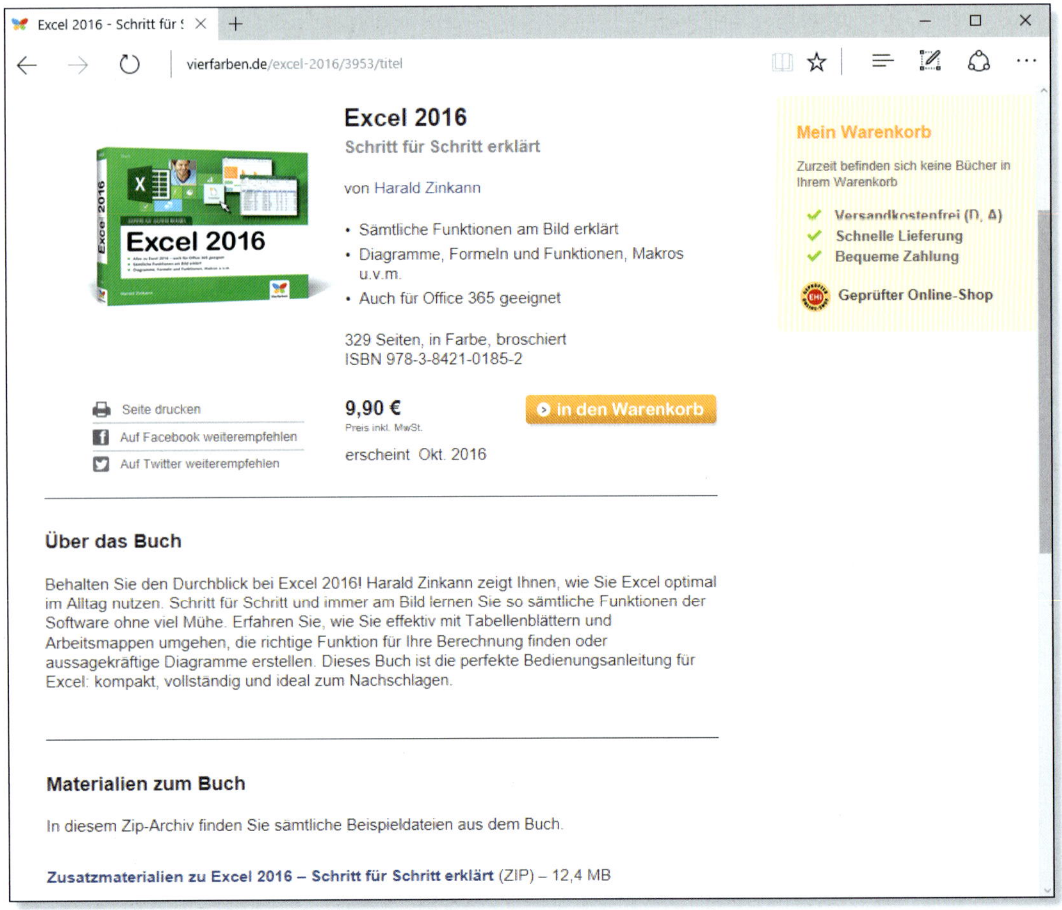

Stichwortverzeichnis

E

F

G

H

I

K

L

M

N

O

P

Q

R

S

T

U

V

W

Z

Neu
Walter Saumweber
Für Excel 2010, 2013 und 2016
Excel-VBA
für Nicht-Programmierer
Lösungen für alle Anwendungsfälle
Kein Programmierwissen nötig!
Alle Beispiele aus dem Buch zum Download
Vierfarben